Introducción a la Doctrina Pentecostal Carismática

Editado por Departamento de Educación Teológica de la
Editorial Universitaria Libertad

Programa de Maestría

Madrid, España.

Contenido

Prefacio

La continuidad de la obra del Espíritu Santo a lo largo de la historia del pueblo de Dios fue el tema central de la sección anterior. Aunque su actividad ha aumentado en cantidad a medida que ha crecido la Iglesia, es el mismo Espíritu Santo el que obra en el mundo de hoy, y el que estaba obrando en el mundo anterior al día de Pentecostés. Sin embargo, debido a la revelación progresiva, y a la comprensión progresiva, nuestro grado de comprensión acerca de la obra del Espíritu debería ser más alto. Tenemos todo el canon de la Biblia y dos mil años de historia para obtener ese conocimiento. Por esta razón, la Iglesia de hoy tiene una clara ventaja sobre la de la época en que se escribió el Nuevo Testamento.

Durante los primeros años del movimiento pentecostal, generalmente hacerse pentecostal equivalía a ser sacado de su denominación original para entrar en una de las comunidades pentecostales. Aún hoy, hay algunos pentecostales clásicos que expresan su consternación ante la idea de que una persona pueda estar bautizada en el Espíritu Santo, se identifique como cristiano carismático y, sin embargo, permanezca en una iglesia tradicional protestante, católica u ortodoxa. Aunque la sana doctrina es indispensable en el proceso de santificación, da la impresión de que el Espíritu Santo está más interesado en lo que hay dentro del corazón de una persona, que en el sistema teológico de dicha persona. De no ser así, ¿cómo podríamos explicar el bautismo en el Espíritu Santo del que disfrutan los pentecostales, sin mencionar a los que se hallan en la renovación carismática? Dios nos toma tal como somos, nos salva, habita en nosotros y nos bautiza. Entonces, su Espíritu Santo nos comienza a transformar en la imagen de Cristo.

Pablo nos dice que si estamos dispuestos a confesar con la boca que Jesús es el Señor, y creemos realmente que Dios lo levantó de entre los muertos, seremos salvos, porque cuando creemos en nuestro corazón, somos justificados. Cuando confesamos que Dios resucitó a Jesús de entre los muertos, somos salvos (Romanos 10:9–10). Pablo sigue diciendo que nadie puede "llamar a Jesús Señor, sino por el Espíritu Santo" (1 Corintios 12:3). Pablo no está diciendo que les sea imposible a los hipócritas y a los falsos maestros pronunciar las palabras "Jesús es Señor". Ahora bien, decir que Jesús es verdadero Señor (lo que significa que estamos comprometidos a seguirlo y hacer su voluntad, en lugar de seguir nuestros propios planes y deseos) requiere la inhabitación del Espíritu Santo; el nuevo corazón y el nuevo espíritu del que habla Ezequiel 18:31. Nuestro propio ser confiesa que Jesús es Señor, cuando el Espíritu Santo comienza a transformarnos a imagen de Dios. La transformación interna constituye para la persona una señal de que es miembro del Cuerpo de Cristo. La manifestación externa de la transformación, aunque varíe de una persona a otra, es una señal para la Iglesia.

Se ha ido desarrollando un problema relacionado con la actividad del Espíritu Santo como señal de inclusión en el Cuerpo de Cristo entre los jóvenes de tercera y cuarta generación dentro del movimiento pentecostal tradicional. En las iglesias pentecostales, las posiciones de autoridad sólo están disponibles para aquéllos que puedan testificar que han sido bautizados en el Espíritu Santo con la evidencia física inicial de las lenguas. Esto está de acuerdo con la Biblia (Hechos 6:3, 5) y es un punto fuerte importante del movimiento pentecostal.[1] Sin embargo, tiene un peligroso efecto secundario en los que se saben salvos. Experimentan el poder continuamente transformador del Espíritu Santo en su vida y, sin embargo, se sienten ciudadanos de segunda clase. Para ellos, el bautismo en el Espíritu Santo se convierte en algo socialmente necesario que se debe lograr, en lugar de un anhelo por una relación espiritual más profunda que es inaugurada con el bautismo en el Espíritu Santo.[2]

Esto hace mucho más importante el que insistamos en que la actividad del Espíritu Santo en los creyentes, ya sea en cuanto a la salvación, o en cuanto al bautismo, es sobre todo una señal para el individuo, más que para la congregación. Muchas personas son salvas en su oración privada en un momento en que están solas. Lo mismo es cierto en cuanto a los que son bautizados en el Espíritu en un lugar de oración privado. Aun cuando hayamos sido salvos y bautizados en una reunión pública, ¿cuántas de las personas que asistieron a esa reunión recordarán lo que nos sucedió al cabo de unas cuantas semanas, o meses, o años? Si nos trasladamos a un lugar donde nadie nos conoce, los creyentes de ese lugar no han sido testigos de lo que nos ha sucedido. Deben confiar en el testimonio que demos con nuestra palabra y nuestra vida sobre la actividad del Espíritu Santo en nosotros.[1]

El fondo histórico

Alguien hizo notar una vez que el pentecostalismo es una experiencia en busca de una teología, como si al movimiento le faltaran raíces en cuanto a interpretación bíblica y doctrina cristiana. Sin embargo, las investigaciones realizadas sobre el desarrollo histórico y teológico de las creencias pentecostales han revelado una compleja tradición teológica. Ésta lleva en sí fuertes puntos en común con las doctrinas evangélicas, al mismo tiempo que da testimonio a favor de verdades acerca de la obra del Espíritu Santo en la vida y misión de la Iglesia descuidadas durante largo tiempo.

Por consiguiente, para comenzar con el fondo teológico del pentecostalismo, este capítulo se centra en el crecimiento de la teología pentecostal. Los factores que se han

---

[1] Véase en el capítulo 13 un amplio estudio de los temas relacionados. Baste con hacer la observación de que donde el bautismo en el Espíritu Santo se convierte en algo visto como bueno, pero no necesario, termina por desaparecer.

[2] Aunque no puedo estar de acuerdo con la doctrina de que la persona no es salva mientras no haya recibido el bautismo en el Espíritu Santo con la evidencia física inicial de las lenguas, ciertamente esta doctrina hace desaparecer la ambigüedad en la persona con respecto a su lugar dentro del Cuerpo de Cristo.

[1] Horton, S. M. (Ed.). (1996). *Teología sistemática: Una perspectiva pentecostal* (pp. 389–391). Miami, FL: Editorial Vida.

tenido en cuenta son las preocupaciones más importantes, las personalidades que han influido, la literatura más significativa y los diversos medios utilizados para conservar la doctrina.

LA CONTINUIDAD DE LOS CARISMAS

A lo largo de toda la historia de la cristiandad, siempre ha habido personas que han buscado "algo más" en su peregrinaje espiritual, lo que las ha impulsado en ocasiones a explorar el significado del bautismo en el Espíritu y de los dones espirituales. Recientemente, los eruditos han arrojado nueva luz sobre la historia de los movimientos carismáticos, demostrando que este interés en la obra del Espíritu Santo ha permanecido durante toda la historia de la Iglesia.

Por lo menos hay dos avivamientos del siglo diecinueve que se podrían considerar antecedentes del pentecostalismo moderno. El primero tuvo lugar en Inglaterra (a partir de 1830) durante el ministerio de Edward Irving, y el segundo en el extremo sur de la India (desde alrededor del 1860) a través de la influencia de la teología de los Hermanos de Plymouth y el liderazgo del clérigo indio J. C. Aroolappen. En los informes hechos entonces acerca de ambos se hace referencia a las lenguas y a la profecía.

En parte, las conclusiones de estas investigaciones corrigen la creencia de algunos círculos en cuanto a que los *carismas* tuvieron que cesar necesariamente al terminar la Era Apostólica, un punto de vista propuesto con gran fuerza por Benjamín B. Warfield en su libro *Counterfeit Miracles* [Milagros falsificados], (1918). Warfield sostenía que aquéllos que enseñaran un concepto subjetivo del Espíritu minarían inevitablemente la autoridad escrita y objetiva de las Escrituras, inspiradas por el Espíritu Santo. En los últimos años, esta perspectiva ha ido perdiendo terreno de manera constante en los círculos evangélicos.[3]

Con la llegada de los avivamientos de fines del siglo diecisiete y del siglo dieciocho en Europa y América del Norte, los predicadores calvinistas, luteranos y arminianos evangélicos insistieron en el arrepentimiento y la piedad dentro de la vida cristiana. Todo estudio que se haga del pentecostalismo debe prestar gran atención a los acontecimientos de este período, y en particular a la doctrina de la perfección cristiana que enseñaban Juan Wesley, el padre del metodismo, y su colaborador John Fletcher. Wesley urgía a sus seguidores en su publicación *A Short Account of Christian Perfection* [Una breve explicación de la perfección cristiana], (1760) a buscar una nueva dimensión espiritual en su vida. Esta segunda obra de la gracia, distinta a la conversión, liberaría a la persona de los defectos de su naturaleza moral que provocan una conducta pecaminosa.

Esta enseñanza se extendió a América del Norte e inspiró el crecimiento del movimiento de Santidad. Una vez centradas en la vida santificada, aunque sin mencionar las lenguas, las imágenes de tipo pentecostal tomadas de las Escrituras (por ejemplo, "derramamiento del Espíritu", "bautismo en el Espíritu Santo", "lenguas de fuego") terminaron por convertirse en algo típico de la literatura y los himnos del movimiento de Santidad. Una de las líderes más destacadas dentro del ala wesleyana del movimiento, la metodista Phoebe Palmer, editó *Guide to Holiness* [Guía a la Santidad], y escribió, entre otros, el libro llamado *The Promise of the Father* [La promesa del Padre], (1859). Otro escritor popular, William Arthur, fue el autor de *Tongues of Fire* [Lenguas de fuego], (1856), libro que alcanzó gran popularidad.

A los que trataban de recibir la "segunda bendición" se les enseñaba que todos los cristianos tenían que "esperar" (Lucas 24:49) el bautismo del Espíritu Santo prometido; esto quebrantaría el poder congénito del pecado y llevaría al creyente a la vida llena del Espíritu. Además de esto, Joel había profetizado que, como consecuencia del derramamiento del Espíritu Santo, en los últimos días profetizarían "vuestros hijos y vuestras hijas" (Joel 2:28).

La fe en una segunda obra de la gracia no se hallaba confinada al círculo metodista. Por ejemplo, Carlos G. Finney creía que el bautismo en el Espíritu proporcionaba poder divino para alcanzar la perfección cristiana al mismo tiempo que su teología se negaba a asentarse cómodamente dentro de las categorías wesleyanas o reformadas. Aunque la teología reformada histórica ha identificado el bautismo en el Espíritu con la conversión, algunos predicadores de avivamiento dentro de dicha tradición, entre ellos Dwight L. Moody y R. A. Torrey, abrigaban la noción de que existía una segunda obra para darles poder a los creyentes. No obstante, aún con esta investidura de poder, la santificación retenía su naturaleza progresiva.[2] Otra figura clave, el antiguo presbiteriano A. B. Simpson, fundador de la Alianza Cristiana y Misionera, resaltó fuertemente el bautismo en el Espíritu y dejó una fuerte huella en la formación de la doctrina de Pentecostal.

Igualmente, las conferencias de Keswick, en Gran Bretaña, que comenzaron en 1875, influyeron sobre el pensamiento del movimiento de Santidad en América del Norte. Los maestros de Keswick creían que el bautismo en el Espíritu traía consigo una vida de continua victoria (la vida "más alta", o "más profunda"), caracterizada por la "plenitud del Espíritu". Ésta se convirtió en su interpretación preferida, en lugar del concepto wesleyano, que sostenía que el bautismo en el Espíritu daba una perfección "impecable".

En el siglo diecinueve, la ciencia médica progresó lentamente, ofreciendo poca ayuda a las personas gravemente enfermas. La fe en el poder milagroso de Dios para sanar físicamente encontró acogida en varios círculos. Los ministerios alemanes del siglo diecinueve que destacaban la oración por los enfermos (especialmente los de Dorothea Trudel, Johann Christoph Blumhardt y Otto Stockmayer) recibieron especial atención en América del Norte. La teología de la Santidad, con su creencia en la purificación instantánea del pecado, o recepción de poder espiritual, proporcionó un cálido ambiente para la doctrina de la sanidad inmediata por fe.

Para muchos creyentes, el bautismo en el Espíritu restauraba por completo la relación espiritual que Adán y Eva habían tenido con Dios en el huerto del Edén. Es importante notar el concepto de que la vida más alta en Cristo también podía invertir los efectos físicos de la caída, capacitando a los creyentes a tomar autoridad sobre la enfermedad. Defensores de la sanidad, como Charles C. Cullis, A. B. Simpson, A. J. Gordon, Carrie Judd Montgomery, María B. Woodworth-Etter y John Alexander Dowie, basaban gran parte de sus creencias en Isaías 53:4-5, y en las promesas de sanidad del Nuevo Testamento. Puesto que Cristo no había llevado solamente sobre sí los pecados, sino que también había cargado con las enfermedades, los que viviesen por fe en la promesa de Dios (Éxodo 15:26) ya no necesitarían asistencia médica, y estarían manifestando una clara falta de fe si la buscaban.

La complexión cada vez más "pentecostal" del movimiento de Santidad preparó a sus adherentes a considerar los dones del Espíritu dentro de la vida de la Iglesia. Mientras que muchos daban por seguro que las lenguas habían cesado con la Iglesia Primitiva, los otros dones, entre ellos el de sanidades, se hallaban a disposición de los cristianos. Sólo la incredulidad podría impedir ahora que la iglesia del Nuevo Testamento fuera restablecida en santidad y poder.

No obstante, cuando Benjamín Hardin Irwin, radical predicador wesleyano de Santidad, comenzó a enseñar en 1895 que había tres obras de la gracia, se avecinaban los problemas. Para Irwin, la segunda bendición iniciaba la santificación, pero la tercera traía el "bautismo de amor ardiente" (esto es, el bautismo en el Espíritu Santo). La línea principal del movimiento de Santidad condenó esta "herejía de la tercera bendición" (la cual, entre otras cosas, creaba el problema de distinguir entre las evidencias de la tercera y las de la segunda). Aun así, la noción de Irwin de que existía una tercera obra de la gracia para tener poder en el servicio cristiano, pondría un importante cimiento del movimiento pentecostal.

LA TEOLOGÍA PENTECOSTAL Y LAS MISIONES

Aunque en general los evangélicos del siglo diecinueve adoptaron un punto de vista amilenario o postmilenario, fue éste último el que captó el espíritu de la época. Escritores de todo tipo, desde Carlos Darwin hasta John Henry Newman y Charles Hodge, vieron los valores positivos del progreso en la ciencia, la formación de la doctrina y la escatología, respectivamente. En cambio, otros llegaron a la conclusión de que la situación de la humanidad empeoraría antes del inminente regreso del Señor.

La sombría evaluación del futuro inmediato realizada por los premilenaristas engendró fuertes preocupaciones entre los consagrados a la evangelización del mundo. La mayor parte del movimiento de misiones había empleado considerable tiempo y energía en civilizar a las poblaciones nativas — como preparación a su conversión — mediante la construcción de escuelas, orfanatos y clínicas. Debido a la importancia secundaria que se le daba al evangelismo para conversión, se vio que el número de convertidos era alarmantemente pequeño. Las exposiciones premilenaristas de Daniel, Zacarías y el Apocalipsis; el surgimiento del movimiento sionista; la carrera de armamentos en la década de los noventa y la cercanía del fin de siglo hicieron que muchos se preguntaran en voz alta cómo oirían el mensaje del evangelio tantos millones de humanos aún no alcanzados, para que los librara de la destrucción eterna.

La combinación de los temas de Cristo como Salvador, Bautizador (Santificador), Sanador y Rey que viene, descrita como el "evangelio completo" o el "evangelio cuádruple" reflejaba el anhelo de restaurar en los últimos días el cristianismo del Nuevo Testamento. El interés ampliamente extendido por el bautismo y los dones del Espíritu convenció a algunos de que Dios les otorgaría el don de lenguas para equiparlos con idiomas humanos identificables *(xenolalia)* a fin de predicar el evangelio en otras naciones, acelerando así el evangelismo misionero.

En una ocasión, el avivamiento de 1889–1890 en la Asociación Cristiana de Jóvenes de Topeka, Kansas, motivó la organización de la Misión Kansas-Sudán, cuyos miembros salieron poco después para realizar trabajo misionero en el oeste de África. Al pasar por la ciudad de Nueva York visitaron las oficinas centrales de A. B. Simpson, donde escucharon sus puntos de vista sobre la sanidad y adquirieron la seguridad de que una sencilla vida de fe y el poder del Espíritu los prepararían para cuanto tuvieran por delante. Un observador informa que "dos de sus principios centrales eran la sanidad por fe y los dones de lenguas pentecostales; no debían llevar medicinas, ni hacer uso de gramáticas o diccionarios; el grupo fue atacado por fiebres malignas; dos murieron negándose a tomar quinina". Aunque la expedición terminó trágicamente, el ideal sobrevivió.

En 1895, W. B. Godbey, autor y editor del movimiento de Santidad muy leído, predijo que el "don de lenguas" estaba "destinado a jugar un papel sobresaliente en la evangelización del mundo pagano, en medio del glorioso cumplimiento profético de los últimos días. Todos los misioneros en tierras paganas deben buscar este don y esperar que los capacite para predicar con fluidez en la lengua vernácula, sin subestimar al mismo tiempo sus propios esfuerzos". Muchos otros compartían esta misma esperanza.

Otro defensor de este uso misionero de las lenguas fue Frank W. Sandford, fundador de la Escuela Bíblica "El Espíritu Santo y nosotros", en Shiloh, Maine, en 1895. Por medio de sus enseñanzas y de sus esfuerzos misioneros (hechos públicos en *Tongues of Fire*), Sanford también tenía la esperanza de evangelizar rápidamente el mundo. No sólo oró él para recibir el don de lenguas para el evangelismo, sino que otros lo hicieron también.

A fines de siglo, el movimiento de Santidad se estaba preocupando por la "reforma pentecostal de la doctrina wesleyana" y los cuatro temas del evangelio completo. De hecho, cuando comenzó el movimiento pentecostal unos cuantos años más tarde, sólo la prioridad concedida al don de lenguas lo distinguiría teológicamente de las creencias del movimiento de Santidad. Daniel W. Kerr, hacía en 1922 la siguiente observación:

> Durante los últimos años, Dios nos ha permitido descubrir y recuperar esta maravillosa verdad relacionada con el bautismo en el Espíritu, tal como se daba al principio. Así, tenemos todo cuanto tuvieron los demás [esto es, Lutero, Wesley, Blumhardt, Trudel y A. B. Simpson], y tenemos esto también. Vemos todo cuanto ellos vieron, pero ellos no ven lo que nosotros vemos.

Los pentecostales continuaron leyendo sin mucha dificultad la literatura de Santidad y cantando himnos favoritos como "The Cleansing Wave" [La ola purificadora], "The Comforter Has Come" [El Consolador ha venido], "Beulah Land" [¡Oh, excelsa gracia de Dios!] y "Old Time Power" [Poder de tiempos antiguos]. Se había echado vino nuevo en odres viejos.

En Kansas, el predicador de Santidad, Charles Fox Parham, y sus seguidores se sentían esperanzados también de recibir el poder del Espíritu para evangelizar rápidamente el mundo. Convencido por su propio estudio sobre el libro de Hechos, y bajo la influencia de Irwin y Sandford, Parham informa sobre un notable avivamiento en la Escuela Bíblica Bethel, de Topeka, Kansas, en enero de 1901. La mayoría de los estudiantes y el propio Parham se regocijaron de haber sido bautizados en el Espíritu y hablar en lenguas (esto es, *xenolalia*). Así como Dios había llenado a los ciento veinte con el Espíritu Santo el día de Pentecostés, ellos también recibieron la promesa (Hechos 2:39). De hecho, la "fe apostólica" de la iglesia del Nuevo Testamento había sido *plenamente* restaurada al fin.

Era de esperar que Bennett Freeman Lawrence le pusiera a la primera historia del movimiento pentecostal el nombre de *The Apostolic Faith Restored* [La fe apostólica restaurada], 1916.

La contribución teológica distintiva de Parham al movimiento se halla en su insistencia de que las lenguas representan la "evidencia bíblica" vital de la tercera obra de la gracia: el bautismo en el Espíritu, claramente ejemplificado en el modelo de los capítulos 2, 10 y 19 del libro de Hechos. En su *Voice Crying in the Wilderness* [Voz que clama en el desierto], (1902, 1910), Parham escribió que quienes lo recibían eran sellados como "la esposa de Cristo" (2 Corintios 1:21–22; Apocalipsis 7; 21). Santificados y preparados ahora como un grupo selecto de misioneros de los últimos tiempos, sólo ellos serían tomados por Cristo en el arrebatamiento de la Iglesia (previo a la Tribulación), después que terminasen su labor en el cumplimiento de la Gran Comisión. Los demás cristianos se enfrentarían a la prueba de sobrevivir durante los siete años de tribulación que seguirían. A pesar de que sus enseñanzas terminarían marginadas dentro del movimiento pentecostal, ciertamente suscitaron un tema que sigue vigente: la singularidad de la obra del Espíritu en quienes han hablado en lenguas, en comparación con quienes no lo han hecho.

Topeka contribuyó al avivamiento de la calle Azusa, en Los Ángeles, California (1906–1909), que adquiriría resonancia internacional. Su principal líder fue el afroamericano William J. Seymour, y las noticias de la "lluvia tardía" (de Joel 2:23) se esparcieron con rapidez en el extranjero mediante *Apostolic Faith* [Fe apostólica], el periódico de Seymour, y los esfuerzos de muchos que viajaron desde las reuniones de la calle Azusa hasta otros lugares de América del Norte y del extranjero.

Aunque tuvieron lugar otros avivamientos pentecostales importantes (por ejemplo, Zion, Ill.; Toronto; Dunn, N. C.), la complejidad y el significado del avivamiento de Los Ángeles sigue siendo un reto para los historiadores. Sus temas de la esperanza escatológica y del poder evangelístico (el legado de Parham) marcaron el sendero tomado por los pentecostales de raza blanca en sus vigorosos esfuerzos por predicar el evangelio "hasta lo último de la tierra" (Hechos 1:8). Por su parte, los pentecostales afroamericanos han llamado la atención sobre la reconciliación de las razas y el derramamiento del poder en Azusa sobre los oprimidos, evidenciados por la poco común integración racial en los cultos, catalizada por el fruto del Espíritu (el legado de Seymour).[4] Ambos forman parte vital del relato. Aunque la carga del evangelismo inspiró el llevar el evangelio a todo el mundo, los pentecostales tienen mucho que aprender del mensaje de reconciliación que también hizo destacar el avivamiento.

DIVISIONES POR DIFERENCIAS TEOLÓGICAS

Las diferencias teológicas no se evaporaron en la emoción del anuncio sobre la llegada de la lluvia tardía. En los dieciséis primeros años de su existencia, el nuevo movimiento se enfrentó a tres grandes controversias.

La primera disputo que dividió a los pentecostales surgió a fines de 1906. Se centraba en el valor teológico de la literatura narrativa (Hechos y el final largo de Marcos 16), en cuanto a buscar argumentos a favor de la doctrina de las lenguas como la "evidencia inicial" del bautismo en el Espíritu. Los que seguían los pasos de Parham consideraban que las lenguas eran la evidencia y que el modelo del libro de Hechos tenía autoridad, tanta como cualquier pasaje declarativo. Es decir, en el libro de Hechos las lenguas parecen tener la función de servir de señal con respecto al bautismo, mientras que en 1 Corintios tenían otras funciones: para la vida de oración personal (14:4, 14, 28) y (con la interpretación) para edificación de la congregación (14:5, 27). En cambio, para aquéllos que escudriñaban el libro de Hechos desde el punto de vista que ellos consideraban paulino, las lenguas de Hechos no eran diferentes al don de lenguas de Corintios.

Los que creen en las lenguas como evidencia inicial del bautismo en el Espíritu han seguido el modelo hermenéutico de otros restauracionistas: elevar los factores de la vida de la Iglesia hasta una posición doctrinal. Al fin y al cabo, ¿cómo se podría negar que el tema central del libro de Hechos es la obra del Espíritu de enviar a los discípulos a predicar el evangelio a todo el mundo, acompañados por "señales y prodigios" (Hechos 4:29–30)? En esta doctrina, y en algunos círculos que llevan la doctrina del lavatorio de pies, los pentecostales trinitarios apelaron a un modelo doctrinal tomado de la literatura narrativa.

Durante los años posteriores a 1906, cada vez fueron más los pentecostales que reconocieron que en la mayor parte de los casos de lenguas, los creyentes estaban en realidad orando en idiomas no identificables, y no en idiomas identificables (es decir, *glosolalia* en lugar de *xenolalia*). Aunque Parham retuvo su punto de vista acerca de las lenguas como instrumento para predicar, cada vez fueron más los pentecostales que llegaron a la conclusión de que las lenguas representaban la oración en el Espíritu, la intercesión y la alabanza.

El segundo debate se desarrolló en torno a la santificación, la segunda obra de la gracia: ¿era instantánea, o progresiva? Como era de esperar, las fronteras quedaron marcadas entre los pentecostales con simpatías wesleyanas (tres obras de la gracia) y los de simpatías reformadas (dos obras). En el sermón "La obra completa del Calvario" (predicado en 1910 en la Convención Pentecostal de la Iglesia "Stone", en Chicago, Illinois), William H. Durham, bautista transformado en pentecostal, declaró que el problema del pecado innato había recibido el golpe mortal por haber sido crucificado con Cristo en la cruz. Al poner su fe en la eficacia de aquel acontecimiento, la persona puede seguir dando fruto espiritual procedente de la justicia de Cristo que le ha sido atribuida.

La tercera discusión entre los pentecostales fue consecuencia del impulso restauracionista y de la fuerte insistencia cristológica del evangelio completo. Los interrogantes acerca de la naturaleza de la Divinidad se manifestaron en la convención pentecostal internacional de Arroyo Seco (cerca de Los Ángeles). Durante un sermón sobre el bautismo, R. E. McAlister hizo la observación de que los apóstoles habían bautizado usando el nombre de Jesús (Hechos 2:38) en lugar de la fórmula trinitaria (Mateo 28:19). Aquéllos a quienes les pareció haber descubierto más luz en la restauración de la iglesia del Nuevo Testamento, fueron rebautizados en el nombre de Jesús, siguiendo lo que ellos consideraron como otro modelo tomado del libro de Hechos. Algunas personas, entre ellas Frank J. Ewart, continuaron haciendo estudios sobre el bautismo en agua, y a partir de aquí se desarrolló una nueva agrupación de iglesias.

Estas creencias insistían en la "unidad" de la Divinidad, en contraste con el punto de vista ortodoxo cristiano de un Dios en tres Personas. Además de esto, los teólogos de la unidad sostenían que, puesto que Jesucristo es el nombre redentor de Dios, la salvación y las bendiciones de Dios son derramadas a través de ese nombre. Desde el principio, han existido dos campos dentro de los pentecostales unidos: los que creen que a la conversión y el bautismo en agua en el nombre de Jesús les sigue una segunda experiencia en que se recibe poder, y los que sostienen que los tres elementos de Hechos 2:38 (arrepentimiento, bautismo en el nombre de Jesús y recepción del Espíritu Santo [lenguas]) convergen en un acto de la gracia, el nuevo nacimiento.

Con la condenación del tema de la Unidad, los padres del movimiento pentecostal dieron por supuesto que la restauración de la fe apostólica había sido protegida del error. En los años posteriores, se centraron en la conservación de las verdades del avivamiento.

EL DESARROLLO DE LA TEOLOGÍA PENTECOSTAL/CARISMATICA

Un comunicado pentecostal, comenzó su expresión con estas palabras:

> Estas asambleas se oponen a toda Alta Crítica radical de la Biblia, y a todo modernismo e infidelidad en la Iglesia; a que haya gente no salva y llena de pecado y mundanalidad que pertenezca a la Iglesia. Creen en todas las verdades realmente bíblicas sostenidas por todas las iglesias realmente evangélicas.

No obstante, el primer Concilio no se había reunido para escribir un nuevo credo, ni para poner los cimientos de una nueva denominación. En lugar de esto, los delegados se limitaron a adoptar el "Preámbulo y Resolución sobre la Constitución" que les fue propuesto, en el que se describían sus motivos de preocupaciones y donde se expresaban varias creencias importantes, se elegían oficiales y se aprobaba la incorporación.

Los pentecostales se han caracterizado por cinco valores implícitos: la experiencia personal, la comunicación oral (reflejada también en los testimonios en revistas de iglesias, folletos, literatura de escuela dominical, panfletos y tratados), la espontaneidad, la preocupación por la otra vida y la autoridad de las Escrituras. Todos ellos son observables en sus conceptos sobre los líderes, el estilo de vida, la adoración y la literatura de iglesia. Estos valores definen en gran parte las características únicas del pentecostalismo y explican por qué no se ha insistido mucho en el acercamiento académico a la teología.

Como consecuencia, los editores y escritores han producido publicaciones periódicas, libros, folletos, tratados y planes de estudio para las escuelas dominicales con el propósito de ayudar a los creyentes a madurar. También han ejemplificado la vida victoriosa a base de recoger miles de testimonios de oraciones contestadas, sanidades físicas, exorcismos y liberaciones de adicciones químicas. Desde el principio mismo, el reto de conservar la obra del Espíritu ha consumido energías sustanciales. Por esta razón, su literatura siempre ha presentado una orientación laica, facilitada por muchos autores que han estudiado en institutos bíblicos y colegios bíblicos universitarios.

La conservación de la doctrina hasta 1950

Cuando el tema de la Unidad amenazó con causar una división en el Concilio durante la reunión de 1916, los líderes de la Iglesia echaron conscientemente a un lado los sentimientos contrarios a los credos que estaban presentes en la reunión de Hot Springs, al trazar fronteras doctrinales para proteger la integridad de la Iglesia y el bienestar de los santos. Varios de los principales ministros, bajo la dirección de Daniel W. Kerr, redactaron la Declaración de Verdades Fundamentales; ésta contenía una larga sección donde se sostenía el punto de vista ortodoxo sobre la Trinidad.

No obstante, aún al adoptar esta posición, los autores quisieron explicarla (y explicar su propia actitud):

> No tenemos el propósito de que la Declaración de Verdades Fundamentales sea un credo para la Iglesia, ni una base de fraternidad entre cristianos, sino que sólo sirva de base para la unidad entre los ministros... La fraseología humana utilizada en dicha declaración no es inspirada, ni se afirma que lo sea, sino que las verdades que presenta... se consideran esenciales para un ministerio de evangelio completo. No se pretende que contenga todas las verdades bíblicas, sino sólo que cubra nuestra necesidad en cuanto a estas doctrinas fundamentales.

Después los ministros unitarios abandonaron en masa el Concilio.

A diferencia de la larga explicación sobre la Trinidad, hay otros puntos (por ejemplo, la sanidad divina y el bautismo en el Espíritu) que son tratados con notoria brevedad, a pesar de su carácter distintivo. Esto tiene que ver con el ímpetu que rodeó a dichos documentos: todas las declaraciones en forma de credo surgen de la controversia, y lo normal es que pongan especial relieve en la enseñanza o enseñanzas concretas que se hallan en discusión.

Por consiguiente, la Declaración de Verdades Fundamentales sirve como marco doctrinal para el crecimiento en la vida cristiana y en el ministerio; su intención original no fue convertirse en esquema para una teología sistemática coherente. Por ejemplo, la sección titulada "La caída del hombre" menciona, naturalmente, que toda la humanidad ha caído en el pecado; sin embargo, al mismo tiempo le permite al lector cierta libertad en cuanto a decidir lo que significa el pecado original, y el medio por el cual se transmite de una generación a otra.

En los años posteriores, la conservación de la doctrina recibió ayuda de diferentes formas. Varias razones motivaron estos esfuerzos. Ante todo, los cristianos deben seguir avanzando en la vida llena del Espíritu con el fin de aumentar su eficacia como testigos de Cristo. Cuando el Presbiterio Ejecutivo reconoció el peligro de las notas antipentecostales en la *Biblia de Referencia Scofield*, mantuvo la prohibición de que se anunciara en la revista *Pentecostal Evangel* [El Evangelio pentecostal] por dos años (1924–1926) antes de que se le persuadiera de que los comentarios edificantes pesaban más que los no edificantes.

No sorprende que Gospel Publishing House, la casa editora de la denominación en Springfield, Missouri, produjera una considerable variedad de libros populares con temas doctrinales, además de los materiales para la Escuela Dominical. Entre los ejemplos de este período se hallan *The Phenomena of Pentecost* (1931), por Donald Gee, *Rivers of Living Water* (sin fecha), por Stanley H. Frodsham, y *Healing from Heaven* (1926), de Lilian B. Yeomans. Alice Reynolds Flower, comenzó a escribir lecciones de Escuela Dominical en las pp. del *Christian Evangel* (El Evangelio cristiano, posteriormente, *Pentecostal Evangel*). Con el transcurso del tiempo, las valiosas oportunidades de adiestramiento que proporcionan las escuelas dominicales fueron recibiendo mayor atención. Apareció un libro de texto sobre los principios de interpretación bíblica, la traducción hecha por P. C. Nelson de la obra *Hermeneutics* (1938), de Eric Lund, producida por Southwestern Press.

Los que no podían asistir a los institutos bíblicos, podían estudiar el plan de redención por medio del ministerio de los evangelistas itinerantes, quienes traían sus grandes cuadros sobre las dispensaciones (a veces hasta de diez metros) y los colgaban a lo ancho de las plataformas de las iglesias para las sesiones de enseñanza. El evangelista, puntero en mano, iba guiando al auditorio a lo largo de los siete períodos dispensacionales de la agenda redentora de Dios, explicando las verdades bíblicas desde la Edad de la Inocencia en el huerto del Edén, hasta el milenio venidero. Entre los que produjeron materiales para este tipo de instrucción, Finis Jennings Dake fue probablemente el creyente pentecostal más famoso; de hecho, sus numerosas publicaciones, entre las que se incluyen notas de conferencias, libros y finalmente la *Dake's Annotated Reference Bible* [Biblia anotada de consulta de Dake], (1963), han seguido moldeando la teología de muchos pentecostales.

Aparecieron relatos anecdóticos sobre la vida espiritual, escritos por Elizabeth V. Baker y otros, *Chronicles of a Faith Life* (2ª edición, alrededor de 1926); H. A. Baker, *Visions Beyond the Veil* (1938); Robert W. Cummings, *Gethsemane* (1944); y Alice Reynolds Flower, *Love Overflowing* (1928), por citar sólo algunos. También se empleó la poesía como medio de presentar verdades espirituales. Entre los poetas más conocidos se hallan Alice Reynolds Flower y John Wright Follette.

Como era de esperar, los compositores contribuían también en la presentación de la doctrina. Junto con los antiguos himnos evangélicos favoritos, las congregaciones recibieron la bendición de los cánticos de Herbert Buffum, como "The Loveliness of Christ" [El encanto de Cristo], y "I'm Going Through" [Voy a pasar]. También encontraron eco los cantos de los pentecostales unitarios afroamericanos, especialmente los de Thoro Harris (por ejemplo, "All That Thrills My Soul Is Jesus" [Todo lo que emociona mi alma es Jesús], "More Abundantly" [Más abundantemente], y "He's Coming Soon" [Él viene pronto]), y el obispo Garfield T. Haywood (por ejemplo, "Jesus, the Son of God" [Jesús, el Hijo de Dios] y "I See a Crimson Stream of Blood" [Oh, ved la fuente carmesí]).

Una segunda razón tras la protección de la doctrina es que los creyentes necesitan respuestas sólidas ante las doctrinas erróneas. Cuando surgieron amenazas contra la fe después de 1916, el Concilio se movió con rapidez para resolver las cuestiones doctrinales. Cuando volvió a surgir en 1918 el tema hermenéutico sobre las lenguas como evidencia necesaria del bautismo en el Espíritu, el Concilio declaró que aquello era "nuestro testimonio distintivo". Además de esto, adaptó el Artículo 6 de la Declaración de Verdades Fundamentales para que se refiriese a las lenguas como "la señal *física* inicial" (cursivas añadidas). En los años posteriores, aparecieron en el *Pentecostal Evangel* varios artículos poderosos escritos por Kerr, entre otras respuestas que se publicaron.

Sin enmendar la Declaración, el Concilio aprobó ciertas regulaciones como otra forma de enfrentarse a las cuestiones problemáticas. En la categoría de "Errores escatológicos" que se encuentra en el artículo VIII del documento de "Constitución y Estatutos", se mencionan varias enseñanzas para condenarlas. Por ejemplo, la doctrina de la "restitución de todas las cosas". Charles Hamilton Pridgeon, famoso ministro de Pittsburgh, Pennsylvania, proponía en su libro *Is Hell Eternal; or Will God's Plan Fail?* (1918) que la duración del infierno es limitada, y para purgar los pecados; después de esto, toda la humanidad experimentará el amor de Dios. Pridgeon, antiguo presbiteriano y defensor de la sanidad por fe, se convirtió en pentecostal a principios de los años veinte y continuó enseñando esta forma de universalismo. A veces se le llamaba a esta doctrina la "reconciliación" de todas las cosas, o sencillamente, "pridgeonismo". El Concilio la condenó como herética en 1925. Aunque se desconoce cuántos pentecostales aceptaban el universalismo de Pridgeon, la amenaza pareció merecer una condenación oficial.

Otro de estos temas tenía que ver con el inminente regreso de Cristo: ¿podía adherirse un ministro al concepto de un arrebatamiento posterior a la Tribulación? Cuando Benjamín A. Baur solicitó credenciales al Distrito del Este a mediados de los años treinta, los presbíteros rechazaron su solicitud, diciendo que su punto de vista disminuía la inminencia del regreso del Señor. Según sus ideas, los cristianos tendrían que soportar por completo los siete años del período de Tribulación, en especial los últimos tres años y medio, el tiempo de la "Gran Ira", antes de que Cristo regresase a buscar a su Iglesia. Aunque algunos de los presbíteros del distrito sostenían un arrebatamiento a mediados de la Tribulación, se siguió recelando del punto de vista de Baur, a pesar de que escribió una voluminosa defensa del mismo. El Concilio aprobó una moción donde se hacían observar sus posibles problemas para la vida cristiana en el presente, puesto que los cristianos se pueden volver cómodos si se les dice que el regreso de Cristo no es inminente. Sin embargo, reflejando el interés de los primeros pentecostales en evitar las divisiones y las sutilezas en los detalles de doctrina, la nueva regulación permitía que los ministros creyeran en un arrebatamiento posterior a la Tribulación, pero no les permitía predicarlo o enseñarlo.

Una tercera razón tras la protección de la doctrina es que los pentecostales han estado luchando por mantener el equilibrio entre las enseñanzas bíblicas y su experiencia religiosa. Comprometidos con el principio de la Reforma sobre la autoridad bíblica ("sólo la Escritura") como la norma de fe y práctica, han sentido sin embargo la tentación de elevar las revelaciones personales y otras manifestaciones espirituales al mismo nivel. Se refleja esta lucha en un informe de los primeros tiempos del *Pentecostal Evangel* donde se describen las expectaciones de Frank M. Boyd como uno de los primeros educadores de escuela bíblica e instructor en el Instituto Bíblico Central (Colegio Universitario desde 1965):

> Esperaba que, al salir, todos los estudiantes estuviesen más llenos de fuego, amor y celo, y más llenos del Espíritu, que cuando llegaron. Decía que cuando los hombres tienen la Palabra sin el Espíritu, con frecuencia están muertos, embotados y secos; y cuando los hombres tienen al Espíritu sin la Palabra, siempre hay una tendencia al fanatismo. En cambio, donde los hombres tienen la Palabra y el Espíritu, están equipados tal como el Maestro quiere que sus ministros lo estén.

Este reto de instruir a los creyentes en la forma de llevar una vida madura llena del Espíritu ayuda a explicar la gran prioridad dada a las publicaciones.

Sin embargo, no aparecieron los manuales detallados de doctrina hasta los años veinte y treinta. Uno de los más conocidos, *Knowing the Doctrines of the Bible* [Teología bíblica y sistemática], (1937), fue compilado a partir de notas de las conferencias de Myer Pearlman, instructor del Instituto Bíblico Central. El teólogo Russell P. Spittler sugiere que es "la joya teológica del período medio dentro del pentecostalismo clásico". Aparecieron otros libros con agendas similares, como *Pillars of Truth* [Los pilares de la verdad], de S. A. Jamieson (1926), *Bible Doctrines* [Doctrinas bíblicas], de P. C. Nelson (1934), y *Systematic Theology* [Teología sistemática], obra en tres volúmenes de Ernest S. Williams (1953; aunque organizada como una teología sistemática, es más exacto considerarla un manual de doctrina compuesto a base de notas de conferencias dadas por el autor en el Instituto Bíblico Central desde 1929 hasta 1949). Entre los estudios especializados sobre el Espíritu Santo se hallan *What Meaneth This?* [¿Qué quiere decir esto?], (1947), de Carl Brumback, y *The Spirit Himself* [El Espíritu mismo], (1949), de Ralph M. Riggs. En un desarrollo paralelo, Boyd preparó libros de instrucción doctrinal para cursos por correspondencia, fundando lo que es hoy el Colegio Berea.

En otro frente, Alice E. Luce, misionera en la India y posteriormente entre los hispanos de los Estados Unidos, guió al Concilio en la articulación de su teología y estrategia en cuanto a las misiones mundiales. Los métodos misioneros de Pablo en el *Pentecostal Evangel* a principios de 1921 prepararon el camino para la aceptación de un detallado compromiso con los principios de las iglesias nacionales; esto tuvo lugar oficialmente aquel año en la reunión del Concilio durante el mes de septiembre. Alice F. Luce, quien había hecho sus estudios teológicos en el Colegio Universitario Cheltenham para Damas (Inglaterra), también escribió varios libros, numerosos artículos, tanto en inglés como en castellano, notas de conferencias y lecciones de Escuela Dominical.

La conservación de la doctrina después de 1950

Con la llegada de una nueva generación y del interés por mejorar la calidad de los estudios en los colegios bíblicos y de estudios generales de la denominación, se comenzó a animar a los maestros para que mejoraran su nivel de estudios. Esto comenzó una transición gradual en el personal de los departamentos de Biblia y teología hacia la presencia de instructores graduados en estudios bíblicos, teología sistemática e historia de la Iglesia, y con mayor capacidad en hermenéutica, Antiguo Testamento, Nuevo Testamento, teología y el desarrollo histórico de la doctrina y la práctica.

Aunque muchos habían temido por mucho tiempo que la fe se intelectualizara, este nuevo grupo de maestros fueron modelo de equilibrio entre la espiritualidad pentecostal y los estudios académicos. Uno de dichos profesores, Stanley M. Horton, había hecho sus estudios de idiomas bíblicos y Antiguo Testamento en el Seminario Teológico Gordon-Conwell, en la Escuela de Divinidades de Harvard y en el Seminario Teológico Bautista Central. A lo largo de los años, Horton ha dejado una profunda huella en la denominación a través de sus libros de enseñanza (por ejemplo, *El Espíritu Santo revelado en la Biblia*,

Editorial Vida, 1980), artículos en revistas y periódicos y contribuciones al plan de estudios para adultos de la Escuela Dominical.

Con el aumento de sus conocimientos, los educadores comenzaron a explorar con mayor profundidad las creencias distintivas del movimiento pestecostal. Muchos de ellos se han unido a la Sociedad de Estudios Pentecostales, una sociedad académica fundada en 1970, y así han contribuido con artículos a su publicación periódica, *Pneuma*. *Paraclete* (El Paracleto, que comenzó en 1967), la publicación periódica de la denominación, ha proporcionado otra oportunidad para estudios a nivel de erudición, aunque hasta 1992 estaba limitada a la Pneumatología. Una fuente de corta duración en cuanto a la opinión teológica dentro del Concilio fue la publicación *Agora* (1977–1981), una revista independiente trimestral.

Entre los estudios eruditos relacionados con la persona y la obra del Espíritu Santo se incluyen *Commentary on the First Epistle to the Corinthians* [Comentario a la Primera Epístola a los Corintios] por Gordon D. Fee (1987), *The Book of Acts* [El libro de Hechos], (1981), por Stanley M. Horton, y *The Charismatic Theology of Saint Luke* [La teología carismática de San Lucas], (1984), por Roger Stronstad (ministro de las Asambleas Pentecostales de Canadá). Se pueden encontrar estudios sobre temas concretos relacionados con la herencia pentecostal en *The Spirit Helps Us Pray: A Biblical Theology of Prayer* [El Espíritu nos ayuda a orar: una teología bíblica de la oración], (1993), por Robert L. Brandt y Zenas J. Bicket; *Called and Empowered: Global Mission in Pentecostal Perspective* [Llamados y llenos de poder: las misiones mundiales en perspectiva pentecostal], (1991), por Murray Dempster, Byron D. Klaus y Douglas Peterson, editores; *Initial Evidence: Historical and Biblical Perspectives on the Pentecostal Doctrine of Spirit Baptism* [La evidencia inicial: perspectivas histórica y bíblica sobre la doctrina pentecostal del bautismo en el Espíritu], (1991), por Gary B. McGee, editor; *Enfrentamiento de poderes*, (1994), por Opal L. Reddin, editora; y *The Liberating Spirit: Toward an Hispanic American Pentecostal Social Ethic* [El Espíritu liberador: hacia una ética social del Hispano en Estados Unidos], (1992), por Eldin Villafañe.

Con todo, además de la nueva línea de libros de texto a nivel universitario que ofrece Logion Press (Gospel Publishing House), sigue prevaleciendo la prioridad dada por la denominación a los materiales escritos a nivel popular. La obra *Bible Doctrines: A Pentecostal Perspective* [Doctrinas bíblicas: una perspectiva pentecostal], (1993), por William W. Menzies y Stanley M. Horton, recientemente publicada, representa una nueva exploración de la doctrina para las clases de adultos de la Escuela Dominical o para cursos a nivel preuniversitario. La miríada de publicaciones por Gospel Publishing House y Editorial Vida siguen centrando la mayor parte de su atención en los estudios bíblicos, el discipulado y los estudios prácticos para los ministros. Esto es cierto también con respecto a las publicaciones de la Universidad ICI y del Colegio Berea. Ambas instituciones ofrecen programas de estudio por correspondencia, con créditos universitarios o sin ellos, tanto a personas laicas como a candidatos al ministerio como profesión.

En otras publicaciones realizadas en diversas casas editoras se puede hallar también una exploración académica de la doctrina: *An Introduction to Theology: A Classical Pentecostal Perspective* [Una introducción a la teología: una perspectiva pentecostal clásica], (1993), por John R. Higgins, Michael L. Dusing y Frank D. Tallman, y los libros de Donald Gee *Concerning Spiritual Gifts* [Acerca de los dones espirituales], (1928, edición revisada de 1972) y *Trophimus I Left Sick* [A Trófimo dejé enfermo], (1952), publicados en momentos muy oportunos; dos folletos titulados *Living Your Christian Life NOW in the Light of Eternity* [Viviendo ahora su vida cristiana bajo la luz de la eternidad], (1960), por H. B. Kelchner; *Divine Healing and the Problem of Suffering* [La sanidad divina y el problema del sufrimiento], (1976), por Jesse K. Moon; *Dunamis and the Church* [La dynamis y la Iglesia], (1968), por Henry H. Ness, y *The Spirit-God in Action* [El Dios-Espíritu en acción], (1974), por Anthony D. Palma. Se han facilitado estudios menos didácticos sobre la vida espiritual en libros como *Pentecost in My Soul* [Pentecostés en mi alma], (1989), por Edith L. Blumhofer. Igualmente, colecciones de recuerdos personales como *The Spirit Bade Me Go* [El Espíritu me ordenó que fuera], (1961), por David J. du Plessis, *Grace for Grace* [Gracia por gracia], (1961), por Alice Reynolds Flower, y *Although the Fig Tree Shall Not Blossom* [Aunque la higuera no dé fruto], (1976), por Daena Cargnel. Estos han despertado interés debido a que ponen de relieve la presencia y guía del Espíritu Santo en el corazón de los creyentes. La publicación semanal *Pentecostal Evangel* [El Evangelio pentecostal] y *Advance* [Avance], la revista mensual para los ministros, proporcionan también inspiración y enseñanza de esta naturaleza.

Los compositores continuaron compartiendo sus dones en cuanto a la adoración y la instrucción. Uno de los más conocidos, Ira Stanphill, supo llevar una cálida sensación a los corazones de los asistentes a las iglesias con cantos como "Mansion Over the Hilltop" [Mansión gloriosa], "Room at the Cross" [Lugar en la cruz] y "I Know Who Holds Tomorrow" [Yo sé quién controla el mañana], pensados para proporcionar consuelo y confianza en la gracia de Dios. Los compositores han tenido tanta influencia desde principios del movimiento pentecostal que, mientras que la mayoría de los pentecostales nunca se han aprendido el Credo de los Apóstoles o el Credo Niceno, en cambio sí pueden cantar de memoria una cantidad impresionante de estos himnos y coros, testimonio evidente de que gran parte de la teología pentecostal ha sido transmitida oralmente.

En los años setenta, el movimiento pentecostal se había convertido en una de las principales denominaciones de los Estados Unidos, relacionada a otras organizaciones fraternales aún mayores en el extranjero. Al enfrentarse con nuevos problemas, los dirigentes de la Iglesia escogieron el método de publicar documentos sobre posiciones doctrinales en cuanto a los temas que preocupan a las iglesias. De esta forma siguieron respondiendo a dichos temas, sin añadir más estatutos a la constitución, ni enmendar la Declaración de Verdades Fundamentales. A partir de 1970, con la publicación de "The Inerrancy of Scripture" [La inerrancia de las Escrituras], documento apoyado por el Presbiterio General, se han publicado más de veinte documentos similares. Entre los temas tratados se hallan la sanidad divina, la creación, la meditación trascendental, el divorcio y el segundo matrimonio, la evidencia física inicial del bautismo en el Espíritu, el aborto, el reino de Dios y el ministerio de las mujeres. En los años recientes, los miembros de la Comisión de Pureza Doctrinal de la denominación, establecida en 1979 para vigilar los desarrollos teológicos, han sido quienes han preparado los documentos.

Como es obvio, el uso de estos documentos doctrinales ha comenzado a ampliar la identidad confesional pentecostal. No obstante, el uso de estos documentos no ha sido realizado sin cierto grado de desacuerdo. El peso de autoridad de los documentos doctrinales con relación al de la Declaración de Verdades Fundamentales deja lugar para discusión. Además, por lo menos uno de los documentos se podría interpretar como un cambio con respecto a una comprensión original de la Declaración, cuando menciona que "algunos han tratado de presentar la sanidad divina en oposición a la profesión médica, o en competencia con ella. Esto no tiene por qué ser así. Los médicos han ayudado a muchos por medio de sus conocimientos". También se afirma que los cristianos no pueden invertir los efectos físicos de la caída, puesto que "hagamos lo que hagamos por este cuerpo, y por muchas veces que seamos sanados, si Jesús no viene, moriremos".

Ya en los años cuarenta, muchos evangélicos conservadores se daban cuenta de que los puntos teológicos de coincidencia con los pentecostales eran de mayor peso que las diferencias, y comenzaron a aceptar su amistad y colaboración. Las relaciones se debilitaron a veces, debido a la persistencia de desconfianzas acerca de la pneumatología y la naturaleza generalmente arminiana de su antropología teológica. No obstante, la huella marcada por el movimiento evangélico en la teología del pentecostalismo ha sido considerable.

Después de la elección de Thomas F. Zimmerman como presidente de la Asociación Nacional de Evangélicos (1960–1962), el Concilio hizo en 1961 unas pocas modificaciones a la Declaración de Verdades Fundamentales. La revisión más importante se encuentra en la sección "La inspiración de las Escrituras". La versión de 1916 dice como sigue: "La Biblia es la Palabra inspirada de Dios, una revelación de Dios al hombre, la regla infalible de fe y conducta, y es superior a la conciencia y a la razón, aunque no contraria a la razón." La fraseología cambiada está más en línea con la posición de los evangélicos en la Asociación: "Las Escrituras, tanto el Antiguo Testamento como el Nuevo, son verbalmente inspiradas por Dios, y son la revelación de Dios al hombre, la regla de fe y conducta infalible y llena de autoridad." Los pentecostales han creído en la inspiración e inerrancia de las Escrituras desde la fundación del Concilio. Con todo, el que los pentecostales hayan hecho una contribución suya propia a la comprensión de la inspiración de las Escrituras como "producto del hálito divino" (gr. *zeópneystos*), es terreno aún sin explorar.

La teología reformada histórica de la mayoría de los evangélicos, tanto dentro de la Asociación como fuera de ella, ha seguido suscitando objeciones a las comprensiones wesleyanas y keswickianas de una obra separada de la gracia posterior a la conversión, el fundamento teológico sobre el cual los pentecostales clásicos han levantado su doctrina sobre el bautismo en el Espíritu. Esta posición de reserva entre los eruditos, notable por su crítica a la base exegética en cuanto a las lenguas como evidencia inicial, se ha mantenido a lo largo de los años. Como respuesta, dos eruditos carismáticos han hecho importantes contribuciones a la doctrina pentecostal clásica del bautismo en el Espíritu: Howard Ervin (de la Iglesia Bautista Norteamericana), *Conversion-Initiation and the Baptism in the Holy Spirit* [Conversión-Iniciación y el bautismo en el Espíritu Santo], (1984), y J. Rodman Williams (presbiteriano), *Renewal Theology* [Teología de la Renovación], especialmente el volumen 2 (1990). Algunos teólogos pentecostales han presentado también importantes estudios.

Probablemente haya sido más sustancial la influencia de los eruditos evangélicos en las creencias pentecostales sobre los aspectos presentes y futuros del reino de Dios, concepto del que sólo se hace alusión en la Declaración de Verdades Fundamentales. Por muchos años, las enseñanzas pentecostales sobre los acontecimientos del futuro tuvieron una orientación fuertemente dispensacionalista (esto es, la creencia compartida en la existencia de siete dispensaciones y un arrebatamiento previo a la Tribulación, aunque dejando de lado una enseñanza central que separa a la Iglesia de Israel). Esto fue popularizado y reforzado por los escritos de Riggs, Boyd, Dake, Brumback, John G. Hall y T. J. Jones. Las referencias del Nuevo Testamento al "reino de Dios" (brevemente definido como el gobierno o reinado de Dios) como realidad presente en los corazones de los redimidos, apenas eran tomadas en cuenta, mientras que su aparición futura con el milenio recibía extensa consideración.

Según el dispensacionalismo histórico, la promesa sobre la restauración del reino de David ha quedado pospuesta al milenio debido a que los judíos rechazaron el reino de Dios cuando Jesús se lo ofreció. Esto habría retardado el cumplimiento de la profecía de Joel acerca de la restauración de Israel y el derramamiento del Espíritu Santo hasta después de la Segunda Venida de Cristo. Por consiguiente, los sucesos de Hechos 2 sólo representaban una bendición de poder como punto inicial para la Iglesia Primitiva. Lógicamente, Israel y la Iglesia se mantenían separados; de aquí la subyacente postura antipentecostal en este sistema de interpretación de las Escrituras.

En cambio, para los pentecostales la profecía de Joel se había cumplido en el día de Pentecostés, tal como lo evidencian las palabras "esto es lo dicho", pronunciadas por Pedro (Hechos 2:16). Lamentablemente, la deferencia de los pentecostales hacia el dispensacionalismo los frenó en su búsqueda del significado de algunas referencias al reino de Dios y su afirmación de poder apostólico en los últimos días (véanse Mateo 9:35; 24:14; Hechos 8:12; 1 Corintios 4:20, entre otras citas).

Ciertos teólogos, sobre todo Ernest S. Williams y Stanley M. Horton, sí identificaban claramente el reino de Dios con la Iglesia (el "Israel espiritual"), reconociendo la vital conexión que había con su creencia acerca de la actividad contemporánea del Espíritu en la Iglesia.

Después de la Segunda Guerra Mundial, los evangélicos renovaron sus estudios sobre la significación teológica y misionera del reino de Dios, y el interés de los pentecostales en el reino de Dios se fue haciendo gradualmente paralelo al de los evangélicos. Melvin L. Hodges, reconoció la importancia del reino de Dios para comprender una teología neotestamentaria de la misión. En abril de 1966, durante su discurso ante el Congreso sobre la Misión Mundial de la Iglesia en el Colegio Universitario de Wheaton, declaró que la Iglesia es "la manifestación presente del reino de Dios en la tierra, o por lo menos, la agencia que prepara el camino para la manifestación futura del reino. Por tanto, su misión es la extensión de la Iglesia por todo el mundo... Es el Espíritu Santo quien le da vida a la Iglesia y le imparte dones y ministerios, además de darle poder para su funcionamiento". Aunque no llega a elaborar el concepto, el mensaje de Hodges indica que existía ya una importante tendencia. La conexión vital entre las "señales y prodigios" del reino en marcha (las manifestaciones de poder del Espíritu asociadas a la predicación del evangelio) esperaría una elaboración más amplia.

Unos veinte años más tarde, Ruth A. Breusch, misionera retirada, expondría su significado para el ministerio pentecostal en *Mountain Movers* [Movedores de montañas], ha mostrado de nuevo la prioridad de la labor de discipular a las personas en las bancas de la iglesia. En una serie de diez artículos bajo el tema de "El reino, el poder y la gloria", la hermana Breusch, graduada de la Fundación Seminario de Hartford (B. A., M. A.), demostró una razonada interpretación del Nuevo Testamento y familiaridad con la literatura misionológica. Definió el reino como el gobierno de Dios que abarca "la Iglesia como el ámbito de las bendiciones de Dios, en el que ha entrado su pueblo. La Iglesia está compuesta por aquéllos que han sido rescatados del reino de las tinieblas y llevados al reino del Hijo de Dios". Por consiguiente, "esta Iglesia es *el Nuevo Israel*, el pueblo de Dios, bajo el nuevo pacto. 'Nuevo', porque ahora quedan incluidos los creyentes gentiles". Por decisión de Dios, la Iglesia es el vehículo para la extensión de su reino por toda la tierra. Para la hermana Breusch, la venida del Espíritu es un reflejo de su naturaleza redentora, puesto que llena de poder a la Iglesia de una manera dinámica para la evangelización del mundo.

Esta atención al estudio del concepto bíblico del reino de Dios ha contribuido a una comprensión mejor de las enseñanzas éticas de los evangelios, la naturaleza y misión de la Iglesia, el significado de las señales y prodigios en el evangelismo y el papel del cristiano en la sociedad.

Otros escritores, en un plano más académico, han resaltado la importancia del reino de Dios en el estudio de las Escrituras. Por ejemplo, Peter Kuzmi observaba en una publicación reciente:

> Los pentecostales y carismáticos están convencidos ... de que "el reino de Dios no consiste en palabras, sino en poder" (1 Corintios 4:20), y esperan que la predicación de la Palabra de Dios vaya acompañada por obras poderosas del Espíritu Santo ... Para los seguidores de Jesús que creen en el "evangelio completo", el mandato de predicar las buenas nuevas del reino de Dios está unido al poder con el cual el Espíritu Santo nos equipa para vencer a las fuerzas del mal ...
>
> En la era del racionalismo, el liberalismo teológico y el pluralismo religioso, los pentecostales y carismáticos creen que la actividad sobrenatural del Espíritu Santo sirve de evidencia para dar validez al testimonio cristiano. Como en los días apostólicos, el Espíritu Santo es la vida misma de la Iglesia y su misión no es reemplazar a Cristo el Señor, sino siempre exaltarlo. Ésta es la misión primaria del Espíritu y la forma en la cual el reino de Dios se convierte en realidad dentro de la comunidad de creyentes. ¡Cristo reina donde se mueve el Espíritu!

Además de esto, Kuzmi y Murray W. Dempster, entre otros, hablan abiertamente de la trascendencia del reino en la ética social cristiana.

Recientemente, algunos pentecostales y carismáticos han abogado a favor de diversas formas de la teología del "reino presente", que en algunos sitios ha representado un alejamiento del punto de vista tradicional del arrebatamiento antes de la Tribulación y/o una interpretación premilenaria de la Biblia. Al centrarse en la cristianización de la sociedad en el presente y desechar o reducir al mínimo el interés en el arrebatamiento de la Iglesia (aunque no siempre en la Segunda Venida de Cristo), estas enseñanzas han engendrado serias controversias. de que se hayan desarrollado estos puntos de vista demuestra que los pentecostales contemporáneos se preocupan por descubrir sus responsabilidades sociales como cristianos.

Los valores para la continuación del estudio de doctrinas tan apreciadas pueden ser profundos y de largo alcance, recordándoles a los pentecostales las riquezas que hay en la Palabra de Dios.

CONCLUSIÓN

El pentecostalismo surgió del movimiento de Santidad del siglo diecinueve. La formulación del evangelio completo, la preocupación por la evangelización del mundo en los días finales de la historia, y la intensa oración por el derramamiento del Espíritu Santo precipitaron los avivamientos de Topeka, Los Ángeles y los muchos que les siguieron.

Los movimientos pentecostal y carismático de este siglo han indicado que ha tenido lugar algo de importancia poco usual en este momento de la historia de la Iglesia: Dios ha estado derramando el Espíritu Santo sobre los cristianos de todas partes que están buscando una vida llena del Espíritu caracterizada por la santidad y el poder espiritual. El poder divino recibido con el bautismo en el Espíritu les otorga una visión más profunda de la actividad del Espíritu en el mundo, una sensibilidad mayor ante sus sugerencias, una nueva dimensión en la oración y el poder espiritual para realizar las tareas a ellos encomendadas en su misión.

Cuando los pentecostales independientes organizaron el Concilio en 1914, lo hicieron para alcanzar con mayor rapidez su meta de ganar al mundo para Cristo. La urgencia y los problemas de aquella hora exigían la cooperación entre los bautizados en el Espíritu. Los dirigentes de la Iglesia reconocían la importancia del estudio bíblico y de la doctrina para proteger a las congregaciones del error, pero más importante aún, a fin de adiestrar a los creyentes "para la obra del ministerio" (Efesios 4:12).

El desarrollo de la doctrina en la denominación ha tomado varias formas: el Preámbulo, la Declaración de Verdades Fundamentales, los estatutos, los documentos doctrinales, artículos y editoriales en las revistas, tratados, libros, planes de estudio para la Escuela Dominical, cantos y poesía. Desde los maestros de Escuela Dominical hasta el que dirige la adoración, el pastor y el oficial de la denominación, todos han sido llamados a proclamar las buenas nuevas de la salvación, a mostrar la compasión de Jesucristo y a discipular a los convertidos.

Con los retos siempre nuevos para la fe presentada por la demora en el regreso del Señor y los cambios en el contexto cultural, las respuestas eruditas a los problemas teológicos han ganado mayor apreciación. En correspondencia con esto, la identificación creciente con el mundo evangélico ha llevado a una reflexión cada vez mayor sobre los aspectos distintivos de las creencias pentecostales. Desde la Segunda Guerra Mundial, el interés evangélico en las enseñanzas bíblicas sobre el reino de Dios ha enriquecido el estudio de la doctrina entre los pentecostales.

El escenario contemporáneo llama a la Iglesia a evaluar nuevamente su fidelidad a Dios y su misión en el mundo. Por consiguiente, el estudio piadoso y exhaustivo de las Escrituras, la teología, la misionología y la historia de la Iglesia constituye un importante don del Cristo resucitado a su Iglesia.

PREGUNTAS DE ESTUDIO

1. ¿Por qué todo estudio del pentecostalismo moderno debe incluir los puntos de vista de Juan Wesley sobre la santificación?
2. ¿Qué creían el movimiento de Keswick y los predicadores reformados de avivamiento, como Dwight L. Moody y Reuben A. Torrey, sobre el bautismo en el Espíritu Santo?
3. ¿Por qué la creencia en la sanidad divina encontró una recepción tan cálida en el movimiento de Santidad?
4. ¿Por qué la preocupación por la evangelización del mundo desempeñó un papel tan importante en el surgimiento del movimiento pentecostal?
5. ¿De qué maneras creían los primeros pentecostales que se estaba restaurando la iglesia del Nuevo Testamento?
6. ¿Cuáles fueron los legados de Charles F. Parham y de William J. Seymour? ¿Cómo afectaron al movimiento pentecostal?
7. Estudie las tres primeras controversias que provocaron divisiones dentro del movimiento pentecostal.
9. Después de la aprobación de la Declaración de Verdades Fundamentales en 1916, ¿cómo se enfrentó el Concilio a las enseñanzas dudosas?
10. ¿Cuál es el argumento subyacente contrario al pentecostalismo dentro del dispensacionalismo histórico?

Los fundamentos teológicos

La buena teología la escriben quienes tienen cuidado de permitir que sea la revelación bíblica la que les dé forma a sus puntos de vista. Por tanto, a lo largo de todo este libro debemos tener presentes las siguientes afirmaciones bíblicas: Dios existe, se ha revelado a sí mismo y ha puesto esta revelación al alcance de la humanidad.

En la Biblia vemos a Dios descender a la corriente de la vida y la historia humanas para llevar a cabo su gran plan de redención. En otras palabras, la Biblia presenta sus verdades en medio de situaciones históricas, en lugar de darnos una lista sistematizada de lo que enseña. Con todo, es necesario sistematizar sus enseñanzas para entenderlas mejor y para aplicarlas a nuestra vida.

No obstante, se debe realizar esta sistematización con gran cuidado, prestando atención tanto al contexto como al contenido del material bíblico que se está usando. Los teólogos tienen la sutil tentación de escoger solamente aquellos textos que están de acuerdo con sus posiciones, ignorando otros que parecen discordar, y usar los textos sin una preocupación adecuada por su contexto. Es necesario permitir que la Biblia hable con claridad, sin quedar nublada por las ideas preconcebidas y los conceptos errados de la persona.

Otra afirmación bíblica que guía el desarrollo del material en este libro es que el Espíritu Santo, quien inspiró la puesta por escrito de la Biblia, guía la mente y el corazón del creyente (Juan 16:13). Sin embargo, no se debe temer la labor del Espíritu Santo al ayudar al estudioso a comprender la Biblia, como una obra que va a conducir a extrañas interpretaciones previamente desconocidas. De hecho, "cuando el Espíritu guía a toda verdad, se trata en realidad de sacar a la luz, o evocar lo que ya es conocido". Además, "no pueden existir diferencias básicas entre las verdades que conoce la comunidad cristiana por medio de la habitación del Espíritu Santo en ella, y las que se presentan en las Escrituras".

Los pentecostales tienen una rica herencia en el ámbito de las experiencias, y han sostenido fervientes convicciones con respecto a su fe, pero no han estado tan dispuestos a escribir explicaciones de sus experiencias con las verdades de la Biblia. Con todo, existe ahora un cuerpo creciente de literatura desde la perspectiva pentecostal, que continuará el esfuerzo por ampliar la comprensión entre los diversos grupos que forman la Iglesia. Confiamos en que este libro proporcione también testimonio a favor de los temas de la fe valiosos a la experiencia de los fieles.

Nuevamente, reconocemos que sólo la Biblia tiene la palabra final, puesto que es la Palabra de Dios. Todas las palabras simplemente humanas son, cuando más, tentativas, siendo ciertas sólo en cuanto coinciden con la revelación de la Biblia. No somos un conjunto de creyentes superiores que se inclinan desde sus alturas para ayudar en el camino a aquéllos cuyo desarrollo es inferior. Somos más bien viajeros que caminamos juntos por el sendero de la vida, y que deseamos anunciar lo que hemos aprendido acerca de Dios y sus formas de obrar. Llamamos a cuantos nos lean a acompañarnos para aprender juntos sobre las riquezas de nuestro Señor.

LA NATURALEZA DE LA TEOLOGÍA SISTEMÁTICA

El concepto de religión

El lugar para comenzar a pensar acerca de la teología sistemática es la comprensión del concepto de religión. Aunque es posible definir la religión de diversas maneras, una de las definiciones más simples es decir que la religión es la búsqueda de algo superior. Los seres humanos reconocen de forma casi universal que hay algo o alguien más allá de ellos, y que de alguna forma, o formas, tienen responsabilidades con ese algo o alguien. El reconocimiento de que la raza humana no está sola en el universo, y de que depende, por lo menos hasta cierto punto, de eso superior que se halla más allá de ella, es el punto de partida para la religión.

La religión ha tomado muchas formas y expresiones a lo largo de la historia humana: desde la especulación filosófica, hasta la creación de dioses en forma de objetos materiales (véase Romanos 1:21–23). El incesante anhelo por hallar ese algo superior lo ha llevado a prácticas religiosas que van desde los debates intelectuales hasta los sacrificios de niños.

No obstante, no se debe desechar este anhelo del individuo, solo o en sociedad, ni considerarlo como un factor negativo. Agustín (354–430), padre de la Iglesia, confesaba: "Nos has hecho para ti, y nuestro corazón está inquieto hasta que descanse en ti." Es decir, que el anhelo por lo superior es el don de Dios dentro de las personas para que éstas estén abiertas a la revelación divina. Sólo Él es ese ser superior que será la respuesta plena al corazón que busca.

Con todo, la religión, como búsqueda humana de Dios, no es capaz de proporcionar nada ni nadie realmente superior. En el mejor de los casos, la búsqueda termina con alguna deidad inferior, o alguna explicación de la existencia que, por ser creación de la mente humana, no es suficiente para responder a todas las complejidades de la existencia humana. La religión termina en la frustración de no poder concebir un dios suficientemente grande.

Sin embargo, esta frustración no es el final de la historia, puesto que, una vez que la persona comienza a sentir la futilidad de su esfuerzo, esto puede ser suelo fértil en el que crezca la revelación de Dios. H. Orton Wiley, teólogo nazareno ya fallecido, observa que "la religión proporciona en el hombre la conciencia básica sin la cual no habría capacidad en la naturaleza humana para recibir la revelación de Dios". O sea, que el hecho mismo de que la persona esté buscando algo puede proporcionar la oportunidad para presentarle las buenas nuevas. Sólo en Jesucristo puede encontrar lo que está buscando. Él no sólo trae consigo la salvación, sino que revela la majestad e inmensidad de Dios, que satisface con creces la búsqueda de lo superior. Más importante aún es que la persona que busca descubre que Dios mismo ha estado todo el tiempo buscando a su creación descarriada.

Tipos de autoridad religiosa

Cuando la religión acepta la revelación de Dios en Cristo, se levanta a un lugar de prominencia el tema de la autoridad. ¿En qué se apoyan la fe y la práctica? ¿Cómo se relaciona la revelación de Dios con el individuo? Estas preguntas dirigen nuestra atención al tema de la autoridad.

El interrogante sobre la autoridad, que en realidad pregunta cómo se relaciona la revelación de Dios con la forma en que las personas viven y controlan su vida, se puede dividir de manera amplia en dos categorías: autoridad externa e interna. Ambas categorías toman en serio el papel de la Biblia como la revelación de Dios, pero difieren drásticamente de diversas formas.

La autoridad externa comprende aquellas fuentes de autoridad que se hallan fuera de la persona: se suele expresar como canónica, teológica y eclesiástica.

La autoridad canónica. La autoridad canónica sostiene que los materiales bíblicos, tal como los contiene el canon de las Escrituras, son la revelación de Dios poseedora de autoridad. La Biblia nos habla de nuestras creencias y estilo de vida con claridad y de manera decisiva. Los que defienden este punto de vista afirman que (1) la Biblia tiene autoridad debido a su Autor divino, y que (2) la Biblia es clara en las verdades básicas que presenta. Todas las cuestiones de fe y conducta están sujetas al escrutinio de la Biblia, de tal forma que los puntos de la fe teológica deben tener apoyo bíblico, ya sea explícito o implícito, para no ser desechados.[2]

Una consideración importante para los que proponen el punto de vista canónico sobre la autoridad, es que se debe interpretar la Biblia de manera correcta. Este es el problema al que se enfrenta el punto de vista canónico sobre la autoridad, y se debe tratar con cuidado.

La autoridad teológica. El punto de vista teológico sobre la autoridad busca en las confesiones doctrinales, o credos de la comunidad en general, la fuente de fe y práctica. Desde sus comienzos, la Iglesia ha proclamado sus creencias mediante fórmulas y credos. Uno de los más antiguos es el Credo de los Apóstoles, llamado así porque pretendía resumir las enseñanzas de los apóstoles. A lo largo de la historia de la Iglesia se han adoptado muchas otras declaraciones de fe, que los creyentes han usado para afirmar los principios centrales de su fe.

Hay valor para la Iglesia en estas declaraciones en forma de credos, porque sirven para centrar la atención del devoto en los elementos fundamentales de la fe. Le permiten escuchar al mundo que observa una voz clara y unida que explica la teología de la Iglesia cristiana histórica.

Sin embargo, el problema del punto de vista teológico sobre la autoridad es que tiende a elevar las afirmaciones de los credos a una importancia superior a la de la Biblia. Además, aunque presentan una notable unidad en los aspectos clave de las verdades bíblicas, pueden variar de manera considerable en los asuntos secundarios de fe y práctica. Son valiosos, en tanto se mantengan de acuerdo con la Biblia para explicar sus verdades. Cuando suplantan el lugar central de la revelación bíblica, se convierten en una fuente dudosa de autoridad.

La autoridad eclesiástica. La autoridad eclesiástica sostiene que la Iglesia misma debe ser la autoridad definitiva en todos los asuntos de fe y práctica. Este entendimiento se suele mantener en conjunción con los puntos de vista canónico y teológico, que hemos considerado previamente. Se le concede a la Biblia un lugar de importancia, pero la deben interpretar aquéllos que han sido especialmente adiestrados y escogidos para esta tarea. Entonces, la interpretación de la Iglesia, promulgada generalmente en declaraciones al estilo de los credos, se convierte en la que tiene autoridad.

Con frecuencia, esta comprensión eclesiástica de la autoridad se expresa a través de quien es cabeza terrena oficial de una iglesia, ya sea una persona o un grupo de personas. Puesto que se hallan en posiciones de liderazgo dentro de la comunidad, se da por supuesto que tienen una relación con Dios que les autoriza a comunicarle su verdad a la Iglesia.

Sin detrimento alguno de las posiciones de liderazgo dadas por Dios, es necesario observar que este enfoque de la autoridad está abierto a unas fuertes posibilidades de corrupción: el mal uso de poder para satisfacer intereses egoístas u otros anhelos pecaminosos. Además de esto, suele ser un pequeño grupo de personas el que hace la interpretación de las Escrituras a nombre de toda la Iglesia. Esto mantiene a la mayoría de los creyentes alejados de un enfrentamiento personal a las exigencias de la Biblia.

El tema de la fuente de autoridad para la comprensión de la revelación divina se puede considerar también desde la perspectiva interna: el hallazgo de la fuente de autoridad dentro de la misma persona. Entonces, los enfoques externos que se han presentado son considerados cuando más como secundarios con respecto a factores que obran dentro de la persona individual.

La experiencia como autoridad. La primera fuente de autoridad externa es la experiencia. La persona se relaciona con la revelación de Dios en el escenario de la mente, la voluntad y las emociones. Considerando a la persona como una unidad, los efectos producidos en cualquiera de estos aspectos se sienten, o experimentan, en los otros, ya sea de manera subsiguiente o simultánea. De hecho, la revelación de Dios viene a relacionarse con la totalidad de la persona humana.

Con todo, hay muchos que llevan más allá esta observación, afirmando que la experiencia es la verdadera fuente de autoridad para la fe y la práctica. Dicen que sólo aquellas verdades que han sido experimentadas como reales por el individuo pueden ser aceptadas y proclamadas como reales para los demás.

La elevación contemporánea de la experiencia a la categoría de autoridad comenzó con los escritos de Friedrich Schleiermacher (1768–1834). Schleiermacher sostenía que la base del cristianismo era la experiencia religiosa, una experiencia que se convertía en la autoridad determinante de las verdades teológicas. Desde sus tiempos hasta el presente, algunos sectores de la Iglesia han aceptado la experiencia como la fuente de autoridad.[2]

Aunque Schleiermacher y sus seguidores hayan tratado la Biblia como un libro humano común y corriente, y hecho excesivo énfasis en la experiencia, no se debe pasar por alto el valor que tiene la experiencia en la comprensión de la revelación divina. Esto es especialmente cierto en el caso de los pentecostales, quienes resaltan grandemente la realidad de una relación con Dios que afecta todos los aspectos del ser humano. Las verdades propuestas adquieren vitalidad y fuerza cuando son confirmadas y ejemplificadas en las experiencias vivas de los discípulos sinceros de Cristo.

Por otra parte, las experiencias varían y sus causas no son siempre claramente discernibles. Una fuente de autoridad digna de confianza debe hallarse más allá de las variables que marcan la experiencia, y debe incluso ser capaz de contradecir y corregir a la experiencia, si fuese necesario. La experiencia sola, como fuente de autoridad que mediatice la revelación de Dios a las personas, no es de fiar.

La razón humana como autoridad. Con la llegada de la Edad de la Ilustración (a partir de fines del siglo diecisiete), muchos han hecho de la razón humana la fuente autosuficiente de autoridad. Este racionalismo dice que no necesita de revelación y, de hecho, niega la realidad de la revelación divina. Colin Brown observa acertadamente que "en el lenguaje de la vida diaria, el racionalismo ha venido a significar el intento de juzgarlo todo a la luz de la razón". Las consecuencias del surgimiento del racionalismo se han dejado sentir en todos los aspectos de la actividad humana, pero especialmente en la religión y la teología.[3]

La razón humana como autoridad. Con la llegada de la Edad de la Ilustración (a partir de fines del siglo diecisiete), muchos han hecho de la razón humana la fuente autosuficiente de autoridad. Este racionalismo dice que no necesita de revelación y, de hecho, niega la realidad de la revelación divina. Colin Brown observa acertadamente que "en el lenguaje de la vida diaria, el racionalismo ha venido a significar el intento de juzgarlo todo a la luz de la razón". Las consecuencias del surgimiento del racionalismo se han dejado sentir en todos los aspectos de la actividad humana, pero especialmente en la religión y la teología.[5]

Nuestros poderes intelectuales son parte de lo que significa haber sido creados a imagen y semejanza de Dios. Por tanto, emplear la razón en la recepción de la revelación divina no es algo erróneo en sí mismo. Se han hecho adelantos gigantescos por medio del uso de la razón, aplicado a muchos aspectos problemáticos de la existencia humana. La aplicación de la razón a los materiales bíblicos, la investigación en textos y documentos antiguos, la reconstrucción del mundo social y económico de la Biblia, y muchos otros esfuerzos semejantes, han sido útiles para aumentar el grado de comprensión de la revelación divina.

Es decir, que la razón es buena como sierva de la revelación de Dios, pero no es buena ama cuando se coloca por encima de ella. Cuando se da por supuesto que tiene autoridad, la razón se sitúa por encima de la revelación de Dios y juzga sobre qué partes de ella se deben aceptar, si es que se acepta alguna. Con frecuencia, los racionalistas hacen de su propia razón humana la autoridad real. También se debe observar que esa razón humana que niega la revelación divina siempre se ha hallado bajo la influencia del pecado y de Satanás desde la caída de Adán (Génesis 3).

Por tanto, creemos que la mejor manera de hacer teología es reconocer a la Biblia como la autoridad y permitirle al Espíritu Santo que medie entre la Palabra revelada de Dios y nosotros. Las afirmaciones en forma de credo y otras declaraciones de la Iglesia son valiosas ayudas en la interpretación y aplicación de la Biblia. También la experiencia de los individuos, en especial aquéllos impulsados y dirigidos por el Espíritu Santo, y la razón humana, ayudan al creyente a comprender la revelación. Con todo, sólo la Biblia es la regla suficiente de fe y práctica. En ella Dios habló y sigue hablando.

Una definición de la teología

La teología, definida de manera sencilla, es un estudio de Dios y de sus relaciones con todo lo que Él ha creado. Creemos que se debe derivar de la revelación divina de la Biblia, porque de ninguna otra manera podría ser un testimonio digno de confianza para aquéllos que buscan la verdad.

La revelación bíblica no sólo dirige al teólogo a los temas que deben ser creídos, sino que también fija los límites externos de esa creencia; la teología debe señalar como creencia necesaria sólo aquello que la Biblia enseña, ya sea de manera explícita o implícita. La teología también debe estar vitalmente preocupada por interpretar correctamente la Biblia y aplicarla adecuadamente.

Aunque la fuente de la teología es el material bíblico, la teología también se preocupa por la comunidad de fe de la cual procede esa revelación y la comunidad a la cual va dirigido el mensaje. Sin comprender a la comunidad antigua, el mensaje no será oído de manera clara y exacta; sin comprender a la comunidad moderna, el mensaje no será debidamente aplicado. Debemos expresar esta doble preocupación, definiendo la teología como una disciplina que busca "dar una presentación coherente" de las enseñanzas de la Biblia, "situadas en el contexto de la cultura en general, con fraseología contemporánea, y relacionadas con las cuestiones de la vida". Ha sido definida también como la "reflexión sistemática sobre la Escritura... y la misión de la Iglesia, en relación mutua, con la Escritura como norma".[2] La teología es una disciplina viva y dinámica, no porque cambie su fuente de autoridad, sino porque lucha continuamente por comunicar las verdades eternas a un mundo siempre cambiante.

Divisiones de la teología

La teología sistemática sólo es una de las divisiones dentro del amplio campo de la teología, en el que también se incluyen la teología histórica, la teología bíblica y exegética y la teología práctica. Es útil observar cada una de las otras divisiones de la teología para notar cómo se relaciona con ellas la teología sistemática.

La teología histórica. La teología histórica es el estudio de la forma en que la Iglesia ha intentado aclarar sus afirmaciones acerca de las verdades reveladas en las Escrituras a lo largo de su historia. La Biblia fue escrita durante un período de tiempo, según el Espíritu Santo fue inspirando a diversas personas para que escribiesen. De igual forma, aunque sin la inspiración que posee la Biblia, la Iglesia en el transcurso del tiempo ha expresado una y otra vez lo que cree. Ese desarrollo histórico de las afirmaciones doctrinales es el tema de la teología histórica. El estudio comienza con el escenario histórico de los libros bíblicos y continúa a lo largo de la historia de la Iglesia, hasta el presente.

Son especialmente importantes para la teología histórica los intentos por aclarar y defender las enseñanzas de la Biblia. El mundo pagano en que nació la Iglesia exigió de ella que explicara lo que creía, en términos que se pudiesen comprender. A medida que los enemigos organizaban sus ataques contra estas creencias, la Iglesia se veía obligada a defenderse contra acusaciones que iban desde tachar de caníbales a los creyentes (debido a la Santa Cena), hasta afirmar que eran revolucionarios (porque no aceptaban más que un solo Señor, y no era el César). En estos escenarios, la Iglesia fue refinando sus declaraciones de fe.

Teología bíblica y exegética. La teología bíblica y la exegética son disciplinas gemelas. Le dan gran importancia al empleo de los instrumentos y técnicas correctos de interpretación, de manera que oigamos con precisión el mensaje de los textos sagrados. La preocupación dominante es la de escuchar de la Biblia el mismo mensaje que quienes la oyeron y leyeron originalmente. Esto lleva a esta división de la teología al estudio de los idiomas bíblicos, de las costumbres y la cultura en los tiempos bíblicos (en especial lo que ha descubierto la arqueología), etcétera.

La teología bíblica no trata de organizar todas las enseñanzas de la Biblia bajo categorías concretas; más bien, su meta es aislar las enseñanzas en contextos bíblicos dados y limitados, generalmente libro por libro, escritor por escritor, o en grupos históricos. La teología exegética, con la información proporcionada por la teología bíblica, "trata de identificar la intención y la verdad simple de frases, cláusulas y oraciones individuales que componen el pensamiento de los párrafos, las secciones, y por último, de libros enteros". Se debe realizar la exégesis[2] (o teología exegética) bajo la luz del contexto total del libro, así como del contexto inmediato del pasaje. La teología del Antiguo Testamento es la etapa inicial. Trata de hacer que el Antiguo Testamento se destaque con luz propia, presentando su propio mensaje para sus tiempos y para su propia gente. Con todo, en el desarrollo progresivo del plan de Dios, tiene una visión hacia delante que señala al futuro.

También se debe estudiar la teología del Nuevo Testamento por derecho propio, buscando el mensaje que tenía el escritor para aquéllos a quienes les escribía, usando de buena exégesis para determinar el significado que él intentaba darle.

Después de esto, es importante ver la unidad que existe entre ambos Testamentos, al mismo tiempo que se reconoce la diversidad de sus diferentes contextos históricos y culturales. El autor divino, el Espíritu Santo, inspiró a todos los escritores de la Biblia y los dirigió de tal manera que trajo unidad a sus escritos. Él fue quien hizo que los escritores del Nuevo Testamento usaran el Antiguo y presentaran a Jesús como su cumplimiento, especialmente en cuanto al plan divino de salvación. Esta unidad de la Biblia es importante, porque hace posible la aplicación de la teología bíblica a diferentes situaciones y culturas, como trata de hacer la teología sistemática (tomando como fuente la teología bíblica).

La teología práctica. La teología práctica es la división de la teología que pone en práctica las verdades de la investigación teológica en la vida de la comunidad. Se incluyen en esta división la predicación, el evangelismo, las misiones, el cuidado y consejo pastoral, la administración pastoral, la educación eclesial y la ética cristiana. Aquí es donde el mensaje de la teología toma carne y sangre, por así decirlo, y ministra entre los creyentes.

La teología sistemática desempeña un papel vital dentro de la teología en general. Hace uso de los datos descubiertos por la teología histórica, la bíblica y la exegética, organizando los resultados obtenidos por esas divisiones en una forma fácilmente transmitida. Por esta razón, les debe a ellas las verdades que presenta. Es decir, la teología práctica hace uso de las verdades organizadas por la teología sistemática, en su ministerio a la Iglesia.

Sistemas teológicos protestantes

Dentro del protestantismo existen varios sistemas teológicos. Un examen de todos estos sistemas teológicos nos llevaría más espacio del que tenemos disponible para este texto. Por consiguiente, veremos dos que han sido prominentes desde la Reforma: el calvinismo y el arminianismo. En la época actual se pueden encontrar muchos otros sistemas teológicos. Consideraremos brevemente tres de ellos: la teología de la liberación, el movimiento evangélico y el pentecostalismo. Este enfoque selectivo es necesario, tanto por limitaciones de espacio, como por las relaciones de estos sistemas con el presente texto.

El calvinismo. El calvinismo debe su nombre y sus comienzos al teólogo y reformador francés Juan Calvino (1509–1564). El principio central del calvinismo es que Dios es el soberano de toda su creación.

Podremos comprender con cierta rapidez el calvinismo si lo reducimos a cinco principios. Antes de seguir adelante en la explicación, debemos admitir que toda generalización acerca de un sistema teológico está sujeta a omisiones y simplificaciones excesivas. Manteniendo esto presente, identificamos en el calvinismo cinco creencias centrales: (1) depravación total, (2) elección incondicional, (3) expiación limitada, (4) gracia irresistible y (5) perseverancia de los santos. (1) La raza humana ha caído tan bajo como consecuencia del pecado, que las personas no pueden hacer nada para mejorar ni para ser aprobadas ante Dios. (2) El Dios soberano eligió en la eternidad pasada a algunos de nuestra raza para que fueran salvos, sin la condición previa de saber quién aceptaría su oferta, movido por su gracia y compasión por la humanidad caída. (3) Envió a su Hijo a expiar *sólo* por aquéllos que Él había elegido. (4) Los elegidos no pueden resistirse a su benévola oferta; van a ser salvos. (5) Una vez salvos, perseverarán hasta el fin y recibirán el máximo de la salvación: la vida eterna.

El arminianismo. El teólogo holandés Jacobo Arminio (1560–1609) manifestó su desacuerdo con los principios del calvinismo, alegando que (1) tendían a hacer de Dios el autor del pecado, al haber decidido en la eternidad pasada quiénes serían salvos y quiénes no, y (2) negaban el libre albedrío de la persona, puesto que afirmaban que nadie se puede resistir a la gracia de Dios.

Las enseñanzas de Arminio y sus seguidores fueron codificadas en las cinco tesis de los Artículos de Protesta (1610): (1) La predestinación está condicionada por la respuesta de la persona y basada en la presciencia de Dios; (2) Cristo murió por todas y cada una de las personas, pero sólo los creyentes son salvos; (3) la persona es incapaz de creer y necesita la gracia de Dios; pero (4) esta gracia es resistible; (5) el que todos los regenerados vayan a perseverar es algo que requiere mayor investigación.

Las diferencias entre calvinismo y arminianismo son evidentes. Para los arminianos, Dios sabe de antemano quiénes van a responder positivamente a la gracia que Él ofrece, y es a éstos a quienes predestina a compartir sus promesas. En otras palabras, Dios predestina que todos los que escojan libremente su salvación provista en Cristo y continúen viviendo para Él van a compartir sus promesas. En potencia, Jesús hace expiación por todos los seres humanos, y de manera efectiva, por aquéllos que respondan a la bondadosa oferta divina de salvación, una oferta a la que se pueden resistir. Si responden aceptando la gracia de Dios, es por iniciativa de la gracia, y no solamente por la voluntad humana. La perseverancia está condicionada por un continuar viviendo la fe cristiana, y es posible caer de esa gracia, aunque Dios no permita que nadie caiga con facilidad.

La mayoría de los pentecostales tienden a seguir el sistema arminiano de teología, viendo la necesidad de respuesta al evangelio y al Espíritu Santo por parte de la persona.

La teología de la liberación. Nacida en América Latina a fines de los años sesenta, la teología de la liberación es un "movimiento difuso" compuesto por diversos grupos disidentes (por ejemplo, negros, feministas). Su principal interés consiste en reinterpretar la fe cristiana desde la perspectiva de los pobres y oprimidos. Sus representantes proclaman que el único evangelio que se relaciona de manera adecuada con las necesidades de esos grupos de personas es el que proclama su liberación de la pobreza y la opresión. El mensaje de los liberacionistas es de juicio para el rico y el opresor, y liberación para el pobre y el oprimido.

Uno de los intereses centrales de la teología de la liberación es el concepto de praxis: se debe hacer teología; no sólo estudiarla. Esto quiere decir que el compromiso con la renovación de la sociedad, de manera que los pobres y oprimidos sean liberados de sus circunstancias, es la esencia de la empresa teológica. El compromiso con este tipo de cambio saca con frecuencia las Escrituras de su contexto y puede (como muchas veces hace) emplear medios que habría que describir como marxistas o revolucionarios.

El movimiento evangélico. El sistema teológico conocido como evangélico tiene hoy una amplia influencia. Con la formación en 1942 de la Asociación Nacional de Evangélicos de los Estados Unidos, se le dio nuevo ímpetu a la proclamación de los principios de este sistema, los cuales han sido aceptados por los miembros de muchos grupos cristianos. El nombre da a entender uno de los intereses centrales del sistema: la comunicación del evangelio al mundo entero; una comunicación que llame de manera individual a una fe personal en Jesucristo. Las expresiones teológicas de los evangélicos proceden tanto del campo calvinista como del arminiano. Afirman que el movimiento evangélico no es más que el mismo sistema ortodoxo de creencias que existía primeramente en la Iglesia Primitiva. La agenda social del movimiento llama a los fieles a trabajar por la justicia en la sociedad, además de hacerlo por la salvación de las almas de las personas.

El pentecostalismo. En su mayoría, la teología pentecostal se encuadra bien dentro de los límites del sistema evangélico. Sin embargo, los pentecostales toman seriamente la obra del Espíritu Santo para verificar las verdades como reales y llenar de poder su proclamación. Esto lleva con frecuencia a la acusación de que los pentecostales se fundan en las experiencias. Esta acusación no es del todo cierta, porque el creyente pentecostal ve las experiencias producidas por la obra del Espíritu Santo como secundarias a la Biblia en cuanto a nivel de autoridad. La experiencia verifica, aclara, pone de relieve o apoya las verdades de la Biblia, y esa función del Espíritu es importante y fundamental.

EL MÉTODO TEOLÓGICO

Puesto que es importante que la teología sistemática se base en la Biblia, en esta sección hablaremos del método teológico, especialmente en cuanto a su interacción con la exégesis y la teología bíblica.

La exégesis y la teología bíblica como matriz

Existen varias etapas de desarrollo en este proceso teológico en el que nos movemos de la Biblia a la teología sistemática: (1) exégesis e interpretación de los textos particulares; (2) síntesis de estas interpretaciones, según algún sistema de teología bíblica; y (3) la presentación de estas enseñanzas en el propio idioma del sistematizador y para sus propias necesidades y las necesidades de su pueblo.[2]

En la teología occidental se usa algún principio organizador para producir un conjunto coherente de creencias. Entonces, la teología de la Biblia, sin cambiar su significado, es puesta en las formas de pensamiento de los lectores del teólogo para comunicarles el mensaje de Dios en un lenguaje comprensible y ayudarlos a resolver sus problemas.

Para mantener la autoridad bíblica en el proceso de la teología sistemática, es imprescindible que la persona que hace teología evite las deducciones. Con esto queremos decir que los teólogos no deben comenzar con una declaración teológica general, e imponerla sobre el texto bíblico para hacer que la Biblia signifique lo que ellos quieren que signifique, a expensas de la verdadera intención del texto. En lugar de esto, un cuidadoso estudio exegético del texto bíblico debe llevar (de manera inductiva) a una declaración teológica.

La naturaleza y función de la exégesis

La meta de la exégesis es dejar que la Escritura diga lo que el Espíritu quería que significara en su contexto original. Por tanto, el intérprete debe analizar para cada texto el contexto social e histórico, el género y otros factores literarios, y los detalles de comprensión procedentes del idioma original. Hagamos algunas observaciones sobre cada uno de estos factores por su orden.

En cuanto al contexto social e histórico, el escritor bíblico daba por supuesto que sus lectores tenían una cierta cultura y un marco histórico comunes; gran parte de esto era más dado por sentado que expresado. Debemos tener el cuidado de no suponer ingenuamente que el marco cultural e histórico del escritor bíblico es el mismo que el nuestro. No lo es. Entre el intérprete y cualquier texto bíblico existen vastas diferencias culturales e históricas.

Howard C. Kee insiste en que sólo se puede determinar el significado observando el contexto social de las palabras. Por ejemplo, si somos sensibles a los factores sociales y culturales, podremos notar que Mateo usa el término "justicia" como "una cualidad de la conducta ... exigida por Dios para que la manifiesten sus siervos fieles", mientras que Pablo, dentro de un marco diferente, la usa como una acción en la cual Dios pone las cosas en su lugar.

Además de esto, necesitamos estar conscientes de lo importante que es el género, el tipo particular de documento o forma literaria que estamos examinando. Estar consciente de la naturaleza de un documento es uno de los principios básicos de la interpretación. A menos que sepamos cómo ha sido compuesto y por qué razón, no seremos capaces de hallar el significado del texto.

En las Escrituras existen muchos géneros diferentes: la narración histórica (por ejemplo, Génesis, Rut, Crónicas y Hechos); poesía (por ejemplo, Salmos, Job, Proverbios); evangelio (narración episódica y sermón dirigido a audiencias concretas); epístola (carta); literatura apocalíptica (Apocalipsis) y profecía. Al estudiar el género que el escritor está usando y por qué está usando ése en especial, podremos interpretar el documento con mayor facilidad.

El género presenta interés para los pentecostales, debido a la teología de la evidencia inicial, una interpretación que depende en parte del género del libro de Hechos. Los pentecostales y los evangélicos han debatido sobre su género, y los últimos han tratado el libro con frecuencia como simple historia. En cambio, los pentecostales alegan que Hechos es un libro de naturaleza teológica, de una forma muy parecida al Evangelio según Lucas, puesto que Lucas escribió ambas obras. Por consiguiente, podemos utilizar Hechos como fuente de doctrina.[4]

Otro asunto a tener en cuenta es el significado de las palabras bíblicas. Aquí debemos evitar la falacia de la raíz. Explicada en pocas palabras, la falacia de la raíz tiene lugar cuando aplicamos la etimología de la palabra (es decir, su significado radical) a dicha palabra cada vez que aparece. O bien, como se hace en algunas ocasiones, sólo se aplica la etimología a ciertas apariciones escogidas de la palabra, con el fin de apoyar el punto de vista del intérprete. Es el uso, y no la derivación, el que determina el significado. (Por ejemplo, "prevenir" procede del latín *prævenire*, "venir antes". Sin embargo, su significado en el castellano actual es muy diferente.) Por tanto, el contexto es extremadamente importante. Una misma palabra puede tener una diversidad de significados, pero en un contexto concreto, sólo se podrá aplicar uno de ellos.

La crítica bíblica, la interpretación y la teología

Todo el campo de la crítica se ha desarrollado desde la Reforma. Las dos divisiones principales de la crítica bíblica, llamadas en el pasado alta y baja, se suelen llamar en el presente crítica histórico-literaria y crítica de textos, respectivamente. En ambos campos trabajan tanto conservadores como liberales, puesto que en la exégesis hacen falta ambos tipos de crítica. Además, ambas ofrecen y han ofrecido un beneficioso servicio a la Iglesia en general. La crítica histórica nos ayuda a conocer con mayor precisión la información histórica de un pasaje o libro de la Biblia, permitiéndonos interpretarlo con mayor profundidad. Las fuentes primarias de información histórica comprenden la Biblia misma, otros escritos antiguos y los descubrimientos arqueológicos. Las fuentes secundarias son los libros escritos por los intérpretes, tanto antiguos como modernos.

La crítica de textos es la ciencia que examina las copias manuscritas antiguas de la Biblia en hebreo, arameo y griego, y trata de recuperar lo que los escritores inspirados originales escribieron realmente. Existen miles de manuscritos antiguos de la Biblia, y todos ellos tienen diferencias aquí y allá en las palabras, en su orden y en la omisión o adición de palabras.[3] Muchas veces se trata de errores cometidos por los copistas. Otras veces es posible que fueran cambios deliberados o intentos por poner al día el lenguaje. La crítica de textos usa métodos objetivos y científicos para cribar las diversas variante y descubrir la más probable de ellas.

Por una parte, algunos han aplicado al texto bíblico reconstrucciones históricas fantasiosas, según alguna teoría moderna sobre la historia (generalmente, rechazando en el proceso lo sobrenatural). Por otra, reconocemos que el marco correcto de referencia considera que toda la Escritura es inspirada por Dios y participa de un carácter especial que merece respeto. Por tanto, idealmente, cuando alguien se dedica a la crítica bíblica no ataca la Biblia (aunque muchos lo hagan). Más bien, lo que ataca es su propia comprensión de la Biblia, con el fin de poner dicha interpretación en sintonía con el significado original de las Escrituras.

Los otros métodos son la *crítica canónica* (que considera importante el orden presente de los libros en la Biblia), la *crítica narrativa* (que presta atención a los personajes, la trama y el clímax), la *crítica de las ciencias sociales* (que utiliza teorías sociológicas para sentar un modelo teórico que explique las culturas, frecuentemente desde un punto de vista antisobrenatural y secular), y la *crítica de respuesta del lector* (que ignora el mundo que hay detrás del texto bíblico y traspasa la autoridad a la respuesta subjetiva del lector. (Véase Malina, *World of Luke-Acts*, pp. 3–23, para una reacción contra la crítica de respuesta del lector.)

Por ejemplo, en su forma más simple, los intérpretes pentecostales han usado por algún tiempo algo que se podría llamar "crítica narrativa". Los defensores del bautismo en el Espíritu han abogado por la existencia de una teología de la evidencia inicial en el libro de Hechos, creyendo que hablar en lenguas es normativo, puesto que la narración observa con frecuencia que este fenómeno aparece cuando el Espíritu llena inicialmente a alguien. La repetición en la narración proporciona una conducta arquetípica y, por tanto, expresa esta teología. Por consiguiente, la naturaleza de la narración le proporciona a la teología la evidencia inicial (es decir, que en la narración está presente una "necesariedad"). Es decir, que cuanto aparece en el libro de Hechos fue puesto intencionalmente por Lucas para mostrarnos que las lenguas no son solamente la señal, sino también la señal convincente que nos hace saber cuándo la persona ha sido bautizada realmente en el Espíritu Santo.

Los teológicamente conservadores creen que la narración está enraizada en la historia real (es decir, que la historia es el medio de revelación). Cuando el escritor (bíblico) escribía su narración, el Espíritu Santo guiaba la selección de materiales que fueran útiles para sus propósitos, y omitía aquéllos que no lo fueran.

Tomemos Hechos 2 para demostrar brevemente lo que estamos diciendo. Hechos 2 es uno de los relatos dentro de la gran narración del libro de Hechos. Determinamos que es una narración concreta porque podemos distinguir sus límites, dentro de los cuales podemos hallar los personajes, la trama y el clímax. El capítulo tiene tres partes: la venida del Espíritu, la reacción del pueblo y el sermón de Pedro.

El núcleo de la narración (el mensaje de Pedro) explica la función teológica de las lenguas y la venida del Espíritu. Las lenguas son la señal de que la era de salvación y el Espíritu que habían sido prometidos han llegado; las lenguas son la señal de que el Espíritu ha derramado poder sobre la Iglesia para que dé testimonio inspirado de Jesús. Además de todo esto, la razón de ser principal de las lenguas es testificar que las Escrituras hebreas profetizaban acerca de esta era del Espíritu, que todo el pueblo de Dios tendría el Espíritu y hablaría en lenguas, y que esas lenguas serían evidencia de que Dios había levantado a Jesús de entre los muertos y lo había exaltado a los cielos, desde donde estaba derramando ahora el Espíritu. También las personas que hablan en lenguas testifican acerca del día de salvación y del evangelio de Jesús (comparar 1:8), la venida del reino de Dios, que ahora se enfrenta al poder de las tinieblas en señales y prodigios. Lucas, inspirado por el Espíritu Santo, escogió los elementos principales del día de Pentecostés y los puso en esta breve narración con el fin de convencer a las personas de que debían buscar el bautismo en el Espíritu.

El énfasis en la venida del Espíritu con poder es uno de los grandes temas en Lucas y Hechos. Esto sugiere que los lectores de Lucas no tenían el bautismo en el Espíritu, y que él consideraba normal para la Iglesia Primitiva el estar bautizado en el Espíritu con la evidencia de las lenguas. Por tanto, sus lectores debían recibir este bautismo con la señal de las lenguas. Esta recepción de poder los lanzaría fuera, a su mundo, como una poderosa comunidad de testigos.

La narración era común en la antigüedad, y lo sigue siendo en muchos lugares hoy. La narración comunica de manera indirecta: el narrador presenta su argumento o argumentos a través de elementos como el diálogo y la conducta. De esta forma, la conducta toma el valor de arquetipo; o sea, es lo que se espera que los lectores evalúen e imiten (por ejemplo, en Hechos 2, recibir al Espíritu con las lenguas sería algo normativo).

La narrativa y la expresión indirecta contrastan con otros tipos de literatura que comunican de manera directa. En la comunicación directa, el autor presenta su argumento en primera persona, y lo hace en forma de proposición. Ejemplo de expresión directa en las Escritura es la forma epistolar. La Biblia contiene teología tanto en la forma narrativa, como en la proposicional.

Supuestos previos del intérprete y el teólogo

Por último, es importante que hablemos de lo que nosotros, como intérpretes, llevamos al texto desde nuestro mundo (es decir, nuestros supuestos previos). En primer lugar, debemos estar comprometidos con una inspiración verbal y plenaria. Los métodos antes bosquejados deberían reafirmar este punto de vista. Debemos prestar atención a todo el consejo de Dios y evitar la elaboración excesiva sobre todo tema o texto. De no ser así, surge un canon dentro de otro, lo cual es un serio error más. Es decir, que en la práctica trazamos un círculo dentro de otro mayor (la Biblia entera) y decimos con la práctica que esto es más inspirado que el resto. O bien, si derivamos la teología solamente de una parte escogida de las Escrituras, sucede lo mismo.

Por consiguiente, es importante que los pentecostales tengan una base y un marco de referencia que sean tanto bíblicos como pentecostales. En primer lugar, el creyente pentecostal debe creer en el mundo sobrenatural, especialmente en Dios, quien obra de maneras poderosas y se revela a sí mismo en la historia. Los milagros en el sentido bíblico son cosa corriente. En la Biblia, la palabra "milagro" se refiere a toda manifestación del poder de Dios, y no siempre a un suceso extraño o poco ordinario. Además, hay otros poderes en ese mundo sobrenatural: los angélicos (buenos) y los demoníacos (malos), que entran en nuestro mundo y operan en él. El creyente pentecostal no es materialista (creencia de que nada existe, más que la materia y sus leyes), ni racionalista, sino que reconoce la realidad de este ámbito sobrenatural.

En segundo lugar, el marco de referencia pentecostal debe centrarse en la revelación de sí mismo por parte de Dios. El creyente pentecostal cree que la Escritura es la forma de revelación que posee autoridad, y que afirma, confirma, guía y da testimonio de la actividad de Dios en el mundo, cuando se la interpreta correctamente. En cambio, el conocimiento racional o la simple memorización de las Escrituras no pueden tomar el lugar de una experiencia personal de regeneración y de bautismo en el Espíritu, con todas las actividades de testimonio y edificación que el Espíritu abre para nosotros.

Los pentecostales creen que es contraproducente quitarles importancia a estas experiencias. El Evangelio según Juan dice clara, razonada y poderosamente que el nuevo nacimiento por el Espíritu es el camino para abrirnos al conocimiento de Dios. Sin esta experiencia, no podemos conocer a Dios. Otra manera de percibir esto consiste en aplicar el término "cognitivo" a lo que procede del estudio de las Escrituras (o la teología de corte occidental) y el término "afectivo" al conocimiento que procede de la experiencia personal. No debemos lanzarlos el uno contra el otro; ambos son esenciales. Con todo, la experiencia personal es importante. ¡Cuán grandiosos son la regeneración y el bautismo en el Espíritu! Después de pasar por ambos, conocemos a Dios de manera más completa, y ciertamente, más personal.

Además de esto, el creyente pentecostal cree que Dios le habla a su Iglesia por medio de los dones del Espíritu Santo con el fin de corregir, edificar o consolar. Aunque estos dones estén subordinados a las Escrituras, y se deban discernir a la luz de ellas, se debe animar a los creyentes a recibirlos.

Teniendo todo esto presente, la teología (y los estudios) no tienen por qué matar el fervor espiritual. En realidad, no son la teología ni los estudios los que llenan de desánimo por la obra del Espíritu Santo, sino el marco de referencia teológico y educativo. Por tanto, es importante interpretar la Biblia de acuerdo con sus propias condiciones y dentro del marco de referencia adecuado. Esto nos dará una teología certificada por la experiencia; una teología que, mediante la fe y la obediencia, se convierta en una "realidad-experiencia" fundada en la Biblia, eficaz dentro de nuestra vida diaria, y no una teología que se limite a ser algo sobre lo cual discutimos.

PREGUNTAS DE ESTUDIO

1. ¿Qué es la religión, y cómo difiere el cristianismo de las demás religiones?
2. ¿Cómo difieren las diversas categorías de autoridad en sus métodos y resultados?
3. ¿Por qué es importante comprender la vida y la cultura de los tiempos bíblicos?
4. ¿Cuál es la contribución de la teología histórica y bíblica a la teología sistemática?
5. ¿Cuáles son los puntos fuertes y débiles del calvinismo y del arminianismo?
6. ¿Cuál es la meta de la exégesis y qué lleva consigo alcanzar esa meta?
7. ¿Cómo han usado los pentecostales la crítica narrativa y con qué efectos?
8. ¿Qué comprende el tener una base tanto bíblica como pentecostal para nuestra teología?

La Palabra inspirada de Dios

La teología, en su intento por conocer a Dios y darle a conocer, tiene como suposición previa que ha habido una revelación de conocimientos acerca de Él. Esta revelación es el fundamento de todas las afirmaciones y los pronunciamientos teológicos. Lo que no haya sido revelado, no puede ser conocido, estudiado ni explicado.

Dicho de manera sencilla, revelación es el acto de dar a conocer algo que anteriormente era desconocido. Lo que estaba escondido, queda ahora al descubierto. Una madre revela lo que está horneando; un mecánico de autos revela lo que hace que el motor no funcione; un niño revela qué animalito tiene saltando en el bolsillo. Así terminan todos estos misterios.

Aunque se producen revelaciones en todos los aspectos de la vida, este término está especialmente asociado a las cuestiones religiosas. "Dondequiera que haya religión, habrá pretensiones de revelación." Los interrogantes de la fe se centran en el hecho de que Dios se convierte en alguien conocido para los seres humanos. El cristianismo es una religión revelada, basada en la autorrevelación divina.

La Biblia usa una serie de términos griegos y hebreos para expresar el concepto de revelación. El verbo hebreo *galá* significa revelar a base de descubrir o arrancar algo (Isaías 47:3). Se usa con frecuencia para referirse a la comunicación de sí mismo que Dios hace al pueblo. "Porque no hará nada Jehová el Señor, sin que revele su secreto a sus siervos los profetas" (Amós 3:7). La palabra griega *apokalpsis* puede ser usada con respecto a personas u objetos, pero se suele usar con respecto a alguna verdad revelada. Por otra parte, es Dios mismo (1 Timoteo 3:16) quien se manifiesta o presenta (gr. *faneróo*).

En otras palabras, la revelación no comprende solamente información acerca de Dios, sino también la presentación de Dios mismo. Con todo, esto no significa que debamos rechazar la revelación proposicional a favor de la revelación existencial.[3] Al contrario, "la revelación *acerca* de Dios es fundamental para el conocimiento *de* Dios". A través de sus palabras y acciones, Dios da a conocer su persona, sus caminos, sus conceptos, sus propósitos y su plan de salvación. La meta final de la revelación de Dios es que todos lleguemos a conocerle de una forma real y personal.

Aunque la revelación divina se limita con frecuencia a la autorrevelación de Dios en acciones o palabras originales, también es posible entenderla como una cadena mayor de sucesos reveladores. Esta comprensión más amplia de la revelación divina incluiría la reflexión y la inscripturación (esto es, la puesta por escrito de la revelación) hechas por los autores inspirados, el proceso de canonización de los escritos inspirados y la iluminación por parte del Espíritu Santo de aquello que Dios ha revelado.

LA REVELACIÓN DE DIOS A LA HUMANIDAD

Inherente al concepto de un Dios que se revela a sí mismo, se halla la realidad de un Dios que es totalmente consciente de su propio ser. Cornelius Van Til describe el conocimiento de sí mismo que Dios tiene, como analítico; es decir, "un conocimiento que no se obtiene por referencia a algo que existe sin aquél que conoce". El conocimiento que Dios tiene de sí mismo no procede de que se haya comparado o contrastado con nada que existiese fuera de Él. "Dios tenía en sí mismo todo el conocimiento desde toda la eternidad... Por consiguiente, todo conocimiento de Dios que llegue a tener jamás cualquier criatura finita, ya sea con respecto a las cosas directamente relacionadas con Él, o con las cosas relacionadas a los objetos del propio universo creado... tiene que descansar en la revelación de Dios."

El Dios absoluta y eternamente consciente de sí mismo tomó la iniciativa de darse a conocer a su creación.

La revelación de sí mismo por parte de Dios fue una auto presentación deliberada. Nadie obligó a Dios a presentarse; nadie lo descubrió por accidente. En un acto voluntario, Dios se dio a conocer a aquéllos que de otra manera no lo habrían podido conocer. Emil Brunner ve esta autorrevelación como una "incursión desde otra dimensión" que trajo consigo un conocimiento "totalmente inaccesible a las facultades naturales del hombre para la investigación y el descubrimiento".

La humanidad finita es invitada a recordar que no es posible hallar al Dios infinito fuera de su propia invitación a conocerle. J. Gresham Machen pone en tela de juicio a los dioses que son obra de los propios humanos:

> Un ser divino que yo pueda descubrir por mi propio esfuerzo, sin su bondadosa decisión de revelarse a sí mismo... sería, o bien un simple nombre para un cierto aspecto de la propia naturaleza humana, un Dios que podríamos hallar dentro de nosotros, o bien... una simple cosa pasiva que estaría sujeta a la investigación, como las sustancias que se analizan en un laboratorio... Creo que debemos estar bien seguros de que no podemos conocer a Dios, a menos que a Dios le haya placido revelársenos.

En el libro de Job, Zofar hace una pregunta: "¿Descubrirás tú los secretos de Dios?" (Job 11:7). La respuesta es un rotundo "no". A través de nuestra propia búsqueda, alejados de lo que Dios ha revelado, no podemos conocer nada sobre Dios y su voluntad; ni siquiera sobre su existencia. Porque lo finito no puede descubrir lo infinito; todas las afirmaciones humanas sobre Dios terminan siendo preguntas, más que declaraciones. "Los logros más altos de la mente y el espíritu humanos no son capaces de llegar al conocimiento de Dios."

La persona nunca progresa más allá de la realidad de que cuanto Dios ha revelado por voluntad propia, fija los límites de todo conocimiento sobre Él. La revelación divina despoja al ser humano de toda pretensión de orgullo, autonomía y autosuficiencia. El Dios del universo se ha dado a conocer; la respuesta necesaria a esta iniciativa es, como la de Kepler, pensar los pensamientos de Dios, siguiéndole a Él.

Dios no se limitó a ser el iniciador de la revelación de sí mismo, sino que también determinó cuál sería esa revelación, la forma que tomaría y las diversas condiciones y circunstancias necesarias para darse a conocer. Su autorrevelación fue una autopresentación controlada. La comunicación de sí mismo fue algo decidido exclusivamente por Él.

Dios fijó los momentos de su revelación. No se reveló de una sola vez, sino que decidió darse a conocer de manera gradual a lo largo de muchos siglos. "Dios, habiendo hablado muchas veces y de muchas maneras en otro tiempo a los padres..." (Hebreos 1:1). Aun para Dios hay "tiempo de callar, y tiempo de hablar" (Eclesiastés 3:7). Él se reveló a sí mismo cuando estaba listo; cuando quiso declarar su nombre y sus caminos (Éxodo 3:14–15).

La manera en que Dios se reveló — ayudando a los seres humanos a comprender su naturaleza, sus caminos y su relación con ellos — fue decidida también por Él. En unas ocasiones era externa, como una voz, un acontecimiento, una nube o un ángel. En otras era interna: un sueño o una visión (Éxodo 13:21–22; Números 12:6; Daniel 9:21–22; Hechos 9:3–4). Con todo, en ambos casos era Dios quien hacía la revelación: era Él quien escogía la manera en que daría a conocer su verdad.

De igual forma, Dios decidía el lugar y las circunstancias de su revelación. Se dio a conocer en el huerto del Edén, en el desierto de Madián y en el monte Sinaí (Génesis 2:15–17; Éxodo 3:4–12; 19:9–19). En palacios, lugares de pasto y prisiones, dio a conocer su persona y sus caminos (Nehemías 1:11; Lucas 2:8–14; Hechos 12:6–11). La búsqueda de Dios por parte del ser humano sólo tiene como consecuencia un encuentro cuando se realiza bajo sus condiciones (Jeremías 29:13). Dios decide incluso quiénes recibirán su revelación, ya sean pastores o reyes, pescadores o sacerdotes (véase Daniel 5:5–24; Mateo 4:18–20; 26:63–64).

El contenido de la revelación divina consiste en aquello que Dios quiso comunicar; nada más ni nada menos. Todo lo que se hable acerca de Dios sólo es especulación si se aparta de lo que Él mismo ha revelado. Karl Barth describe a Dios como aquél "hacia el cual no hay sendero ni puente; con respecto al cual no podríamos decir... una sola palabra si Él no hubiera venido a nuestro encuentro por iniciativa propia". A partir de la autorrevelación inicial y a lo largo de las edades eternas por parte de Dios, Carl F. H. Henry dice: "El Dios de la Biblia tiene un poder de decisión total con respecto a la revelación."[2]

Por consiguiente, la revelación, iniciativa y decisión de Dios, es una comunicación personal. Tiene su origen en un Dios personal y es recibida por una criatura personal. Dios se revela a sí mismo, no como una simple fuerza cósmica o un objeto inanimado, sino como un ser personal que habla, ama y cuida de su creación. Él muestra su desprecio por los "otros dioses", que sólo son obra de las manos de un artesano (Isaías 40:12–28; 46:5–10), y se revela a sí mismo en función de unas relaciones personales, identificándose con términos como Padre, Pastor, Amigo, Guía y Rey. En este tipo de relaciones personales los seres humanos tienen el privilegio de conocerle.

La revelación divina es una expresión de la gracia. Dios no tenía una necesidad que lo impulsara a revelarse. La relación perfecta de amor existente entre Padre, Hijo y Espíritu Santo no exigía suplemento externo alguno. Al contrario, Dios se dio a conocer a los seres humanos para beneficio de ellos. El mayor privilegio de la humanidad es poder conocer a Dios, glorificarle y disfrutar de Él para siempre. Esta comunicación privilegiada por parte del Creador es un reflejo del amor y la bondad divinos. Sólo gracias a la bondadosa entrega de sí mismo por parte de Dios, es capaz la persona de llegar a conocerle verdaderamente. Brunner considera algo maravillosamente asombroso que "Dios mismo se me dé a mí mismo, y después de esto, yo pueda entregarme a Él, al aceptar su entrega de sí mismo".[4]

Carl Henry llama la atención sobre el carácter de "a vosotros, a nosotros" que tiene la revelación divina cuando Dios nos da la inapreciable buena noticia de que Él está llamando a la raza humana a una relación de amor con Él.

> El propósito de Dios al revelarse es que lo conozcamos personalmente tal como Él es, aprovechemos su bondadoso perdón y la vida nueva que nos ofrece, escapemos del catastrófico juicio por nuestros pecados y nos lancemos a una relación personal con Él. "Yo seré vuestro Dios, y vosotros seréis mi pueblo" (Levítico 26:12), afirma.

En su misericordia, Dios se sigue revelando a la humanidad caída. Caminar con Adán y Eva en el huerto del Edén es una cosa, pero llamar a pecadores rebeldes y descarriados al perdón y la reconciliación, es otra (Génesis 3:8; Hebreos 3:15). Sería comprensible que la bondadosa revelación de Dios hubiese terminado con la espada de fuego del Edén, el becerro de oro de Israel o la rústica cruz del Calvario. Sin embargo, la revelación de Dios tiene un carácter redentor. "El Dios invisible, escondido y trascendente, a quien ningún hombre ha visto ni puede ver, ha plantado su Palabra en la situación humana para poder acercar a sí a los pecadores."

La invitación a conocerle personalmente es el don más alto de Dios a la raza humana. Alcanzar este conocimiento es el clamor del corazón del hombre. "Nos hiciste para ti, y nuestro corazón está inquieto hasta que descanse en ti." Llegar a conocer a Dios de alguna forma equivale a querer conocerle más. "Estimo todas las cosas como pérdida por la excelencia del conocimiento de Cristo Jesús" (Filipenses 3:8).

Está claro que Dios se ha revelado a sí mismo por el bien de la humanidad. Sin embargo, esto no quiere decir que la revelación divina garantice por sí sola una respuesta positiva a Dios por parte de quien la recibe. "Precisamente porque la revelación divina es para beneficio del hombre, no nos atrevemos a oscurecer la información que contiene, ni confundir la presentación de Dios con una salvación automática ... Escuchar solamente las buenas nuevas reveladas por Dios ... no nos redime de manera automática."

La revelación divina es una proclamación de vida, pero cuando es rechazada, se convierte en proclamación de muerte (Deuteronomio 30:15; 2 Corintios 2:16).

Dios se ha revelado bondadosamente a sí mismo, y ha revelado sus caminos a su creación. Esta autopresentación se extiende a lo largo de los siglos, varía en su forma y ofrece una comunión privilegiada con el Creador. Con todo, esta abundante revelación no ha agotado el misterio del Dios eterno. Hay algunas cosas con respecto a Él y a sus planes, que ha decidido no dar a conocer (Deuteronomio 29:29; Job 36:26; Salmo 139:6; Romanos 11:33). Esta retención consciente de información sirve como recordatorio de que Dios trasciende su propia revelación. Lo que Él no ha revelado se halla más allá de la necesidad y posibilidad de descubrirlo por parte de las personas.

> La revelación tiene tanto su base como sus límites en la voluntad de Dios ... Los seres humanos no tienen, de manera universal, recursos propios para delinear la naturaleza y la voluntad de Dios. Ni siquiera las personas dotadas de capacidades especiales o notables cualidades religiosas pueden adivinar con sus propias habilidades los secretos del Infinito ... de manera que ellas, por su propio poder e iniciativa sean capaces de aclarar los misterios de la eternidad.

Las bibliotecas están repletas de explicaciones sobre la autorrevelación divina, pero no se pueden entender esas explicaciones como cosas añadidas a dicha revelación. Como Juan el Bautista, estamos llamados a "dar testimonio de la luz", no a crear una luz nueva (Juan 1:7).

En todo momento, Dios mantiene un control absoluto de su propia revelación. No está aprisionado por su propia majestad personal, de tal forma que no se pueda revelar a sí mismo, pero tampoco es incapaz de realizar una revelación selectiva. Tal como es Él quien decide el contenido y las circunstancias de su revelación, también es Él quien decide su extensión. La limitación consciente de su revelación por parte de Dios es un reflejo de su naturaleza personal. "Aunque Dios se revela en su creación, con todo, ontológicamente [en relación con su ser o existencia], trasciende el universo por ser su Creador, y epistemológicamente [con respecto a la naturaleza y los límites del conocimiento humano], trasciende al hombre también." El Dios de la Biblia no es un dios producto del panteísmo, sino que se revela a su creación como el Creador; una revelación separada y voluntaria de la que Él tiene un control total.

Aunque los seres humanos nunca podrán agotar por completo el conocimiento de Dios, la revelación divina no está incompleta en lo que respecta a las necesidades de la humanidad. Aunque no sea exhaustivo, lo que Dios ha dado a conocer es suficiente para la salvación, para llegar a ser aceptados ante Él y para instruirnos en la justicia. A través de su revelación, podemos llegar a conocer a Dios y crecer en ese conocimiento (Salmo 46:10; Juan 17:3; 2 Pedro 3:18; 1 Juan 5:19–20).

El Dios inagotable seguirá trascendiendo su revelación, aunque nuestro conocimiento de Él será mayor o más completo en los cielos (1 Corintios 13:12). Uno de los gozos del cielo será ir desarrollando a lo largo de toda la eternidad una comprensión cada vez mayor de la personalidad de Dios y de su bondadoso trato con los redimidos (Efesios 2:7). No obstante, el que conozcamos sólo "en parte" no altera la validez, importancia y seguridad de la revelación divina del presente.

Cuando se trata de revelación divina, el Dios de la Biblia presenta un marcado contraste con los dioses del paganismo politeísta. Él no es una divinidad local que compite por tener voz en los asuntos de una región con sus lealtades divididas. No es un ídolo mudo tallado en madera o piedra. Tampoco es la proyección de la voz de los dirigentes políticos, que esconden sus ideas en la mitología religiosa. Al contrario, Él es el único Dios verdadero, que es Señor sobre todo el universo. La revelación de su voluntad es ley para todos los pueblos. Él es el juez de toda la tierra (Génesis 18:25; Salmo 24:1; Romanos 2:12–16).

Walter Eichrodt hace la observación de que existe una clara posibilidad lingüística de interpretar el *shᵉmá* hebreo así: "Yahwé nuestro Dios es un Dios único" (Deuteronomio 6:4), lo que indicaría que Yahwé no es un Dios que se pueda dividir en diversas deidades o poderes, como los dioses cananeos. Cuando Él habla, sólo hay una voz; no hay lugar para mensajes confusos o en mutuo conflicto. Aunque Dios pueda decidir revelarse a sí mismo por diversos medios y hablar a través de numerosas personas, el mensaje sigue siendo suyo, y hay una evidente continuidad. En la revelación divina no hay revelaciones dobles ni rivales, sino una unidad que lo abarca todo, y que fluye del Dios uno y único.

En consecuencia, la verdadera revelación divina tiene una exclusividad que le es propia. Henry sugiere dos peligros prominentes que amenazan esta legítima exclusividad. El primero es el peligro de ver la experiencia humana de lo sobrenatural en las religiones no cristianas del mundo como revelación divina válida. Estas religiones no hablan con la voz de Dios, sino con la de Satanás y sus demonios (véase 1 Corintios 10:20). Algunas de ellas llegan incluso a rechazar el indispensable corolario de la revelación divina genuina: la existencia personal de Dios. El segundo es la tendencia a reconocer otras fuentes más de revelación independiente (como la razón humana y la experiencia), junto con la propia revelación divina. Aunque la razón humana nos capacita para conocer la verdad de Dios, la razón no es una nueva fuente donde se origina la verdad divina. De igual manera, aunque es posible experimentar la verdad de Dios, no es nuestra experiencia la que crea esa verdad. Nuestra teología no debe estar construida sobre la experiencia subjetiva, sino sobre la Palabra objetiva de Dios. Se debe juzgar nuestra experiencia por la Palabra, y debemos ser como los de Berea, que "recibieron la palabra con toda solicitud, escudriñando cada día las Escrituras, para ver si estas cosas eran así" (Hechos 17:11).

LAS CATEGORÍAS DE LA REVELACIÓN DIVINA

Las dos categorías primarias de la revelación divina son la revelación general y la revelación especial. La revelación general comprende la presentación que Dios hace de sí mismo mediante maneras mediatas y naturales. La revelación especial es la autopresentación divina mediante maneras inmediatas y sobrenaturales. La teología natural y la teología revelada son las comprensiones teológicas a las que se llega por medio de la razón y la reflexión del ser humano, al observar la revelación general y la revelación especial, respectivamente. Se suele entender como revelación general la forma en que Dios se da a conocer a través de la historia, el ambiente natural y la naturaleza humana.

La revelación general

La historia humana. Dios se ha revelado a sí mismo a través de la orientación providencial de la historia humana. Como gobernador divino de su universo, Él obra en la supervisión y dirección de su creación. Guía los asuntos de la humanidad mientras marcha hacia el cumplimiento de sus propósitos. A favor de su pueblo, actúa con fuerza y decisión. Israel se deleitaba en narrar las poderosas "obras de Dios" a lo largo de toda su historia (Salmo 136). Él es el Dios que pone reyes y quita reyes (Daniel 2:21). Los credos de la Iglesia recitan las obras redentoras de Dios en la historia. Por ejemplo, el Credo de los Apóstoles destaca las obras de la creación, la encarnación, la crucifixión, la resurrección, la ascensión y la segunda venida de Cristo, y el juicio. El que estudia la historia puede ir siguiendo la mano de Dios en la interacción de las naciones. Como el Dios que es justo y poderoso, sus relaciones con la humanidad tienen continuidad. "La historia tiene un carácter teológico: toda ella presenta la huella de la actividad de Dios". Toda la historia se desarrolla bajo el gobierno de los propósitos de Dios, a medida que Él la controla, la guía y actúa personalmente dentro de ella.

La naturaleza. Dios también se revela mediante la naturaleza y el universo. La creación, con su infinita variedad, belleza y orden, es reflejo de un Dios infinitamente sabio y poderoso. La luna y las incontables estrellas del firmamento son la obra de los dedos del Señor; su nombre es majestuoso en toda la tierra que Él ha creado (Salmo 8).

El Salmo 19 nos proporciona importante información acerca de la revelación general en la naturaleza.

Los cielos cuentan la gloria de Dios, y el firmamento anuncia la obra de sus manos. Un día emite palabra a otro día, y una noche a otra noche declara sabiduría. No hay lenguaje, ni palabras, ni es oída su voz. Por toda la tierra salió su voz, y hasta el extremo del mundo sus palabras (Salmo 19:1–4a).

Este pasaje ha estado envuelto en controversias mayormente por la traducción más literal del versículo tres: "No tienen lenguaje, no hay palabras; no se les oye un sonido" (versículo 3, traducción alterna). Cuatro interpretaciones distintas de este pasaje sugieren cuatro puntos de vista sobre la revelación general en la naturaleza:

1. El universo es mudo y no hay revelación general objetiva a través de la naturaleza.

2. Hay una revelación general objetiva en la naturaleza, pero no es percibida subjetivamente, porque cae en oídos sordos y ojos ciegos afectados de manera adversa por el pecado.

3. No hay revelación general objetiva en la naturaleza. Lo que existe es una revelación general subjetiva que sólo los creyentes hallan en la naturaleza. El que ya conoce a Dios a través de la revelación general, lo halla en la creación.

4. Hay una revelación objetiva general, pero no es presentada en un lenguaje formal escrito o hablado, ni es proposicional en su forma. En lugar de esto, se halla incorporada en el lenguaje de la naturaleza, que trasciende todo lenguaje humano; ha ido hasta los confines de la tierra y está a la disposición de toda la humanidad.

La cuarta interpretación parece ser la que mejor se encuadra dentro del contexto del Salmo 19 y las enseñanzas de las Escrituras en otros lugares con respecto a la revelación general y a la naturaleza. "El mensaje sin palabras sobre la gloria de Dios se extiende a toda la tierra. Una audiencia mundial ve el reflejo de Dios en el vasto conjunto de cuerpos celestiales que centellean con su luz." Otros salmos, como el 29, el 33, el 93 y el 104, celebran la majestad de Dios, revelada en el ámbito de la naturaleza.

Pablo le habla al pueblo de Listra sobre el testimonio continuo dejado por el Dios creador acerca de su relación con su mundo. "Os anunciamos que ... os convirtáis al Dios vivo, que hizo el cielo y la tierra, el mar, y todo lo que en ellos hay ... Si bien no se dejó a sí mismo sin testimonio, haciendo bien, dándonos lluvias del cielo y tiempos fructíferos, llenando de sustento y de alegría nuestros corazones" (Hechos 14:15, 17).

En su discurso a los atenienses en el Areópago (Hechos 17), Pablo apela a lo que ya les ha sido revelado por medio de la revelación general: que Dios es Creador y soberano sobre su creación. Él es autosuficiente, es la fuente de la vida y de todo lo demás que necesita la humanidad, y se halla cercano y activo en los asuntos humanos. Es importante el hecho de que Pablo dé la razón de esta presentación de sí mismo hecha por Dios en la naturaleza. "Para que busquen a Dios, si en alguna manera, palpando, puedan hallarle" (Hechos 17:27). Esta es la meta positiva de la revelación general.

A Romanos 1:18–21 se le ha llamado la cita clásica en cuanto a la presentación de sí hecha por Dios en la naturaleza. La revelación general a través de la naturaleza se da y se recibe de modo universal. Les lleva la verdad de Dios a todos los seres humanos, incluso a los pecadores. A través de la naturaleza, las cualidades invisibles de Dios — "su eterno poder y deidad" — son hechas visibles. Estas verdades sobre Dios, mediadas por la naturaleza, "se hacen claramente visibles... siendo entendidas por medio de las cosas hechas" (Romanos 1:20). Los fenómenos de la naturaleza confrontan tanto la percepción de los sentidos como la reflexión de la mente.

La revelación de la naturaleza es una revelación procedente de Dios, y sobre Dios. "Lo que habla Dios en la naturaleza no se debe confundir con la noción de un cosmos parlante, como la que tienen quienes insisten en que la naturaleza habla y que, por lo tanto, debemos escuchar lo que dice, como si fuera la voz de Dios. El mensaje bíblico dice: ¡Escuchad a Dios!, y no: '¡Oíd a la naturaleza!'."

Dios se revela en el orden creado de la naturaleza; con todo, no se le debe identificar con el universo creado, como insiste el panteísmo. La tierra y el universo creado no son dios, ni dioses. Si lo fuesen, destruirlos sería destruir a Dios. Por otra parte, Dios se halla envuelto en los procesos en marcha dentro del universo que Él creó, y se revela a sí mismo de muchas formas.

Lamentablemente, el pecador rebelde sofoca la verdad procedente de la naturaleza acerca de Dios, incluyendo su ira (Romanos 1:18), sumiéndose en una impiedad aún mayor (Romanos 1:21–32).

La naturaleza humana. La revelación general incluye también la autorrevelación de Dios por medio de nuestra propia naturaleza humana. La raza humana fue creada a imagen de Dios (Génesis 1:26–27). La caída trajo consigo un rompimiento de relaciones con Dios. Con todo, la imagen de Dios en los seres humanos no fue aniquilada por ella.

> Aunque el hombre sea totalmente pecador, la Biblia reconoce que es una criatura racional con la cual Dios puede comunicarse... De aquí la invitación divina: "Venid luego, dice Jehová, y estemos a cuenta." Además, hay textos del Nuevo Testamento, como Efesios 4:24 y Colosenses 3:10, en los que se nos asegura que existe ciertamente un punto válido de contacto a nivel epistemológico (esto es, al nivel de un conocimiento genuino) entre Dios y el hombre.

Después de la caída, esta imagen quedó desfigurada y distorsionada, pero no destruida por completo (Génesis 9:6; Santiago 3:9). Necesita una renovación.

Aunque de manera inadecuada, la naturaleza moral y espiritual de la humanidad refleja el carácter moral del Creador santo y perfecto. Se afirma repetidamente en las Escrituras, y es el testimonio, tanto de misioneros como de antropólogos, que existe una conciencia universal, aunque distorsionada, de que hay una conexión entre la humanidad y Dios. Romanos 2 atestigua la validez de la revelación divina a través de la naturaleza humana, aun alejada de toda revelación especial por parte de Dios (Romanos 2:11–15). Los que no tienen la ley mosaica "hacen por naturaleza lo que es de la ley", porque tienen "la obra de la ley escrita en sus corazones" (Romanos 2:14–15). Ni siquiera aquellas personas apartadas de Dios por causa del pecado se hallan privadas de una conciencia moral y de impulsos morales que reflejan normas de conducta. La bondadosa revelación moral de Dios al corazón humano mantiene a la humanidad pecadora alejada de una autodestrucción incontrolada.

Los judíos tenían en la ley un código moral escrito. En cambio, los gentiles tenían conceptos morales básicos que eran el cimiento de la ley escrita en su corazón. Cuando Pablo habla de "la obra de la ley", está haciendo notar que los gentiles no tienen una ley diferente, sino que en esencia, es la misma ley que afrontan los judíos. Esta "ley del corazón" sólo es menor en cuanto a detalles y claridad. El principio unificador entre la ley escrita y la del corazón es la fuente de ambas: Dios mismo.

Muchos limitan este modo de revelación general a la conciencia de la persona. Sin embargo, parece preferible incluir toda la naturaleza moral del ser humano, lo que incluiría también la conciencia. Ésta da testimonio de la "revelación de Dios al corazón" como un "segundo conocer" junto a lo que ya ha sido revelado. El "testimonio conjunto" de la conciencia juzga si alguien está viviendo en obediencia a las cosas de la ley escritas en el corazón. Además de esto, sus propios pensamientos acusan o excusan al individuo, a base de su obediencia o desobediencia a la ley del corazón (Romanos 2:15). Por consiguiente, aun cuando nunca se hayan enfrentado a la ley escrita de Dios, las personas sin regenerar experimentan incontables conflictos mentales cada día, al enfrentarse a la ley de Dios que llevan dentro.

La revelación general trae un conocimiento cognoscitivo de Dios a toda la humanidad. Este conocimiento es verdadero, claro e inexorable. "El testimonio del Dios creador sobre sí mismo... continúa cada día, cada hora y un momento tras otro. El hombre caído, en su vida cotidiana, nunca está completamente desprendido o aislado de la revelación de Dios." La persona que declara que no hay Dios es sumamente necia, puesto que dicha declaración niega lo que sabemos en las profundidades de nuestro propio ser y lo que podemos ver desplegado ante nosotros en cada momento de la vida.

Bruce Demarest hace una lista de diecinueve aspectos concretos del conocimiento sobre Dios que, según las Escrituras, le llegan a la humanidad por medio de la revelación general. Este autor llega a la conclusión de que "la gloria de Dios (Salmo 19:1), la naturaleza divina (Romanos 1:20) y sus exigencias morales (Romanos 2:14–15) son conocidas hasta cierto punto a través de la revelación general". Esta revelación de sí mismo es objetiva, racional y válida, cualquiera que sea la respuesta del ser humano a una revelación especial de Dios, o su posibilidad de acceso a ella. "La revelación general no es algo que encuentran en la naturaleza los que conocen a Dios en otros terrenos; es algo ya presente, por la creación y providencia continua de Dios."[2]

Afirmar la validez de una revelación general objetiva no equivale a negar las consecuencias de la caída con respecto a dicha revelación. La Biblia afirma claramente que el pecado ha afectado de manera adversa el conocimiento de Dios en la humanidad (Hechos 17:23; Romanos 1:18–21; 2 Corintios 4:4). El pecado obscurece el conocimiento objetivo de Dios que nos viene a través de la revelación general, hasta el punto de que limita ese conocimiento a una comprensión cognoscitiva de que Dios existe en majestad y poder, y ejecuta un juicio moral. Los efectos del pecado en el intelecto han influido sobre los presupuestos y las conclusiones filosóficas de la persona y han corrompido la voluntad. "Los no creyentes no son hijos de Dios, no porque no tengan conocimiento de Él, sino porque les faltan dedicación espiritual y obediencia vocacional."

La humanidad pecadora suprime y rechaza voluntariamente el conocimiento de Dios. Fabrica sustitutos de la verdad, quebranta la ley de Dios que lleva sellada en el corazón e inventa nuevos dioses. El conocimiento del Dios verdadero a través de la revelación general es pervertido hasta convertirse en la fuente de los dioses de muchas religiones del mundo. Se hace a Dios a la imagen de los seres humanos, en lugar de reconocer estos seres humanos que ellos fueron hechos a imagen de Dios.

A pesar de la popularidad de un neouniversalismo (véase el capítulo 10) que acepta la verdad en todas las religiones, necesitamos reconocer que estas religiones son serias distorsiones de la verdadera revelación de Dios. No se debe aplaudir a las personas que buscan a Dios en las religiones falsas como "suficientemente buenas". La ira de Dios está sobre ellas por causa de su idolatría (Romanos 1:18, 23–32).

La supresión de la verdad de Dios en la revelación general no nos libra de la responsabilidad de apropiarnos de dicha verdad.

La revelación [cognoscitiva] de Dios invade y penetra la misma mente y conciencia de todo hombre, a pesar del hecho de que, enfrentados a esta misma revelación, los hombres no *decidan* conocer [de manera existencial] a Dios... La situación del hombre no es de agnosticismo natural, ni se le llama a confiar en Dios en ausencia de un conocimiento cognoscitivo; lo que sucede realmente, es que el hombre pecador viola lo que sabe que es verdadero y correcto.

Sólo podemos suprimir lo que hayamos experimentado anteriormente. La revelación general les lleva el conocimiento de Dios a todas las personas, y "aunque se le reprima, no es destruido. Permanece intacto, aunque profundamente sumido en el subconsciente". Puesto que este conocimiento de Dios llega a todos, quedan todos sin excusa alguna delante de Él (Romanos 1:20).

Al mismo tiempo que afirma la realidad de la revelación general objetiva, la Biblia niega la validez de una teología natural que se base solamente en la razón humana. No se puede reflexionar sobre la verdad revelada en la revelación general y desarrollar una teología que permita llegar a un conocimiento salvador de Dios. Lo que dice Pablo en Romanos 1 y 2 con respecto a la revelación general debe ser comprendido a la luz del capítulo 3, en el que insiste en que todos estamos por debajo de la norma divina y, por tanto no hay uno solo que sea justo (Romanos 3:10, 23). La revelación general no fue pensada para permitirnos desarrollar nuevos conocimientos de Dios a partir de la verdad que lleva consigo. Más bien, la verdad de la revelación general "sirve, como lo hace la ley [de la Escritura] simplemente para hacer culpable, no para hacer justo". No obstante, sí hace que el creyente se regocije en la verdad (Salmo 19:1) y el Espíritu la puede utilizar para hacer que alguien busque la verdad (Hechos 17:27).

En respuesta a la preocupante cuestión de la justicia de Dios al condenar a aquéllos que nunca han oído el evangelio en sentido formal, Millard J. Erickson afirma: "Nadie está totalmente privado de oportunidad. Todos han conocido a Dios; si no lo han percibido de manera eficaz, es porque han suprimido la verdad. De manera que todos son responsables." No obstante, es importante que no veamos la revelación general como la insensibilidad de Dios, sino como la misericordia de Dios (Romanos 11:32). "La revelación general cósmico-antropológica tiene solución de continuidad con la revelación especial de Dios en Jesucristo, no sólo porque ambas pertenecen a la revelación total del Dios viviente, sino también porque la revelación general establece y resalta la culpa universal del hombre, a quien Dios ofrece rescate en la manifestación redentora especial de su Hijo."

Tal como lo hace la ley escrita, la revelación general condena a los pecadores con el fin de señalarles que hay un Redentor externo a ellos mismos. Su intención es guiarlos a la revelación especial. De hecho, la insuficiencia de la revelación general para salvar a la humanidad caída hacía necesaria una revelación especial de Jesucristo como la Verdad que libera a los humanos de la esclavitud del pecado (Juan 8:36).

La revelación especial

Porque no es posible llegar al plan divino de redención a través de una teología natural, se necesita una teología revelada mediante una revelación especial de Dios. Por ejemplo, las normas morales, los mandatos y prohibiciones dirigidos a Adán en el Edén fueron fijados mediante una revelación especial, no general. Aunque precediera a la caída, la revelación especial es comprendida primariamente en función de un "propósito redentor". La revelación especial complementa la autopresentación de Dios en la naturaleza, la historia y la humanidad, y edifica sobre el fundamento de la revelación general. Con todo, puesto que la revelación general no puede traer salvación, el contenido adicional de verdad que tiene la revelación especial es esencial (Romanos 10:14–17).

Personal. "A través de Jesucristo, revelado en las Escrituras inspiradas, el hombre llega a conocer a Dios *personalmente* en una relación redentora. A partir de su conocimiento de cosas *acerca* de Dios (su existencia, perfecciones y exigencias morales), el hombre obtiene un conocimiento práctico de *Dios mismo* en una relación de comunión personal." Mientras la neo-ortodoxia considera la revelación especial solamente en la persona de Cristo,[3] y ve las Escrituras sólo como "testimonio" de esta revelación divina, "el cristianismo evangélico reconoce como revelación, tanto la Palabra viva como la Palabra escrita".

> La restricción neo-ortodoxa de la revelación a un encuentro personal no proposicional con Dios [quien es el "totalmente otro"], no es capaz tampoco de hacer justicia a toda la gama de enseñanzas bíblicas. Aunque la Palabra [viva] representa la forma más elevada de autopresentación de Dios, las Escrituras limitan muy poco la revelación de Dios a esta importante modalidad.

Llegamos a conocer a Jesucristo a través de la revelación especial de las Escrituras. "Pero éstas se han escrito para que creáis que Jesús es el Cristo, el Hijo de Dios, y para que creyendo, tengáis vida en su nombre" (Juan 20:31).

Comprensible. En la revelación especial de las Escrituras, Dios se reveló a sí mismo de forma antrópica; esto es, dentro del carácter del lenguaje humano de sus tiempos, usando categorías humanas de pensamiento y actuación. Erickson tiene una útil sección donde trata de la equivalencia de lenguaje usada en la comunicación verbal de Dios. Distingue entre los términos "unívoco" (una palabra con un solo significado; por ejemplo, "alto") y "equívoco" (una palabra que posee varios significados totalmente distintos; por ejemplo, "décima", en "una décima de grado" y "componer una décima o espinela") y sugiere que las Escrituras usan un lenguaje analógico (entre unívoco y equívoco; por ejemplo, andar en "andar por el parque" y "el motor está andando").

> En el uso analógico, siempre hay por lo menos algún elemento unívoco ... Cada vez que Dios se ha revelado a sí mismo, ha escogido elementos que son unívocos en su universo y en el nuestro ... Al usar el término analógico, queremos decir "el mismo en sentido cualitativo"; en otras palabras, la diferencia es más de grado que de clase o género.

Es decir, que cuando la Biblia usa palabras como "amar", "dar", "obedecer" o "confiar", estas palabras tienen el mismo significado básico, tanto para nosotros como para Dios (al mismo tiempo, su amor, por ejemplo, es inmensamente mayor que el nuestro). De esta forma le es posible a Dios comunicarse en las Escrituras a través de proposiciones verbalmente racionales.

Lo que hace posible este conocimiento analógico es que quien escoge los componentes que Dios usa es Él mismo ... Dios ... que conoce completamente todas las cosas, sabe por consiguiente qué elementos del conocimiento y la experiencia humana son suficientemente similares a la verdad divina, para que se les pueda utilizar a fin de ayudar a construir una analogía con sentido.

Puesto que no es posible verificar este concepto analógico de la comunicación por medio de la razón humana sola, ya que no estamos en posesión de todos los datos, abrazamos esta suposición previa como una cuestión de fe. Sin embargo, es racionalmente defendible a la luz de la afirmación de las propias Escrituras sobre su condición de revelación divina.

La humanidad depende de Dios en cuanto a la revelación especial. Puesto que sólo conocemos la esfera humana de conocimiento y experiencia (y ésta en un grado mínimo), somos incapaces de desarrollar alguna revelación especial que sea válida. Sólo Dios tiene conocimiento de sí mismo, y sólo Dios se puede dar a conocer. Puesto que Él ha decidido revelarse de forma analógica, lo podemos percibir. Sin embargo, puesto que lo finito no es capaz de captar completamente lo infinito, nunca conoceremos a Dios de manera exhaustiva. "Dios siempre permanece *incomprensible* ... Aunque *lo que sabemos* sobre Él es lo mismo que el conocimiento que Él tiene de sí mismo, el grado de nuestro conocimiento es mucho menor." El conocimiento de Dios a través de las Escrituras es limitado, aunque verdadero y suficiente.

Progresiva. Dios no reveló toda la verdad que quería presentar acerca de sí mismo y de sus caminos en las Escrituras, en un solo momento, sino a lo largo de un período de cerca de quince siglos (Hebreos 1:1-2). La revelación especial fue progresiva, no en el sentido de un desarrollo evolutivo gradual, sino en el sentido de que la revelación posterior se edificaba sobre la anterior. "Esto no significa que hubiese en la revelación especial un movimiento desde la no-verdad hacia la verdad, sino desde una revelación menor hacia una revelación mayor." La primera de todas las revelaciones era verdadera y presentaba adecuadamente el mensaje de Dios. La revelación posterior sirvió para complementar o suplementar lo que Dios había revelado antes, pero nunca para corregirlo o contradecirlo. Su revelación debía, como un todo, enseñar a la humanidad quién es Él, cómo es posible reconciliarse con Él y cómo vivir de una manera aceptable ante Él.

Escrita. Ciertamente, los modos de la revelación especial no se limitan a las Escrituras. Dios se ha revelado a sí mismo en sus poderosos actos redentores, a través de sus profetas y apóstoles, y de la forma más dramática, a través de su propio Hijo (Hebreos 1:1). Nos podríamos preguntar por qué Dios pensó que era necesario o importante escribir gran parte de esta revelación, creando las Escrituras como una revelación especial única de sí mismo. A continuación expresamos tres razones plausibles.

En primer lugar, se necesita una norma objetiva por medio de la cual se puedan poner a prueba las demandas de las creencias y prácticas religiosas. La experiencia subjetiva es demasiado oscura y variable para proporcionar seguridad en cuanto a la naturaleza y la voluntad de Dios. Teniendo en cuenta la importancia eterna del mensaje de Dios a la humanidad, lo que se necesitaba no era "un sonido incierto", sino una "palabra ... más segura" (1 Corintios 14:8; 2 Pedro 1:19). La existencia de una norma escrita de revelación proporciona la seguridad y la confianza del "esto dice el Señor".

En segundo lugar, una revelación divina escrita asegura la plenitud y continuidad de la autorrevelación divina. Puesto que la revelación especial es progresiva, y la posterior se edifica sobre la anterior, es importante que cada ocasión en que haya habido revelación quede escrita para llegar a una comprensión más plena del mensaje completo de Dios. Hablando en sentido general, la continuidad entre el Antiguo Testamento y el Nuevo nos permite comprender con mayor claridad el mensaje de redención. Concretamente, sería difícil entender la carta a los Hebreos sin tener conocimiento del sistema de sacrificios que se detalla en el Pentateuco. Por tanto, al tener el "todo" escrito, las "partes" adquieren mayor sentido.

En tercer lugar, una revelación escrita es la que mejor conserva la verdad del mensaje de Dios de manera integral. Durante largos períodos de tiempo, la memoria y la tradición tienden a ser cada vez menos dignas de confianza. El decisivo contenido de la revelación divina debe ser pasado de manera adecuada de una generación a la siguiente. El mensaje que recibimos acerca de Dios hoy, debe contener las mismas verdades reveladas a Moisés, David o Pablo. Los libros han sido el mejor método para conservar y transmitir las verdades en su integridad de generación en generación.

Transmitida. Al sostener la revelación especial de Dios de manera permanente, la Biblia es al mismo tiempo registro escrito e intérprete de Dios y de sus caminos. La revelación escrita de Dios se halla confinada a los sesenta y seis libros del Antiguo Testamento y del Nuevo. El total de su revelación que Él quiso que se conservara para beneficio de toda la humanidad se halla almacenado íntegramente en la Biblia. Escudriñar las Escrituras es hallar a Dios tal como Él quiere que le conozcamos (Juan 5:39; Hechos 17:11). La revelación de Dios no es una simple ojeada momentánea, sino una presentación permanente. Él nos invita a volver una y otra vez a las Escrituras, para aprender sobre Él en ellas.

En las Escrituras se reúnen los actos de revelación por parte de Dios y sus palabras autorreveladoras. "La revelación de las poderosas obras de Dios, sin una revelación sobre el significado de esas obras, es como un programa de televisión sin sonido; lanza sin esperanza al hombre de vuelta a sus conjeturas sobre el significado divino de lo que Dios está haciendo." La Biblia recoge fielmente los actos de Dios y aumenta nuestra comprensión de ellos al proporcionarnos la interpretación de Dios mismo con respecto a esos actos. "No es posible comprender las obras, a menos que estén acompañadas por la palabra divina."[2] En la Biblia, los sucesos de la revelación se hallan indivisiblemente unificados con su interpretación inspirada.

La Biblia no se limita a acumular la revelación de Dios, sino que también nos trae esa revelación histórica a nosotros en el presente. Aun Moisés indicó lo importante que era escribir la revelación, de manera que pudiera beneficiar al pueblo de Dios también en ocasiones posteriores (Deuteronomio 31:24–26). Dios ha hablado en el pasado, y a través del registro escrito de las Escrituras, sigue hablando. "'Lo que dicen las Escrituras, lo dice Dios.' La Palabra divina toma forma permanente en las Escrituras, que son el vehículo duradero de la revelación especial y proporcionan el marco conceptual en el que nos encontramos ... con Dios." Lo que Dios les dijo a otros en el pasado, ahora nos lo dice a nosotros a través de las Escrituras.

Con frecuencia suele surgir el debate sobre si la Biblia es la Palabra de Dios, o simplemente contiene esa Palabra de Dios. En realidad, ambas ideas son ciertas, aunque partan de perspectivas diferentes. La revelación que precedió a su puesta por escrito, fue recogida más tarde como parte del mensaje de las Escrituras. Por consiguiente, el registro bíblico contiene la Palabra de Dios que posiblemente llegara a alguien mucho antes de que fuera escrito. Por ejemplo, la Biblia presenta a Dios hablando con Abraham o con Jacob (Génesis 12:1; 46:2). Con todo, este hecho no autoriza la distinción barthiana entre la Palabra de Dios como divina y su registro en las Escrituras como humano. Al contrario, la Biblia es "un libro divino-humano en el cual cada palabra es al mismo tiempo divina y humana".[5] Toda la Escritura es la Palabra de Dios, en virtud de la inspiración divina de sus autores humanos. La Palabra de Dios en la forma de la Biblia es un registro inspirado de sucesos y verdades de autorrevelación divina. Benjamín B. Warfield insiste en que la Escritura no es simplemente "el registro de los actos redentores mediante los cuales Dios está salvando al mundo, sino que [es] ella misma uno de estos actos redentores, teniendo su propio papel que representar en la gran obra de establecer y edificar el reino de Dios".

Un tema clave en este debate es el de si Dios puede revelarse a sí mismo de forma proposicional, y si lo ha hecho. La neo-ortodoxia contempla la revelación de Dios como "personal, pero no proposicional", mientras el movimiento evangélico la ve como personal, "cognoscitiva y proposicional". La forma en que definamos la revelación determina si la Biblia es coextensiva con la revelación especial. Si definimos la revelación solamente como el acto o proceso de revelar, entonces la Escritura no es revelación, puesto que con frecuencia hubo revelación mucho antes de que fuera escrita. En cambio, si definimos la revelación también como el resultado o producto de lo revelado por Dios, entonces la Escritura, como registro exacto de la revelación original, tiene el derecho de ser llamada revelación especial.[3]

LA AUTORIDAD DE LAS ESCRITURAS

Los rivales de las Escrituras

Históricamente, la iglesia cristiana ha reconocido la autoridad de las Escrituras en asuntos de fe y conducta. Esto no significa que no hayan existido, o sigan existiendo, rivales de la proclamación de autoridad plena que hace la Biblia para sí. Estos rivales han tendido a subordinar, condicionar o igualar la autoridad de las Escrituras. El rival más antiguo fue la tradición oral. Junto a la Palabra escrita, circulaban ampliamente relatos y enseñanzas de tipo religioso. Sin embargo, la transmisión oral, cualquiera que sea el tema, está sujeta a alteración, desarrollo, cambio y desviación. Las Escrituras proporcionaron una norma, un punto de referencia para la palabra oral. Por consiguiente, cuando la tradición oral está de acuerdo con las Escrituras, refleja la autoridad de ésta; en cambio, donde se desvía de la Palabra escrita, se desvanece su autoridad.

Una segunda pretensión de autoridad religiosa es la de la Iglesia. Los católicos romanos sostienen esto, porque la Iglesia fue divinamente establecida por Cristo, y proclamó el evangelio antes de que fuera puesto por escrito. Los católicos romanos afirman también que fue la institución la que produjo las Escrituras del Nuevo Testamento, y en cierto sentido, estableció el canon de las Escrituras. En la práctica, la iglesia católica se coloca a sí misma por encima de las Escrituras. Aunque originalmente sostenía la supremacía de las Escrituras, ya en los tiempos de la Reforma había exaltado sus tradiciones al nivel de ellas. Más importante es el hecho de que la Iglesia católica insistía en que las enseñanzas de la Biblia sólo se podían mediatizar correctamente a través de la jerarquía eclesiástica. Sutilmente, la iglesia romana había usurpado la autoridad de las Escrituras y había investido con ella las enseñanzas que ella protegía. Consecuentemente, el grito unificador de los reformadores protestantes fue el de *Sola Scriptura* ("Solamente la Escritura"). La Biblia dada por Dios habla directamente a la persona con la autoridad del mismo Dios. "No necesita de papas ni concilios para decirnos, como procedente de Dios, lo que significa; de hecho, puede retar a los pronunciamientos papales y conciliares, convencerlos de ser impíos e inciertos, y exigirles a los fieles que se separen de ellos."

Cuando la Iglesia habla bíblicamente, habla con autoridad; cuando no lo hace, los individuos están autorizados para rechazar y poner en tela de juicio toda afirmación de autoridad que haga. Éste es el caso, no sólo con respecto a la iglesia católica romana, sino a cualquier voz eclesiástica autoritaria.

En ocasiones, también se ha permitido a los credos, confesiones y demás normas eclesiales, de manera consciente o inconsciente, convertirse en rivales de la autoridad de la Escritura. A lo largo de la historia, las iglesias y sus dirigentes han hablado con todo derecho sobre temas importantes de vida y doctrina. Personas piadosas, altamente dotadas por Dios, se han esforzado por presentar normas cristianas pensadas para reflejar la actitud y la voluntad de Dios. Una y otra vez, se ha acudido a estos documentos en busca de orientación autoritaria. Sin embargo, no cabe duda de que los escritores serían los primeros en reconocer que sus obras son falibles y están abiertas a revisión, aunque es fácil reconocer la importante erudición bíblica que respalda estos importantes escritos. Además, todos los grandes credos de la Iglesia reconocen la autoridad plena de las Escrituras. Estos piadosos esfuerzos son de agradecer. Dios los ha usado para su gloria. No obstante, se les debe mantener en su relación correcta con las Escrituras. Permitirles convertirse en rivales de la autoridad bíblica es destruir su propio valor normativo y rebajar la Palabra de Dios que ellos anhelan honrar. El reconocimiento de la autoridad exclusiva de las Escrituras es el que establece el valor de estas otras normas.

La autoridad de las Escrituras ha sido retada también por lo que algunos conciben como la autoridad del encuentro personal de un individuo con Dios. Es decir, que lo capital es el encuentro de la persona con la Palabra viva, y no su encuentro con la Palabra escrita. Los que sostienen este punto de vista dicen que se puede usar la Biblia para contribuir a que se produzca este encuentro; sin embargo, la Biblia "no tiene autoridad en sí misma, sino más bien en virtud del Dios del que da testimonio, y que habla en sus páginas". Esto es sutilmente distinto a decir que la Biblia tiene autoridad porque es la Palabra de Dios de una manera inherente. Los existencialistas creen que, a través del encuentro con Dios, "la Biblia debe convertirse una y otra vez en su Palabra para nosotros".[2]

Es cierto que la autoridad del cristiano es más que papel y tinta, pero "no se puede distinguir la revelación proposicional de Dios ... de la autorrevelación divina". No hay ningún encuentro con Dios cuya autoridad sobrepase la autoridad de su Palabra escrita. De ser así, la "experiencia de Dios" de los místicos hindúes, o de alguien que use drogas alucinógenas podría reclamar para sí la misma autoridad. La validez del encuentro personal con Dios está determinada por la autoridad de las Escrituras que lo revelan. Debemos comprobar y juzgar todas las experiencias personales a la luz de las Escrituras.

Aun el Espíritu Santo ha sido considerado por algunos como rival de la autoridad bíblica. D. Martyn Lloyd-Jones ve al pentecostalismo y al catolicismo romano en los extremos opuestos en aspectos como estructura y jerarquía, pero muy similares en su insistencia sobre la autoridad. El catolicismo insiste en la autoridad de la Iglesia, mientras que algunos pentecostales parecen insistir en la autoridad del Espíritu por encima de la autoridad de la Palabra. Erickson cita una interesante encuesta Gallup de 1979, donde se señala que fue mayor el número de jóvenes de dieciocho a veintinueve años que escogieron al Espíritu Santo antes que a la Biblia como autoridad religiosa principal suya.[5] Algunos elevan una "impresión directa" del Espíritu Santo o una manifestación del Espíritu, como la profecía, por encima de la Palabra escrita. El Espíritu Santo es quien inspiró la Palabra y quien le da su autoridad. Él no puede decir nada contrario a la Palabra inspirada, ni más allá de lo que ella declara.

A estas pretensiones de rivalidad en cuanto a autoridad religiosa, se unen un sinnúmero de religiones y sectas religiosas de todo el mundo. ¿Se debe creer a Jesús por encima de Sun Myung Moon? ¿Tiene el Corán tanta autoridad como la Biblia? ¿Lleva consigo una palabra actual de profecía la autoridad de las Escrituras? Éstas y otras cuestiones prácticas hacen esencial que consideremos seriamente las evidencias a favor de la autoridad bíblica. Virtualmente todas las religiones tienen sus escrituras sagradas. Aunque muchas de ellas puedan contener enseñanzas morales valiosas, el cristianismo ha sostenido históricamente que la Biblia es la Palabra de Dios de una manera única y exclusiva.

Evidencias a favor de la autenticidad de las Escrituras

Los párrafos siguientes presentan algunas de las evidencias a favor de la identificación de la Biblia como la Palabra de Dios.

Apoyo interno. Es legítimo buscar la fuente y el carácter de un escrito a base de examinar el contenido del propio escrito. La Biblia proporciona un testimonio interno convincente sobre su autoridad única como mensaje procedente de Dios. "Es ... la evidencia interna positiva de un origen divino la que les da poder y autoridad a las demandas de la Biblia."

La Biblia despliega una asombrosa unidad y cohesión interna en su contenido, teniendo en cuenta la gran diversidad de sus escritos. Fue escrita durante un período de alrededor de quince siglos, por más de cuarenta autores procedentes de todos los tipos de vida: político, pescador, agricultor, médico, rey, soldado, rabino, pastor y otros. Escribieron en lugares distintos (por ejemplo, en el desierto, un palacio, la prisión) y durante circunstancias diversas (por ejemplo, en la guerra, en el exilio, de viaje). Algunos escribieron historia, otros leyes y otros poesía. Los géneros literarios van desde la alegoría hasta la biografía y la correspondencia personal. Todos tenían su propio fondo cultural y experiencias, así como sus propios puntos fuertes y débiles. Escribieron en distintos continentes, en tres idiomas y sobre centenares de temas. Con todo, sus escritos se combinan para formar un todo coherente que desenvuelve de manera hermosa la historia de la relación entre Dios y la humanidad. "No es una unidad superficial, sino una unidad profunda ... Mientras más profundamente la estudiemos, más completa descubriremos que es esa unidad."

Josh McDowell relata una interesante historia en la que compara la Biblia con una colección llamada *Grandes libros del mundo occidental*. Aunque el conjunto de libros abarcaba muchos autores diferentes, el vendedor admitió que no ofrecía "unidad", sino que se trataba de un "conglomerado". "La Biblia no es una simple antología; hay una unidad que la mantiene unida en su totalidad. Las antologías son recopiladas por antologistas, pero no hay ningún antologista que haya recopilado la Biblia."[3] La forma más plausible de explicar una unidad tan extraordinaria, es considerarla el resultado de la revelación por parte del Dios único.

La Biblia, por su correlación con la compleja naturaleza de la persona humana, se refiere a todos los aspectos esenciales de la vida. Al mismo tiempo que una persona lee la Biblia, la Biblia a su vez lee a la persona. Aunque escrita hace siglos, se dirige poderosamente a las necesidades humanas de cada generación. Es la voz de Dios que penetra hasta el núcleo mismo de nuestro ser, proporcionando respuestas razonables a los grandes interrogantes de la vida (Hebreos 4:12-13). La Palabra de Dios dirige continuamente al lector hacia Dios, como la fuente de significado y razón de ser para sí mismo y para su mundo. Para quien abrace su mensaje, la Palabra tiene un poder transformador. Crea fe en el corazón y lleva a la persona a un dinámico encuentro con el Dios viviente (Romanos 10:17).

Las Escrituras presentan unas normas éticas que sobrepasan lo que se podría esperar de un hombre o una mujer corrientes. Exhortan a una moralidad que excede nuestra propia medida de justicia. "Cada uno de estos escritos ... ha representado ideas morales y religiosas sumamente adelantadas para la edad en la que ha aparecido, y estas ideas son aun las que guían al mundo." La Biblia se enfrenta francamente al fracaso humano y al problema del pecado. Su sistema ético lo abarca todo; incluye todos los aspectos de la vida. La preocupación de la ética bíblica no es solamente lo que uno hace, sino lo que uno es. La adhesión a un código externo está por debajo de las exigencias bíblicas de una bondad interna (1 Samuel 16:7; Mateo 5; 15:8). Tanto los fallos morales de la persona, como su redención moral, son comprendidos sólo en función de su relación con un Dios santo. Mediante la Biblia, Dios no nos llama a una reforma, sino a una transformación, al convertirnos en nuevas criaturas en Cristo (2 Corintios 5:17; Efesios 4:20-24).

Por todas las Escrituras aparecen profecías que hablan sobre sucesos futuros, muchas de ellas con siglos de anticipación. La exactitud de estas predicciones, tal como lo demuestra su cumplimiento, es absolutamente notable. Hay veintenas de profecías que se refieren a Israel y a las naciones vecinas. Por ejemplo, Jerusalén y su templo serían reconstruidos (Isaías 44:28); y Judá, aunque rescatado de los asirios, caería en manos de Babilonia (Isaías 39:6; Jeremías 25:9-12). Se menciona por su nombre a Ciro de Persia, el restaurador de Judá, más de un siglo antes de que naciese (Isaías 44:28). La Biblia contiene centenares de profecías hechas siglos antes de los sucesos reales.[2] Entre ellos se incluyen el nacimiento virginal de Cristo (Isaías 7:14; Mateo 1:23), el lugar donde nacería (Miqueas 5:2; Mateo 2:6), la forma en que moriría (Salmo 22:16; Juan 19:36) y el lugar donde sería sepultado (Isaías 53:9; Mateo 27:57–60).

Algunos críticos, al cambiarles la fecha a diversos libros del Antiguo Testamento, han tratado de reducir al mínimo el milagro predictivo de la profecía bíblica. Sin embargo, aun cuando estuviésemos de acuerdo con las fechas tardías, las profecías aún habrían sido escritas centenares de años antes del nacimiento de Cristo. (Puesto que la traducción de los Setenta de las Escrituras hebreas fue terminada alrededor del año 250 a.C., esto indicaría que las profecías contenidas en dichos escritos se habrían debido hacer antes de esa fecha.)

Hay quienes han sugerido que las profecías no predecían las actividades de Jesús, sino que Él actuó de manera deliberada para cumplir lo que se decía en el Antiguo Testamento. No obstante, muchas de las predicciones concretas se hallaban más allá del control o la manipulación de los seres humanos. Tampoco fue el cumplimiento de las predicciones una serie de simples coincidencias, teniendo en cuenta el importante número de personas y sucesos implicados. Peter Stoner examinó ocho de las predicciones acerca de Jesús y llegó a la conclusión de que, en la vida de una persona, las probabilidades de que aún estas ocho se diesen por coincidencia, eran de una en 100,000,000,000,000,000. La única explicación racional de tantas predicciones a largo plazo exactas y concretas es que el Dios omnisciente, quien es el soberano de la historia, les reveló estos conocimientos a los escritores humanos.

Apoyo externo. La Biblia tiene también aspectos de apoyo externo para su afirmación de que es una revelación divina. ¿Quién podría negar su enorme influencia en la sociedad humana? Ha sido impresa en parte o completa en cerca de dos mil idiomas y la han leído más personas que ningún otro libro en la historia. Reconociendo su sabiduría y valor, tanto los creyentes como los no creyentes la citan en apoyo de sus causas. Se ha afirmado que si se perdiese la Biblia, se podría reconstruir en todas sus partes principales a partir de las citas hechas en los libros que se hallan en los anaqueles de las bibliotecas públicas. Sus principios han servido de base a las leyes de las naciones civilizadas, y de impulso para las grandes reformas sociales de la historia. "La Biblia ... ha producido los más altos resultados en todos los niveles de vida. Ha llevado al más alto tipo de creaciones en los campos de las artes, la arquitectura, la literatura y la música ... ¿Dónde hay un libro en todo el mundo que se compare remotamente con ella en su beneficiosa influencia sobre la humanidad?"[3]

Dios está obrando, haciendo mella en la sociedad a través de las vidas cambiadas al seguir las enseñanzas de su Palabra (Salmo 33:12).

La exactitud de la Biblia en todos los aspectos, incluyendo personas, lugares, costumbres, sucesos y ciencia, ha sido sustanciada a través de la historia y la arqueología. En ocasiones se ha pensado que estaba en un error, pero una y otra vez ha habido descubrimientos posteriores que han atestiguado su veracidad. Por ejemplo, se pensó en un tiempo que no había existido la escritura hasta después de los tiempos de Moisés. Ahora sabemos que la escritura data de antes del año 3000 a.C. Los críticos negaban en el pasado la existencia de Belsasar. Las excavaciones lo identificaron por su nombre babilónico: Bel-shar-usur. Los críticos decían que los hititas, mencionados veintidós veces en la Biblia, nunca habían existido. Hoy en día sabemos que los hititas fueron una gran potencia dentro del Oriente Próximo.

La historia bíblica es corroborada por la historia secular de las naciones relacionadas con Israel. Los descubrimientos arqueológicos siguen apoyando el texto bíblico y contribuyen a interpretarlo. McDowell presenta una interesante cita procedente de una conversación entre Earl Radmacker, presidente del Seminario Bautista Conservador del Oeste de los Estados Unidos, y Nelson Glueck, arqueólogo y antiguo presidente de un seminario teológico judío:

> Se me ha acusado de enseñar la inspiración plena y verbal de las Escrituras ... Todo lo que me he limitado a decir es que en toda mi investigación arqueológica jamás he encontrado un artefacto de la antigüedad que contradiga alguna afirmación de la Palabra de Dios.

El renombrado arqueólogo William F. Albright emite el mismo juicio:

> El excesivo escepticismo que mostraban hacia la Biblia importantes escuelas históricas de los siglos dieciocho y diecinueve ... ha quedado progresivamente desacreditado. Los descubrimientos han establecido uno tras otro la exactitud de innumerables detalles, y han traído consigo un reconocimiento creciente del valor de la Biblia como fuente de la historia.

Aun los eruditos religiosos que le niegan exactitud total a la Biblia sobre bases filosóficas (por ejemplo, diciendo que la presencia de autores humanos significa que habrá errores humanos) se ven en apuros a la hora de sustanciar sus reclamaciones de que hay inexactitudes en el texto bíblico. Kenneth Kantzer comenta: "Aunque Barth siguió afirmando la presencia de errores en las Escrituras, es excesivamente difícil localizar lugar alguno de sus escritos donde presente algún error en especial dentro de las Escrituras." Teniendo en cuenta la multitud de detalles que hay en la Biblia, sería de esperar una considerable colección de errores. Su asombrosa exactitud señala hacia una revelación procedente del Dios que es veraz.

La notable capacidad de supervivencia que tiene la Biblia atestigua también a favor de su autoridad divina. Son comparativamente pocos los libros que sobreviven a los embates del tiempo. ¿Cuántos escritos con mil años de antigüedad podemos nombrar? Un libro que sobreviva un siglo es ya un caso raro. Sin embargo, la Biblia no sólo ha sobrevivido, sino que ha prosperado. Son literalmente miles los manuscritos bíblicos, más que los de cualesquiera diez piezas de literatura clásica juntas.

Lo que hace tan notable esta supervivencia es que la Biblia ha pasado por numerosos períodos de restricciones eclesiásticas (por ejemplo, durante la Edad Media) e intentos gubernamentales por eliminarla. Desde el edicto de Diocleciano en el año 303 para que se destruyesen todos los ejemplares de la Biblia, hasta el día presente, han existido esfuerzos organizados para suprimirla o exterminarla. "No sólo ha recibido la Biblia más veneración y adoración que ningún otro libro, sino que también ha sido objeto de mayor persecución y hostilidad." Si tenemos en cuenta que en los primeros siglos del cristianismo se copiaban a mano las Escrituras, veremos que la extinción total de la Biblia no habría sido humanamente imposible. Voltaire, el famoso deísta francés, predijo que al cabo de cien años el cristianismo se habría desvanecido. En 1778, a los cincuenta años de su muerte, la Sociedad Bíblica de Ginebra usaba su prensa y su casa para producir montones de Biblias.[3] Sólo en el caso de que la Biblia sea realmente el mensaje redentor de Dios para la humanidad, su indestructibilidad deja de ser tan asombrosa: Dios ha mantenido su omnipotente mano sobre su Palabra.

Tanto la autenticidad como la historicidad de los documentos del Nuevo Testamento han sido sólidamente ratificadas. Norman Geisler señala que las evidencias de manuscritos a favor del Nuevo Testamento son abrumadoras y proporcionan una sólida base para la reconstrucción del texto griego original. Bruce Metzger, experto en textos, afirma que en el tercer siglo antes de Cristo, los eruditos de Alejandría señalaban que los ejemplares de la Ilíada que tenían eran exactos en un noventa y cinco por ciento. También señala que el texto del norte y el texto del sur del Mahabarata indio difieren en extensión por un total de veintiséis mil líneas. Esto contrasta con "más del 99, 5 por ciento de exactitud en los ejemplares manuscritos del Nuevo Testamento".[2] Ese 0, 5 por ciento final consiste mayormente en errores de ortografía por parte de los copistas, etcétera, donde no es posible determinar cuál era el original. Ninguna doctrina de la Biblia depende de ninguno de esos textos.

El concepto de Jesús sobre las Escrituras

Los libros del Nuevo Testamento se terminaron de escribir, a lo sumo, a fines del siglo primero; muchos de ellos entre veinte y treinta años después de la muerte de Jesús. También tenemos la certeza de que el recuento de los acontecimientos por los escritores fue supervisado por el Espíritu Santo para impedir los errores humanos que podría causar la mala memoria (Juan 14:26). Los evangelios, donde se detalla la vida de Jesús, fueron escritos por contemporáneos y testigos oculares. Estos escritos del Nuevo Testamento, bien atestiguados, proporcionan una información exacta y digna de confianza acerca de Cristo y de sus enseñanzas. La autoridad de la Palabra escrita está enraizada en la autoridad de Jesús. Puesto que se le presenta como Dios encarnado, sus enseñanzas son ciertas y tienen autoridad. Por consiguiente, lo que haya enseñado Jesús sobre la Escritura determinará si ésta tiene derecho a reclamar autoridad divina. Jesús da un testimonio constante y enfático de que es la Palabra de Dios.

Jesús dirigió su atención en especial al Antiguo Testamento. Ya fuese que hablara de Adán, Moisés, Abraham o Jonás, los trataba como personas reales, situadas en narraciones históricas auténticas. A veces, relacionaba situaciones del momento con un suceso histórico del Antiguo Testamento (Mateo 12:39–40). Otras veces, tomaba un acontecimiento del Antiguo Testamento para apoyar o reforzar algo que estaba enseñando (Mateo 19:4–5). Honraba las Escrituras del Antiguo Testamento, insistiendo en que Él no había venido para abolir la ley y los profetas, sino para darles cumplimiento (Mateo 5:17). En ocasiones fustigaba a los dirigentes religiosos, porque habían elevado equivocadamente sus propias tradiciones al nivel de las Escrituras (Mateo 15:3; 22:29).

En sus propias enseñanzas, Jesús mismo cita por lo menos quince libros del Antiguo Testamento y hace alusión a otros. Tanto en el tono como en las declaraciones concretas, demuestra claramente que considera las Escrituras del Antiguo Testamento como la Palabra de Dios. Eran la palabra y el mandato de Dios (Marcos 7:6–13). Al citar Génesis 2:24, declara: "El que los hizo [no Moisés] ... dijo: Por esto el hombre dejará padre y madre" (Mateo 19:4–5). Menciona a David haciendo una declaración "por el Espíritu Santo" (Marcos 12:36). Con respecto a una declaración que aparece en Éxodo 3:6, pregunta: "¿No habéis leído lo que fue dicho por Dios?" (Mateo 22:31). Proclama repetidamente la autoridad del Antiguo Testamento, citando la fórmula "escrito está" (Lucas 4:4). John W. Wenhman señala que Jesús entendía esta fórmula como equivalente a afirmar: "Dice Dios."

"Hay una objetividad grandiosa y sólida en el tiempo perfecto *guégraptai*, 'está firmemente escrito': 'He aquí el testimonio inmutable y permanente del Dios eterno, puesto por escrito para instruirnos a nosotros.' " La forma decisiva en la que Jesús manejaba esta fórmula habla de manera categórica sobre la forma en que Jesús veía la autoridad de los escritos de la Biblia. "Por tanto, la Palabra escrita es la autoridad de Dios para resolver todas las disputas sobre doctrina o práctica. Es la Palabra de Dios en palabras humanas; es la verdad divina en términos humanos."[2] Aquéllos que quisieran alegar que Jesús se limitó a acomodarse a la comprensión judía de las Escrituras y siguió la corriente de sus falsas creencias, pasan completamente por alto su tono enfático y su insistencia en una aceptación y una autoridad plenas. En lugar de acomodarse a los puntos de vista de sus tiempos, Jesús corrigió sus errores y colocó de nuevo las Escrituras en el lugar que les correspondía. Además de esto, la acomodación a la falsedad no es moralmente posible para el Dios que es absolutamente veraz (Números 23:19; Hebreos 6:18).

Jesús reclamó autoridad divina, no sólo para las Escrituras del Antiguo Testamento, sino también para sus propias enseñanzas. Quien escucha sus dichos y los pone en práctica es una persona sabia (Mateo 7:24) porque sus enseñanzas proceden de Dios (Juan 7:15–17; 8:26–28; 12:48–50; 14:10). Jesús es el Sembrador que esparce la buena semilla de la Palabra de Dios (Lucas 8:1–13). Su frecuente expresión "pero yo os digo", usada junto a una cierta manera de comprender el Antiguo Testamento, demuestra que "sus palabras poseen toda la autoridad de las palabras de Dios". "El cielo y la tierra pasarán, pero mis palabras no pasarán" (Mateo 24:35).

Jesús indicó también que el testimonio que darían sus seguidores a favor suyo estaría revestido de un carácter divino especial. Él los había adiestrado con la palabra y el ejemplo, y los había comisionado para que fuesen sus testigos a lo largo del mundo entero, enseñándoles a los pueblos a observar cuanto les había mandado (Mateo 28:18–20). Les había indicado que esperasen en Jerusalén la venida del Espíritu Santo, a quien el Padre enviaría en su nombre, a fin de que tuviesen poder para ser testigos suyos (Lucas 24:49; Juan 14:26; Hechos 1:8). El Espíritu Santo les recordaría a los discípulos todo lo que Jesús les había dicho (Juan 14:26). El Espíritu les enseñaría a los discípulos todas las cosas, daría testimonio a favor de Cristo, los guiaría a toda verdad, les diría lo que iba a suceder, y tomaría las cosas de Cristo para dárselas a conocer (Juan 14:26; 15:26–27; 16:13–15).

Las promesas de Jesús a sus discípulos se cumplieron. El Espíritu Santo inspiró a algunos de ellos a escribir sobre su Señor. Por tanto, en sus escritos, junto con los del Antiguo Testamento, la Biblia proclama expresa y directamente que es la revelación especial de Dios.

La extensión de la autoridad bíblica

La Biblia toca una serie de aspectos: economía, geografía, cultura, biología, política, astronomía y otros; sin embargo, no pretende ser un libro de texto sobre todos estos temas, ni se la debe considerar como tal. No hay por qué seguir cosas como las maneras de vestir, los medios de transporte, las estructuras políticas, las costumbres humanas y cosas similares, sencillamente porque se las mencione en las Escrituras, y éstas tengan autoridad. Aunque lo que está escrito en cuanto a esos temas es digno de confianza, no tiene por qué ser necesariamente normativo o absoluto. Estos aspectos se encuentran fuera de la autoridad bíblica, a menos que tengan consecuencias teológicas o éticas. (Por ejemplo, desde el punto de vista de las Escrituras, no tiene importancia que usemos un camello o una motocicleta, pero sí la tiene el que los hayamos obtenido de manera honrada.)

Los sesenta y seis libros de la Biblia reclaman para sí autoridad plena y absoluta con respecto a la autorrevelación de Dios y a todas sus consecuencias en cuanto a doctrina y práctica. Aunque la autoridad de la Biblia es histórica, porque Dios se ha revelado a sí mismo en sucesos históricos, esta autoridad es primordialmente teológica. La Biblia le revela a Dios a la humanidad y presenta su relación con su creación. Puesto que se ha de comprender a Dios a través de este libro, sus palabras deben tener autoridad. La autoridad de la Palabra es absoluta: son las palabras del propio Dios con respecto a sí mismo.

La autoridad ética de la Biblia parte de su autoridad teológica. No habla de todo lo que se debe hacer en todas las edades, ni de todo lo que se hizo en los tiempos en que fue escrita. En cambio, los principios que presenta, sus normas de justicia, su información sobre Dios, su mensaje de redención y sus lecciones de vida tienen autoridad para todos los tiempos.

Ciertos pasajes bíblicos no nos obligan a nosotros hoy en cuanto a lo que respecta a la conducta, pero tienen autoridad en el sentido de que revelan a Dios en algún tipo de relación con la humanidad. Por ejemplo, algunas de las ceremonias del Antiguo Testamento han tenido su cumplimiento en Cristo. "Donde hay una relación de promesa (o prefiguración) y cumplimiento, la figura sirve sólo a un propósito temporal, y deja de tener categoría de obligatoria con el cumplimiento." Aunque sea Cristo su cumplimiento, las ceremonias presentan con toda autoridad un aspecto de la obra redentora de Dios. La relación entre Dios y los seres humanos, y la relación entre los seres humanos y Dios tiene consecuencias en todos los aspectos de la vida. Por tanto, la Palabra incide con autoridad sobre estas otras esferas de la vida.

El alcance de la autoridad de las Escrituras es tan extenso como la autoridad de Dios mismo en relación con todos los aspectos de la existencia humana. Dios está por encima de todos los aspectos de la vida y se dirige a través de su Palabra a todos ellos. La autoridad de la Palabra escrita es la autoridad de Dios mismo. La Biblia no es un simple registro escrito de la autoridad de Dios en el pasado, sino que es la autoridad de Dios hoy. A través de la Palabra escrita, el Espíritu Santo sigue enfrentando a hombres y mujeres con las exigencias divinas. Sigue siendo el "Así dice el Señor".

LA INSPIRACIÓN DE LAS ESCRITURAS

Dios se ha revelado a su creación. La palabra "inspiración" se refiere a la puesta por escrito de esta revelación divina. Puesto que la Biblia fue escrita por autores humanos, se debe preguntar: "¿En qué sentido, si es que hay alguno, se les puede llamar 'Palabra de Dios' a sus escritos?" Un tema relacionado con éste es el del grado o extensión en el cual se pueden ver sus escritos como revelación procedente de Dios.

La base bíblica de la inspiración

Puesto que todo testigo tiene el derecho de dar testimonio sobre sí mismo, comenzaremos por examinar la proclamación de inspiración divina por parte de los escritores bíblicos. Muchos de los que escribieron las Escrituras participaron en los sucesos sobre los que escribieron, o fueron testigos oculares de ellos.

> Lo que era desde el principio, lo que hemos oído, lo que hemos visto con nuestros ojos, lo que hemos contemplado, y palparon nuestras manos tocante al Verbo de vida (porque la vida fue manifestada, y la hemos visto, y testificamos, y os anunciamos la vida eterna, la cual estaba con el Padre, y se nos manifestó); lo que hemos visto y oído, eso os anunciamos.
>
> 1 Juan 1:1–3a

Ya fuese Moisés, David, Jeremías, Mateo, Juan, Pedro o Pablo, todos ellos escribieron a partir de sus propias experiencias, al revelárseles Dios en su vida y a través de ella (Éxodo 4:1–17; Salmo 32; Jeremías 12; Hechos 1:1–3; 1 Corintios 15:6–8; 2 Corintios 1:3–11; 2 Pedro 1:14–18). Sin embargo, sus escritos no se limitaban a ser relatos de reporteros comprometidos en los hechos. Ellos afirmaban escribir no sólo *acerca* de Dios, sino también *en el nombre* de Dios. Su palabra era Palabra de Dios; su mensaje era un mensaje de Dios.

A lo largo de todo el Antiguo Testamento hallamos expresiones como las siguientes: "Habló Jehová a Moisés diciendo: Di ..." (Éxodo 14:1); "Palabra que vino de Jehová a Jeremías, diciendo ..." (Jeremías 11:1); "Tú, pues, hijo de hombre ... di: Así ha dicho Jehová el Señor" (Ezequiel 39:1); "Me dijo Jehová ..." (Isaías 8:1); o "Así ha dicho Jehová ..." (Amós 2:1). Este tipo de afirmaciones aparece más de tres mil ochocientas veces, y demuestran claramente que los escritores estaban conscientes de estar presentando un mensaje divino lleno de autoridad.

Los escritores del Nuevo Testamento estaban igualmente seguros de que ellos también se estaban comunicando en nombre de Dios. Jesús no sólo mandó predicar a sus discípulos, sino que les dijo también lo que habrían de predicar (Hechos 10:41–43). Sus palabras no eran "palabras enseñadas por sabiduría humana, sino ... las que enseña el

Espíritu, acomodando lo espiritual a lo espiritual" (1 Corintios 2:13). Esperaban de los demás que reconociesen que lo que estaban recibiendo había sido escrito como "mandamientos del Señor" (véase 1 Corintios 14:37). Pablo les pudo asegurar a los gálatas: "En esto que os escribo, he aquí delante de Dios que no miento" (Gálatas 1:20), porque lo había recibido de Dios (Gálatas 1:6–20). Él mismo elogia a los tesalonicenses por recibir su mensaje, "no como palabra de hombres, sino según es en verdad, la palabra de Dios ..." (1 Tesalonicenses 2:13). Las órdenes escritas para la Iglesia lo eran en el nombre de Jesús, y la desobediencia a ellas era razón suficiente para romper su asociación con la persona desobediente (2 Tesalonicenses 3:6–14). Así como Dios había hablado en los santos profetas y a través de ellos, ahora el Señor estaba dando órdenes a sus apóstoles (2 Pedro 3:2). El hecho de recibir la vida eterna estaba conectado con el de creer el testimonio de Dios con respecto a su Hijo, que los discípulos habían puesto por escrito (1 Juan 5:10–12).

En estos pasajes y otros similares es evidente que los escritores del Nuevo Testamento estaban convencidos de que estaban declarando "todo el consejo de Dios" en obediencia al mandato de Cristo y bajo la dirección del Espíritu Santo (Hechos 20:27). Los escritores del Nuevo Testamento reconocían también la autoridad absoluta de las Escrituras del Nuevo Testamento, porque Dios había hablado "por el Espíritu Santo" a través de los autores humanos (Hechos 4:24–25; Hebreos 3:7; 10:15–16).

Pablo le escribe a Timoteo diciéndole que las Escrituras lo pueden "hacer sabio para la salvación por la fe que es en Cristo Jesús" (2 Timoteo 3:15). El valor de las Escrituras se deriva de su fuente. Pablo indica que ese valor va más allá del autor humano inmediato, y llega hasta Dios mismo. Afirma: "Toda la Escritura es inspirada por Dios" (2 Timoteo 3:16). El término "inspiración" está tomado de este versículo, y se aplica a la puesta por escrito de la Biblia. La palabra griega que se usa aquí es *zeópneystos*, que literalmente significa "respirada por Dios"; ha surgido del aliento mismo de Dios. Pablo no está diciendo que Dios haya "alentado" alguna característica divina sobre los escritos humanos de las Escrituras, ni tampoco simplemente que todas las Escrituras respiran a Dios o hablan de Dios. El adjetivo griego (*zeópneystos*) es claramente predicativo, y ha sido usado para identificar la fuente de toda la Escritura. Dios es el autor definitivo. Por consiguiente, toda la Escritura es la voz de Dios, la Palabra de Dios (Hechos 4:25; Hebreos 1:5–13).

El contexto de 2 Timoteo 3:16 tiene en cuenta las Escrituras del Antiguo Testamento; la afirmación explícita por parte de Pablo es que todo el Antiguo Testamento es una revelación inspirada que procede de Dios. El hecho de que el Nuevo Testamento apenas se estuviese escribiendo entonces y no estuviera aún terminado, impide que se le aplique esta afirmación interna explícita. Sin embargo, algunas declaraciones concretas por parte de los escritores del Nuevo Testamento indican que la inspiración de la Escritura se extiende a toda la Biblia. Por ejemplo, en 1 Timoteo 5:18, Pablo escribe: "Pues la Escritura dice: No pondrás bozal al buey que trilla; y: Digno es el obrero de su salario." Está citando Deuteronomio 25:4 y Lucas 10:7, y considera "como Escritura" tanto la cita del Antiguo Testamento como la del Nuevo. Además de esto, Pedro se refiere a todas las cartas de Pablo que, aunque hablan de la salvación de Dios, contienen algunas cosas "difíciles de entender". Por eso, algunos las "tuercen, como también *las otras Escrituras*, para su propia perdición" 2 Pedro 3:16, (cursivas añadidas). Observemos que Pedro pone a todas las epístolas de Pablo dentro de la categoría de las Escrituras. Distorsionarlas es distorsionar la Palabra de Dios, y la consecuencia es la perdición. Los escritores del Nuevo Testamento comunicaron palabras de "las que enseña el Espíritu, acomodando lo espiritual a lo espiritual" (1 Corintios 2:13), tal como Jesús había prometido (Juan 14:26; 16:13–15).

En su segunda epístola, Pedro habla de su muerte inminente y su anhelo de darles a sus lectores seguridad sobre la veracidad de lo que les había dicho previamente. Les dice que él no había inventado relatos interesantes, pero falsos, y les recuerda que había sido testigo ocular: estaba con Cristo, y había oído y visto por sí mismo (2 Pedro 1:12–18). Entonces procede a escribir acerca de una palabra aun "más segura" que su testimonio ocular (2 Pedro 1:19). Al hablar de las Escrituras, describe a los autores humanos como "guiados" (*ferómenoi* [la RV traduce "inspirados", nota del traductor]) por el Espíritu Santo cuando comunicaban las cosas de Dios. La consecuencia de esta supervisión de su actividad por el Espíritu Santo fue un mensaje no nacido de la iniciativa de los designios humanos, o producido por el simple razonamiento humano y la investigación (aunque no se hallen excluidos éstos). Pedro dice: "Entendiendo primero esto, que ninguna profecía de la Escritura es de interpretación privada, porque nunca la profecía fue traída por voluntad humana, sino que los santos hombres de Dios hablaron siendo inspirados por el Espíritu Santo" (2 Pedro 1:20–21).

El uso que hace Pedro de la expresión "profecía de la Escritura" es un ejemplo del uso de *la parte por el todo:* en este caso, una parte representa toda la Escritura. En cuanto a toda la Escritura, "el impulso que llevó a ponerla por escrito procedía del Espíritu Santo. Por esta razón, los lectores de Pedro deben poner atención ... porque no se trata solamente de palabras de hombres, sino de la Palabra de Dios".

Debido a la inspiración del Espíritu Santo, toda la Escritura tiene autoridad. Jesús dijo que incluso el menor de los mandatos bíblicos es importante y obligatorio.

> Porque de cierto os digo que hasta que pasen el cielo y la tierra, ni una jota ni una tilde pasará de la ley, hasta que todo se haya cumplido. De manera que cualquiera que quebrante uno de estos mandamientos muy pequeños, y así enseñe a los hombres, muy pequeño será llamado en el reino de los cielos; más cualquiera que los haga y los enseñe, éste será llamado grande en el reino de los cielos.

Mateo 5:18–19

Está predicando recompensa o castigo, según la relación de la persona con los mandamientos, hasta el más pequeño de ellos. Acusado de blasfemia por haber proclamado su divinidad, Jesús apela a la frase "sois dioses", que aparece en el Salmo 82:6. Basa su defensa contra la acusación de blasfemia en la verdad plenamente aceptada de que no se puede quebrantar ni siquiera una frase de las Escrituras que sea relativamente oscura (Juan 10:34, 35). La razón por la que no se la podía quebrantar era que, aunque fuese una porción pequeña de las Escrituras, seguía siendo la Palabra de Dios, llena de autoridad.

MODOS DE LA INSPIRACIÓN

Una vez aceptado el testimonio de sí misma que da la Escritura, queda clara su inspiración. A medida que escribían los autores humanos, Dios mismo participó de cierta manera en la comunicación del mensaje de éstos. Sin embargo, puesto que en la mayoría de los casos la Biblia no revela la psicología de la inspiración, han surgido diversas maneras de comprender el modo en que se produjo ésta. Consideramos brevemente cinco puntos de vista básicos.

La intuición natural. La inspiración sólo es una comprensión natural de los asuntos espirituales, ejercitada por personas bien dotadas. Tal como algunos pueden tener aptitudes para las matemáticas o las ciencias, los escritores bíblicos tenían aptitudes para las ideas religiosas. No se ve aquí una implicación especial de Dios. Sería algo tan natural como estar inspirado para escribir un poema o componer un himno.

La iluminación especial. La inspiración es una intensificación y exaltación divina de percepciones religiosas comunes a los creyentes. Los dones naturales de los escritores bíblicos fueron resaltados de alguna manera por el Espíritu Santo, pero sin ninguna orientación ni comunicación especial de verdades divinas.

La orientación dinámica. La inspiración es una orientación especial que dio el Espíritu Santo a los escritores bíblicos a fin de asegurar la comunicación de un mensaje procedente de Dios, en lo que se refiere a temas de fe religiosa y vida piadosa. Aquí se insiste en que Dios les proporcionaba a los escritores los pensamientos o conceptos que quería que se comunicaran, y les permitía a estos escritores humanos una expresión total y natural. Los elementos de fe y práctica religiosa eran dirigidos, pero los temas que ellos llaman "no esenciales", dependían por completo de los conocimientos, la experiencia y las preferencias de los autores humanos.

La inspiración verbal plenaria. La inspiración es una combinación de la expresión humana natural de los escritores, y la iniciativa y supervisión del Espíritu Santo con respecto a sus escritos. Sin embargo, el Espíritu Santo no dirigió solamente los pensamientos o conceptos de los escritores, sino que también vigiló la selección de palabras que hacían, y no sólo en cuestiones de fe y de práctica. El Espíritu Santo garantizó la exactitud y la plenitud de todo lo que se escribió, como revelación de Dios.

El dictado divino. La inspiración es la supervisión infalible de la reproducción mecánica de palabras divinas, a medida que el Espíritu Santo se las dictaba a los escritores humanos. Los escritores bíblicos fueron obedientes secretarios que escribieron bajo la dirección especial del Espíritu Santo en cuanto a contenido, palabras y estilo.

Formulemos una opinión sobre la inspiración

Toda opinión sobre la inspiración deberá tener en consideración cuanto sea necesario para que se pueda comunicar de manera exacta la revelación divina. En un modo correcto de producirse la inspiración deberán incluirse todos los elementos que la Biblia señala como postulados, tanto en cuanto al acto de la inspiración como en cuanto a los efectos de dicho acto. También les debe dar el lugar correcto a la actividad de Dios y a la humana.

Cuando examinamos los datos de las Escrituras, hallamos que presenta con claridad una serie de elementos comprendidos en el acto de la inspiración. (1) "Toda Escritura es inspirada por Dios"; procede de la boca de Dios (2 Timoteo 3:16). (2) Los escritores bíblicos fueron "inspirados [o 'guiados'] por el Espíritu Santo" (2 Pedro 1:21). (3) Los escritores no hablaron por voluntad propia, sino por voluntad divina (2 Pedro 1:21). (4) Con todo, los escritores sí hablaron por ellos mismos (Lucas 20:42; Juan 12:39; Hechos 3:22).

De igual forma, las Escrituras presentan con claridad los efectos o consecuencias del acto de la inspiración. (1) Toda la Escritura es inspirada por Dios, y por consiguiente, toda ella es la Palabra de Dios (1 Corintios 14:37; 2 Timoteo 3:16). (2) Toda la Escritura es de provecho y constituye una regla completa y suficiente para la fe y la práctica (2 Timoteo 3:16, 17). (3) No se puede echar a un lado, anular ni destruir ni una sola línea de la Escritura; se debe tomar el todo de la Escritura en su plena integridad (Juan 10:35). (4) La Escritura es más cierta incluso que la observación empírica (2 Pedro 1:12–19). (5) Ninguna Escritura está condicionada en su veracidad por limitación alguna de su autor humano (2 Pedro 1:20). La supervisión del Espíritu Santo desplaza tanto el condicionamiento histórico normal como la pecaminosidad y la finitud de la humanidad.

A la luz de las observaciones anteriores, tomadas de las Escrituras, se puede hacer una evaluación de los cinco modos de inspiración sugeridos. Las opiniones que consideran la inspiración solamente como una especie de don natural de iluminación no prestan la atención adecuada al hecho de que las Escrituras proceden de la boca misma de Dios. La opinión de la orientación dinámica, que ve los asuntos de fe y de vida como inspirados, y aparte del resto del contenido, más mundanal, no deja método seguro para decidir qué es inspirado y qué no lo es. Tampoco se enfrenta a la afirmación bíblica explícita de que toda la Escritura es inspirada, incluso en sus versículos más oscuros.

La opinión de que la inspiración es un dictado divino no da reconocimiento adecuado al elemento humano: los estilos peculiares, las expresiones y las cosas en que hacen énfasis los distintos escritores.

La opinión sobre la inspiración verbal plenaria evita los escollos de insistir en la actividad de Dios, con detrimento de la participación humana, o de insistir en la contribución humana, con detrimento de la actuación divina. Toda la Escritura es inspirada, y los autores escribieron bajo la dirección y orientación del Espíritu Santo, al mismo tiempo que se dejaba lugar a la variedad en cuanto a estilo literario, gramática, vocabulario y otras peculiaridades humanas. Al fin y al cabo, en la providencia de Dios, algunos de los escritores bíblicos habían pasado por largos años de experiencias y preparación únicas, que Dios decidió usar para comunicar su mensaje (por ejemplo, Moisés, Pablo).

Las opiniones de la orientación dinámica y de la inspiración verbal plenaria son ampliamente aceptadas, porque estas opiniones reconocen, tanto la obra del Espíritu Santo, como las evidentes diferencias entre los escritores en cuanto a vocabulario y estilo. Una gran diferencia entre ambas opiniones se refiere a la extensión de la inspiración. Una vez reconocida la orientación del Espíritu Santo, ¿hasta dónde se extendió esa orientación? Con respecto a los escritos de la Biblia, los defensores de diversas opiniones de tipo dinámico sugieren que la orientación del Espíritu se extendió a los misterios inalcanzables para la razón, o sólo al mensaje de salvación, o sólo a las palabras de Cristo, o quizá a ciertos materiales (como las secciones didácticas o las proféticas, o tal vez todos los temas relacionados con la fe y la práctica cristianas). La inspiración verbal plenaria sostiene que la orientación del Espíritu Santo se extendió a toda palabra de los documentos originales (esto es, los "autógrafos").

Con respecto a la orientación del escritor por parte del Espíritu Santo, la opinión de la orientación dinámica sugiere que la influencia del Espíritu sólo se extendió al impulso inicial de escribir, o sólo a la selección de los temas, el asunto a tratar, o sólo a los pensamientos y conceptos del escritor, que expresaría éste como mejor le pareciese. En la inspiración verbal plenaria, la orientación del Espíritu Santo se extiende incluso a las palabras escogidas por el escritor para expresar sus pensamientos. El Espíritu Santo no dictó las palabras, pero guió al escritor de tal forma que él escogió libremente las palabras que expresaban realmente el mensaje de Dios. (Por ejemplo, el escritor habría podido escoger las palabras "casa" o "edificio", según su preferencia, pero no habría podido escoger "campo", puesto que de hacerlo, habría cambiado el contenido del mensaje).

Cualquier combinación de las sugerencias de la opinión sobre la orientación dinámica nos deja en una posición de relatividad con respecto al tema de la extensión de la inspiración. Esta posición relativa requiere que se emplee algún principio para diferenciar entre las partes de las Escrituras inspiradas y las no inspiradas (o las más inspiradas y las menos). Se han sugerido varios principios: todo lo que sea razonable, todo lo que sea necesario para la salvación, todo lo que sea valioso para la fe y la práctica, todo lo que lleve la Palabra (esto es, que señale hacia Cristo), todo lo que sea *kérygma* genuino, o todo aquello de lo que el Espíritu dé un testimonio especial. Todos estos principios están esencialmente centrados en el ser humano y son subjetivos. También existe el problema de quién habrá de emplear el principio y tomar realmente la decisión. La jerarquía eclesiástica, los eruditos bíblicos y los teólogos, así como los creyentes de manera individual, quisieran todos ser quienes tomaran la decisión. En un sentido final, la opinión de la orientación dinámica termina derivando la autoridad de la Biblia de la humanidad, y no de Dios. Sólo la opinión de la inspiración verbal plenaria evita el cenagal de la relatividad teológica, al mismo tiempo que explica la variedad humana, al reconocer que la inspiración se extiende a toda la Escritura.

La inspiración verbal plenaria lleva esencialmente su definición en su propio nombre. Es la creencia de que la Biblia es inspirada, incluso hasta en las mismas palabras (verbal) que fueron escogidas por los escritores. Es inspiración plena (total, toda) porque todas las palabras de todos los autógrafos son inspiradas. Una definición más técnica de la inspiración desde una perspectiva verbal plenaria diría algo como lo que sigue: La inspiración es un acto especial de supervisión por parte del Espíritu Santo, por medio del cual los escritores bíblicos fueron impulsados a escribir, fueron guiados en lo que escribían, incluso en el empleo de las palabras, y fueron preservados de todo error u omisión.

Al mismo tiempo, aunque toda palabra es inspirada por Dios, el que esto sea verdad o no, depende de su contexto. Es decir, podría estar recogiendo con autoridad una mentira; es el registro verdadero e inspirado de una mentira. Por ejemplo, cuando la serpiente le dijo a Eva que no moriría si comía de la fruta prohibida, estaba mintiendo, porque sí moriría (Génesis 3:4–5). Sin embargo, puesto que toda la Escritura es inspirada, se recogen con exactitud en ella las palabras falsas del tentador.

La inspiración verbal plenaria era la opinión de la Iglesia Primitiva. Durante los ocho primeros siglos de la Iglesia, ningún dirigente importante de la misma sostuvo otro punto de vista distinto, y era el punto de vista de todas las iglesias cristianas ortodoxas prácticamente, hasta el siglo dieciocho. La inspiración verbal plenaria sigue siendo el punto de vista del movimiento evangélico.

La inspiración verbal plenaria eleva el concepto de inspiración a la infalibilidad plena, puesto que todas las palabras son, en última instancia, palabras de Dios. La Escritura es infalible, porque es la Palabra de Dios, y Dios es infalible. En años recientes, algunos han tratado de sostener el concepto de la inspiración verbal plenaria sin el corolario de la infalibilidad. En respuesta a esto se han escrito libros, llevado a cabo conferencias y formado organizaciones que traten de apuntalar la comprensión histórica de la inspiración. Se ha debatido sobre la "inerrancia limitada", en oposición a la "errancia limitada". Se han añadido una serie de condicionantes a la característica de "verbal plenaria", hasta que algunos han llegado a insistir que se le dé a esta opinión el nombre de "inspiración verbal plenaria, infalible, inerrante e ilimitada". Cuando investigamos lo que significan todos estos condicionantes, es exactamente lo mismo que "verbal plenaria" significaba desde el principio.

LA INERRANCIA BÍBLICA

Un notable cambio en la terminología como consecuencia de todas las discusiones en el aspecto de la inspiración de las Escrituras es la preferencia del término "inerrancia" sobre el de "infalibilidad". Es posible que esto tenga que ver con la insistencia de algunos de que es posible tener un mensaje infalible, y un texto bíblico errado.

Los términos "infalibilidad" e "inerrancia" son usados para hablar de la veracidad de las Escrituras. La Biblia no falla; no yerra; es veraz en todo cuanto afirma (Mateo 5:17–18; Juan 10:35). Aunque no se hayan usado siempre estos términos, los primeros padres de la Iglesia, los teólogos católicos romanos, los reformadores protestantes, los evangélicos modernos (y, por tanto, los pentecostales "clásicos") han afirmado todos que la Biblia es totalmente cierta, sin lugar para la falsedad ni el error. Clemente Romano, Clemente de Alejandría, Gregorio Nacianceno, Justino Mártir, Ireneo, Tertuliano, Orígenes, Ambrosio, Jerónimo, Agustín, Martín Lutero, Juan Calvino y una multitud más de gigantes de la historia de la Iglesia, reconocen que la Biblia procede de la boca misma de Dios, y es cierta en su totalidad. Escuchemos las enfáticas declaraciones de algunos de estos hombres notables:

Agustín: *"Creo muy firmemente que los autores estuvieron completamente libres de errores."*

Martín Lutero: *"Las Escrituras nunca yerran." "Donde las Santas Escrituras establecen algo que se debe creer, allí no nos debemos desviar de las palabras."*[2]

Juan Calvino: *"El registro seguro e infalible." "La regla cierta e inerrante." "La Palabra infalible de Dios." "Libre de toda mancha o defecto."*

Probablemente, dos de los desarrollos históricos más significativos con respecto a la doctrina de la infalibilidad y la inerrancia han sido la declaración sobre las Escrituras en el *Pacto de Lausana* (1974) y la *Declaración de Chicago* (1978) del Concilio Internacional sobre la Inerrancia Bíblica. La declaración de Lausana ofrece lo que algunos consideran como una flexibilidad demasiado grande en su declaración de que la Biblia es "inerrante en todo lo que afirma". (Es decir, que quizá haya algunas cosas que no se "afirmen" en la Biblia.) En respuesta a esto, la *Declaración de Chicago* afirma: "La Escritura es inerrante en su totalidad, y está libre de toda falsedad, fraude o engaño. Negamos que la infalibilidad y la inerrancia bíblicas estén limitadas a los temas espirituales, religiosos o de la redención, con exclusión de las afirmaciones en los campos de la historia y de la ciencia."

La *Declaración de Chicago* fue adoptada por una reunión de cerca de trescientos eruditos evangélicos en un esfuerzo por aclarar y fortalecer la posición evangélica sobre la doctrina de la inerrancia. Comprende diecinueve Artículos de Afirmación y Negación, con una extensa exposición final, destinada a describir y explicar la inerrancia de una forma tal que no deje absolutamente ningún lugar para errores de ninguna clase en ningún lugar de la Biblia.

Aunque se pueda poner en duda si se enseña la inerrancia de manera deductiva en las Escrituras, ésta es la conclusión apoyada por un examen inductivo de la doctrina de las Escrituras enseñada por Jesús y por los escritores bíblicos. No obstante, se debe aclarar que la autoridad de la Biblia descansa en la veracidad de la inspiración; no en una doctrina sobre la inerrancia. La inerrancia es una deducción natural que sigue a la inspiración y "es sacada de las enseñanzas bíblicas y apoyada totalmente por las actitudes de Jesús mismo". Algunos han sugerido que la rendición con respecto a la doctrina de la infalibilidad es el primer paso hacia la rendición con respecto a la autoridad bíblica.

La inerrancia reconoce las contradicciones o faltas de cohesión interna halladas en el texto, no como errores reales, sino como dificultades que se podrán resolver cuando se sepan todos los datos relevantes. La posibilidad de armonizar pasajes aparentemente contradictorios ha sido demostrada con frecuencia por eruditos evangélicos que han revisado pacientemente las dificultades del texto a la luz de nuevos descubrimientos históricos, arqueológicos y lingüísticos. (Sin embargo, se deben evitar las armonizaciones forzadas o altamente especulativas.)

La doctrina de la inerrancia se deriva más del carácter de la Biblia, que del simple examen de los fenómenos que presenta. "Si creemos que las Escrituras son la Palabra de Dios, no podremos dejar de creer que es inerrante." Estas palabras que fueron escritas salieron de la boca misma de Dios, y Dios no puede mentir. La Escritura no yerra, porque Dios no miente. Por consiguiente, la inerrancia es una propiedad que se espera de la Escritura, por ser inspirada. El crítico que insiste en que hay errores en la Biblia en algunos pasajes difíciles, parece haber usurpado para sí mismo la infalibilidad que les ha negado a las Escrituras. Una norma capaz de errar no proporciona una medición segura sobre la verdad y el error. El resultado de la negación de la inerrancia es la pérdida de una Biblia digna de confianza. Cuando se admite que hay errores, se abandona la veracidad divina y se desvanece la certeza.

Definición de inerrancia

Aunque históricamente los términos "infalibilidad" e "inerrancia" han sido virtualmente sinónimos en la doctrina cristiana, en años recientes muchos evangélicos han preferido uno de los términos sobre el otro. Algunos han preferido el término "inerrancia" para distinguirse de aquéllos que sostenían que la infalibilidad se podía referir al mensaje veraz de la Biblia, sin que por eso tuviera que significar que la Biblia no contiene errores. Otros han preferido el término "infalibilidad" para evitar posibles malentendidos por causa de una definición de la inerrancia que fuese excesivamente restrictiva. En el presente, el término "inerrancia" parece estar más de moda que el de "infalibilidad". Por tanto, la serie de afirmaciones que aparece a continuación trata de fijar los límites para una definición de la inerrancia verbal que sería ampliamente aceptada en la comunidad evangélica.

1. La verdad de Dios es expresada con exactitud mediante todas las palabras de toda la Escritura, a medida que son usadas para construir oraciones inteligibles.
2. La verdad de Dios es expresada con exactitud mediante todas las palabras de toda la Escritura, y no sólo las palabras que tienen contenido religioso o teológico.
3. La verdad de Dios está expresada de manera inerrante directamente sólo en los autógrafos (escritos originales), e indirectamente en los apógrafos (copias de los escritos originales).
4. La inerrancia permite el "lenguaje de apariencia", las aproximaciones y las descripciones no contradictorias con variantes desde perspectivas diferentes. (Por ejemplo, decir que sale el sol no es un error, sino una descripción perceptiva reconocida.)
5. La inerrancia reconoce el uso del lenguaje figurativo simbólico y una variedad de formas literarias para presentar la verdad.
6. La inerrancia comprende que las citas de afirmaciones del Antiguo Testamento en el Nuevo pueden ser paráfrasis, y pueden no tener la intención de ser citas literales palabra por palabra.
7. La inerrancia considera los métodos culturales e históricos de informar sobre cosas como genealogías, medidas y estadísticas, como válidos, en lugar de exigir los métodos modernos de hoy, que demandan una precisión tecnológica.

A partir de estas siete afirmaciones, es de esperar que podamos construir un punto de vista sobre la inerrancia que evite los extremos, al mismo tiempo que tome en serio el autotestimonio de las Escrituras con respecto a su exactitud y veracidad. No obstante, nuestro intento por definir la inerrancia no es inerrante él mismo. Por consiguiente, al mismo tiempo que tratamos de influir en otros para que reconozcan la doctrina de la inerrancia, sería bueno que hiciésemos caso del sabio y amoroso consejo de Kenneth Kantzer, respetado estudioso de la inerrancia: "Los evangélicos conservadores en especial deben tener mucho cuidado, no sea que a base de recurrir con demasiada precipitación a la confrontación directa, acusen de falta de ortodoxia al erudito indeciso o al estudioso preocupado por problemas en el texto bíblico, o por alguna de las connotaciones comunes de la palabra *inerrante.*"

De igual manera, se debería entender que "la inerrancia de las Escrituras no implica que la aceptación de esta doctrina tenga por consecuencia necesaria la ortodoxia evangélica". La deben seguir la interpretación correcta y la consagración espiritual.

La revelación proposicional

Uno de los principales temas filosóficos relacionados con la cuestión de la infalibilidad y la inerrancia se refiere a si Dios puede revelarse verdaderamente a sí mismo. Al hablar de verdad aquí nos referimos a declaraciones proposicionales, o afirmaciones, que correspondan con exactitud al objeto u objetos a los que se refieren. ¿Puede Dios revelar verdades acerca de sí mismo? ¿Tiene Dios la capacidad de revelar a la humanidad de manera proposicional algo sobre quién es Él realmente? Si la respuesta es afirmativa, pero lo que Él revela sólo es de fiar en un sentido general, entonces la revelación de Dios contiene errores. Si Dios se ha revelado a sí mismo mediante una mezcla de verdades y errores, o bien lo debe haber hecho de manera deliberada, o no ha podido evitar hacerlo así.

No es probable que Dios haya revelado errores deliberadamente. En la Biblia no hay rastro de evidencias firmes sobre errores revelados de este tipo. Además, los errores revelados de manera deliberada son antitéticos con la naturaleza de Dios como el Dios de la verdad. Dios siempre actúa en consonancia con su naturaleza.

Decir que Dios no pudo evitar la revelación de errores en su autopresentación pone en tela de juicio tanto su omnisciencia como su omnipotencia. Decir lo que Dios pudo hacer o no pudo hacer, fuera de lo que indica la revelación divina, es presunción. Ciertamente, no es su revelación de sí mismo una de las cosas que dice la Biblia que Dios no pueda hacer (no por incapacidad en cuanto a poder, sino por incapacidad en cuanto a naturaleza moral). Si Dios, quien creó todas las cosas, incluso la mente humana, puede comunicar una verdad a la persona humana, entonces no hay razón lógica por la cual Él no le pueda comunicar todas y cada una de las verdades que desee.

Después de reconocer que Dios es capaz de revelarse verdaderamente a sí mismo, podemos preguntar: ¿Hizo Él también que su revelación fuera puesta por escrito con veracidad? Negar esto nos reduce al agnosticismo o al escepticismo con respecto a toda verdad absoluta, en espera de la verificación empírica de cada afirmación de las Escrituras (suponiendo que todos sus temas sean capaces de verificación empírica). En cambio, para que tengamos seguridad de que la Biblia es la Palabra de Dios, debemos tomar el testimonio que da la Escritura sobre sí misma como normativo en cuanto a definir la verdadera doctrina de la inspiración. Tal como lo examinamos ya en este capítulo, Jesús y los escritores bíblicos proclaman a una sola voz que la revelación de la verdad por parte de Dios ha sido puesta por escrito de manera inerrante. No se la puede quebrantar, y no pasará.

La conservación de la verdad de las Escrituras

¿Ha hecho Dios que su revelación sea conservada en toda su pureza? Si "conservada en toda su pureza" significa "conservada de manera inerrante", la respuesta es negativa.

Tal como mencionamos anteriormente, la inerrancia se adhiere de manera directa sólo a los autógrafos. En los numerosos manuscritos bíblicos que se han conservado hay miles de variantes. La mayor parte de ellas son tan pequeñas, que resultan insignificantes (por ejemplo, ortografía, sintaxis, transposición de palabras, etc.). Ni una sola doctrina está basada en un texto dudoso de un manuscrito.

En cambio, si "conservada en toda su pureza" significa que las enseñanzas de las Escrituras han sido "conservadas sin corrupción", la respuesta es resonantemente positiva. Hoy en día, la Iglesia tiene varias versiones modernas diferentes de la Biblia, basadas en los numerosos manuscritos hebreos y griegos existentes. Estas versiones comparan cuidadosamente los manuscritos antiguos y las versiones más tempranas de la Biblia. Le proporcionan al lector las Escrituras en un vocabulario y un estilo actuales, al mismo tiempo que retienen la exactitud de significado. A su vez, estas versiones han sido traducidas a centenares de idiomas.

Aunque las Biblias de hoy están muy lejanas de los autógrafos en el tiempo, no lo están en cuanto a la exactitud. Existe una cadena de testigos que se remonta a quienes afirman haber visto los autógrafos (por ejemplo, Policarpo, Clemente Romano). Éstos tuvieron tanto la motivación como la oportunidad de cerciorarse sobre la seguridad de las copias tomadas de los originales. Entre los creyentes existía el anhelo de conservar las enseñanzas de las Escrituras, y eran cuidadosos en su transmisión de una generación a otra. Mediante la ciencia de la crítica de textos, es posible llegar a un texto bíblico que representa con exactitud a los autógrafos. Entonces, en el grado en que nos aproximemos al contenido de las Escrituras, y al significado que Dios quiere que tengan, mediante la crítica de textos, la exégesis y la interpretación, en ese mismo grado podemos decir que estamos proclamando la Palabra de Dios.

Esto sólo puede ser cierto si podemos estar seguros de que los autógrafos eran la Palabra de Dios, puesta por escrito de manera infalible por inspiración sobrenatural. Es esencial que en algún momento del proceso haya inerrancia, para que sepamos lo que es verdadero. El valor de los autógrafos inerrantes es que podemos estar seguros de que lo escrito por los hombres era exactamente lo que Dios quería que quedara registrado. Los autógrafos derivan su valor del hecho de que, en esencia, son la Palabra de Dios, más que simples palabras de los escritores humanos.

Por otra parte, los apógrafos derivan su valor del hecho de que representan de manera tan cercana a los autógrafos. No podemos decir que las copias, versiones y traducciones hayan sido inspiradas en su producción; sin embargo, es seguro que de alguna manera mediata y derivada, deben haber retenido la calidad de inspirados que era inherente a los autógrafos. De otra manera, no tendrían autoridad. El *acto* de la inspiración tuvo lugar una sola vez; la *cualidad* de inspirados fue retenida en los apógrafos. El acto original de inspiración produjo una Palabra inspirada, *tanto* en los autógrafos como en los apógrafos.

EL CANON DE LAS ESCRITURAS

No toda la literatura religiosa, aun la más útil y leída, es considerada parte de las Escrituras. No sólo es esto cierto hoy, sino que también lo era en los días en que fueron escritos el Antiguo Testamento y el Nuevo. Los apócrifos, pseudoepígrafes y otros escritos religiosos eran reconocidos como poseedores de diversos grados de valor, pero no eran considerados dignos de ser llamados Palabra de Dios. Sólo nos referimos a los sesenta y seis libros contenidos en la Biblia como el Canon de las Escrituras.

El término "canon" procede del griego *kanón,* que identificaba a la regla del carpintero o alguna vara de medir similar. En el mundo griego, la palabra "canon" llegó a significar "una norma o medida por la cual se juzgan o evalúan todas las cosas". Se desarrollaron cánones para la arquitectura, la escultura, la filosofía y así sucesivamente. Los cristianos comenzaron a usar el término en sentido teológico para designar aquellos escritos que habían cumplido con las normas para que fueran considerados como Escritura santa. Sólo estos libros canónicos son considerados como la revelación infalible y llena de autoridad, procedente de Dios.

Es comprensible que los creyentes judíos y cristianos quisieran tener un canon fijo, tal como lo tenían otros campos del saber. La persecución religiosa, la expansión geográfica y la circulación creciente de una amplia gama de escritos religiosos hacían más importante la necesidad de componer un canon así. La tradición sugiere que Esdras fue el principal responsable de la reunión de los escritos sagrados judíos en un canon reconocido. Sin embargo, se suele fechar el reconocimiento de un Antiguo Testamento cerrado a partir de un supuesto Concilio de Jamnia, alrededor de los años 90 a 100 d.C. La lista cristiana más antigua del canon del Antiguo Testamento que ha sobrevivido, data de alrededor del año 170, y fue compilada por Melitón, obispo de Sardis.[2] En los primeros siglos del cristianismo fueron propuestos diversos cánones de las Escrituras, desde el del hereje Marción en 140, hasta el Canon de Muratori, en 180, y al de Atanasio en 367, el primer canon completo del Nuevo Testamento. El canon del Nuevo Testamento, tal como lo tenemos hoy, fue reconocido oficialmente en el Tercer Concilio de Cartago, en 397, y por la Iglesia Oriental alrededor del año 500.

A pesar de esto, la fijación del canon bíblico no fue decisión de los escritores, los dirigentes religiosos, o un concilio eclesiástico. Más bien, el proceso de aceptación de estos libros en particular como Escrituras, fue obra de la influencia providencial del Espíritu Santo sobre el pueblo de Dios. El canon fue formado por consenso, y no por decreto. La Iglesia no decidió cuáles libros deberían estar en el canon bíblico, sino que se limitó a reconocer aquéllos que ya había reconocido el pueblo de Dios como Palabra suya. Se ve claramente que la Iglesia no fue la autoridad, sino que vio esta autoridad en la Palabra inspirada.

Con todo, se han sugerido diversos principios orientadores, o criterios, en cuanto a los escritos canónicos. Éstos son la apostolicidad, la universalidad, el uso de la Iglesia, la supervivencia, la autoridad, la edad, el contenido, el autor, la autenticidad y las cualidades dinámicas. Era primordial el saber si el escrito era considerado como inspirado. Sólo aquellos escritos que habían salido de la boca de Dios llegaban a la medida de la Palabra de Dios llena de autoridad.

El canon bíblico está cerrado. La autorrevelación infalible de Dios ha sido puesta por escrito. Hoy, Él sigue hablando en esa Palabra y a través de ella. Así como se reveló a sí mismo e inspiró en los escritores la puesta por escrito de esa revelación, también conservó esos escritos inspirados y guió a su pueblo en su selección, para asegurarse de que su verdad fuera conocida. No se les debe añadir ningún escrito más a las Escrituras canónicas, ni se les debe quitar ninguno. El canon contiene las raíces históricas de la iglesia cristiana, y "no se puede rehacer, por la sencilla razón de que no se puede rehacer la historia".

EL ESPÍRITU SANTO Y LA PALABRA

La inspiración

Las Escrituras salieron de la boca de Dios, a medida que el Espíritu Santo inspiraba a los hombres a escribir en su nombre. Debido a su iniciativa y supervisión, las palabras de los escritores eran realmente Palabra de Dios. Por lo menos en algunas ocasiones, los escritores bíblicos estaban conscientes de que su mensaje no era de simple sabiduría humana, sino "con las [palabras] que enseña el Espíritu" (1 Corintios 2:13).

Otros tuvieron también conciencia de esta cualidad de inspirados por el Espíritu que tienen los escritos de la Biblia, tal como se puede ver en expresiones como las siguientes: "Porque el mismo David dijo por el Espíritu Santo ..." (Marcos 12:36); "El Espíritu de Jehová ha hablado por mí" (2 Samuel 23:2); "Varones hermanos, era necesario que se cumpliese la Escritura en que el Espíritu Santo habló antes por boca de David ..." (Hechos 1:16); "Bien habló el Espíritu Santo por medio del profeta Isaías a nuestros padres, diciendo ..." (Hechos 28:25); "Por lo cual, como dice el Espíritu Santo: Si oyereis hoy su voz ..." (Hebreos 3:7); "Y nos atestigua lo mismo el Espíritu Santo; porque después de haber dicho: Éste es el pacto que haré con ellos ..." (Hebreos 10:15–16). Así, cualesquiera que fuesen los escritores — ya se tratase de Moisés, David, Lucas, Pablo o un desconocido (para nosotros) — escribieron "siendo inspirados por el Espíritu Santo" (2 Pedro 1:21).

Algunos han considerado equivocadamente esta inspiración del Espíritu como un dictado mecánico de las Escrituras, apelando a una autoridad tan notable como Juan Calvino. Ciertamente, Calvino usa varias veces el término "dictar" en conjunción con la inspiración del Espíritu. Por ejemplo: "Quienquiera que fuese el escritor del Salmo, el Espíritu Santo parece haber dictado con su boca una fórmula común de oración para la Iglesia en su aflicción." Sin embargo, Calvino usa el término "dictar" en un sentido menos estricto que el que se entiende en el presente cuando se sostiene el punto de vista del dictado sobre la inspiración. El reformador estaba consciente de la contribución de los autores humanos en aspectos como el estilo del escrito. Veamos esta observación sobre el estilo de Ezequiel:

> Ezequiel usa de verbosidad en esta narración. Con todo, al comienzo del libro dijimos que, puesto que el maestro había sido enviado a hombres muy torpes y tardos de entendimiento, por eso usó un estilo rudo ... Lo había adquirido en parte en la región donde habitaba.

Por tanto, Calvino sí creía que Dios preparaba a los escritores bíblicos por medio de diversas experiencias en la vida, y que el Espíritu Santo hablaba de acuerdo al estilo del escritor necesario para cada ocasión en particular. Ya sea para alcanzar a las personas cultas o a las incultas, "el Espíritu Santo atempera de tal forma su estilo, que la sublimidad de las verdades que enseña no queda escondida".

El Espíritu Santo, usando la personalidad, experiencia, capacidad y estilo de los autores humanos, supervisó sus escritos para asegurarse de que el mensaje de Dios fuera comunicado exacta y plenamente. Tal como Jesús había prometido, el Espíritu los guió a toda verdad, les hizo recordar y les enseñó todo cuanto se necesitaba para la revelación de Dios (Juan 14-16).

La regeneración

La obra del Espíritu Santo es complementaria con la obra de Cristo en la regeneración. Cristo murió en la cruz para hacer posible que el pecador recibiera vida de nuevo para Dios. Mediante el nuevo nacimiento espiritual, se entra al reino de Dios (Juan 3:3). El Espíritu Santo aplica la obra salvadora de Cristo al corazón de la persona. Obra en el corazón humano para convencerlo de pecado y producir fe en el sacrificio expiatorio de Cristo. Esta fe es responsable de la regeneración por medio de la unión con Cristo.

Sin embargo, no se debe considerar de forma abstracta esta fe regeneradora producida por el Espíritu Santo. No existe en el vacío, sino que surge en la relación con la Palabra de Dios. La fe viene por el oír la Palabra de Dios (Romanos 10:17). No sólo fue responsable el Espíritu Santo de la puesta por escrito del mensaje de salvación que hallamos en la Biblia. Si Dios ha hablado a la humanidad en ella, entonces el Espíritu Santo deberá convencer a las personas de esta realidad. El Espíritu no convence sólo con respecto a una veracidad general de las Escrituras, sino con respecto a una poderosa aplicación personal de esa verdad (Juan 16:8-11). Cristo, como Salvador personal, es el objeto de la fe producida en el corazón por el Espíritu. Esta fe está inseparablemente atada a las promesas divinas de gracia que aparecen a lo largo y ancho de toda la Biblia. "Tanto el Espíritu como la Palabra son necesarios. El Espíritu toma la Palabra y la aplica al corazón para traer arrepentimiento y fe, y a través de ellos, vida." Por esta razón, la Biblia habla de la regeneración, tanto en función de "nacer del Espíritu" como en función de renacer "por la palabra de Dios que vive y permanece para siempre" (1 Pedro 1:23; véase también Juan 3:5).

La iluminación

La doctrina de la *iluminación* del Espíritu comprende la obra del Espíritu Santo en la aceptación, comprensión y apropiación de la Palabra de Dios por parte de una persona. Anteriormente consideramos una serie de evidencias internas y externas a favor del hecho de que la Biblia es la Palabra de Dios. Sin embargo, más poderoso y convincente que todas ellas es el testimonio interno del Espíritu Santo. Mientras que las evidencias son importantes y el Espíritu puede usarlas, a fin de cuentas es la autoridad de la voz del Espíritu en el corazón humano la que produce la convicción de que las Escrituras son ciertamente la Palabra de Dios.

Sin el Espíritu, la humanidad ni acepta ni comprende las verdades que proceden del Espíritu de Dios. El rechazo de la verdad de Dios por los incrédulos está unido a su falta de comprensión espiritual. Ven las cosas de Dios como locura (1 Corintios 1:22-23; 2:14). Jesús describe a los incrédulos como aquéllos que oyen, pero no comprenden (Mateo 13:13-15). A causa del pecado, "se envanecieron en sus razonamientos, y su necio corazón fue entenebrecido" (Romanos 1:21). "El dios de este siglo cegó el entendimiento de los incrédulos, para que no les resplandezca la luz del evangelio" (2 Corintios 4:4). Su única esperanza de comprensión espiritual (es decir, de llegar a captar la verdad de Dios) es la iluminación del Espíritu (Efesios 1:18; 1 Juan 5:20). La percepción espiritual inicial tiene por resultado la regeneración, pero también abre la puerta a una nueva vida de crecimiento en el conocimiento de Dios.

Aunque las promesas de Juan 14 a 16 con respecto a la guía y enseñanza del Espíritu se refieren de manera especial a los discípulos de Jesús que serían usados para escribir el Nuevo Testamento, hay un sentido de continuidad en el cual este ministerio del Espíritu se relaciona con todos los creyentes. "El mismo Maestro continúa también su obra de enseñanza en nosotros, no trayéndonos revelación nueva, sino para traernos un nuevo entendimiento, una nueva comprensión, una nueva iluminación. Con todo, Él no se limita a mostrarnos la verdad. Nos trae a la verdad, y nos ayuda a ponerla en acción."

Es importante mantener juntas la Palabra escrita de Dios y la iluminación del Espíritu: lo que el Espíritu ilumina es la verdad de la Palabra de Dios, y no un contenido místico escondido detrás de esa revelación. Cuando el Espíritu Santo dilucida la verdad, no pasa por encima de la mente humana, sino que la aviva. "La revelación se deriva de la Biblia, no de la experiencia, ni del Espíritu Santo como segunda fuente a la par de las Escrituras, e independiente de ellas." Ni siquiera los dones de manifestación dados por el Espíritu Santo son en manera alguna iguales a las Escrituras, y deben ser juzgados a partir de ellas (1 Corintios 12:10; 14:29; 1 Juan 4:1). El Espíritu Santo ni altera ni expande la verdad de la revelación de Dios dada en las Escrituras. Éstas sirven como la única norma necesaria y objetiva a través de la cual se sigue escuchando la voz del Espíritu Santo.

La iluminación del Espíritu no tiene el propósito de ser un atajo para llegar al conocimiento bíblico, ni un sustituto del estudio sincero de la Palabra de Dios. Al contrario; a medida que vamos estudiando las Escrituras, el Espíritu Santo nos da comprensión espiritual, lo cual incluye tanto la fe como la persuasión. "Su operación no hace inútil la investigación filológica y exegética, porque Él obra en el corazón del propio intérprete, creando esa receptividad interna gracias a la cual 'escucha' realmente la Palabra de Dios." Haciendo que tanto el corazón como la cabeza escuchen la Palabra, el Espíritu produce una convicción con respecto a la verdad, que tiene por consecuencia una anhelante apropiación (Romanos 10:17; Efesios 3:19; 1 Tesalonicenses 1:5; 2:13).

La neo-ortodoxia tiende a confundir la inspiración y la iluminación, al considerar que las Escrituras "se convierten" en la Palabra de Dios cuando el Espíritu Santo confronta a una persona a través de esos escritos humanos. Según la neo-ortodoxia, la Escritura sólo es revelación cuándo y dónde el Espíritu habla existencialmente. El texto bíblico no tiene un significado objetivo definido. "Puesto que no hay verdades reveladas, sino sólo verdades de revelación, la forma en que una persona interprete un encuentro con Dios puede ser diferente a la comprensión de otra persona."

En cambio, los evangélicos consideran que la Escritura es la Palabra objetiva de Dios escrita, inspirada por el Espíritu en el momento de escribirse. La comunicación verdadera acerca de Dios está presente de forma proposicional, tanto si reconocemos, rechazamos o abrazamos dicha verdad, como si no lo hacemos. La autoridad de la Escritura es intrínseca a ella, debido a la inspiración, y no depende de la iluminación. Es distinta al testimonio del Espíritu y antecedente a él. El Espíritu Santo ilumina lo que Él mismo ya ha inspirado, y su iluminación se adhiere solamente a esa Palabra escrita.

LA PALABRA ESCRITA Y LA PALABRA VIVA

La revelación hecha por Dios sobre sí mismo se centra en Jesucristo. Él es el *Lógos* de Dios. Él es la Palabra viva, la Palabra encarnada, que revela al Dios eterno en términos humanos. El título de *Lógos* es exclusivo de los escritos juaninos de las Escrituras, aunque el uso de este término era importante en la filosofía griega de aquellos tiempos. Algunos han tratado de conectar el uso que hace Juan de ella con el de los estoicos, o los primeros gnósticos, o con los escritos de Filón. La erudición más reciente sugiere que la influencia primaria sobre Juan la ejerció su fondo cultural en el Antiguo Testamento y en el cristianismo. No obstante, es probable que estuviese consciente de las connotaciones más amplias del término y que lo haya usado intencionalmente con el propósito de darle un significado adicional y único.

El *Lógos* es identificado tanto con la Palabra creadora de Dios como con su Palabra de autoridad (ley para toda la humanidad). Juan sorprende a la imaginación al presentar al *Lógos* eterno, el Creador de todas las cosas, totalmente Dios en sí mismo, al hacerse carne esa Palabra para vivir en medio de su creación (Juan 1:1–3, 14). "A Dios nadie le vio jamás; el unigénito Hijo, que está en el seno del Padre, *él le ha dado a conocer*" (Juan 1:18). Esta Palabra viva ha sido vista, oída, tocada y ahora proclamada a través de la Palabra escrita (1 Juan 1:1–3). La Biblia termina con el *Lógos* viviente de Dios, fiel y verdadero, suspendido sobre los balcones del cielo, listo para regresar como Rey de reyes y Señor de señores (Apocalipsis 19:11–16).

La revelación más alta de Dios es la hecha en su Hijo. Durante muchos siglos, a través de las palabras de los escritores del Antiguo Testamento, Dios se había ido dando a conocer de manera progresiva. Tipos, figuras y sombras desplegaron paulatinamente su plan para la redención de la humanidad perdida (Colosenses 2:17). Entonces, en la plenitud de los tiempos, Dios envió a su Hijo para que lo revelase más perfectamente, y para que ejecutase ese misericordioso plan por medio de su muerte en la cruz (1 Corintios 1:17–25; Gálatas 4:4). Todas las revelaciones de la Escritura anteriores y posteriores a la encarnación de Cristo se centran en Él. Las numerosas fuentes y los medios de revelación previos apuntaban hacia su venida y la prefiguraban. Toda la revelación posterior magnifica y explica la razón por la que Él vino. La revelación de sí mismo hecha por Dios comenzó críptica y pequeña, progresó a través del tiempo y llegó a su punto culminante en la encarnación de su Hijo. Jesús es la revelación más plena de Dios. Ninguno de los escritos inspirados que le siguen añade alguna revelación mayor, sino que amplifican la grandeza de su aparición. "[El Espíritu] no hablará por su propia cuenta ... Él me glorificará, porque tomará de lo mío, y os lo hará saber" (Juan 16:13–14).

En la persona de Jesucristo coinciden la fuente y el contenido de la revelación. Él no fue solamente un canal de la revelación de Dios, tal como lo fueron los profetas y los apóstoles. Él mismo es "el resplandor de su gloria y la imagen misma de su sustancia" (Hebreos 1:3). Él es "el camino, y la verdad, y la vida"; conocerlo es conocer también al Padre (Juan 14:6–7). Los profetas decían: "Vino a mí la Palabra de Jehová", pero Jesús decía: "Yo os digo." Jesús invirtió el uso del "amén" al comenzar sus declaraciones con un "De cierto, de cierto te digo" (Juan 3:3). Por el hecho mismo de ser *Él* quien la decía, la verdad quedaba inmediata y firmemente declarada.

Cristo es la clave que abre el significado de las Escrituras (Lucas 24:25–27; Juan 5:39–40; Hechos 17:2–3; 28:23; 2 Timoteo 3:15). Ellas dan testimonio de Él y guían a la salvación que Él nos proporcionó con su muerte. Sin embargo, el que las Escrituras se centren en Cristo no nos autoriza a abandonar descuidadamente el texto bíblico en aquellas secciones que parecen desprovistas de información cristológica manifiesta. Clark H. Pinnock nos recuerda prudentemente que "Cristo es la *Guía* hermenéutica al significado de la Escritura; no su bisturí crítico". La actitud misma de Cristo hacia toda la Escritura era de total confianza y aceptación plena. La revelación especial en Cristo y en las Escrituras es coherente, concurrente y conclusiva. Se encuentra a Cristo mediante las Escrituras, y en las Escrituras, al que encuentra es a Cristo. "Pero éstas se han escrito para que creáis que Jesús es el Cristo, el Hijo de Dios, y para que creyendo, tengáis vida en su nombre" (Juan 20:31).

PREGUNTAS DE ESTUDIO

1. El animismo suele comprender la adoración de diversos aspectos de la naturaleza. Reflexione en la forma en que esto se relacionaría con la revelación general. ¿Podría servir la revelación general como puente para testificarles a los animistas? ¿Cómo?

2. La Biblia sostiene el valor de la revelación general. Sin embargo, el pecado ha dejado en esta revelación una huella negativa. ¿Cómo se ha de entender la revelación general antes de la caída del hombre, en el presente con respecto al hombre pecador, y en el presente con respecto al hombre redimido?

3. La doctrina de la inspiración de la Escritura no requiere que los autores sólo hayan transcrito mecánicamente lo que Dios quería comunicar. Los escritores retuvieron su propio estilo literario y su propia forma personal. Escoja dos autores bíblicos y observe algunas de sus características como escritores.

4. Se ha apelado tanto a la profecía bíblica como a la arqueología bíblica como poseedoras de evidencias a favor del carácter único de la Biblia. Recopile una lista de profecías bíblicas con su cumplimiento, y una lista de descubrimientos arqueológicos que apoyen el contenido de la Biblia.

5. La doctrina de la inerrancia bíblica se refiere a los autógrafos bíblicos. Puesto que no tenemos ninguno de los autógrafos, ¿cómo se relaciona la inerrancia a las versiones y traducciones de la Biblia que usamos hoy?

6. La mayoría de las religiones no cristianas tienen sus propios libros sagrados. ¿En qué sentidos es única la Biblia en medio de estos escritos?

7. Escoja dos pasajes de las Escrituras que parezcan contradecirse, o un pasaje que parezca contener un error. Sugiera una solución posible.

8. ¿Cómo se relacionan los dones espirituales, como la profecía, las lenguas y la interpretación, al concepto de un canon cerrado de las Escrituras?

El Dios único y verdadero

Muchas teologías sistemáticas del pasado han logrado clasificar los atributos morales de Dios y la naturaleza de su ser. Sin embargo, Dios no se reveló a sí mismo en toda la diversidad de sus manifestaciones bíblicas sólo para darnos conocimientos teóricos acerca de sí mismo. En lugar de esto, hallamos que la revelación que hace de sí va unida al reto personal, a la confrontación y a la oportunidad de responder. Esto es evidente cuando el Señor tiene un encuentro con Adán, Abraham, Jacob, Moisés, Isaías, María, Pedro, Natanael y Marta.

Junto a estos testigos y muchos otros (véase Hebreos 12:1), podemos testificar que estudiamos para conocerlo a Él, y no solamente para saber cosas sobre Él.

"Cantad alegres a Dios, habitantes de toda la tierra. Servid a Jehová con alegría; venid ante su presencia con regocijo. Reconoced que Jehová es Dios" (Salmo 100:1–3a). Cuanto pasaje de las Escrituras examinemos, lo debemos estudiar con un corazón inclinado a la adoración, el servicio y la obediencia.

Nuestra comprensión de Dios no se debe basar en presuposiciones acerca de Él, o en cómo queremos nosotros que Él sea. En lugar de esto, debemos creer en el Dios que es, y que ha decidido revelársenos en las Escrituras. Los seres humanos tenemos la tendencia de crear dioses ficticios en los que es fácil creer; dioses que se ajustan a nuestro propio estilo de vida y a nuestra naturaleza pecaminosa (Romanos 1:21–25). Ésta es una de las características de las religiones falsas. Hasta hay cristianos que caen en la trampa de ignorar la autorrevelación de Dios y comienzan a desarrollar un concepto de Él que está más en sintonía con sus caprichos personales, que con la Biblia. La Biblia es nuestra verdadera fuente. Es ella la que nos permite saber que Dios existe, y cómo es Él.

LA EXISTENCIA DE DIOS

La Biblia no trata de demostrar que Dios existe. En vez de hacerlo, comienza con su existencia como premisa básica: "En el principio ... Dios" (Génesis 1:1). ¡Dios es! Él es el punto de partida. A lo largo de toda la Biblia hay evidencias sustanciales a favor de su existencia. Mientras que "dice el necio en su corazón: No hay Dios ... los cielos cuentan la gloria de Dios, y el firmamento anuncia la obra de sus manos" (Salmos 14:1; 19:1). Dios se ha dado a conocer a través de sus acciones creadoras y providentes; dando vida, aliento (Hechos 17:24–28), alimento y gozo (Hechos 14:17). Acompaña esas acciones con palabras que interpretan su sentido e importancia, proporcionándonos un registro escrito que explica su presencia y propósitos. También revela su existencia al hablar y actuar por medio de profetas, sacerdotes, reyes y siervos fieles. Por último, se ha revelado claramente a sí mismo por medio de su Hijo, y a través del Espíritu Santo que habita en nosotros.

Para quienes creemos que Dios se ha revelado a sí mismo en las Escrituras, nuestras descripciones de la única divinidad verdadera se basan en su autorrevelación. Con todo, vivimos en un mundo que, en general, no comparte esta visión de la Biblia como fuente primordial. En lugar de esto, muchas personas confían en el ingenio y la capacidad de percepción de los humanos para llegar a una descripción de lo divino. Para poder seguir los pasos del apóstol Pablo en la labor de sacarlos de las tinieblas a la luz, necesitamos estar conscientes de las categorías generales de esas percepciones humanas.

En la comprensión secular de la historia, la ciencia y la religión, la teoría de la evolución ha sido aceptada por muchos como una realidad digna de confianza. Según esa teoría, a medida que evolucionaron los seres humanos, lo hicieron también sus creencias y expresiones religiosas. La religión es representada como un movimiento desde prácticas y credos sencillos hasta otros más complejos. Los seguidores de este esquema de la teoría evolucionista dicen que la religión comienza al nivel del animismo, en el cual se considera que los objetos naturales están habitados por poderes sobrenaturales o espíritus fuera de su cuerpo. Estos espíritus dejan su huella en la vida humana según sus tortuosos caprichos. El animismo evoluciona para convertirse en un politeísmo simple en el que algunos de los poderes sobrenaturales son percibidos como divinidades. El paso siguiente, según los evolucionistas, es el henoteísmo, en el cual una de las divinidades alcanza la supremacía sobre todos los demás espíritus y es adorada con preferencia a ellos. Sigue la monolatría, en la cual los humanos deciden adorar solamente a uno de los dioses, aunque no nieguen la existencia de los otros.

La conclusión lógica de la teoría es el monoteísmo, el cual aparece sólo cuando los humanos evolucionan hasta el punto de negar la existencia de todos los demás dioses, y adorar a una sola divinidad. Las investigaciones de los antropólogos y misionólogos de este siglo han demostrado con claridad que ni los hechos de la historia ni el estudio cuidadoso de las culturas "primitivas" contemporáneas avalan esta teoría. Cuando los seres humanos le dan forma a un sistema de creencias según sus propios designios, éste no se desarrolla en la dirección del monoteísmo, sino al contrario, hacia la creencia en más dioses y más animismo.[2] La tendencia lleva al sincretismo; a añadir divinidades recién descubiertas al conjunto de las que ya se adoran.

En contraste con la evolución, hallamos la revelación. Servimos a un Dios que actúa y habla. El monoteísmo no es consecuencia del genio evolucionista humano, sino de la autorrevelación divina. Esta autorrevelación divina es progresiva en su naturaleza, puesto que Dios se ha seguido revelando cada vez más a lo largo de toda la Biblia. Llegado el tiempo del primer Pentecostés después de la Resurrección, aprendemos que Dios se manifiesta ciertamente a su pueblo en tres personas diferentes.[4] Con todo, en los tiempos del Antiguo Testamento era necesario dejar establecido el hecho de que hay un solo Dios verdadero, en contraste con los numerosos dioses que servían los vecinos de Israel en Canaán, Egipto y Mesopotamia.

Esta enseñanza fue expresada por medio de Moisés: "Oye, Israel: Jehová nuestro Dios, Jehová uno es" (Deuteronomio 6:4). La existencia y la actividad continua de Dios no dependían de su relación con ningún otro dios o criatura. En lugar de esto, nuestro Dios podía limitarse a "ser" mientras decidía llamar a su lado a los seres humanos (no porque los necesitase, sino porque ellos lo necesitaban a Él).

LOS ATRIBUTOS CONSTITUTIVOS DE DIOS

"Ni es honrado por manos de hombres, como si necesitase de algo; pues él es quien da a todos vida y aliento y todas las cosas" (Hechos 17:25). Dios es auto existente, en el sentido de que no mira a ninguna otra fuente en busca de su propio significado, ni de su ser. Su mismo nombre, *Yahwé*, es una declaración de que "Él es y seguirá siendo". Dios no depende de que nadie lo aconseje o le enseñe algo: "¿Quién le enseñó el camino del juicio, o le enseñó ciencia, o le mostró la senda de la prudencia?" (Isaías 40:14). El Señor no ha necesitado que ningún otro ser lo asista en la creación o en la providencia (Isaías 44:24). Dios le quiere impartir vida a su pueblo, y se presenta aparte de todos e independiente de ellos. "El Padre tiene vida en sí mismo" (Juan 5:26). Ningún ser creado puede afirmar esto de sí, de manera que, a las criaturas, lo que nos cabe es declarar en nuestra adoración: "Señor, digno eres de recibir la gloria y la honra y el poder; porque tú creaste todas las cosas, y por tu voluntad existen y fueron creadas" (Apocalipsis 4:11).

Espíritu

Un día, Jesús encontró junto al pozo de Jacob a una mujer de Samaria. Los judíos del primer siglo consideraban a los samaritanos como una secta aberrante que debían evitar. Se los había obligado a dejar la idolatría, pero habían modificado el Pentateuco para limitar el lugar de adoración al monte Gerizim, y rechazaban el resto del Antiguo Testamento. Jesús hizo ver cuán errada era la visión de ellos del mundo al declarar: "Dios es Espíritu; y los que le adoran, en espíritu y en verdad es necesario que adoren" (Juan 4:24). Esta adoración no estaría restringida a un lugar físico, puesto que esto reflejaría un concepto falso sobre la naturaleza misma de Dios. La adoración debe ser hecha según la naturaleza espiritual de Dios.

La Biblia no nos da una definición de la palabra "espíritu", pero sí ofrece descripciones. Dios, como espíritu, es inmortal, invisible y eterno, digno de nuestra honra y gloria para siempre (1 Timoteo 1:17). Como espíritu, vive en una luz a la que no podemos acercarnos los humanos: "A quien ninguno de los hombres ha visto ni puede ver" (1 Timoteo 6:16). Nos es difícil comprender su naturaleza espiritual porque aún no lo hemos visto tal como Él es, y sin la fe, nos es imposible comprender aquello que aún no hemos experimentado. Nuestra percepción sensorial no nos ofrece ayuda alguna en el discernimiento de la naturaleza espiritual de Dios. Él no está encadenado por las ataduras de la materia física. Adoramos a Uno que es muy distinto a nosotros, aunque anhela poner dentro de nosotros al Espíritu Santo para que gustemos por adelantado aquel día en el cual lo veremos tal como Él es (1 Juan 3:2). Entonces podremos acercarnos a la luz, porque habremos desechado la mortalidad para tomar sobre nosotros una inmortalidad glorificada (1 Corintios 15:51–54).

Conocible

"A Dios nadie le vio jamás" (Juan 1:18). La humanidad no puede comprender totalmente al Dios Todopoderoso (Job 11:7), y sin embargo, Él se ha mostrado a sí mismo en momentos diferentes y de diversas formas, indicando que es su voluntad que nosotros lo conozcamos y mantengamos una relación correcta con Él (Juan 1:18; 5:20; 17:3; Hechos

14:17; Romanos 1:18–20). Con todo, esto no significa que podamos percibir de manera total y exhaustiva toda la personalidad y la naturaleza de Dios (Romanos 1:18–20; 2:14–15). Dios, al mismo tiempo que revela, esconde: "Verdaderamente tú eres Dios que te encubres, Dios de Israel, que salvas" (Isaías 45:15).

En lugar de constituir una detracción con respecto a sus atributos, este encubrirse a sí mismo es una confesión que declara nuestra limitación y la infinitud de Dios. Puesto que Dios decidió hablar a través de su Hijo (Hebreos 1:2) y hacer que su plenitud habitara dentro de ese Hijo (Colosenses 1:19), podemos esperar que hallaremos en Jesús la manifestación mejor centrada de todas con respecto a la personalidad de Dios. Jesús no sólo se limita a dar a conocer al Padre, sino que también revela el significado y la importancia del Padre.

Mediante numerosas invitaciones, Dios expresa que su voluntad es que lo conozcamos: "Estad quietos, y conoced que yo soy Dios" (Salmo 46:10). Cuando los hebreos se sometieron al Señor, Él prometió que las manifestaciones divinas mostrarían que Él era su Dios y ellos eran su pueblo. "Y vosotros sabréis que yo soy Jehová vuestro Dios, que os sacó de debajo de las tareas pesadas de Egipto" (Éxodo 6:7). La conquista de la Tierra Prometida fue también una significativa evidencia, tanto de la realidad del Dios vivo único y verdadero, como de la posibilidad de conocerle (Josué 3:10). A los cananeos y a otros que habrían de sufrir el juicio divino, se les daría a conocer que Dios existía y que estaba de parte de Israel (1 Samuel 17:46; 1 Reyes 20:28).

Sin embargo, aquéllos que se rindiesen al Señor podrían ir más allá de un simple conocimiento de su existencia, hasta el conocimiento de su persona y sus propósitos (1 Reyes 18:37). Uno de los beneficios derivados del hecho de estar en una relación de pacto con Dios en el Antiguo Testamento era que Él se continuaría revelando a aquéllos que obedeciesen las estipulaciones de ese pacto (Ezequiel 20:20; 28:26; 34:30; 39:22, 28; Joel 2:27; 3:17).

Los humanos han buscado el conocimiento de la divinidad desde el principio. Apareciendo en uno de los períodos más tempranos de la historia bíblica, Zofar le preguntó a Job si la búsqueda daría resultado alguno: "¿Descubrirás tú los secretos de Dios? ¿Llegarás tú a la perfección del Todopoderoso?" (Job 11:7). Eliú añadió: "He aquí, Dios es grande, y nosotros no le conocemos, ni se puede seguir la huella de sus años" (Job 36:26). Cuanto conocimiento tengamos de Dios, se deberá a que Él ha decidido revelárnoslos. Con todo, aunque admitamos que ese conocimiento que ahora tenemos es limitado, su contemplación es algo glorioso, y es base suficiente para nuestra fe.

Eterno

Nosotros medimos nuestra existencia a base del tiempo: pasado, presente y futuro. Dios no está limitado por el tiempo; sin embargo, ha querido revelársenos dentro de nuestro marco de referencia, de manera que lo podamos ver activo delante y detrás de nosotros. Los traductores de la Biblia a los idiomas modernos usan con frecuencia las expresiones "eterno", "perdurable" y "para siempre" con el fin de capturar las frases hebreas y griegas que traen a Dios a nuestra perspectiva. Él existía antes de la creación:

"Antes que naciesen los montes y formases la tierra y el mundo, desde el siglo y hasta el siglo, tú eres Dios" (Salmo 90:2).

Debemos admitir que, al experimentar nosotros el tiempo como una medida con limitaciones, la comprensión plena de la eternidad es superior a nuestras posibilidades. No obstante, podemos meditar en el aspecto de Dios relacionado con su perdurabilidad y eternidad, lo que nos llevará a adorarlo como un Señor personal que ha cruzado una gran brecha entre su vitalidad infinita e ilimitada, y nuestra mortalidad finita y limitada. "Porque así dijo el Alto y Sublime, el que habita la eternidad, y cuyo nombre es el Santo: Yo habito en la altura y la santidad, y con el quebrantado y humilde de espíritu, para hacer vivir el espíritu de los humildes, y para vivificar el corazón de los quebrantados" (Isaías 57:15).

Por tanto, aparte por completo de que intentemos comprender la relación entre el tiempo y la eternidad, podemos confesar: "Por tanto, al Rey de los siglos, inmortal, invisible, al único y sabio Dios, sea honor y gloria por los siglos de los siglos. Amén" (1 Timoteo 1:17; véanse Números 23:19; Salmos 33:11; 102:27; Isaías 57:15).

Omnipotente

Un antiguo dilema filosófico pregunta si Dios será capaz de crear una roca tan grande que no la pueda mover después. Si no la puede mover, entonces no es todopoderoso. Si no puede crear una roca tan grande, entonces eso demuestra también que no es todopoderoso. Esta falacia lógica es un simple juego de palabras que pasa por alto el hecho de que el poder de Dios se halla entrelazado con sus propósitos.

Habría sido más sincero preguntar: ¿Es Dios lo suficientemente poderoso para hacer todo aquello que se proponga hacer y para cumplir con sus propósitos divinos? En el contexto de sus propósitos, Dios demuestra que ciertamente es capaz de realizar cuanto quiera: "Porque Jehová de los ejércitos lo ha determinado, ¿y quién lo impedirá? Y su mano extendida, ¿quién la hará retroceder?" (Isaías 14:27). Los seres humanos no pueden resistir, contrariar ni impedir el poder y la fortaleza ilimitados del único Dios verdadero (2 Crónicas 20:6; Salmo 147:5; Isaías 43:13; Daniel 4:35).

Dios ha demostrado que su interés primordial no se centra en el tamaño y el peso de las rocas (aunque Él puede hacer que den agua [Éxodo 17:6] o que le alaben [Lucas 19:40]), sino en la labor de llamar, moldear y transformar un pueblo para sí. Vemos esto cuando saca aliento y vida del seno de Sara en su avanzada edad, tal como Él mismo dijo: "¿Hay para Dios alguna cosa difícil?" (Génesis 18:14; véase Jeremías 32:17), y también del seno de María, una joven virgen (Mateo 1:20–25). El propósito más sublime de Dios lo hallamos cuando saca vida de una tumba cercana a Jerusalén como demostración de "la supereminente grandeza de su poder para con nosotros los que creemos, según la operación del poder de su fuerza, la cual operó en Cristo, resucitándole de los muertos y sentándole a su diestra en los lugares celestiales" (Efesios 1:19–20).

Los discípulos de Jesús meditaron en lo imposible que es hacer pasar un camello por el ojo de una aguja de coser (Marcos 10:25–27). Aquí la verdadera lección es que al ser humano no le es posible salvarse a sí mismo. En cambio, esto no sólo es posible para Dios, sino que se halla dentro de sus propósitos divinos. Por consiguiente, la obra de salvación se halla dentro del dominio exclusivo del Señor, quien es todopoderoso. Lo podemos exaltar, no sólo por ser omnipotente, y porque su poder es mayor que el de cualquier otro ser, sino también porque sus propósitos son grandiosos y aplica su gran poder a la realización de su voluntad.

Omnipresente

Las naciones que rodeaban a Israel en la antigüedad servían a dioses regionales o nacionales que estaban limitados en su influencia por motivos de localidad y de ritos. En su mayor parte, los devotos de estas divinidades regionales las consideraban poderosas solamente dentro del ámbito del pueblo que les presentaba ofrendas. Aunque, ciertamente, el Señor se presentó a Israel como el que podía centrar su presencia en el Lugar Santísimo del tabernáculo y del templo. Eso era una concesión a las limitaciones de la comprensión humana. Salomón reconoció esto al decir: "Pero ¿es verdad que Dios morará sobre la tierra? He aquí que los cielos, los cielos de los cielos, no te pueden contener; ¿cuánto menos esta casa que yo he edificado?" (1 Reyes 8:27).

En el presente, los humanos estamos limitados a una existencia dentro de las dimensiones físicas de este universo. No hay absolutamente lugar alguno donde podamos ir para no estar en la presencia de Dios: "¿A dónde me iré de tu Espíritu? ¿Y a dónde huiré de tu presencia? Si subiere a los cielos, allí estás tú; y si en el Seol hiciere mi estrado, he aquí, allí tú estás. Si tomare las alas del alba y habitare en el extremo del mar, aun allí me guiará tu mano, y me asirá tu diestra" (Salmo 139:7–10; véase Jeremías 23:23–24). La naturaleza espiritual de Dios le permite ser omnipresente, y al mismo tiempo, muy cercano a nosotros (Hechos 17:27–28).

Omnisciente

"Y no hay cosa creada que no sea manifiesta en su presencia; antes bien todas las cosas están desnudas y abiertas a los ojos de aquél a quien tenemos que dar cuenta" (Hebreos 4:13). Dios tiene la capacidad de conocer nuestros pensamientos y nuestras intenciones (Salmo 139:1–4), y no se cansa ni se agota en su actividad de discernirlos (Isaías 40:28). El conocimiento de Dios no está limitado por nuestra comprensión del tiempo futuro, puesto que Él puede conocer el final de algo desde su mismo principio (Isaías 46:10).

El conocimiento y la sabiduría de Dios se hallan por encima de nuestra capacidad de penetración (Romanos 11:33). Por eso, se nos hace difícil comprender totalmente cómo es que Dios tiene conocimiento previo de sucesos que están condicionados por nuestro libre albedrío. Éste es uno de esos aspectos que nos sitúan en una sana tensión (no contradicción, sino paradoja); las Escrituras no nos dan suficiente información para resolver adecuadamente esa tensión. No obstante, nos dan lo que necesitamos — junto con la ayuda del Espíritu Santo para tomar decisiones que agraden a Dios.

Sabio

En el mundo antiguo, el concepto de sabiduría tendía a hallarse dentro del ámbito de la teoría y el debate. No obstante, la Biblia presenta la sabiduría en el ámbito de lo práctico, y una vez más, nuestro modelo con respecto a esta clase de sabiduría es Dios. "Sabiduría" (en heb. *jokmá*) es la unión del conocimiento de la verdad con la experiencia en la vida. El conocimiento solo, puede llenar la cabeza con datos sin que haya una comprensión de su importancia o aplicación. La sabiduría les da dirección y sentido.

La sabiduría de Dios le da un conocimiento profundo de todo cuanto es y cuanto puede ser. En vista del hecho de que Dios tiene existencia en sí mismo, tiene una experiencia que no podemos ni siquiera imaginar, y su comprensión es ilimitada (Salmo 147:5). Él aplica con sabiduría sus conocimientos. Todas las obras de sus manos son hechas en su gran sabiduría (Salmo 104:24), lo que le permite poner en su cargo a los monarcas, o cambiar los tiempos y las estaciones según Él lo vea adecuado en su sabiduría (Daniel 2:21).

Dios desea que nosotros participemos de su sabiduría y comprensión, de manera que podamos conocer los planes que Él tiene para nosotros, y vivir en el centro de su voluntad (Colosenses 2:2–3).

LOS ATRIBUTOS MORALES DE DIOS

Fiel

Las religiones antiguas del Oriente Medio estaban consagradas a divinidades volubles y caprichosas. La gran excepción a esto es el Dios de Israel. En su naturaleza y acciones, Él es digno de confianza. La palabra hebrea *amén*, "de cierto", se deriva de una de las descripciones hebreas más sobresalientes de la personalidad de Dios, en la cual se refleja lo veraz y digno de confianza que es Él: "Te exaltaré, alabaré tu nombre, porque has hecho maravillas; tus consejos antiguos son *verdad* y *firmeza* [*emuná omén*, literalmente, "fidelidad y seguridad"] (Isaías 25:1).

Aunque usamos la palabra "amén" para expresar nuestra seguridad de que Dios puede contestar la oración, las veces que aparece en la Biblia la familia de palabras *amén* incluye una gama más amplia aún de manifestaciones del poder y la fidelidad de Dios. El jefe de los siervos de Abraham atribuyó su éxito en la búsqueda de esposa para el joven Isaac a la fidelidad que tiene *Yahwé* por naturaleza (Génesis 24:27). Las palabras "verdad" y "fidelidad" (*emet* y *emuná*) son, y muy adecuadamente, extensiones del mismo concepto hebreo, unidas en la naturaleza de Dios.

El Señor hace patente su fidelidad cuando guarda sus promesas: "Conoce, pues, que Jehová tu Dios es Dios, Dios fiel, que guarda el pacto y la misericordia a los que le aman y guardan sus mandamientos, hasta mil generaciones" (Deuteronomio 7:9). Josué exclamó al final de su vida que el Señor Dios nunca le había fallado, ni en una sola promesa (Josué 23:14). El salmista confiesa: "Para siempre será edificada misericordia; en los cielos mismos afirmarás tu verdad" (Salmo 89:2).

Dios se muestra constante en su intención de tener comunión con nosotros, al guiarnos y protegernos. Ni siquiera el pecado y la maldad de este mundo podrán reclamarnos para sí, si nos sometemos a Él: "Por la misericordia de Jehová no hemos sido consumidos, porque nunca decayeron sus misericordias. Nuevas son cada mañana; grande es tu fidelidad" (Lamentaciones 3:22–23).

Porque Dios es fiel, sería inaudito que abandonase a sus hijos cuando éstos pasen por tentaciones o pruebas (1 Corintios 10:13). "Dios no es hombre, para que mienta, ni hijo de hombre para que se arrepienta. Él dijo, ¿y no hará? Habló, ¿y no ejecutará?" (Números 23:19). Dios permanece estable en su naturaleza, al mismo tiempo que manifiesta flexibilidad en sus acciones. Cuando Él hace un pacto con los humanos, su promesa es suficiente sello y profesión sobre la inmutable naturaleza de su personalidad y sus propósitos: "Por lo cual, queriendo Dios mostrar más abundantemente a los herederos de la promesa la inmutabilidad de su consejo, interpuso juramento" (Hebreos 6:17). Si alguna vez Dios dejara de cumplir sus promesas, estaría repudiando su propia personalidad.

Pablo contrasta la naturaleza humana y la divina cuando escribe acerca de la gloria que sigue al sufrimiento de Cristo: "Si fuéremos infieles, él permanece fiel; él no puede negarse a sí mismo" (2 Timoteo 2:13). Dios es absolutamente digno de confianza, debido a lo que es: fiel y verdadero (Deuteronomio 32:4; Salmo 89:8; 1 Tesalonicenses 5:23–24; Hebreos 10:23; 1 Juan 1:9).

Veraz

"Dios no es hombre, para que mienta" (Números 23:19). La veracidad de Dios contrasta con la falta de honradez de los humanos, pero no solamente en una medida relativa. Dios es perfectamente fiel a su palabra y a sus caminos (Salmos 33:4; 119:151), y su integridad es un rasgo de personalidad que Él manifiesta de manera permanente (Salmo 119:160). Esta veracidad estable y permanente del Señor es el vehículo a través del cual somos santificados, porque la verdad proclamada se ha convertido en la verdad encarnada: "Santifícalos en tu verdad; tu palabra es verdad" (Juan 17:17). Nuestra esperanza se apoya directamente en la certeza de que todo cuanto Dios nos ha revelado es cierto, y todo lo que ha hecho hasta el momento para cumplir su palabra nos da la certeza de que llevará a su término cuanto ha comenzado (Juan 14:6; Tito 1:1).

Bueno

Por su naturaleza misma, Dios está inclinado a actuar con gran generosidad hacia su creación. Durante los días de la creación, el Señor examinaba periódicamente su obra y declaraba que era buena, en el sentido de que le complacía y era adecuada a sus propósitos (Génesis 1:4, 10, 12, 18, 21, 25, 31). Se utiliza el mismo adjetivo para describir el carácter moral de Dios: "Porque Jehová es bueno; para siempre es su misericordia" (Salmo 100:5). En este contexto, la expresión presenta la idea original de ser agradable, o totalmente adecuado, pero va más allá con el fin de ilustrar para nosotros la gracia que es esencial en la naturaleza divina: "Clemente y misericordioso es Jehová, lento para la ira, y grande en misericordia. Bueno es Jehová para con todos, y sus misericordias sobre todas sus obras" (Salmo 145:8–9; véase también Lamentaciones 3:25). Esta faceta de su naturaleza se manifiesta en la forma en que está siempre dispuesto a satisfacer nuestras necesidades, ya sean materiales (lluvia y cosechas, Hechos 14:17) o espirituales (gozo,

Hechos 14:17; sabiduría, Santiago 1:5). Este aspecto contrasta también con las creencias de la antigüedad, cuando todos los demás dioses eran impredecibles, depravados y tenían de todo, menos de buenos.

Podemos tomar modelo de nuestro Dios generoso y compasivo, porque "toda buena dádiva y todo don perfecto desciende de lo alto, del Padre de las luces, en el cual no hay mudanza, ni sombra de variación" (Santiago 1:17).

Paciente

En un mundo repleto de venganzas, decididas a menudo de manera precipitada, nuestro Dios es "tardo para la ira y grande en misericordia, que perdona la iniquidad y la rebelión" (Números 14:18). Esta "lentitud" para la ira permite una ventana de oportunidad para que muestre su compasión y gracia (Salmo 86:15). La paciencia de Dios es para beneficio nuestro, de manera que nos demos cuenta de que nos debe guiar al arrepentimiento (Romanos 2:4; 9:22–23).

Vivimos en la tensión de anhelar que Jesús cumpla su promesa y regrese, y al mismo tiempo, deseamos que espere para que haya más personas que lo acepten como Salvador y Señor: "El Señor no retarda su promesa, según algunos la tienen por tardanza, sino que es paciente para con nosotros, no queriendo que ninguno perezca, sino que todos procedan al arrepentimiento" (2 Pedro 3:9).

El Señor castigará a los culpables por el pecado; no obstante, por ahora, utiliza sus propias normas de "lentitud", puesto que su paciencia significa salvación (2 Pedro 3:15).

Amoroso

Muchos comenzamos a estudiar la Biblia aprendiéndonos de memoria Juan 3:16. Cuando éramos nuevos creyentes, lo recitábamos con vigor y entusiasmo, haciendo énfasis con frecuencia en las palabras "porque de tal manera amó Dios al mundo". Después de haberlo meditado más profundamente, descubrimos que el amor de Dios no se describe en este pasaje en función de cantidad, sino más bien como una cualidad. No se trata de que Dios nos haya amado tanto, que esto lo motivó a dar, sino de que nos amaba de una forma tan dispuesta al sacrificio, que dio.

Dios se ha revelado a sí mismo como un Dios que expresa una forma particular de amor; un amor manifestado a base de dar con sacrificio. Así lo define Juan: "En esto consiste el amor: no en que nosotros hayamos amado a Dios, sino en que él nos amó a nosotros, y envió a su Hijo en propiciación por nuestros pecados" (1 Juan 4:10).

Dios manifiesta también su amor a base de proporcionar descanso y protección (Deuteronomio 33:12), en los cuales se pueden centrar nuestras oraciones de acción de gracias (Salmos 42:8; 63:3; Jeremías 31:3). Con todo, la forma más exaltada y la demostración más grande del amor de Dios se hallan en la cruz de Cristo (Romanos 5:8). Él quiere que sepamos que su personalidad amorosa forma parte integral de nuestra vida en Cristo: "Pero Dios, que es rico en misericordia, por su gran amor con que nos amó, aun estando nosotros muertos en pecados, nos dio vida juntamente con Cristo (por gracia sois salvos)" (Efesios 2:4).

El camino más excelente, el camino del amor, por el cual se nos exhorta a caminar, identifica los rasgos en los que Dios nos ha servido de modelo en su persona y obra (1 Corintios 12:31–13:13). Si seguimos su ejemplo, produciremos el fruto espiritual del amor y caminaremos de una manera tal, que permitirá que los dones del Espíritu (*jarísmata*) lleven a cabo lo que se ha propuesto la gracia (*járis*) de Dios.

Lleno de gracia y misericordia

Los términos "gracia" y "misericordia" representan dos aspectos de la personalidad y la actividad de Dios que son diferentes, aunque estén relacionados. Experimentar la gracia de Dios es recibir un regalo que no podemos ganar y que no merecemos. Experimentar la misericordia de Dios es ser guardados del castigo que de hecho merecemos. Dios es el verdadero juez, que retiene para sí el poder sobre el castigo último y definitivo. Cuando perdona nuestros pecados y nuestras culpas, experimentamos su misericordia. Cuando recibimos el don de la vida, experimentamos su gracia. La misericordia de Dios se lleva el castigo, mientras que su gracia reemplaza lo negativo con algo positivo. Merecemos el castigo, pero Él nos da paz a cambio y nos restaura a la plenitud (Isaías 53:5; Tito 2:11; 3:5).

"Misericordioso y clemente es Jehová; lento para la ira, y grande en misericordia" (Salmo 103:8). Puesto que tenemos la necesidad de que se nos haga pasar de muerte a vida, estos aspectos de Dios aparecen unidos con frecuencia en las Escrituras, a fin de mostrarnos su relación mutua (Efesios 2:4–5; véanse Nehemías 9:17; Romanos 9:16; Efesios 1:6).

Santo

"Porque yo soy Jehová vuestro Dios; vosotros por tanto os santificaréis, y seréis santos, porque yo soy santo" (Levítico 11:44). Hemos sido llamados a ser diferentes, porque el Señor es diferente. Dios se revela a sí mismo como "santo", *qadosh* (hebreo) y el elemento esencial de *qadosh* es, por una parte, la separación de lo mundano, profano o normal, y por otra, la separación para sus propósitos (o consagración a ellos). Los mandatos que recibió Israel lo llamaban a mantener una clara distinción entre las esferas de lo común y lo sagrado (Levítico 10:10). Esta distinción tenía su peso en el tiempo y el espacio (el sábado y el santuario), pero estaba dirigida en su significado principal al individuo. Puesto que Dios es distinto a todo otro ser, cuantos se sometan a Él deben ser también separados — en cuanto a corazón, intenciones, devoción y personalidad   para Él, que es el verdaderamente santo (Éxodo 15:11).

Por su naturaleza misma, Dios está separado del pecado y de la humanidad pecadora. La razón por la cual los humanos no somos capaces de acercarnos a Dios en nuestro estado caído, es porque no somos santos. El uso bíblico de la "impureza" no se refiere a la higiene, sino a la falta de santidad (Isaías 6:5). Entre las señales de impureza se incluyen el ser como muro agrietado (véase Isaías 30:13–14), el pecado, la violación de la voluntad de Dios, la rebelión y la permanencia en el estado de ser incompleto. Puesto que Dios es completo y justo, nuestra consagración comprende tanto la separación del pecado como la obediencia a Él.

La santidad es la personalidad y actividad de Dios, tal como lo revela el título *Yahwé m^eqaddesh*, "Yo Jehová que os santifico" (Levítico 20:8). La santidad de Dios no se debería convertir solamente en un punto de meditación para nosotros, sino también en una invitación (1 Pedro 1:15) a participar en su justicia y a adorarlo junto con las multitudes. Las criaturas vivientes del Apocalipsis "no cesaban día y noche de decir: Santo, santo, santo es el Señor Dios Todopoderoso, el que era, el que es, y el que ha de venir" (Apocalipsis 4:8; véase Salmo 22:3).

Recto y justo

El Dios Santo es distinto de la humanidad pecadora y se halla alejado de ella. Con todo, está dispuesto a dejarnos entrar en su presencia. Esta buena disposición se halla equilibrada por el hecho de que Él juzga a su pueblo con rectitud y justicia (Salmo 72:2). Estos dos conceptos se combinan con frecuencia para ilustrar la norma de medida que Dios presenta.

La rectitud bíblica es vista como la conformidad a una norma ética o moral. La "rectitud" (hebreo *ts^edaqá*) de Dios es a un tiempo su personalidad, y la forma en que Él decide actuar. Su personalidad es recta en cuanto a ética y moral y, por tanto, sirve como la norma para decidir cuál es nuestra posición con relación a Él.

Con esta faceta de Dios se relaciona su justicia (heb. *mishpat*), dentro de la cual Él ejerce todos los procesos de gobierno. Muchos sistemas democráticos de gobierno modernos separan los deberes del estado en diversas ramas con el fin de que se equilibren mutuamente y se rindan cuentas unas a otras (por ejemplo, el poder legislativo para redactar y aprobar las leyes; el ejecutivo para hacerlas cumplir y mantener el orden, y el judicial para asegurar constancia en la aplicación de la ley y castigar a quienes la quebranten). El *mishpat* de Dios encuentra todas esas funciones dentro de la personalidad y el dominio del único Dios soberano (Salmo 89:14). La RV suele traducir este término hebreo como *juicio*, con lo cual hace resaltar solamente uno de los diversos aspectos de la justicia (Jeremías 9:24; 10:24; Amós 5:24). La justicia de Dios incluye el castigo del juicio, pero subordina dicha actividad a la obra más general de establecer una justicia amorosa (Deuteronomio 7:9–10).

La norma que Dios presenta es justa y recta (Deuteronomio 32:4). Por consiguiente, nosotros no podemos, en nosotros mismos y por nosotros mismos, llegar a la altura de la norma con la que Dios nos mide; todos quedamos por debajo de ella (Romanos 3:23). Él "ha establecido un día en el cual juzgará al mundo con justicia, por aquel varón a quien designó, dando fe a todos con haberle levantado de los muertos" (Hechos 17:31). Con todo, Dios también busca la protección de sus criaturas en el presente (Salmo 36:5–7), además de ofrecerles esperanza para el futuro. La encarnación de Cristo incluyó las cualidades y actividades de justicia y juicio. Entonces, su expiación sustituta nos traspasó esas cualidades a nosotros (Romanos 3:25–26), para que pudiésemos comparecer como justos ante el justo Juez (2 Corintios 5:21; 2 Pedro 1:1).

LOS NOMBRES DE DIOS

En nuestra cultura moderna, los padres suelen escoger nombre para sus hijos, basados en la estética, o el buen sonido. En cambio, en los tiempos bíblicos, la entrega de nombre era una ocasión y ceremonia de considerable importancia. El nombre era una expresión de la personalidad, naturaleza o futuro del individuo (o al menos, una declaración por parte de quien se lo ponía, con respecto a lo que esperaba del que lo recibía). A lo largo de toda la Escritura, Dios ha demostrado que su nombre no es una simple etiqueta para distinguirlo de las otras divinidades de las culturas vecinas. En lugar de esto, cada uno de los nombres que Él usa y acepta descubre alguna faceta de su personalidad, naturaleza, voluntad o autoridad.

Puesto que el nombre representaba la personalidad y presencia de Dios, "invocar el nombre del Señor" se convirtió en un medio por el cual se podía entrar en una relación de intimidad con Él. Este tema era común en las religiones antiguas del Oriente Medio. Con todo, las religiones circundantes trataban de controlar a sus divinidades a través de la manipulación de sus nombres divinos, mientras que a los israelitas se les había ordenado no usar el nombre de *Yahwé* su Dios de una forma vana y vacía (Éxodo 20:7). En lugar de hacer esto, debían entrar en una relación que había sido establecida por medio del nombre del Señor y que traería consigo providencia y salvación.

Los nombres del Antiguo Testamento

La palabra principal para identificar la divinidad, que aparece en todos los lenguajes semíticos, es *El*, que posiblemente se deriva de un término cuyo significado es "poder", o "preeminencia". No obstante, no se sabe con certeza su verdadera procedencia. Puesto que era de uso común en varias religiones y culturas diferentes, se puede clasificar como un término genérico para hablar de "Dios" o de un "dios" (según el contexto, puesto que las Escrituras hebreas no hacen distinción entre letras mayúsculas y minúsculas).

Para Israel, sólo existía un Dios verdadero; por tanto, el uso del nombre genérico que hacían otras religiones era vano y vacío, puesto que Israel debía creer en *El Elohé Yisra'el*: "Dios, el Dios de Israel", o posiblemente, "Poderoso es el Dios de Israel" (Génesis 33:20).

En la Biblia se hace con frecuencia un nombre compuesto a partir de éste, usando términos descriptivos como los que siguen: "*El* de la gloria" (Salmo 29:3); "*El* del conocimiento" (1 Samuel 2:3); "*El* de la salvación" (Isaías 12:2); "*El* de la venganza" (Salmo 94:1); y "*El*, el grande y temible" (Nehemías 1:5; 4:14; 9:32; Daniel 9:4).

La forma plural *Elohim* se encuentra casi tres mil veces en el Antiguo Testamento, y por lo menos dos mil trescientas de estas citas se refieren al Dios de Israel (Génesis 1:1; Salmo 68:1). No obstante, el término *elohim* tenía una amplitud de significado suficientemente grande para referirse también a los ídolos (Éxodo 34:17), a los jueces (Éxodo 22:8), a los ángeles (Salmo 8:5) o a los dioses de las demás naciones (Isaías 36:18; Jeremías 5:7). La forma plural, cuando es aplicada al Dios de Israel, se puede entender como una forma de expresar el pensamiento de que la plenitud de la divinidad se encuentra dentro del único Dios verdadero, con todos sus atributos, personalidad y poderes.[3]

Sinónimo de *Elohim* es su forma singular *Eloá*, que también se suele traducir sencillamente como "Dios". El examen de los pasajes bíblicos sugiere que este nombre toma un nuevo significado: el de reflejar la capacidad de Dios para proteger o destruir (según el contexto particular). Se usa de manera paralela a "roca" como refugio (Deuteronomio 32:15; Salmo 18:31; Isaías 44:8). Los que hallan refugio en Él descubren que *Eloá* es un escudo protector (Proverbios 30:5), pero es también el terror de los pecadores: "Entended ahora esto, los que os olvidáis de Dios *[Eloá]*, no sea que os despedace, y no haya quien os libre" (Salmo 50:22; véanse también 114:7; 139:19). Por tanto, este nombre es un consuelo para quienes se humillan y buscan refugio en Él, pero produce terror en aquéllos que no se hallan en una relación correcta con Él.

Es un nombre que se presenta como un reto para que el pueblo decida qué aspecto de Dios quiere experimentar, porque "bienaventurado es el hombre a quien Dios [*Eloá*] castiga" (Job 5:17). Job decidió finalmente reverenciar a Dios en su majestad y arrepentirse ante su poder (37:23; 42:6).

Con frecuencia, Dios revelaba algo más de su personalidad a base de proporcionarnos frases descriptivas o cláusulas en conjunción con sus diversos nombres. La primera vez que se identificó, se llamó *El Shaddai* (Génesis 17:1), cuando llegó el tiempo de renovar su pacto con Abram. Parte del contexto bíblico sugiere que *shaddai* conlleva la imagen de uno capaz de devastar y destruir. En el Salmo 68:14, El *Shaddai* "esparció los reyes" en la tierra, y el profeta Isaías habla de un pensamiento similar: "Aullad, porque cerca está el día de Jehová; vendrá como asolamiento del Todopoderoso [*Shaddai*]" (Isaías 13:6). Sin embargo, otros pasajes parecen poner más énfasis en Dios como el totalmente suficiente: "El Dios Omnipotente *[El Shaddai]* me apareció en Luz en la tierra de Canaán, y me bendijo, y me dijo: He aquí yo te haré crecer, y te multiplicaré" (Génesis 48:3–4; véase también el 49:24). Los traductores han optado generalmente por "el todopoderoso" o "el omnipotente", en reconocimiento de la capacidad de *El Shaddai*, tanto para bendecir, como para devastar, según convenga, puesto que ambos poderes se hallan dentro del carácter y el poder de ese nombre.

Otras añadiduras descriptivas contribuyen a revelar la personalidad de Dios. Lo exaltado de su naturaleza se manifiesta en *El Elyón*, "Dios Altísimo" (Génesis 14:22; Números 24:16; Deuteronomio 32:8). La naturaleza eterna de Dios es representada por el nombre *El Olam*, con el término descriptivo que significa "perpetuo" o "perdurable"; cuando Abraham se estableció por largo tiempo en Beerseba, "invocó allí el nombre de Jehová Dios eterno" (Génesis 21:33; véase Salmo 90:2). Todos los que viven bajo el peso del pecado y necesitan ser libertados de él, pueden invocar a *Elohim yishenu*, "Dios, salvación nuestra" (1 Crónicas 16:35; Salmos 65:5; 68:19; 79:9).

El Señor usó al profeta Isaías de manera poderosa para pronunciar tanto palabras de juicio como palabras de consuelo dirigidas a las naciones de su tiempo. Estas palabras no eran resultado de la especulación, o de un análisis demográfico de opiniones. El profeta escuchaba al Dios que se revelaba a sí mismo. El momento en que recibe su misión en Isaías 6 nos puede ayudar a mantener nuestro estudio de Dios dentro de la perspectiva correcta. Allí, Dios se revela a sí mismo exaltado en un trono real. La gran amplitud de sus faldas confirma su majestad. Los serafines proclaman su santidad y pronuncian el nombre personal de Dios: *Yahwé*.

El nombre *Yahwé* aparece 6.828 veces en 5.790 versículos del Antiguo Testamento y es la forma más frecuente de llamar a Dios en la Biblia. Es probable que este nombre se derive del verbo hebreo que significa "llegar a ser", "suceder" o "estar presente".[3] Cuando Moisés se enfrentó al dilema de convencer a los esclavos hebreos para que lo recibieran como mensajero de Dios, le preguntó su nombre. La forma que toma la pregunta indica en realidad que busca una descripción de su personalidad, y no un título (Éxodo 3:11-15). Moisés no estaba preguntando: "¿Cómo te puedo llamar?", sino "¿Cuál es tu personalidad, cómo eres?" Dios le respondió: "Yo soy el que soy", o "Yo seré el que seré" (v. 14). La forma hebrea *(ehyé asher ehyé)* indica que es y está en acción.

En la siguiente oración, Dios se identifica como el Dios de Abraham, Isaac y Jacob, que deberá ser conocido como *YHWH*. Esta expresión hebrea con cuatro consonantes es conocida como el "tetragrámmaton" [gr. "las cuatro letras", nota del traductor], y en muchas traducciones aparece traducida como "el Señor", aunque en realidad, su señorío no es un aspecto esencial del término. Es más bien una declaración de que Dios es un ser que existe por sí mismo (el YO SOY o YO SERÉ), que hace que existan todas las cosas, y ha decidido estar fielmente presente en medio de un pueblo que ha llamado para sí.

En los tiempos del Antiguo Testamento, los israelitas pronunciaban este nombre con libertad. El tercer mandamiento (Éxodo 20:7): "No tomarás el nombre de Jehová tu Dios en vano", esto es, no lo usarás de una forma vacía de sentido, o como una forma de darte importancia, para adquirir prestigio o influencia, originalmente habría tenido más que ver con la invocación del nombre divino en la fórmula de un juramento que con el uso de dicho nombre en una maldición.

No obstante, a lo largo de los siglos, los escribas y rabinos desarrollaron una estrategia para mantener vigente esta estipulación. Inicialmente, los escribas escribían la palabra hebrea *Adonai*, "amo", "señor", al margen del rollo cada vez que aparecía *YHWH* en el texto inspirado de las Escrituras. Por medio de señales escritas, se le indicaba a todo el que leía en público el rollo que leyera el *Adonai* que había en la nota marginal, en lugar de leer el nombre santo en el pasaje bíblico. La teoría detrás de esto era que no se podía tomar en vano el nombre, si ni siquiera se pronunciaba. Sin embargo, este mecanismo no estaba a prueba de errores, y algunos lectores pronunciaban sin darse cuenta el nombre durante la lectura pública de la Biblia en la sinagoga. Con todo, la gran reverencia que tenían por el texto, impidió que los escribas y fariseos se decidieran a quitar el nombre hebreo *YHWH* y lo reemplazaran por el término inferior *Adonai*.

Los rabinos terminaron por aceptar que se incluyeran signos vocálicos en el texto hebreo (puesto que originalmente, el texto inspirado sólo contenía consonantes). Tomaron las vocales de la palabra *adonai*, las modificaron para que cumpliesen las exigencias gramaticales de las letras de la palabra *YHWH*, y las insertaron entre las consonantes de dicho nombre divino, creando la palabra Y^eHoWaH. Las vocales le recordarían entonces al lector que debía leer *Adonai*. Algunas Biblias transliteran esta palabra como "Jehová", perpetuando de esta forma una expresión que se ha convertido en vocablo aceptado, a pesar de tener, como tiene, las consonantes de un nombre personal y las vocales de un título.

Al llegar los tiempos del Nuevo Testamento, el nombre había quedado envuelto en el secreto, y la tradición de reemplazar el nombre inefable con el sustituto "Señor" fue aceptada por los escritores del Nuevo Testamento (lo cual continúa en muchas traducciones modernas de la Biblia, como la KJV, la NIV, la NKJV en inglés, y la Versión

Popular en castellano). Esto es aceptable, pero debemos enseñar y predicar que la personalidad del "Señor-Yahwé-Yo soy-Yo seré" consiste en una presencia activa y fiel. "Aunque todos los pueblos anden cada uno en el nombre de su dios, nosotros con todo andaremos en el nombre de Jehová nuestro Dios eternamente y para siempre" (Miqueas 4:5).

Los serafines de la visión de Isaías combinan el nombre personal del Dios de Israel con el nombre descriptivo *ts^{e}vaot*, "ejércitos", o "huestes". Esta combinación de *Yahwé* y *ts^{e}vaot* aparece en 248 versículos de la Biblia (sesenta y dos veces en Isaías, setenta y siete en Jeremías, cincuenta y tres en Zacarías), y diversas versiones la traducen como "el Señor Todopoderoso" [aunque la RV traduce siempre "Jehová de los ejércitos", nota del traductor] (Jeremías 19:3; Zacarías 3:9–10). Es la afirmación de que *Yahwé* era el verdadero caudillo de los ejércitos de Israel, y lo es también de las huestes celestiales, tanto ángeles como estrellas, al gobernar universalmente como el general en jefe de todo el Universo. El uso de Isaías en este lugar (6:3) contradice la posición de las naciones vecinas, de que cada dios regional era el dios guerrero que tenía autoridad exclusiva sobre esa nación. Aunque Israel fuera derrotado, no sería porque *Yahwé* fuese más débil que el dios guerrero de al lado, sino porque *Yahwé* estaba usando los ejércitos de las naciones circundantes (que Él mismo había creado, de todas formas), para juzgar a su pueblo impenitente.

En el Oriente Medio antiguo, el rey era también el dirigente de todas las operaciones militares. Por tanto, este título de *Yahwé S^{e}baot* es otra forma de exaltar la realeza de Dios. "Alzad, oh puertas, vuestras cabezas, y alzaos vosotras, puertas eternas, y entrará el Rey de gloria. ¿Quién es este Rey de gloria? Jehová de los ejércitos [*Yahwé S^{e}baot*], Él es el Rey de la gloria" (Salmo 24:9–10).

Al final, los serafines de la visión de Isaías confiesan que "toda la tierra está llena de su gloria". Esta gloria (hebreo *kavod*) lleva en sí el concepto de fuerza, de peso. En este contexto, el uso de la palabra "gloria" está asociado con la idea de alguien que es realmente de peso, no en el sentido material de kilogramos, sino en cuanto a su posición, tal como la reconoce la sociedad. En este sentido, se dice que alguien es de peso si es honorable, imponente y digno de respeto.

La autorrevelación de Dios está relacionada con su intención de habitar en medio de los humanos. Él desea que esta realidad y este esplendor sean conocidos, pero esto sólo es posible cuando las personas toman en consideración la asombrosa calidad de su santidad (en la que se incluye todo el peso de sus atributos) y se proponen hacer en fe y obediencia que esa personalidad se manifieste en ellas. No es corriente que *Yahwé* manifieste físicamente su presencia; con todo, muchos creyentes pueden dar testimonio de esa sensación subjetiva y espiritual de que la presencia del Señor ha descendido con todo su peso. Exactamente ésta es la imagen que se nos comunica a través de Isaías. Dios merece la reputación de grandeza, gloria, reino y poder, pero no es solamente su reputación la que llena la tierra, sino la realidad misma de su presencia; todo el peso de su gloria (véase 2 Corintios 4:17).

El anhelo de Dios es que todas las personas reconozcan de buen grado su gloria. Él ha habitado progresivamente en gloria entre su pueblo; primeramente en el pilar de fuego y de nube, después en el tabernáculo, en el templo de Jerusalén, en la carne como su Hijo,

Jesús de Nazaret, y ahora en nosotros por su Santo Espíritu. "Y vimos su gloria, gloria como del unigénito del Padre, lleno de gracia y de verdad" (Juan 1:14). Ahora podemos saber que todos somos templo del Santísimo Espíritu de *Yahwé* (1 Corintios 3:16-17).

El nombre del "Yo soy-Yo seré", en conjunción con términos particulares descriptivos, sirve con frecuencia como confesión de fe, y revela algo más sobre la naturaleza de Dios. Cuando Isaac le preguntó a su padre: "He aquí el fuego y la leña; mas ¿dónde está el cordero para el holocausto?", Abraham le aseguró a su hijo que Dios se proveería [yiré] de uno (Génesis 22:7-8). Después de sacrificar el carnero sustituto que había quedado atrapado en el zarzal, Abraham llamó aquel lugar *Yahwé yiré*, "Jehová proveerá" (v. 14).

A pesar de todo, la fe de Abraham fue más allá de una simple confesión positiva sobre Dios como proveedor material. Su Dios estaba personalmente interesado en el problema, y dispuesto a estudiarlo para resolverlo. El problema se resolvió al proporcionar Él un sustituto para Isaac como sacrificio agradable. Después de este hecho, podemos testificar de que *Yahwé* es realmente providente. En cambio, mientras subía al monte, Abraham confiaba en que Dios proveería, puesto que les había asegurado a sus siervos que esperaban en la distancia, que tanto él como el muchacho regresarían a ellos. La fe de Abraham era un abandono total en manos de la capacidad de Dios para estudiar cualquier problema y resolverlo según su sabiduría divina y sus planes, aunque esto significara una muerte obediente, y que Dios después resucitara al muerto (véase Hebreos 11:17-19).

También se usa el tetragrámmaton en combinación con una serie de términos más, a fin de describir muchas facetas de la personalidad, naturaleza, promesas y actividades del Señor. *Yahwé Shamá*, "Yahwé allí", sirve como promesa de la presencia y el poder de *Yahwé* en la ciudad a la que profetiza Ezequiel, al colocar su nombre en ella (Ezequiel 48:35).

Yahwé Osenu, "Jehová nuestro Hacedor", es una declaración de su capacidad y disposición para tomar las cosas que existen y hacerlas útiles (Salmo 95:6).

En el desierto, los hebreos experimentaban a *Yahwé rof'eka*, "Jehová tu médico", o "Jehová tu sanador", si escuchaban y obedecían sus mandatos (Éxodo 15:26). De esta forma pudieron evitar las plagas y enfermedades de Egipto y permanecer físicamente íntegros. El Señor, por su propia naturaleza, es el sanador de aquéllos que se someten a su poder y voluntad.

Cuando Dios guió victoriosamente a Moisés e Israel contra los amalecitas, Moisés erigió un altar dedicado a *Yahwé nisí*, "Jehová es mi estandarte" (Éxodo 17:15). El estandarte era una bandera que servía como punto de reagrupamiento a lo largo de la batalla o de cualquier otra acción en común. Esta función de estandarte en alto aparece de manera tipológica en la acción de levantar la serpiente de bronce en un mástil, y en el Salvador, quien serviría como insignia a los pueblos, mientras atraía a todas las naciones hacia sí (Números 21:8-9; Isaías 62:10-11; Juan 3:14; Filipenses 2:9).

Cuando Dios le habló palabras de paz a Gedeón, éste levantó un altar a *Yahwé Shalom*, "Jehová es paz" (Jueces 6:24). La esencia del término bíblico *shalom* es la idea de plenitud, integridad, armonía, realización, en el sentido de tomar aquello que está incompleto o hecho añicos, y hacerlo completo por medio de un acto soberano. Podemos enfrentarnos a retos difíciles, como lo hizo Gedeón al enfrentarse a los madianitas, sabiendo que Dios nos concede la paz porque ésa es una de las formas en que Él manifiesta su naturaleza.

El pueblo de Dios necesita un protector y proveedor, así que Él se ha revelado a sí mismo como *Yahwé roí*, "Jehová es mi pastor" (Salmo 23:1). Todos los aspectos positivos del pastoreo en el antiguo Oriente Medio se pueden encontrar en el Señor fiel (guiar, alimentar, defender, cuidar, sanar, adiestrar, corregir y estar dispuesto a morir en el intento, si es necesario).

Cuando Jeremías profetizó acerca de un rey que vendría, la rama justa de David que Dios levantaría, el nombre por el que sería conocido este rey fue revelado como *Yahwé tsid'kenu*, "Jehová, justicia nuestra" (Jeremías 23:6; véase también 33:16). Forma parte de la naturaleza de Dios actuar en justicia y juicio mientras obra para colocarnos en una posición correcta con respecto a sí mismo. Él se convierte en la norma y regla por la cual podemos medir nuestra vida. Gracias a que Dios, "al que no conoció pecado, por nosotros lo hizo pecado" (2 Corintios 5:21), y podemos participar en la promesa de Dios de declararnos justos también a nosotros. "Más por él estáis vosotros en Cristo Jesús, el cual nos ha sido hecho por Dios sabiduría, justificación, santificación y redención" (1 Corintios 1:30).

Una de las formas en que Dios ha manifestado su anhelo de sostener una relación personal con su pueblo es a través de su descripción de sí mismo como "Padre". Esta concepción de Dios como padre está mucho más desarrollada en el Nuevo Testamento que en el Antiguo; aparece sesenta y cinco veces en los tres primeros evangelios, y más de cien sólo en el Evangelio según San Juan. El Antiguo Testamento identifica a Dios como padre sólo quince veces (generalmente relacionándolo con la nación o el pueblo de Israel).

Los aspectos particulares de la paternidad que parecen resaltar son la creación (Deuteronomio 32:6); la responsabilidad de redención (Isaías 63:16); la labor de artesanía (Isaías 64:8); la amistad de familia (Jeremías 3:4); el transmitir una herencia (Jeremías 3:19); el liderazgo (Jeremías 31:9); la honorabilidad (Malaquías 1:6); y la disposición a castigar las transgresiones (Malaquías 2:10, 12). También se habla de Dios como Padre de ciertas personas en particular, especialmente de los monarcas David y Salomón. En cuanto a ellos, Dios Padre está dispuesto a castigar el error (2 Samuel 7:14); al mismo tiempo que es fiel a su amor hacia sus hijos (1 Crónicas 17:13). Por encima de todo, Dios Padre promete ser fiel para siempre, y estar dispuesto a participar en el proceso de la paternidad para toda la eternidad (1 Crónicas 22:10).

Los nombres del Nuevo Testamento

El Nuevo Testamento presenta una revelación mucho más clara del Dios uno y trino que el Antiguo. Dios es Padre (Juan 8:54; 20:17), Hijo (Filipenses 2:5-7; Hebreos 1:8) y Espíritu Santo (Hechos 5:3-4; 1 Corintios 3:16). Puesto que muchos de los nombres, títulos y atributos de Dios caben adecuadamente bajo las categorías de "Trinidad", "Cristo" y "Espíritu Santo", los estudiamos con mayor profundidad en esos capítulos de esta obra. Los párrafos que siguen se centrarán en los nombres y títulos que hablan más directamente sobre el único Dios verdadero.

Nuestro término "teología" se deriva de la palabra griega *zeós*. Los traductores de la Septuaginta la adoptaron como la expresión que podía traducir de manera adecuada al nombre hebreo *elohim* y a sus sinónimos relacionados con él, y en el Nuevo Testamento se siguió entendiendo así. *Zeós* era también el término genérico para hablar de los seres divinos, como cuando los malteses dijeron que Pablo era un dios después de haber sobrevivido a la mordida de la víbora (Hechos 28:6). El término se puede traducir como "dios", "dioses" o "Dios", según el contexto literario, de manera muy parecida al término hebreo *El* (Mateo 1:23; 1 Corintios 8:5; Gálatas 4:8). No obstante, el uso de esta palabra griega no significa concesión alguna a la posibilidad de que existan otros dioses, puesto que el contexto literario no equivale al contexto espiritual. Dentro de la realidad espiritual, sólo hay un Ser Divino verdadero: "Sabemos que un ídolo nada es en el mundo, y que no hay más que un Dios *[Zeós]*" (1 Corintios 8:4). Dios reclama el uso exclusivo de este término como una revelación más amplia de sí mismo. Lo mismo podemos decir de la expresión griega *lógos*, "Palabra" (Juan 1:1, 14).

El Antiguo Testamento nos presenta la imagen de Dios como Padre; el Nuevo exhibe la forma en que se ha de experimentar de manera plena esta relación. Jesús habla con frecuencia de Dios en términos de intimidad. No hay ninguna oración del Antiguo Testamento que se dirija a Dios llamándole "Padre". En cambio, cuando Jesús les enseñó a orar a sus discípulos, esperaba de ellos que tomasen juntos la posición de hijos y dijesen: "Padre nuestro que estás en los cielos, santificado sea tu nombre" (Mateo 6:9). Nuestro Dios es el "Padre" que tiene todo el poder del cielo (Mateo 26:53; Juan 10:29), y utiliza ese poder para guardar, purificar, sostener, llamar, amar, conservar, proveer y glorificar (Juan 6:32; 8:54; 12:26; 14:21, 23; 15:1; 16:23).

El apóstol Pablo resume su propia teología, centrándose en nuestra necesidad de recibir un favor y una integridad inmerecidos. Así, abre la mayor parte de sus epístolas con esta declaración en forma de invocación: "Gracia y paz a vosotros, de Dios nuestro Padre y del Señor Jesucristo" (Romanos 1:7; véanse también 1 Corintios 1:3; 2 Corintios 1:2; Gálatas 1:3; etc.).

En la filosofía griega se describe a los seres divinos como "motores inmóviles", "la causa de todo ser", "el ser puro", "el alma del mundo" y otras expresiones que indican una distante impersonalidad. Jesús permaneció firmemente dentro de la revelación del Antiguo Testamento y enseñó que Dios es personal. Aunque habló del Dios de Abraham, Isaac y Jacob (Marcos 12:26); del Señor (Mateo 11:25); del Señor de la mies (Mateo 9:38); del Dios único (Juan 5:44); del Altísimo (Lucas 6:35); del Rey (Mateo 5:35), su título favorito al hablar de Dios era el de "Padre", presentado en el Nuevo Testamento griego como *patér* (de donde se derivan palabras como "patriarca" y "paternal"). Encontramos una excepción a esto en Marcos 14:36, donde se retiene *abbá*, el término arameo original que era en realidad el que usaba Jesús para dirigirse a Dios.

Pablo llama a Dios *abbá* en dos ocasiones: "Y por cuanto sois hijos, Dios envió a vuestros corazones el Espíritu de su Hijo, el cual clama: ¡*Abbá*, Padre!" (gr. *ho patér*) (Gálatas 4:6). "Pues no habéis recibido el espíritu de esclavitud para estar otra vez en temor, sino que habéis recibido el espíritu de adopción, por el cual clamamos; ¡Abba, Padre! El Espíritu mismo da testimonio a nuestro espíritu, de que somos hijos de Dios" (Romanos 8:15–16). Es decir que, en la Iglesia Primitiva, los creyentes judíos invocarían a Dios llamándolo *Abbá*, ¡Padre! y los creyentes gentiles clamarían a él llamándolo *Ho Patér*, "¡Oh, Padre!". Al mismo tiempo, el Espíritu estaría revelándoles que Dios es verdaderamente nuestro Padre. Este término resulta único por el hecho de que Jesús le dio un calor y una ternura que no se suelen encontrar. No sólo caracterizaba bien su propia relación con Dios, sino también el tipo de relación que quería que llegaran a tener sus discípulos.

LA NATURALEZA DE DIOS

La humanidad no puede comprender totalmente al Dios Todopoderoso; sin embargo, Él se ha mostrado en diversos momentos y de diversas formas, para que lo conozcamos realmente. Dios es incomprensible, y la simple lógica humana es incapaz de demostrar su existencia misma. En lugar de ser algo difamatorio para sus atributos, esto constituye una declaración confesional sobre nuestros propios límites y la infinitud de Dios. Podemos construir nuestra comprensión acerca de Dios sobre dos presupuestos primordiales: (1) Dios existe, y (2) Dios se nos ha revelado de manera adecuada a nosotros por medio de su inspiración revelada.

No debemos explicar a Dios, sino creerlo y describirlo. Podemos construir nuestra doctrina sobre Dios a partir de los presupuestos anteriores y las evidencias que Él ha presentado en las Escrituras. Algunos pasajes bíblicos le atribuyen al ser de Dios unas cualidades que los humanos no tenemos, mientras que otros pasajes lo describen en función de atributos morales que pueden ser compartidos por los humanos en cierta medida limitada.

La naturaleza constitucional de Dios es identificada con mayor frecuencia por medio de esos atributos que no encuentran analogía en nuestra existencia humana. Dios existe en sí mismo y a partir de sí mismo, sin depender de nadie más. Él es en sí mismo la fuente de la vida, tanto en cuanto a crearla, como a sostenerla. Dios es espíritu; no se halla confinado a la existencia material, y es imperceptible para los ojos físicos. Su naturaleza no cambia, sino que permanece firme. Puesto que Dios mismo es el fundamento del tiempo, el tiempo no lo puede atar. Él es eterno; no tiene principio ni fin. Tiene dentro de sí una coherencia interna total. El espacio no lo puede limitar ni atar, de manera que es omnipresente, y puesto que es capaz de hacer absolutamente todo cuanto concuerde con su naturaleza y sea productivo para sus propósitos, es también omnipotente. Además de esto, Dios es omnisciente, conocedor de toda verdad: pasada, presente y futura, posible y real. En todos estos atributos, el creyente puede hallar consuelo y confirmación a su fe, mientras que al no creyente se le hace una fuerte advertencia y se le motiva hacia la fe.

Las evidencias bíblicas con respecto a los atributos morales de Dios exhiben características que también se pueden hallar en la humanidad, pero las nuestras palidecen ante la gloria de la brillante exhibición del Señor. De importancia cimera en este grupo son la santidad de Dios, su pureza absoluta y su exaltación por encima de todas las criaturas. Se incluyen en esta perfección fundamental su justicia, que tiene por consecuencia el establecimiento de leyes, y su rectitud, que tiene por consecuencia la ejecución de sus leyes. El afecto que Dios tiene por sus hijos se manifiesta en la forma en que ese amor lo lleva al sacrificio. El amor de Dios es desprendido, espontáneo, justo y perdurable. Dios muestra también benevolencia al sentir y manifestar afecto por su creación en general. Muestra misericordia al dirigir su bondad hacia los que están en dolor y angustia, y al suspender un castigo merecido. Manifiesta también su gracia como una bondad dirigida a quienes son totalmente inmerecedores de ella.

Vemos la sabiduría de Dios en los propósitos divinos y en los planes que usa para alcanzar esos propósitos. El ejemplo primordial de la sabiduría de Dios, encarnada y en acción, se halla en la persona y la obra de Jesús. La sabiduría tiene otras expresiones, como la paciencia, por la que Dios retiene su justo juicio y su ira para que no se vuelquen sobre los pecadores rebeldes, y también en su veracidad, por la que permanece firme en su Palabra como precursor y fundamento de nuestra confianza en su Palabra y en su acción. Jesucristo, el Mesías de Dios, es la verdad encarnada. Por último, está la perfección moral de la fidelidad. Dios es absolutamente digno de confianza en cuanto a guardar sus pactos; digno de confianza en cuanto a perdonar. Él nunca falta a sus promesas, y nos abre continuamente el camino. Con frecuencia se utiliza la imagen de la roca para reflejar la firmeza y la protección del Señor.

LAS ACTIVIDADES DE DIOS

Otro aspecto más que requiere atención dentro de la doctrina de Dios, es el de sus actividades. Podemos dividirlo en dos grupos: sus decretos, y su providencia y conservación. Los decretos de Dios son su plan eterno, y tienen ciertas características: todos son parte de un solo plan, que es inmutable y perdurable (Efesios 3:11; Santiago 1:17). No dependen para nada de otros seres, ni son condicionados por ellos (Salmo 135:6). Tienen que ver con las acciones de Dios, y no con su naturaleza (Romanos 3:26). Dentro de estos decretos se encuentran las acciones realizadas por Dios, de las que Él es soberanamente responsable, y también aquellas acciones permitidas por Dios, que suceden, pero por las cuales Él no es responsable. A partir de esta distinción, podemos notar que Dios no es el autor del mal, aunque sea el creador de todos los que le son subordinados, ni tampoco es la causa inicial del pecado.

Dios también está sosteniendo activamente el mundo que Él creó. En su conservación, obra para sostener sus leyes y poderes en la creación (Hechos 17:25). En su providencia, obra continuamente para controlar todas las cosas del universo con el propósito de llevar a cabo su sabio y amoroso plan de formas que correspondan con la actuación de sus criaturas libres (Génesis 20:6; 50:20; Job 1:12; Romanos 1:24).

El reconocimiento de esto para deleitarse en el Señor, meditando su Palabra día y noche, nos acarreará todas las bendiciones de Dios, porque entenderemos quién es Él y cómo podemos adorarlo y servirlo.

Los Salmos nos ayudan en la adoración. Muchos comienzan con el tradicional llamado hebreo a la adoración: ¡Aleluya!, que significa "Alabad al Señor" (véanse Salmos 106; 111; 112; 113; 135; 146; 147; 148; 149; 150). En nuestra experiencia moderna, este término sirve con frecuencia como una exultante declaración. Sin embargo, comenzó siendo una orden de adorar. Los Salmos que comienzan con este llamado a la adoración suelen proporcionar una información sobre *Yahwé* que centra la adoración en Él y revela aspectos de su grandeza que son dignos de alabanza.

El servicio que prestamos a Dios comienza con la oración en su nombre. Esto significa reconocer lo distinta que es su naturaleza, tal como ha sido revelada en la magnífica variedad de sus nombres, porque Él se nos ha revelado para que podamos glorificarlo y cumplir su voluntad.

PREGUNTAS DE ESTUDIO

1. ¿Con qué obstáculos nos tropezamos cuando les expresamos nuestra creencia en la existencia de Dios a quienes no comparten nuestra visión de la vida, y de qué formas podemos superar esos obstáculos?
2. ¿Cómo se nos revela Dios para que podamos conocerlo?
3. ¿Cómo afecta nuestra experiencia presente sobre el tiempo la comprensión que podemos tener sobre la eternidad de Dios?
4. ¿Cómo se compara la sabiduría de Dios con el concepto humano popular de la sabiduría adquirida?
5. ¿Qué papel desempeña el sacrificio en el amor que Dios ha manifestado?
6. ¿De qué formas concretas ha experimentado usted la gracia y la misericordia del Señor?
7. ¿De qué maneras nos ayuda la santidad de Dios, tal como la presentan las Escrituras, a evitar el legalismo que algunas veces obstaculiza algunas expresiones humanas de santidad?
8. ¿Qué nos dicen los nombres de Dios acerca de su personalidad y sus propósitos?
9. ¿De qué formas ha recibido el tema de Dios como nuestro Padre, que se halla ya en el Antiguo Testamento, una revelación más amplia en el Nuevo?
10. ¿Cuál es la relación entre la presciencia de Dios, la predestinación y la soberanía divina?

La Santa Trinidad

> *El Padre increado, el Hijo increado:*
> *el Espíritu Santo increado.*
> *El Padre inconmensurable, el Hijo inconmensurable:*
> *el Espíritu Santo inconmensurable.*
> *El Padre eterno, el Hijo eterno:*
> *el Espíritu Santo eterno.*
> *Y sin embargo, no hay tres eternos, sino un solo eterno.*

La Trinidad es un misterio. Es necesario un reverente reconocimiento de aquello que no aparece revelado en las Santas Escrituras, antes de entrar en el santuario más interior del Santo para investigar acerca de su naturaleza. La ilimitada gloria de Dios nos debe imprimir una sensación de insignificancia en contraste con Él, que es "alto y exaltado".

Entonces, ¿acaso el que reconozcamos el misterio de las obras internas de Dios, particularmente el de la Trinidad, nos exige que abandonemos nuestra razón? En absoluto. Es cierto que existen misterios en el cristianismo bíblico, pero "el cristianismo, como 'religión revelada', se centra en la revelación, y la revelación, por definición, pone de manifiesto en lugar de esconder".

Ciertamente, la razón descubre una piedra de tropiezo cuando se enfrenta al carácter paradójico de la teología trinitaria. "Sin embargo, puesto que se basa en citas bíblicas claras, la razón debe callar en este punto, y nosotros debemos creer", afirma enérgicamente Martín Lutero.

Por consiguiente, el papel de la razón con relación a las Escrituras, y en especial con respecto a la formulación de la doctrina de la Trinidad, es ministerial, nunca magisterial (esto es, racionalista). Por tanto, no estamos tratando de explicar a Dios, sino más bien de estudiar las evidencias históricas que establecen la identidad de Jesús, como Dios y como hombre (en virtud de sus milagrosos actos y su personalidad divina), y además, "incorporar las verdades a las que Jesús dio valor de esta manera, y que se refieren a su relación eterna con Dios Padre y con Dios Espíritu Santo".[3]

Históricamente, la Iglesia formuló su doctrina sobre la Trinidad después de grandes debates relacionados con el problema cristológico de la relación entre Jesús de Nazaret y el Padre. En las Escrituras se manifiestan como Dios tres distintas personas — el Padre, el Hijo y el Espíritu Santo —, mientras que al mismo tiempo, la Biblia entera se aferra tenazmente al *Sh^{e}má* judío: "Oye, Israel: Jehová nuestro Dios, Jehová uno es" (Deuteronomio 6:4).

La conclusión que derivamos de los datos bíblicos es que el Dios de la Biblia es (usando las palabras del Credo de Atanasio) "un Dios en Trinidad, y una Trinidad en Unidad". ¿Suena esto irracional? Una acusación así contra la doctrina de la Trinidad, muy bien podría ser irracional: "Lo irracional es suprimir las evidencias bíblicas sobre la Trinidad para favorecer la Unidad, o las evidencias sobre la Unidad para favorecer la Trinidad." "Nuestros datos deben tomar precedencia sobre nuestros modelos mentales, o, diciéndolo mejor, nuestros modelos deben reflejar sensiblemente toda la amplitud de los datos."[6] Por tanto, nuestros conceptos metodológicos deben estar bíblicamente centrados con respecto a la tenue relación entre la unidad y la trinidad, para que no polaricemos la doctrina de la Trinidad en uno de sus dos extremos: la supresión de evidencias para favorecer la unidad (que tiene por consecuencia el unitarianismo; esto es, la idea de un Dios solitario), o hacer mal uso de las evidencias para favorecer una triunidad (con la consecuencia del triteísmo; esto es, la idea de tres dioses separados).

El análisis objetivo de los datos bíblicos con respecto a la relación entre el Padre, el Hijo y el Espíritu Santo revela que esta gran doctrina de la Iglesia no es una noción abstracta, sino que en realidad, es una verdad de la revelación. Por consiguiente, antes de estudiar el desarrollo histórico y la formulación de la teología trinitaria, veremos los datos bíblicos que apoyan esta doctrina.

DATOS BÍBLICOS PARA LA DOCTRINA

El Antiguo Testamento

En el Antiguo Testamento, Dios es un solo Dios, que se revela a sí mismo por medio de sus nombres, sus atributos y sus actos. No obstante, un rayo de luz se abre paso a través de la larga sombra del Antiguo Testamento para insinuar una pluralidad (una distinción de personas) en la Divinidad: "Entonces dijo Dios: Hagamos al hombre a *nuestra* imagen, conforme a *nuestra* semejanza" (Génesis 1:26). El hecho que Dios no pudo estar conversando con ángeles, o con otros seres no identificados, lo revela claramente el versículo 27, que se refiere a la creación especial del hombre "a imagen de Dios". El contexto indica que se trata de una comunicación interpersonal divina, lo cual requiere una pluralidad de personas dentro de la Divinidad.

Se insinúan otras distinciones personales dentro de la Divinidad en los pasajes que hablan del "ángel de Yahwé". Se distingue entre este ángel y los demás. Se lo identifica personalmente con *Yahwé*, y al mismo tiempo se lo distingue de Él (Génesis 16:7–13; 18:1–21; 19:1–28; 32:24–30; Jacob dice: "Vi a Dios cara a cara", al referirse al ángel de *Yahwé*). En Isaías 48:16; 61:1 y 63:9–10, habla el Mesías. En una ocasión, se identifica con Dios y con el Espíritu en una unidad personal, como los tres miembros de la Divinidad. También en otra ocasión, el Mesías continúa (hablando aún en primera persona) diferenciándose de Dios y del Espíritu.

Zacarías arroja una notable luz sobre esto al hablar en nombre de Dios acerca de la crucifixión del Mesías: "Y derramaré sobre la casa de David, y sobre los moradores de Jerusalén, espíritu de gracia y de oración; y mirarán *a mí*, a quien traspasaron, y llorarán como se llora por hijo unigénito, afligiéndose *por él* como quien se aflige *por el primogénito*" (Zacarías 12:10). Se ve con claridad que el único Dios verdadero está hablando en primera persona ("a mí") al mencionar el haber sido "traspasado", y sin embargo, Él mismo hace el cambio gramatical de la primera persona a la tercera ("por él") al referirse a los sufrimientos del Mesías por haber sido "traspasado". En este pasaje queda muy en evidencia la revelación de una pluralidad dentro de la Divinidad.

Esto nos lleva desde las sombras del Antiguo Testamento, hasta la luz más intensa de la revelación del Nuevo.

El Nuevo Testamento

Juan comienza el prólogo a su evangelio con la revelación de la Palabra: "En el principio era el Verbo, y el Verbo era con Dios, y el Verbo era Dios" (Juan 1:1). B. F. Westcott observa que aquí Juan eleva nuestro pensamiento hacia la eternidad, más allá del comienzo de la creación en el tiempo. La forma verbal "era" (gr. *én*, imperfecto del verbo *eimí*, "ser") aparece tres veces en este versículo, y a través del uso de este versículo, el apóstol presenta el concepto de que ni Dios ni el *Lógos* han tenido principio; su existencia juntos ha sido y es continua.

El versículo continúa diciendo en la segunda parte: "Y el Verbo era con Dios [*prós tón Zeón*]". El *Lógos* ha existido en perfecta intimidad con Dios a lo largo de toda la eternidad. La palabra *prós* (con) revela la relación íntima "cara a cara" que siempre han tenido entre ellos el Padre y el Hijo. La frase final de Juan es una clara declaración a favor de la divinidad de la Palabra: "Y el Verbo era Dios".[5]

Juan nos sigue diciendo, por revelación, que el Verbo entró en el plano de la historia (1:14) como Jesús de Nazaret, siendo Él mismo "Dios el solo y único, que está junto al Padre" y quien ha dado a conocer al Padre (1:18). El Nuevo Testamento revela además que, por haber compartido la gloria de Dios desde toda la eternidad (Juan 17:5), Jesucristo es objeto de la adoración reservada solamente para Dios: "Para que en el nombre de Jesús se doble toda rodilla de los que están en los cielos, y en la tierra, y debajo de la tierra, y toda lengua confiese que Jesucristo es el Señor, para gloria de Dios Padre" (Filipenses 2:10–11; véanse también Éxodo 20:3; Isaías 45:23; Hebreos 1:8).

El Verbo eterno, Jesucristo, es aquél a través del cual Dios Padre creó todas las cosas (Juan 1:3; Apocalipsis 3:14). Jesús se identifica a sí mismo como el soberano "Yo soy" (Juan 8:58; véase Éxodo 3:14). El verbo *eimí* ("Yo soy"), con el pronombre enfático *egó* ("Yo"), significa claramente que Jesús se está proclamando un "ser fuera del tiempo" y, por tanto, Dios. El contexto no permite otra interpretación del texto. Observamos en Juan 8:59 que los judíos se sintieron impulsados a tomar piedras para matar a Jesús por lo que había dicho. Más tarde, trataron de hacer lo mismo, después de lo que afirmara en Juan 10:30: "Yo y el Padre uno somos." Los judíos que lo escuchaban, lo consideraron un blasfemo: "Tú, siendo hombre, te haces Dios" (Juan 10:33; véase Juan 5:18).

Pablo identifica a Jesús como el Dios providente: "Y él es antes de todas las cosas, y todas las cosas en él subsisten" (Colosenses 1:17). Jesús es el "Dios Poderoso" que gobernará como Rey en el trono de David y lo hará eterno (Isaías 9:6–7). Su conocimiento es perfecto y completo. Pedro se dirige a Él, diciéndole: "Señor, tú lo sabes todo" (Juan 21:17). Cristo mismo dijo: "Nadie conoce al Hijo, sino el Padre, ni al Padre conoce alguno, sino el Hijo, y aquel a quien el Hijo lo quiera revelar" (Mateo 11:27; véase Juan 10:15).

Ahora, Jesús está presente en todas partes (Mateo 18:20) y es inmutable (Hebreos 13:8). Comparte con el Padre el título de "Primero y Último", y es "el Alfa y la Omega" (Apocalipsis 1:17; 22:13). Jesús es nuestro Redentor y Salvador (Juan 3:16–17; Hebreos 9:28; 1 Juan 2:2), nuestra Vida y nuestra Luz (Juan 1:4), nuestro Pastor (Juan 10:14; 1 Pedro 5:4), nuestro Justificador (Romanos 5:1), y el "Rey de reyes y Señor de señores" que viene pronto (Apocalipsis 19:16). Jesús es la Verdad (Juan 14:6) y el Consolador cuyo consuelo y ayuda fluyen sobreabundantes en nuestra vida (2 Corintios 1:5). Además, Isaías lo llama nuestro "Consejero" (Isaías 9:6), y es la Roca (Romanos 9:33; 1 Corintios 10:4). Es santo (Lucas 1:35), y habita dentro de aquéllos que invocan su nombre (Romanos 10:9–10; Efesios 3:17).

Todo cuanto se puede decir de Dios Padre, se puede decir de Jesucristo. "Porque en él habita corporalmente toda la plenitud de la Deidad" (Colosenses 2:9); "el cual es Dios sobre todas las cosas, bendito por los siglos" (Romanos 9:5). Jesús habló de su igualdad total con el Padre: "El que me ha visto a mí, ha visto al Padre ... Yo soy en el Padre, y el Padre en mí" (Juan 14:9–10).

Jesús reclamó también plena divinidad para el Espíritu Santo: "Y yo rogaré al Padre, y os dará otro Consolador, para que esté con vosotros para siempre" (Juan 14:16). Al llamar *álon parákleton* al Espíritu Santo ("otro Ayudador de la misma clase que Él"), Jesús estaba afirmando que todo cuanto se puede decir acerca de su naturaleza, se puede decir también del Espíritu Santo. Por tanto, la Biblia testifica a favor de la divinidad del Espíritu Santo como Tercera Persona de la Trinidad.

El Salmo 104:30 revela al Espíritu Santo como el Creador: "Envías tu Espíritu, son creados, y renuevas la faz de la tierra." Pedro se refiere a Él como Dios (Hechos 5:3–4), y el autor de Hebreos lo llama "el Espíritu eterno" (Hebreos 9:14).

Por ser Dios, el Espíritu Santo posee los atributos de la divinidad. Lo conoce todo: "El Espíritu todo lo escudriña, aún lo profundo de Dios ... Nadie conoció las cosas de Dios, sino el Espíritu de Dios" (1 Corintios 2:10–11). Está presente en todas partes (Salmo 139:7–8). Aunque distribuye dones entre los creyentes, Él sigue siendo "uno y el mismo" (1 Corintios 12:11); es constante en su naturaleza. Es la verdad (Juan 15:26; 16:13; 1 Juan 5:6). Es el Autor de la vida (Juan 3:3–6; Romanos 8:10) por medio del nuevo nacimiento y la renovación (Tito 3:5) y nos sella para el día de la redención (Efesios 4:30).

El Padre es nuestro Santificador (1 Tesalonicenses 5:23), Jesucristo es nuestro Santificador (1 Corintios 1:2) y el Espíritu Santo es también nuestro Santificador (Romanos 15:16). El Espíritu Santo es nuestro "Consolador" (Juan 14:16, 26; 15:26), y habita en aquéllos que le temen (Juan 14:17; 1 Corintios 3:16–17; 6:19; 2 Corintios 6:16). En Isaías 6:8–10, Isaías identifica al "Señor" como quien habla, y Pablo atribuye este mismo pasaje al Espíritu Santo (Hechos 28:25–26). Con respecto a esto, Juan Calvino hace esta observación: "Ciertamente, donde los profetas suelen decir que las palabras que pronuncian son las del Señor de los ejércitos, Cristo y los apóstoles las atribuyen al Espíritu Santo [véase 2 Pedro 1:21]." Así llega Calvino a la siguiente conclusión: "Por consiguiente, se deduce que quien es preeminentemente el autor de las profecías, es verdaderamente Jehová [*Yahwé*]."

"El concepto del Dios Uno y Trino sólo aparece en la tradición judeocristiana." Este concepto no ha aparecido gracias a las especulaciones de los hombres sabios de este mundo, sino a través de la revelación hecha paso a paso en la Palabra de Dios. A lo largo y ancho de todos los escritos de los apóstoles, se da por supuesta e implícita la Trinidad (por ejemplo, Efesios 1:1–14; 1 Pedro 1:2). Está claro que el Padre, el Hijo y el Espíritu Santo existen eternamente como tres personas distintas y, sin embargo, las Escrituras revelan también la unidad de los tres miembros de la Divinidad.[4]

Las Personas de la Trinidad tienen cada una su propia voluntad separada, aunque nunca en conflicto entre sí (Lucas 22:42; 1 Corintios 12:11). El Padre se dirige al Hijo utilizando el pronombre personal de segunda persona, "tú": "Tú eres mi Hijo amado" (Lucas 3:22). Jesús se ofrece al Padre a través del Espíritu (Hebreos 9:14). También afirma que ha venido, "no para hacer *mi voluntad*, sino *la voluntad del que me envió*" (Juan 6:38).

El nacimiento virginal de Jesucristo revela la relación existente entre los tres miembros de la Trinidad. El relato de Lucas dice: "Respondiendo el ángel, le dijo: *El Espíritu Santo* vendrá sobre ti, y el poder *del Altísimo* te cubrirá con su sombra; por lo cual también el Santo Ser que nacerá, será llamado *Hijo de Dios*" (Lucas 1:35).

El Dios uno se revela como una trinidad en el bautismo de Jesucristo. El Hijo sale de las aguas. El Espíritu Santo desciende en forma de paloma. El Padre habla desde los cielos (Mateo 3:16–17). La Biblia presenta al Espíritu activo en la creación (Génesis 1:2); sin embargo, el autor de Hebreos declara explícitamente que el Padre es el Creador (Hebreos 1:2), mientras que Juan señala que la creación fue realizada "por" el Hijo (Juan 1:3; Apocalipsis 3:14). Cuando el apóstol Pablo les anuncia a los atenienses que Dios "hizo el mundo y todas las cosas que en él hay" (Hechos 17:24), la única conclusión razonable a la que podemos llegar, junto con Atanasio, es que Dios es "un Dios en la Trinidad y una Trinidad en la Unidad".

La resurrección de Jesucristo de entre los muertos es otro notable ejemplo de la relación dentro de la Divinidad una y trina en la redención. Pablo afirma que el Padre de Jesucristo levantó al Señor de entre los muertos (Romanos 1:4; véase 2 Corintios 1:3). Sin embargo, Jesús afirma enérgicamente que Él levantará su propio cuerpo de la tumba en la gloria de la resurrección (Juan 2:19–21). En otro lugar, Pablo declara que Dios levantó a Cristo de entre los muertos por medio del Espíritu Santo (Romanos 8:11; véase Romanos 1:4). Lucas le da el toque teológico final a la ortodoxia trinitaria, al recoger por escrito la proclamación hecha por Pablo ante los atenienses, de que el Dios único había levantado a Cristo de entre los muertos (Hechos 17:30–31).

Jesús coloca a los tres miembros de la Divinidad en el mismo plano divino, al ordenarles a sus discípulos: "Id, y haced discípulos a todas las naciones, bautizándolos en el nombre del Padre, y del Hijo, y del Espíritu Santo" (Mateo 28:19).

El apóstol Pablo, judío monoteísta educado a los pies de Gamaliel, el gran erudito rabínico, "hebreo de hebreos; en cuanto a la ley, fariseo" (Filipenses 3:5), estaba impresionado con la teología trinitaria, como podemos ver en su saludo final a la iglesia de Corinto: "La gracia del Señor Jesucristo, el amor de Dios, y la comunión del Espíritu Santo sean con todos vosotros" (2 Corintios 13:14). Definitivamente, los textos bíblicos nos traen a la conclusión de que, dentro de la naturaleza del único Dios verdadero hay tres personas, que son entre sí coeternas, coiguales y coexistentes.

El teólogo ortodoxo subordina humildemente su pensamiento sobre la teología trinitaria a los datos revelados en la Palabra de Dios, de una manera muy similar a la forma en que el físico lo hace al formular la paradójica teoría de las partículas y las ondas:

> Los físicos cuánticos están de acuerdo en que las entidades subatómicas son una mezcla de propiedades de onda (W, por el inglés *wave*, "onda"), propiedades de partícula (P), y propiedades cuánticas (h). Los electrones a alta velocidad, cuando se los dispara a través de un cristal de níquel o de una película metálica (como rayos catódicos rápidos, o incluso rayos B), se difraccionan como los rayos X. En principio, el rayo B es igual a la luz del sol usada en un experimento de doble incisión o biprismático. La difracción es un criterio de conducta semejante a las ondas en las sustancias; toda la teoría clásica sobre las ondas descansa en esto. Sin embargo, además de esta conducta, hace mucho tiempo que se ha pensado en los electrones como partículas cargadas de electricidad. Un campo magnético transversal desvía un rayo de electrones y su esquema de difracción. Sólo las partículas se comportan de esta manera; toda la teoría electromagnética clásica depende de esto. *Para explicar todas las evidencias, los electrones deben ser a un tiempo particulados y ondulatorios* [cursiva añadida]. Un electrón es un PWh.

La analogía entre la Trinidad y el PWh es una buena ilustración sobre las precauciones preliminares de este capítulo; esto es, que aunque el teólogo debe buscar siempre la racionalidad en la formulación teológica, también debe escoger la revelación por encima de las restricciones finitas de la lógica humana. Sólo las Escrituras son la piedra de toque para la teología de la iglesia cristiana.

LA FORMULACIÓN HISTÓRICA DE LA DOCTRINA

Aunque hablaba de otra preocupación doctrinal, la advertencia de Calvino es igualmente aplicable a la formulación trinitaria: "Si alguien penetra en este lugar con descuidada seguridad, no logrará satisfacer su curiosidad, y entrará en un laberinto del que no hallará la salida."

Ciertamente, la formulación histórica de la doctrina de la Trinidad tiene todas las características de un laberinto terminológico dentro del cual muchas sendas conducen a callejones sin salida heréticos.

Los cuatro primeros siglos de la iglesia cristiana estuvieron dominados por un solo tema central; el concepto cristológico del *Lógos*. Este concepto es exclusivamente juanino, y se halla tanto en el prólogo del evangelio de ese apóstol, como en el de su primera epístola. La controversia eclesiástica de aquellos tiempos se centraba en esta pregunta: "¿Qué quiso decir Juan al utilizar la palabra *Lógos*? La controversia alcanzó su punto más alto en el siglo cuarto, con el Concilio de Nicea (año 325).

En el segundo siglo, los padres apostólicos presentan una cristología sin desarrollar. La relación entre las dos naturalezas de Cristo, la humana y la divina, no queda claramente articulada en sus obras. La doctrina de la Trinidad aparece implícita en su cristología más desarrollada, pero no la hace explícita.

Los grandes defensores de la fe en la Iglesia Primitiva (por ejemplo, Ireneo y Justino Mártir), llamaban a Cristo el eterno *Lógos*. Ya en sus tiempos, el concepto del *Lógos* parece haber sido entendido como un poder o atributo eterno de Dios que, de una manera inexplicable, habita en Cristo. El *Lógos* eternamente personal, con relación al Padre, no había sido definido aún durante este período.

Ireneo contra los gnósticos

Entramos en el laberinto eclesiástico del desarrollo histórico de la teología trinitaria siguiendo los pasos de Ireneo, obispo de Lyon, en la Galia, y discípulo de Policarpo, quien a su vez había sido discípulo del apóstol Juan. Por tanto, en Ireneo hallamos un lazo directo con las enseñanzas apostólicas.

Ireneo entró en el fragor del debate teológico durante el último tercio del segundo siglo. Lo más conocido de su obra son sus argumentos contra los gnósticos. Durante siglos, su gran obra *Adversus Hœreses* [Contra los herejes], ha sido una fuente primaria de defensa contra las venenosas influencias espirituales del gnosticismo.

Ireneo movió a la Iglesia en una dirección positiva, al afirmar la unidad de Dios, quien es el Creador del cielo y de la tierra. Su firmeza en el monoteísmo protegió a la Iglesia del peligro de dar un giro equivocado dentro del laberinto, para llegar como consecuencia a un callejón politeísta sin salida. Ireneo también advirtió contra las especulaciones gnósticas acerca de la forma en que el Hijo había sido engendrado por el Padre.

Los gnósticos especulaban continuamente acerca de la naturaleza de Cristo y su relación con el Padre. Algunos gnósticos colocaban a Cristo en su panteón de eones (intermediarios espirituales entre la Mente Divina y la tierra), y al hacerlo, trivializaban su divinidad. Otros (los docetistas) negaban la humanidad plena de Cristo, insistiendo en que no se había podido encarnar, sino más bien que había tomado la apariencia de hombre, y sólo en apariencia había sufrido y muerto en la cruz (véanse Juan 1:14; Hebreos 2:14; 1 Juan 4:2-3).

Ireneo contrarrestó apasionadamente las enseñanzas de los gnósticos con una cristología impresionantemente desarrollada, en la que ponía de relieve, tanto la plena humanidad, como la divinidad de Jesucristo. En su defensa de la cristología, les respondía a los gnósticos con dos sentencias cimeras que más tarde surgirían de nuevo en Calcedonia: "Filius Dei filius hominis factus", "El Hijo de Dios [se ha] convertido en hijo de hombre", y *"Iesus Christus vere homo, vere Deus"*, "Jesucristo [es] verdaderamente hombre y verdaderamente Dios".

Esto significaba necesariamente que tenía un rudimentario concepto de trinitarianismo. De no haber sido así, las alternativas habrían sido el diteísmo (dos dioses) o el politeísmo (muchos dioses). Sin embargo, se dice de Ireneo que insinuó un "trinitarianismo económico". En otras palabras, "sólo se refiere a la divinidad del Hijo y del Espíritu dentro del contexto de su revelación y su actividad salvadora; esto es, en el contexto de la 'economía' (el plan) de salvación".

Tertuliano contra Práxeas

Tertuliano, el "obispo pentecostal de Cartago" (de 160 hasta alrededor de 230), hizo contribuciones incalculables al desarrollo de la ortodoxia trinitaria. Adolph Harnack, por ejemplo, insiste en que fue Tertuliano quien abrió el surco para el desarrollo posterior de la doctrina trinitaria ortodoxa.

El tratado de Tertuliano "Contra Práxeas" es un breve conjunto de cincuenta páginas de vigorosa polémica contra un cierto Práxeas, de quien se supone que fue el importador en Roma de la herejía del monarquianismo o patripasianismo. El monarquianismo enseña que existe un Principio solitario: Dios Padre. Como consecuencia, niega la divinidad plena del Hijo y del Espíritu. Sin embargo, para conservar las doctrinas de la salvación, los monarquianos llegaban a la conclusión de que se había hecho necesario que el Padre, como ser divino, fuera crucificado por los pecados del mundo. Ésta es la herejía llamada "patripasianismo". Por consiguiente, decía Tertuliano acerca de Práxeas: "Ha echado fuera la profecía, y metido la herejía; ha mandado al exilio al Paracleto y crucificado al Padre."[5]

A medida que la herejía de Práxeas iba pasando por la Iglesia, Tertuliano nos informa que la gente seguía dormida en su ignorancia doctrinal. Aunque estaba decidido a advertir a la Iglesia con respecto a los peligros del monarquianismo, vino a entrar en la controversia a la hora undécima, cuando la herejía se convertía ya con rapidez en la idea dominante dentro del pensamiento de los cristianos.

Tertuliano emprendió entonces la tarea de cavar un canal ortodoxo por el cual fuesen encauzadas las consecuencias inherentes a la teología trinitaria en la conciencia de la Iglesia. Aunque se le acredita el haber sido el primero en usar el término "trinidad", no es correcto decir que haya sido quien "inventó" la doctrina, sino más bien quien excavó en la conciencia de la Iglesia y puso al descubierto la vena inherente de pensamiento trinitario que ya se hallaba presente. B. B. Warfield comenta: "Tertuliano tuvo que ... afirmar la divinidad verdadera y total de Jesús ... sin crear dos dioses ... Y por cuanto logró hacerlo, lo debemos reconocer como el padre de la doctrina de la Trinidad que sostiene la Iglesia."

El concepto que Tertuliano hace explícito es el de una "trinidad económica" (similar al concepto de Ireneo, pero con una definición más clara). Pone de relieve la unidad de Dios; esto es, que sólo hay una sustancia divina, un poder divino — sin separación, división, dispersión o diversidad —, y con todo, hay una distribución de funciones; una distinción de personas.

Orígenes y la escuela de Alejandría

En el siglo II a.C., Alejandría, en Egipto, reemplazó a Atenas como centro intelectual del mundo grecorromano. El conocimiento académico cristiano florecería más tarde también en Alejandría. Algunos de los eruditos más distinguidos dentro de la historia temprana de la Iglesia, pertenecían a la escuela alejandrina.

La Iglesia continuó su progreso a través del laberinto teológico de la formulación doctrinal con la obra de Orígenes (alrededor de 185–254), el celebrado teólogo de Alejandría. La eternidad del *Lógos* personal fue presentada de manera explícita por vez primera en el pensamiento de Orígenes. Con Orígenes comenzó a surgir la doctrina ortodoxa sobre la Trinidad, aunque no se halló cristalizada en cuanto a su formulación (al progresar más allá del concepto "económico" de Tertuliano) hasta fines del cuarto siglo, en el Concilio de Nicea (325).

En contra de los monarquianistas (llamados también unitarios), Orígenes propuso su doctrina de la generación eterna del Hijo (llamada *filiación*). Unió esta generación a la voluntad del Padre, con lo que estaba declarando implícitamente que había subordinación del Hijo al Padre. No sólo fueron los términos "Padre" e "Hijo" los que le sugirieron-esta doctrina de la *filiación*, sino también el hecho de que se llama constantemente al Hijo "el unigénito" (Juan 1:14, 18; 3:16, 18; 1 Juan 4:9).

Según Orígenes, el Padre engendra eternamente al Hijo y, por tanto, nunca está sin Él. El Hijo es Dios y, sin embargo, *subsiste* (para usar un lenguaje teológico posterior relacionado con el ser divino) como una persona distinta al Padre. El concepto de Orígenes acerca de la generación eterna preparó a la Iglesia para su futura comprensión de la Trinidad como *subsistente* en tres personas, en lugar de constar de tres partes.

Orígenes le dio expresión teológica a la relación entre el Hijo y el Padre, afirmada más tarde en el Concilio de Nicea con la expresión "*homoúsios to patrí*", "de una misma sustancia [o esencia] con el Padre". La comprensión del concepto de persona, esencial para la fórmula trinitaria ortodoxa, aún carecía de precisión. La expresión latina *persona*, con su significado de "papel" o "actor", no contribuía en la lucha teológica por comprender al Padre, al Hijo y al Espíritu como tres personas, en lugar de verlos como simples papeles diferentes desempeñados por Dios. El concepto teológico de *hipóstasis*, esto es, la distinción de personas dentro de la Divinidad (en distinción a la unidad de sustancia o de naturaleza dentro de la Divinidad, calificada de "consustancialidad" y relacionada con la *homoúsia*), fue el que permitió la paradójica formulación de la teología trinitaria.

La doctrina de Orígenes acerca de la generación eterna del Hijo fue una polémica contra la noción de que hubo un tiempo en que el Hijo no existía. Su concepto de "consustancialidad" insistía en la igualdad entre el Hijo y el Padre. No obstante, surgieron dificultades en el pensamiento de Orígenes, debido al concepto de subordinación que presentaba el lenguaje del Nuevo Testamento, y la idea del papel de sumisión del Hijo con respecto al Padre, al mismo tiempo que se sostenía la plena divinidad del Hijo. Es crítico para nuestra comprensión "entender la subordinación en un sentido que podríamos llamar económico", no en un sentido que se relacione con la naturaleza del ser divino. Por consiguiente, "el Hijo se somete a la voluntad del Padre y ejecuta su plan (*oikonomía*), pero no es por eso inferior al Padre en naturaleza".

Orígenes se mantuvo constante en su formulación de las relaciones entre el Padre y el Hijo, presentando en ocasiones al Hijo como una especie de divinidad de segundo orden, que se distinguiría del Padre como persona, pero sería inferior como ser. En esencia, Orígenes enseñaba que el Hijo le debía su existencia a la voluntad del Padre. Esta vacilación con respecto al concepto del subordinacionismo provocó una reacción masiva de parte de los monarquianistas.

El monarquianismo dinámico: el primer giro equivocado

Los monarquianistas trataban de conservar el concepto de la unidad de Dios, la monarquía o monoteísmo. Se centraban en la eternidad de Dios, como el único Señor o Gobernante, con relación a su creación.

El monarquianismo apareció en dos corrientes distintas: la dinámica y la modalista. El monarquianismo dinámico (llamado también monarquianismo ebionita, monarquianismo unitario o monarquianismo adopcionista), fue anterior al monarquianismo modalista.

El monarquianismo dinámico negaba toda noción de una Trinidad personal eterna. Esta escuela estaba representada por los llamados "*áloguí*", hombres que rechazaban la cristología del *Lógos*. Los *álogui* basaban su cristología en los evangelios sinópticos solamente, rechazando aceptar la cristología de Juan, porque sospechaban que había intrusiones helenísticas en el prólogo de su evangelio.

Los monarquianistas dinámicos alegaban que Cristo no era Dios desde toda la eternidad sino, más bien, que se había convertido en Dios en algún punto del tiempo. Aunque existían diferencias de opinión con respecto al momento en particular señalado para la divinización del Hijo, la opinión más generalizada era que la exaltación del Hijo tuvo lugar durante su bautismo, cuando fue ungido por el Espíritu. En ese momento, y por medio de su obediencia, Cristo se convirtió en el hijo divino de Dios. Cristo era considerado el Hijo adoptivo de Dios, en lugar de ser el Hijo eterno de Dios.

El monarquianismo dinámico enseñaba también que Jesús había sido exaltado de manera progresiva, o dinámica, a la categoría divina. No concebía la relación entre el Padre y el Hijo en función de su naturaleza y su ser, sino en términos morales. Esto es, no se concebía al Hijo como poseedor de igualdad de naturaleza con el Padre (*homoúsios*: *homos* significa "el mismo", y *usía* significa "esencia"). Los monarquianistas dinámicos proponían que hay una relación simplemente moral entre Jesús y los propósitos de Dios.

Entre los defensores tempranos del monarquianismo dinámico se halla Pablo de Samosata, obispo de Antioquía en el tercer siglo. Se desarrolló un gran debate, con la Iglesia Oriental y la Escuela de Antioquía de una parte, y la Iglesia Occidental y la Escuela de Alejandría de la otra. El centro del debate era la relación entre el *Lógos* y el hombre llamado Jesús.

Harold O. J. Brown observa que el adopcionismo del monarquianismo dinámico "conservó la unidad de la divinidad a base de sacrificar la divinidad de Cristo". Por consiguiente, el monarquianismo dinámico es un giro equivocado dentro del laberinto doctrinal, que terminó en un herético callejón sin salida.

Luciano siguió a Pablo de Samosata como campeón del monarquianismo dinámico. Su discípulo más distinguido fue Arrio. Fue él quien se halló detrás de la controversia arriana que tuvo por consecuencia la reunión de los obispos en Nicea y la redacción del gran Credo Trinitario (325). Antes de estudiar el arrianismo, examinemos la segunda corriente de monarquianismo: el modalismo.

El monarquianismo modalista: el segundo giro equivocado

Las principales influencias detrás del monarquianismo modalista fueron el gnosticismo y el neoplatonismo. Los monarquianistas modalistas concebían el universo como un todo organizado, manifiesto en una jerarquía de modos. Los modos (comparados con una serie de círculos concéntricos) eran concebidos como diversos niveles de manifestación de la realidad que emanaba de Dios, "el Uno" que existe como "ser puro", como el Ser Supremo situado en la cumbre de la escala jerárquica. (Esto señala la influencia neoplatónica.)

Los monarquianistas modalistas enseñaban que la realidad disminuye, según la lejanía que haya entre una emanación y el Uno. Por consiguiente, el orden de seres más bajo sería la materia física del universo. Aunque seguían considerando a la materia como parte del Uno del cual emanaba, los modalistas consideraban que ésta existía de una forma inferior. (Esto señala la influencia gnóstica.) Al contrario, pensaban que la realidad iba en aumento, a medida que se progresaba hacia el Uno (llamado también "la Mente Divina").

Es fácil ver el panteísmo implícito en este punto de vista sobre la realidad, puesto que se da por supuesto que todo lo que existe se ha originado a partir de las emanaciones (modos o niveles de realidad) que brotan de la esencia misma de Dios. Algunos modalistas usaban una analogía acerca del sol y sus rayos. Los rayos del sol tienen la misma esencia del sol, pero no son el sol. Los modalistas suponían que, mientras más alejados estuviesen los rayos del sol, menos serían luz solar pura, y que, aunque los rayos compartiesen la esencia misma del sol, eran inferiores al sol, por ser simples proyecciones de éste.

La aplicación cristológica de este punto de vista sobre la realidad identificaba a Jesús como una emanación del Padre de primer orden, reduciéndolo a un nivel inferior al Padre con respecto a la naturaleza de su ser, o esencia. Aunque Jesús era considerado el orden más alto del ser después del Uno, seguía siendo inferior al Uno, y dependiente del Padre en cuanto a su existencia, aunque fuera superior a los ángeles y a la humanidad.

Sabelio (siglo III) fue el campeón del monarquianismo modalista, y el responsable por la impresión tan formidable que dejó en la Iglesia. Fue Él quien originó la analogía anterior sobre el sol y sus rayos, y negó que Jesús fuera divino, en el sentido eterno en que lo es el Padre. Esta idea condujo al término teológico *homoiúsios*. El prefijo *homoi* procede de la palabra *homoios, que* significa "parecido", "similar", mientras que la palabra *usía* significa "esencia". Por tanto, Sabelio sostenía que la naturaleza del Hijo sólo era semejante a la del Padre; no era la misma del Padre.

Sabelio fue condenado como hereje en el año 268, en el Concilio de Antioquía. La diferencia entre el prefijo *homo* ("igual") y el prefijo *homoi* ("similar") podrá parecer trivial, pero la *iota* ("i") señala la diferencia entre el panteísmo implícito en el sabelianismo (es decir, el hecho de confundir a Dios con su creación) y la divinidad plena de Jesucristo, fuera de la cual, las doctrinas sobre la salvación quedan gravemente afectadas. A través de este abandono de la divinidad plena y la personalidad de Cristo y del Espíritu Santo, el monarquianismo modalista tomó también un giro equivocado en el laberinto doctrinal.

El arrianismo: el tercer giro equivocado

Aunque estudiante de Luciano y, por consiguiente, en la línea del monarquianismo dinámico iniciada por Pablo de Samosata, Arrio fue más allá que ellos en cuanto a complejidad teológica. Creció en Alejandría, donde fue ordenado como presbítero poco después del año 311, aunque era discípulo de la tradición antioqueña. Alrededor del año 318, suscitó la atención de Alejandro, el nuevo arzobispo de Alejandría. Alejandro lo excomulgó en el año 321 por sus puntos de vista heréticos con respecto a la persona, naturaleza y obra de Jesucristo.

Arrio estaba decidido a que se le restaurara en la Iglesia, no por arrepentimiento, sino con el fin de que sus puntos de vista sobre Cristo se convirtieran en la teología de la Iglesia. En sus esfuerzos por lograr su restauración en ella, consiguió la ayuda de algunos de sus amigos más influyentes, entre los que se hallaban Eusebio de Nicomedia, Eusebio de Cesarea, el famoso historiador eclesiástico, y varios obispos del Asia. Siguió enseñando sin la aprobación de Alejandro, y sus especulaciones levantaron considerables debates y confusiones dentro de la Iglesia.

Poco después de la excomunión de Arrio, Constantino se convirtió en el único emperador del Imperio Romano. Para su gran consternación, Constantino descubrió que la Iglesia se hallaba en un caos tal con respecto a la controversia arriana, que estaba amenazando la estabilidad política y religiosa de todo el imperio. Entonces, se apresuró a convocar el Primer Concilio Ecuménico, el Concilio de Nicea, en el año 325.

Arrio insistía en que Dios Padre es el único Principio y, por tanto, el eterno. Dios es "no engendrado", mientras que todo lo demás, incluso Cristo, es "engendrado". Arrio afirmaba equivocadamente que la idea de ser "engendrado" lleva consigo el concepto de haber sido creado. Al mismo tiempo, se tomó gran trabajo para separarse del panteísmo implícito en la herejía sabeliana, al insistir en que Dios no tenía una necesidad interna de crear. Afirmaba también que Dios había creado una sustancia independiente (lat. *substantia*), que había utilizado para crear todas las demás cosas. Esta sustancia independiente, creada primero por Dios, por encima de todas las otras cosas, era el Hijo.

Arrio proponía que la unicidad del Hijo está limitada al hecho de haber sido la creación primera y mayor de Dios. En el pensamiento arriano, la encarnación del Hijo es concebida como la unión entre esa sustancia creada (el *Lógos*) y un cuerpo humano.

Enseñaba que el *Lógos* reemplazaba al alma dentro del cuerpo humano de Jesús de Nazaret.

Harnack tiene razón al observar que Arrio "es un monoteísta estricto sólo con respecto a la cosmología; como teólogo, es politeísta". En otras palabras, Arrio sólo reconocía como Dios a una persona solitaria; sin embargo, en la práctica, extendía la adoración reservada sólo para Dios, a Cristo, del que por otra parte había dicho que había tenido principio.

La cristología de Arrio reduce a Cristo a la condición de criatura, y, por consiguiente, niega su obra salvadora. Es decir, que el arrianismo tomó un giro equivocado en el laberinto, hacia un corredor herético del que no hay salida posible.

La ortodoxia trinitaria: la salida del laberinto

Trescientos obispos, tanto de la escuela alejandrina como de la escuela antioqueña, se reunieron en Nicea para celebrar el gran concilio ecuménico que trataría de dar precisión teológica a la doctrina de la Trinidad. El interés del concilio era triple: (1) aclarar los términos utilizados para articular la doctrina trinitaria; (2) poner al descubierto y condenar errores teológicos que existían en diversas partes de la Iglesia; y (3) redactar un documento que presentara de manera adecuada las convicciones identificadas en las Santas Escrituras y compartida por la Iglesia en su consenso.

El obispo Alejandro estaba listo para la batalla contra Arrio. Los arrianos estaban seguros de que triunfarían. Eusebio de Nicomedia preparó un documento en el que declaraba la fe de Arrio, y lo propuso con toda confianza al comienzo mismo del concilio. Puesto que rechazaba osadamente la divinidad de Cristo, provocó la indignación de la mayoría de los asistentes, quienes rechazaron por completo el documento. Entonces, Eusebio de Cesarea (quien no era arriano, aunque fuese representante de la Iglesia Oriental), redactó durante el debate un credo que más tarde se convertiría en la base del Credo Niceno.

El obispo Alejandro (y los alejandrinos en general) estaba preocupado principalmente por la forma en que el punto de vista arriano iba a afectar a la salvación personal, si Cristo no era plenamente Dios, en el mismo sentido en que lo es el Padre. Para poder llevar al hombre a la reconciliación con Dios, Cristo tenía que ser Dios, alegaba Alejandro.

Él reconocía la existencia de un lenguaje de subordinación en el Nuevo Testamento, particularmente cuando se refiere a Jesús como "engendrado" por el Padre. Sin embargo, indicó que es necesario entender el término "engendrado" desde una perspectiva judía, puesto que habían sido hebreos los que habían utilizado el término en la Biblia. El uso hebreo del término tiene como propósito presentar la preeminencia de Cristo. (Pablo habla en estos términos, usando la palabra "primogénito", no con relación al origen de Cristo, sino a los efectos salvadores de su obra redentora [véase Colosenses 1:15, 18].)

Su respuesta a Arrio alegaba que la condición de engendrado con respecto al Hijo va precedida en las Escrituras por el predicativo *pará* en Juan 1:14 (el Verbo es el único engendrado *del* Padre). Éste indicaría que compartía con Dios la misma naturaleza eterna (en línea con la "generación eterna" del Hijo propuesta por Orígenes). En los oídos del intratable Arrio, aquello equivalía a una admisión de la creación de Cristo. Estaba tratando por todos los medios de liberar a la teología de las consecuencias del modalismo, que, utilizando palabras atribuidas posteriormente a su archienemigo Atanasio, eran culpables de "confundir a las personas".[3] Por tanto, era fundamental que se distinguiera a Cristo del Padre.

El obispo Alejandro siguió con su argumento, afirmando que Cristo es "engendrado" por el Padre, pero no en el sentido de emanación o creación. Teológicamente, el gran reto que tenía delante la Iglesia Occidental era la explicación del concepto de *homoúsia* sin caer en el error de la herejía modalista.

Se suele acreditar a Atanasio el haber sido el gran defensor de la fe en el Concilio de Nicea. Sin embargo, en realidad el peso mayor de la obra de Atanasio tuvo lugar después de aquel gran concilio ecuménico.

El inflexible Atanasio, aunque depuesto por el emperador en tres ocasiones durante su propia carrera eclesiástica, contendió valerosamente por el concepto de que Cristo es de la misma esencia (*homoúsios*) que el Padre, y no simplemente semejante al Padre en esencia (*homoiúsios*). Durante su carrera como obispo y defensor de lo que emergió como ortodoxia, fue siempre "Atanasio contra el mundo".

La escuela alejandrina terminó triunfando sobre los arrianos, y Arrio fue condenado y excomulgado una vez más. En la formulación de la doctrina trinitaria dentro del Credo de Nicea, Jesucristo es "el unigénito Hijo de Dios, engendrado por el Padre desde antes de todas las edades, luz de luz, Dios verdadero de Dios verdadero, engendrado y no creado, de la misma sustancia que el Padre".

La Iglesia usaría más tarde el término "procesión" en lugar de "generación" o "engendrado", con el propósito de expresar la subordinación económica del Hijo hacia el Padre. Se le sigue asignando un tipo de primacía al Padre con relación al Hijo, pero esa primacía no es una primacía de tiempo; el Hijo ha existido siempre como el Verbo. Sin embargo, fue "engendrado"; "procede" del Padre; no el Padre del Hijo.

Se entiende teológicamente que esta procesión del Hijo (llamada "filiación" ya en el siglo VIII) es un acto necesario de la voluntad del Padre, lo que hace imposible pensar en el Hijo como no engendrado por el Padre. De aquí que la procesión del Hijo es un presente eterno, un acto siempre continuo que nunca termina. Por tanto, el Hijo es inmutable (no está sujeto a cambios; Hebreos 13:8), así como el Padre es inmutable (Malaquías 3:6). Definitivamente, la filiación del Hijo no es una generación de su esencia divina, porque el Padre y el Hijo son ambos divinidad y, por tanto, de la "misma" naturaleza indivisible. El Padre y el Hijo (con el Espíritu) existen juntos en una subsistencia personal (esto es, el Hijo y el Espíritu son personalmente distintos al Padre en su existencia eterna).

Aunque esta exposición de las agudas complejidades lingüísticas del Credo Niceno pueda ser frustrante a dieciséis siglos de distancia, es importante que pensemos de nuevo en la crítica necesidad de mantener la paradójica fórmula del Credo de Atanasio: "Un Dios en Trinidad y una Trinidad en la Unidad." La precisión teológica es crítica, porque los términos *usía*, *hypóstasis*, *substantia* y *subsistencia* nos proporcionan una comprensión conceptual de lo que se entiende por ortodoxia trinitaria, como la afirma el Credo de Atanasio: "El Padre es Dios, el Hijo es Dios y el Espíritu Santo es Dios, pero no son tres dioses, sino un solo Dios."

Entre los años 361 y 381, la ortodoxia trinitaria sufrió un refinamiento mayor, particularmente con respecto al Espíritu Santo, el tercer miembro de la Trinidad. En el año 381, los obispos se reunieron en Constantinopla, convocados por el emperador Teodosio, y reafirmaron las declaraciones de la ortodoxia nicena. Hubo también citas explícitas relacionadas con el Espíritu Santo. Por esto, el Credo Niceno-Constantinopolitano habla del Espíritu Santo en términos de divinidad, como "el Señor y dador de vida, que procede del Padre, que con el Padre y el Hijo es co-adorado y conglorificado, quien habló por los profetas".[2]

El título de "Señor" (gr. *kyrios*) usado en las Escrituras dentro de ciertos contextos notables para atribuir divinidad, es asignado aquí (en el Credo Niceno-Constantinopolitano) al Espíritu Santo. Por consiguiente, el que procede del Padre y del Hijo (Juan 15:26), subsiste de manera personal desde la eternidad dentro de la Divinidad, sin división ni cambio en cuanto a su naturaleza (o sea, es esencialmente *homoúsios* con el Padre y el Hijo).

El título de "Señor" (gr. *kyrios*) usado en las Escrituras dentro de ciertos contextos notables para atribuir divinidad, es asignado aquí (en el Credo Niceno-Constantinopolitano) al Espíritu Santo. Por consiguiente, el que procede del Padre y del Hijo (Juan 15:26), subsiste de manera personal desde la eternidad dentro de la Divinidad, sin división ni cambio en cuanto a su naturaleza (o sea, es esencialmente *homoúsios* con el Padre y el Hijo).

Por tanto, entendemos que sigue las propiedades personales (esto es, las obras internas de cada persona dentro de la Divinidad) asignadas a cada uno de los tres miembros de la Trinidad: al Padre, el no haber sido engendrado; al Hijo, el haber sido engendrado; y al Espíritu Santo, la procesión. La insistencia en estas propiedades personales no es un intento por explicar la Trinidad, sino por distinguir la ortodoxia trinitaria de la fórmulas heréticas del modalismo.

Las distinciones entre los tres miembros de la Divinidad no se refieren a su esencia o sustancia, sino a sus relaciones. En otras palabras, el orden de existencia en la Trinidad, con respecto al ser esencial de Dios, se refleja en la economía de la Trinidad. "Así que hay tres, no en categoría, sino en grado; no en sustancia, sino en forma; no en el poder, sino en su manifestación."

Aquí, el duro proceso de investigar la naturaleza del Dios viviente cede el paso a la adoración. Con los apóstoles, los padres de la Iglesia, los mártires y los más grandes teólogos de todas las edades en la historia de la Iglesia, debemos reconocer que "toda buena teología termina con una doxología" (véase Romanos 11:33–36). Pensemos en este himno ya clásico de Reginald Heber:

> *Santo, santo, santo, Señor omnipontente:*
> *siempre el labio mío loores te dará.*
> *Santo, santo, santo, te adoro reverente,*
> *Dios en tres personas, bendita Trinidad.*

LA TRINIDAD Y LA DOCTRINA DE LA SALVACIÓN

Los puntos de vista no trinitarios, como el modalismo y el arrianismo, reducen la doctrina de la salvación a una divina farsa. Todas las convicciones cristianas básicas que se centran en la obra de la cruz presuponen la distinción personal entre los tres miembros de la Trinidad. Al reflexionar, nos podríamos preguntar si es necesario creer en la doctrina de la Trinidad para ser salvo. Como respuesta, histórica y teológicamente, la Iglesia generalmente no ha exigido una declaración explícita de fe en la doctrina de la Trinidad para la salvación. En vez de esto, ha esperado que exista una fe implícita en el Dios uno y trino, como esencial para que nos relacionemos con los papeles distintivos de cada una de las divinas Personas dentro de la Divinidad, en cuanto a la obra redentora a favor de la humanidad.

La doctrina de la salvación (que incluye la reconciliación, la propiciación, el rescate, la justificación y la expiación) es contingente a la cooperación de los distintos miembros del Dios uno y trino (por ejemplo, Efesios 1:3–14). Por consiguiente, un rechazo consciente de la doctrina de la Trinidad pondría seriamente en peligro la esperanza personal de salvación. Las Escrituras ponen a toda la humanidad bajo la condenación universal del pecado (Romanos 3:23) y, por tanto, todos "necesitan salvación. La doctrina de la salvación exige la existencia de un Salvador adecuado; esto es, una cristología adecuada. Una cristología correcta exige un concepto satisfactorio de Dios, esto es una teología especial sólida, lo que nos trae de vuelta a la doctrina sobre la Trinidad."

El punto de vista modalista sobre la naturaleza de Dios elimina por completo la obra de mediación de Cristo entre Dios y los humanos. La reconciliación (2 Corintios 5:18–21) conlleva el dejar de lado la enemistad u oposición. ¿De quién es esa enemistad que hay que echar a un lado? Las Escrituras revelan que Dios está en enemistad con los pecadores (Romanos 5:9), y en su pecado, los humanos también están en enemistad con Dios (Romanos 3:10–18; 5:10).

La Biblia revela de manera explícita al Dios uno y trino en la redención y la reconciliación de los pecadores con Dios. Dios "envía" al Hijo al mundo (Juan 3:16–17). A la sombra del Calvario, Jesús se somete obediente a la voluntad del Padre. "Padre mío, si es posible, pase de mí esta copa; pero no sea *como yo quiero*, sino *como tú*" (Mateo 26:39). La relación de sujeto a objeto entre el Padre y el Hijo se evidencia aquí claramente. El Hijo carga con la vergüenza del árbol maldito, haciendo la paz (reconciliación) entre Dios y la humanidad (Romanos 5:1; Efesios 2:13–16). A medida que la vida se escapa rápidamente de su cuerpo, Jesús mira a los cielos desde la cruz y pronuncia sus palabras finales: "Padre, en tus manos encomiendo mi espíritu" (Lucas 23:46). A menos que se revelen dos personas distintas aquí, en el acto redentor de la cruz, este suceso se convierte simplemente en la divina farsa de un Cristo neurótico.

En el modalismo se pierde el concepto de la muerte de Cristo como una satisfacción infinita. La sangre de Cristo es el sacrificio por nuestros pecados (1 Juan 2:2). La doctrina de la propiciación conlleva el apaciguamiento, la desviación de la ira por medio de un sacrificio aceptable. Cristo es el Cordero que Dios ha provisto para el sacrificio (Juan 1:29). Gracias a Cristo, Dios nos extiende su misericordia, en lugar de la ira que merecemos como pecadores. En cambio, sugerir como lo hace el modalismo, que Dios es una sola persona y se hace a sí mismo la ofrenda por el pecado, sintiendo al mismo tiempo ira y misericordia, lo hace parecer caprichoso. En otras palabras, la cruz sería un acto sin sentido, en lo que respecta al concepto de una ofrenda por el pecado: ¿De quién sería la ira que Cristo estaría desviando?

El apóstol Juan identifica a Jesús como nuestro Paráclito (Ayudador o Consejero), "Uno que le habla al Padre en nuestra defensa" (1 Juan 2:1). Esto requiere que haya un Juez que sea distinto al propio Jesús, y ante el cual Él pueda cumplir con un papel así. Por ser nuestro Paráclito, Cristo "es la propiciación por nuestros pecados; y no solamente por los nuestros, sino también por los de todo el mundo" (1 Juan 2:2). Por tanto, tenemos seguridad total con respecto a nuestra salvación, porque Cristo, nuestro Ayudador, es también nuestra ofrenda por el pecado.

Jesús no vino a este mundo para ser servido, "sino para servir, y para dar su vida en rescate por muchos" (Marcos 10:45). Él concepto de un rescate y los relacionados con él en las Escrituras son utilizados para referirse a un pago que asegure la liberación de los prisioneros. ¿A quién le pagó Cristo el rescate? Si se niega la doctrina ortodoxa sobre la Trinidad, rechazando así la distinción de personas dentro de la Divinidad (como es el caso en el modalismo), entonces Cristo les habría tenido que pagar el rescate a los seres humanos, o a Satanás. Puesto que la humanidad está muerta en sus transgresiones y pecados (Efesios 2:1), ningún ser humano se encuentra en la posición de exigirle un rescate a Cristo. Esto dejaría a Satanás como el extorsionista cósmico. Sin embargo, nosotros no le debemos nada a Satanás, y la noción de que Satanás tenga secuestrada a la humanidad para obtener un rescate es blasfema, debido a sus implicaciones dualistas (es decir, la idea de que Satanás posea suficiente poder para extorsionar a Cristo hasta obligarlo a dar su vida; véase Juan 10:15–18).

En lugar de esto, el rescate fue pagado al Dios uno y trino en satisfacción a la legítima reclamación de la justicia divina contra el pecador caído. Por su rechazo de la doctrina trinitaria, la herejía modalista pervierte consecuentemente el concepto de justificación. Aunque merecedores de la *justicia* de Dios, somos justificados por gracia mediante la fe en Jesucristo solamente (1 Corintios 6:11). Habiendo sido justificados (esto es, habiendo sido declarados inocentes ante Dios) por medio de la muerte y resurrección de Jesús, somos entonces declarados justos ante Dios (Romanos 4:5, 25). Cristo declara que el Espíritu es "otra" persona distinta a Él y, sin embargo, "de la misma clase" (*állon*, Juan 14:16). El Espíritu Santo nos aplica la obra del Hijo en el nuevo nacimiento (Tito 3:5), santifica al creyente (1 Corintios 6:11) y nos da acceso (Efesios 2:18) por medio de Jesucristo, nuestro gran sumo sacerdote (Hebreos 4:14–16), a la presencia del Padre (2 Corintios 5:17–21).

Un Dios que cambie sucesivamente de un modo a otro es contrario a la revelación de la naturaleza inmutable de Dios (Malaquías 3:6). Este modalismo es deficiente con respecto a la salvación, al negarle a Jesucristo la posición de sumo sacerdote. Las Escrituras afirman que Cristo es nuestro divino intercesor a la diestra de Dios Padre (Hebreos 7:23–8:2).

Es claro que la doctrina esencial de la expiación sustitutoria, en la que Cristo lleva nuestros pecados en su muerte ante el Padre, depende del concepto trinitario. El modalismo destruye el concepto bíblico de la muerte penal sustituta de Cristo en satisfacción a la justicia de Dios, terminando por dejar a la cruz sin efecto alguno.

La defectuosa cristología de la herejía arriana coloca también al arrianismo bajo la condenación sumaria de las Santas Escrituras. La relación entre el Padre, el Hijo y el Espíritu Santo se fundamenta en la naturaleza que comparten como divinidad, explicada finalmente en función de la Trinidad. Juan afirma: "Todo aquel que niega al Hijo, tampoco tiene al Padre. El que confiesa al Hijo, tiene también al Padre" (1 Juan 2:23). Un reconocimiento debido del Hijo exige de nosotros que creamos en su divinidad, tanto como en su humanidad. Cristo, por ser Dios, es capaz de satisfacer la justicia del Padre; por ser hombre, es capaz de cumplir la responsabilidad moral de la humanidad con respecto a Dios. En la obra de la cruz, se nos revelan la justicia y la gracia de Dios. La perfección eterna de Dios y las pecaminosas imperfecciones de la humanidad son reconciliadas por medio de Jesucristo, el Dios-Hombre (Gálatas 3:11–13). La herejía arriana, en su negación de la divinidad plena de Cristo, se queda sin Dios Padre (1 Juan 2:23) y, por tanto, sin esperanza alguna de vida eterna.

LA NECESIDAD TEOLÓGICO-FILOSÓFICA DE LA TRINIDAD

Las propiedades eternas y la perfección absoluta del Dios uno y trino son críticas para el concepto cristiano de la soberanía y la creación de Dios. Él, como Trinidad, está completo en sí mismo (es decir, es soberano) y, por consiguiente, la creación es un acto libre de Dios, y no una acción necesaria de su ser. Por esta razón, "antes del 'principio' existía algo que no era una situación estática".

La fe cristiana ofrece una revelación clara y comprensible de Dios desde fuera de la esfera del tiempo, puesto que Dios, como Trinidad, ha disfrutado de comunión eterna y de comunicación entre sus tres distintas personas. El concepto de un Dios personal y comunicativo desde toda la eternidad está enraizado en la teología trinitaria. Dios no existió en un estático silencio, sólo para decidir un día que rompería la tranquilidad de aquel silencio, hablando. Al contrario; la comunión eterna dentro de la Trinidad es esencial al concepto de revelación. (La alternativa de un ser divino solitario que habla en voz baja consigo mismo en su soledad es un tanto inquietante). El Dios uno y trino se ha revelado a la humanidad, personal y proposicionalmente, en la historia.

La personalidad de Dios, como Trinidad, es también la fuente y el significado de la personalidad humana. "Sin una fuente así — observa Francis Schaeffer —, los hombres se quedan con una personalidad que procede de lo impersonal (más el tiempo, y más la suerte)".

A lo largo de toda la eternidad, el Padre amó al Hijo, el Hijo amó al Padre, y el Padre y el Hijo amaron al Espíritu. "Dios es amor" (1 Juan 4:16). Por tanto, el amor es un atributo eterno. Por definición, el amor es compartido de manera necesaria con otro, y el amor de Dios es un amor de entrega de sí mismo. Consecuentemente, el amor que existe dentro de la Trinidad es el que le da su significado más definitivo al amor humano (1 Juan 4:17).

Una digresión: el pentecostalismo unitario

En la Campaña Mundial de Campamento de Arroyo Seco, cerca de Los Ángeles, celebrado en el año 1913, surgió una controversia. Durante un culto bautismal, el evangelista canadiense R. E. McAlister sostuvo que los apóstoles no invocaban el Nombre trino y uno — Padre, Hijo y Espíritu Santo — al bautizar, sino que bautizaban en el nombre de Jesús *solamente*.

Durante la noche, John G. Schaeppe, inmigrante procedente de Danzig, Alemania, tuvo una visión de Jesús y despertó al campamento gritando que era necesario glorificar el nombre de Jesús. A partir de entonces, Frank J. Ewart comenzó a enseñar que aquéllos que habían sido bautizados utilizando la fórmula trinitaria, necesitaban ser rebautizados en el nombre de Jesús "solamente". Otros comenzaron pronto a extender este "nuevo asunto". Junto con esto vino la aceptación de una sola persona en la Divinidad, la cual actuaba de diferentes modos, o con diferentes oficios. El avivamiento de Arroyo Seco había ayudado a activar el fuego de este nuevo asunto.

Los pentecostales han levantado un muro doctrinal de protección alrededor de la ortodoxia trinitaria. Los miembros partidarios de la Unidad se vieron confrontados por una mayoría que exigía de ellos que aceptaran la fórmula bautismal trinitaria y la doctrina ortodoxa sobre Cristo, o abandonaran la Fraternidad. En realidad, se reafirmaron en la tradición doctrinal de "la fe predicada por los apóstoles, atestiguada por los mártires, manifestada en los credos y expuesta por los padres de la iglesia", al luchar a favor de la ortodoxia trinitaria.

Como es de esperar, el pentecostalismo unitario declara: "No creemos en tres personalidades separadas dentro de la Divinidad, sino que creemos en tres oficios que son desempeñados por una persona."

Por consiguiente, la doctrina unida (modalista) concibe a Dios como un monarca trascendente cuya unidad numérica es interrumpida por tres manifestaciones progresivas a la humanidad como Padre, Hijo y Espíritu Santo. Las tres caras del único Monarca son en realidad imitaciones divinas de Jesús, la expresión personal de Dios a través de su encarnación. La idea de personalidad, según la entienden los pentecostales unitarios, exige corporeidad, y, por esta razón, se acusa a los trinitarios de haber abrazado el triteísmo.

Puesto que Jesús es "corporalmente toda la plenitud de la Deidad" (Colosenses 2:9), los pentecostales unitarios alegan que Él es esencialmente la plenitud de la Deidad indiferenciada. En otras palabras, creen que la realidad triple de Dios corresponde a "tres manifestaciones" del único Espíritu que habita dentro de la persona de Jesús. Creen que Jesús es la unipersonalidad de Dios, cuya "esencia es revelada como Padre *en* el Hijo, y como Espíritu *a través* del Hijo". Explican además que la pantomima divina de Jesús es "cristocéntrica en que, como ser humano, Jesús es el Hijo, y como Espíritu (esto es, en su divinidad), revela al Padre (en realidad, *es* el Padre) y envía al Espíritu Santo (en realidad, *es* el Espíritu Santo), como el Espíritu de Cristo que habita en el creyente".

Hemos afirmado que el sabelianismo del tercer siglo es herético. En su negación tan similar de las distinciones eternas entre las tres personas de la Divinidad, el pentecostalismo unitario se deja atrapar inadvertidamente en el mismo rincón herético del laberinto teológico, que el modalismo clásico. Tal como hemos dicho anteriormente, difiere en que los pentecostales unitarios conciben la "trimanifestación" de Dios como algo simultáneo, y no sucesivo, como es el caso del modalismo clásico. Alegan, basándose en Colosenses 2:9, que el concepto de persona en Dios está reservado solamente para la presencia inmanente y encarnada de Jesús. De aquí que los pentecostales unitarios afirmen generalmente que la Divinidad está en Jesús, pero Jesús no está en la Divinidad.

Sin embargo, Colosenses 2:9 afirma (tal como quedó formulado en Calcedonia por la Iglesia en el año 451) que Jesús es la "plenitud de la revelación de la naturaleza de Dios" (*zeótes*, la divinidad) por medio de su encarnación. Toda la esencia de Dios se halla comprendida en Cristo (Él es plenamente Dios), aunque las tres divinas personas no se hallen simultáneamente encarnadas en Él.

Aunque los pentecostales unitarios confiesan la divinidad de Jesucristo, en realidad lo que quieren decir con esto es que, en su papel como el Padre, Él es la divinidad, y en su papel como el Hijo, es humanidad. Al alegar que se deben entender el término "Hijo" como la naturaleza humana de Jesús, y el término "Padre" como la designación de la naturaleza divina de Cristo, imitan a sus predecesores antitrinitarios en la grave forma en que ponen en peligro las doctrinas de la salvación.

Ciertamente, Jesús afirmó: "Yo y el Padre uno somos" (Juan 10:30). Sin embargo, esto no quiere decir que Jesús y su Padre sean una persona, como alegan los pentecostales unitarios, puesto que el apóstol Juan usa el neutro griego *hen* en lugar del masculino *heis*; por consiguiente, aquí se refería a la unidad de esencia, y no a una identidad absoluta.

Tal como ya se ha afirmado, la distinción sujeto-objeto entre el Padre y el Hijo queda revelada con claro relieve en las Escrituras cuando Jesús ora al Padre en su agonía (Lucas 22:42). Jesús también revela y defiende su identidad a base de apelar al testimonio del Padre (Juan 5:31–32). Declara explícitamente: "Otro (gr. *álos*) es el que da testimonio acerca de mí" (v. 32). Aquí, el término *álos* nuevamente sirve para connotar a una persona diferente a la que está hablando. También, en Juan 8:16–18, Jesús dice: "Y si yo juzgo, mi juicio es verdadero; porque no soy yo solo, sino yo y el que me envió, el Padre. Y en vuestra ley está escrito que el testimonio de dos hombres es verdadero. Yo soy el que doy testimonio de mí mismo, y el Padre que me envió da testimonio de mí." Aquí, Jesús está citando la ley del Antiguo Testamento (Deuteronomio 17:6; 19:15) con el propósito de revelar de nuevo su identidad mesiánica (como sujeto), apelando al testimonio de su Padre (como objeto) a favor de Él. Insistir, como lo hacen los pentecostales unitarios, en que el Padre y el Hijo son numéricamente uno, serviría para desacreditar el testimonio de Jesús acerca de sí mismo como Mesías.

Además de esto, los pentecostales unitarios enseñan que, a menos que la persona sea bautizada "en el nombre de Jesús" solamente, no será realmente salva. Por consiguiente, están afirmando implícitamente que los trinitarios no son verdaderos cristianos. En realidad, en esto son culpables de añadir las obras a los medios de salvación por gracia a través de la fe solamente, que han sido revelados por Dios (Efesios 2:8–9). En el Nuevo Testamento hay unas sesenta citas que hablan de la salvación por gracia por medio de la fe sola, sin que tenga que ver con el bautismo en agua. Si el bautismo es un medio necesario para nuestra salvación, entonces, ¿por qué no se insiste fuertemente en este punto dentro del Nuevo Testamento? En lugar de esto, hallamos a Pablo diciendo: "Pues no me envió Cristo a bautizar, sino a predicar el evangelio; no con sabiduría de palabras, para que no se haga vana la cruz de Cristo" (1 Corintios 1:17).

Además de esto, debemos señalar que el libro de Hechos no tiene la intención de ordenarle a la Iglesia el uso de una fórmula bautismal, porque la frase "en el nombre de Jesús" no aparece exactamente dos veces de la misma forma en dicho libro.

En un intento por reconciliar el mandato de Jesús de bautizar "en el nombre del Padre, y del Hijo, y del Espíritu Santo" (Mateo 28:19), con la afirmación de Pedro: "Bautícese cada uno de vosotros en el nombre de Jesucristo" (Hechos 2:38), tendremos en cuenta tres explicaciones posibles.

1. Pedro fue desobediente al claro mandato de su Señor. Por supuesto, esto no es una explicación en absoluto, y debemos desecharlo por ridículo.

2. Jesús estaba hablando en términos crípticos, exigiendo algún tipo de conocimiento místico antes de poder comprender con claridad lo que Él quería decir. En otras palabras, en realidad nos estaba diciendo que bautizásemos sólo en el nombre de Jesús, aunque algunos no hayan podido captar esta intención velada de nuestro Señor. Sin embargo, sencillamente, no hay justificación alguna para llegar a esta conclusión. Es contraria a este género de literatura bíblica en particular (esto es, didáctico-histórico) y también, al menos de manera implícita, a la ausencia de pecado en nuestro Señor Jesucristo.

3. Hallamos una explicación mejor en la autoridad apostólica dentro del libro de Hechos, donde interesan las credenciales ministeriales de los apóstoles. Cuando los apóstoles invocan la frase "en el nombre de Jesucristo" dentro del libro de Hechos, están queriendo decir "basados en la autoridad de Jesucristo" (véase Mateo 28:18). Por ejemplo, en Hechos 3:6 los apóstoles sanan por la autoridad del nombre de Jesucristo. En Hechos 4, el Sanedrín hace comparecer a los apóstoles para interrogarlos con respecto a las poderosas obras que están haciendo: "¿Con qué potestad, o en qué nombre, habéis hecho vosotros esto?" (v. 7). El apóstol Pedro, nuevamente lleno del Espíritu Santo, da un paso al frente y anuncia osadamente: "En el nombre de Jesucristo de Nazaret, a quien vosotros crucificasteis, y a quien Dios resucitó de los muertos, por él este hombre está en vuestra presencia sano" (v. 10). En Hechos 16:18, el apóstol Pablo libera a una joven de la posesión demoníaca "en el nombre de Jesucristo".

Los apóstoles estaban bautizando, sanando, liberando y predicando con la autoridad de Jesucristo. Como dijera Pablo: "Y todo lo que hacéis, sea de palabra o en realidad, hacedlo todo en el nombre del Señor Jesús, dando gracias a Dios Padre por medio de él" (Colosenses 3:17). Por tanto, tenemos que llegar a la conclusión de que la declaración apostólica "en el nombre de Jesucristo" equivale a decir "por la autoridad de Jesucristo". O sea, que no hay razón para creer que los apóstoles fuesen desobedientes a la orden del Señor de bautizar en el nombre del Padre, del Hijo y del Espíritu Santo (Mateo 28:19), o que Jesús estuviese hablando de manera críptica. Más bien, es de pensar que, aun en el libro de Hechos, los apóstoles bautizaban con la autoridad de Jesucristo en el nombre del Padre, del Hijo y del Espíritu Santo.

La doctrina trinitaria es el rasgo característico de la revelación que Dios hace de sí mismo en las Santas Escrituras. Por tanto, mantengámonos firmes en nuestra profesión de un solo Dios "eternamente autoexistente ... como Padre, Hijo y Espíritu Santo".

PREGUNTAS DE ESTUDIO

1. ¿Qué quiere decir la teología cristiana cuando habla de "misterio" al referirse a la doctrina de la Trinidad?
2. Explique la tensión entre los conceptos de unidad y trinidad al evitar el insistir en uno con detrimento del otro en la doctrina de la Trinidad.
3. ¿Cuál es la clave para llegar a una doctrina auténticamente bíblica acerca de la Trinidad?
4. ¿Qué quiere decir la expresión "Trinidad económica"?
5. Explique la importancia del gran conflicto entre la Iglesia Oriental y la Occidental en la cuestión de la iota que significa la diferencia entre *homoúsia* y *homoiúsia*.
6. ¿Cuál es la doctrina del *filioque* con relación al Espíritu Santo (véase notas 62 y 63). ¿Por qué se opuso la Iglesia Oriental a esta doctrina?
7. ¿De qué formas es esencial la doctrina ortodoxa de la Trinidad para comprender nuestra salvación?
8. ¿Cómo corrompe el modalismo las doctrinas sobre la salvación?
9. ¿De qué formas es crítica la doctrina de la Trinidad con respecto al concepto de la revelación proposicional?
10. ¿Es una cuestión importante la insistencia de los pentecostales unitarios en bautizar en el nombre de "Jesús sólo"? Explique su respuesta, ya sea positiva o negativa.

Los espíritus creados

LOS ÁNGELES

Aunque se menciona a los ángeles en muchos lugares de la Biblia, más frecuentemente en el Nuevo Testamento que en el Antiguo, muchos estarían de acuerdo con Tim Unsworth: "Al parecer, es difícil llegar a tener una idea clara sobre ellos." Con todo, el examen de estos seres creados nos puede acarrear beneficios espirituales.

Una razón por la cual es muy difícil "llegar a tener una idea clara" sobre los ángeles, es que la teología de los ángeles es incidental a las Escrituras, y no su foco primordial. Los contextos angélicos siempre tienen a Dios o a Cristo como punto de enfoque (Isaías 6:1–3; Apocalipsis 4:7–11). La mayor parte de las apariciones angélicas son fugaces y sin que haya mediado provocación o predicción. Tales manifestaciones apoyan la verdad; nunca la formulan. "Cuando se les menciona, siempre es para informarnos más acerca de Dios, lo que Él hace y cómo lo hace", y también lo que Él nos exige.

Es decir, que la insistencia mayor de la Biblia se centra en el Salvador, y no en quienes lo sirven; en el Dios de los ángeles, y no en los ángeles de Dios. Aunque se escoja a los ángeles como método ocasional de revelación, ellos nunca constituyen el mensaje. No obstante, el estudio de los ángeles puede constituirse en un reto, no sólo para la mente, sino también para el corazón. Aunque se menciona a los ángeles un buen número de veces, tanto en el Antiguo Testamento como en el Nuevo, "para decirlo de manera abrupta, la mayor parte del tiempo no son nada que nos concierna. Lo que realmente nos concierne es aprender a amar a Dios y a nuestro prójimo. La caridad. La santidad. He aquí toda la labor que nos ha sido preparada."

En realidad, la vieja pregunta de los escolásticos que sirve también como ejercicio de lógica, esto es, "¿Cuántos ángeles pueden bailar sobre la cabeza de un alfiler", es en realidad irrelevante, porque no transforma la personalidad de nadie. Con todo, el estudio de los ángeles puede estimular valores cristianos como los siguientes:

1. *Humildad.* Los ángeles son seres cercanos a Dios y, sin embargo, sirven a los creyentes la mayor parte de las veces de maneras invisibles, algunas desconocidas por nosotros. Son ejemplos puros de servicio humilde, que busca sólo la gloria de Dios y el bien de los demás. Personifican lo que puede ser el servicio del cristiano.

2. *Confianza, seguridad y calma.* En momentos de desesperación, Dios asigna a estos poderosos seres para que asistan a los más débiles entre los creyentes. Debido a esto, la calma y la seguridad pueden caracterizar nuestra vida cristiana.

3. *Responsabilidad cristiana.* Tanto Dios como los ángeles son testigos de las más impías acciones del cristiano (1 Corintios 4:9). ¡Qué gran motivo para que los creyentes se comporten de una manera digna!

4. *Sano optimismo.* Desafiando al mismo maligno, los ángeles buenos decidieron — y siguen decidiendo — servir a los santos propósitos de Dios. En consecuencia, su ejemplo hace plausible el servicio consagrado a un Dios perfecto en este universo imperfecto. En un día futuro, los ángeles mediarán en la expulsión de todos los que sean malvados (Mateo 13:41–42, 49–50). Esto nos anima a un sano optimismo en medio de todas las situaciones de la vida.

5. *Un concepto correcto y cristiano de nosotros mismos.* El ser humano fue creado "poco menor que los ángeles" (Salmo 8:5). Sin embargo, en Cristo, la humanidad redimida queda elevada muy por encima de estos magníficos siervos de Dios y de su pueblo (Efesios 1:3–12).

6. *Un temor reverencial.* Hombres como Isaías y Pedro, y mujeres como Ana y María, "reconocieron todos la santidad cuando apareció en forma angélica, y su reacción fue la adecuada".

7. *Participación en la historia de la salvación.* Dios usó ángeles, Miguel y Gabriel en especial, en la historia sagrada, a fin de preparar las cosas para el Mesías. Más tarde, los ángeles proclamaron y adoraron a Cristo en abnegado servicio. Una comprensión correcta de ellos deberá llevar a los creyentes a hacer lo mismo.

Con todo, cada vez que haya una experiencia hoy con los ángeles, las enseñanzas de las Escrituras deberán interpretar dicha experiencia. Cuando apareció el ángel Gabriel, traía un mensaje que glorificaba a Dios. En cambio, las afirmaciones de José Smith con respecto a la visitación de ángeles condujeron directamente a sendas de error.

El estudio de los ángeles es una parte vital de la teología, poseedora de valor tangencial y de consecuencias para otras enseñanzas de la Biblia; por ejemplo, la naturaleza de la Palabra inspirada de Dios, puesto que los ángeles mediaron la ley dada a Moisés (Hechos 7:38, 53; Gálatas 3:19; Hebreos 2:2); la naturaleza de Dios, puesto que los ángeles asisten al Dios santo del universo; y la naturaleza de Cristo y el final de los tiempos,[3] puesto que los ángeles están incluidos en los acontecimientos, tanto de la primera venida de Cristo, como de la segunda.

Las opiniones sobre los ángeles a lo largo de la historia

En las tradiciones paganas (algunas de las cuales influyeron en el judaísmo tardío), los ángeles eran considerados seres divinos algunas veces, y otras, fenómenos naturales. Eran seres que hacían buenas obras a favor de la gente, o eran las mismas personas que hacían las buenas obras. Esta confusión se refleja en el hecho de que, tanto la palabra hebrea *mal'ak* como la palabra griega *ánguelos* tienen dos significados. El significado básico es en ambos casos el de "mensajero"; pero ese mensajero, según cuál sea el contexto, puede ser un mensajero humano ordinario, o un mensajero celestial; un ángel.

Algunos, apoyándose en la filosofía evolucionista, afirman que la idea de los ángeles está presente desde el comienzo de la civilización. "Es posible que el concepto de los ángeles haya evolucionado desde los tiempos prehistóricos, en los cuales los humanos primitivos salieron de sus cuevas y comenzaron a mirar al cielo ... La voz de Dios no era ya el gruñido de la selva, sino el tronar del cielo." Supuestamente, esto evolucionó en la idea de unos ángeles que servían a la humanidad como mediadores de Dios. Sin embargo, el conocimiento de los ángeles nos llegó solamente por medio de la revelación divina.

Más tarde, los asirios y los griegos les pusieron alas a algunos seres semidivinos. Hermes tenía alas en los talones. Eros, "el veloz espíritu volador del amor apasionado", las tenía unidas a los hombros. Añadiendo una idea juguetona, los romanos inventaron a Cupido, el dios del amor erótico, representado como un travieso chiquillo que lanzaba invisibles flechas de amor para alentar los romances de la humanidad. Platón (alrededor de 427–347 a.C.), habló también de unos eficientes ángeles guardianes.

Las Escrituras hebreas sólo les dan nombre a dos de los ángeles que mencionan: Gabriel, que iluminó el entendimiento de Daniel (Daniel 9:21–27), y el arcángel Miguel, el protector de Israel (Daniel 12:1).

La literatura apocalíptica judía extrabíblica, como el libro de Enoc (105–64 a.C.), reconoce también que los ángeles asistieron en la entrega de la ley mosaica. Además, el libro apócrifo de Tobías (200–250 a.C.) inventa un arcángel llamado Rafael, quien ayuda repetidamente a Tobías en las situaciones difíciles. En realidad, sólo hay un arcángel (ángel jefe): Miguel (Judas 9). Más tarde aún, Filón (de alrededor de 20 a.C. a alrededor de 42 d.C.), el filósofo judío alejandrino, describiría a los ángeles como mediadores entre Dios y la humanidad. Los ángeles, criaturas subordinadas, habitaban en los aires como "sirvientes de los poderes de Dios. [Eran] almas incorpóreas ... total y absolutamente inteligentes ... [con] pensamientos puros".

Durante el período del Nuevo Testamento, los fariseos creían que los ángeles eran seres sobrenaturales que nos comunicaban con frecuencia la voluntad de Dios (Hechos 23:9). En cambio, los saduceos, bajo la influencia de la filosofía griega, decían que "no hay resurrección, ni ángel, ni espíritu" (Hechos 23:8). Para ellos, los ángeles eran poco más que los "buenos pensamientos y sentimientos" del corazón humano.

Durante los primeros siglos después de Cristo, los padres de la Iglesia dijeron poco acerca de los ángeles. La mayor parte de la atención estaba dedicada a otros temas, en especial a la naturaleza de Cristo. No obstante, todos ellos creían en la existencia de los ángeles. Ignacio de Antioquía, uno de los primeros padres de la Iglesia, creía que la salvación de los ángeles dependía de la sangre de Cristo. Orígenes (182–251) los declaró sin pecado, diciendo que si era posible que cayera un ángel, entonces también era posible que un demonio fuera salvo. Esto último terminó siendo rechazado por los concilios eclesiásticos.

Alrededor del año 400, Jerónimo (347–420) creía que se les concedían ángeles guardianes a los seres humanos al nacer. Más tarde, Pedro Lombardo (alrededor de 1100–1160) añadiría que un solo ángel podía guardar a muchas personas al mismo tiempo.

Dionisio Areopagita (alrededor del año 500) contribuyó con el estudio más notable de este período. Describió al ángel como "una imagen de Dios, una manifestación de la luz inmanifestada, un espejo puro, lo que es más claro, sin defecto, incontaminado e inmaculado". Como Ireneo cuatro siglos antes (alrededor de 130–195), también formuló hipótesis relacionadas con una jerarquía angélica.[4] Más tarde, Gregorio Magno (540–604) les atribuiría a los ángeles el mando sobre cuerpos celestiales.

En los albores del siglo dieciocho, los ángeles se convirtieron en sujeto de gran especulación. Las más importantes fueron las cuestiones suscitadas por el teólogo italiano Tomás de Aquino (1225–1274). Siete de sus 118 conjeturas investigaban aspectos como los que siguen: ¿De qué está compuesto el cuerpo de un ángel? ¿Hay más de una especie de ángeles? Cuando los ángeles toman forma humana, ¿ejercitan las funciones vitales? ¿Saben los ángeles si es de mañana o de tarde? ¿Pueden entender muchos pensamientos al mismo tiempo? ¿Conocen nuestros pensamientos secretos? ¿Pueden hablar entre sí?

Probablemente las más descriptivas de todas sean las pinturas de los artistas del Renacimiento, quienes pintaron a los ángeles como menores "a la figura del hombre ... infantiles tocadores de arpa y de trompeta [que estaban] muy distantes de la imagen de Miguel Arcángel". Pintarrajeados como "querubines rechonchos, abundantes en colesterol, vestidos con unos pocos paños de tela estratégicamente colocados", eran usados con frecuencia como marco decorativo de muchas pinturas.

La cristiandad medieval asimiló este conjunto de especulaciones y, como consecuencia, comenzó a incluir el culto a los ángeles en su liturgia. Esta aberración fue en aumento, y el papa Clemente X (quien fue papa entre los años 1670 y 1676) proclamó una festividad para honrar a los ángeles.

A pesar de los excesos del catolicismo romano, la cristiandad reformada siguió insistiendo en que los ángeles ayudan al pueblo de Dios. Juan Calvino (1509–1564) creía que "los ángeles son los dispensadores y administradores de la beneficencia de Dios a favor nuestro ... Ellos velan por nuestra seguridad, toman sobre sí nuestra defensa, guían nuestros pasos y cuidan de que no recaiga sobre nosotros daño alguno".

Martín Lutero (1483–1546) habla en términos similares en sus *Charlas de Sobremesa*. Hace notar cómo estos seres espirituales creados por Dios sirven a la Iglesia y al *reino*, al estar muy cerca de Dios y del cristiano. "Están ante el rostro del Padre, cercanos al sol, pero sin esfuerzo alguno [pueden] venir rápidamente en nuestra ayuda."

En los albores de la Era del Racionalismo (alrededor del siglo diecinueve), se puso seriamente en duda la posibilidad de lo sobrenatural, y cayeron en tela de juicio las enseñanzas de la Iglesia históricamente aceptadas. Como consecuencia, algunos escépticos comenzaron a calificar a los ángeles de "personificaciones de energías divinas, o de principios buenos y malos, o de enfermedades e influencias naturales".

Alrededor de 1918, algunos eruditos judíos comenzaron a hacer eco a esta voz liberal, diciendo que los ángeles no eran válidos porque no eran necesarios. "Un mundo de leyes y procesos no necesita una escalera viviente que conduzca más allá de la tierra hasta Dios en las alturas."

Esto no conmovió la fe de los evangélicos conservadores. Ellos han seguido apoyando la validez de los ángeles.

El consenso en el escenario moderno

Posiblemente fuera el teólogo liberal Paul Tillich (1886–1965) quien propusiera la opinión más radical del período moderno. Él consideraba a los ángeles como esencias platónicas: emanaciones de Dios, quien deseaba hacer algo más que revelarse a la humanidad. Creía que, en realidad, los ángeles querían regresar a la esencia divina de la que procedían, y ser nuevamente iguales a Él. Entonces, éste es el consejo de Tillich: "Para interpretar el concepto de los ángeles de una forma que sea significativa hoy, interpretémoslos como las esencias platónicas, como los poderes del ser, y no como seres especiales. Si los interpretamos de esta última forma, todo se convierte en una burda mitología."

Sin embargo, Karl Barth (1886–1968) y Millard Erickson (1932–), han animado a un punto de vista opuesto, lleno de sana precaución. Barth, padre de la neo-ortodoxia, calificó este tema como "el más notable y difícil de todos". Reconoció el dilema del intérprete: ¿Cómo se podía "avanzar sin volverse temerario"; ser "a un tiempo abierto y cauteloso, crítico e ingenuo, lúcido y modesto?"

Erickson, teólogo conservador, hizo una enmienda a este sentimiento de Barth, añadiendo la observación de cómo alguien se puede sentir tentado a omitir o descuidar el tema de los ángeles, y, sin embargo, "si nos consideramos fieles estudiosos de la Biblia, no tenemos más opción que hablar de estos seres".

A pesar de esto, en los escritos populares acerca de los ángeles ha existido cierto extremismo. El interés en estos seres ha sido reanimado, pero con frecuencia a partir de ideas dudosas o ajenas a la Biblia. Por ejemplo, una persona afirma recibir inmenso consuelo de los ángeles, diciendo: "Yo hablo frecuentemente con mi ángel custodio. Esto me ayuda a aclarar las cosas." Otros afirman haber recibido visitas personales y protección de parte de ángeles, o los describen de una forma que parece convertirlos en mayordomos celestiales dedicados a servir a los cristianos en sus caprichos. Algunos afirman que los ángeles "ministran de acuerdo con la Palabra de Dios ... [y su única] limitación parece ser la deficiencia de la Palabra en la boca de los creyentes a los que les ministran".[2]

Las evidencias bíblicas

"Sólo existe una manera de desmitologizar las fantasías populares acerca de los ángeles: volver a la realidad bíblica."

Los ángeles disfrutan de una razón para su propia existencia, que todos los seres con volición pueden experimentar. Adoran a Dios y le sirven. En general, su razón de ser, reflejada en los términos hebreo y griego traducidos como "ángel" (*mal'ak* y *ánguelos*, "mensajero"), es ser portadores del mensaje de las palabras y las obras divinas.

Por consiguiente, los ángeles son ante todo servidores de Dios. También sirven a los humanos, como resultado directo de su servicio a Dios. Aunque las Escrituras los reconocen como "espíritus ministradores, enviados para servicio a favor de los que serán herederos de la salvación" (Hebreos 1:14), son, con todo, "espíritus enviados" por Dios (Apocalipsis 22:16).

El lenguaje utilizado por las Escrituras afirma también de manera implícita que son siervos de Dios. Se les llama "el ángel de Jehová" (cuarenta y nueve veces), "el ángel de Dios" (dieciocho veces) y "los ángeles del Hijo del Hombre" (siete veces). Dios los llama específicamente "mis ángeles" (tres veces) y las personas se refieren a ellos llamándolos "sus ángeles" (doce veces). Por último, cuando aparece solo el término "ángeles", el contexto indica normalmente de quiénes son. Le pertenecen a Dios.

Todos los ángeles fueron creados a un mismo tiempo; es decir, la Biblia no da indicación alguna de un programa de creación progresiva de ángeles (ni de cosa alguna). Fueron formados por Cristo y para Él cuando "él mandó, y fueron creados" (Salmo 148:5; véanse también Colosenses 1:16–17; 1 Pedro 3:22). Además de esto, puesto que los ángeles "ni se casan, ni se dan en casamiento" (Mateo 22:30), son un conjunto completo, sin necesidad de reproducción.

Como seres creados, son perdurables pero no eternos. Sólo Dios no ha tenido principio ni tendrá fin (1 Timoteo 6:16). Los ángeles tuvieron un principio, aunque no conocerán final, porque están presentes en la nueva Jerusalén y en la era eterna (Hebreos 12:22; Apocalipsis 21:9, 12).

Los ángeles tienen una naturaleza exclusiva suya; son superiores a los humanos (Salmo 8:5), aunque inferiores al Jesús encarnado (Hebreos 1:6). La Biblia destaca las siete realidades siguientes acerca de ellos:

1. Los ángeles son reales, pero no siempre son visibles (Hebreos 12:22). Aunque Dios les dé ocasionalmente una forma humana visible (Génesis 19:1–22), son espíritus (Salmo 104:4; Hebreos 1:7, 14). En los tiempos bíblicos, algunas veces las personas experimentaban los efectos de la presencia de un ángel, sin verlo (Números 22:21–35). En otras ocasiones sí veían al ángel (Génesis 19:1–22; Jueces 2:1–4; 6:11–22; 13:3–21; Mateo 1:20–25; Marcos 16:5; Lucas 24:4–6; Hechos 5:19–20). Además de esto, era posible ver ángeles sin identificarlos como tales (Hebreos 13:2).

2. Los ángeles adoran, pero no han de ser adorados. "Son únicos entre las criaturas, pero siguen siendo criaturas." Responden dando adoración y alabanza a Dios (Salmo 148:2; Isaías 6:1–3; Lucas 2:13–15; Apocalipsis 4:6–11; 5:1–14) y a Cristo (Hebreos 1:6). Por consiguiente, los cristianos no deben exaltar a los ángeles (Apocalipsis 22:8–9); los cristianos imprudentes que lo hagan, estarán privándose de su premio (Colosenses 2:18).

3. Los ángeles sirven, pero no son servidos. Dios los envía como agentes para ayudar a las personas; sobre todo, a los suyos (Éxodo 14:19; 23:23; 32:34; 33:2–3; Números 20:16; 22:22–35; Jueces 6:11–22; 1 Reyes 19:5–8; Salmos 34:7; 91:11; Isaías 63:9; Daniel 3:28; Hechos 12:7–12; 27:23–25; Hebreos 13:2). Los ángeles también median en el juicio de Dios (Génesis

19:22; véanse también 19:24; Salmo 35:6; Hechos 12:23) y en sus mensajes (Jueces 2:1–5; Mateo 1:20–24; Lucas 1:11–38). No obstante, nunca se ha de servir a los ángeles, porque son iguales a los cristianos de una manera muy importante: ellos también son "consiervos nuestros" (Apocalipsis 22:9).

4. *Los ángeles acompañan a la revelación, pero no la sustituyen, ni parcial ni totalmente.* Dios los usa, pero ellos no son la meta de la revelación divina (Hebreos 2:2ss). En el primer siglo surgió una herejía que exigía falsa "humildad y culto a los ángeles" (Colosenses 2:18). Aunque comprendía un "duro trato del cuerpo", no hacía nada por restringir "los apetitos de la carne" (Colosenses 2:23). Su filosofía hacía resaltar las falsas ideas de que (a) los cristianos son inferiores en su capacidad para acercarse personalmente a Dios; (b) los ángeles tienen una capacidad superior para hacerlo; y (c) se les debe veneración porque intervienen a favor nuestro. Pablo responde a esto con un himno en el que glorifica a Cristo, quien es la fuente de nuestra gloria futura (Colosenses 3:1–4).

5. *Los ángeles saben mucho, pero no lo saben todo.* La profundidad de conocimiento que tienen se la imparte Dios; no es innata ni infinita. Aunque su sabiduría sea vasta (2 Samuel 14:20), su conocimiento es limitado: no conocen el día de la segunda venida de nuestro Señor (Mateo 24:36), ni toda la magnitud de la salvación de los humanos (1 Pedro 1:12).

6. *El poder angélico es superior, pero no supremo.* Dios se limita a conceder su poder a los ángeles, por ser agentes suyos. Por tanto, los ángeles son "mayores en fuerza y en potencia" que las personas (2 Pedro 2:11). Como "poderosos en fortaleza, que ejecutan su palabra" (Salmo 103:20), "los ángeles de su poder" median en los juicios definitivos de Dios sobre el pecado (2 Tesalonicenses 1:7; Apocalipsis 5:2, 11; 7:1–3; 8:2–13; 9:1–15; 10:1–11; 14:6–12, 15–20; 15:1–8; 16:1–12; 17:1–3, 7; 18:1–2, 21; 19:17–18). Con frecuencia, Dios usa a los ángeles en poderosas liberaciones (Daniel 3:28; 6:22; Hechos 12:7–11) y sanidades (Juan 5:4). Además, será un ángel quien lanzará al abismo al principal y más poderoso de los enemigos del cristiano, para encadenarlo en él por mil años (Apocalipsis 20:1–3).

7. *Los ángeles toman decisiones.* La desobediencia de un grupo implica la capacidad para decidir y para influir sobre los demás con la maldad (1 Timoteo 4:1). Por otra parte, la negación del ángel bueno a recibir la adoración de Juan (Apocalipsis 22:8–9) implica la capacidad de decidir, y de influir sobre los demás con el bien. Aunque los ángeles buenos respondan con obediencia a los mandatos de Dios, no son autómatas. Al contrario: han decidido consagrarse a obedecerle con un intenso ardor.

El número de los ángeles es inmenso: "muchos millares" (Hebreos 12:22) y "millones de millones" (Apocalipsis 5:11). Jesús expresó la misma idea cuando dijo: "¿Acaso piensas que no puedo ahora orar a mi Padre, y que él no me daría más de doce legiones de ángeles?" (Mateo 26:53).

Algunos intérpretes consideran que existe una jerarquía de ángeles con cinco niveles, donde los ángeles de rango inferior estarían sometidos a aquéllos situados en posiciones superiores: "tronos", "potestades", "principados", "autoridades" y "dominios" (Romanos 8:38; Efesios 1:21; Colosenses 1:16; 2:15; 1 Pedro 3:22). Sin embargo, a juzgar por los contextos, esto es dudoso. Lo que resaltan con claridad estos pasajes no es la sujeción de los ángeles unos a otros, sino la sujeción, tanto de ángeles como de demonios, a Cristo, el Señor de todo (véase Romanos 8:39; Efesios 1:22; Colosenses 1:16-18; 1 Pedro 3:22).

Los ángeles trabajan para Dios en obediencia a sus dictados; nunca fuera de ellos. "¿No son todos espíritus ministradores, enviados para servicio a favor de los que serán herederos de la salvación?" (Hebreos 1:14). Son "enviados". Dios les ordena realizar sus actividades concretas (Salmos 91:11; 103:20-21), porque son siervos suyos (Hebreos 1:7).

Aunque los ángeles son enviados a servirnos, ese servicio (gr. *diakonía*) es primordialmente una ayuda, un alivio y un apoyo de tipo espiritual; no obstante, puede incluir también actos palpables de amor. El verbo correspondiente (*diekónun*) se usa para hablar del cuidado sobrenatural brindado por los ángeles a Jesús después de tentarlo Satanás (Mateo 4:11). Tenemos otros ejemplos de circunstancias en que Dios envía a los ángeles para ayudar o aliviar a los creyentes, en los ángeles que estaban junto a la tumba (Mateo 28:2-7; Marcos 16:5-7; Lucas 24:4-7; Juan 20:11-13) y en la liberación angélica de los apóstoles (Hechos 5:18-20; 12:7-10; 27:23-26). Fue también un ángel quien le dio instrucciones a Felipe, porque Dios había visto la fe y el anhelo de un eunuco etíope y quería que se convirtiera en heredero de la salvación (Hechos 8:26). Un ángel le llevó el mensaje de Dios a Cornelio también, para que pudiera ser salvo (Hechos 10:3-6). Estos ministerios fueron enviados en la providencia de Dios. En cambio, no hay ningún caso en el que exista evidencia alguna de que los creyentes puedan exigir ayuda de los ángeles, o darles órdenes. Sólo Dios puede darles órdenes, y sólo Él lo hace.

Además de los seres llamados ángeles de manera específica, el Antiguo Testamento habla de seres similares, clasificados con frecuencia junto con ellos: querubines, serafines y mensajeros ("vigilantes", RV).

Los querubines y serafines responden a la presencia inmediata de Dios. Los querubines (heb. *k^eruvim*, relacionado con un verbo acadio que significa "bendecir, alabar, adorar") siempre están asociados con la santidad de Dios y la adoración que inspira su presencia inmediata (Éxodo 25:20, 22; 26:31; Números 7:89; 2 Samuel 6:2; 1 Reyes 6:29, 32; 7:29; 2 Reyes 19:15; 1 Crónicas 13:6; Salmos 80:1; 99:1; Isaías 37:16; Ezequiel 1:5-26; 9:3; 10:1-22; 11:22). Su gran preocupación es proteger la santidad de Dios; ellos fueron los que impidieron que Adán y Eva volviesen a entrar en el huerto (Génesis 3:24).

Las excavaciones en el Oriente Medio han sacado a luz imágenes semejantes a querubines, con rostro humano y cuerpo animal, cuatro patas y dos alas. Dichas imágenes aparecen repetidamente en la mitología y la arquitectura del Oriente Medio. Dos figuras talladas en forma de querubines de oro fueron fijadas a la cubierta de expiación ("propiciatorio", RV) del arca del pacto, de tal forma que sus alas eran un "refugio" para el arca, y un apoyo ("carro") para el trono invisible de Dios (1 Crónicas 28:18).

En Ezequiel, los querubines son criaturas altamente simbólicas, con características humanas y animales, con dos rostros (Ezequiel 41:18-20) o cuatro (Ezequiel 1:6; 10:14). En la visión inaugural de Ezequiel, el trono de Dios se halla por encima de los querubines con sus cuatro rostros. Se menciona primero el rostro del hombre, por ser la más alta de las criaturas de Dios; después, el rostro del león, representativo de los animales salvajes; el del buey, representativo de los animales domésticos; y el del águila en representación de las aves, con lo que se describe el hecho de que Dios se encuentra por encima de toda su creación. Los querubines también tienen pezuñas (Ezequiel 1:7), y el rostro de buey es el verdadero rostro del querubín (Ezequiel 10:14). Algunas veces se describe a Dios cabalgando sobre ellos como "sobre las alas del viento" (2 Samuel 22:11; Salmo 18:10).

Los serafines (del hebreo *saraf*, "quemar") se describen en la visión inaugural de Isaías (Isaías 6:1–3) como tan radiantes con la gloria y la brillante pureza de Dios, que parecen arder. Declaran la gloria única de Dios y su santidad suprema. Como los querubines, los serafines guardan el trono de Dios (Isaías 6:6–7). Algunos eruditos creen que las "criaturas vivientes" (Apocalipsis 4:6–9) son sinónimo de los serafines y querubines; no obstante, los querubines de Ezequiel son semejantes entre sí, mientras que las "criaturas vivientes" del Apocalipsis son distintas.

Sólo se menciona a los "mensajeros" o "vigilantes" (arameo *irim*, término relacionado con el hebreo *ur*, "estar despierto") en Daniel 4:13, 17, 23. Son "seres santos" que son ardientes promotores de los soberanos decretos de Dios, y que demostraron el soberano dominio de Dios sobre Nabucodonosor.

Otra expresión especial del Antiguo Testamento es "*el ángel de Jehová*" (*mal'ak YHWH*). En muchas de las sesenta veces en que aparece "el" ángel de Jehová en el Antiguo Testamento, se lo identifica con Dios mismo (Génesis 16:11; véanse 16:13; 18:2; véanse 18:13–33; 22:11–18; 24:7; 31:11–13; 32:24–30; Éxodo 3:2–6; Jueces 2:1; 6:11, 14; 13:21–22). Sin embargo, este "ángel de Jehová" también es distinguible de Dios, porque Dios le habla (2 Samuel 24:16; 1 Crónicas 21:15), y el ángel le habla a Dios (Zacarías 1:12). Así que, en la opinión de muchos, "el" ángel de Jehová ocupa una categoría única. "No es simplemente un ángel más alto, ni siquiera el más alto: es el Señor mismo, que aparece de forma angélica." Puesto que no se menciona al ángel en el Nuevo Testamento, es probable que fuese una manifestación de la Segunda Persona de la Trinidad.[4] Algunos objetan, afirmando que cualquier manifestación preencarnada de Jesús destruiría la exclusividad de la encarnación. Sin embargo, en su encarnación, Jesús se identificó plenamente con la humanidad desde el nacimiento hasta la muerte, e hizo posible nuestra identificación con Él en su muerte y resurrección. Ninguna manifestación preencarnada temporal podría impedir que esto fuera algo único en la historia.

Los ángeles obran en la vida de Cristo. En la eternidad pasada, los ángeles adoraron a Cristo (Hebreos 1:6). Ellos mismos profetizaron y anunciaron su nacimiento (Mateo 1:20–24; Lucas 1:26–28; 2:8–20), lo protegieron en su infancia (Mateo 2:13–23) y fueron testigos de su vida encarnada (1 Timoteo 3:16). Ellos también lo acompañarán en su regreso visible (Mateo 24:31; 25:31; Marcos 8:38; 13:27; Lucas 9:26; 2 Tesalonicenses 1:7).

Durante su vida en la tierra, Jesús deseó tener algunas veces la ayuda de los ángeles. Agradeció la ayuda de los ángeles después de las tentaciones en el desierto (Mateo 4:11) y durante su agonía en Getsemaní (Lucas 22:43). Ellos acompañaron tanto su resurrección (Mateo 28:2, 5; Lucas 24:23; Juan 20:12), como su ascensión (Hechos 1:11). Sin embargo, hubo ocasiones en que rechazó su ayuda. Durante sus tentaciones en el desierto, se negó a una posible apropiación indebida de su poder protector (Mateo 4:6), y más tarde se negó a que lo rescataran del juicio y la crucifixión que le esperaban (Mateo 26:53).

Los ángeles obran en la vida de las personas. Protegen a los creyentes de daños, especialmente cuando este tipo de ayuda es necesario para que continúe la proclamación del evangelio (Hechos 5:19–20; 12:7–17; 27:23–24; véase 28:30–31). Ayudan al Espíritu Santo, pero nunca lo reemplazan en su papel en la salvación, y en la proclamación de Cristo por parte del creyente (Hechos 8:26; 10:1–8; véase 10:44–48). Los ángeles pueden ayudar al creyente en sus necesidades físicas externas, mientras que el Espíritu Santo lo ayuda con la iluminación interna.

Aunque los ángeles escoltan a los justos hasta el lugar de su recompensa (Lucas 16:22), serán los cristianos, y no los ángeles, quienes compartirán con Cristo su dominio sobre el mundo del porvenir (Hebreos 2:5). Serán también los creyentes quienes evaluarán la actuación de los ángeles (1 Corintios 6:3). Hasta entonces, los discípulos de Cristo deben vivir y adorar con cuidado, de manera que no ofendan a estos observadores celestiales (1 Corintios 4:9; 11:10; 1 Timoteo 5:21).

Los ángeles obran en la vida de los incrédulos. Hay gozo en la presencia de los ángeles cuando se arrepienten los pecadores (Lucas 15:10); pero serán los ángeles quienes mediarán cuerdamente el juicio definitivo de Dios sobre los humanos que rechacen a Cristo (Mateo 13:39–43; Apocalipsis 8:6–13; 9:1–21; 14:6–20; 15:1, 6–8; 16:1–21; 18:1–24; 19:1–21; véase 20:2, 10, 14–15).

En el pasado, los ángeles anunciaron el nacimiento de Cristo, alterando la historia humana para siempre. En el presente, su protección nos da seguridad. La manera en que desterrarán por siempre a la maldad forma parte de nuestra victoria futura. Con el Padre a favor de nosotros, Cristo sobre nosotros, el Espíritu dentro de nosotros y los ángeles junto a nosotros, tenemos motivos para sentirnos animados a esforzarnos por ganar el premio que ha sido puesto ante nosotros.

SATANÁS Y LOS DEMONIOS

Al amanecer del 28 de diciembre de 1843, el pastor Johann Blumhardt se sentía exhausto, al final de una vigilia de toda la noche en la que había orado fervorosamente por la sanidad y liberación de Gottlieben Dittus, una joven fuertemente atormentada por espíritus malignos. Gottlieben había acudido a pastor Blumhardt meses antes, quejándose de que padecía de desmayos y de que oía voces y ruidos extraños por la noche. Al principio, él había tratado de ayudarla por medio de la consejería pastoral. Sin embargo, mientras más tiempo pasaba con ella, más violentos se volvían sus síntomas y sus tormentos. Al investigar la vida de Gottlieben, descubrió que a edad muy temprana, una malvada tía suya había abusado de ella y la había consagrado a Satanás, además de enredarla en el ocultismo.

En una de las sesiones del pastor Blumhardt con Gottlieben, ella había comenzado a tener convulsiones, contorsionándose y echando espuma por la boca. En aquel momento, el pastor Blumhardt se convenció de que algo demoniaco estaba obrando en ella. Saltó de su asiento y dijo con fuerte voz: "¡Hemos visto lo que puede hacer Satanás; ahora queremos ver lo que puede hacer Jesús!" Obligó a Gottlieben a unir las manos y la hizo orar repitiendo sus palabras: "¡Jesús, ayúdame!" Los síntomas se calmaron, pero la batalla por la liberación de Gottlieben no había terminado aún.

Blumhardt no podía tolerar el ver a aquella mujer atormentada por las fuerzas de las tinieblas. Surgió en él una ardiente pregunta: "¿Quién es el Señor?" Antes de esto, el pastor Blumhardt siempre había ido a Gottlieben para orar por su liberación. Sin embargo, después de numerosas sesiones de oración, Gottlieben había decidido por vez primera ser ella quien acudiera a la casa del pastor Blumhardt para orar, una señal evidente de que quería la liberación. Poco después, el pastor Blumhardt se encontraba al final de la vigilia de oración de toda la noche que mencionamos anteriormente. De pronto, en el momento en que comenzaba a salir el sol en aquella mañana de diciembre de 1843, un demonio gritó: "¡Jesús es el Vencedor!" Gottlieben había quedado totalmente liberada.

A partir de aquel momento, Gottlieben pudo llevar una vida normal. Se casó, tuvo hijos y se convirtió en miembro activo del centro de retiros fundado por los Blumhardt en Bad Boll, cerca de Stuttgart, en el sur de Alemania. En esta experiencia de exorcismo, Blumhardt aprendió algo nuevo acerca del poder del reino de Dios para liberar a las personas, no sólo de su rebelión interna contra Dios, sino también de las fuerzas externas de oscuridad que hay en el mundo, incluyendo la sociedad y el cosmos entero.[2] Gracias a Blumhardt, teólogos modernos tan diversos como Karl Barth, Jurgen Moltmann y diversos líderes pentecostales europeos han encontrado una renovación de la insistencia bíblica sobre la irrupción del reino de Dios en el mundo para hacer nuevas todas las cosas. El descubrimiento de Blumhardt sobre el poder del evangelio para transformar toda la realidad representó una refrescante alternativa al punto de vista liberal sobre el mal como una simple falta de "conciencia sobre Dios", o a una simplista limitación pietista del mal a las regiones internas del alma humana. El grito de "¡Jesús es el Vencedor!" que brotó al final del exorcismo se convirtió en un notable impulso para un importante desarrollo de la teología moderna.

El relato de la batalla sostenida por Blumhardt en su oración por la liberación de Gottlieben suscita una serie de preguntas sobre el ámbito de lo demoniaco a la luz de las Escrituras. Por ejemplo, si Dios es soberano, y Jesús es el Vencedor, ¿por qué tuvo Blumhardt que luchar tan vigorosamente por la libertad de Gottlieben? Para responder a estos interrogantes, es necesario acudir a la Palabra de Dios. Aunque la experiencia juega un papel en la comprensión de la Biblia, las Escrituras representan el tribunal superior de apelaciones en la búsqueda de respuestas relacionadas con Satanás y los demonios.

Satanás y los demonios en el Antiguo Testamento

Los pueblos de las sociedades y culturas antiguas durante el desarrollo de las Escrituras del Antiguo Testamento tendían a sostener una visión del mundo más bien aterradora. Creían que había espíritus y semidioses, unos más malvados que otros, que podían irrumpir a voluntad en la vida diaria de una persona. En diversos ambientes cúlticos se desarrollaron elaborados encantamientos, formas espiritistas de comunicación y rituales mágicos para concederle a la persona común y corriente un elemento de control en este amenazante mundo de actividad espiritual. A un nivel mental más filosófico, muchos de los griegos antiguos abogaban por la existencia de una cadena de seres espirituales con diversos grados de bondad, que funcionaban como intermediarios entre la humanidad y Dios.

En contraste con este tipo de orientación religiosa se halla el testimonio exclusivo del Antiguo Testamento a favor de Jehová (es decir, Yahwé), el Señor: este Dios y Creador de todos no sólo es Señor de Israel, sino que es también el Señor de los ejércitos, que reina de manera suprema sobre el universo entero. En la vida, es necesario contender con el Señor, y sólo con Él. Sólo a Él se le debe amar, temer y adorar (Salmo 139; Isaías 43). Puesto que el Señor es soberano, ningún tipo de comunicación espiritista, o de encantamiento o rito mágico, habría de ocupar un lugar dentro de la fe de Israel (Isaías 8:19–22). No es posible manipular al Señor. Los seres espirituales que se cernían de manera tan amplia sobre la vida y la religión de otros pueblos antiguos retrocedían hasta casi llegar al olvido, a la luz del Señor soberano y de la Palabra divina para Israel. Los espíritus malignos no eran los señores del universo, ni tampoco podían mediar entre Dios y la humanidad. La demonología no juega un papel significativo en el Antiguo Testamento.

Con todo, esto no quiere decir que no haya un adversario satánico en el Antiguo Testamento. Se encuentra la presencia de este adversario al principio del Antiguo Testamento, en la tentación de los primeros padres de la humanidad, Adán y Eva, en el huerto del Edén (Génesis 1–3). Aquí el adversario, bajo la forma de reptil, comienza con una pregunta y continúa con una negación, tentando a Eva a pecar. El mandato dirigido por Dios a Adán y a Eva de no comer del árbol prohibido, porque morirían (Génesis 2:17), fue transformado por la serpiente en la promesa de que no morirían, sino que, al contrario, se convertirían en iguales a Dios (Génesis 3:4–5). Observemos que se describe al tentador como una criatura entre las demás, no como un dios que pueda competir de manera alguna con el Señor, el Creador del cielo y de la tierra. Al principio, Adán y Eva no se enfrentan con una lucha entre dos dioses, uno bueno y otro malo. Al contrario, se les hace escoger entre el mandato de único Dios verdadero y la palabra de una baja criatura que los tienta, y que sólo puede contrariar la voluntad de Dios por medio de la desobediencia de sus siervos. En realidad, parece como si Dios le hubiese permitido al tentador probar la fidelidad de Adán y Eva.

Este adversario aparece de nuevo al principio del libro de Job. Aquí se da a conocer al lector una conversación entre el Señor y el adversario acerca de la fidelidad de Job. El adversario pone en tela de juicio la motivación de Job, y al mismo tiempo, insinúa que Dios se está engañando a sí mismo, y ha obtenido el amor de Job, sólo porque lo está sobornando con bendiciones. Es decir, que el adversario es tan enemigo de Dios como de Job. Sin embargo, el Señor le concede autorización para desatar la tragedia y la enfermedad sobre Job, con el fin de poner a prueba su fidelidad. No obstante, Job no sabe nada acerca del reto hecho por el enemigo. El libro de Job se centra en la búsqueda de Dios que él realiza en medio de sus pruebas, y termina con una dramática aparición del Señor para responder a Job (Job 38). A través de una serie de preguntas, el Señor lleva a Job a aceptar el misterio de la soberanía divina sobre el mundo y sobre los asuntos de la vida, por mucha perplejidad que éstos causen. El adversario no aparece con el Señor. En realidad, el adversario no participa más en el libro de Job, una vez que se ha producido la destrucción inicial descrita en los capítulos introductorios. Si Job lucha, no es con el adversario, sino con Dios.

El Antiguo Testamento no contiene un dualismo absoluto de Dios contra Satanás, por medio del cual se estaría manipulando a la persona religiosa desde uno u otro lado de una grandiosa batalla cósmica entre dos fuerzas máximas. Satanás sólo se mueve con permiso del Señor y Creador de todas las cosas, y dentro de los límites establecidos por Él. Sin embargo, Satanás y sus fuerzas de oscuridad no funcionan como simples animales domésticos en la corte celestial del Señor, ni solamente como instrumentos del Señor para probar a la humanidad. No tenemos un monismo, en el cual sólo existe Dios detrás de todos los asuntos de la vida, sin que haya fuerzas opuestas que traten de frustrar su voluntad redentora. Como en la tentación de Adán y Eva, el adversario intenta distorsionar la voluntad de Dios por medio de una mentira. Sin embargo, después que Adán y Eva cayeran en pecado, Dios prometió que la simiente de la mujer le "aplastaría" la cabeza al reptil (Génesis 3:15).

Además, hay fuerzas siniestras detrás de ciertos gobiernos paganos en el libro de Daniel (por ejemplo, "el príncipe del reino de Persia"), que tratan de impedir la llegada del mensajero angélico hasta Daniel (Daniel 10:13). Estas fuerzas de oscuridad libraron con Miguel, el arcángel de Dios, una batalla de la cual Miguel salió triunfante, de manera que Daniel pudo recibir la palabra del Señor. Aunque Daniel no estaba consciente de aquella batalla, y no participó en ella, su libro sí insinúa que, aun cuando los propósitos de Dios son redentores y amorosos, las fuerzas demoniacas tratan de oponerse a Él y a su voluntad divina con respecto a la creación.

LA VICTORIA DE DIOS SOBRE SATANÁS Y LOS DEMONIOS

En la literatura judía intertestamentaria encontramos una conciencia creciente sobre la hostilidad de Satanás y los demonios contra Dios y la humanidad, lo que lleva a la especulación sobre una influencia del dualismo persa. Sin embargo, en realidad ya existía una conciencia mayor entre los judíos acerca del conflicto espiritual entre los demonios y los propósitos redentores de Dios.

Satanás y los demonios en el Nuevo Testamento

Junto con la aparición de Jesucristo como "Dios con nosotros" para traer la salvación al mundo (Mateo 1:21–23), hubo un surgimiento sin precedentes del conflicto con las fuerzas de las tinieblas, seguido por su derrota. Jesús confrontó a sus oyentes con la asombrosa afirmación de que el reino de Dios ya había llegado para aclarar este conflicto y darle un giro decisivo. Afirmó al respecto: "Pero si yo por el Espíritu de Dios echo fuera los demonios, ciertamente ha llegado a vosotros el reino de Dios" (Mateo 12:28). Los numerosos relatos y referencias acerca de Jesús y su actividad de echar fuera demonios (Marcos 1:23–28; 5:1–20; 7:24–30; 9:14–29), así como la acusación por parte de sus enemigos de que estaba echando fuera demonios por el poder de Satanás (Mateo 12:27–28), dejan ver con claridad que Jesús derrotó públicamente a los espíritus demoniacos, y que esto constituía un aspecto de su ministerio. Puesto que Jesús derrotaba a los demonios por el Espíritu de Dios, la acusación de que lo hacía bajo el poder de Satanás estaba en oposición directa con el acto redentor de Dios en Cristo.

El relato más largo sobre un exorcismo, el del endemoniado gadareno (Marcos 5:1–20), presenta a Jesús respondiendo a la débil petición de misericordia por parte de una "legión" de demonios, lanzando a estos demonios a una piara de cerdos. Entonces, la piara corre enloquecida hasta el lago cercano, para encontrar la muerte. Evidentemente, en lo que se está insistiendo aquí es en el vasto número de demonios derrotados de inmediato por el mismo poder lleno de autoridad con el que Jesús calmó los mares tormentosos (Marcos 4:35-41, el pasaje inmediatamente anterior al relato del endemoniado gadareno). Aquí se presenta de manera implícita la soberanía de Dios, pero no es una soberanía desprovista de un conflicto y una victoria genuinos.

El acto de Jesús de echar fuera demonios encuentra su centro focal en la derrota de Satanás, el príncipe de las tinieblas, por parte del propio Jesús. En realidad, el ministerio público de Jesús no comenzó hasta después que éste derrotara al adversario en un conflicto inicial y decisivo, con las tentaciones en el desierto (Mateo 4:1-11). Durante estas tentaciones, Satanás trató en todo momento de hacer que Jesús demostrase su identidad mesiánica de una forma que fuese desobediente a la voluntad del Padre y quebrantase su identificación con la humanidad, que había sido declarada en el momento de su bautismo. Convertir las piedras en pan, lanzarse del pináculo del templo y capturar el poder en los gobiernos del mundo eran tentaciones importantes con las que Satanás quería seducirlo para apartarlo de su verdadera misión mesiánica. Sin embargo, a diferencia del primer Adán, Jesús, el segundo Adán, fue fiel a Dios frente a la seducción y las mentiras de Satanás (Romanos 5:12-19). Los evangelios indican de manera implícita que la derrota de Satanás es devastadora para todo el reino de las tinieblas, porque atar al "hombre fuerte" (Satanás) le permitió a Jesús "saquear sus bienes" (Mateo 12:29). Esta victoria sobre Satanás sería cumplida de manera decisiva en la muerte y resurrección de Jesús.

La venida de Jesucristo, el Hijo divino de Dios, para traernos salvación y liberación, aclara la crítica hecha en el Antiguo Testamento sobre los conceptos paganos que hemos mencionado anteriormente acerca de los espíritus malignos. La noción pagana de un mundo invadido de manera caótica por numerosos espíritus, unos peores que otros, queda claramente echada a un lado por la revelación de que todos los espíritus malignos están diametralmente opuestos a Dios y bajo un mismo cabecilla: Satanás, el adversario. La noción espiritista de que muchos de estos espíritus, o todos ellos, podrían ser las almas de los seres humanos fallecidos, queda también desechada. Las fuerzas malignas que se mueven detrás de Satanás en los evangelios no tienen raíces en la raza humana.

No debemos negar ni disminuir la importancia de la victoria de Cristo sobre Satanás y los demonios. Ésta representa una comprensión de la Expiación que es muy importante para el Nuevo Testamento (1 Corintios 2:6-8; Colosenses 2:15; Hebreos 2:14). Esta victoria en la cruz sobre las fuerzas demoniacas fue prefigurada en la observación de Jesús de que veía caer a Satanás del cielo como un rayo durante la primera misión importante de sus discípulos en el mundo (Lucas 10:18). Más tarde, la proclamación apostólica del evangelio recordaría la actividad de Jesús por el poder del Espíritu para hacer el bien y para sanar "a todos los oprimidos por el diablo" (Hechos 10:38). El mismo Espíritu que obraba a través del ministerio de Jesús, fue derramado sobre los creyentes en el día de Pentecostés (Hechos 2). A partir de entonces, la Iglesia podría actuar como una comunidad mesiánica llena del poder del Espíritu, en la cual las personas podrían encontrarse con el Señor crucificado y resucitado y ser liberadas para llevar una vida dirigida por Dios.

Pablo se refiere a las fuerzas demoniacas derrotadas por Cristo, llamándolas "príncipes de este siglo" (1 Corintios 2:6-8), o "principados y potestades" (Colosenses 2:15). Describe estas fuerzas de las tinieblas por medio de un lenguaje relacionado con las estructuras políticas opresivas. Como ya hemos indicado, el libro de Daniel insinúa que hay fuerzas demoniacas (el "príncipe de Persia" de Daniel 10) que pueden estar obrando en los sistemas políticos opresivos. Ciertamente, las palabras de Jesús sobre los demonios que dejan a una persona sólo para regresar en número mayor a esta vida "limpia" pero vacía, se refieren a la suerte del Israel de sus tiempos, especialmente a la luz de la insistencia de los fariseos en una pureza ritual sin verdadera justicia (Mateo 12:43-45).

Estas realidades no significan que las realidades políticas estén poseídas por demonios en su oposición a Dios, ni que se pueda entender y combatir dicha oposición simplemente dentro del contexto de lo demoniaco. Además de esto, no hay suficiente apoyo bíblico para justificar la suposición simplista y especulativa de que toda región o sistema político tenga su propio demonio. Con todo, ciertamente, el poder corporativo de nuestro mundo en su oposición a Dios, particularmente en su opresión de los pobres y desechados de la sociedad, tiene tras de sí a las fuerzas de las tinieblas.

Por medio de su muerte en la cruz, Jesús destruyó "al que tenía el imperio de la muerte, esto es, al diablo" y liberó "a todos los que por el temor de la muerte estaban durante toda la vida sujetos a servidumbre" (Hebreos 2:14-15; véase 1 Juan 3:8). "Despojando a los principados y a las potestades, los exhibió públicamente, triunfando sobre ellos en la cruz" (Colosenses 2:15). La cruz, donde Satanás realizó su obra más perversa, demostró convertirse en su destrucción. Cuando Jesús exclamó: "¡Consumado es!", estaba declarando que se había completado la pasión sufrida por Él para nuestra redención y para lograr una victoria total sobre la muerte y sobre las fuerzas de las tinieblas, encabezadas por Satanás.

Durante los primeros siglos se desarrolló la creencia de que, entre su muerte y resurrección, o bien después de su resurrección y ascensión, Jesús descendió a los infiernos para declarar su victoria total, no sólo sobre la muerte, sino también sobre el poder del diablo y la amenaza de alienación definitiva de Dios que rodea a la muerte. En el año 390, Rufino añadió las palabras "descendió a los infiernos" al Credo de los Apóstoles. Nadie más las incluyó en ninguna otra versión hasta el año 650, aunque es probable que apareciese en el Credo de Atanasio, en el siglo cinco.[2]

En los tiempos modernos, muchos eruditos creen que hay suficientes evidencias bíblicas para la idea de que la derrota de las fuerzas de la tiniebla por parte de Cristo comprendió realmente su descenso a los infiernos, y que de dichas profundidades surgió victoriosamente en su resurrección para ascender a su lugar a la derecha de poder del Padre.

Muchos católicos romanos interpretaban antes esto, no como un descenso a los infiernos, sino como un descenso para liberar a los santos del Antiguo Testamento de lo que ellos llamaban un *limbus patrum*, una especie de lugar de descanso donde habían permanecido hasta que la expiación de Cristo estuviera completa. Este punto de vista limita para muchos la importancia simbólica del descenso como una proclamación de la victoria total de Cristo en la cruz sobre el mal y la desesperación. Calvino interpretaba el descenso de Cristo como una referencia más a sus sufrimientos en la cruz. Sin embargo, como ya hemos observado, la pasión de Cristo por nuestra redención fue completada en la cruz. Lutero consideraba que el descenso significaba que, después de resucitar, Jesús fue a los infiernos en su cuerpo glorificado, unido con su alma, para anunciar su victoria. Sin embargo, la confesión del Nuevo Testamento acerca del descenso parecería colocarlo entre la crucifixión y la resurrección.

Da la impresión de que *hades* (Hechos 2:27) y "abismo" (*ábyssos*, Romanos 10:7) significaban más para las mentes del primer siglo que la simple tumba física. El Nuevo Testamento enseña que el destino de los redimidos por Dios es estar en el cielo con Cristo (2 Corintios 5:8; Filipenses 1:21–24). Como manera de expresar contraste, el *hades*, como el ámbito de los impíos que han muerto, es asociado, al menos en su destino, con el lugar de castigo definitivo, el lago de fuego (Apocalipsis 20:14). La profundidad, o abismo (*ábyssos*), es asociada también con la alienación respecto a Dios (Romanos 10:7; véase también Apocalipsis 20:1–3).

Algunos consideran el descenso de Cristo a "las partes más bajas de la tierra" (Efesios 4:9) como una referencia a la misma declaración de victoria sobre las fuerzas demoniacas de la que hablamos anteriormente. La metáfora que usa Pablo parece ser la de una marcha triunfal de victoria, una descripción adecuada de la resurrección.[2] Por tanto, los "cautivos" que Jesús llevó consigo (Efesios 4:8) podrían ser una referencia al enemigo. La entrega de dones a las personas completaría la metáfora, al referirse a la costumbre de repartir los despojos de guerra con los vencedores.

No es seguro que la predicación de Cristo a los "espíritus encarcelados", por medio del Espíritu, sea también una referencia al descenso al *Hades* (1 Pedro 3:18–20). Algunos piensan que el contexto del pasaje y las palabras que utiliza sugieren cuál fue la actividad de Cristo entre su muerte y su resurrección.[3] Sin embargo, debemos ser cautos, no vaya a ser que saquemos de este pasaje conclusiones que vayan más allá del hecho de que la victoria de Cristo en la cruz penetró todas las dimensiones de la realidad, incluso el ámbito de desespero y rebelión del *hades*.

La falta de claridad o de elaboración en los pasajes del Nuevo Testamento a los que nos hemos referido nos debería alertar contra la creación de elaborados escenarios de batallas entre Jesús y los demonios del infierno, y victorias sobre ellos, o contra las especulaciones elaboradas acerca del ámbito de los muertos en los tiempos de Cristo. También nos debe alertar contra el dogma del universalismo, que simplemente da por supuesta la liberación de todos los muertos del Hades. El descenso de Cristo al Hades tiene un lugar en la confesión cristiana, solamente como recuerdo de que Dios venció a las fuerzas de las tinieblas y a todos los abismos de desesperación posibles por medio de la muerte y resurrección de Jesucristo. Si Dios no abandonó a Jesucristo, las primicias de la redención, en las garras de la muerte y del Hades, este mismo Dios no abandonará tampoco a los redimidos (1 Corintios 15:20–28).

Algunos han asociado el papel de Satanás como adversario, con el papel de la ley en la condenación de los pecadores y en la revelación de su incapacidad para ser salvos sin la gracia de Dios. Gálatas 4:3 se refiere a la esclavitud anterior de los gálatas a "los rudimentos del mundo". Entonces traducen el término que traducimos "rudimentos" (*stoijéia*) como "espíritus elementales", con el pensamiento de que el intento de autojustificación de los judíos por medio de la ley, y la adoración de las divinidades cósmicas por parte de los paganos, eran ambos formas de esclavitud a los espíritus demoniacos (Gálatas 4:8–9). No obstante, no existe evidencia alguna de que haya nada demoniaco tras el término *stoijéia* en Gálatas 4. Algunos han alegado que lo más probable es que Pablo usara este término para referirse a las enseñanzas religiosas usadas por la humanidad pecadora en un esfuerzo por obtener la salvación a través de las obras.

Aun cuando Pablo no implique directamente a los espíritus demoniacos en el contexto de la esclavitud a dicha rebelión humana, esta esclavitud mantiene a los rebeldes bajo el dominio de los poderes de las tinieblas. Jesús murió para liberar a los humanos de toda esclavitud y para ofrecerles la salvación por la gracia y el poder de Dios.

La muerte de Cristo le propinó un golpe definitivo a Satanás; sin embargo, él sigue siendo capaz de rondar como el león en busca de su presa (1 Pedro 5:8). El diablo estorbó la obra misionera de Pablo (2 Corintios 12:7; 1 Tesalonicenses 2:18). Es él quien les ciega la mente a los incrédulos (2 Corintios 4:4) y quien les lanza "dardos de fuego" a los redimidos cuando éstos se esfuerzan por servir a Dios (Efesios 6:16). En estos casos, nuestra defensa y victoria procederán de que "nos fortalezcamos en el Señor, y en el poder de su fuerza" (6:10), y de que usemos toda la armadura de Dios (la verdad, la justicia, la fe, la salvación, la oración y la Palabra de Dios), usando el escudo de la fe para apagar todos esos "dardos de fuego" (6:11–17).

La tumba vacía, y la obra del Espíritu Santo en los creyentes y por medio de ellos, son las garantías de que el triunfo definitivo pertenece a la gracia de Dios. Ciertamente, Satanás tratará de engañar a las multitudes, y hará un esfuerzo final contra Dios, pero su intento será inútil (2 Tesalonicenses 1:9–12; Apocalipsis 19:7–10).

La tensión entre la soberanía de Dios y el conflicto con Satanás

Si realmente Dios es el soberano de todo, ¿cómo es posible que alguien, aunque sea Satanás, se le pueda oponer realmente? O bien, si es seguro que la gracia de Dios va a triunfar sobre la maldad, ¿por qué tenemos que luchar nosotros por la victoria de la gracia en un mundo tan carente de ella?

Es posible resolver estas tensiones en el contexto del evangelio de Jesucristo. Esto se debe a que el evangelio proclama un reino que, ciertamente, domina de manera suprema sobre el mundo, pero aún no ha cumplido a plenitud su meta redentora en él. En otras palabras, el reinado soberano de Dios tiene tanto una dimensión presente como una futura. El señorío de Dios le pertenece, porque Él es realmente Señor; con todo, su señorío debe redimir a la creación por medio del conflicto y el triunfo. Así, el creyente puede hablar con seguridad del triunfo de la gracia de Dios en Cristo, y al mismo tiempo debe batallar para obtener la victoria.

Dios es el infinitamente superior en la guerra que Satanás lucha contra Él. (¿Acaso los demonios no creen y tiemblan [Santiago 2:19]?) También la gracia de Dios precede todas las batallas de los creyentes, y las hace posibles. Por tanto, sólo por la libertad de esa gracia, los creyentes tienen la armadura de Dios y pueden combatir (Efesios 6:10–17). La realidad del reino de Dios como presente ahora, pero aún no cumplido, significa que el reinado soberano de Dios como Señor incluye la hostilidad satánica, una hostilidad que debemos tomar con la mayor seriedad al servir a Dios. No podemos quedarnos pasivos ni indiferentes.

¿Cómo es posible que Dios, el Señor soberano, permitiese que existiera semejante hostilidad satánica? ¿Por qué se debe retrasar la derrota definitiva de las fuerzas satánicas hasta que el soberano señorío de Dios pueda vencer por medio del triunfo de Cristo y de una Iglesia a la que el Espíritu llena de poder? No es posible responder a estas preguntas diciendo que Dios no puede hacer otra cosa más que esperar. Esto contradiría lo que sostienen las Escrituras acerca de la soberanía absoluta de Dios. Tampoco podemos responder a estas preguntas afirmando que la hostilidad satánica y la destrucción que realiza son parte de la voluntad de Dios para la humanidad. Esto contradiría el amor y los propósitos redentores que el Señor soberano tiene para la humanidad. Estas preguntas tienen que ver con la "teodicea" (la justificación de Dios ante la existencia de la maldad y el sufrimiento). No es posible introducir las complejidades de este problema en el contexto de este capítulo, pero se imponen unas cuantas palabras a modo de explicación. Históricamente, la Iglesia ha insistido en dos puntos relacionados, relevantes ambos en una orientación bíblica con el fin de responder a las preguntas anteriores. En primer lugar, Dios ha creado a la humanidad con libertad para rebelarse y hacerse vulnerable ante la hostilidad satánica. Dios ha permitido que exista esta hostilidad satánica para probar la libre respuesta de la humanidad a Él. En segundo lugar, la voluntad de Dios es el triunfo sobre la hostilidad satánica, no sólo por los creyentes, sino también a través de ellos. Por tanto, el triunfo de la gracia de Dios tiene una historia y un desarrollo.

Este triunfo, en cuanto a su progreso y realización, no depende de manera primaria de la cooperación humana pero sí incluye la historia de la fiel respuesta de la humanidad a Dios en su realización estratégica. Esto significa que Dios permite la hostilidad satánica de una manera provisional, y que ésta no es parte de la voluntad redentora de Dios con respecto a la humanidad. Al contrario: la voluntad redentora de Dios está decidida a triunfar sobre toda hostilidad satánica.

Dios no se halla secretamente escondido tras las obras de Satanás, aunque pueda usar esas obras para lograr redención. Dios está claramente del lado de la liberación y la redención con respecto a todo lo que destruya u oprima. Esto no responde a todas la preguntas sobre el cómo y el porqué de la maldad y el sufrimiento en el mundo. No tenemos respuestas definitivas para estas preguntas, pero sí tenemos la certeza de la redención definitiva en Cristo.

EL LUGAR DE SATANÁS Y LOS DEMONIOS EN LA TEOLOGÍA CRISTIANA

¿Hay un lugar digno para la demonología dentro de la teología cristiana? El poeta Howard Nemerov dijo: "Debo ser muy cauteloso al hablar del diablo, no sea que piensen que lo estoy invocando." Barth dijo que sólo le daría un "vistazo" rápido y tajante al aspecto de la demonología, no fuera a ser que le diera más peso y atención a lo demoniaco, que lo absolutamente necesario.

Por otra parte, abundan los ministerios de guerra espiritual y de liberación que centran su atención en el ámbito de lo demoniaco. Algunos han señalado un aspecto de preocupación espiritual y teológica descuidado por la Iglesia, y han tratado de operar dentro de un concepto bíblico de la demonología. Sin embargo, ha habido quienes se han ido claramente más allá del lugar legítimo que le da la Biblia a lo demoniaco.

Con frecuencia se le han concedido al diablo una cierta gloria y legitimidad. Se reduce toda la actividad redentora de Dios a la destrucción del diablo, de tal manera que se llegan a estudiar todos los demás aspectos de la teología a la luz de la demonología.

En una teología así distorsionada, la salvación consiste mayormente en liberar del diablo. La santificación es sobre todo resistir al diablo o ser librado de él. Se elevan los complejos males humanos y sociales a la esfera del conflicto con los demonios, mientras que se descuidan la dimensión humana de dichos problemas y los nobles medios humanos para alcanzar la liberación y la sanidad. Se ve a Cristo solamente como el instrumento de Dios para derrotar al diablo. El Espíritu no es más que el poder que necesitamos para combatir al diablo. Sin el diablo, este tipo de predicación y de labor teológica quedaría convertido en un cascarón vacío.

Hallamos la forma grotesca de estas creencias en la suposición de que los demonios pueden poseer y dominar a los cristianos que sean desobedientes o que tengan mayor necesidad de liberación. Para armonizar este supuesto con la clara enseñanza bíblica de que los cristianos le pertenecen a Cristo y son dirigidos en la vida primordialmente por el Espíritu de Dios (Romanos 8:9–17), realizan una dicotomía ajena a la Biblia entre cuerpo y alma, permitiendo que Dios posea el alma, mientras que los demonios controlan al cuerpo. Sin embargo, la Biblia enseña que es imposible una lealtad dividida tan radicalmente para la persona que tiene una fe auténtica (Mateo 7:15–20; 1 Corintios 10:21; Santiago 3:11–12; 1 Juan 4:19–20).

Con esto no queremos decir que los cristianos sean invulnerables ante un genuino conflicto con la naturaleza pecaminosa o con las mentiras de Satanás, ni que lleguen incluso a pasar por una derrota momentánea. Sin embargo, todo estado de dominación o de posesión por vía, ya sea de la debilidad humana o de la actividad demoniaca, contradice el contraste bíblico entre la vida del Espíritu y la vida de la carne (Romanos 6–8). Además de esto, la Biblia no da por supuesto un dualismo radical entre alma y cuerpo, de manera que puedan funcionar independientemente el uno del otro. Los creyentes, ya sea que consideremos al hombre como un cuerpo o como un alma, son personas completas, cuyo cuerpo es un templo (gr. *naós*, "santuario interior") del Espíritu Santo (1 Corintios 6:19–20). Por último, Dios ha prometido proteger a los creyentes de los daños causados por Satanás (1 Juan 5:18).

Jesús oró para que los creyentes fuesen protegidos del maligno (Mateo 6:13; Juan 17:15), pero sólo en el contexto más amplio y de más peso de una participación íntima en el conocimiento de Dios y en la comunión con Él como "Padre nuestro" (Mateo 6:9; Juan 17:1–3).

Jesús contrarrestó la fascinación de sus discípulos con la autoridad sobre los demonios, advirtiéndoles que no se regocijasen en el poder sobre los demonios, sino que se regocijasen más bien en que su nombre estaba escrito en los cielos (Lucas 10:17–20).

La insistencia del Nuevo Testamento se centra en la gloria de Dios y la vida con Dios; no en los intentos del enemigo por oponerse a ellas. En realidad, las pruebas y sufrimientos de esta era "no son comparables con la gloria venidera que en nosotros ha de manifestarse" (Romanos 8:18).

Notemos también que la Biblia no considera la hostilidad a Dios solamente en el contexto de la demonología. Los evangelios prestan tanta atención a los obstáculos puestos al ministerio de Jesús por la terquedad y la desobediencia de los humanos, como a los ataques externos de Satanás. Aunque Satanás y las fuerzas de las tinieblas se hallan detrás de esta desobediencia humana, Jesús declaró que la hostilidad humana a su ministerio cumplía las obras del diablo (Juan 8:44). Más tarde, Pablo diría que "el príncipe de la potestad del aire" obra a través de los que son "hijos de desobediencia" (Efesios 2:2). Esto no significa que toda desobediencia a Dios sea una respuesta a una tentación demoniaca directa. Lo que sí significa es que, por medio de la desobediencia humana, el reino de las tinieblas queda bien servido, y se realizan sus propósitos.

El Nuevo Testamento coloca al pecado y a la muerte como enemigos por derecho propio, junto a las fuerzas de las tinieblas (Romanos 8:1–2; 1 Corintios 15:24–28; Apocalipsis 1:18). Pablo nombra a la muerte, y no a Satanás, como el enemigo que será destruido al final (1 Corintios 15:24–26). Aunque el pecado y la muerte sean consecuencias indirectas de la obra de Satanás, son consecuencia directa de las acciones humanas. Fueron Adán y Eva, y no Satanás, quienes les dieron entrada al pecado y a la muerte en el mundo. Ciertamente, Satanás es el tentador (1 Tesalonicenses 3:5), pero cada ser humano es tentado cuando "de su propia concupiscencia es atraído y seducido" (Santiago 1:14). Satanás es el mentiroso (Juan 8:44), el acusador (Apocalipsis 12:10), el ladrón y el asesino (Juan 10:10). Sin embargo, no puede cometer ninguna de estas acciones con eficacia sin la participación, e incluso la iniciativa humana. Cuando se insiste fuertemente en el papel de los demonios, se tiende a evadir la responsabilidad humana.

El Nuevo Testamento dedica tanta atención, o quizá más, a la lucha del creyente con su propia condición de ser caído (como "carne" ante Dios en un mundo caído, maldito con el pecado y la muerte), que a su lucha con los demonios (Romanos 8; 2 Corintios 10:4–6; Gálatas 5). Aquéllos que convierten toda tentación o prueba en una batalla directa con el diablo, necesitan mirarse en el espejo para descubrir quién es en realidad su peor enemigo.

Sin embargo, ¿acaso a una persona moralmente sensible no la deja la maldad sin palabras para describir el "poder secreto" de la iniquidad (2 Tesalonicenses 2:7)? ¿Acaso no se presenta a la serpiente de Génesis 3 como la fuente de la seducción de una humanidad hecha para Dios, y no para la maldad? ¿Acaso no se vuelve incomprensible la maldad sin tener esta seducción demoniaca en su origen?

Lo mismo podríamos decir de la muerte. En Hebreos 2:14 se afirma que Cristo murió "para destruir por medio de la muerte al que tenía el imperio de la muerte, esto es, al diablo". La cualidad más siniestra de la muerte como enemiga de la humanidad, no es que los humanos tengan que dejar de vivir como seres físicos, sino que la muerte trae consigo una profunda desesperación espiritual y una alienación aún mayor con respecto a Dios en el *hades*. Observemos la unión de la muerte con el *hades* en Apocalipsis 1:18, como vencidos ambos en conjunto por Cristo. Ciertamente, ¿acaso el temor a la muerte que tiene la humanidad no indica de manera implícita que la muerte sin Cristo está bajo el poder de Satanás y, por tanto, va asociada a la desesperación del Hades (Hebreos 2:14)?

Todo lo anterior no significa que Satanás tenga poder alguno por encima del poder que tienen el engaño y la falsedad. Si una persona simplemente resiste al diablo por medio del poder de la gracia de Dios, ¿acaso el diablo no tendrá que "huir" como el cobarde que es (Santiago 4:7)? El poder de Satanás se basa en lo exitoso que ha sido en su esfuerzo por engañar a la humanidad para que acepte sus falsos alegatos con respecto a su posición y a sus supuestos derechos como dios de este mundo. Al contrario de lo que algunos pensarían, Judas 9 no muestra respeto alguno por Satanás en el hecho de que el ángel no se atreviese a lanzar una acusación difamatoria contra él. El arcángel Miguel retuvo toda acusación, apoyado en su propia autoridad, con el fin de decir: "El Señor te reprenda." Todo rechazo de las engañosas exigencias de Satanás deberá venir solamente de la autoridad y la gracia de Dios, y no de la sabiduría o autoridad que nosotros mismos nos hayamos fabricado.

La mejor respuesta nuestra a las falsas y engañosas reclamaciones de Satanás es negarlas, y hacerlo sólo por medio del rápido y agudo "vistazo" que les daba el teólogo Karl Barth, a la luz mucho mayor de la verdad y la gracia de Dios. Sin embargo, parece haber en muchos de los que están en ministerios de liberación una suposición escondida de que, en realidad, los que realmente derrotan a Satanás son quienes lo conocen mejor. Por eso se ofrecen detalladas especulaciones acerca de la organización y las características de los demonios, y las formas en que se relacionan con los gobiernos humanos y con la vida de las personas. También se llevan a cabo elaboradas prácticas para atar a los poderes demoniacos.

No obstante, cuando leemos la Biblia, nos impresiona la ausencia total de este tipo de especulaciones y prácticas. La Palabra de Dios anima a permanecer firmes y a resistirnos a las fuerzas engañosas de las tinieblas; no a estudiarlas y atarlas. La Biblia no hace esfuerzos para familiarizarnos más con el diablo. Su único enfoque se centra en familiarizarnos con Dios, y hacer que nos acompañe la resistencia a los clamores de Satanás por captar nuestra atención. La orientación que recibimos de Santiago 4:7 consiste en someternos a Dios y resistir al diablo.

Sencillamente, la Biblia no nos da mucha información sobre Satanás y los demonios. Insinúa que cayeron del cielo (Judas 6; Apocalipsis 12:7–9). Diversos autores han especulado diciendo que el Antiguo Testamento describe esta caída en Isaías 14:12–20; sin embargo, el significado de este pasaje no es claro, y es posible que no sea más que una reprensión poética al "rey de Babilonia" (14:4). No se definen en ningún momento el cuándo y el cómo de esta caída. El hecho es que la intención de la Biblia al referirse a Satanás y a los demonios, es reafirmar el propósito redentor de Dios, y a partir de allí, negar las obras y las pretensiones de Satanás.

Con todo, debemos admitir que las ciencias han conducido a una comprensión de la dimensión genuinamente humana de muchos problemas individuales y sociales, así como de los tipos de estrategias que se pueden usar para resolverlos. No hay nada necesariamente contrario a las Escrituras en mucho de esto, puesto que la Biblia ciertamente reconoce nuestra situación de seres caídos como una condición humana, aparte de consideración alguna con respecto a una influencia demoniaca directa. En la iglesia debemos estar abiertos a los conocimientos médicos, psiquiátricos y sociológicos. Es cierto que Dios ofrece soluciones milagrosas para los problemas sobrenaturales. También obra providencialmente a través de las soluciones humanas a los problemas humanos. No debemos atrevernos a calificar de demoniacos todos los problemas y abogar por la ilusión de que todos se pueden resolver a base de echar fuera demonios.

Además, muchos síntomas considerados en el pasado como demoniacos han sido aislados hoy como patológicos y humanos. Esto convierte en una compleja tarea la labor de distinguir entre lo demoniaco y lo patológico. No obstante, la Biblia sí distingue entre enfermedad y posesión demoniaca (Marcos 3:10–12). Por tanto, hoy es necesario distinguir entre casos psiquiátricos y posibles posesiones demoniacas. Esta distinción es importante, porque, como señalara el teólogo Karl Rahner, el exorcismo en pacientes patológicos puede en realidad agravar su delirio y hacer más agudo su mal.

Se necesita mucho discernimiento para detectar lo que sirve al reino de las tinieblas y lo que no, puesto que Satanás se puede enmascarar como ángel de luz (2 Corintios 11:14). No sólo quedan servidos sus propósitos donde esperamos que así sea (por ejemplo, en casos graves y totalmente inexplicables de maldad o de tormento), sino que algunas veces también son servidos en las obras y aspiraciones religiosas más nobles. El orgullo, la idolatría, los prejuicios y las fobias dañinas pueden salir a la superficie en la religiosidad y el patriotismo, y ser defendidos por doctrinas y prácticas aparentemente nobles. Por ejemplo, la esclavitud y el racismo han sido defendidos por personas que afirmaban apoyar las causas religiosas y patrióticas más nobles. Es necesario que examinemos constantemente nuestra conciencia, para que la Iglesia niegue de manera correcta las obras del diablo y afirme la renovación del Espíritu de Dios en la Iglesia y a través de ella.

El rechazo de Satanás que se realiza en ciertos ritos bautismales tiene sus raíces en la antigua práctica de renunciar al diablo en el bautismo, para proclamar después a Cristo como Señor. desde el momento de su conversión, ha hecho de manera implícita la misma consagración a la soberanía de Cristo. En nuestros esfuerzos por servir al Señor soberano en la Iglesia y en la sociedad por medio de obras y acciones de gracia liberadora, podemos estar conscientes todo el tiempo, de estar participando en la destrucción del asesino y el despojo del ladrón. Negamos y ponemos al descubierto la mentira que es personificada en Satanás y sus legiones cada vez que abrazamos y obedecemos la verdad de Dios en Cristo y en el poder del Espíritu. No hay manera más eficaz de resistir al enemigo demoniaco que ésta.

PREGUNTAS DE ESTUDIO

1. Comente las interpretaciones de Orígenes (nota 85), Tomás de Aquino (nota 17), Martín Lutero (nota 21), los cabalistas (nota 38), Ireneo (nota 40) y Paul Tillich (nota 25) con respecto a la naturaleza o el papel de los ángeles. ¿Por qué son problemáticos estos puntos de vista? ¿Cómo se pueden resolver o evitar sus dificultades hermenéuticas?

2. Basado en una investigación propia profunda sobre Colosenses 1:15–18, hable sobre el lugar que les corresponde a los ángeles.

3. Haga una lista de las creencias más comunes sobre los ángeles en su comunidad y su iglesia. ¿Cómo corregiría o resaltaría usted cada una de las creencias que ha escrito en la lista?

4. Los ángeles son servidores. ¿Cómo debe afectar su ejemplo a nuestra motivación para servir a Dios?

5. ¿Qué indica la Biblia que los ángeles pueden hacer, y hacen, por nosotros hoy?

6. ¿Qué indica la Biblia que no podemos esperar que los ángeles hagan por nosotros hoy?

7. ¿En qué se diferencian los conceptos del Antiguo Testamento acerca de la demonología, de los puntos de vista paganos sobre los espíritus malignos? Estudie esto con relación a la soberanía de Dios.

8. ¿De qué manera cumple la victoria de Cristo sobre las fuerzas de las tinieblas lo que enseña el Antiguo Testamento acerca de los demonios?

9. Puesto que Cristo ganó la victoria sobre las fuerzas de las tinieblas, ¿hay aún una oposición real por parte de las fuerzas demoniacas contra los creyentes y contra la voluntad de Dios? Si es así, ¿por qué? También, si es así, ¿cómo obtenemos el poder para permanecer firmes y resistirnos a sus propósitos?

10. ¿Pueden los demonios poseer a los cristianos? Explique su respuesta.

11. ¿Qué tiene de equivocado la idea de que las pretensiones de Satanás son legítimas? ¿De qué manera han afirmado las pretensiones y los derechos satánicos la teoría del rescate sobre la Expiación? ¿Qué tiene de equivocada dicha afirmación sobre los derechos satánicos?

12. ¿Qué papel juega la responsabilidad humana en nuestra comprensión de Satanás y de lo que se opone a la voluntad de Dios?

13. ¿Tienen los conocimientos humanos y científicos sobre nuestros problemas algún lugar legítimo entre los creyentes? ¿Por qué?

14. ¿Cuáles son las razones de que haya una cierta fascinación por lo demoniaco en la Iglesia y en la cultura? ¿Qué tiene esto de equivocado? ¿Cuál es el verdadero lugar de la demonología en la teología cristiana?

La creación del universo y de la humanidad

La Biblia fue escrita a lo largo de un período de cerca de mil quinientos años, por unos cuarenta distintos escritores. No obstante, la actividad salvadora de Dios, y la respuesta de la humanidad a ella, parecen ser una especie de hilo común, siempre presente en toda la Escritura. Por consiguiente, mantenemos en mente este gran tema al acercarnos a las enseñanzas de la Biblia acerca de la creación del universo y la naturaleza de los seres humanos.

LA CREACIÓN DEL UNIVERSO

Las Escrituras representan claramente a Dios como un Ser con unos propósitos. Proverbios 19:21 observa: "Muchos pensamientos hay en el corazón del hombre; más el consejo de Jehová permanecerá." Dios proclama: "[Yo] anuncio lo por venir desde el principio, y desde la antigüedad lo que aún no era hecho; [Yo] digo: Mi consejo permanecerá, y haré todo lo que quiero" (Isaías 46:10; véanse Efesios 3:10–11; Apocalipsis 10:7).

Por tanto, el estudio de la creación debe tratar de analizar el propósito que tuvo Dios al crear (es decir, el universo es lo que es, porque Dios es quien es). ¿Cuál es el propósito que tuvo Dios al crear al universo? Pablo explica: "Dándonos a conocer el misterio de su voluntad, según su beneplácito, el cual se había propuesto en sí mismo, de reunir todas las cosas en Cristo, en la dispensación del cumplimiento de los tiempos, así de las que están en los cielos, como las que están en la tierra" (Efesios 1:9–10).

Por otra parte, los propósitos de Dios con respecto a la humanidad son inseparables de sus propósitos generales con respecto a su creación (esto es, nosotros los seres humanos somos lo que somos, porque Dios es quien es). El apóstol Pablo, al hablar de nuestra futura existencia inmortal con Dios, afirma: "Más el que nos hizo *para esto mismo* es Dios, quien nos ha dado las arras del Espíritu" (2 Corintios 5:5).

Es decir, que hay una unidad indisoluble entre las enseñanzas de la Biblia acerca de Dios, de la creación del universo, y de la creación y naturaleza de la humanidad. Esta unidad brota de los propósitos que tuvo Dios en la creación, y estos propósitos de Dios con respecto a su creación, y en especial con respecto a la humanidad, quedan capturados en la conocida confesión: "La principal razón de ser del hombre es glorificar a Dios, y disfrutarle eternamente."

Dios como el Creador

Los escritores bíblicos atribuyen a Dios sin vacilación alguna la creación del universo. Por consiguiente, consideran adecuado rendirle reverentemente la gloria y la alabanza por ser el Creador.

Los escritores del Antiguo Testamento atribuyen a Dios de manera rutinaria la creación del universo físico, utilizando la forma verbal *bará:* "Él creó". El primer versículo de las Escrituras proclama: "En el principio creó Dios los cielos y la tierra" (Génesis 1:1). Esta sucinta y resumida declaración es un anticipo de lo que dirá el resto del capítulo primero del Génesis. Al presentarnos el tema de la creación, Génesis 1:1 responde tres preguntas:

  (1) ¿Cuándo tuvo lugar la creación?
  (2) ¿Quién es el sujeto de la creación?
  (3) ¿Cuál es el objetivo de la creación?

Génesis 1:1 comienza haciendo resaltar el hecho de que hubo un verdadero principio, una idea que evitan la mayor parte de las religiones y filosofías, tanto antiguas como modernas. "*Bará* ... parece indicar de manera implícita que los fenómenos físicos comenzaron a existir en aquel momento, y que no habían tenido existencia previa en la forma en que fueron creados por medio del decreto divino." Dicho en otras palabras, antes de este momento no existía nada en absoluto; ni siquiera un solo átomo de hidrógeno.

A partir de la nada (en latín, *ex níhilo*), Dios creó los cielos y la tierra.

Según Génesis 1:1, el sujeto de la creación es "Dios". La palabra *bará*, en su forma hebrea más frecuente, es utilizada sólo para hablar de la actividad de Dios; nunca de una actividad humana "creativa". La creación manifiesta el poder (Isaías 40:26), la majestad (Amós 4:13), el orden (Isaías 45:18) y la soberanía de Dios (Salmo 89:11–13). Al ser el Creador, Dios debe ser reconocido como omnipotente y soberano. Todo aquél que abandone la doctrina bíblica de la creación, estará disminuyendo el temor y la reverencia que Dios merece justamente debido a estos atributos.

Génesis 1:1 nos informa que Dios creó "los cielos y la tierra". En el Antiguo Testamento, "los cielos y la tierra" comprenden la totalidad del "universo armonioso y ordenado". No existe nada que Dios no haya creado.

Los escritores del Antiguo Testamento usan también el vocablo *yatsar*, "formar", "moldear", para describir los actos creadores de Dios. Por ejemplo, esta palabra describe adecuadamente al "alfarero", alguien que moldea, o da forma a un objeto, según su voluntad (Isaías 29:16). Sin embargo, cuando se usa para referirse a la actuación divina, esta palabra aparece utilizada en un paralelismo sinónimo con *bará*, indicando la misma clase de actos exclusivamente divinos. Aunque observemos que Dios "formó" al primer hombre a partir del polvo de la tierra (es decir, le dio forma al hombre a partir de algo que ya existía), estaríamos tomando esta palabra más allá de la intención del escritor del Antiguo Testamento, si decimos que *yatsar* abre la puerta a la idea de un proceso evolutivo.

Por último, los escritores del Antiguo Testamento utilizaron un tercer término básico al describir la actividad creadora de Dios: *asá*, "hacer". Como *yatsar* anteriormente, *asá* tiene generalmente un sentido mucho más amplio que la palabra *bará*. Sin embargo, al aparecer en una declaración sobre la creación, paralela al *bará* (Génesis 1:31; 2:2–3; 3:1; 5:1), parece haber poca diferencia de significado entre ambos términos. Nuevamente, el término *asá*, aunque en ocasiones sea más amplio que *bará* en cuanto a significado, carece de la flexibilidad necesaria para incluir el concepto de evolución.

Los escritores del Nuevo Testamento estaban tan acostumbrados como los del Antiguo a atribuirle a Dios la creación. No podemos echar a un lado las enseñanzas del Antiguo Testamento sobre la creación (debido a su supuesta condición de primitivamente científicas) sin hacer violencia al mismo tiempo a las enseñanzas del Nuevo. De hecho, el Nuevo Testamento cita como autoridad al menos sesenta veces a los once primeros capítulos del Génesis. Los temas de los que tratan estos pasajes son el matrimonio, la genealogía de Jesús, la depravidad humana, los papeles funcionales en el hogar, el sábado, nuestra inmortalidad, la futura re-creación del universo, y el levantamiento de la maldición en el estado eterno. Si la autoridad y la factualidad de los once primeros capítulos del Génesis desaparecen, ¿qué podremos hacer con estas doctrinas del Nuevo Testamento?

Es obvio que los escritores del Nuevo Testamento concebían lo recogido en el Antiguo Testamento como un relato auténtico y fidedigno de lo que había sucedido realmente. El término básico del Nuevo Testamento, *ktídzo*, significa "crear", "producir", y aparece treinta y ocho veces, si contamos sus derivados. Colosenses 1:16 afirma que por Cristo, todas las cosas fueron creadas en el cielo y en la tierra, visibles e invisibles. Apocalipsis 4:11 presenta a los veinticuatro ancianos echando sus coronas delante del trono, como acto de adoración y reconocimiento de que Dios era el creador. En Romanos 1:25, Pablo observa con tristeza que los idólatras "cambiaron la verdad de Dios por la mentira, honrando y dando culto a las criaturas antes que al Creador, el cual es bendito por los siglos". Además de esto, el Nuevo Testamento, igual que el Antiguo, indica que el poder de Dios como Creador es una fuente de consuelo cuando estamos sufriendo (1 Pedro 4:19); el mismo Dios sigue aun supervisando providencialmente su creación.

Por último, la Biblia afirma que Dios sostiene, o mantiene el universo. Los levitas, al alabar a Dios, reconocían que Dios le da vida a todo (Nehemías 9:6). Al hablar de la muchedumbre de las estrellas, Isaías 40:26 declara: "Ninguna faltará; tal es la grandeza de su fuerza, y el poder de su dominio." El salmista adora a Dios porque conserva "al hombre y al animal" (Salmo 36:6). El Salmo 65:9–13 describe a Dios como el que gobierna la meteorología de la tierra y la producción de granos.

En el Nuevo Testamento, Pablo afirma: "En él vivimos, y nos movemos, y somos" (Hechos 17:28). En Colosenses 1:17, dice con respecto a Cristo: "Él es antes de todas las cosas, y todas las cosas en él subsisten." Hebreos 1:3 declara que el Hijo "sustenta todas las cosas con la palabra de su poder". Muchos otros pasajes de las Escrituras hablan de la actividad de supervisión directa y conservación de su creación que realiza Dios.

El Dios trino y uno obró de manera corporativa en la creación. Muchos pasajes de las Escrituras se limitan a atribuir la creación a Dios, sin más. Sin embargo, otros pasajes especifican las personas de la Divinidad. Se atribuye la creación al Hijo en Juan 1:3; Colosenses 1:16–17 y Hebreos 1:10. Además, Génesis 1:2; Job 26:13; 33:4; Salmo 104:30; e Isaías 40:12–31 incluyen la participación del Espíritu Santo en la creación.

Podríamos preguntar: ¿Realizaron los miembros de la Divinidad papeles concretos durante la creación? Pablo declara: "Sólo hay un Dios, el Padre, del cual proceden todas las cosas, y nosotros somos para él; y un Señor Jesucristo, por medio del cual son todas las cosas, y nosotros por medio de él" (1 Corintios 8:6). Millard J. Erickson, después de revisar los pasajes sobre la creación, llega a una conclusión: "Aunque la creación procede del Padre, se realiza *a través* del Hijo y por el Espíritu Santo." Aconsejaríamos que no se aceptasen declaraciones más específicas que ésta.

Las Escrituras dicen con claridad que Dios creó todo cuanto existe. Tal como ya mencionáramos brevemente, la Biblia emplea la frase "los cielos y la tierra" para abarcar toda la creación; el universo entero. De hecho, aparecen con frecuencia los "cielos" y la "tierra" en declaraciones paralelas que comprenden toda la creación. Por último, hay ocasiones en que se utiliza la palabra "cielos" sola, para referirse a todo el universo.

Los escritores del Nuevo Testamento usan el término *kósmos*, "mundo", como sinónimo de "los cielos y la tierra" del Antiguo, para referirse a todo el universo. Pablo parece igualar *kósmos* a "cielos y tierra" en Hechos 17:24. Muchos otros pasajes del Nuevo Testamento se refieren a la creación del "mundo" por Dios, e incluyen al universo.

Los escritores del Nuevo Testamento utilizaron también las palabras *ta pánta*, "todas las cosas", para describir la amplitud de la obra creadora de Dios (no siempre con el artículo determinado). Juan 1:3 declara enfáticamente que "todas las cosas" fueron hechas por medio de la Palabra viva. Pablo habla de Jesucristo, a través del cual son "todas las cosas" (1 Corintios 8:6; véase también Colosenses 1:16). Hebreos 2:10 habla de Dios, para quien y por medio de quien "todo" existe. Asimismo, en el Apocalipsis, los veinticuatro ancianos le rinden adoración a Dios porque Él ha creado "todas las cosas" (4:11; véase también Romanos 11:36).

Por último, los escritores del Nuevo Testamento apoyan el concepto de la creación *ex níhilo*, "a partir de la nada", con proposiciones declarativas. En Romanos 4:17, Pablo habla del Dios que "da vida a los muertos, y llama los cosas que no son, como si fuesen". Hebreos 11:3 también declara: "Por la fe entendemos haber sido constituido el universo por la palabra de Dios, de modo que lo que se ve fue hecho de lo que no se veía."

En resumen, la Biblia afirma que Dios creó todo el universo. Todo "no-Dios" que existe, debe su existencia al Creador. Por esta razón, la Iglesia histórica ha sostenido la doctrina de la creación *ex níhilo*.

El propósito de la actividad creadora de Dios

La creación fue un acto de la voluntad libre de Dios. Él era libre para crear o no crear. La creación comunicó la bondad divina en un acto de generosidad. Génesis 1 indica que todos los actos creadores de Dios condujeron a la creación de Adán y Eva. Muestra también una correspondencia del primer día con el cuarto, el segundo con el quinto, y el tercero con el sexto. El primer día y el segundo describen cada uno un acto creador, y el tercero describe dos actos diferentes. Los días cuarto y quinto describen un acto creador cada uno de ellos, mientras que el sexto día describe dos actos creadores distintos. Se pueden notar un progreso y una culminación que van conduciendo a la creación de la humanidad. Todo esto demuestra que Dios creó según un plan que fue llevando a su terminación. Esto nos anima a creer que llevará a cabo su plan de redención hasta su consumación en el regreso de Jesucristo. Existió una relación entre gracia y naturaleza en las cosas creadas, y en el orden providencial de Dios.

Dicho en otras palabras, Dios tenía un plan salvador eterno para sus criaturas, y la creación progresa hacia su propósito definitivo. Antes de la creación del universo, Dios se había propuesto tener un pueblo en comunión con Él, dentro de la relación de un pacto (2 Corintios 5:5; Efesios 1:4). Tomás Oden observa: "La verdadera historia con respecto a la creación se refiere a la relación entre la criatura y el Creador, y no a las criaturas en sí, como si debiésemos considerar la creación como un valor autónomo, independiente y no derivado en sí mismo."

Dios tenía un reino preparado para aquéllos que le respondiesen positivamente, desde (o "antes de") la creación del mundo (Mateo 25:34). El propósito eterno de Dios para con su creación se realizó a través de la obra mediadora de Jesucristo (Efesios 3:10–11), planificada también desde antes de la creación (Apocalipsis 13:8). Este propósito divino y eterno se verá consumado en el "cumplimiento de los tiempos" (Efesios 1:10). Entonces, todo estará sometido a una cabeza: Jesucristo. Este pasaje nos proporciona el verdadero fin, o propósito, de la creación: "que Dios sea conocido".

Reflexionando sobre ese momento en que quede realizado el propósito de Dios con respecto a su creación, Pablo escribe: "Pues tengo por cierto que las aflicciones del tiempo presente no son comparables con la gloria venidera que en nosotros ha de manifestarse" (Romanos 8:18). A continuación señala que toda la creación gime, mientras espera ansiosa ese momento (8:19–22). De hecho, a pesar de las bendiciones que han recibido, los creyentes también gimen, mientras esperan ansiosos ese acontecimiento (8:23–25). Con todo, mientras tanto, "sabemos que a los que aman a Dios, *todas las cosas* les ayudan a bien, esto es, a los que conforme a su propósito son llamados" (Romanos 8:28). El hecho de que los seres humanos tengan la posibilidad de amar a Dios lleva implícita la realidad de que la humanidad fue creada con libre albedrío.

Puesto que toda la creación señala hacia el propósito salvador de Dios, esperaríamos encontrar en ese propósito divino la provisión de una salvación suficiente para toda la humanidad, en la que se incluya un llamado universal a la salvación. Los propósitos salvadores de Dios también tuvieron por consecuencia la creación de una criatura con libre albedrío.

Como corolario natural a la obra creadora "buena en gran manera" de Dios, la creación le proporciona gloria a Dios de manera irresistible (Salmos 8:1; 19:1). Las Escrituras afirman también que, por medio de la creación y el asentamiento de la nación de Israel, Dios recibiría gloria (Isaías 43:7; 60:21; 61:3). Entonces, por extensión, el Nuevo Testamento afirma que todos los que tomen provecho del plan de Dios, serán "para alabanza de su gloria" (Efesios 1:12, 14). De igual manera, Colosenses 1:16 afirma: "Todo fue creado por medio de él y para él." Además de esto, debido al maravilloso plan de Dios en la creación, los veinticuatro ancianos lo adoran y le dan la gloria debida a su nombre (Apocalipsis 4:11).

Por último, puesto que en el propósito de Dios para con su creación se incluye un momento de consumación, debemos tener presente que esta creación es transitoria. La segunda epístola de Pedro, 3:10–13, describe un momento en el que los cielos y la tierra se disolverán, mientras que Isaías 65:17 y Apocalipsis 21:1 hablan de un nuevo cielo y una nueva tierra en cumplimiento del plan de Dios.

La cosmogonía bíblica y la ciencia moderna

Algunos críticos de la Biblia sostienen que no hay manera de reconciliar la cosmogonía bíblica (su concepto sobre el origen y el desarrollo del universo) con lo que reconoce hoy la comunidad científica. Algunos eruditos bíblicos, tomando literalmente numerosas figuras literarias del Antiguo Testamento, sostienen que los hebreos creían que el universo estaba formado por una tierra plana, sostenida por "pilares" colosales, sobre un abismo acuoso llamado "lo profundo". El "firmamento" (cielo) encima de ella era un arco sólido que contenía las aguas que se hallaban sobre la tierra (y que de vez en cuando caían a través de "ventanas" que había en el arco). Algunos sostienen que los personajes del Antiguo Testamento creían que el sol, la luna y las estrellas se hallaban todos en el mismo plano dentro de este arco situado sobre la tierra.

H. J. Austel, razonando contra esta interpretación excesivamente literal de los pasajes del Antiguo Testamento, explica: "El uso de un lenguaje figurado de este tipo no exige más la adopción de una cosmología pagana, de lo que el uso moderno del término 'levante' indica ignorancia astronómica. Con frecuencia, las imágenes son fenomenológicas, y esto es conveniente, al mismo tiempo que vívidamente lleno de fuerza."

Sin embargo, aun cuando resolvamos el problema del lenguaje figurado, siguen existiendo algunas dificultades. ¿En qué lugar de la cosmología bíblica colocamos a los fósiles de dinosaurio? ¿Hay alguna evidencia a favor de un diluvio universal sólo unos cuantos miles de años antes de Cristo? ¿Es cierto que la tierra tiene cuatro mil quinientos millones de años? La mayor parte de los evangélicos, convencidos de que el mundo de Dios está de acuerdo con la Palabra de Dios, buscan respuestas a estas penetrantes preguntas, y a otras.

Hablando en términos generales, los cristianos evangélicos siguen uno de los cuatro modelos que intentan proporcionar una armonización entre la revelación especial de Dios (la Biblia) y su revelación general (lo que observamos hoy en el universo). Estos puntos de vista son (1) la evolución teísta; (2) la teoría de la interrupción, llamada también el concepto de ruina y reconstrucción; (3) el creacionismo por decreto, llamado también teoría de la tierra joven; y (4) el creacionismo progresivo, llamado también teoría de los días-épocas.

Examinaremos brevemente todos los anteriores, con la excepción de la evolución teísta. El estudio de ésta no sirve aquí a ningún propósito útil, porque básicamente, sus partidarios aceptan todo lo que propone el evolucionismo secular, con la condición de que se indique que Dios estaba supervisando todo el proceso. Los partidarios de la evolución teísta niegan, como es de esperar, que se usen *yatsar* y *asá* en una forma paralelamente sinónima en los relatos de la creación, sino que en lugar de esto, incluyen el concepto de una evolución que ha tenido lugar a lo largo de largos eones de tiempo.

Además de esto, necesitaremos hacer ciertas generalizaciones en nuestro estudio. Aunque un escritor no represente de manera adecuada dentro de cierto modelo el consenso en todos los detalles dentro del modelo, por la brevedad, podemos permitir que ese escritor represente a todos, de una manera general. En realidad, no hay un solo autor que esté de acuerdo con todas las conclusiones a las que llegan los demás que sostienen el mismo punto de vista. Por último, muchos autores no especifican la identidad de su modelo general.

Dejando a un lado la evolución teísta por el momento, los otros tres puntos de vista están de acuerdo en que la macroevolución, la transmutación de un tipo de organismo en otro tipo más complejo (esto es, la evolución entre especies), nunca ha tenido lugar (como que un reptil se haya convertido en ave, o un mamífero de tierra se haya convertido en mamífero acuático). No obstante, los tres puntos de vista están de acuerdo en que sí ha tenido lugar una microevolución, una serie de cambios pequeños dentro de los organismos (esto es, la evolución dentro de una misma especie, como el cambio de color en las polillas, el cambio de longitud en el pico o en el color del plumaje de las aves, o la variedad que observamos en los seres humanos, todos los cuales son descendientes de Adán y Eva). Los tres puntos de vista están de acuerdo en que se debe adorar a Dios como el Creador, y en que Él, sobrenaturalmente, y sin la interrupción de ninguna otra causa o agente (por medio de actos creadores distintos y sobrenaturales), creó a los antepasados genéticos de los grandes grupos de organismos vegetales y animales que observamos hoy. Finalmente, los tres puntos de vista están de acuerdo en que los seres humanos derivan su valor, o dignidad, del hecho de haber sido creados directamente a imagen de Dios. En el estudio que sigue, debemos mantener siempre presentes las zonas de acuerdo citadas en este párrafo.

La teoría de la interrupción. Los defensores de la teoría de la interrupción sostienen que hubo una "creación primitiva" en el pasado remoto, y a ésta se refiere Génesis 1:1.

Isaías 45:18 dice: "Porque así dijo Jehová, que creó los cielos; él es Dios, el que formó la tierra, el que la hizo y la compuso; no la creó en vano [heb. *tohú, desordenada*], para que fuese habitada la creó." Este versículo, al hablar de los teóricos de la interrupción, demuestra que no se puede tomar el significado de Génesis 1:2 como relacionado con que la creación original de Dios estuviese desordenada [heb. *tohú*] y vacía, sino que había un buen orden creado, que contenía uniformidad, complejidad y vida.

Los partidarios de la teoría de la interrupción proponen que Satanás, quien habría sido un arcángel antes de su caída, gobernaba esta tierra preadámica en un reinado que originalmente era perfecto. Entonces, se rebeló, junto con las ciudades y naciones de la población preadámica. En ese momento la tierra (su dominio) fue maldita y destruida por una inundación (a cuyos restos se refiere Génesis 1:2, al hablar de "la faz del abismo"). Este versículo señala que "la tierra estaba desordenada y vacía". Arthur Custance sostiene que la frase "desordenada y vacía" se refiere a un vacío arruinado y devastado, como consecuencia de un juicio y, por tanto, se debería traducir como "una ruina y una desolación".

Los teóricos de la interrupción citan Isaías 24:1 y Jeremías 4:23–26 como evidencias de este cataclísmico juicio de Dios (aunque estos pasajes se refieren al juicio futuro). En cuanto al Nuevo Testamento, afirman que las palabras de Jesús en Mateo 13:35, "desde la fundación del mundo", significan literalmente "desde el derrocamiento del mundo". 2 Pedro 3:6–7 no se referiría tampoco al diluvio de Noé (se dice que el contexto es "el comienzo de la creación"), sino que se referiría al primer diluvio, que habría destruido el mundo preadámico.

Algunos defensores de la teoría de la interrupción señalan al *rebhiá*, acento disyuntivo introducido por los rabinos de la Edad Media entre Génesis 1:1 y 1:2 para indicar la presencia de una subdivisión. Asimismo, la conjunción hebrea *vav* puede significar "y", "pero" o "ahora bien". Los teóricos de la interrupción prefieren leer el versículo dos de esta forma: "La tierra se volvió sin forma y vacía", aunque admiten que la Biblia no nos dice cuánto tiempo pasó mientras la tierra se hallaba en este estado caótico, o de interrupción, entre Génesis 1:1 y 1:2. H. Thiessen dice: "El primer acto creador tuvo lugar en el pasado inmemorial, y entre él y la obra de los seis días hay lugar amplio para todas las eras geológicas."[2]

Sin embargo, los teóricos de la interrupción sostienen que Dios comenzó finalmente el proceso creativo de nuevo en la neocreación o reconstrucción de Génesis 1:3–31. Afirman también que el lenguaje de los pasajes "hizo Dios" permite que se trate de una re-creación o una remodelación del universo, y no tienen que limitarse a sucesos ocurridos por vez primera. Algunos teóricos de la interrupción toman los "días" de la creación como días de veinticuatro horas. Otros consideran los "días" de Génesis 1 como períodos de una extensión indefinida.

Entienden que las palabras de Génesis 1:28, "Fructificad y multiplicaos; llenad la tierra", sugieren en realidad no un llenarla, sino un volverla a llenar, con lo que se querría decir que la tierra había estado llena anteriormente, y ahora necesitaba que se la llenara de nuevo. Algunos señalan el hecho de que Dios emplea esta misma palabra cuando le ordena a Noé que "llene" la tierra en Génesis 9:1.

Además de esto, el pacto de Génesis 9:13–15 (donde Dios promete que "no habrá más diluvio de aguas para destruir a toda carne"), podría sugerir que Dios había utilizado esta forma de juicio en más de una ocasión.

Se toman los fósiles humanos más antiguos, junto con los fósiles de dinosaurio, como evidencias de este mundo preadámico. La nota de la Biblia Scofield explica: "Releguemos a los fósiles a la creación primitiva, y no queda conflicto alguno entre la ciencia y la cosmogonía del Génesis."

G. H. Pember afirma:

> Entonces, puesto que los restos fósiles pertenecen a criaturas anteriores a Adán y, sin embargo, muestran evidentes huellas de enfermedad, muerte y destrucción mutua, deben haber pertenecido a otro mundo, y tener una historia propia manchada por el pecado; una historia que terminó en su propia ruina y la del lugar donde habitaban.

A pesar de todo, la teoría de la interrupción presenta varios puntos débiles. El idioma hebreo no da lugar a una interrupción de millones o miles de millones de años entre Génesis 1:1 y 1:2. Tiene una forma especial que indica secuencia, y comienza a usar esa forma a partir del versículo tres. Nada indica secuencia entre el 1:1 y el 1:2. Por tanto, muy bien se podría traducir el 1:2 de esta forma: "Ahora [esto es, en el momento del principio], la tierra carecía de forma y estaba vacía de habitantes."

Hoy en día, los eruditos en Antiguo Testamento suelen reconocer que Génesis 1:1 funciona como una declaración resumida e introductoria sobre la creación, sobre la cual amplía detalles el resto del capítulo. El versículo no describe a un mundo preadámico, sino que le presenta al lector el mundo que Dios creó sin forma y vacío. Esto es, Dios no creó la tierra con su forma presente de continentes y montañas, ni la creó con gente ya en ella. En los tres primeros días, le dio forma a su creación; en los días del cuarto al sexto, la llenó. El resto de la Biblia mira estos días como creación; no como una re-creación.

Además de esto, los verbos *bará, yastar* y *asá* son utilizados en un paralelismo sinónimo en diversos pasajes del Génesis y de otros libros de la Biblia. Debemos ser cautelosos al asignarles un significado ampliamente distinto a estos verbos, simplemente porque está más de acuerdo con una cierta teoría armonizadora. Además, el término "llenar" (1:28) *no* significa "volver a llenar" algo que ya ha estado lleno anteriormente; solamente significa "llenar". También, la palabra "estaba" del versículo dos ("la tierra estaba desordenada y vacía") no se debe traducir como "se convirtió" o "se había vuelto", como sostienen los teóricos de la interrupción.[4]

Por último, la teoría de la interrupción se derrota a sí misma. Al relegar todos los estratos que contienen fósiles al mundo preadámico, con el fin de armonizar Génesis 1 con los datos científicos, elimina toda evidencia de una catástrofe acuática global en los tiempos de Noé. Custance, el defensor más técnico de la teoría de la interrupción en la segunda mitad del siglo veinte, notó esta dificultad y optó por un diluvio local en Mesopotamia y los lugares que la rodean. Sin embargo, Génesis 6:7, 13, 17; 7:19–23; 8:9, 21 y 9:15–16, dicen claramente que el diluvio tuvo una extensión universal.

El creacionismo por decreto. Otro punto de vista entre los cristianos evangélicos de hoy es el creacionismo por decreto, conocido también como la teoría de la tierra joven. Los que sostienen el creacionismo por decreto piensan que se deben interpretar las

Escrituras de manera literal cada vez que sea posible, a fin de llegar a la intención-verdad original del autor. Por consiguiente, los partidarios de la creación por decreto sostienen que se pueden hacer cálculos generales a partir de la fecha de la construcción del templo en 1 Reyes 6:1 (966–967 a.C.), que nos remontarían hasta la creación de Adán en el sexto día de la semana creadora. Aun cuando los escritores bíblicos no hubiesen tenido la intención de que se realizaran cálculos matemáticos de esta índole, con todo, puesto que la Palabra de Dios es inerrante, los resultados serían exactos. Por tanto, estos versículos parecerían indicar que la tierra no tiene más de diez mil años de edad, a lo sumo.

Los partidarios de la creación por decreto sostienen que Dios creó el universo por medio de un *fiat* suyo (lat., "hágase", un decreto inmediato y sobrenatural). No necesitó millones, ni miles de millones de años para realizar sus propósitos. Los que apoyan este punto de vista dicen que los días de la creación en Génesis 1 se deben tomar como días, en el sentido en que se entiende el término corrientemente, puesto que ésta es la forma en que los hebreos entendieron el término. Éxodo 20:11, al explicar el motivo por el cual se debía guardar el sábado, afirma: "En seis días hizo Jehová los cielos y la tierra, el mar, y todas las cosas que en ellos hay, y reposó en el séptimo día" (véase también Marcos 2:27). Es inconcebible, afirman los partidarios del creacionismo por decreto, que Dios le hubiera comunicado esto a Moisés si, en realidad, sus actos creadores de Génesis 1 habían tomado miles de millones de años."

Los partidarios de la creación por decreto ponen en tela de juicio las edades tan antiguas a las que se ha llegado por medio de diversas formas de fijación de fechas por métodos radiométricos. En primer lugar, nunca será posible probar las siguientes suposiciones del sistema de medición radiométrica: (1) que Dios no creó la tierra con lugares radioactivos donde hubiera elementos hijos (elementos que también son producto de la desintegración radioactiva) ya presentes; (2) que la velocidad de desintegración radioactiva haya sido constante durante cuatro mil quinientos millones de años; y (3) que no haya existido filtramientos de elementos base o hijos en cuatro mil quinientos millones de años. En segundo lugar, los trabajos recientes en el campo de la física nuclear parecen poner una interrogante sobre el sistema de fechar con uranio-238. Y en tercer lugar, la fijación de fechas por métodos radiométricos no es de fiar porque, según el método que se utilice, se puede "demostrar" que la tierra tiene desde cien hasta millones de años de existencia. Por consiguiente, los diversos métodos son fuertemente incoherentes entre sí.

Además de esto, los partidarios de la creación por decreto creen que Dios creó la biosfera entera en un estado maduro y en pleno funcionamiento (con humanos y animales adultos; árboles maduros que producían frutos, etc.), e hizo lo mismo con el universo físico (la atmósfera, el suelo rico en nutrientes con materia orgánica muerta en él; la luz de las estrellas ya alcanzaba a las estrellas, etc.). Henry Morris llama a esto el estado de "plenitud funcional". Por consiguiente, aun cuando los partidarios de esta idea acepten que se producen mutaciones (que casi siempre son dañinas) y variaciones horizontales (como las variedades caninas), niegan que haya tenido lugar jamás una macroevolución.

Por último, los partidarios de la creación por decreto sostienen que la mayor parte de los estratos que tienen fósiles, o todos ellos, fueron depositados durante el diluvio de Noé, o inmediatamente después, mientras las aguas se retiraban. El diluvio de Noé fue un suceso catastrófico de dimensiones mundiales, precipitado por el desbordamiento de las aguas subterráneas, junto con el derrumbe de un dosel de vapor de agua que en un tiempo rodeaba el planeta. Por consiguiente, los estratos fósiles sirven en realidad para dos propósitos teológicos: (1) son silencioso testimonio de que Dios no permite que el pecado sin arrepentimiento continúe de manera indefinida su desenfreno, y (2) dan testimonio de que Dios destruyó todo el mundo en el pasado en un acto de juicio, y de que, con toda certeza, puede hacerlo en el futuro.

El modelo de deposición durante el diluvio requiere que los dinosaurios y los seres humanos modernos hayan caminado sobre la tierra al mismo tiempo. Sin embargo, es posible que los seres humanos de aquellos tiempos no supieran de la existencia de los dinosaurios (así como la mayor parte de la gente de hoy nunca ha visto un oso o un gran felino salvaje). Los dinosaurios eran herbívoros antes de la caída, como lo eran todos los animales de la tierra (Génesis 1:29–30; véase 9:1–3). En el reino futuro ideal de Dios, los animales no se devorarán entre sí (Isaías 11:6–9; 65:25), y es posible que regresen al estado en que se encontraban antes de la caída. Por tanto, es típico de los que sostienen el creacionismo por decreto el sostener que no había muerte en la creación "buena en gran manera" de Dios, antes de la caída de los seres humanos en Génesis 3 (véase Romanos 5:12–21; 1 Corintios 15:21–22). Los partidarios del creacionismo por decreto señalan también que todos los modelos que hablan de una tierra vieja deben explicar la carnicería anterior a la caída en su teoría.

El creacionismo por decreto, como todos los otros puntos de vista, tiene sus problemas. Algunos de los que proponen la teoría de la tierra joven, ansiosos por reforzar su argumento con evidencias, tienen la tendencia de abrazar los hallazgos sin una mente crítica. Esto era especialmente cierto hace un buen número de años. Por ejemplo, hubo una ocasión en que los creacionistas por decreto le dieron publicidad al hallazgo de unas supuestas huellas humanas fosilizadas en el lecho del río Paluxy, en Texas. Las investigaciones posteriores de los creacionistas pusieron en duda la identidad de estas huellas, y posteriormente se retiraron los materiales publicados acerca de ellas. Ha habido otros casos similares, como la aceptación por parte de algunos partidarios del creacionismo con una tierra joven, de una reducción de tamaño en el sol, y una reciente disminución en la velocidad de la luz, por un factor de diez millones.[4] Con toda justicia hemos de decir que gran parte de la crítica y el rechazo de estas supuestas evidencias a favor de una tierra joven proceden del mismo campo del creacionismo por decreto.

Otra debilidad del creacionismo por decreto se manifiesta en la tendencia a utilizar una interpretación totalmente estricta de las Escrituras. No reconoce que las palabras hebreas puedan tener más de un significado, tal como les sucede a las de los idiomas modernos. Sin embargo, algunos han utilizado este tipo de métodos con el fin de hallar apoyo para los principios de una tierra joven. Por supuesto, otra debilidad consiste en el marcado desacuerdo con todas las formas de fijación de fechas por medios radiométricos, así como el rechazo de los datos no radiométricos que parecen indicar que la tierra es más vieja.[2]

El creacionismo progresivo. El último de los modelos propuestos por los evangélicos es el creacionismo progresivo, o teoría de los días-eras. Los que apoyan este modelo sostienen que los días de creación de que habla Génesis 1 connotan períodos superpuestos de tiempo indeterminado. Lo típico de los partidarios de una creación progresiva es señalar la presencia de pasajes en el Antiguo Testamento, donde la palabra "día" significa algo más amplio que un día literal de veinticuatro horas. Hacen notar que entre los sucesos de Génesis 2:7–23 se incluye la puesta de nombre a los animales y las aves, que tuvo lugar al final del sexto "día". Creen que Dios creó diversos prototipos de plantas y animales durante diferentes etapas superpuestas, y a partir de allí, los procesos de microevolución han producido la variedad de flora y fauna que observamos hoy.

Los partidarios de la creación progresiva suelen rechazar la macroevolución y hacer la observación de que los científicos están poniendo cada vez más en tela de juicio "la legitimidad de la extrapolación de las observaciones sobre la microevolución a una macroevolución". También reconocen que las genealogías que aparecen en la Biblia no tienen por intención la construcción de una cronología exacta.

Muchos consideran que Génesis 1 fue escrito desde el punto de vista de un hipotético observador situado en la tierra. El versículo 1 sólo pone de relieve que todo tuvo un verdadero principio, y que Dios es el Creador de todo. El versículo 2 describe la tierra como carente de formas (tales como continentes y montañas) y sin habitantes. Es decir, Dios no creó la tierra con gente ya en ella. Los versículos 3 y 4 hablan de la creación de la luz, sin indicar la fuente. El versículo 5 indica que la tierra rotaba sobre su eje. Los versículos 6 al 8 describen la formación de la atmósfera, con un manto de nube que cubría el océano original. Los versículos 9 y 10 describen la formación de diversas cuencas oceánicas y la primera masa de tierra, o continente. Los versículos 11 al 13, en una expresión sumaria, hablan de los diferentes actos iniciales de creación de vida en el planeta. Los versículos 14 al 19 proporcionan un relato de la creación del sol, la luna y las estrellas, los cuales habrían sido visibles por vez primera en la tierra, debido al menos a una abertura inicial en el manto de nube. El resto de Génesis 1 revela los distintos actos creativos finales en la creación progresiva de Dios, todos los cuales es posible que hayan tenido lugar al ir pasando el tiempo.

Muchos partidarios de la creación progresiva creen que aún estamos viviendo en el sexto día de la creación y que el día de descanso sabático de Dios tendrá lugar en el estado eterno. Otros creen que estamos en el séptimo día de la creación, porque la palabra "descansó" significa "cesó", y no se indica que haya terminado el día séptimo en Génesis 2:3. No hay nada en la Biblia que indique que Dios está creando nuevos universos en el presente.

Los partidarios de la creación progresiva dicen que, debido a que los cristianos son los administradores de la creación de Dios (Génesis 1:28), y a que "los cielos cuentan la gloria de Dios" (Salmo 19:1), la búsqueda de conocimientos científicos debería estar "orientada hacia Dios", en lugar de estar orientada hacia las cosas, o hacia el conocimiento en sí. Rechazan la perspectiva humanista, mecanicista y naturalista que predomina en la ciencia contemporánea. No obstante, aunque rechacen las filosofías y especulaciones de los científicos naturalistas, están dispuestos a volver a examinar las Escrituras si alguna interpretación previa de la creación se basa en teorías que quedan claramente desacreditadas por los datos descubiertos en la investigación científica.

Estos creacionistas consideran los depósitos fósiles conservados en los estratos geológicos como testigo silencioso del paso de períodos de tiempo más bien largos; con todo, reconocen que los fósiles, en sí, descienden en línea directa desde los tiempos más remotos. Con respecto a la teoría de una tierra joven, un partidario del creacionismo progresivo dice: "Puesto que no es capaz de manejar satisfactoriamente una multitud de datos relevantes, el modelo reciente de creación y diluvio universal no puede ... explicar una amplia diversidad de fenómenos geológicos."[3]

El creacionismo progresivo tiene tres puntos débiles importantes. En primer lugar, algunos de sus partidarios ponen demasiada confianza en la capacidad de la ciencia para reconocer la verdad. Por ejemplo, Hugh Ross nos presenta una alternativa al "punto de vista de una sola revelación", en el cual la Biblia es la única fuente de verdad con autoridad. En lugar de esto, propone "una teología de doble revelación", en la cual se interpreta la Biblia (una forma de revelación) a la luz de lo que nos dice la ciencia (otra forma de revelación con una autoridad igual a la primera). En resumen, los partidarios de una creación progresiva que proponen este punto de vista tienden a violar el principio de *Sola Scriptura* de la Reforma. Sin embargo, sí reconocen que "el teísmo cristiano se halla en confrontación directa con el monismo naturalista de la mayor parte de los evolucionistas", y también les preocupa mantener "la integridad bíblica del relato del Génesis". Muchos de estos creacionistas rechazan el punto de vista de otros dentro de su propio campo, quienes sostienen que la revelación de Dios en la naturaleza tiene la misma autoridad que la Biblia.

El segundo punto débil del creacionismo progresivo se relaciona con el primero. Cuando sus partidarios rechazan la creación por decreto porque se basan en una ciencia que ellos consideran obsoleta, hay el peligro de que el péndulo se vaya muy lejos en el sentido contrario, trayendo como consecuencia una dependencia excesiva desde el punto de vista hermenéutico, de la ciencia actual. Si esto sucede, podría producir una "viuda teológica" (esto es, una interpretación teológica basada en una teoría científica ya abandonada) en la próxima generación. J. P. Moreland, filósofo evangélico, nos recuerda que la ciencia existe en un constante estado de movimiento. Lo que se considera verdadero hoy, es posible que no sea considerado bajo la misma luz dentro de cincuenta años. Moreland señala que la ciencia ha cambiado tanto en los últimos doscientos años, que no es correcto hablar de un *cambio* en la forma en que ésta mira al mundo y proporciona soluciones a sus problemas, sino más bien de un *abandono* absoluto de teorías antiguas, y formas antiguas de ver el mundo, a favor de otras nuevas, aun cuando la terminología permanezca inalterada. Lo mismo les sucederá a las teorías sostenidas actualmente.

El tercer punto débil del creacionismo progresivo consiste en que, una vez que se asignen los estratos geológicos a largas eras de deposición gradual, no queda evidencia clara alguna de un diluvio universal, fuera de la propia Biblia (Génesis 6:7, 13, 17; 7:19–23; 8:9, 21; 9:15–16). Muchos científicos evangélicos que son partidarios de la creación progresiva se atienen a explicaciones de algún tipo sobre un diluvio localizado.

Armonización de los puntos de vista. Si todos los intentos actuales por lograr una armonía entre la Biblia y la ciencia están plagados de dificultades, ¿por qué tenerlos en cuenta? En primer lugar, algunas preguntas necesitan una respuesta, y estamos convencidos de que, al ser Dios un Dios veraz y constante (Números 23:19; Tito 1:2; Hebreos 6:18; 1 Juan 5:20; Apocalipsis 6:10), su Palabra está de acuerdo con su mundo. En segundo lugar, la Biblia misma parece evocar evidencias para apoyar creencias (Hechos 1:3; 1 Corintios 15:5–8; 2 Pedro 1:16; 1 Juan 1:1–3); parece sugerir que necesitamos tener algo inteligente que decir con respecto a la ciencia y a ella misma, si se nos pregunta (Colosenses 4:5–6; Tito 1:9; 1 Pedro 3:15; Judas 3).

Aunque con dificultad, los intentos evangélicos anteriores por lograr una armonía hacen mucho en cuanto a responder las preguntas, tanto de santos como de pecadores. En resumen, los principios básicos en los cuales están de acuerdo los defensores de todos los puntos de vista son los siguientes:

1. La generación espontánea de la vida a partir de la falta de vida es imposible. Los que tratan de crear vida en un tubo de ensayo "marcan las cartas" de manera poco honrada a su favor.

2. Las variaciones genéticas parecen tener límites; no se presentan en todas direcciones, y las mutaciones son casi siempre dañinas.

3. La mejor explicación de la diferenciación entre especies tiene que ver con el aislamiento ecológico, y no con unos procesos macroevolutivos.

4. El registro fósil contiene vacíos entre las formas principales de organismos vivos; vacíos que no son capaces de producir ningún tipo de eslabones perdidos (los cuales deberían estar presentes por miles, si la evolución fuese cierta).

5. La mejor manera de explicar la homología (las similaridades observadas en los organismos vivos) se halla en función de un diseño inteligente, y del uso intencionalmente repetido de modelos; no en unos supuestos antepasados comunes.

Por tanto, el estudio de los creacionistas ha generado varias respuestas importantes a las preguntas que se están haciendo. Sin embargo, sería útil que los partidarios de todos estos puntos de vista reconocieran sencillamente que las Escrituras no hablan en apoyo de sus modelos de la manera concreta en que ellos querrían que lo hiciesen. Debemos tener el cuidado de dar reconocimiento pleno a las limitaciones y al estado caído de la humanidad (Jeremías 17:9; 1 Corintios 2:14; Tito 1:15–16). No se puede considerar al pensamiento humano como una capacidad neutra, objetiva y eficaz en sí misma y por sí misma. Así nos lo recuerda Eta Linnemann, convertida del método de interpretación histórico-crítico a una fe salvadora: "La regulación necesaria del pensamiento debe tener lugar a través de la Santa Escritura. Ella es la que controla los procesos mentales. El pensamiento debe subordinarse a la Palabra de Dios. Si brotan las dificultades, no ha de poner en duda la Palabra de Dios, sino su propia sabiduría." El Espíritu Santo usa la Palabra, y este principio orientador es capaz de soportar la prueba del tiempo.

LA CREACIÓN Y NATURALEZA DE LOS SERES HUMANOS

No es posible separar los propósitos de Dios, de su creación. Dios creó el universo con la visión de llegar a una relación perdurable con la humanidad. Los escritores bíblicos, con un lenguaje que no admite equivocaciones, le atribuyen la creación — todo cuanto existe y es "no-Dios" — al Dios uno y trino. Puesto que Dios es el Creador, sólo Él es digno de nuestra reverencia y adoración. El hecho de que sea Dios mismo el que sostenga actualmente al universo nos proporciona seguridad en medio de las pruebas de la vida. Además de esto, el punto de vista bíblico (a la luz de la creación), afirmaría que la creación física es básicamente ordenada (lo cual hace posible la ciencia) y beneficiosa para la existencia humana. También, los seres humanos mismos son "buenos" cuando se hallan en relación con Dios. Por último, toda la creación se mueve hacia el punto culminante redentor en Jesucristo, en "los nuevos cielos y la nueva tierra".

La terminología bíblica sobre la humanidad

Los escritores del Antiguo Testamento tenían a su disposición numerosos términos cuando describían al ser humano. Quizá el más importante, que aparece quinientas sesenta y dos veces, es *adam*. Esta palabra se refiere a la humanidad (en la que se incluyen tanto hombres como mujeres), como la imagen de Dios y el punto culminante de la creación (Génesis 1:26–28; 2:7). La humanidad fue creada después de celebrarse un consejo divino especial (v. 26), según el prototipo divino (vv. 26–27), y fue colocada en una posición exaltada por encima del resto de la creación (v. 28). Los escritores bíblicos empleaban la palabra *adam* con el significado de "humanidad" (como sustantivo) o de "humano" (como adjetivo). Con menor frecuencia, la palabra se refiere al ser humano llamado Adán.

Otro término genérico, que aparece cuarenta y dos veces en el Antiguo Testamento, es *enosh*, una palabra cuyo significado principal es el de "humanidad" (Job 28:13; Salmo 90:3; Isaías 13:12). En ocasiones, la palabra se puede referir a una sola persona, pero sólo en el sentido más general (Isaías 56:2). El término *ish*, que aparece dos mil ciento sesenta veces en el Antiguo Testamento, es un término más especializado, que se refiere al hombre como varón, o esposo, aunque algunas veces el escritor usa *ish* para hablar de la "humanidad" en general, especialmente cuando quiere distinguir entre Dios y ella. Los escritores del Antiguo Testamento utilizaron el término *guéver* sesenta y seis veces para describir juventud y fortaleza, usándolo a veces hasta para referirse a mujeres y niños. Hay una palabra relacionada, *guibbor*, cuyo significado típico tiene que ver con hombres poderosos; guerreros o héroes.

Pasando al Nuevo Testamento, hallamos el término *ánzropos*, que significa "humanidad" en términos generales, para distinguir a los humanos de los animales (Mateo 12:12); los ángeles (1 Corintios 4:9); Jesucristo (Gálatas 1:12, aunque Él es el *ánzropos* de Filipenses 2:7 y 1 Timoteo 2:5); y Dios (Juan 10:33; Hechos 5:29). La palabra *anzrópinos* también separa a la humanidad de los animales en el orden creado por Dios (Santiago 3:7); además de distinguir en ocasiones entre los humanos y Dios (Hechos 17:24–25; 1 Corintios 4:3–4). Algunas veces, Pablo usa *anzrópinos*, con la connotación de las limitaciones inherentes al ser humano (Romanos 6:19; 1 Corintios 2:13).

Debido al uso genérico de términos como *adam*, *enosh* y *ánzropos*, los creyentes deben tener cuidado a la hora de desarrollar doctrinas que distingan entre los papeles masculinos y femeninos. Numerosas versiones modernas no distinguen entre los términos generales y los términos que especifican género. Incluso cuando se usan palabras orientadas de manera más específica al género (como *ish* o *guéver* en el Antiguo Testamento, y *anér* en el Nuevo), es posible que la enseñanza no se limite al género al que se está dirigiendo, porque muchas veces las palabras se superponen en cuanto a su significado. Por ejemplo, aun la palabra "hermanos" (*adelfói*), normalmente un término específico para un género, incluye de manera implícita con frecuencia también a las "hermanas".

Con frecuencia, los escritores bíblicos describen a la humanidad como un conjunto de criaturas llenas de pecado, y necesitadas de redención. Ciertamente, no podemos estudiar a la humanidad en la Biblia en un sentido abstracto porque las afirmaciones acerca de ella "siempre son en parte pronunciamientos teológicos". En resumen, es bastante típico de los escritores bíblicos el que representen a la humanidad pervirtiendo el conocimiento de Dios en rebelión contra su ley (Génesis 6:3, 5; Romanos 1:18–32; 1 Juan 1:10). Por consiguiente, Jesús hace un llamado universal al arrepentimiento (Mateo 9:13; Marcos 1:15; Lucas 15:7; Juan 3:15–18), como hacen varios autores del Nuevo Testamento. Ciertamente, "Dios ha colocado a los seres humanos en el centro mismo de su atención, a fin de redimirlos para sí y habitar con ellos para siempre".

El origen de la humanidad

Los escritores bíblicos sostienen de manera constante que Dios creó a los seres humanos. Los pasajes de las Escrituras que tratan sobre los detalles con mayor precisión indican que Dios creó al primer hombre directamente, a partir del polvo (húmedo) de la tierra. Aquí no hay lugar para el desarrollo gradual a partir de formas de vida más sencillas, hacia otras más complejas, y culminando con los seres humanos. En Marcos 10:6, Jesús mismo afirma: "Al principio ['desde el principio', KJV] de la creación, 'varón y hembra los hizo Dios'." No cabe duda alguna de que la evolución está en desacuerdo con el relato bíblico. La Biblia indica claramente que el primer hombre y la primera mujer fueron creados a imagen de Dios, al principio de la creación (Marcos 10:6), y no fueron tomando forma a lo largo de millones de años de procesos macroevolutivos.

En un asombroso pasaje, el Génesis relata la creación especial de la mujer por parte de Dios: "Y de la costilla que Jehová Dios tomó del hombre, hizo una mujer" (2:22). Aquí, la palabra original traducida "costilla" es *tselá*, un término usado sólo en este lugar del Antiguo Testamento para referirse a un componente anatómico humano. En los demás lugares, la palabra significa el costado de una colina, quizá un risco o una terraza (2 Samuel 16:13), los lados del arca del pacto (Éxodo 25:12, 14), una cámara lateral en un edificio (1 Reyes 6:5; Ezequiel 41:6), y las hojas de una puerta plegable (1 Reyes 6:34). Por tanto, la palabra podría tener el significado de que Dios tomó parte del costado de Adán, incluyendo huesos, carne, arterias, venas y nervios, puesto que más tarde, el hombre dirá que la mujer es "hueso de mis huesos y carne de mi carne" (Génesis 2:23). La mujer fue hecha "del mismo material" que el hombre (es decir, que compartía su misma esencia). Además, este pasaje (y otros) señala con claridad que la mujer fue objeto de la actividad creadora directa de Dios, tal como lo había sido el hombre.

Los componentes básicos de los seres humanos

¿Cuáles son los componentes básicos que forman al ser humano? La respuesta a esta pregunta suele comprender un estudio sobre los términos "mente", "voluntad", "cuerpo", "alma" y "espíritu". De hecho, los escritores bíblicos utilizan una amplia variedad de términos para describir los componentes elementales del ser humano.

La Biblia habla de "corazón", "mente", "riñones", "lomos", "hígado", "partes interiores" e incluso "entrañas" como componentes de las personas que contribuyen a su capacidad distintivamente humana para reaccionar ante determinadas situaciones. El hebreo utilizaría la palabra "corazón" (*lev, levav*) para referirse al órgano físico, pero con mayor frecuencia, en el sentido abstracto que denotaría la naturaleza interna, la mente interna o los pensamientos, los sentimientos íntimos o emociones, los impulsos profundos, e incluso la voluntad. En el Nuevo Testamento, "corazón" (*kardía*) también se podía referir al órgano físico, pero significa principalmente la vida interior con sus emociones, pensamientos y voluntad, así como el lugar donde habitan el Señor y el Espíritu Santo.

Los escritores del Antiguo Testamento también utilizaban el término *kilyá*, "riñones", para referirse a los aspectos íntimos y los secretos de la personalidad. Por ejemplo, Jeremías se lamenta ante Dios con respecto a la falta de sinceridad de sus compatriotas. "Cercano estás tú en sus bocas, pero lejos de sus riñones" (Jeremías 12:2, traducción literal). En el Nuevo Testamento se usa *nefroi*, "riñones", una sola vez (Apocalipsis 2:23), cuando Jesús le advierte al ángel de la iglesia de Tiatira: "Todas las iglesia sabrán que yo soy el que escudriña riñones y corazones" (literal).

Algunas veces, los escritores del Nuevo Testamento utilizaron la palabra *splanjna*, "entrañas" ("intestinos", 1 Juan 3:17), para referirse a la actitud de una persona. Jesús "tuvo compasión" ante la multitud (Marcos 6:34; véase también 8:2). En estos pasajes, el significado parece ser "misericordia llena de amor". En un lugar, *splanjna* parece ser paralelo en significado a *kardía*, "corazón" (2 Corintios 6:12); en otro, aparece donde esperaríamos la palabra *pnéuma* ("espíritu", 2 Corintios 7:15).

Los escritores del Nuevo Testamento hablaban también con frecuencia de la "mente" (*nús, diánoia*) y la "voluntad" (*zélema, búlema, búlesis*). La "mente" es la facultad de la percepción intelectual, además de la capacidad para alcanzar juicios morales. En ciertas apariciones dentro del pensamiento griego, la "mente" parece un concepto paralelo al término *lev*, "corazón", en el Antiguo Testamento. En otras ocasiones, es evidente que los griegos distinguían entre ambos (véase Marcos 12:30). En cuanto a la "voluntad", "se puede presentar la voluntad humana, o volición, por una parte, como un acto mental dirigido hacia el libre albedrío. En cambio, por otra, puede estar motivada por un anhelo que ejerce su presión desde el inconsciente". Puesto que los escritores bíblicos utilizan estos términos de maneras diversas (tal como lo hacemos nosotros en el lenguaje diario), es difícil decidir con exactitud a partir de las Escrituras dónde termina la "mente" y comienza la "voluntad".

Es evidente que muchos de los términos que hemos estudiado son algo ambiguos y, ciertamente, coinciden al menos parcialmente a veces. Ahora dirigimos nuestro estudio a los términos "cuerpo", "alma" y "espíritu". ¿Es posible incorporar todos los términos mencionados anteriormente a componentes como "alma" y "espíritu"? ¿O bien, una división así sería artificial, y lo más que podemos esperar es una división entre lo material y lo inmaterial?

Los escritores bíblicos tenían una amplia variedad de términos entre los cuales podían escoger al referirse al "cuerpo". Los hebreos podían hablar de la "carne" (*basar*, *sh*ᵉ*er*); "alma" (*nefesh*), para referirse al cuerpo (Levítico 21:11; Números 5:2, donde el significado es el de un "cuerpo muerto"), y "fortaleza" (*m*ᵉ*od*), con el significado de la "fortaleza" de nuestro cuerpo (Deuteronomio 6:5). Los escritores del Nuevo Testamento hablaban de la "carne" (*sarx*, que a veces tomaba el significado del cuerpo físico), la "fortaleza" (*isjs*) del cuerpo (Marcos 12:30), o, más frecuentemente, del "cuerpo" (*sóma*), que aparece 137 veces.

Para hablar del alma, el término principal de los hebreos era *nefesh*, que aparece 755 veces en el Antiguo Testamento. Lo más frecuente es que esta palabra de amplio significado quiera decir sencillamente la "vida", el "yo", la "persona" (Josué 2:13; 1 Reyes 19:3; Jeremías 52:28). Cuando es utilizada en este sentido amplio, *nefesh* describe lo que somos: somos almas, somos personas (en este sentido, no "poseemos" alma ni personalidad). A veces, *nefesh* se puede referir a "la voluntad o deseo" de una persona (Génesis 23:8; Deuteronomio 21:14). Sin embargo, en ocasiones toma la connotación de ese elemento que hay en los seres humanos, que posee diversos apetitos o hambres. Con este término, los escritores del Antiguo Testamento se referían al hambre física (Deuteronomio 12:20), al impulso sexual (Jeremías 2:24) y a un anhelo moral (Isaías 26:8-9). En Isaías 10:18 aparece *nefesh* junto con "carne" (*basar*), evidentemente para denotar a la persona total.

Los escritores del Nuevo Testamento utilizaron en ciento una ocasiones la palabra *psyjé* para describir el alma de la persona humana. En el pensamiento griego, el "alma" podía ser (1) el asiento de la vida, o la vida misma (Marcos 8:35); (2) la parte interior del ser humano, equivalente al yo, la persona o la personalidad (la Septuaginta traduce veinticinco veces el hebreo *lev*, "corazón", con el término *psyjé*); o (3) el alma, en contraste con el cuerpo. Es probable que el vocablo *psyjé*, como elemento conceptual de los seres humanos, significara "visión interior, voluntad, disposición, sensaciones, poderes morales" (Mateo 22:37). Sin embargo, no es fácil trazar líneas claramente divisorias entre los numerosos significados de esta palabra.

Al hablar del espíritu, los hebreos usaban *ruáj*, un término que aparece 387 veces en el Antiguo Testamento. Aunque el significado básico de este término es "aire en movimiento", "viento" o "aliento", *ruáj* también denota "toda la conciencia inmaterial del hombre" (Proverbios 16:32; Isaías 26:9). En Daniel 7:15, el *ruáj* se halla contenido en su "envoltura" corporal. J. B. Payne señala que tanto el *nefesh* como el *ruáj* pueden dejar el cuerpo al llegar la muerte y, sin embargo, existir en un estado separado de él (Génesis 35:18; Salmo 86:13).

Pasando al Nuevo Testamento, el término *pnéuma*, también con el significado básico de "viento" o "aliento", se refiere al "espíritu" del hombre o la mujer. Es ese poder que experimentan las personas como el que las relaciona "con el ámbito espiritual, el ámbito de la realidad que se halla más allá de la observación ordinaria y del control humano". Es decir, que el espíritu enlaza a los seres humanos con el ámbito de lo espiritual y los ayuda en su interacción con el mismo. Sin embargo, en otros usos, cuando tiene lugar la muerte, el espíritu se marcha y el cuerpo deja de ser la expresión visible de toda la persona (Mateo 27:50; Lucas 23:46; Hechos 7:59).

Después de este breve estudio de los términos bíblicos, permanecen en pie algunas preguntas: ¿Cuáles son los elementos constitutivos más básicos de los seres humanos? ¿Se podrán asimilar todos los términos estudiados dentro de las categorías de cuerpo, alma y espíritu? ¿Deberíamos hablar sólo de lo material, en oposición a lo inmaterial, o deberíamos ver a los seres humanos como una unidad y, por tanto, como indivisibles?

El tricotomismo. Los tricotomistas sostienen que los elementos constitutivos del ser humano son tres: cuerpo, alma y espíritu. La parte física de los seres humanos es la parte material de su constitución que los une con todas las cosas vivientes; esto es, con las plantas y los animales. Se puede describir, tanto a las plantas, como a los animales y a los seres humanos, en función de su existencia física.

Se describe el "alma" como el principio de la vida física, o animal. Los animales poseen un alma básica, rudimentaria, puesto que dan evidencias de tener emociones, y en Apocalipsis 16:3 se los describe con el término *psyjé* (véase también Génesis 1:20, donde se les describe como *nefesh jayyá*, "almas vivientes", en el sentido de "seres vivos" con una cierta medida de personalidad). En parte, los seres humanos y los animales se distinguen de las plantas por su capacidad de expresar su personalidad individual.

En cuanto al "espíritu", se lo considera como aquel poder superior que coloca a los seres humanos en el ámbito de lo espiritual y los capacita para tener comunión con Dios. Se puede distinguir al espíritu del alma en que el espíritu es "el asiento de las cualidades espirituales del individuo, mientras que los rasgos de personalidad residen en el alma". Aunque es posible distinguir el espíritu y el alma, no es posible separarlos. Pearlman afirma: "El alma sobrevive a la muerte porque recibe del espíritu su energía; con todo, el alma y el espíritu son inseparables, porque el espíritu se halla entretejido en la urdimbre misma del alma. Se hallan fundidos y soldados en una sola sustancia."

Entre los pasajes que parecen apoyar el tricotomismo, se halla 1 Tesalonicenses 5:23, donde Pablo pronuncia esta bendición: "Todo vuestro ser, espíritu, alma y cuerpo, sea guardado irreprensible para la venida de nuestro Señor Jesucristo." En 1 Corintios 2:14–3:4, Pablo habla de los seres humanos, llamándolos *sarkikós* (literalmente, "carnal", 3:1, 3), *psyjikós* (literalmente, "dominado por el alma", 2:14) y *pneumatikós* (literalmente, "espiritual", 2:15). Estos dos pasajes hablan claramente de tres componentes elementales. Hay otros pasajes que parecen hacer una distinción entre el alma y el espíritu (1 Corintios 15:44; Hebreos 4:12).

El tricotomismo ha sido bastante popular en los círculos protestantes conservadores. Sin embargo, H. O. Wiley señala que pueden aparecer errores cuando se pierde el equilibrio en diversos componentes del tricotomismo. Los gnósticos, un grupo religioso sincretista de los primeros tiempos, que adoptó elementos tanto del paganismo como del cristianismo, sostenían que, al ser el espíritu el que emanaba de Dios, era incapaz de pecar. Los apolinaristas, un grupo herético del siglo cuarto condenado por varios concilios eclesiásticos, pensaban que Cristo poseía un cuerpo y un alma, pero que el espíritu humano había sido reemplazado en Él por el *Lógos* divino. Pláceo (1596–1655 o 1665), de la escuela de Saumur, en Francia, enseñaba que sólo el *pnéuma* era creado directamente por Dios. Según pensaba Pláceo, el alma sólo era la vida animal, y perecía junto con el cuerpo.

El dicotomismo. Los dicotomistas sostienen que los elementos constitutivos de los seres humanos son dos: material e inmaterial. Los que proponen este concepto señalan que en ambos Testamentos se utilizan a veces las palabras "alma" y "espíritu" de manera intercambiable. Éste parece ser el caso con la colocación paralela de "espíritu" y "alma" en Lucas 1:46-47: "Engrandece mi alma al Señor; y mi espíritu se regocija en Dios mi Salvador" (véase también Job 27:3). Además de esto, parece posible deducir de numerosos pasajes una división de los seres humanos en dos, en laque "alma" y "espíritu" serían sinónimos. En Mateo 6:25, Jesús dice: "No os afanéis por vuestra vida (*psyjé*), qué habéis de comer o qué habéis de beber; ni por vuestro cuerpo, qué habéis de vestir." En Mateo 10:28, Jesús declara de nuevo: "Y no temáis a los que matan el cuerpo, más el alma no pueden matar." En cambio, en 1 Corintios 5:3, Pablo habla de estar "ausente en cuerpo" (*sóma*), pero "presente en espíritu" (*pnéuma*), y está claro que los dos aspectos abarcan a la persona entera. Además, hay momentos en los que perder el *pnéuma* significa la muerte (Mateo 27:50; Juan 19:30), con tanta seguridad como sucede cuando se pierde la *psyjé* (Mateo 2:20; Lucas 9:24).

El dicotomismo es "probablemente el punto de vista más ampliamente sostenido a lo largo de la mayor parte de la historia del pensamiento cristiano". Los que sostienen este punto de vista, como les sucede a los tricotomistas, son capaces de presentar y defender su concepto sin derivar en errores. Pearlman afirma: "Ambos puntos de vista son correctos cuando se les entiende de manera adecuada."[3] No obstante, es posible que aparezcan errores cuando se pierde el equilibrio entre los componentes del dicotomismo.

Los gnósticos adoptaron un dualismo cosmológico que marcó profundamente su punto de vista sobre los seres humanos. Afirmaban que el universo estaba dividido en dos partes: una inmaterial, espiritual, que era intrínsecamente buena, y otra material y física, que era intrínsecamente mala. Estos dos aspectos del universo estaban separados por un abismo insalvable. Paradójicamente, los seres humanos están formados por ambos componentes. Como consecuencia de esta naturaleza dualista innata, los seres humanos podían reaccionar de dos formas: (1) pecar a su gusto, porque el espíritu, que es bueno, nunca se mancharía con el cuerpo, que es malo, o (2) castigar al cuerpo por medio de la disciplina ascética, porque es malo.

Pasando a la era moderna, Erickson cita dentro de la teología liberal errores como los que siguen: (1) algunos liberales creen que el cuerpo *no es* una parte esencial de la naturaleza humana; esto es, que la persona puede funcionar muy bien sin él, y (2) otros liberales llegan al extremo de sustituir la doctrina bíblica de la resurrección del cuerpo por la resurrección del alma.

El monismo. El monismo, como concepto sobre la realidad, se remonta "a los filósofos presocráticos que acudían aun solo principio unificador para explicar toda la diversidad de la experiencia observable". Sin embargo, es posible enfocar el monismo de una manera mucho más limitada, y eso hacemos cuando lo aplicamos al estudio de los seres humanos. Los teólogos monistas afirman que los diversos componentes de los seres humanos que se describen en la Biblia forman una unidad radical indivisible. En parte, el monismo fue una reacción de la neo-ortodoxia contra el liberalismo, que había propuesto una resurrección del alma, y no del cuerpo. Sin embargo, como veremos, el monismo, aunque haya tenido razón en reaccionar contra los errores del liberalismo, tiene sus propios problemas.

Los monistas señalan que donde el Antiguo Testamento usa la palabra "carne" (*basar*), está claro que los escritores del Nuevo Testamento utilizan tanto "carne" (*sárx*) como "cuerpo" (*sóma*). Cualquiera de estos términos bíblicos se puede referir a la persona entera, porque en los tiempos bíblicos se veía a la persona como un ser unificado. Por tanto, según el monismo, debemos considerar a los seres humanos como unidades integradas, y no como diversos componentes que se pueden identificar de manera individual, con su propia categoría. Cuando los escritores bíblicos hablan de "cuerpo y alma ... se debería considerar como una descripción exhaustiva de la personalidad humana. En la manera de concebirlo del Antiguo Testamento", cada ser humano individual "es una unidad psicofísica; carne animada por alma"

Por supuesto, la dificultad del monismo estriba en que no deja lugar para un estado intermedio entre la muerte y la resurrección física del futuro. Este concepto no se ajusta a numerosos pasajes de las Escrituras. Además, Jesús hablaba claramente del alma y el cuerpo como elementos separables cuando advirtió: "No temáis a los que matan el cuerpo, más el alma no pueden matar" (Mateo 10:28).

Después de haber revisado diversos puntos de vista sobre el ser humano, y de haber observado los errores posibles en cada posición, estamos listos para formular una posible síntesis. Se ve que los escritores bíblicos usan los términos de maneras muy diversas. "Alma" y "espíritu" parecen ser sinónimos en ocasiones, mientras que en otros momentos está claro que son distintos. De hecho, son numerosos los términos bíblicos que describen a toda la persona humana, o el yo, entre los que están "hombre", "carne", "cuerpo" y "alma", además de la expresión compuesta "carne y sangre". El Antiguo Testamento, quizá de una forma más obvia que el Nuevo, considera a la persona como un ser unificado. Los seres humanos son humanos, debido a todo lo que son. Forman parte del mundo espiritual y se pueden relacionar con la realidad espiritual. Son criaturas con emoción, voluntad y moral. Forman parte también del mundo físico y, por tanto, se les puede identificar como "carne y sangre" (Gálatas 1:16; Efesios 6:12; Hebreos 2:14). El cuerpo físico, creado por Dios, no es intrínsecamente malo, como sostenían los gnósticos (y como parecen creer algunos cristianos).

Las enseñanzas bíblicas acerca de la naturaleza pecaminosa de los seres humanos caídos afecta a todo lo que es un humano, y no sólo a uno de sus componentes. Además de esto, los seres humanos, tal como los conocemos, y como la Biblia los identifica, no pueden heredar el reino de Dios (1 Corintios 15:50). Primero, es necesario que tenga lugar un cambio esencial. También, cuando se marcha el componente inmaterial de un ser humano con la muerte, no se puede describir ninguno de los elementos separados como un ser humano. Lo que queda en el suelo es un cadáver, y lo que ha partido para estar con Cristo, es un ser inmaterial y sin cuerpo, o espíritu (lo cual es una existencia personal consciente, pero no una existencia "plenamente humana"). En la resurrección del cuerpo, el espíritu será reunido con un cuerpo inmortal, transformado y resucitado (1 Tesalonicenses 4:13–17), pero aun así, nunca más será considerado humano en el mismo sentido en que nosotros lo somos ahora (1 Corintios 15:50).

El concepto del ser humano como una unidad condicional tiene varias consecuencias. En primer lugar, lo que afecta a un elemento del ser humano, afecta a toda la persona. La Biblia ve a la persona como un ser integral, "y cuanto toca a una de las partes, afecta al todo". En otras palabras, es de esperar que una persona con una enfermedad física crónica se vea afectada en sus emociones, en su mente y en su capacidad para relacionarse con Dios de la manera acostumbrada. Erickson observa: "El cristiano que anhele estar espiritualmente sano, debe prestar atención a cuestiones como la dieta, el descanso y el ejercicio." De igual manera, una persona que esté pasando por ciertas tensiones mentales, podrá manifestar síntomas físicos, o incluso enfermedades corporales.

En segundo lugar, no se debe pensar en el concepto bíblico de la salvación y de la santificación como el colocar al cuerpo con su maldad bajo el control del espíritu, con su bondad. Cuando los escritores del Nuevo Testamento hablaban de la "carne" en sentido negativo (Romanos 7:18; 8:4; 2 Corintios 10:2–3; 2 Pedro 2:10), se estaban refiriendo a la naturaleza pecaminosa, y no concretamente al cuerpo físico. En el proceso de la santificación, el Espíritu Santo renueva a la persona entera. Ciertamente, somos toda una "nueva criatura" en Cristo Jesús (2 Corintios 5:17).

El origen del alma

Nadie discute en el campo de la medicina, o el de la biología, sobre el origen del cuerpo físico del ser humano. En el momento de la concepción, cuando el espermatozoide de origen masculino se une al óvulo femenino, la molécula de ADN que hay en cada una de las células se despliega para unirse con el ADN de la otra, formando una célula enteramente nueva (el zigote). Esta nueva célula viviente es tan diferente, que después de fijarse en la pared del útero, el cuerpo materno reacciona enviando anticuerpos para eliminar al desconocido intruso. Sólo una serie de rasgos protectores especiales innatos del nuevo organismo lo salvaguardan de la destrucción.

Por consiguiente, es incorrecto que las defensoras del aborto se refieran al embrión o feto en cualquiera de sus etapas, llamándole "mi cuerpo". El organismo que se está desarrollando dentro del vientre materno es, en realidad, un cuerpo individual y distinto. A partir de la concepción, este cuerpo distinto producirá más células, todas las cuales retendrán el esquema de cromosomas exclusivo del zigote original. Por tanto, está claro que el cuerpo humano tiene su origen en el acto de la concepción.

El origen del alma es más difícil de determinar. Con el fin de llevar adelante el estudio que sigue, definiremos el alma como toda la naturaleza inmaterial del ser humano (abarcará los términos bíblicos "corazón", "riñones", "entrañas", "mente", "alma", "espíritu", etc.). Las teorías sobre el origen del alma orientadas por principios bíblicos son tres: preexistencia, creacionismo (Dios crea directamente cada alma) y traducianismo (cada alma se deriva del alma de sus padres).

Teoría de la preexistencia. Según la teoría de la preexistencia, un alma creada por Dios en algún momento del pasado entra en el cuerpo humano en algún instante al principio del desarrollo del feto. Más concretamente, el alma de todas las personas tenía una existencia personal consciente en un estado previo. Estas almas pecan en diversos grados dentro de este estado preexistente, condenándose a "nacer a este mundo en un estado de pecado y en conexión con un cuerpo material". El partidario cristiano más importante de este punto de vista fue Orígenes, el teólogo alejandrino (alrededor de 185–254). Éste sostenía que el estado presente que observamos ahora en nuestro ser (el individuo alma-cuerpo) sólo es una etapa en la existencia del alma humana. Hodge reflexiona sobre el concepto de Orígenes con respecto al alma: "Ha pasado a través de otras épocas y formas de existencia innumerables en el pasado, y debe pasar por otras innumerables épocas más en el futuro."

Debido a sus insuperables dificultades, la teoría de la preexistencia nunca ha ganado muchos adeptos. (1) Se basa en la noción pagana de que el cuerpo es intrínsecamente malo y, por tanto, la entrada del alma en él equivale a un castigo. (2) La Biblia nunca habla de la creación de seres humanos antes de Adán, ni de apostasía alguna de la humanidad antes de la caída relatada en Génesis 3. (3) La Biblia nunca atribuye nuestra situación pecaminosa del presente a ninguna otra fuente superior, más que al pecado de Adán, nuestro primer padre (Romanos 5:12–21; 1 Corintios 15:22).

La teoría creacionista. Según la teoría creacionista, "cada alma, de manera individual, debe ser considerada como una creación inmediata de Dios, que debe su origen a un acto creador directo". En cuanto al momento preciso en que es creada el alma, y cuándo es unida al cuerpo, sencillamente, las Escrituras no dicen nada. (Por esta razón, en este punto los análisis, tanto de sus partidarios como de sus antagonistas, son más bien vagos.) Entre los que han apoyado esta idea se incluyen Ambrosio, Jerónimo, Pelagio, Anselmo, Tomás de Aquino y la mayoría de los teólogos católico-romanos y reformados. Las evidencias bíblicas utilizadas para sostener la teoría creacionista tienden a concentrarse en los pasajes de las Escrituras que le atribuyen a Dios la creación del "alma" o "espíritu" (Números 16:22; Eclesiastés 12:7; Isaías 57:16; Zacarías 12:1; Hebreos 12:9).

Algunos de los que rechazan la teoría creacionista señalan que las Escrituras afirman también que Dios creó el cuerpo (Salmo 139:13–14; Jeremías 1:5). Al respecto, afirma Augustus Strong: "No obstante, no dudamos en interpretar estos últimos pasajes como expresión de una creación mediata, no inmediata." Además de lo dicho, esta teoría no explica la tendencia de todos los humanos a pecar.

El traducianismo. Strong cita al teólogo africano Tertuliano (alrededor de 160–230), Gregorio Niceno (330-alrededor de 3950) y Agustín (354–430), cuyos comentarios apoyan al traducianismo, aunque ninguno de ellos nos proporciona una explicación completa de este punto de vista. Más recientemente, los reformadores luteranos en general aceptaron el traducianismo. El término "traduciano" se deriva del verbo latino *traducere*, "llevar o cargar de un lado para otro, transportar, transferir". Esta teoría sostiene que "la raza humana fue creada de manera inmediata en Adán, tanto con respecto al cuerpo, como al alma, y ambos se propagan a partir de él por medio de la generación natural". En otras palabras, Dios proporcionó en Adán y Eva los medios por los cuales ellos (y todos los humanos) tendrían descendencia a su propia imagen, lo cual comprendería la totalidad de la persona, material e inmaterial.

Génesis 5:1 afirma: "El día en que creó Dios al hombre, a semejanza de Dios lo creó." En contraste con esto, Génesis 5:3 señala: "Y vivió Adán ciento treinta años, y engendró un hijo *a su semejanza*" Dios les dio a Adán y a Eva el poder de engendrar hijos que fuesen iguales a ellos en cuanto a composición. Nuevamente, cuando David dice: "En pecado me concibió mi madre" (Salmo 51:5), hallamos evidencias de que David había heredado de sus padres, en el momento de la concepción, un alma con tendencias a pecar. Finalmente, en Hechos 17:26, Pablo declara: "Y de una sangre ha hecho todo el linaje de los hombres", con lo que afirma implícitamente que todo lo que constituye "humanidad" procede de Adán. Para los partidarios del traducianismo, el aborto en cualquier etapa de desarrollo del zigote, el embrión o el feto, constituye la destrucción de alguien que era plenamente humano.

Los que se oponen al traducianismo objetan que, al contender por la generación en los hijos, tanto del cuerpo como del alma, a partir de los padres, el alma ha quedado reducida a una sustancia material. Los traducianistas responderían que no es imprescindible llegar a esta conclusión. La Biblia misma no especifica el proceso creador preciso que genera el alma. Por consiguiente, debe permanecer en el misterio. Los oponentes del traducianismo objetan también que éste requeriría que Cristo hubiere participado en la naturaleza pecaminosa al nacer de María. Los traducianistas responderían que el Espíritu Santo santificó cuanto Jesús recibió de María, y lo protegió de toda mancha en cuanto a las tendencias pecaminosas humanas.

La unidad de la humanidad

La doctrina de la unidad de la humanidad sostiene que tanto los seres humanos masculinos como los femeninos de todas las razas tuvieron su origen en Adán y Eva (Génesis 1:27–28; 2:7, 22; 3:20; 9:19; Hechos 17:26). Está claro, a partir de Génesis 1:27, que tanto hombres como mujeres son imagen de Dios: "Varón y hembra los creó" (véase también Génesis 5:1–2). La idea es que todos los seres humanos de ambos sexos, de todas las razas, clases económicas y edades, llevan igualmente la imagen de Dios y, por lo tanto, son todos igualmente valiosos ante los ojos de Dios.

Puesto que la Biblia presenta ambos sexos de la raza humana como hechos a imagen de Dios, no tiene sentido que los hombres consideren a las mujeres como inferiores en algún sentido, o como miembros de segunda clase de la raza humana. La palabra "ayuda" (Génesis 2:18) se utiliza con frecuencia para referirse a Dios (Éxodo 18:4), y no es indicación de que se trate de una categoría inferior. Igualmente, cuando el Nuevo Testamento coloca a las esposas en un papel de subordinación funcional con respecto a los maridos (Efesios 5:24; Colosenses 3:18; Tito 2:5; 1 Pedro 3:1), no hay por qué llegar a la conclusión de que las mujeres son inferiores a los hombres, o incluso de que, en general, las mujeres deban estar subordinadas a los hombres en cuanto a funciones (el esquema del Nuevo Testamento es que la esposa está subordinada a su propio esposo).

El verbo "someterse" (gr. *hypotásso*), usado en los cuatro pasajes anteriores que hablan de sumisión, es el verbo utilizado también en 1 Corintios 15:28, donde Pablo afirma que el Hijo "se sujetará" al Padre. No obstante, generalmente todos los creyentes entienden que se habla aquí de una sujeción administrativa; el Hijo no es inferior al Padre de ninguna manera. Podemos afirmar lo mismo con respecto a los pasajes sobre la esposa y el esposo. Aunque Dios haya dispuesto diferentes papeles funcionales para los diversos miembros de una familia, los miembros de la familia que desempeñan papeles subordinados no tienen un valor personal inferior al de su líder administrativo. De hecho, el apóstol Pablo enseña que en Cristo no hay varón ni mujer (Gálatas 3:28). Todas las bendiciones, promesas y provisiones del reino de Dios están igualmente disponibles para todos.

Además de esto, no es posible sostener el racismo a la luz del origen de la raza humana en Adán y Eva. En lugar de centrarse en esto, la Biblia se centra en otras distinciones. Por ejemplo, los escritores del Antiguo Testamento utilizan "simiente", "descendencia" (*tzera); "familia", "clan", "pariente" (mishpajá)*; "tribu" (*matté, shavet*) para hablar de divisiones generales a partir del linaje biológico; y "lengua" (*lashón*) para las divisiones a partir del idioma. Siguiendo un esquema similar, los escritores del Nuevo Testamento hacen referencia a "descendiente", "familia", "nacionalidad" (*guénos*); "nación" (*éznos*) y "tribu" (*fylé*).

Sencillamente, los escritores bíblicos no tenían preocupación alguna por la raza como distinción entre los seres humanos basada en el color y la textura del pelo, el color de la piel y de los ojos, las proporciones corporales y cosas similares. M. K. Mayers llega a esta conclusión: "La Biblia no hace referencia al término 'raza', no hay un concepto de raza desarrollado en ella." Por tanto, se deben rechazar los mitos raciales de que la maldición de Caín fue la que trajo a la raza negra al mundo, o de que la maldición de Cam fue la piel oscura. En lugar de esto, Génesis 3:20 se limita a declarar: "Y llamó Adán el nombre de su mujer, Eva, por cuanto ella era madre *de todos los vivientes.*"

En el Nuevo Testamento, el evangelio de Cristo invalidó todas las distinciones entre seres humanos, que durante el primer siglo eran muy importantes. Entre ellas estaban las divisiones que existían entre judíos y samaritanos (Lucas 10:30–35); entre judíos y gentiles (Hechos 10:34–35; Romanos 10:12); entre judíos e incircuncisos, bárbaros y escitas (Colosenses 3:11); entre hombres y mujeres (Gálatas 3:28) y entre esclavos y libres (Gálatas 3:28; Colosenses 3:11). En Hechos 17:26, Pablo dice: "Y [Dios] de una sangre ha hecho todo el linaje de los hombres, para que habiten sobre toda la faz de la tierra." En el versículo siguiente señala el propósito de Dios al realizar este acto creador: "Para que busquen a Dios, si en alguna manera, palpando, puedan hallarle" (17:27). A la luz de pasajes como éstos, sería inútil tratar de sostener un punto de vista racista a partir de un supuesto apoyo bíblico.

Por último, no puede haber categorías de valor entre los humanos a base de la posición económica o la edad. El propósito de Dios con respecto a los humanos es que lo conozcamos, amemos y sirvamos. Él nos hizo "capaces de conocerle y responderle. Ésta es la característica distintiva fundamental ... que comparte toda la humanidad". Por consiguiente, se debe rechazar toda distribución o clasificación del valor intrínseco de cualquier grupo de seres humanos, por ser artificial y ajeno a las Escrituras.

La imagen de Dios en los seres humanos

La Biblia afirma que los seres humanos fueron creados a imagen de Dios. Génesis 1:26 presenta a Dios diciendo: "Hagamos al hombre [*adám*, "la humanidad"] a nuestra imagen, conforme a nuestra semejanza" (véase también 5:1). Otros pasajes de las Escrituras muestran claramente que los seres humanos, aunque desciendan de un Adán y una Eva caídos (en lugar de ser objeto de una creación inmediata por parte de Dios), siguen siendo portadores de la imagen divina (Génesis 9:6; 1 Corintios 11:7; Santiago 3:9).

Los términos hebreos de Génesis 1:26 son *tselem* y *d*ᵉ*mut*. La palabra *tselem*, usada dieciséis veces en el Antiguo Testamento, se refiere básicamente a una imagen o modelo de trabajo. La palabra *d*ᵉ*mut*, usada veintiséis veces, se refiere de manera diversa a similaridades visuales, auditivas y estructurales en un modelo, patrón o formato. En el resto de 1:26–28 se parecen explicar estos términos en el sentido de que la humanidad tenía la oportunidad de someter a la tierra (esto es, ponerla bajo su dominio a base de aprender sobre ella y usarla adecuadamente) y gobernar (de manera benevolente) sobre el resto de las criaturas de la tierra (véase también Salmo 8:5–8).

El Nuevo Testamento usa las palabras *éikon* (1 Corintios 11:7) y *homóiosis* (Santiago 3:9). La palabra *éikon* significa generalmente "imagen", "semejanza", "forma", "apariencia", a lo largo de toda su variedad de usos. La palabra *homóiosis* significa "parecido", "semblanza", "correspondencia". Puesto que es evidente que, tanto los términos del Antiguo Testamento como los del Nuevo, son amplios e intercambiables, debemos mirar más allá de los estudios léxicos para determinar la naturaleza de la imagen de Dios.

Antes de afirmar lo que es la imagen de Dios, explicaremos brevemente lo que no es. La imagen de Dios no es una semejanza física, al estilo del punto de vista de los mormones, o de Swedenborg. La Biblia dice claramente que Dios, quien es un Espíritu omnipresente, no se puede limitar a un cuerpo físico (Juan 1:18; 4:24; Romanos 1:20; Colosenses 1:15; 1 Timoteo 1:17; 6:16). Es cierto que el Antiguo Testamento usa expresiones como "el dedo" o "el brazo de Dios" para hablar de su poder. También habla de sus "alas" y "plumas" para expresar su cuidado protector (Salmo 91:4), pero estos términos son antropomorfismos; figuras de dicción usadas para presentar una imagen sobre algún aspecto de la naturaleza o el amor de Dios. Dios le advirtió a Israel que no hiciera una imagen para adorarla, porque cuando le habló al pueblo en Horeb (el monte Sinaí), no vieron "ninguna figura" (Deuteronomio 4:15). Es decir, toda forma física sería contraria a lo que Dios es realmente.

Otro error, quizá una versión moderna de la mentira de la serpiente en Génesis 3:5, es que la imagen de Dios hace de los humanos "pequeños dioses". Ciertamente, "una exégesis y una hermenéutica sólidas son y siempre serán el único antídoto eficaz contra [éstas y otras] doctrinas 'nuevas', la mayoría de las cuales sólo son herejías antiguas".

Después de identificar las posiciones que hemos de evitar, dirigimos ahora nuestra atención al concepto bíblico de la imagen de Dios. Varios pasajes del Nuevo Testamento nos proporcionan los cimientos para nuestra definición de la imagen de Dios en la persona humana. En Efesios 4:23–24, Pablo les recuerda a los efesios que se les había enseñado a "renovarse en el espíritu de su mente, y vestirse del nuevo hombre, creado según Dios en la justicia y santidad de la verdad". En otro lugar, Pablo dice que la razón por la que tomamos decisiones morales correctas es porque nos hemos revestido del nuevo hombre, "el cual conforme a la imagen del que lo creó, se va renovando hasta el conocimiento pleno" (Colosenses 3:10).

Estos versículos indican que la imagen de Dios tiene que ver con nuestra naturaleza moral-intelectual-espiritual. En otras palabras, la imagen de Dios en la persona humana es algo que somos, y no algo que tenemos o hacemos. Este concepto se halla en pleno acuerdo con lo que ya hemos dejado establecido como el propósito de Dios al crear a la humanidad. En primer lugar, Dios nos creó para conocerle, amarle y servirle. En segundo lugar, nos relacionamos con los demás seres humanos y tenemos la oportunidad de ejercer un dominio correcto sobre la creación de Dios. La imagen de Dios nos asiste precisamente en la realización de estas cosas.

Volvemos ahora nuestra atención a la naturaleza concreta de la imagen de Dios. Wiley distingue entre la imagen natural o esencial de Dios en el ser humano, y la imagen moral o incidental de Dios en él. Llamamos imagen natural de Dios a aquello que hace humanos a los humanos y, por consiguiente, los distingue de los animales. Aquí queda incluida la espiritualidad, o capacidad para sentir a Dios y tener comunión con Él. Además de esto, Colosenses 3:10 indica que la imagen de Dios comprende el conocimiento, o el intelecto. Debido al intelecto que hemos recibido de Dios, tenemos de manera exclusiva la capacidad de comunicarnos inteligentemente con Dios, y entre nosotros, a un nivel totalmente desconocido en el mundo animal.

También, son los seres humanos los únicos en la creación de Dios que tienen la capacidad de ser inmortales. Aunque la comunión de Dios con la humanidad quedara rota en su caída (Génesis 3), la cruz de Cristo le dio entrada al medio que nos proporcionaría para siempre esa comunión con Dios. Por último, según el contexto de Génesis 1:26–28, no hay duda de que la imagen de Dios incluye un dominio provisional (con la responsabilidad de ejercer un cuidado correcto) sobre las criaturas de la tierra.

Con respecto a la imagen moral de Dios en los humanos, "Dios hizo al hombre recto" (Eclesiastés 7:29). Aun los paganos, que no tienen conocimiento de la ley escrita de Dios, tienen, sin embargo, una ley moral no escrita que Dios les ha grabado en el corazón (Romanos 2:14–15). En otras palabras, sólo los seres humanos poseen la capacidad de distinguir entre lo correcto y lo incorrecto, y el intelecto y la voluntad con capacidad para escoger entre ambos. Por esta razón, se dice con frecuencia que los seres humanos son agentes morales libres, o se dice que poseen autodeterminación. Efesios 4:22–24 parece indicar que la imagen moral de Dios, aunque no fue totalmente erradicada en la caída, ha quedado afectada negativamente en cierta medida. A fin de que su imagen moral sea restaurada "en la justicia y santidad de la verdad", el pecador debe aceptar a Cristo para convertirse en una nueva criatura.

Unas cuantas palabras finales en cuanto a la libertad volitiva de la que disfrutan los humanos. Los seres humanos caídos, aunque tengan libertad volitiva, son incapaces de decidirse por Dios. Por eso Dios les proporciona generosamente a los humanos una medida de gracia que los capacita y prepara para que respondan positivamente al cvangelio (Juan 1:9; Tito 2:11). Dios se propuso tener comunión con aquellos humanos que decidiesen libremente responder a su llamado universal a la salvación. En consonancia con este propósito suyo, dotó a los seres humanos con la capacidad de aceptarle o rechazarle. La voluntad humana ha sido liberada lo suficiente para que pueda, tal como suplican las Escrituras, "volverse a Dios", "arrepentirse" y "creer". Por consiguiente, cuando cooperamos con el llamado del Espíritu y aceptamos a Cristo, esa cooperación no es el medio para la renovación, sino el resultado de esa renovación. Para los cristianos que crean en la Biblia, cualquiera que sea su persuasión, la salvación es externa al ciento por ciento (un don no merecido, procedente de un Dios misericordioso). Dios nos ha dado en su bondad lo que necesitamos para que se cumpla su propósito en nuestra vida: conocerle, amarle y servirle.

PREGUNTAS DE ESTUDIO

1. ¿Qué significa la frase "creación *ex nihilo*", y qué evidencias bíblicas hay a favor de esta doctrina?
2. ¿Por qué deben involucrarse los cristianos en los intentos por armonizar los datos bíblicos con los científicos?
3. ¿Qué de bueno ha producido el presente debate entre los partidarios de los diversos modelos creacionistas?
4. ¿Cuáles son las ventajas del concepto de unidad condicional acerca de la constitución de los seres humanos, sobre el tricotomismo y el dicotomismo?
5. ¿Qué constituye la imagen de Dios en los seres humanos?

Origen, naturaleza y consecuencias del pecado

Las enseñanzas de la Biblia acerca del pecado presentan un profundo panorama doble: la profunda depravación de la humanidad y la incomparable gloria de Dios. El pecado ensombrece todos los aspectos de la existencia humana, seduciéndonos desde el exterior como un enemigo y forzándonos desde el interior como parte de nuestra naturaleza humana caída. En esta vida conocemos el pecado íntimamente; con todo, permanece extraño y misterioso. Promete libertad, pero esclaviza, produciendo anhelos que no podemos satisfacer. Mientras más luchemos por escapar de sus garras, más inextricablemente nos ata. La comprensión del pecado nos ayuda en el conocimiento de Dios; sin embargo, es lo que distorsiona el conocimiento, incluso de nosotros mismos. Con todo, si la luz de la iluminación divina puede penetrar su oscuridad, no sólo podemos apreciar mejor esa oscuridad, sino también la luz misma.

Vemos la importancia práctica que tiene el estudio del pecado cuando notamos su seriedad. El pecado es contrario a Dios. Afecta a toda la creación, incluyendo a la humanidad. Aun el pecado más pequeño puede acarrear un castigo eterno. El remedio al pecado es nada menos que la muerte de Cristo en la cruz. Las consecuencias del pecado abarcan todo el terror del sufrimiento y la muerte. Por último, la oscuridad del pecado exhibe la gloria de Dios en un contraste marcado y terrible.

Es posible comprender la importancia que tiene el estudio de la naturaleza del pecado en su relación con otras doctrinas. El pecado distorsiona todo conocimiento y arroja dudas sobre él. Al defender la fe cristiana, batallamos con el dilema ético de cómo es posible que exista el mal en un mundo gobernado por un Dios que es todo bondad y todo poder.

El estudio de la naturaleza de Dios debe tener en cuenta el providencial control de Dios sobre un mundo maldito por el pecado. El estudio del universo debe describir un universo que fue creado bueno, pero que actualmente gime por su redención. El estudio de la humanidad debe relacionarse con una naturaleza humana que se ha convertido en grotescamente inhumana e innatural. La doctrina sobre Cristo se enfrenta a la pregunta de cómo la naturaleza plenamente humana del Hijo de Dios nacido de una virgen puede estar totalmente libre de pecado. El estudio de la salvación debe señalar no sólo *para qué* fue salvada la humanidad, sino también *de qué* fue salvada. La doctrina sobre el Espíritu Santo debe tener en cuenta la convicción y la santificación a la luz de una carne pecaminosa. La doctrina sobre la Iglesia debe modelar un ministerio a una humanidad distorsionada por el pecado, tanto dentro como fuera de la Iglesia. El estudio de los últimos tiempos debe describir, y hasta cierto punto defender, el juicio de Dios sobre los pecadores, al mismo tiempo que proclama el final del pecado. Por último, la teología práctica debe tratar de evangelizar, aconsejar, educar, gobernar a la Iglesia, afectar a la sociedad y animar a la santidad a pesar del pecado.

No obstante, el estudio del pecado es difícil. Es repulsivo, porque se centra en la burda fealdad del pecado abierto y extendido, y el sutil engaño del pecado personal y secreto. La sociedad postcristiana de hoy reduce el pecado a sentimientos o acciones, ignorando o rechazando por completo la maldad sobrenatural. Lo más insidioso de todo, es que el estudio del pecado es frustrado por la naturaleza irracional del pecado mismo.

El número de conceptos extrabíblicos sobre el pecado es legión. A pesar de que no sean bíblicos, estudiarlos es importante por las razones siguientes: para pensar más clara y bíblicamente sobre el cristianismo; para defender más acertadamente la fe y para criticar otros sistemas; para evaluar más críticamente las nuevas psicoterapias, los programas políticos, los sistemas educativos y cosas semejantes, y para ministrarles más eficazmente a creyentes y no creyentes que puedan sostener estos puntos de vista no bíblicos, u otros similares.

Apoyándose en el existencialismo de Søren Kierkegaard, muchas teorías sostienen que los humanos están atrapados en un dilema cuando sus capacidades limitadas son inadecuadas para satisfacer las posibilidades y decisiones virtualmente ilimitadas de sus percepciones e imaginaciones. Esta situación produce tensión o ansiedad. El pecado es el inútil intento por resolver esta tensión a través de medios inadecuados, en lugar de aceptarla de manera pesimista, o, en las versiones cristianas, volverse hacia Dios.

En un desarrollo más radical, algunos sostienen que la existencia individual es un estado pecaminoso, porque las personas están alienadas con respecto a la base de la realidad (definida con frecuencia como "dios") y también entre sí. Podemos encontrar este tema en una forma temprana en Filón, el filósofo judío de la antigüedad. Actualmente lo expresan teólogos liberales como Paul Tillich, y se halla dentro de muchas formas de religión oriental y del pensamiento de la Nueva Era.

Algunos creen que el pecado y la maldad no son reales, sino simples ilusiones que se pueden vencer por medio de una percepción correcta. La Ciencia Cristiana, el hinduismo, el budismo, el pensamiento positivo de cierto cristianismo popular, buena parte de la psicología y diversos aspectos del movimiento de la Nueva Era resuenan con este punto de vista.

También se ha entendido el pecado como el remanente sin evolucionar de unas características animales primarias, como la agresividad. Los que sostienen este punto de vista afirman que el relato de Edén es en realidad un mito acerca del desarrollo del entendimiento moral y de la conciencia, y no una caída.

La teología de la liberación ve el pecado como la opresión de un grupo social por otro. Combinando con frecuencia las teorías económicas de Carlos Marx (que hablan de la lucha de clases del proletariado contra la burguesía, en la que terminará triunfando el proletariado) con temas bíblicos (como la victoria de Israel sobre la esclavitud de Egipto), los teólogos de la liberación identifican a los oprimidos con términos económicos, raciales, de género y otros más. Se elimina el pecado al hacer desaparecer las condiciones sociales que causan la opresión. Los extremistas abogan por el derrocamiento violento de los opresores que no se puedan redimir, mientras que los moderados insisten en el cambio a través de la acción social y la educación.

Entre las ideas más antiguas sobre el pecado, se halla el dualismo, la creencia de que existe una lucha entre unas fuerzas preexistentes (virtuales o reales) e iguales, o dioses del bien y del mal. Estas fuerzas cósmicas y su batalla causan la pecaminosidad en la esfera de lo temporal. Con frecuencia, la materia, que es mala (en especial la carne), o bien lleva en sí el pecado, es en realidad el pecado, y debe ser derrotada. Esta idea aparece en las religiones antiguas del Medio Oriente, como el gnosticismo, el maniqueísmo y el zoroastrismo. En muchas versiones del hinduismo y el budismo, y en su derivación de la Nueva Era, se reduce la maldad a una necesidad amoral.

Parte de la teología moderna ve a "dios" como finito, e incluso en plena evolución moral. Mientras no se llegue a controlar el lado oscuro de la naturaleza divina, el mundo sufrirá el mal. Esto es típico de la mezcla que hace la teología del proceso entre la física y el misticismo oriental.

Buena parte del pensamiento popular, el cristianismo mal informado, el Islam y muchos sistemas moralistas sostienen que el pecado sólo consta de acciones voluntarias. Las personas son moralmente libres y, sencillamente, toman decisiones libres; no hay nada que se parezca a una naturaleza de pecado; sólo sucesos reales de pecado. La salvación consiste sencillamente en ser mejor y hacer el bien.

El ateísmo sostiene que el mal no es más que parte de lo que sucede al azar en un cosmos sin Dios. Rechaza el pecado, la ética sólo es cuestión de preferencias, y la salvación consiste en el autoavance humanista.

Aunque muchas de estas teorías parezcan tener cierta profundidad, ninguna considera a la Biblia como una revelación plenamente inspirada. Las Escrituras enseñan que el pecado es real y personal; se originó en la caída de Satanás, quien es personal, malvado y activo; y a través de la caída de Adán, el pecado se extendió a una humanidad creada buena por un Dios totalmente bueno.

LOS COMIENZOS DEL PECADO

La Biblia hace referencia a un suceso que tuvo lugar en un remoto y tenebroso momento, situado más allá de la experiencia humana, y en el cual el pecado se convirtió en una realidad. La serpiente, una criatura extraordinaria, ya estaba confirmada en la maldad antes de que "entrase el pecado en el mundo" a través de Adán (Romanos 5:12; véase Génesis 3). En otros pasajes encontramos a esta serpiente antigua como el gran dragón, Satanás, o el diablo (Apocalipsis 12:9; 20:2). Este ser fue pecador y asesino desde el principio (Juan 8:44; 1 Juan 3:8). También se relacionan con esta catástrofe cósmica el orgullo (1 Timoteo 3:6) y la caída de numerosos ángeles (Judas 6; Apocalipsis 12:7–9).

Las Escrituras nos enseñan también que hubo otra caída: Adán y Eva fueron creados "buenos" y colocados en el idílico huerto del Edén, donde disfrutaban de una estrecha comunión con Dios (Génesis 1:26–2:25). Puesto que no eran divinos, y eran capaces de pecar, necesitaban depender continuamente de Dios. De igual manera, necesitaban comer habitualmente del árbol de la vida. Esto queda indicado por la invitación que les hace Dios a comer de todos los árboles, incluso el árbol de la vida, antes de la caída (2:16), y su fuerte prohibición después de ésta (3:22–23). De haber obedecido, habrían podido ser dichosamente fructíferos y se habrían desarrollado para siempre (1:28–30). Otra posibilidad habría sido que, después de un período de prueba, alcanzaran un estado de inmortalidad más permanente, por medio de un traslado al cielo (Génesis 5:21–24; 2 Reyes 2:1–12) o por medio de un cuerpo resucitado en la tierra (véase los creyentes, 1 Corintios 15:35–54).

Dios permitió que el Edén fuese invadido por Satanás, quien tentó astutamente a Eva (Génesis 3:1–5). Haciendo caso omiso de la Palabra de Dios, Eva cedió ante su anhelo de belleza y sabiduría, tomó de la fruta prohibida, se la ofreció a su esposo, y comieron juntos (3:6). La serpiente había engañado a Eva, pero Adán parece haber pecado a sabiendas (2 Corintios 11:3; 1 Timoteo 2:14; la aceptación tácita de Dios en Génesis 3:13–19). Posiblemente, mientras que Adán había oído directamente de Dios el mandato de no comer del árbol, Eva lo oyera solamente a través de su esposo (Génesis 2:17; véase 2:22). Por consiguiente, Adán era más responsable ante Dios, y Eva era más susceptible a los engaños de Satanás (véase Juan 20:29). Esto podría explicar la insistencia de las Escrituras en el pecado de Adán (Romanos 5:12–21; 1 Corintios 15:21–22), cuando en realidad fue Eva quien pecó primero. Por último, es fundamental observar que su pecado comenzó con unas decisiones morales libres, y no con las tentaciones (que ellos habrían podido resistir: 1 Corintios 10:13; Santiago 4:7). Es decir, que aunque la tentación les proporcionó el incentivo para pecar, la serpiente no arrancó la fruta ni los obligó a comerla a la fuerza. Fueron ellos quienes decidieron hacerlo.

El primer pecado de la humanidad abarcaba todos los demás pecados: desobediencia a Dios, orgullo, incredulidad, malos deseos, esfuerzo por descarriar a otro, asesinato masivo de la posteridad y sumisión voluntaria al diablo. Las consecuencias inmediatas fueron numerosas, fuertes, extensas e irónicas (observe cuidadosamente Génesis 1:26–3:24). La relación divino-humana de comunión abierta, amor, confianza y seguridad fue cambiada por el aislamiento, una actitud defensiva, la culpa y el destierro. Adán y Eva y su relación mutua degeneraron. La intimidad y la inocencia fueron reemplazadas por la acusación (al echarse uno a otro la culpa). Su rebelde anhelo de independencia desembocó en los dolores del parto, la dureza del trabajo y la muerte. Sus ojos quedaron realmente abiertos, conocedores del bien y el mal (por medio de un atajo), pero se trataba de un gravoso conocimiento que no estaba equilibrado por ningún otro atributo divino (por ejemplo, el amor, la sabiduría, el conocimiento). La creación, encomendada a Adán y cuidada por él, fue maldita, y gime por su liberación de las consecuencias de su infidelidad (Romanos 8:20–22). Satanás, que le había ofrecido a Eva las cumbres de la divinidad y había prometido que el hombre y la mujer no morirían, fue maldito por encima de todas las criaturas y condenado a recibir la destrucción eterna de manos de la descendencia de la mujer (véase Mateo 25:41). Por último, el primer hombre y la primera mujer les acarrearon la muerte a todos sus hijos (Romanos 5:12–21; 1 Corintios 15:20–28).

El Midrash judío considera que la advertencia de Dios acerca de que la muerte llegaría cuando (literalmente, "en el día que") comieran del árbol (Génesis 2:17) es una referencia a la muerte física de Adán (Génesis 3:19; 5:5), puesto que un día, ante los ojos de Dios, es como mil años (Salmo 90:4), y Adán sólo vivió novecientos treinta años (Génesis 5:5). Otros la ven como una consecuencia necesaria del hecho de haber sido apartado del árbol de la vida. Muchos rabinos judíos afirmaban que Adán nunca fue inmortal, y que le habría llegado la muerte de inmediato si Dios no la hubiese pospuesto en su misericordia. La mayoría sostienen que en aquel día tuvo lugar su muerte espiritual, o separación de Dios.

Sin embargo, aún en medio del castigo, Dios les hizo a Adán y Eva, en su misericordia, unas vestiduras de pieles, evidentemente para reemplazar las de hojas que ellos mismos se habían hecho (Génesis 3:7, 21).

El pecado original: un análisis bíblico

Las Escrituras enseñan que el pecado de Adán no lo afectó solamente a él (Romanos 5:12–21; 1 Corintios 15:21–22). Este tema recibe el nombre de "pecado original". Nos plantea tres interrogantes: hasta qué punto, por qué medios, y en base a qué fue transmitido el pecado de Adán al resto de la humanidad. Toda teoría sobre el pecado original deberá responder estos tres interrogantes y reunir los siguientes criterios bíblicos:

La solidaridad. En cierto sentido, toda la humanidad está unida o ligada a Adán como una sola entidad (por causa de él, todos los humanos se hallan fuera de la bendición del Edén; Romanos 5:12–21; 1 Corintios 15:21–22).

La corrupción. Puesto que la naturaleza humana quedó tan dañada en la caída, no hay persona alguna que sea capaz de hacer nada espiritualmente bueno sin la bondadosa ayuda de Dios. Esto es llamado "corrupción total", o depravación de la naturaleza. No significa que las personas no puedan hacer nada evidentemente bueno, sino solamente que no pueden hacer nada que les signifique méritos para su salvación. Esta enseñanza tampoco es exclusivamente calvinista. Hasta Arminio (aunque no todos sus seguidores) describía la "voluntad libre del hombre hacia el verdadero bien" como "aprisionada, destruida y perdida ... sin poder alguno, más que el que suscite la gracia divina". La intención de Arminio, como sería la de Wesley después de él, no era retener la libertad humana a pesar de la caída, sino mantener la gracia divina como mayor incluso que la destrucción lograda por esa caída.

La Biblia reconoce este tipo de corrupción: en el Salmo 51:5 David habla de que había sido concebido en pecado; es decir, su propio pecado se remonta al momento de su concepción. En Romanos 7:7–24 se sugiere que el pecado, aunque muerto, estaba en Pablo desde el principio. Más decisivo aún es Efesios 2:3, donde se afirma que todos somos "por naturaleza hijos de ira". "Naturaleza", *fsis*, habla de la realidad fundamental, o fuente de una cosa. Por consiguiente, el "material" mismo del que están hechos todos los humanos está corrompido. Puesto que la Biblia enseña que todos los adultos están corrompidos, y que todo procede de algo semejante a sí mismo (Job 14:4; Mateo 7:17–18; Lucas 6:43), los humanos deben producir hijos también corrompidos. La producción de descendientes corrompidos por una naturaleza corrupta es la mejor explicación para la universalidad del pecado. Aunque varios pasajes del Evangelio se refieren a la humildad y a la apertura espiritual de los niños (Mateo 10:42; 11:25–26; 18:1–7; 19:13–15; Marcos 9:33–37, 41–42; 10:13–16; Lucas 9:46–48; 10:21; 18:15–17), ninguno enseña que los niños carezcan de corrupción. De hecho, hasta hay algunos niños que tienen demonios (Mateo 15:22; 17:18; Marcos 7:25; 9:17).

La pecaminosidad de todos. En Romanos 5:12 dice que "todos pecaron". En Romanos 5:18 Pablo afirma que a través de un pecado todos fuimos condenados, con lo que está indicando que todos hemos pecado. En Romanos 5:19 dice que a través del pecado de un hombre, todos fueron hechos pecadores. Los pasajes que hablan de la pecaminosidad universal no hacen excepción con respecto a los infantes. Unos niños sin pecado se habrían salvado sin Cristo, lo cual es antibíblico (Juan 14:6; Hechos 4:12). La sujeción al castigo indica también pecado.

La sujeción al castigo. Todos los humanos, incluso los infantes, están sometidos al castigo. "Hijos de ira" (Efesios 2:3) es un semitismo para indicar el castigo divino (véase 2 Pedro 2:14). Las imprecaciones bíblicas contra los niños (Salmo 137:9) indican esto. En Romanos 5:12 dice que la muerte física (véase 5:6–8, 10, 14, 17) nos llega a todos, evidentemente, infantes incluidos, porque todos hemos pecado. Los niños, antes de llegar a la edad de la responsabilidad o el consentimiento moral (es probable que la edad cronológica varíe según la persona), no son personalmente culpables. No tienen conocimiento del bien ni del mal (Deuteronomio 1:39; véase Génesis 2:17). Romanos 7:9–11 afirma que Pablo estaba "vivo" hasta que llegó la ley mosaica (véase 7:1), la cual hizo que el pecado "reviviese", engañándolo y matándolo espiritualmente.

La salvación en la niñez. Aunque se considere a los infantes como pecadores y, por tanto, condenados al infierno, esto no significa que se envíe realmente a ninguno allí. Las diversas doctrinas indican varios mecanismos para la salvación de algunos, o de todos: dentro del calvinismo, la elección incondicional; con el sacramentalismo, el bautismo de infantes; la fe preconsciente; el conocimiento previo por parte de Dios sobre cómo habría vivido el niño; la bondad especial de Dios hacia los niños; el pacto implícito de una familia de creyentes (quizá con inclusión de la "ley del corazón", Romanos 2:14–15), que pasaría por encima del pacto adámico; la gracia preventiva (del latín: la gracia "que viene antes" de la salvación), que habría extendido la expiación a todos los que no hayan llegado a la edad del uso de razón. Sea como fuere, podemos estar seguros de que el "juez de toda la tierra" hace lo que es correcto (Génesis 18:25).

El paralelo entre Adán y Cristo. Romanos 5:12–21 y, en menor grado, 1 Corintios 15:21–22, insisten en un fuerte paralelo entre Adán y Cristo. Romanos 5:19 es especialmente significativo: "Porque así como por la desobediencia de un hombre [Adán] los muchos fueron constituidos [gr., verbo *kazístemi*] pecadores, así también por la obediencia de uno [Cristo], los muchos serán constituidos [*kazístemi*] justos". En el Nuevo Testamento, lo corriente es que el verbo *kazístemi* se refiera a la acción de una persona al designar a otra para una posición. No se requiere una acción real para alcanzar la posición. Por tanto, las personas que en realidad no habían pecado, pudieron ser convertidas por Adán en pecadores. En una imagen opuesta a la de Cristo, Adán puede hacer pecadores a los humanos por un acto forense o legal que no requiera un pecado real por parte de ellos. (Que la persona deba "aceptar a Cristo" para ser salva, no puede formar parte del paralelo, puesto que es posible que sean salvos los infantes que no pueden aceptarlo conscientemente; 2 Samuel 12:23.)

No todos como Adán. Está claro que algunas personas no pecaron de la misma manera que Adán; sin embargo, sí pecaron, y también murieron (Romanos 5:14).

El pecado de un solo hombre. En Romanos 5:12–21, Pablo dice repetidamente que el pecado de un solo hombre trajo sobre todos los humanos la condenación y la muerte (véase también 1 Corintios 15:21–22).

La maldición del suelo. Se debe identificar alguna base para la maldición lanzada por Dios sobre el suelo (Génesis 3:17–18).

La ausencia de pecado en Cristo. Se le debe conceder a Cristo una naturaleza humana completa, al mismo tiempo que se salvaguarda su total ausencia de pecado.

La justicia de Dios. Se debe conservar la justicia con que actuó Dios al permitir que el pecado de Adán pasara a los demás.

El pecado original: un análisis teológico

Se han hecho muchos intentos por construir un modelo o una teoría teológica que se ajuste a estos complejos parámetros. Pasamos ahora a comentar algunos de los más importantes.

Conceptos judíos. Dentro del judaísmo se encuentran tres temas principales. La teoría dominante es que hay dos naturalezas, la buena, *yetser tov*, y la mala, *yetser ra* (véase Génesis 6:5; 8:21). Los rabinos discutían sobre la edad en la que se manifiestan estos impulsos, y sobre si el impulso al mal es un verdadero mal moral, o sólo un instinto natural. En todo caso, las personas malvadas son controladas por el impulso al mal, mientras que las personas buenas lo controlan. Una segunda teoría se refiere a los "vigilantes" (Génesis 6:1–4), ángeles encargados de supervisar la humanidad que pecaron con mujeres. Finalmente, hay ideas sobre el pecado original que son un anticipo al cristianismo. De la manera más dramática, el Midrash (comentario) sobre el Deuteronomio explica la muerte del justo Moisés por analogía con un niño que le pregunta al rey por qué está en prisión. El rey le responde que se debe al pecado de la madre del niño. De manera similar, Moisés murió por causa del primer hombre que introdujo la muerte al mundo. En resumen, el pecado original no es una innovación paulina, sino que Pablo, por el espíritu, desarrolló la idea en concordancia con el progreso de la revelación.

El agnosticismo. Algunos sostienen que las evidencias bíblicas son insuficientes para formar una teoría detallada sobre el pecado original. Toda declaración que vaya más allá de la conexión entre Adán y la raza humana en el tema de la pecaminosidad es considerada como especulación filosófica. Aunque es cierto que no se debe basar la doctrina en la especulación extrabíblica, las deducciones a partir de las Escrituras son válidas.

El pelagianismo. El pelagianismo hace resaltar fuertemente la responsabilidad personal, en oposición a la laxitud moral. Pelagio (alrededor de 361–420) enseñaba que la justicia de Dios no permitiría la transmisión del pecado de Adán a los demás, por lo que todos los humanos nacen sin pecado y con una voluntad totalmente libre. El pecado se esparce solamente a través del mal ejemplo. Por consiguiente, la vida sin pecado es posible, y se encuentran ejemplos de ella tanto dentro de la Biblia, como fuera de ella. Sin embargo, todo esto es ajeno a la Biblia. También les quita todo significado a las conexiones bíblicas entre Adán y la humanidad. La muerte de Jesús se convierte solamente en un buen ejemplo. La salvación es simplemente por las buenas obras. La nueva vida en Cristo es en realidad la disciplina antigua. Aunque es correcto insistir en la responsabilidad personal y la santidad, y en que algunos pecados son aprendidos, el pelagianismo ha sido correctamente juzgado como herejía.

El semipelagianismo. El semipelagianismo sostiene que, aunque la humanidad ha sido debilitada con la naturaleza de Adán, a las personas les queda libre albedrío suficiente para iniciar la fe en Dios, a la cual Él entonces responde. La naturaleza debilitada se transmite de manera natural desde Adán. Sin embargo, no queda bien explicado de qué forma se sostiene la justicia de Dios, al permitir que unas personas inocentes reciban incluso una naturaleza manchada, y cómo queda protegida la ausencia de pecado en Cristo. Lo más importante es que, en algunas de sus formulaciones, el semipelagianismo enseña que, a pesar de que la naturaleza humana quedó tan debilitada por la caída, que es inevitable que las personas pequen, con todo tienen suficiente bondad innata para iniciar una fe real.

La transmisión natural o genética. Esta teoría sostiene que la transmisión de la naturaleza corrompida se basa en la ley de la herencia. Da por supuesto que los rasgos espirituales se transmiten de igual manera que los naturales. Lo típico de estas teorías es que hablen de transmisión de la corrupción, pero no de culpa. Con todo, no parece existir una base adecuada para que Dios ponga una naturaleza corrompida en almas buenas. Tampoco queda claro cómo Cristo puede tener una naturaleza plenamente humana, que esté libre de pecado.

La atribución mediatizada. La imputación mediatizada entiende que Dios les atribuye o carga la culpa a los descendientes de Adán a través de un medio indirecto, o mediato. El pecado de Adán lo hizo culpable, y como castigo, Dios corrompió su naturaleza. Puesto que ninguno de sus descendientes tomó parte en su acción, ninguno es culpable. Sin embargo, reciben su naturaleza como consecuencia natural del hecho de ser sus descendientes (no como castigo). Con todo, antes de que cometan ningún pecado real o personal (lo cual es inevitable para su naturaleza corrompida), Dios los declara culpable, por poseer esa naturaleza corrupta. Lamentablemente, este intento por proteger a Dios de la injusticia de infligir la "culpa extraña" de Adán sobre la humanidad, tiene por consecuencia el afligir a Dios con una injusticia aún mayor, puesto que permite que la corrupción causante del pecado vicie a personas desprovistas de culpa, y después las juzga culpables debido a esta corrupción.

El realismo. El realismo y el federalismo (véase más adelante) son las dos teorías más importantes. El realismo sostiene que la "sustancia anímica" de todas las personas se hallaba real y personalmente en Adán ("seminalmente presente", según el punto de vista traduciano sobre el origen del alma), y participó realmente en su pecado. Todas las personas son culpables porque, en realidad, todas pecaron. Por tanto, la naturaleza de todos es corrompida por Dios como castigo por ese pecado. No hay una transmisión o traspaso de pecado, sino una completa participación racial en el primer pecado. Agustín (354-430) explicó la teoría diciendo que la corrupción se traspasaba por medio del acto sexual. Esto le permitía mantener a Cristo libre del pecado original por medio de su nacimiento virginal.[2] W. G. T. Shedd (1820-1894) añadiría un detalle más elaborado, al sostener que detrás de la voluntad de las decisiones diarias se halla la voluntad profunda, la "voluntad propiamente dicha", que conforma la dirección definitiva que toma la persona. Esta voluntad profunda de cada persona es la que pecó realmente en Adán.

El realismo tiene verdaderos puntos fuertes. No tiene el problema de la culpa ajena, se toma con seriedad la solidaridad entre Adán y la raza humana en el pecado de Adán, y parece manejarse bien el "todos pecaron" de Romanos 5:12.

No obstante, existen problemas: el realismo tiene todas las debilidades del traducianismo extremo. El tipo de presencia personal necesario en Adán y Eva distorsiona incluso Hebreos 7:9-10 (véase Génesis 46:26), el pasaje clásico del traducianismo. El "Y por decirlo así" (Hebreos 7:9) sugiere en griego que se ha de tomar lo que sigue en un sentido figurado. Conceptos como el de una "voluntad profunda" tienden a exigir y presuponer un concepto calvinista y determinista de la salvación. El realismo no puede explicar por sí mismo por qué, o apoyado en qué, Dios maldice el suelo.

Por consiguiente, es necesario algo como el pacto. Para que su humanidad haya carecido de pecado, Jesús debe haber cometido el primer pecado en Adán, para ser purificado posteriormente, o no estaba presente en absoluto, o estaba presente pero no pecó, y fue pasando sin pecado a través de todas las generaciones siguientes. Cada una de estas posiciones presenta dificultades. (Sugerimos más adelante otra posición alternativa.) La idea de que todos hayan pecado personalmente no parece estar de acuerdo con la de que el pecado de un hombre haya hecho pecadores a todos (Romanos 5:12, 15–19). Puesto que todos pecaron en Adán, con Adán y como Adán, todos parecen haber pecado según el modelo de Adán, lo cual es contrario a 5:14.

El federalismo. La teoría federal de transmisión sostiene que la corrupción y el pecado cayeron sobre toda la humanidad porque Adán, cuando pecó, era cabeza de la raza humana en un sentido representativo, gubernamental o federal. Todos estamos sujetos al pacto entre Adán y Dios (el pacto adámico o pacto de las obras, en contraste con el pacto de la gracia). Se hace una analogía con una nación que declara la guerra. Sus ciudadanos sufren, tanto si están de acuerdo con la decisión, como si no; hayan participado en ella o no. Los descendientes de Adán no son personalmente culpables hasta que realmente hayan cometido pecado, pero se hallan en un estado de culpabilidad, y condenados al infierno por la atribución a ellos del pecado de Adán bajo el pacto. Debido a este estado, Dios los castiga con la corrupción. Por tanto, muchos federalistas distinguen entre el pecado heredado (la corrupción) y el pecado atribuido (la culpa) de Adán. La mayor parte de los federalistas son creacionistas en cuanto al origen del alma, pero el federalismo no es incompatible con el traducianismo. El pacto de Adán incluía su mayordomía sobre la creación, y es la base justa para la maldición de Dios sobre el suelo.

Cristo, como cabeza de un pacto y una raza nuevos, está exento del juicio de la corrupción y, por consiguiente, no tiene pecado.

El federalismo tiene muchos puntos fuertes. El pacto, como base bíblica para la transmisión del pecado, se halla en razonable acuerdo con Romanos 5:12-21 y proporciona mecanismos para la maldición del suelo y para la protección de Cristo con respecto al pecado. No obstante, el federalismo también tiene puntos débiles. Romanos 7 deberá describir solamente la comprensión de Pablo sobre su naturaleza pecadora, y no la experiencia misma de que el pecado lo haya matado. Más importante aún: la transmisión de una "culpa ajena" desde Adán es vista frecuentemente como injusta.

Una teoría integrada. Es posible combinar varias de las teorías anteriores en un enfoque integrado. Esta teoría distingue entre la persona individual y la naturaleza pecaminosa de la carne. Cuando Adán pecó, se separó de Dios, lo cual produjo la corrupción (incluso la muerte) en él como persona individual y en su naturaleza. Puesto que él contenía toda la naturaleza genérica, ésta quedó totalmente corrompida. Esta naturaleza genérica se transmite de manera natural al aspecto individual de la persona, el "yo" (como en Romanos 7). El pacto adámico es la base justa para esta transmisión, y también para la maldición del suelo. El "yo" no es corrompido ni hecho culpable por la naturaleza genérica, pero esta naturaleza genérica sí impide que el "yo" agrade a Dios (Juan 14:21; 1 Juan 5:3). Al alcanzar el uso de razón, el "yo", en lucha con la naturaleza, o responde a la gracia preventiva de Dios en la salvación, o peca realmente al ignorarla; de esta manera, el "yo" mismo es separado de Dios, convirtiéndose en culpable y corrupto. Dios sigue tratando de alcanzar al "yo" por medio de la gracia preventiva, y éste puede responder positivamente a la salvación.

Por consiguiente, Romanos 5:12 puede decir que "todos pecaron" y que todos pueden estar corrompidos y necesitados de la salvación, pero no se carga de culpa a los que aún no han pecado realmente. Esto está de acuerdo con la lucha mencionada en Romanos 7. No todas las personas pecan como Adán (Romanos 5:14), pero el pecado de un solo hombre sí les acarrea la muerte y los hace a todos pecadores; lo hace por medio del pacto adámico, un mecanismo paralelo al utilizado por Cristo para hacer justos a los pecadores (Romanos 5:12-21). Se evita el semipelagianismo extremo, puesto que el "yo" sólo puede reconocer su necesidad, pero no puede actuar en fe, debido a la naturaleza humana genérica (Santiago 2:26). Puesto que la separación de Dios es la causa de la corrupción, la unión de Cristo con su parte de la naturaleza genérica la restaura a la santidad. Debido a la venida del Espíritu sobre María en la concepción del "yo" humano de Cristo, éste era prerresponsable y, por tanto, sin pecado. Esta disposición es justa, porque Cristo es Cabeza de un nuevo pacto. De forma similar, la unión del Espíritu con el creyente en la salvación causa la regeneración.

Aunque las Escrituras no afirman de manera explícita que el pacto haya sido la base de la transmisión, hay numerosas evidencias a favor de ello. Los pactos son parte fundamental del plan de Dios (Génesis 6:18; 9:9-17; 15:18; 17:2-21; Éxodo 34:27-28; Jeremías 31:31; Hebreos 8:6, 13; 12:24). Había un pacto entre Dios y Adán. Oseas 6:7, "Cual Adán, traspasaron el pacto", se refiere muy probablemente a este pacto, puesto que la traducción alterna, "hombres", sería tautológica. Hebreos 8:7, que llama "primero" al pacto con Israel, no excluye el pacto adámico, puesto que el contexto indica que sólo se refiere al primer pacto de Dios con Israel (no con toda la humanidad), y hay un pacto explícito anterior con Noé (Génesis 6:18; 9:9-17). Los pactos bíblicos son obligatorios para las generaciones futuras, tanto para bien (Noé, Génesis 6:18; 9:9-17) como para mal (Josué y los gabaonitas, Josué 9:15). Con frecuencia, los pactos son la única base observable para los castigos (los israelitas que murieron en Hai debido al pecado de Acán en Jericó [Josué 7]; el sufrimiento del pueblo debido al censo ordenado por David [2 Samuel 24]). La circuncisión del pacto podía traer incluso niños extranjeros al seno de Israel (Génesis 17:9-14).

Algunos objetan que toda teoría que transmita alguna consecuencia del pecado de Adán a los demás es intrínsecamente injusta, porque atribuye su pecado de manera gratuita; es decir, sin una base. (Sólo el pelagianismo evita plenamente esto, al hacer a cada cual personalmente responsable. El pecado preconsciente del realismo retiene la mayor parte de las dificultades.) No obstante, los pactos son una base justa para dicha transmisión, por las razones siguientes: los descendientes de Adán habrían sido tan bendecidos por su buena conducta, como maldecidos fueron por su mala obra. Ciertamente, el pacto es más justo que la simple transmisión genética. La culpa y las consecuencias transmitidas por el pacto son similares a los pecados de ignorancia (Génesis 20).

Otros objetan que Deuteronomio 24:16 y Ezequiel 18:20 prohíben el castigo transgeneracional. Sin embargo, hay otros pasajes que hablan de dicho castigo (los primogénitos de Egipto; Moab; Éxodo 20:5; 34:6-7; Jeremías 32:18). No obstante, es justamente posible ver los primeros pasajes como referidos a la sucesión geológica como motivo insuficiente para la transmisión del castigo, y los pasajes posteriores como referidos a una base en los pactos, que es adecuada para el traspaso del castigo. En la teoría integrada, de manera alterna, puesto que la naturaleza corrupta no es un juicio positivo de Dios, en realidad no se presenta el tema del castigo por el pecado paterno. Por último, aun sin la corrupción y en la perfección de aquel huerto, ¿quién habría podido obedecer los mandamientos de Dios mejor que Adán? Además, con toda certeza, lo que algunos llaman la "injusticia" del pecado atribuido queda más que superado por la gracia de la salvación gratuitamente ofrecida en Cristo.

Aunque especulativa, una teoría integrada que utilice el pacto parecería tener en cuenta gran parte de los datos bíblicos.

LA EXISTENCIA Y DEFINICIÓN DEL PECADO

¿Cómo es posible que exista el mal, si Dios es totalmente bueno y poderoso? Esta pregunta, y otra relacionada que se refiere a la fuente del mal, son como el espectro que perturba todos los intentos por comprender el pecado. Antes de seguir adelante, debemos distinguir entre varias clases de mal. El mal moral, o pecado, es el quebrantamiento de la ley producido por criaturas con una voluntad. El mal natural es el desorden y la corrupción del universo (los desastres naturales, algunas enfermedades, etc.). Está conectado con la maldición de Dios sobre el suelo (Génesis 3:17-18). El mal metafísico es el mal no intencional, consecuencia de la limitación de las criaturas (la incapacidad mental y física, etc.).

La Biblia afirma que en Dios hay perfección moral (Salmo 100:5; Marcos 10:18) y poder (Jeremías 32:17; Mateo 19:26). Él fue el único creador (Génesis 1:1-2; Juan 1:1-3), y todo cuanto creó era bueno (Génesis 1; Eclesiastés 7:29). No creó la maldad, a la que odia (Salmo 7:11; Romanos 1:18). Ni tienta, ni es tentado (Santiago 1:13). Con todo, es necesario tener en cuenta dos pasajes aparentemente contradictorios: el primero es Isaías 45:5, donde se dice que Dios creó el mal. Sin embargo, *rá*, "mal", tiene también un sentido que no tiene que ver con la moral (por ejemplo, en Génesis 47:9), y que se podría traducir como "desastre". Esto es lo que mejor contrasta con la "paz" (véase Amós 6:3) y es la traducción preferible. Por consiguiente, Dios produce el juicio moral; no la maldad inmoral.

En segundo lugar, también suscita interrogantes el que se diga que Dios endurece o ciega a las personas. Esto puede ser un "entregar" pasivo en el que Dios se limita a dejar a las personas a la merced de sus propios deseos (Salmo 81:12; Romanos 1:18-28; 1 Timoteo 4:1-2), o una imposición activa de endurecimiento en personas que se han entregado de manera irrevocable a la maldad (Éxodo 1:8-15:21; Deuteronomio 2:30; Josué 11:20; Isaías 6:9-10; 2 Corintios 3:14-15; Efesios 4:17-19; 2 Tesalonicenses 2:9-12).

Observemos el ejemplo del Faraón (Éxodo 1:8 a 15:21). El Faraón no fue creado con el propósito de endurecerlo, como podría sugerir una lectura superficial de Romanos 9:17 ("te he levantado"). El hebreo *amad* (Éxodo 9:16) y *diateréo*, su correspondiente en la Septuaginta (LXX), hacen referencia a categoría o posición, no a creación, que se hallaría dentro del campo semántico de *exeguéiro* (Romanos 9:17). El Faraón merecía el castigo divino desde la primera vez que había rechazado la súplica de Moisés (Éxodo 5:2), pero Dios lo conservó para poder glorificarse a través de él. Inicialmente, Dios sólo predijo que endurecería el corazón del Faraón (4:21, heb. *ajadzeq*, "haré fuerte"; 7:3, heb. *aqsé*, "haré pesado", esto es, difícil de mover). Sin embargo, antes que Dios actuara, el Faraón ya había endurecido su propio corazón (implícitamente, 1:8-22; 5:2; y explícitamente, 7:13-14). Es evidente que el corazón del Faraón "se volvió duro" (literalmente "se volvió fuerte") como reacción al bondadoso milagro que hizo desaparecer la plaga, y Dios dijo entonces que el corazón del Faraón "se endureció" (heb. *kaved*, "está pesado" 7:22-23; 8:15, 32; 9:7). Entonces, el Faraón continuó el proceso (9:34-35) con la ayuda de Dios (9:12; 10:1, 20, 27; 11:10; 14:4, 8, 17).

Este esquema aparece de manera explícita en los otros casos, o bien es compatible con ellos y con la justicia santa de Dios (Romanos 1:18). Por consiguiente, Dios puede acelerar la pecaminosidad auto-confirmada para cumplir sus propósitos (Salmo 105:25); pero los pecadores siguen siendo responsables (Romanos 1:20). Puesto que Dios no creó el mal y, sin embargo, sí creó todo cuanto existe, no es posible que el mal tenga una existencia exclusiva de él. El mal es una ausencia o un desorden del bien. Podemos ilustrar esto por medio de la sal de mesa, un compuesto, o mezcla, fuertemente unido de dos sustancias químicas: el sodio y el cloro. Cuando no están unidos, ambos elementos son altamente dañinos. El sodio se incendia al contacto con el agua, y el cloro es un veneno mortal.[3] Como la sal en desorden, la creación perfecta de Dios es mortal cuando el pecado la saca de su equilibrio. Todo el mal surge a través de las caídas de Satanás y de Adán. Por consiguiente, el mal natural se deriva del mal moral. En última instancia, toda enfermedad procede del pecado; no siempre del pecado del que está enfermo (Juan 9:1-3), aunque también es posible (Salmo 107:17; Isaías 3:17; Hechos 12:23). La gran ironía de Génesis 1–3 es que tanto Dios como Satanás utilizan el lenguaje: el uno de manera creativa para sacar la realidad y el orden *ex níhilo*, y el otro de manera imitativa para hacer brotar el engaño y el desorden. El mal depende del bien, y la obra de Satanás no es más que imitación.

Puesto que Dios era capaz de detener el mal (por ejemplo, aislando el árbol), y con todo, no lo hizo, y puesto que sabía con certeza lo que sucedería, parece ser que permitió que apareciera el mal. (Esto es algo muy distinto a causarlo.) De aquí se sigue que el Dios Santo vio un bien mayor en permitir el mal. Damos a continuación algunas sugerencias sobre la naturaleza exacta de este bien: (1) que la humanidad maduraría por medio del sufrimiento (véase Hebreos 5:7–9); (2) que los humanos podrían así amar a Dios libre y verdaderamente, puesto que un amor así exige la posibilidad del odio y del pecado;[2] (3) que Dios se podría expresar de maneras que habrían sido imposibles en circunstancias distintas (como con respeto a su odio por el mal, Romanos 9:22, y su bondadoso amor por los pecadores, Efesios 2:7). Todos estos puntos de vista poseen cierta validez.[4]

Describir el pecado es una tarea difícil. Es posible que esto se deba a su naturaleza parasitaria; al hecho de que no tiene existencia separada, sino que va condicionado por aquello a lo que se adhiere. Con todo, en las Escrituras sí aparece una imagen de la existencia derivada y camaleónica del pecado.

Se han hecho muchas sugerencias sobre la esencia del pecado: la incredulidad, el orgullo, el egoísmo, la rebelión, la corrupción moral, la lucha entre la carne y el espíritu, la idolatría, o combinaciones de las características anteriores. Aunque todas estas ideas tengan valor informativo, ninguna caracteriza a todos los pecados; por ejemplo, a los pecados de ignorancia, y ninguna explica de manera adecuada al pecado como naturaleza. Lo más importante de todo es que todas estas ideas definen al pecado en función de los pecadores, que son muchos, diversos e imperfectos. Parecería preferible definir al pecado en función de Dios. Sólo Él es uno, coherente y absoluto, y la oposición del pecado queda desplegada contra su santidad.

Quizá la mejor definición del pecado sea la que aparece en 1 Juan 3:4, donde dice: "El pecado es infracción de la ley." Cualquier otra cosa que sea el pecado, en su centro mismo es una infracción de la ley de Dios. También puesto que "toda injusticia es pecado" (1 Juan 5:17), toda injusticia quebranta la ley de Dios. Por eso David confiesa: "Contra ti, contra ti solo he pecado" (Salmo 51:4; véase Lucas 15:18, 21). Además, la transgresión obliga a una separación del Dios de vida y santidad, lo cual trae como consecuencia necesaria la corrupción (muerte incluida) de la naturaleza humana, dependiente y finita. Por consiguiente, esta definición del pecado es bíblica y precisa, y abarca todo tipo de pecado, explica los efectos del pecado en la naturaleza y hace referencia a Dios, no a la humanidad. Es decir, que vemos su verdadera naturaleza a base de observar el contraste que hace con Dios; no a base de comparar sus efectos entre los seres humanos.

Aunque los creyentes no se hallan bajo la ley mosaica, aún existen normas objetivas que se pueden quebrantar (Juan 4:21; 1 Juan 5:3; las numerosas regulaciones de las epístolas). Debido a la incapacidad de los humanos para cumplir la ley, sólo una relación con Cristo puede proporcionar la expiación para cubrir el pecado, y el poder para llevar una vida piadosa. El creyente que peque deberá aún confesarlo, y cuanto le sea posible, hacer restitución; no para lograr una absolución, sino para reafirmar su relación con Cristo. Ésta es la fe que siempre ha sido contraria a la "justicia de las obras" (Habacuc 2:4; Romanos 1:17; Gálatas 3:11; Hebreos 10:38), así que todo lo que no proceda de la fe, es pecado (Romanos 14:23; véase Tito 1:15; Hebreos 11:6). Por consiguiente, el pecado — en creyentes o incrédulos, antes o después de la crucifixión — es siempre un quebrantamiento de la ley, y la única solución es la fe en Cristo.

No son los sentimientos ni la filosofía los que pueden definir el pecado, sino sólo Dios en su ley, deseo y voluntad. Descubrimos esto de la manera más concreta a través de las Escrituras. Aunque, en el mejor de los casos, el corazón del creyente (en su definición más amplia) puede captar el pecado (Romanos 2:13-15; 1 Juan 3:21), su sensibilidad espiritual al bien y al mal exige desarrollo (Hebreos 5:14). El corazón ha sido profundamente malvado (Jeremías 17:9), y puede quedar cauterizado (1 Timoteo 4:2); también puede tener falsos sentimientos de culpa (1 Juan 3:20). Por esta razón no se pueden poner nunca los sentimientos subjetivos por encima de la Palabra escrita y objetiva de Dios. Con todo, necesitamos ser espiritualmente sensibles.

La idea del pecado como quebrantamiento de la ley se halla metida dentro del lenguaje mismo de las Escrituras. El grupo afín a la palabra *jatta't*, el más importante en hebreo para expresar la idea de "pecado", lleva en sí la idea básica de "no dar en el blanco" (Jueces 20:16; Proverbios 19:2). Con esta idea de un blanco objetivo, o norma, se puede referir a los pecados voluntarios (Éxodo 10:17; Deuteronomio 9:18; Salmo 25:7), a una realidad externa de pecado (Génesis 4:7), a una forma de pecado (Génesis 18:20; 1 Reyes 8:36), a los errores (Levítico 4:2) y a las ofrendas exigidas por ellos (Levítico 4:8). *Avóun*, "iniquidad", derivado de la idea de "torcer" o "deformar", habla de pecados serios, y con frecuencia se pone en paralelo con el término *jatta't* (Isaías 43:24). El verbo *abar* se refiere a cruzar unos límites, de manera que, en sentido metafórico, se refiere a una transgresión (Números 14:41; Deuteronomio 17:2). *Reshá* puede significar mal (Proverbios 11:10) o injusticia (Proverbios 28:3-4).

En griego, el grupo de palabras relacionado con *hamartía* es el que lleva en sí el concepto genérico de pecado en el Nuevo Testamento. Con el significado básico de "no dar en el blanco" (como en *jatta't*), es un término de amplio significado, que originalmente no tuvo connotación moral alguna. Sin embargo, en el Nuevo Testamento se refiere a pecados concretos (Marcos 1:5; Hechos 2:38; Gálatas 1:4; Hebreos 10:12) y al pecado como fuerza (Romanos 6:6, 12; Hebreos 12:1). *Anomía* (del gr. *nómos*, "ley", unido al prefijo de negación *a*), "sin ley", "ausencia de ley", "iniquidad" y los términos relacionados con ella, representa probablemente el lenguaje más fuerte sobre el pecado. El adjetivo y el adverbio se pueden referir a los que carecen de la Torá (Romanos 2:12; 1 Corintios 9:21), pero generalmente, la palabra identifica a alguien que ha quebrantado alguna ley divina (Mateo 7:23; 1 Juan 3:4). Ésta es también la "iniquidad" de 2 Tesalonicenses 2:7-12.

Otro término que se utiliza para identificar el pecado, *adikía*, se suele traducir literalmente como "injusticia", y comprende desde una simple equivocación hasta las violaciones más notables de la ley. Es la gran iniquidad (Romanos 1:29; 2 Pedro 2:13-15), y hace contraste con la justicia (Romanos 6:13). *Parábasis*, "violación", "transgresión", y sus derivados, indican el quebrantamiento de una norma. Esta palabra describe la caída

(Romanos 5:14; véase 1 Timoteo 2:14), la transgresión de la ley como pecado (Santiago 2:9, 11) y la pérdida de su condición de apóstol por parte de Judas (Hechos 1:25). *Asébeia*, "impiedad" (el prefijo de negación *a*, unido al sustantivo derivado del verbo *sébomai* ["mostrar reverencia", "adorar", etc.]), sugiere una insensibilidad espiritual que tiene por consecuencia un pecado grave (Judas 4), produciendo una gran condenación (1 Pedro 4:18; 2 Pedro 2:5; 3:7).

La idea del pecado como quebrantamiento de la ley, o desorden, se enfrenta en un fuerte contraste al Dios personal que trajo, con su palabra, a existencia un mundo ordenado y bueno. La idea misma de personalidad (ya sea humana o divina) exige un orden; la ausencia de éste hace surgir la expresión técnica tan común de "desórdenes de personalidad".

LAS CARACTERÍSTICAS DEL PECADO

Muchas de las facetas del pecado se reflejan en las características que presentamos a continuación, extraídas del texto bíblico.

Vemos el pecado como incredulidad o falta de fe en la caída, en el rechazo de la revelación general por parte de la humanidad (Romanos 1:18–2:2), y en los condenados a la muerte segunda (Apocalipsis 21:8). Está estrechamente relacionado con la desobediencia de Israel en el desierto (Hebreos 3:18–19). El término griego *apistía*, "incredulidad" (Hechos 28:24), combina el prefijo de negación *a* con un derivado de la palabra *pístis*, "fe", "confianza", "fidelidad". Todo aquello que no proceda de la fe, es pecado (Romanos 14:23; Hebreos 11:6). La incredulidad es lo opuesto a la fe salvadora (Hechos 13:39; Romanos 10:9), y termina en el castigo eterno (Juan 3:16; Hebreos 4:6, 11).

El orgullo es la exaltación de sí mismo. Irónicamente, es a un tiempo el anhelo de ser como Dios (como en la tentación de Eva por parte de Satanás), y el rechazo de Dios (Salmo 10:4). A pesar de su terrible precio, carece de valor alguno delante de Dios (Isaías 2:11) y es odiado por Él (Amós 6:8). Engaña (Abdías 3) y conduce a la destrucción (Proverbios 16:18; Abdías 4; Zacarías 10:11). Contribuyó a que la incredulidad de Capernaúm fuera peor que la depravación de Sodoma (Mateo 11:23; Lucas 10:15), y permanece como la antítesis de la humildad de Jesús (Mateo 11:29; 20:28; véase Filipenses 2:3–8). En el juicio final, los orgullosos serán humillados, mientras que los humildes serán exaltados (Mateo 23:1–12; Lucas 14:7–14). Aunque tengan un lado positivo, lo típico de la palabra hebrea *ga'ón* (Amós 6:8) y de la griega *hyperéfanos* (Santiago 4:6) es que denoten una arrogancia permanente y profunda.

Estrechamente relacionados con el orgullo, el deseo insano o mal orientado, y su egocentrismo, se hallan el pecado y una motivación al pecado (1 Juan 2:15–17). La *epizymía* (el "deseo", Santiago 4:2), usada en mal sentido, conduce al asesinato y a la guerra, y la *pleonexía*, una apasionada "avaricia", o "afán de tener más", es hecha equivalente a la idolatría. Por consiguiente, queda condenado todo deseo malvado (Romanos 6:12).

Ya se trate de la desobediencia de Adán, o del desamor del creyente (Juan 14:15, 21; 15:10), todo pecado consciente es una rebelión contra Dios. El hebreo *peshá* señala una "rebelión" premeditada y deliberada (Isaías 59:13; Jeremías 5:6). Se refleja también el concepto de rebelión en *mará* ("ser refractario, ser obstinado"; Deuteronomio 9:7) y *sarar* ("ser obstinado"; Salmo 78:8), y en griego, *apéizeia* ("desobediencia", Efesios 2:2), *apostasía* ("apostasía" o "abandono en rebeldía, deserción"; Romanos 5:19; 2 Corintios 10:6). Así, se equipara la rebelión con el pecado de adivinación, en el que se busca orientación en fuentes ajenas a Dios y su Palabra (1 Samuel 15:23).

El pecado, el producto del "padre de la mentira" (Juan 8:44), es la antítesis de la verdad de Dios (Salmo 31:5; Juan 14:6; 1 Juan 5:20). Desde el principio ha engañado en cuanto a lo que ha prometido y ha incitado a los que engaña a cometer mayores prevaricaciones (Juan 3:20; 2 Timoteo 3:13). Puede producir un placer fuerte, pero sólo temporal (Hebreos 11:25). Tanto el hebreo *ma'al*, "infidelidad", "engaño" (Levítico 26:40), como el griego *paráptoma*, "paso en falso", "transgresión" (Hebreo 6:6), pueden significar traición debida a la incredulidad.

El lado objetivo de la mentira del pecado es la distorsión real del bien. El vocablo hebreo *avóun*, derivado de la idea de torcer o pervertir, presenta este significado (Génesis 19:15; Salmo 31:10; Zacarías 3:9). Varios compuestos del verbo *stréfo*, "girar" (*apo-*, Lucas 23:14; *dia-*, Hechos 20:30; *meta-*, Gálatas 1:7; *ek-*, Tito 3:11), cumplen la misma función en griego, tal como lo hace *skoliós*, "torcido", "carente de escrúpulos" (Hechos 2:40).

En general, el concepto bíblico del mal comprende tanto el pecado como sus consecuencias. El hebreo *rá'* tiene una amplia variedad de usos: los animales inadecuados para el sacrificio (Levítico 27:10); las dificultades de la vida (Génesis 47:9); el aspecto maligno del árbol del Edén (Génesis 2:17); las imaginaciones del corazón (Génesis 6:5); los actos de maldad (Exodo 23:2); las personas malvadas (Génesis 38:7); la retribución (Génesis 31:29); y el justo castigo de Dios (Jeremías 6:19). En griego, es típico del vocablo *kakós* que designe cosas malas o desagradables (Hechos 28:5). Sin embargo, *kakós* y sus compuestos pueden tener un significado moral más amplio, y designar pensamientos (Marcos 7:21), acciones (2 Corintios 5:10), personas (Tito 1:12), y el mal como fuerza (Romanos 7:21; 12:21). *Ponería* y su grupo de palabras desarrollan en el Nuevo Testamento una connotación fuertemente ética que incluye a Satanás como "el maligno" (Mateo 13:19; véase también Marcos 4:15; Lucas 8:12; véase 1 Juan 2:13) y el mal colectivo (Gálatas 1:4).

Los pecados que son especialmente repugnantes para Dios son designados como detestables, o "abominaciones". *To'ebá*, "algo abominable, detestable, ofensivo", puede referirse a los impíos (Proverbios 29:27), al travestismo (Deuteronomio 22:5), a la homosexualidad (Levítico 18:22), a la idolatría (Deuteronomio 7:25–26), a los sacrificios de niños (Deuteronomio 12:31) y a otros pecados graves (Proverbios 6:16–19). La palabra griega correspondiente es *bdélygma*, que identifica a una gran hipocresía (Lucas 16:15), a la desecración máxima del Lugar Santo (Mateo 24:15; Marcos 13:14) y al contenido de la copa que sostiene la Babilonia ramera (Apocalipsis 17:4).

LA FUERZA Y EXTENSIÓN DEL PECADO

Tal como se ha indicado a lo largo de este capítulo y en el estudio sobre Satanás (capítulo 6), hay una fuerza maligna personal y real que está operando en el universo contra Dios y contra los suyos. Esto sugiere lo altamente importantes que son el exorcismo, la guerra espiritual y cosas similares, pero sin la atroz histeria que con mucha frecuencia acompaña a estos esfuerzos.

El pecado no consta solamente de actos aislados, sino que es también una realidad o naturaleza dentro de la persona (véase Efesios 2:3). El pecado como naturaleza indica el "asiento" o "localización" del pecado dentro de la persona, como la fuente inmediata de pecado. En sentido negativo, se lo considera en la necesidad de una regeneración; el recibir una nueva naturaleza que reemplace a la antigua, que es pecaminosa (Juan 3:3–7; Hechos 3:19; 1 Pedro 1:23). Esto queda resaltado por la idea de que la regeneración es algo que sólo puede suceder a partir de fuera de la persona (Jeremías 24:7; Ezequiel 11:19; 36:26–27; 37:1–14; 1 Pedro 1:3).

El Nuevo Testamento relaciona la naturaleza de pecado con la *sárx*, esto es, la "carne". Aunque originalmente se refiriese al cuerpo material, Pablo hace la innovación de hacerla equivalente a la naturaleza pecaminosa (Romanos 7:5–8:13; Gálatas 5:13, 19). En este sentido, la *sárx* es el asiento de los apetitos incorrectos (Romanos 13:14; Gálatas 5:16, 24; Efesios 2:3; 1 Pedro 4:2; 2 Pedro 2:10; 1 Juan 2:16). El pecado y las pasiones brotan de la carne (Romanos 7:5; Gálatas 5:17–21); nada bueno habita en ella (Romanos 7:18) y los pecadores empedernidos de la iglesia son entregados a Satanás para la destrucción de la carne, posiblemente una enfermedad que los haga arrepentirse (1 Corintios 5:5; véase 1 Timoteo 1:20). El vocablo *sóma*, "cuerpo", es usado de manera similar sólo ocasionalmente (Romanos 6:6; 7:24; 8:13; Colosenses 2:11). No se considera al cuerpo físico como malo en sí mismo.

El vocablo hebreo *leb* o *lebab*, "corazón", "mente" o "entendimiento" indica la esencia de la persona. Ésta puede ser pecaminosa (Génesis 6:5; Deuteronomio 15:9; Isaías 29:13) por encima de todo (Jeremías 17:9). Por consiguiente, está necesitada de renovación (Salmo 51:10; Jeremías 31:33; Ezequiel 11:19). De ella brotan las malas intenciones (Jeremías 3:17; 7:24), y todas sus inclinaciones son malas (Génesis 6:5). El vocablo griego *kardía*, "corazón", indica también la vida interior y el yo. De él salen tanto el mal como el bien (Mateo 12:33–35; 15:18; Lucas 6:43–45). Puede tener el significado de la esencia de la persona (Mateo 15:19; Hechos 15:9; Hebreos 3:12). El *kardía* puede estar endurecido (Marcos 3:5; 6:52; 8:17; Juan 12:40; Romanos 1:21; Hebreos 3:8). Como la *sárx*, el *kardía* puede ser la fuente de deseos incorrectos (Romanos 1:24). De manera similar, la mente, el *nús*, puede ser malvada en sus obras (Romanos 1:28; Efesios 4:17; Colosenses 2:18; 1 Timoteo 6:5; 2 Timoteo 3:8; Tito 1:15), y estar necesitada de renovación (Romanos 12:2).

El pecado lucha contra el Espíritu. La naturaleza de pecado es totalmente contraria al Espíritu y se halla fuera del control de la persona (Gálatas 5:17; véase Romanos 7:7–25). Es muerte para el humano (Romanos 8:6, 13) y una ofensa para Dios (Romanos 8:7–8; 1 Corintios 15:50). De ella procede la *epizymía*, la gama completa de deseos impíos (Romanos 1:24; 7:8; Tito 2:12; 1 Juan 2:16). El pecado incluso habita dentro de la persona (Romanos 7:17–24; 8:5–8) como principio o ley (Romanos 7:21, 23, 25).

Con frecuencia, el pecado comienza en la naturaleza pecaminosa como resultado de una tentación mundana o sobrenatural (Santiago 1:14–15; 1 Juan 2:16). Una de las características más insidiosas del pecado es que hace surgir más pecado. Como si se tratara de un tumor maligno, el pecado crece a partir de sí mismo hasta llegar a proporciones mortales, tanto en extensión como en intensidad, a menos que se lo elimine por medio de la purificación con la sangre de Cristo. Podemos ver la autorreproducción del pecado en la caída (Génesis 3:1–13), en el descenso de Caín de los celos al homicidio

(Génesis 4:1-15) y en la lujuria de David, que dio origen al adulterio, el asesinato y al sufrimiento por generaciones (2 Samuel 11-12). Romanos 1:18-32 es un recuento del curso descendente seguido por la humanidad desde el rechazo de la revelación hasta el abandono completo y la proselitización. De manera similar, los "siete pecados capitales" (una antigua lista de vicios hecha en contraste con virtudes paralelas) han sido considerados, no sólo como los pecados radicales, sino también como una secuencia descendente de pecados.

Este proceso, en el que un pecado se alimenta de otro, se realiza a través de muchos mecanismos. Satanás, el ambicioso autor de la maldad, es el archiantagonista en este drama malvado. Como gobernante de esta era presente (Juan 12:31; 14:30; 16:11; 2 Corintios 4:4; Efesios 2:2), trata constantemente de engañar, tentar, sacudir y devorar (Lucas 22:31-34; 2 Corintios 11:14; 1 Tesalonicenses 3:5; 1 Pedro 5:8), incluso trata de incitar directamente al corazón (1 Crónicas 21:1). La inclinación natural de la carne, que aún espera su redención total, también representa su papel. Las tentaciones del mundo atraen al corazón (Santiago 1:2-4; 1 Juan 2:16). Con frecuencia, el pecado necesita más pecado para alcanzar su esquiva meta, como en el intento por parte de Caín de esconder de Dios su crimen (Génesis 4:9). El placer del pecado (Hebreos 11:25-26) puede hacer que se refuerce a sí mismo. Los pecadores provocan a sus víctimas a reaccionar con pecado (observemos las exhortaciones en contra: Proverbios 20:22; Mateo 5:38-48; 1 Tesalonicenses 5:15; 1 Pedro 3:9). Los pecadores seducen a otros al pecado (Génesis 3:1-6; Éxodo 32:1; 1 Reyes 21:25; Proverbios 1:10-14; Mateo 4:1-11; 5:19; Marcos 1:12-13; Lucas 4:1-13; 2 Timoteo 3:6-9; 2 Pedro 2:18-19; 3:17; 1 Juan 2:26). Los pecadores animan a otros pecadores a pecar (Salmo 64:5; Romanos 1:19-32). Los humanos endurecen su corazón contra Dios y tratan de eludir la perturbación mental que causa el pecado (1 Samuel 6:6; Salmo 95:8; Proverbios 28:14; Romanos 1:24, 26, 28; 2:5; Hebreos 3:7-19; 4:7). Por último, el endurecimiento del corazón por parte de Dios puede facilitar este proceso.

Nunca se debe confundir la tentación con el pecado. Jesús sufrió las tentaciones más grandes de todas (Mateo 4:1-11; Marcos 1:12-13; Lucas 4:1-13; Hebreos 2:18; 4:15), y no tuvo pecado (2 Corintios 5:21; Hebreos 4:15; 7:26-28; 1 Pedro 1:19; 2:22; 1 Juan 3:5, y las pruebas de su divinidad). Además, si la tentación fuera pecado, Dios no nos daría ayuda para soportarla (1 Corintios 10:13). Aunque Dios sí prueba y examina a los suyos (Génesis 22:1-14; Juan 6:6), y es evidente que permite la tentación (Génesis 3), Él mismo no tienta (Santiago 1:13). Desde el punto de vista práctico, la Biblia nos exhorta acerca del peligro de la tentación y la necesidad de evitarla y de ser librados de ella (Mateo 6:13; Lucas 11:4; 22:46; 1 Corintios 10:13; 1 Timoteo 6:6-12; Hebreos 3:8; 2 Pedro 2:9).

En la Biblia hay gran abundancia de descripciones de actos pecaminosos y de advertencias contra ellos, incluyendo listas de vicios (las más típicas: Romanos 1:29-31; 13:13; 1 Corintios 5:10-11; 6:9-10; 2 Corintios 12:20-21; Gálatas 5:19-21; Efesios 4:31; 5:3-5; Colosenses 3:5, 8; Apocalipsis 21:8; 22:15). Estos pasajes muestran lo serio que es el pecado y exhiben su increíble variedad; sin embargo, también llevan en sí el peligro de incitar a una morbosa desesperación con respecto a pecados pasados o futuros. Aún más serio es que pueden reducir el pecado a simples acciones, pasando por alto la profundidad del pecado como una ley, naturaleza y fuerza dentro de la persona y del universo, y terminando por llevar a la persona a ver sólo los síntomas, al tiempo que ignora la enfermedad.

Las Escrituras describen muchas categorías relacionadas con el pecado. Tanto los incrédulos como los creyentes pueden cometer pecados; ambos quedan heridos al cometerlos y necesitan de la gracia. Se pueden cometer pecados contra Dios, contra los demás, contra uno mismo, o una combinación de lo anterior. Con todo, a fin de cuentas, todo pecado va contra Dios (Salmo 51:4; véase Lucas 15:18, 21). Se puede confesar el pecado para que sea perdonado; si el pecado es perdonado, aún seguirá ejerciendo su influjo sobre la persona. La Biblia enseña que una actitud puede ser tan pecaminosa como un acto. Por ejemplo, la ira es tan pecaminosa como el asesinato, y una mirada lujuriosa es tan pecaminosa como el adulterio (Mateo 5:21–22; 27–28; Santiago 3:14–16). Una actitud de pecado le quita eficacia a la oración (Salmo 66:18). El pecado puede ser activo o pasivo; esto es, hacer el mal o dejar de hacer el bien (Lucas 10:30–37; Santiago 4:17). Los pecados corporales de tipo sexual son muy graves para los cristianos, porque están haciendo mal uso del cuerpo del Señor en la persona del creyente, y porque el cuerpo es el templo del Espíritu Santo (1 Corintios 6:12–20).

Se puede pecar en ignorancia (Génesis 20; Levítico 5:17–19; Números 35:22–24; Lucas 12:47–48; 23:34). Sabiamente, el salmista pide ayuda para poderlos discernir (Salmo 19:12). Parece que aquéllos que sólo tienen la ley de la naturaleza (Romanos 2:13–15) cometen pecados de ignorancia (Hechos 17:30). Todas las personas son responsables y sin excusa hasta cierto punto (Romanos 1:20), y la ignorancia voluntaria, como la del Faraón, producida por un continuo endurecimiento de sí mismo, es fuertemente condenada. El pecado secreto es tan malvado como el pecado cometido en público (Efesios 5:11–13). Esto es especialmente cierto en el caso de la hipocresía, una forma de pecado secreto, en la cual la apariencia externa encubre la realidad interna (Mateo 23:1–33; observe el v. 5). Sin embargo, los pecados cometidos abiertamente tienden a crear presunción y subversión en la comunidad (Tito 1:9–11; 2 Pedro 2:1–2). Muchos rabinos creían que el pecado secreto también negaba de una manera eficaz la omnipresencia de Dios.

Una persona comete pecados de debilidad debido a unos deseos divididos, generalmente después de una lucha contra la tentación (Mateo 26:36–46; Marcos 14:32–42; Lucas 22:31–34, 54–62; tal vez Romanos 7:14–25). Los pecados presuntuosos son cometidos con una intención profundamente malvada, o con "la mano alzada" (Números 15:30). Los pecados de debilidad son menos afrentosos para Dios, que los pecados presuntuosos, tal como lo indica la severidad con la que las Escrituras miran a los pecados presuntuosos (Éxodo 21:12–14; Salmo 19:13; Isaías 5:18–25; 2 Pedro 2:10) y la ausencia de una expiación por ellos en la ley mosaica (aunque no en el Evangelio). Sin embargo, nunca se debería usar esta distinción entre debilidad y presunción de una manera ajena a la Biblia como excusa para tomar con ligereza pecado alguno.

La teología católica distingue entre pecados veniales (del latín *venia*, "favor", "perdón", "bondad") y mortales. En los pecados veniales (como en los pecados por debilidad), la voluntad, aunque asiente o está de acuerdo con el acto de pecado, se niega a alterar su identidad piadosa fundamental. Los pecados veniales pueden conducir a pecados mortales. En cambio, los mortales comprenden una reorientación radical de la persona hacia un estado de rebelión contra Dios, y una pérdida de la salvación, aunque sigue siendo posible obtener el perdón. No obstante, la verdadera distinción entre estos pecados no parece estar en la naturaleza del pecado, sino en la naturaleza de la salvación. El catolicismo cree que los pecados no son veniales en sí mismos, sino que los creyentes tienen una justicia que mitiga grandemente el efecto de los pecados menores, convirtiéndolos en veniales. Como tales, no van en detrimento directo de la relación entre el creyente y Dios, y técnicamente, no es necesario confesarlos.

Jesús mismo enseñó que, más allá de todos los demás pecados, hay un pecado que no tiene perdón (Mateo 12:22–37; Marcos 3:20–30; Lucas 12:1–12; véase 11:14–26). Ha habido mucho debate sobre la naturaleza de este "pecado imperdonable" o "blasfemia contra el Espíritu Santo". Los textos sugieren diversos criterios que todo análisis debe tener en cuenta.

Este pecado debe tener que ver con el Espíritu Santo (Mateo 12:31; Marcos 3:29; Lucas 12:10). En cambio, la blasfemia contra Dios, o contra los otros miembros de la Trinidad (Mateo 12:31–32; Marcos 3:28; Lucas 12:10; Hechos 26:11; Colosenses 3:8; 1 Timoteo 1:13, 20) es perdonable. Entre estos pecados se incluyen los cometidos antes de conocer a Dios — la posesión demoniaca (Lucas 8:2–3), el crucificar al Señor (23:34), una impiedad de casi toda una vida (23:39–43), el blasfemar (1 Timoteo 1:13), el forzar a los creyentes a blasfemar (Hechos 26:11) — y los cometidos después de conocerlo. Además de esto, el pecado imperdonable no incluye a los de negar al Dios de los milagros (Éxodo 32), regresar a la idolatría a pesar de grandes milagros (Éxodo 32), asesinar (2 Samuel 11–12), cometer inmoralidad grave (1 Corintios 5:1–5), negar a Jesús (Mateo 26:69–75), ver los milagros de Jesús y con todo creer que está "fuera de sus cabales" (Marcos 3:21, inmediatamente antes de su enseñanza sobre la blasfemia), y volverse a la ley después de haber conocido la gracia (Gálatas 2:11–21).

El pecado debe ser de blasfemia (gr. *blasfémia*), la calumnia más vil contra Dios. En la LXX, el vocablo *blasfémia* describe con frecuencia el acto de negar el poder y la gloria de Dios, lo cual coincide con la forma en que los líderes judíos le atribuían al diablo los milagros de Jesús. El pecado debe ser comparable a la acusación de parte de los líderes judíos, de que Jesús tenía un espíritu maligno (Marcos 3:30). El pecado no puede ser una simple negación de testimonio con respecto a milagros, puesto que Pedro negó a Cristo (Mateo 26:69–75) y Tomás dudó de Él (Juan 20:24–29) después de haber visto muchos milagros, y ambos fueron perdonados.

Puesto que Jesús dice explícitamente que todos los demás pecados tienen perdón (Mateo 12:31; Marcos 3:28), debemos comparar el pecado contra el Espíritu Santo con Hebreos 6:4–8; 10:26–31; 2 Pedro 2:20–22 y 1 Juan 5:16–17, que también describen un pecado imperdonable. Sobresale Hebreos 10:29, que relaciona el pecado imperdonable con el insulto al Espíritu. También parece que se podrían incluir el endurecimiento irrevocable del corazón y la presunción (por ejemplo, 2 Tesalonicenses 2:11–12). Como corolario, ni el Jesús encarnado, ni los apóstoles, necesitaban estar presentes para que se cometiese este pecado, puesto que no fueron vistos por nadie en el Antiguo Testamento, ni tampoco es probable que lo fuesen por aquéllos a quienes se dirigen Hebreos, 2 Pedro y 1 Juan. Por consiguiente, el pecado imperdonable no puede consistir en que no se reaccionase adecuadamente ante las manifestaciones del Jesús encarnado, o de los apóstoles. Tampoco puede ser una negación temporal de la fe,[3] puesto que las Escrituras consideran que esto es perdonable.

Se define mejor el pecado imperdonable como el rechazo voluntario y definitivo de la obra especial del Espíritu Santo (Juan 16:7-11) al dar testimonio directo al corazón con respecto a Jesús como Señor y Salvador, teniendo por consecuencia un rechazo total de la fe. Por consiguiente, la blasfemia contra el Espíritu Santo no es una indiscreción momentánea, sino una disposición definitiva de la voluntad, aunque las afirmaciones de Jesús sugieren que se puede manifestar en un acto concreto.

La Biblia reconoce grados de pecado. Eso queda demostrado en varias de las categorías de pecados (véase el texto anterior) y las diferencias entre los juicios divinos (Mateo 11:24; Marcos 12:38-40; Lucas 10:12; 12:47-48; Juan 19:11). Sin embargo, las Escrituras también enseñan que pecar en cualquier forma lo hace a uno plenamente pecador (Deuteronomio 27:26-28:1; Gálatas 3:10; Santiago 2:10).

La Biblia enseña que sólo Dios y los seres espirituales que no han caído (como los ángeles) carecen de la mancha del pecado. La antropología moderna desmiente la idea de que la gente antigua llevaba una vida tranquila y sencilla, al revelar el lado tenebroso que tienen todas las sociedades humanas. Aun las explicaciones evolutivas del pecado por parte de la teología liberal son una admisión de la universalidad de éste.

El pecado contamina el mundo espiritual. La caída de Satanás (Job 1:6-2:6), la caída de Satanás del cielo (Lucas 10:18 y Apocalipsis 12:8-9, cualquiera que sea su interpretación), la "guerra" en los cielos (Daniel 10:13; Apocalipsis 12:7) y las menciones de espíritus malignos o impuros (2 Corintios 12:7; Efesios 6:10-18; Santiago 4:7) atestiguan esto. El pecado ha infectado al universo hasta un punto que se halla mucho más allá del alcance de la ciencia física.

Las Escrituras enseñan también que todos individualmente somos pecadores en algún sentido. Desde el Edén, el pecado ha aparecido también dentro de grupos. Está claro que el funcionamiento en grupos anima al pecado. La sociedad contemporánea es suelo propicio para los prejuicios basados en la capacidad (en el caso del feto), el género, la raza, el fondo étnico, la religión, las preferencias sexuales e incluso las normas políticas.

Como en Israel, en la Iglesia también se encuentra pecado. Jesús sabía que sería así (Mateo 18:15-20) y las epístolas dan testimonio de su presencia (1 Corintios 1:11; 5:1-2; Gálatas 1:6; 3:1; Judas 4-19). La Iglesia sin mancha ni arruga no será una realidad hasta que regrese Jesús (Efesios 5:27; Apocalipsis 21:27).

Las Escrituras enseñan que los efectos del pecado se encuentran incluso en la creación no humana. La maldición de Génesis 3:17-18 marca el principio de este mal, y Romanos 8:19-22 proclama el estado de desorden en que se halla la naturaleza. La creación gime, esperando la consumación. El vocablo griego *mataiótes*, "frustración", "vacío" (Romanos 8:20), describe lo inútil que es algo cuando ha sido divorciado de su propósito original, resumiendo así la inutilidad del estado presente del propio universo. Aquí es posible que el pensamiento divino vaya desde las plantas y los animales hasta las nebulosas y las galaxias.

Se circunscribe la extensión del pecado de una manera cronológica. Antes de la creación, y por un período de tiempo no especificado, el pecado no existía y todo era bueno. Con todo, no sólo la memoria del cristiano, sino también su esperanza, saben de un futuro en el que ya no existirán el pecado y la muerte (Mateo 25:41; 1 Corintios 15:25–26; 51–56; Apocalipsis 20:10, 14–15).

LAS CONSECUENCIAS DEL PECADO

Por su naturaleza misma, el pecado es destructor. Por consiguiente, ya hemos descrito gran parte de sus efectos. Con todo, es de rigor que hagamos un breve resumen.

El estudio de las consecuencias del pecado debe tener en cuenta la culpa y el castigo. Hay varios tipos de culpa (heb. *'asham*, Génesis 26:10; gr. *énojos*, Santiago 2:10). Se puede distinguir la culpa individual o personal de la culpa comunal de las sociedades. La culpa objetiva tiene que ver con una transgresión real, ya sea que se dé cuenta de ello el culpable o no. La culpa subjetiva tiene que ver con la sensación de culpabilidad en una persona. Si la culpa subjetiva es sincera, puede conducir al arrepentimiento (Salmo 51; Hechos 2:40-47; véase Juan 16:7-11). También puede ser insincera, aunque con una apariencia externa de sinceridad, pero, o bien ignorando la realidad del pecado (reaccionando en cambio cuando nos vemos atrapados, avergonzados, castigados, etc.), o manifestando solamente un cambio externo y temporal, sin una reorientación interna perdurable y real (por ejemplo, el Faraón). La culpabilidad subjetiva también puede tener un origen puramente psicológico, y causar una angustia verdadera, pero sin base en ningún pecado real (1 Juan 3:19-20).

El castigo o pena es la consecuencia justa del pecado, infligida por una autoridad sobre los pecadores, y basada en su culpa. El castigo natural se refiere al mal natural (que procede de Dios indirectamente) que recae sobre la persona debido a sus actos pecaminosos (como la enfermedad venérea causada por el pecado sexual, y el deterioro físico y mental causado por el abuso de sustancias tóxicas). El castigo positivo es algo infligido directamente por Dios de manera sobrenatural: el pecador cae muerto, etc.

Presentamos a continuación las posibles razones de ser del castigo: (1) La retribución o venganza sólo le corresponde a Dios (Salmo 94:1; Romanos 12:19). (2) La expiación produce restauración en la persona culpable. (Esto fue hecho por nosotros en la expiación de Cristo). (3) El juicio hace que la persona culpable se sienta dispuesta a restituir lo que fue quitado o destruido, lo cual puede ser testimonio de la obra de Dios en una vida (Éxodo 22:1; Lucas 19:8). (4) La reparación influye en la persona culpable para que no peque en el futuro. Esto es una expresión del amor de Dios (Salmo 94:12; Hebreos 12:5-17). (5) La disuasión utiliza el castigo de la persona culpable para convencer a otras a fin de que no actúen de manera parecida, lo cual se puede ver con frecuencia en las advertencias divinas (Salmo 95:8-11; 1 Corintios 10:11).

Las consecuencias del pecado son numerosas y complejas. Las podemos estudiar desde el punto de vista de las personas o cosas a las que afecta.

El pecado afecta a Dios. Sin que por eso queden comprometidas su justicia y su omnipotencia, las Escrituras dan testimonio de que Él odia el pecado (Salmo 11:5; Romanos 1:18), tiene paciencia con los pecadores (Éxodo 34:6; 2 Pedro 3:9), busca a la humanidad perdida (Isaías 1:18; 1 Juan 4:9-10, 19), se siente afligido por el pecado (Oseas 11:8), se lamenta por los perdidos (Mateo 23:37; Lucas 13:34) y se ha sacrificado por la salvación de la humanidad (Romanos 5:8; 1 Juan 4:14; Apocalipsis 13:8). De todos los conceptos bíblicos con respecto al pecado, éstos deberían ser los que más nos deberían hacer sentir humillados.

Todas las interacciones de una sociedad humana que una vez fue pura, han quedado pervertidas por el pecado. Las Escrituras claman continuamente contra las injusticias cometidas por los pecadores contra los "inocentes" (Proverbios 4:16; sociales, Santiago 2:9; económicas, Santiago 5:1-4; físicas, Salmo 11:5; etc.).

El mundo natural también sufre con los efectos del pecado. La corrupción natural del pecado contribuye a los problemas ambientales y de salud.

Donde podemos observar los efectos más diversos del pecado, es en la criatura más compleja de Dios: la persona humana. Aunque parezca irónico, el pecado parecería tener sus beneficios. Hasta puede producir una felicidad transitoria (Salmo 10:1-11; Hebreos 11:25-26). También engendra pensamientos ilusorios en los que el mal aparece como bien; como consecuencia, las personas mienten y distorsionan la verdad (Génesis 4:9; Isaías 5:20; Mateo 7:3-5), negando la existencia del pecado personal (Isaías 29:13; Lucas 11:39-52) e incluso a Dios (Romanos 1:20; Tito 1:16). Al final, el engaño del bien aparente se revela como mal. La culpa, la inseguridad, la agitación, el temor al castigo y cosas semejantes son los acompañantes de la maldad (Salmo 38:3-4; Isaías 57:20-21; Romanos 2:8-9; 8:15; Hebreos 2:15; 10:27).

El pecado es futilidad. La voz hebrea 'avén ("daño", "problema", "engaño", "nada") resume la imagen de la esterilidad del pecado. Es el conjunto de problemas que cosecha aquél que siembra iniquidad (Proverbios 22:8) y es la inutilidad presente de la herencia antiguamente grandiosa (Oseas 4:15; 5:8; 10:5, 8; Amós 5:5; véase Génesis 28:10-22) de Betel (en sentido derogatorio, Bet 'Avén, "casa de nada"). Hebel ("nada", "vacío") es la "vanidad" o "insignificancia" que aparece una y otra vez en el Eclesiastés, y la del frío consuelo de los ídolos (Zacarías 10:2). Su contrapartida, el vocablo griego mataiótes, describe la vaciedad o futilidad de una creación maldita por el pecado (Romanos 8:20) y las palabras altaneras de los falsos maestros (2 Pedro 2:18). En Efesios 4:17, los creyentes están atrapados "en la vanidad de su mente", debido a su entendimiento en tinieblas, y a la separación de Dios a causa de la dureza de su corazón.

El pecado envuelve al pecador en una exigente dependencia (Juan 8:34; Romanos 6:12-23; 2 Pedro 2:12-19), convirtiéndose en una malvada ley interna (Romanos 7:23, 25; 8:2). Desde Adán hasta el anticristo, el pecado se caracteriza por la rebelión. Esto puede tomar la forma de poner a Dios a prueba (1 Corintios 10:9), o de manifestarse hostil contra Él (Romanos 8:7; Santiago 4:4). El pecado produce la separación de Dios (Génesis 2:17; véase 3:22-24; Salmo 78:58-60; Mateo 7:21-23; 25:31-46; Efesios 2:12-19; 4:18). Esto puede provocar no sólo la ira de Dios, sino también su silencio (Salmo 66:18; Proverbios 1:28; Miqueas 3:4-7; Juan 9:31).

La muerte (heb. mavet, gr. zánatos) tuvo su origen en el pecado, y es la consecuencia final de éste (Génesis 2:17; Romanos 5:12-21; 6:16, 23; 1 Corintios 15:21-22, 56; Santiago 1:15). Se puede distinguir entre la muerte física y la espiritual (Mateo 10:28; Lucas 12:4). La muerte física es un castigo por el pecado (Génesis 2:17; 3:19; Ezequiel 18:4, 20; Romanos 5:12-17; 1 Corintios 15:21-22) y puede producirse como castigo por algo concreto (Génesis 6:7, 11-13; 1 Crónicas 10:13-14; Hechos 12:23). Sin embargo, para los creyentes (quienes están muertos al pecado, Romanos 6:2; Colosenses 3:3; y en Cristo, Romanos 6:3-4; 2

Timoteo 2:11), se convierte en una restauración gracias a la sangre de Cristo (Job 19:25–27; 1 Corintios 15:21–22), porque Dios ha triunfado sobre la muerte (Isaías 25:8; 1 Corintios 15:26, 55–57; 2 Timoteo 1:10; Hebreos 2:14–15; Apocalipsis 20:14).

Los que no son salvos, viven espiritualmente muertos (Juan 6:50–53; Romanos 7:11; Efesios 2:1–6; 5:14; Colosenses 2:13; 1 Timoteo 5:6; Santiago 5:20; 1 Pedro 2:24; 1 Juan 5:12). Esta muerte espiritual es la expresión máxima de la alienación del alma con respecto a Dios. Incluso los creyentes que pecan experimentan una separación parcial de Dios (Salmo 66:18), pero Él siempre está dispuesto a perdonar (Salmo 32:1–6; Santiago 5:16; 1 Juan 1:8–9).

La muerte espiritual y la física se combinan y llegan a la plenitud de su realización después del juicio final (Apocalipsis 20:12–14). Aunque dispuesto por Dios (Génesis 2:17; Mateo 10:28; Lucas 12:4), el destino de los pecadores no le agrada (Ezequiel 18:23; 33:11; 1 Timoteo 2:4; 2 Pedro 3:9).

La única forma de enfrentarse al pecado consiste en amar primero a Dios, y convertirse después en un canal de su amor para los demás, por medio de la gracia divina. Sólo el amor se puede oponer a aquello que se opone a todo (Romanos 13:10; 1 Juan 4:7–8). Sólo el amor puede cubrir el pecado (Proverbios 10:12; 1 Pedro 4:8) y terminar remediando el pecado (1 Juan 4:10). Además, sólo "Dios es amor" (1 Juan 4:8). En cuanto al pecado, el amor se puede expresar de maneras concretas.

El conocimiento del pecado debería engendrar santidad en la vida de la persona, y una insistencia en la santidad dentro de la predicación y la enseñanza de la Iglesia.

La Iglesia debe reafirmar su identidad como comunidad de pecadores salvados por Dios, ministrando en confesión, perdón y sanidad. La humildad debería caracterizar todas las relaciones cristianas, al darse cuenta los creyentes, no sólo de la vida y el destino terribles de los que han sido salvados, sino también del precio aún más terrible que ha sido pagado por esa salvación. Puesto que cada persona ha sido salvada de la misma naturaleza pecadora, no hay cualidades, ministerio ni autoridad alguna que pueda apoyar la elevación de uno por encima de otro; más bien, cada uno debe poner al otro por encima de sí mismo (Filipenses 2:3).

La extensión universal y la profundidad sobrenatural del pecado deben hacer que la Iglesia reaccione al imperativo de la Gran Comisión (Mateo 28:18–20) con una entrega que abarque a todos sus miembros, y con el milagroso poder del Espíritu Santo.

La comprensión de la naturaleza del pecado debería renovar nuestra sensibilidad ante los temas ambientales, recuperando así el mandato original de cuidar del mundo de Dios de manos de quienes preferirían adorar a la creación, en lugar de adorar a su Creador.

La Iglesia debería ser la gran defensora en los temas de justicia social y de necesidades humanas, como testimonio de la veracidad del amor, contra la mentira del pecado. Sin embargo, tal testimonio deberá señalar siempre hacia el Dios de justicia y amor que envió a su Hijo a morir por nosotros. Sólo la salvación, no la legislación, ni un evangelio social que pase por alto la cruz, ni mucho menos la acción violenta o militar, puede curar el problema y sus síntomas.

Por último, debemos vivir en la esperanza cierta de un futuro más allá del pecado y de la muerte (Apocalipsis 21–22). Entonces, purificados y regenerados, los creyentes verán el rostro de Aquél que ya no recuerda su pecado (Jeremías 31:34; Hebreos 10:17).

PREGUNTAS DE ESTUDIO

1. ¿Por qué es importante el estudio del pecado, y qué dificultades encuentra?
2. Identifique, describa y analice los principales puntos de vista extrabíblicos sobre el pecado y el mal.
3. ¿Cuáles fueron la naturaleza y la significación de la caída de Adán?
4. ¿Cuáles son los temas bíblicos relevantes en el estudio del pecado original?
5. ¿Cuáles son los puntos fuertes y los puntos débiles en cada una de las teorías principales sobre el pecado original?
6. ¿Cómo puede existir el mal, siendo así que Dios es bueno y poderoso?
7. ¿Cuál es la esencia del pecado? Presente apoyo bíblico.
8. ¿Cuáles son las características principales del pecado? Identifíquelas y estúdielas.
9. Señale algunas de las categorías principales de pecados. Estúdielas brevemente.
10. Comente el problema del pecado imperdonable. Sugiera las preocupaciones de tipo pastoral, y la forma en que usted se enfrentaría a ellas.
11. Estudie la extensión del pecado. Presente apoyo bíblico.
12. Describa las consecuencias del pecado. Dé atención especial al tema de la muerte.

El Señor Jesucristo

El Señor Jesucristo es la figura central de toda la realidad cristiana; por consiguiente, las verdades acerca de Él son centrales en el cristianismo. Ninguna teología que le quite importancia a Cristo para poner a la humanidad en el centro, podrá revelarnos de manera completa la plenitud de lo que enseña la Biblia.[2] Jesús significa el cumplimiento de muchas profecías del Antiguo Testamento, y es el autor de las enseñanzas del Nuevo. Los cristianos lo consideran el Cordero sacrificado desde la fundación del mundo, y también el Rey que vendrá (Apocalipsis 13:8; 19:11–16).

EL CONOCIMIENTO DE JESÚS

Debemos comenzar por reconocer que los conocimientos acerca de Jesucristo son al mismo tiempo iguales a los conocimientos acerca de otras personas, y distintos a ellos. En su condición de líder espiritual del cristianismo, Jesús es el objeto de nuestro conocimiento, y también de nuestra fe. También produce conocimiento espiritual a través del Espíritu Santo que habita en nosotros. Los cristianos creen de manera universal que Jesús está vivo en el presente, centenares de años después de su vida y muerte sobre la tierra, y que está en la presencia de Dios Padre en los cielos. Con todo, lo cierto es que esta persuasión es producto de lo que llamamos fe salvadora, por medio de la cual la persona tiene un encuentro salvador con Jesucristo, y por medio del arrepentimiento y la fe, es regenerada, convirtiéndose en una nueva criatura. Entonces, el conocimiento de Jesús como Salvador conduce, por medio de la experiencia, a una comprensión espiritual de la existencia personal de Jesús en el presente. De esta manera, el conocimiento de Jesús es diferente al conocimiento de otras figuras históricas.

Los escritores del Nuevo Testamento eran cristianos consagrados y escribieron desde esa perspectiva. Los teólogos liberales del siglo diecinueve no pasaron por alto esta realidad, por lo que afirmaron que los libros del Nuevo Testamento no podían enseñar la historia acerca de Jesús, porque no eran objetivos, en el sentido moderno de la palabra. La cantidad de trabajos recientes en el campo de la hermenéutica han mostrado que nadie escribe nada desde un punto de vista neutral o totalmente objetivo.[2] La perspectiva subjetiva podría hacer ver que unos cristianos que escribían acerca de alguien a quien habían conocido en la carne, y que también continuaba en un estado resucitado después de su vida en la tierra. Por supuesto, esto nos lleva al tema del conocimiento histórico de Jesús.

Para que nuestra investigación sea válida, también debe comprender el lado histórico de la existencia de Jesús. En el siglo diecinueve, y bajo las fuertes suposiciones previas antisobrenaturalistas de la alta crítica, se organizó una búsqueda del Jesús histórico, en un intento por cribar los hechos que los eruditos liberales consideraban que podrían aceptar, y de esta forma componer una imagen de Jesús que pudiera ser pertinente y comprensible para las personas modernas. Estos intentos introdujeron una cuña entre el Jesús de la historia, al que supuestamente sólo se podía conocer por medio de una crítica histórica y racionalistaios, y el Cristo de la fe. Consideraban a este último como mucho mayor que el Jesús histórico debido a que la fe en Él había hecho que los escritores de los evangelios basaran su presentación de Jesús en lo que se predicaba (el *kerigma*[4]), más que en los supuestos hechos históricos.

Ampliamente aceptado entre los eruditos liberales, este punto de vista preparó el escenario para el enfoque de la crítica de las formas, cuyos principales representantes fueron Martin Dibelius y Rudolf Bultmann. Estos críticos consideraban que, investigando hacia atrás a través de las "formas" usadas por la Iglesia para describir a Jesús en el *kerigma*, podrían al menos intentar descubrir al Jesús histórico. Afirmaban que no se podía confiar en que los evangelios sinópticos presentasen al Jesús histórico, porque creían que había quedado confuso ante la presentación del Jesús "Cristo" del *kerigma*.

Bultmann dividió los evangelios sinópticos en unidades individuales, tratando de probar que habían tomado forma de manera gradual, "a partir de condiciones y necesidades de vida muy definidas, de las cuales brota un estilo bien definido, y formas y categorías también muy definidas". Según su punto de vista, la iglesia apostólica creó conceptos sobre la naturaleza y la obra de Jesús que eran extraños al entendimiento del propio Jesús. Bultmann sugiere que los evangelistas "sobrepusieron al material tradicional su propia creencia en que Jesús era el Mesías".[3] Por consiguiente, creía que, trabajando a partir del siglo veinte con instrumentos históricos y racionalistas, podría separar al Jesús histórico del Cristo proclamado por la Iglesia. Algunos entre los mismos estudiantes de Bultmann, como Ernst Käsemann y Gunther Bornkamm, comenzaron a señalar las deficiencias de este enfoque.

Se suele considerar a Ernst Käseman como el iniciador de la "nueva búsqueda del Jesús histórico", lanzada por un grupo de eruditos conocidos como "post-bultmannianos". Sostenía que los mismos escritores del Nuevo Testamento le atribuían el mensaje que estaban predicando al Jesús histórico, invistiéndolo "de manera inconfundible con una autoridad preeminente".

Otro representante de esta escuela de pensamiento, Günther Bornkamm, escribió que Jesús no tenía conciencia de ser el Mesías, y que los títulos cristológicos le habían sido aplicados por los cristianos después de la resurrección. Posteriormente ha habido variaciones de este mismo tema: Gerhard Ebeling ha afirmado que Jesús era conocido como Hijo de Dios antes de la resurrección. Ernst Fuchs[2] ha considerado la cuestión de la legitimidad teológica de esta búsqueda. Al respecto sostiene que la solución al problema se encuentra en ver a Jesús como el ejemplo de la fe en Dios. Cuando el cristiano sigue su ejemplo, el Cristo de la fe es el Jesús histórico.

Otros eruditos han tenido más seguridad en cuanto a la relación entre el Jesús de la historia y el Cristo de la fe. Nils Dahl ha presentado el argumento de que la investigación histórica sobre Jesús tiene legitimidad teológica y nos puede dar comprensión sobre Jesús, particularmente ante las tendencias de la Iglesia a crearlo a su propia imagen. Charles H. Dodd ha sostenido que los títulos cristológicos proceden en realidad del ministerio terreno de Jesús, y que Él llegó a comprender que era el Mesías cuando lo estaban juzgando.[4] Por último, Joachim Jeremías ha presentado argumentos a favor de la necesidad de basar el cristianismo en las enseñanzas de Jesús tal como las presentan los evangelios, los cuales él considera dignos de confianza. Señala además que uno de los peligros del enfoque llamado "crítica de las formas" consiste en que fundamenta el cristianismo sobre una abstracción de Cristo, y no sobre la realidad histórica que promete.

LOS PROBLEMAS DE LA METODOLOGÍA

En todo estudio responsable, es necesario someter a escrutinio a las metodologías utilizadas para analizar los datos y presentar las conclusiones. Los métodos que hayan sido sometidos a escrutinio producirán estudios más sólidos que aquéllos que no lo hayan sido. El estudio de la Cristología sugiere al menos los siguientes aspectos como zonas fronterizas para la metodología.

Los contrarios "hacer como opuesto a ser" hacen surgir los problemas de la Cristología funcional, como opuesta a la ontológica. Una Cristología que define primariamente a Jesús por *lo que hizo*, es una Cristología funcional. Una Cristología que define primariamente a Jesús por *quién es*, es una Cristología ontológica. Tradicionalmente, estos dos enfoques se han alineado con dos clases diferentes de teología. La Cristología funcional ha sido presentada sobre todo por los teólogos y exegetas bíblicos, mientras que la Cristología ontológica[3] ha sido presentada sobre todo por los teólogos sistemáticos. Puesto que las cristologías funcionales insisten sobre todo en las acciones de Jesús sobre la tierra como hombre, tienden a hacer resaltar su humanidad a expensas de su divinidad.

Uno de los misterios más profundos de la fe cristiana es la unión de lo divino y lo humano en Jesucristo. No hay tema que suscitara más controversia que éste en los tiempos de los Padres de la Iglesia. Más adelante describiremos en este mismo capítulo las herejías cristológicas que fueron probadas y condenadas entre los siglos tercero y quinto.

Nuestro estudio de la Cristología no estaría completo, si no consideramos la relación que existe entre la Cristología, la salvación y el reino de Dios que ha sido profetizado. Para los escritores del Nuevo Testamento, la Cristología no permanece aislada, como una categoría abstracta de conocimiento. La preocupación primordial de estos autores es la salvación de la humanidad por Dios a través del único Mediador, el Señor Jesucristo (Mateo 28:19–20; Hechos 2:38; Romanos 1:16). Por consiguiente, desde el punto de vista exegético, la existencia de la salvación de Dios sobre la tierra crea la necesidad de comprender a Aquél que la trajo. Una vez reconocido este hecho, es posible tomar el punto de vista teológico, dentro del cual la Cristología es un tema distinto, digno de investigación por derecho propio. Entonces, puesto que la salvación es el punto de partida en el mensaje del Nuevo Testamento, se debe tomar la cruz de Cristo como el elemento central de definición, puesto que, según los escritores del Nuevo Testamento, fue allí donde se realizó nuestra salvación. Por tanto, la cruz define la relación orgánica que existe entre la doctrina de la salvación y la Cristología, al menos al nivel exegético.

También se encuentra el tema del reino de Dios profetizado, en su relación con la Cristología y la salvación. Cuando llamamos "Cristo" (Mesías, "Ungido") a Jesús, nos hallamos de inmediato en el ámbito de la profecía. Este título llevaba en sí una enorme carga de significado profético para los judíos, tanto a partir de los libros canónicos del Antiguo Testamento, como a partir de los escritos apocalípticos intertestamentarios. El cumplimiento de muchas profecías del Antiguo Testamento en la encarnación, vida, muerte y resurrección de Jesús, muestra la irrupción del reino de Dios.

La importancia del reconocimiento del papel de la profecía aquí se encuentra en que nos ayuda a comprender en qué forma difiere el cristianismo del judaísmo. Mientras que el judaísmo esperaba que el Mesías representara un papel clave en la liberación política de la nación, el cristianismo enseña que Jesús es realmente el Mesías de Dios, aunque haya rechazado la autoridad política en su primera venida. En la teología cristiana, esto conduce a la necesidad de la Segunda Venida como realidad futura. Por supuesto, ambas verdades se basan en las enseñanzas de Jesús presentadas en el Nuevo Testamento. Las dos venidas de Cristo son dos polos del plan de Dios, cada una de ellas necesaria para tener una imagen total de Jesucristo, el Mesías de Dios. Esta división de la profecía no es posible en la teología del judaísmo y sigue siendo una de las grandes barreras entre estos dos sistemas religiosos.

UNA COMPRENSIÓN NEOTESTAMENTARIA DE JESUCRISTO

Los títulos que recibe Jesús en el Nuevo Testamento nos ayudan a comprenderlo de maneras que tenían mucho significado en el mundo antiguo en el que vivió. También nos ayudan a comprender lo único que es Él.

Señor y Cristo

¿Qué tipo de Cristología tenemos en Hechos 2:22–36? Pedro comienza recordándoles a los judíos el poder para obrar milagros que tenía Jesús, y que todos ellos conocían. Esto era importante. La observación de Pablo de que "los judíos piden señales, y los griegos buscan sabiduría" (1 Corintios 1:22) es exacta para ambos pueblos. Sin embargo, como pasa con toda proclamación responsable de Jesús, Pedro comienza de inmediato a hablar acerca de la muerte de Jesús: lo habían crucificado, pero Dios lo había levantado de entre los muertos. Pedro y muchos más eran testigos de este hecho. Después, Pedro da una larga explicación sobre la resurrección, y algunos pasajes del Antiguo Testamento que la profetizaban. Usando una hermenéutica responsable, prueba que el Salmo 16 no se puede aplicar solamente a David, sino que también se aplica con toda certeza a Jesús (Hechos 2:29, 31).

Jesús, exaltado ahora a la derecha de Dios, ha derramado el Espíritu Santo junto con el Padre (Hechos 2:33). Esto explica las lenguas y la proclamación de las cosas buenas de Dios que habían escuchado los judíos de quince naciones diferentes, reunidos de la dispersión para la fiesta de Pentecostés en Jerusalén. Ciertamente, era una señal milagrosa.

A continuación, Pedro atestigua la veracidad de la ascensión, utilizando el Salmo 110:1 (véase Hechos 2:34-35): "Jehová dijo a mi Señor: Siéntate a mi diestra, hasta que ponga a tus enemigos por estrado de tus pies." Esto explica satisfactoriamente al Señor Jesucristo, quien estuvo aquí en la tierra, en la carne, y después ascendió a los cielos, donde recibió su posición presente.

Hechos 2:36 declara con claridad que debemos creer para poder recibir la salvación del Mesías de Dios. "Sepa, pues, ciertísimamente toda la casa de Israel, que a este Jesús a quien vosotros crucificasteis, Dios le ha hecho *Señor* y *Cristo*." Notemos la continuidad que se expresa aquí. Este Jesús exaltado es el mismo Jesús que fue crucificado.

Los dos títulos de "Señor" y "Cristo" son los términos primarios en el sermón de Pedro el día de Pentecostés. Aquí, los lazos con el ministerio terrenal de Jesús son significativos, porque el que Dios Padre haya hecho de Jesús Señor y Cristo es el sello máximo de aprobación sobre su vida y ministerio: sus milagros, sus señales y prodigios, su enseñanza, su muerte y su resurrección.

Siervo y profeta

El contexto de Hechos 3:12-26 es la curación del hombre en la Puerta Hermosa. Con ocasión de este milagro, se reunió una multitud y Pedro le predicó. Comenzó con el hecho de que Dios había glorificado a "su siervo Jesús" (v. 13) después que los judíos de Jerusalén lo mataran. Habían matado a Jesús, a pesar de que Él es el "Autor de la vida" (v. 15) ¡Qué paradoja! ¿Cómo se puede matar al Autor de la vida?

"Siervo" (v. 13) es otro título importante de Jesús. Algunas versiones de la Biblia traducen "siervo" (gr. *páis*) en este pasaje como "hijo", "niño" (véase la RV, nota del traductor). *Páis* puede significar "hijo", pero no se debería traducir así en Hechos 3 y 4. El Jesús niño no fue el que murió en la cruz; fue el Jesús hombre, llevando sobre sí los pecados del mundo. Aquí, el contexto exige el significado de "siervo", puesto que en Hechos 3 comienza a surgir una Cristología del siervo. Observemos cómo, a partir del versículo 18, las profecías del Antiguo Testamento reivindican para Jesús el título de Mesías de maneras que para los judíos eran muy inesperadas. Los judíos esperaban que el Cristo reinase, no que sufriese.

Además de esto, Pedro afirma que Jesús regresará (vv. 20–21), lo cual no ha sido mencionado en el capítulo 2. Entonces, después de su Segunda Venida, Dios restaurará todo lo que había sido profetizado en el Antiguo Testamento. Observe que no estamos ahora en los tiempos de la restauración de todas las cosas. Este texto pone claramente todo esto en el futuro. Cuando sea el momento de que Dios lo restaure todo, Jesús regresará en su segunda venida. El Milenio comenzará y se iniciará toda la realidad de la era por venir que nos presentan varios libros de la Biblia.

A continuación, Pedro presenta a Jesús como el Profeta semejante a Moisés (vv. 22–23). Moisés había declarado: "*Profeta* de en medio de ti, de tus hermanos, como yo, te levantará Jehová tu Dios; a él oiréis" (Deuteronomio 18:15). Naturalmente, podríamos decir que Josué había cumplido aquellas palabras. Ciertamente, Josué, el seguidor de Moisés, había venido después de él y había sido un gran libertador en sus propios tiempos. Sin embargo, otro Josué vino (en el idioma hebreo, Josué y Jesús son el mismo nombre). Los primeros cristianos reconocían a Jesús como el cumplimiento definitivo de la profecía de Moisés.

Entonces, al final de este pasaje (Hechos 3:25–26), Pedro les recuerda a sus oyentes el pacto con Abraham, que es muy importante para entender a Cristo. "Vosotros sois los hijos de los profetas, y del pacto que Dios hizo con nuestros padres, diciendo a Abraham: En tu simiente serán benditas todas las familias de la tierra. A vosotros primeramente, Dios, habiendo levantado a su Hijo, lo envió para que os bendijese, a fin de que cada uno se convierta de su maldad." Está claro que Jesús trae ahora la bendición prometida, y es el cumplimiento del pacto con Abraham, y no simplemente el cumplimiento de la ley dada a través de Moisés.

Verbo

Juan 1:1 presenta a Cristo por medio del término *lógos*. Este vocablo griego (traducido *Verbo* en la RV, del latín *verbum*, "palabra"; nota del traductor) significa "palabra", "afirmación", "mensaje", "declaración" o "el acto de hablar". Oscar Cullman señala lo importante que es reconocer que en Juan 1, *lógos* tiene un significado especializado; es descrito como una *hypóstasis* (Hebreos 1:3): una existencia personal y distinta de un ser real y verdadero. Juan 1:1 indica que las afirmaciones "el Verbo *era con Dios*" y "el Verbo *era Dios*" son ambas verdaderas al mismo tiempo. Esto significa que nunca ha habido una época en que el *Verbo* no haya existido junto con el Padre.

Juan presenta después al Verbo como agente activo en la creación. Génesis 1:1 nos enseña que Dios creó al mundo. Juan 1:3 nos hace saber concretamente que, en realidad, fue el Señor Jesucristo en su estado preencarnado, quien hizo la obra de la creación, cumpliendo la voluntad y los propósitos del Padre.

Vemos también que es en el Verbo donde se halla la vida. Juan 1:4 dice: "En él estaba la vida, y la vida era la luz de los hombres." Puesto que es en Jesús donde está localizada la vida, Él es el único lugar donde es posible obtenerla. Aquí se está describiendo una cualidad particular de vida: la vida eterna. Esta vida, Dios nos la ha hecho disponible con su poder dador de vida, a través de la Palabra viva. Solamente tenemos vida eterna cuando la vida de Cristo está en nosotros.

En Juan 1:5 se indica que el mundo no comprendería al *Verbo:* "La luz en las tinieblas resplandece, y las tinieblas no prevalecieron contra ella." El pasaje sigue diciendo que Juan el Bautista vino como testigo a favor de esa Luz. "Aquella luz verdadera, que alumbra a todo hombre, venía a este mundo. En el mundo estaba, y el mundo por él fue hecho; pero el mundo *no le conoció*" (Juan 1:9–10). Queremos centrar nuestra atención en este punto. El Creador del mundo, la Segunda Persona de la Trinidad, Dios Hijo, estuvo aquí, en el mundo, pero el mundo no lo reconoció. El versículo siguiente dice algo más concreto: "A lo suyo vino [a su propio lugar, a la tierra que Él había creado], y los suyos [Israel, su propio pueblo] no le recibieron" (v. 11).

Los herederos del pacto, los descendientes físicos de Abraham, no lo recibieron. Aquí vemos un tema muy prominente que va apareciendo a lo largo del Evangelio según San Juan: el rechazo de Jesús. Cuando Jesús predicaba, algunos judíos se burlaban. Cuando Él dijo: "Abraham vuestro padre se gozó de que había de ver mi día; y lo vio, y se gozó", los judíos le respondieron en su incredulidad: "Aún no tienes cincuenta años, ¿y has visto a Abraham?" Entonces Jesús declaró: "Antes que Abraham fuese, yo soy" (Juan 8:56–58). El tiempo presente de indicativo del verbo ser (gr. *eimí*) indica un ser ininterrumpido. Antes que Abraham fuera, el Hijo *es*.

Aunque muchos rechazaron el mensaje, algunos nacieron de Dios. En Juan 1:12 leemos: "Más a todos los que le recibieron, a los que creen en su nombre, les dio potestad de ser hechos hijos de Dios." En otras palabras, Jesús estaba redefiniendo toda la realidad de llegar a ser hijo de Dios. Hasta esos momentos, era necesario nacer dentro de Israel, el pueblo del pacto, con un llamado específico, o bien unirse a él, para tener esa oportunidad. En cambio, Juan insiste aquí en que había venido el mensaje espiritual, el evangelio poderoso, y ciertas personas habían recibido a Jesús, el *Verbo*. Recibirlo significaba recibir el derecho o la autoridad para convertirse en hijos de Dios. Algunos de aquéllos que le recibieron eran judíos; otros eran gentiles. Jesús destruyó el muro de división y puso la salvación a disposición de todos los que quisieran acercarse y recibirlo por fe (1:13).

La verdad esencial acerca del *Verbo*, a quien se describe aquí, se halla en Juan 1:14: "Y aquel Verbo *fue hecho carne*, y habitó entre nosotros." Vemos aquí que se lleva el término *lógos* (traducido "Verbo") hasta servir para describir a Jesucristo, pero que la realidad de su persona es superior a lo que el significado secular del concepto es capaz de soportar. Para los griegos antiguos y su mundo filosófico, un *lógos* humanado sería algo imposible. Sin embargo, para aquéllos que decidan creer en el Hijo de Dios, el *lógos* humanado es la clave para entender la encarnación. De hecho, esto es exactamente lo que significa la encarnación: el *Lógos* preexistente tomó carne humana y caminó entre nosotros.

Hijo del Hombre

De todos sus títulos, el de "Hijo del Hombre" es el que Jesús prefería emplear al hablar de sí mismo. Los escritores de los evangelios sinópticos lo usaron sesenta y nueve veces. La expresión "Hijo del hombre" puede tener dos significados principales. El primer significado es el de que es un ser humano. En ese sentido, todos somos hijos del hombre. Ese significado llegó hasta la época de Jesús, al menos desde tiempos tan antiguos como los del libro de Ezequiel, donde se emplea la fraseología *ben adam*, con un significado prácticamente idéntico. De hecho, esta frase puede funcionar como sinónimo para el pronombre personal de primera persona singular, "yo" (véase Mateo 16:13).

No obstante, también es utilizado este término para referirse a la figura profetizada en Daniel y en la literatura apocalíptica judía posterior. Esta persona aparece al final de los tiempos para intervenir drásticamente y traer a este mundo la justicia, el reino y el juicio de Dios. Daniel 7:13-14 es la fuente de este concepto apocalíptico:

> Miraba yo en la visión de la noche, y he aquí con las nubes del cielo venía uno como un hijo de hombre, que vino hasta el Anciano de días, y le hicieron acercarse delante de él. Y le fue dado dominio, gloria y reino, para que todos los pueblos, naciones y lenguas le sirvieran; su dominio es dominio eterno, que nunca pasará, y su reino uno que no será destruido.

La aparición de esta figura de tipo humano ante el Anciano de días, tal como la presenta el libro de Daniel, dio origen a muchas especulaciones, escritos e interpretaciones en el período intertestamentario.

Sin embargo, en el propio libro de Daniel surge una pregunta con respecto a la identidad del Hijo del Hombre a partir del pasaje que comienza en el 7:15. Los santos del Altísimo batallan contra el mal, contra el cuerno, etc. Ahora bien, ¿es el Hijo del Hombre un ser individual, o es un nombre colectivo para los santos del Altísimo? El segundo punto de vista no era popular en los tiempos antiguos. De hecho, cuando se comenzó a conectar el concepto del Hijo del Hombre cada vez más con la gloria, el poder y la venida en las nubes de los que escribió Daniel, la interpretación de la figura comenzó a moverse en la dirección de considerar un ser individual al Hijo del Hombre: el agente de Dios que haría realidad su día.[2]

El libro apocalíptico llamado Primero de Enoc, que afirma haber sido escrito por éste, aunque en realidad fue escrito en el primer siglo antes de Cristo, no forma parte de las Escrituras inspiradas. Sin embargo, desde el punto de vista histórico, nos ayuda a comprender el desarrollo del pensamiento apocalíptico. El capítulo 46 dice:

> Y allí vi a uno que tenía una cabeza de días, y su cabeza era blanca como la lana, y con él estaba otro ser cuyo semblante tenía la apariencia de un hombre. Y su faz estaba llena de gracia, como la de uno de los santos ángeles. Y le preguntó al ángel que iba conmigo y me mostraba todas las cosas escondidas con respecto a aquel hijo de hombre, quién era aquél, de dónde era, y por qué iba con la cabeza de días.

Es evidente que este pasaje desarrolla temas que aparecen en Daniel 7. El llamado "cabeza de días" es el Anciano de días de Daniel 7, y el que tenía "la apariencia de un hombre" es el hijo de hombre de Daniel 7. El primer libro de Enoc continúa diciendo: "Él me respondió y me dijo: 'Éste es el Hijo de hombre que tiene justicia'. El Señor de los Espíritus lo ha escogido y ... este Hijo de hombre que tú has visto levantará a los reyes ... y les quebrantará los dientes a los pecadores. Arrancará a los reyes de sus tronos y reinos, porque no lo enaltecen ni lo alaban."

Observemos el sutil desplazamiento que tiene lugar aquí. En Daniel, es el Señor Dios, el Anciano de días, quien juzga: el Hijo del Hombre se limita a aparecer ante Él. Aquí, el

Hijo del Hombre se convierte en el agente. Les quebranta los dientes a los pecadores y arranca a los reyes de sus tronos. En otras palabras, en los siglos que transcurrieron entre el Antiguo Testamento y el Nuevo, los judíos le dieron al Hijo del Hombre apocalíptico un papel mucho más activo en el cumplimiento del juicio de Dios y la llegada de su reino.

Cuando vemos en los evangelios las palabras "Hijo del Hombre", necesitamos preguntarnos si sólo definen a un miembro de la raza humana, o al hijo del hombre triunfante de Daniel. Da la impresión de que Jesús escogió este título porque tenía misterio, intriga, y un cierto carácter de escondido. Para Jesús, escondía lo que era necesario esconder, y daba a conocer lo que era necesario dar a conocer.

Aunque el título "Hijo del Hombre" tenga dos definiciones principales, tiene tres aplicaciones contextuales posibles en el Nuevo Testamento. La primera de estas aplicaciones es el Hijo del Hombre en su ministerio terreno. La segunda aplicación se refiere a su sufrimiento futuro (por ejemplo, Marcos 8:31). Esto le daba un significado nuevo a una terminología ya existente dentro del judaísmo. La tercera aplicación es el Hijo del Hombre en su gloria futura (véase Marcos 13:24, que se inspira directamente en toda la corriente profética salida del libro de Daniel).

Con todo, Jesús no se limitó a las categorías que existían. Ciertamente, allí estaban las categorías apocalípticas, pero Él enseñó cosas nuevas y exclusivas acerca de ellas. Después, en su juicio, al responderle al sumo sacerdote, hallamos otra referencia al Hijo del Hombre en su gloria futura. Marcos 14:62 dice: "Veréis al Hijo del Hombre sentado a la diestra del poder de Dios, y viniendo en las nubes del cielo." Aquí Jesús se estaba identificando con el Hijo de hombre de Daniel. Esto nos ayuda a comprender la divisibilidad de este título. El Hijo del Hombre había venido y estaba presente en la tierra y, *además*, le falta aún venir con poder y gloria.

Esta divisibilidad es exclusiva. Jesús vino a la tierra, se aplicó a sí mismo el título de Hijo del Hombre, y después hizo cosas como sanar al paralítico, y habló de su sufrimiento futuro y de su muerte. Esta comprensión del Hijo del Hombre está separada de su venida en poder, gloria y dominio para juzgar a los pecadores y tomar dominio sobre todo. Por consiguiente, Jesús es el Hijo del Hombre: pasado, presente y futuro.

Que el Hijo del Hombre sea un hombre verdadero es también algo único. A juzgar por los escritos apocalípticos judíos, esperaríamos que fuese un ser superangélico, o un poderoso asociado del Anciano de días. Que el Hijo del Hombre resulte ser Jesús en la tierra, tomando su lugar como hombre verdadero, es algo verdaderamente notable.

Mesías

El título de "mesías" se halla en el centro mismo de la comprensión del Nuevo Testamento acerca de Jesús, y se ha convertido en un nombre para designarlo a Él. Por consiguiente, nunca será demasiada la importancia que le demos.

El término griego *Jristós*, "Ungido", traduce el hebreo *mashíaj*, que ha pasado a las versiones modernas de la Biblia como "Mesías" o, más frecuentemente, "Cristo". A partir de su significado básico de ungir con aceite de oliva, se refería a la unción de los reyes, sacerdotes y profetas para el ministerio al que Dios los había llamado. Posteriormente, su significado se concretó a un descendiente de David del que se esperaba que reinaría sobre los judíos y les daría la victoria sobre los gentiles, que eran sus opresores.[2] Para muchos judíos, Jesús no era el tipo de Mesías que deseaban.

Saber que Jesús no fue el único que afirmó ser el Mesías en el judaísmo antiguo nos puede ayudar a comprender mejor el uso del término "Mesías" (o Cristo). Cuando el Concilio arrestó a Pedro y a Juan, y estaba pensando qué hacer con ellos, Gamaliel se levantó para darles este consejo: "Varones israelitas, mirad por vosotros lo que vais a hacer respecto a estos hombres. Porque antes de estos días se levantó Teudas, diciendo que era alguien. A éste se unió un número como de cuatrocientos hombres; pero él fue muerto, y todos los que le obedecían fueron dispersados y reducidos a nada. Después de éste, se levantó Judas el galileo, en los días del censo, y llevó en pos de sí a mucho pueblo. Pereció también él, y todos los que le obedecían fueron dispersados" (Hechos 5:35–37).

Josefo, en sus escritos acerca de Judas y de otros mesías, dice que las cruces de donde colgaban los cuerpos de los insurrectos bordeaban algunas calzadas romanas en aquella parte del mundo. A todos los que pasaban junto a ellas, las cruces les proporcionaban una lección objetiva de lo que les podía suceder a quienes siguieran a un mesías judío. Por tanto, podemos comenzar a comprender por qué Jesús no estaba muy ansioso de que se le aplicara el término de "Mesías".

De hecho, Jesús rehuía el título de "mesías". Ésta es una de las cosas sorprendentes acerca de su condición de Mesías. Por ejemplo, a la confesión de Pedro: "Tú eres el Cristo, el Hijo del Dios viviente", respondió diciéndole: "Bienaventurado eres, Simón, hijo de Jonás, porque no te lo reveló carne ni sangre, sino mi Padre que está en los cielos" (Mateo 16:16–17). Jesús llegó incluso en esa ocasión a advertirles a sus discípulos que "*a nadie dijesen* que él era Jesús el Cristo" (Mateo 16:20). Quería evitar el término, porque llevaba en sí la connotación de un liderazgo político y militar, que no formaba parte de sus actividades con respecto al reino durante su primera venida.

Esta manera de ver el término es evidente también en la forma en que Jesús se enfrenta a los demonios. Lucas 4:41 dice: "También salían demonios de muchos, dando voces y diciendo: Tú eres el Hijo de Dios. Pero él los reprendía y no les dejaba hablar, porque sabían que él era el Cristo." Jesús no estaba dispuesto a dejarse arrastrar a un tipo de reinado mesiánico que evitara la cruz.

Aun durante su juicio, se manifestó poco dispuesto a aceptar el título de "mesías". En Marcos 14:60–62, leemos: "Entonces el sumo sacerdote, levantándose en medio, preguntó a Jesús, diciendo: ¿No respondes nada? ¿Qué testifican éstos contra ti? Más él callaba, y nada respondía. El sumo sacerdote le volvió a preguntar, y le dijo: ¿Eres tú el Cristo, el Hijo del Bendito? Y Jesús le dijo: Yo soy; y veréis al Hijo del Hombre sentado a la diestra del poder de Dios, y viniendo en las nubes del cielo." El sumo sacerdote comprendió, y se enojó tanto, que rasgó sus vestiduras.

Podemos ver lo renuente que se sentía Jesús, en especial cuando consideramos el contexto de cómo se le hizo aquella pregunta, y el tiempo que le tomó al sumo sacerdote hacer que Él confesara que era el Mesías. En Mateo 26:63 se ve una renuencia aún mayor, porque el sumo sacerdote terminó por obligar a Jesús bajo juramento. Por consiguiente, Él no pudo seguir callado. "Jesús le dijo: Tú lo has dicho" (26:64). No estaba alardeando acerca de ser el Mesías, o de querer que se le reconociera como tal. Sencillamente, Jesús es el Mesías.

Por último, ¿quiso Jesús realmente alguna vez identificarse como el Mesías? La respuesta es que muy pocas veces. De hecho, Jesús no se llama a sí mismo con ese título en los evangelios sinópticos; se llama el Hijo del Hombre. No estaba interesado en llamarse Mesías por las razones expresadas anteriormente. Sin embargo, cuando la samaritana le dijo junto al pozo: "Sé que ha de venir el Mesías, llamado el Cristo", Jesús respondió: "Yo soy, el que habla contigo" (Juan 4:25-26). De manera que Jesús sí se designó a sí mismo como el Mesías, pero tengamos en cuenta dónde estaba cuando lo hizo: en Samaria; no en Galilea, ni en Jerusalén.

La expectación clave en los días de Jesús era que el Mesías sería un gobernante político. Sería descendiente del rey David. David era el Mesías prototipo, el libertador y conquistador. Entonces, la comunidad de Qumrán añadió la expectación de dos Mesías: el Mesías de Aarón, un Mesías sacerdotal, y el Mesías de Israel, un Mesías real. Es evidente que no podían reunir los conceptos del Mesías político y de la realeza, y del Mesías ministro, siervo y sacerdotal. Por esto, dividieron el concepto del Mesías en dos figuras.

Quizá en esos tiempos, aquello era lo más cercano a una anticipación al cristianismo dentro del judaísmo, puesto que, de una manera mucho más fuerte, eso es en realidad lo que Jesús habría de realizar: en su primera venida, sería el Mesías sacerdotal y servidor; será el Mesías rey en el poder y la gloria de su segunda venida. Con todo, el punto de vista de los miembros de la sociedad de Qumrán no significa que fuesen cristianos, ni siquiera inicialmente cristianos. Eran judíos, pero decididamente, tenían un concepto muy divergente en cuanto a todo el tema del Mesías, que manifestaban al proponer dos figuras como Mesías.

Otro aspecto de la exclusividad del título de "Cristo" es que, en realidad, se convirtió en un nombre para designar a Jesús. Ningún otro título de Jesús se convirtió en nombre suyo, sino Mesías, o Cristo. Por consiguiente, es preeminente entre todos sus títulos. En el libro de Hechos y en las epístolas no se le llama "Jesús Hijo del Hombre", ni "Jesús Siervo"; es Jesucristo (Jesús el Mesías). Además, Jesucristo, el Mesías único de Dios, *no dejó de ser el Mesías* cuando murió en la cruz, puesto que en ella perfeccionó la salvación. Después, resucitó de entre los muertos y ascendió a la presencia del Padre, donde ciertamente, sigue siendo el Mesías de Dios.

HEREJÍAS RELACIONADAS CON LAS NATURALEZAS DE JESUCRISTO

La doctrina sobre Cristo ha sufrido más intentos heréticos de explicarla, que ninguna otra doctrina del cristianismo. El misterio declarado e implícito en el Nuevo Testamento sobre la encarnación de Dios Hijo parece atraer hacia sí como un imán las explicaciones más diversas sobre los diferentes aspectos de esta doctrina tan básica. Las herejías sobre Cristo estaban ya presentes en los tiempos del Nuevo Testamento, como lo muestra con claridad 1 Juan 4:1-3:

> Amados, no creáis a todo espíritu, sino probad los espíritus si son de Dios; porque muchos falsos profetas han salido por el mundo. En esto conoced el Espíritu de Dios: Todo espíritu que confiesa que Jesucristo ha venido en carne, es de Dios; y *todo espíritu que no confiesa*

que Jesucristo ha venido en carne, no es de Dios; y éste es el espíritu del anticristo, el cual vosotros habéis oído que viene, y que ahora ya está en el mundo.

Esta negación de la existencia de Jesús en carne fue un temprano antepasado de la herejía docetista que fue una plaga para la Iglesia durante los siglos dos y tres.

En los tiempos de los Padres de la Iglesia, existían diferencias entre las dos ramas principales de ella en cuanto a la manera de manejar las Escrituras. La Escuela de Alejandría insistía en interpretar las Escrituras de una manera alegórica. Estos cristianos se dedicaron a defender la divinidad de Cristo, algunas veces a expensas de su humanidad plena. La Escuela de Antioquía insistía en una interpretación literal de las Escrituras. Defendía bien la doctrina sobre la humanidad de Cristo, pero algunas veces lo hizo a expensas de su divinidad plena.

Debemos señalar que la trivialización del concepto de herejía, tal como se hace con frecuencia en nuestros tiempos, no se debe trasladar a los tiempos antiguos que estamos estudiando. Los Padres de la Iglesia tomaban con la máxima seriedad sus controversias contra los herejes, porque entendían que los fundamentos mismos del cristianismo estaban en juego en estos temas. Además de su preocupación por una comprensión correcta de las Escrituras, a los Padres les guiaba también la persuasión de que la cuestión definitiva era la salvación misma. Muchas veces surgió durante estas controversias una pregunta: ¿Puede realmente el Cristo que se está presentando aquí ser el sacrificio por el pecado del mundo?

El docetismo

Los docetistas negaban la realidad de la humanidad de Cristo, diciendo que sólo había sufrido y muerto en apariencia. Erraban al permitir que la filosofía gnóstica fuese la que dictase el significado de los datos bíblicos.[3] En última instancia, el Cristo descrito por los docetistas no podía salvar a nadie, puesto que su muerte en un cuerpo humano era la condición para que destruyese el poder del dominio de Satanás sobre la humanidad (Hebreos 2:14).

El ebionismo

La herejía ebionita nació de una rama del cristianismo judío que intentaba explicar a Jesucristo en función de sus preconcepciones judías sobre Dios.[5] Para algunos de aquellos primeros cristianos, el monoteísmo significaba que sólo el Padre era Dios. En Hechos 15:1–2, 5, se atestigua la presencia de fariseos entre los creyentes, y los ebionitas, de signo fariseo, comenzaron a enseñar que Jesús sólo era un hombre, engendrado por José y María. Algunos enseñaban que Jesús había sido hecho el Hijo de Dios al ser bautizado por Juan. Obviamente, su enseñanza, llamada adopcionismo, no estaba de acuerdo con las afirmaciones de Juan y Pablo en el Nuevo Testamento acerca de los orígenes de Cristo.[7]

El arrianismo

A principios del cuarto siglo, un hombre llamado Arrio presentó con vigor sus enseñanzas, que fueron aceptadas por muchas personas. Probablemente, la mejor forma de comprender estas enseñanzas sea expresándolas en ocho declaraciones lógicamente entrelazadas.

1. La característica fundamental de Dios es la soledad. Él existe solo.
2. En Dios habitan dos poderes: la Palabra y la Sabiduría.
3. La creación fue realizada por una sustancia independiente creada por Dios.
4. El ser del Hijo es diferente al ser del Padre.
5. El Hijo no es verdaderamente Dios.
6. El Hijo es una Creación Perfecta del Padre.
7. El alma humana de Cristo fue reemplazada por el Verbo o *Lógos*.
8. El Espíritu Santo es una tercera sustancia creada.

El problema básico de la enseñanza de Arrio era su insistencia en que el Hijo había sido creado por el Padre. El Concilio Niceno estudió esto, y Atanasio defendió con éxito la posición de la ortodoxia. Aunque la batalla doctrinal con los Arrianos siguió en pie durante varias décadas, la Cristología de Nicea quedó fijada, y permanece hasta nuestros días como un baluarte de la ortodoxia.

El apolinarianismo

Apolinar de Laodicea vivió a lo largo de casi todo el siglo cuatro, de manera que fue testigo presencial de la controversia arriana. Participó en la refutación contra Arrio y tuvo comunión con los Padres ortodoxos de sus tiempos, incluso con Atanasio. En su edad madura, se dio a la contemplación de la persona de Cristo a partir de la premisa filosófica de que dos seres perfectos no se pueden hacer uno solo. Creía en la definición nicena sobre la divinidad de Cristo, pero sostenía que, como hombre, Jesús habría tenido espíritu, alma y cuerpo. Añadir a esto la completa divinidad del Hijo tendría por consecuencia un ser cuatripartito, lo cual para Apolinar sería una monstruosidad. La solución a este problema para Apolinar consistía en que el *Lógos*, que representa la divinidad completa del Hijo, habría reemplazado al espíritu humano en el hombre llamado Jesús. Por este medio, Apolinar realizaba la unión de lo divino y lo humano en Jesús.

Sin embargo, ¿qué decir de la naturaleza humana que ahora existía sin espíritu? Para comprender la Cristología de Apolinar, necesitamos comprender su punto de vista sobre la naturaleza humana. Él creía que el ser humano está compuesto por un cuerpo (el elemento carnal), un alma (el principio animador de vida) y un espíritu (la mente y la voluntad de la persona). Según sus enseñanzas, la mente de Jesús era la mente divina, y no una mente humana. Ahora bien, ¿es éste el Jesús que presenta el Nuevo Testamento? ¿Cómo habría podido pasar realmente por tentaciones un Cristo así? Los Padres ortodoxos le hicieron estas y otras preguntas a Apolinar. Cuando se negó a cambiar de posición, se convocó el Concilio de Constantinopla, en el año 381, en el que se rechazaron sus enseñanzas.

Ciertamente, tenemos aquí una pregunta importante acerca de Jesús. ¿Tuvo una mente humana? Hay varios pasajes que parecen pertinentes en cuanto a este tema. En Lucas 23:46 leemos que, en el momento de su muerte, "Jesús, clamando a gran voz, dijo: Padre, en tus manos encomiendo mi espíritu". Esto indica que el espíritu era un aspecto de la existencia humana de Jesús, y aquí lo menciona como aquello que regresa a Dios al producirse la muerte. Hebreos 2:14, 17 dice:

> Así que, por cuanto los hijos participaron de carne y sangre, él también *participó de lo mismo*, para destruir por medio de la muerte al que tenía el imperio de la muerte, esto es, al diablo ... Por lo cual *debía ser en todo semejante a sus hermanos*, para venir a ser misericordioso y fiel sumo sacerdote en lo que a Dios se refiere, para expiar los pecados del pueblo.

Aquí se afirma de la humanidad de Jesús que es igual a la nuestra. Él ha sido hecho igual a nosotros en todo sentido, lo cual evidentemente incluye el tener una mente humana, de manera que se pudiera realizar la Expiación. Las consecuencias doctrinales de la herejía de Apolinar son un reto a la Expiación misma.

El monarquianismo

Entre las herejías relacionadas con la naturaleza de la Trinidad que también interpretaron incorrectamente la naturaleza de Cristo, se halla el monarquianismo, que tanto en su forma dinámica como en su forma modalista, tenía un concepto deficiente de la persona de Cristo.

El nestorianismo

Las enseñanzas de Nestorio fueron populares en algunas zonas del mundo a principios del quinto siglo. La controversia comenzó cuando Nestorio encontró fallos en lo que enseñaba la Iglesia con respecto a María. Puesto que el Concilio de Nicea había afirmado la divinidad plena de Jesús, se había hecho necesario explicar la posición de María al traer a Cristo a este mundo. La Iglesia de los tiempos de Nestorio estaba usando, y muy correctamente, el término *zeótokos*, que significa "portadora de Dios", para describir a María. Nestorio reaccionó contra esta terminología, enseñando que se debía llamar a María *Jristótokos*, que significa "portadora del Cristo". Sostenía que sólo se debía llamar *zeótokos* a Jesús. Esta terminología era importante para Nestorio, porque él quería presentar a Jesús como el hombre portador de Dios.

Nestorio enseñaba que el *Lógos*, la Deidad completa, habitaba en el Jesús humano, de una forma similar a como habita el Espíritu Santo en el creyente. De esta manera, Nestorio mantenía a la humanidad y la divinidad a cierta distancia lógica la una de la otra. Lo que las mantenía juntas era una unión moral proporcionada por la perfección de Jesús, según afirmaba Nestorio.

Las enseñanzas de Nestorio fueron examinadas y rechazadas por el Concilio de Éfeso, que se reunió en el año 431. El Concilio consideró que la enseñanza de un hombre portador de Dios abría una separación entre la naturaleza divina y la humana, que el vínculo moral no era suficiente para salvar. Llevadas hasta sus máximas consecuencias, las enseñanzas de Nestorio reducían el valor de la naturaleza divina, al rechazar éste la unión personal entre las naturalezas.

El eutiquianismo

Las enseñanzas de Eutiques fueron populares en algunas zonas durante la primera mitad del quinto siglo. El eutiquianismo comenzó con la afirmación de que el cuerpo de Jesús no era idéntico al nuestro, sino que era un cuerpo especial formado para la condición mesiánica de Jesús. Según Eutiques, esto creaba la posibilidad de que lo divino y lo humano se hubiesen mezclado para crear una sola naturaleza, en lugar de dos. Por consiguiente, en la encarnación, Jesús era una persona con una naturaleza, una humanidad divinizada, distinta a toda otra humanidad.

Esta enseñanza fue examinada por el Concilio de Calcedonia (año 451). Prontamente se reconoció que el tema principal de la enseñanza era la naturaleza humana de Cristo. De manera creativa, el Concilio usó la terminología fijada en Nicea, de que Cristo era *homoúsia* con el Padre, para rechazar la enseñanza de Eutiques. El Concilio afirmó que Jesús es *homoúsia hemín*, lo cual significa que tenía en su humanidad el mismo ser o esencia *que nosotros*. Esta conclusión parecerá radical, pero hay varios pasajes de las Escrituras que la hacen necesaria, siendo uno de los principales el de Hebreos 2:14, 17. Esta clara defensa de la humanidad de Cristo, al mismo tiempo que se hace una afirmación igualmente clara sobre su divinidad, es una indicación de que los miembros del Concilio estaban dispuestos a mantener las tensiones y las paradojas de la revelación bíblica. De hecho, la Cristología de Calcedonia ha permanecido en el cristianismo como el baluarte de la ortodoxia por cerca de quince siglos.

CONSIDERACIONES SISTEMÁTICAS SOBRE LA CRISTOLOGÍA

En el estudio disciplinado de Jesucristo, hay ciertos elementos de enseñanza presentados por el texto bíblico que requieren análisis y síntesis teológica más allá de la exégesis del texto. Primeramente, se debe realizar la exégesis, y ésta debe controlar los significados que les demos a las palabras de la Biblia; pero hay cuatro elementos en la doctrina sobre Jesucristo que es necesario relacionar entre sí en un marco teológico significativo.

El primer elemento es el nacimiento virginal, tal como lo enseñan los evangelios de Mateo y de Lucas. Esta doctrina nos presenta la fase inicial sobre cómo Jesús ha podido ser Dios y hombre a un mismo tiempo.

La segunda doctrina es que Jesús, en su única Persona, es totalmente divino y totalmente humano. Aunque este elemento nos lleve hasta los límites de la capacidad de comprensión humana, debemos aplicarnos rigurosamente a la investigación de la terminología y de los significados en esta doctrina.

El tercer punto teológico es el lugar de Jesús en la Trinidad. Para que tengamos una buena comprensión, es esencial que sepamos cómo Jesús es el Hijo en su relación con el

Padre, y de qué manera es Él el Dador del Espíritu Santo. Esto ha sido estudiado ampliamente en el capítulo 5.

Cuando llegamos al cuarto elemento de esta sección, encontramos un aspecto que ha sido algo descuidado; al menos, en el ámbito de la teología sistemática. Cuando hablamos de Jesús como el que bautiza en el Espíritu Santo, necesitamos reconocer que las promesas de un derramamiento del Espíritu hechas tanto en el Antiguo Testamento como en el Nuevo, tienen su cumplimiento en la actividad de Jesucristo.

El nacimiento virginal

Es probable que ninguna doctrina del cristianismo haya sufrido un escrutinio tan extenso como el nacimiento virginal, por dos razones principales. En primer lugar, la doctrina depende, en cuanto a su existencia, de la realidad de lo sobrenatural. Muchos eruditos de los dos siglos pasados han tenido prejuicios contra lo sobrenatural; por esto, han actuado prejuiciadamente al estudiar el nacimiento de Jesús. La segunda razón para la crítica del nacimiento virginal es que la doctrina ha tenido una historia de desarrollo que nos lleva mucho más allá de los sencillos datos que nos proporciona la Biblia. La misma expresión "nacimiento virginal" refleja esta realidad. El nacimiento virginal significa que Jesús fue concebido siendo María una virgen, y que ella seguía siendo virgen cuando Él nació (no que las partes del cuerpo de María hayan sido preservadas sobrenaturalmente del curso de acontecimientos que tienen lugar en un nacimiento humano).

Uno de los aspectos en disputa con respecto al nacimiento virginal es el origen del concepto mismo. Algunos eruditos han tratado de explicar dicho origen por medio de paralelos helenísticos. Se alega que las uniones de dioses y diosas con humanos en la literatura griega de la antigüedad son los antecedentes de la idea bíblica. No obstante, esto ciertamente equivale a ignorar el uso de Isaías 7 en Mateo 1.

Isaías 7, con su promesa de un hijo que habría de venir, es el fondo para el concepto del nacimiento virginal. Abundantes controversias han girado en torno al término hebreo *almá*, usado en Isaías 7:14. Se suele traducir esta palabra como "virgen", aunque algunas versiones la traducen "doncella" o "mujer joven". En el Antiguo Testamento, cuando el contexto da una indicación clara, se usa para referirse a las vírgenes en edad casadera.

> Dijo entonces Isaías: Oíd ahora, casa de David. ¿Os es poco el ser molestos a los hombres, sino que también lo seáis a mi Dios? Por tanto, el Señor mismo os dará [plural, a toda la casa de David] señal: He aquí que la virgen [*almá*] concebirá, y dará a luz un hijo, y llamará su nombre Emanuel.
>
> Isaías 7:13–14

Parece que, en el contexto de los capítulos 7 y 8 de Isaías, la profecía acerca de la *almá* tenía un significado para los tiempos de Isaías que era muy importante. En primer lugar, la profecía no fue dicha para el rey Acaz, sino para toda la casa de David. El rey Acaz se estaba enfrentando a una amenaza militar de parte de los ejércitos aliados del Reino del Norte y de la nación de Aram (7:1–9). En un intento por asegurarle que la amenaza no se convertiría en realidad, Isaías lo animó a pedir la señal espiritual que quisiera, pero él se negó. Entonces, el Señor prometió una señal sobrenatural, no para Acaz, sino para toda la casa de David; una señal que sería importante a lo largo de la historia. Recordemos que el nombre del niño sería Emanuel, "Dios con nosotros".

El uso de Isaías 7:14 en Mateo 1:18-22 señala su gran importancia para comprender el nacimiento del Señor Jesucristo. Aquí se tratan la concepción virginal y el nacimiento de Jesús con respeto y dignidad.

El Evangelio según San Mateo informa que María quedó encinta por la acción del Espíritu Santo sobre ella, al concebir ella a Jesús en su vientre. José, el prometido de María, no quiso creer esto hasta que el ángel se lo informó. Una vez ocurrida la concepción, fue claro que era un cumplimiento divino de la profecía de Isaías 7:14.

Otro aspecto de las narraciones sobre el nacimiento de Jesús en los evangelios es el enfoque tomado por cada escritor. Mateo se centra en el papel de José dentro del relato. Describe las apariciones del ángel y las acciones justas de José en obediencia a los mandatos. En cambio, Lucas parece contar la historia desde la perspectiva de María. Por él conocemos los sucesos relacionados con Zacarías y Elisabet, y el parentesco entre María y Elisabet. Lucas describe también la aparición del ángel Gabriel a María (Lucas 1:26-31) y la hermosa respuesta de María en el Magníficat (Lucas 1:46-55).

Tanto Mateo como Lucas usan la palabra griega *parzénos* para describir a María como una joven soltera y sexualmente pura. En Mateo 1:23, esta palabra griega traduce la palabra hebrea *almá*, tomada de Isaías 7:14. Conlleva un claro significado contextual que indica la virginidad corporal de María, quien entonces se convirtió en la madre de nuestro Señor Jesús.

La unión hipostática

La unión hipostática es la descripción de la unidad entre la naturaleza divina y la humana en la Persona única de Jesús. Para tener una comprensión adecuada de esta doctrina, dependemos de una comprensión total de cada una de las dos naturalezas, y cómo constituyen esta única Persona.

Las enseñanzas de las Escrituras sobre la humanidad de Jesús nos muestran que en la encarnación, Él se hizo plenamente humano en todos los aspectos de la vida, con excepción de la comisión real de ningún pecado.

Una de las formas en que conocemos la naturaleza humana de Jesucristo es que los mismos términos que describen diferentes aspectos de los seres humanos, lo describen también a Él. Por ejemplo, el Nuevo Testamento emplea con frecuencia la voz griega *pneuma*, "espíritu", para describir al espíritu del hombre; esta voz se emplea también con respecto a Jesús. Además, Jesús mismo la empleó acerca de su persona, cuando en la cruz le entregó el espíritu a su Padre y lanzó su último suspiro (Lucas 23:46).

Contextualmente, la palabra "espíritu" (gr. *pnéyma*) debe significar aquel aspecto de la existencia humana que continúa en la eternidad, después de la muerte. Este punto es muy importante, porque Jesús murió como ser humano. Como Dios Hijo, vive eternamente con el Padre. En la experiencia de muerte de Jesús vemos uno de los testimonios más poderosos a favor de la totalidad de su naturaleza humana. Era tan humano que sufrió la muerte de un criminal.

El Jesús encarnado también tenía un alma humana. En Mateo 26:36-38, Él usó la palabra griega *psyjé* para describir las obras de su ser interior y sus emociones.

> Entonces llegó Jesús con ellos a un lugar que se llama Getsemaní, y dijo a sus discípulos: Sentaos aquí, entre tanto que voy allí y oro. Y tomando a Pedro, y a los dos hijos de Zebedeo, comenzó a entristecerse y a angustiarse en gran manera. Entonces Jesús les dijo: Mi alma está muy triste, hasta la muerte; quedaos aquí, y velad conmigo.

Jesús era capaz de sentir las profundidades de la emoción humana. Como vemos en los evangelios, sintió dolor, angustia, gozo y esperanza. Esto era cierto, porque compartió con nosotros la realidad de ser almas humanas.

Por último, Jesús tuvo un cuerpo humano igual al nuestro. La sangre corría por sus venas, mientras su corazón latía para sostener su vida en el cuerpo. Esto se indica con claridad en Hebreos 2:14-18. En este poderoso pasaje se dice que la existencia corporal de Jesús en la tierra hizo posible su expiación por nosotros. Porque era carne y sangre, su muerte pudo vencer la muerte y acercarnos a Dios. El cuerpo de Jesús en la encarnación era totalmente semejante al nuestro. Su cuerpo humano fue colocado en una tumba después de su muerte (Marcos 15:43-47).

Otro testimonio a favor de la totalidad de la humanidad de Jesús es su participación en la debilidad humana ordinaria. Aunque Él era Dios, se humilló a sí mismo, tomando forma humana. En Juan 4:6 hallamos el simple hecho de que Jesús se sintió cansado, como cualquiera que hubiese viajado una gran distancia a pie. En Mateo 4:2 está claro que Jesús era capaz de sentir hambre de la manera humana normal. "Y después de haber ayunado cuarenta días y cuarenta noches, *tuvo hambre.*" Jesús expresó también claramente una limitación en sus conocimientos. Al hablar del momento de su segunda venida en Marcos 13:32, dice: "Pero de aquel día y de la hora nadie sabe, ni aun los ángeles que están en el cielo, *ni el Hijo*, sino el Padre." Ciertamente, esta es una limitación que Él mismo permitió bajo las condiciones de la encarnación; pero seguía siendo una limitación humana.

El peso acumulativo de estos pasajes de las Escrituras nos debe hacer llegar a la conclusión de que Jesús era plenamente humano. Era exactamente igual a nosotros en todos los aspectos, menos en el pecado. El que Jesús se rebajase a sí mismo a la condición de siervo como hombre, fue lo que hizo posible que nos redimiese del pecado y de la maldición de la ley.

Los escritores del Nuevo Testamento le atribuyen la divinidad a Jesús en varios pasajes importantes. En Juan 1:1, Jesús, como el Verbo, existía como Dios mismo. Es difícil imaginar una afirmación más clara sobre su divinidad. Está basada en el lenguaje de Génesis 1:1 y sitúa a Jesús en el orden eterno de existencia, junto al Padre.

En Juan 8:58 tenemos otro poderoso testimonio a favor de la divinidad de Jesús. Aquí Él se está atribuyendo una existencia continua, como la del Padre. "Yo soy" es la bien conocida autorrevelación de Dios a Moisés en la zarza ardiente (Éxodo 3:14). Al decir "Yo soy", Jesús estaba poniendo a disposición de los que creyesen el conocimiento de su divinidad.

Pablo también da claro testimonio a favor de la divinidad de Jesús:

> Haya, pues, en vosotros este sentir que hubo también en Cristo Jesús, el cual, siendo en forma de Dios, no estimó el ser igual a Dios como cosa a que aferrarse, sino que se despojó a sí mismo, tomando forma de siervo, hecho semejante a los hombres.
> Filipenses 2:5–7

El griego usa aquí un lenguaje muy fuerte. El participio *hypárjon* es más fuerte que las formas del verbo *eimí*, y es una poderosa declaración sobre el estado de existencia de Cristo. La afirmación *hos en morfé zeú hypárjon* (v. 6a) se debe traducir como "quien, existiendo en la forma de Dios". La declaración *éiai ísa zeó* (v. 6b) debería traducirse como "ser igual a Dios". El significado que Pablo quiere dar aquí es que Jesús se hallaba en un estado de existencia en igualdad con Dios. Sin embargo, no se aferró, o apegó, a este estado, sino que lo soltó y se convirtió en siervo, muriendo en la cruz por nosotros.

Cuando usamos todos los datos del Nuevo Testamento sobre este tema, nos damos cuenta de que Jesús no dejó de ser Dios durante la encarnación. Lo que hizo fue renunciar al ejercicio independiente de los atributos divinos. Aún seguía siendo plenamente Dios en su mismo ser, pero cumplió algo que parece haber sido una condición para la encarnación: que sus limitaciones humanas fuesen reales; no artificiales.

A pesar de estas afirmaciones claras de las Escrituras sobre la divinidad de Jesús, los eruditos críticos modernos, contrarios a lo sobrenatural, han sido renuentes a aceptar el concepto canónico sobre su divinidad. Algunos de ellos han afirmado haber detectado un desarrollo de la Cristología en la historia de la Iglesia Primitiva, según el cual, el concepto de divinidad en el Cristo encarnado se hallaría al final de un proceso de reflexión sobre Jesús por parte de los apóstoles y de la Iglesia, en lugar de hallarse al principio y todo el resto del tiempo.

El punto de vista de Juan Knox es representativo de una posición sostenida por algunos, al afirmar que la Cristología se movió de un adopcionismo primitivo a un kenoticismo, y después al encarnacionismo. Con "adopcionismo primitivo" quiere decir que Jesús fue hecho Hijo por el Padre, sin consideración alguna acerca de una preexistencia o vaciamiento por parte suya.[3] El "kenoticismo" significa, tal como enseña Pablo en Filipenses 2, que Jesús se vació a sí mismo de su gloria celestial con el propósito de salvarnos, aunque no necesariamente por medio de una encarnación. La supuesta tercera etapa del desarrollo es el encarnacionalismo, en el que el Hijo preexistente se convierte en hombre, tomando carne humana.[5]

Sin embargo, C. F. D. Moule dice que el encarnacionalismo se halla presente a lo largo de todo el Nuevo Testamento, y que Jesús desplegó su divinidad al humillarse a sí mismo. Al decir esto, Moule hace menos drásticos los conceptos presentados por Knox y otros. Con todo, parece adecuado, a la luz de los evangelios sinópticos, observar que la divinidad de Jesús se halla presente en *toda la urdimbre* del Nuevo Testamento, aunque aparezca de manera más pronunciada en los escritos de Pablo y de Juan. Está claro que la Biblia presenta amplias evidencias de afirmaciones, tanto a favor de la humanidad de Jesús, como de su divinidad. Ahora nos queda por establecer de qué manera pueden estar juntas estas dos naturalezas en una Persona.

El Concilio de Calcedonia, que se reunió en el año 451, suele ser considerado como un momento decisivo en la historia de la Cristología. Situado en el momento culminante de una larga línea de herejías cristológicas, el Concilio definió la fe de la ortodoxia en el Señor Jesucristo, como una fe centrada en sus dos naturalezas, la divina y la humana, unidas en su única Persona.

El Concilio de Calcedonia tiene un contexto histórico. La separación de las naturalezas, presentada ya por Nestorio, había sido repudiada por el Concilio de Éfeso en el año 431. La mezcla de ambas naturalezas propuesta por Eutiques vino a ser rechazada por el propio Concilio de Calcedonia. En este clima de controversia teológica, hubo dos escritos que tuvieron profunda influencia sobre los resultados obtenidos en Calcedonia. El primero fue la carta de Cirilo a Juan Antioqueno, que dice:

> Por tanto, confesamos que nuestro Señor Jesucristo, el unigénito Hijo de Dios, es completamente Dios y completamente ser humano, con un alma racional y un cuerpo. Nació del Padre antes de los siglos en cuanto a su divinidad, pero al final de los días, Él mismo nació, por nosotros y por nuestra salvación, de María la virgen en cuanto a su humanidad. Este mismo es coesencial con el Padre en cuanto a su divinidad, y coesencial con nosotros en cuanto a su humanidad, porque ha tenido lugar una unión de dos naturalezas, a consecuencia de la cual nosotros confesamos un Cristo, un Hijo, un Señor.

La contribución de esta declaración a la Cristología ortodoxa es el concepto de que dos naturalezas completas se unieron en la Persona del Señor Jesús. La divina era idéntica a la divinidad del Padre. La humana era idéntica a nosotros.

El otro escrito que influyó fuertemente en Calcedonia fue la carta de León I a Flaviano de Constantinopla, que declara:

> Este nacimiento en el tiempo no le quitó absolutamente nada a aquel nacimiento divino y eterno, ni de manera alguna le añadió nada. Todo su significado fue agotado en la restauración de la humanidad, que había sido descarriada. Se produjo de manera que la muerte pudiera quedar vencida, y que el diablo, que una vez ejerció la soberanía de la muerte, pudiera ser destruido por su poder, porque nosotros no habríamos sido capaces de vencer al autor del pecado y de la muerte, a menos que Aquél a quien el pecado no podía manchar, ni la muerte contener, tomara nuestra naturaleza y la hiciera suya. Lo central aquí es que la humanidad de Jesús proporcionaba la posibilidad de derrotar a Satanás, que es lo que Jesús ciertamente logró en la cruz. Sólo se puede vencer la muerte con la muerte, pero esa muerte fue la del Cordero perfecto.

El concepto central aquí es que la humanidad de Jesús proporcionaba la posibilidad de derrotar a Satanás, que es lo que Jesús ciertamente logró en la cruz. Sólo se puede vencer la muerte con la muerte, pero esa muerte fue la del Cordero perfecto.

Los verdaderos hallazgos de Calcedonia constituyen un largo documento. Se reafirmó la formulación *homoúsia* del Concilio de Nicea sobre la relación entre el Padre y el Hijo, junto con los hallazgos del Concilio de Constantinopla. Podemos ver la esencia de la Cristología de Calcedonia en el extracto siguiente:

> Por tanto, siguiendo a los santos padres, confesamos uno y el mismo Hijo, quien es nuestro Señor Jesucristo, y todos estamos de acuerdo en enseñar que este mismo Hijo es completo en su divinidad e igualmente completo en su humanidad; verdaderamente Dios y verdaderamente un ser humano; estando compuesto éste mismo de un alma racional y

un cuerpo, coesencial con el Padre en cuanto a su divinidad y coesencial él mismo con nosotros en cuanto a su humanidad, siendo como nosotros en todo aspecto, excepto en el pecado ... reconociendo que existe inconfundible, inalterable, indivisible e inseparablemente en dos naturalezas, puesto que la diferencia entre las naturalezas no es destruida por causa de la unión, sino al contrario; el carácter de cada naturaleza es conservado y ambas se reúnen en una persona y una hipóstasis, no dividida ni desgarrada en dos personas, sino uno y el mismo Hijo.

Por consiguiente, la persona del Señor Jesús abarca dos realidades distintas: la divina y la humana. Puesto que Calcedonia localizó la unión en la *persona* de Cristo, usando el término griego *hypóstasis*, se suele llamar a esta doctrina "la unión hipostática".

Vemos que la naturaleza divina y la naturaleza humana se reúnen en la persona de Jesucristo. Cuando hablamos de temas cualitativamente distintos, como el que una naturaleza divina y una naturaleza humana existan en una unión, inevitablemente necesitamos tomar en serio el tema de la contradicción y la paradoja. Tal como se entiende normalmente, Dios es Dios y la humanidad es humanidad, y hay una distinción cualitativa entre ellos. Cuando decimos que Cristo es el Dios-hombre, estamos reuniendo categorías que normalmente se excluyen mutuamente. Hay dos maneras de responder ante este dilema. La primera consiste en hacerle ajustes a la naturaleza humana de Jesús, de manera que quepa lógicamente en su unión con la naturaleza divina. La segunda consiste en afirmar que la unión de las dos naturalezas es una paradoja. Así no queda resuelta la incoherencia lógica de un Dios que es hombre.

En tiempos recientes, se han tomado dos enfoques en cuanto al problema de la naturaleza humana de Cristo. Ambos dan por supuesta la veracidad de la naturaleza divina, de manera que el problema se convierte en cuestión de delinear con claridad la naturaleza humana.

Los pasajes de las Escrituras que parecen obligarnos a tratar este tema son Hebreos 2:16-18 y Hebreos 4:15.

> Porque ciertamente no socorrió a los ángeles, sino que socorrió a la descendencia de Abraham. Por lo cual debía ser *en todo semejante* a sus hermanos, para venir a ser misericordioso y fiel sumo sacerdote en lo que a Dios se refiere, para expiar los pecados del pueblo. Pues en cuanto él mismo padeció siendo tentado, es poderoso para socorrer a los que son tentados.
>
> Porque no tenemos un sumo sacerdote que no pueda compadecerse de nuestras debilidades, sino uno que fue tentado *en todo según nuestra semejanza, pero sin pecado.*

Estos dos pasajes insisten en la identidad entre las tentaciones de Jesús y las nuestras. Le tenemos que dar a esta insistencia el valor que tiene en la comprensión de la humanidad de Cristo que formulemos.

Millard Erickson ha presentado una formulación moderna de la teología de la encarnación, en la que trata de resolver el problema de la naturaleza humana de Cristo dentro de la unión hipostática. Él considera que la solución se encuentra en ver la naturaleza humana de Jesucristo como la ideal, o cómo ha de ser. En otras palabras, metodológicamente no comenzamos con la fuerte dificultad de que Dios se haga hombre, con todas las diferencias cualitativas entre la naturaleza divina y la humana. En lugar de eso, Erickson quiere comenzar con la humanidad esencial (es decir, la creada originalmente por Dios), porque es de suponer que sea mucho más semejante a Dios que la humanidad caída que observamos nosotros hoy. "Porque la naturaleza humana de Jesucristo no era la de los seres pecadores, sino la poseída por Adán y Eva desde su creación y antes de su caída."

En perspectiva, parecerá que Erickson ha ofrecido un punto de vista correcto y ortodoxo acerca de la humanidad de Jesús. No obstante, es posible hacer algunas preguntas:

En primer lugar, ¿qué tiene de incorrecto que comencemos por la falta de semejanza entre Dios y el hombre? Aun cuando nos centremos en la humanidad de Adán y Eva antes de la caída, ¿dónde están los datos bíblicos que indicarían que Adán podría convertirse fácilmente en un Dios-hombre, o que lo podría llegar a hacer alguna vez? Erickson mismo (en diálogo con Davis) ha señalado que la divinidad es necesaria, eterna, omnipotente, omnisciente e incorpórea, mientras que la humanidad es contingente, finita, no omnipotente, no omnisciente y corpórea. Estas diferencias siguen existiendo, tanto si hablamos de la humanidad antes de la caída, como si hablamos de ella después de la caída.

En segundo lugar, cuando Erickson dice que logramos nuestra comprensión de la naturaleza humana a partir de "una investigación inductiva, tanto de nosotros mismos como de los demás humanos, según los hallamos a nuestro alrededor", señala una parte del problema. Nuestro concepto de la humanidad debería venir en primer lugar de las Escrituras, y después, de nuestras propias observaciones. Este punto es más importante de lo que parece, si tenemos en cuenta lo que sigue. Erickson dice que en nuestra situación presente, somos "vestigios arruinados y limitados de la humanidad esencial, y es difícil imaginar este tipo de humanidad unido a la divinidad". Sin embargo, ¿es ésta una descripción correcta de la humanidad con la que María contribuyó a la concepción virginal de Jesús? En Lucas 1:28–30, leemos:

> Y entrando el ángel en donde ella estaba, dijo: ¡Salve, *muy favorecida!* El Señor es contigo, bendita tú entre las mujeres. Más ella, cuando le vio, se turbó por sus palabras, y pensaba qué salutación sería esta. Entonces el ángel le dijo: María, no temas, porque has hallado gracia delante de Dios.

La idea central de los relatos del nacimiento, tal como el ángel le declara a María en los versículos que siguen, es que Jesús será el Hijo de Dios y el hijo de María. Por tanto, si tomamos una perspectiva teológica distinta sobre la humanidad y el pecado, metodológicamente podríamos permitir que sigan en pie las contradicciones de la encarnación, y depender por completo de que el poder revelador de Dios una aquello que lógicamente no parecería posible unir. A fin de cuentas, la verdad de la encarnación no depende de nuestra capacidad para procesarla lógicamente, sino del hecho de que Dios la reveló de una manera sobrenatural.

Otro tema que se podría suscitar aquí es el grado en que Jesús participó de nuestra condición humana. La maldición de Adán que fue consecuencia de su rebelión contra Dios aparece escrita en Génesis 3:17–19. Esta maldición parece tener tres componentes: (1) una maldición sobre el suelo; (2) la necesidad en los seres humanos de trabajar para conseguir alimentos; y (3) la muerte física. Observemos que Jesús participó de todas ellas en los días de su carne. La maldición sobre el suelo no le fue levantada; trabajaba como carpintero; se alimentaba; y lo más importante de todo, murió. En su humanidad, Jesús participó de las consecuencias no morales del pecado (de Adán y de Eva) *sin convertirse Él mismo en pecador*. Esta comprensión se halla en armonía con varios versículos de las Escrituras que son importantes en este tema (por ejemplo, 2 Corintios 5:21; 1 Pedro 2:22).

Por último, es necesario decir algunas cosas sobre el tema de las diferencias entre la humanidad esencial (ideal), tal como fue creada por Dios, y la humanidad existencial (vista tal como la experimentamos los humanos en la vida diaria). Erickson dice que es incorrecto que definamos la humanidad de Jesús desde el punto de vista de la humanidad existencial; que sólo serviría la humanidad esencial. Además, Él también careció de pecado — y no hay ningún otro ser humano que haya carecido de él — y el Padre lo levantó a la incorrupción. La humanidad esencial de Jesús parece hallarse presente en estas realidades. La revelación de Dios Hijo en la carne muy bien podría retar hasta el agotamiento nuestros intentos por explicarla. Lo que es realmente fundamental para nosotros es creer que Jesús fue completamente humano, y que fue semejante a nosotros.

Jesús y el Espíritu Santo

Jesús se halla en una relación profunda con la Tercera Persona de la Trinidad. Comencemos por recordar que fue el Espíritu Santo el que realizó la concepción de Jesús en el seno de María (Lucas 1:34–35).

Fue el Espíritu Santo el que descendió sobre Jesús en su bautismo (Lucas 3:21–22). En ese momento, Jesús pasó a un nuevo aspecto de su relación con el Espíritu Santo, que sólo podía ser posible en la encarnación. Lucas 4:1 señala con claridad que el poder que Jesús recibió lo preparó para enfrentarse a Satanás en el desierto y para inaugurar su ministerio terrenal.

El bautismo de Jesús ha jugado un papel clave en la Cristología, y necesitamos examinarlo aquí con alguna profundidad. James Dunn alega extensamente que Jesús fue adoptado como Hijo de Dios en el momento de su bautismo. Por consiguiente, la importancia que tiene para Dunn es la iniciación de Jesús en la filiación divina. No obstante, ¿es esto lo que enseña Lucas 3:21–22, donde dice que una voz procedente del cielo dijo: "Tú eres mi Hijo amado"?

Es ampliamente reconocido el hecho de que aquí se está citando el Salmo 2:7. La cuestión que debemos tener en cuenta para nuestro estudio es por qué no se ha puesto aquí la segunda parte de esta frase del salmo: "Yo te engendré hoy." Si la enseñanza que se deseaba dar (tanto por parte de la voz del cielo, como por parte de Lucas) era que Jesús se había convertido en el Hijo de Dios al ser bautizado, no tiene sentido que fuera excluida la segunda afirmación, puesto que es la que parecería probar el argumento. Por lo tanto, la declaración sobre la filiación de Jesús tiene más el aspecto de un reconocimiento de algo que ya era una realidad. Aquí es muy importante que observemos que Lucas 1:35 afirma: "El Santo Ser que nacerá, será llamado Hijo de Dios." Howard Ervin hace un buen resumen de este argumento: "Jesús es el Hijo de Dios por naturaleza. Nunca fue, es ni será otra cosa, más que el Hijo de Dios ... No hay sentido alguno en el que Jesús sólo se haya convertido en Mesías e *Hijo* en el Jordán."

Por último, Jesús es el protagonista en el derramamiento del Espíritu Santo. Después de realizar la redención por medio de la cruz y la resurrección, ascendió a los cielos. Desde allí, junto con el Padre, derramó y sigue derramando al Espíritu Santo en cumplimiento de la promesa profética de Joel 2:28–29 (Hechos 2:33). Ésta es una de las maneras más importantes en que conocemos a Jesús hoy: en su capacidad de dador del Espíritu.

La fuerza cumulativa del Nuevo Testamento es muy significativa. La Cristología no es simplemente una doctrina para el pasado. Tampoco es la labor de sumo sacerdote que realiza Jesús el único aspecto de su realidad presente. El ministerio de Jesús, y ningún otro, es el que propaga el Espíritu Santo en el presente. La clave del avance del evangelio en nuestros días es el reconocimiento de que los creyentes pueden conocer a Jesús, cuando el Espíritu Santo derrama sobre ellos su poder para descubrirlo.

PREGUNTAS DE ESTUDIO

1. ¿En qué sentido es el conocimiento de Jesucristo igual al conocimiento de otros temas? ¿En qué sentido es diferente?
2. ¿En qué difiere la Cristología ontológica de la Cristología funcional?
3. ¿Cuál es el significado de la expresión "unión hipostática" cuando se la aplica a Cristo?
4. ¿Qué significado le dieron los Padres Nicenos al término *homoúsia* referido a Cristo?
5. ¿Cómo se compara el significado del título *Lógos* en Juan 1 con su significado en la filosofía griega?
6. ¿Cuáles son los significados posibles del título "Hijo del Hombre", tal como lo usan los evangelios sinópticos?
7. ¿Por qué evitaba Jesús el título de "Mesías" y les ordenaba a los discípulos que callaran cuando lo usaban para referirse a Él?
8. ¿En qué sentido es único Jesús como Mesías?
9. ¿Qué quieren decir los términos "adopcionismo", "kenoticismo" y "encarnacionismo"?
10. ¿Cuál es la importancia del Concilio de Calcedonia en cuanto a la doctrina sobre Cristo?

La obra salvadora de Cristo

La obra salvadora de Cristo se alza como el pilar central dentro de la estructura del templo redentor de Dios. Es el apoyo que carga con el peso, y sin el cual nunca se habría podido completar la estructura. También la podemos considerar como el centro alrededor del cual gira toda la actividad reveladora de Dios. Le da una cabeza al cuerpo, antitipo al tipo y sustancia a la sombra. Estas afirmaciones no disminuyen en lo más mínimo la importancia de todo lo que Dios hizo por el pueblo del pacto, y con él y las naciones vecinas en el Antiguo Testamento. Esto sigue teniendo una importancia incalculable para todo el que estudie las Escrituras. Refleja más bien el pensamiento de Hebreos 1:1–2: "Dios, habiendo hablado muchas veces y de muchas maneras en otro tiempo a los padres por los profetas, en estos postreros días nos ha hablado por el Hijo." En el pasado, Dios habló de manera infalible y dijo cosas importantes, pero no definitivas. Para eso, tendríamos que esperar a la venida de su Hijo, cuya puesta por escrito y significado aparece infalible y definitiva en los veintisiete libros del canon del Nuevo Testamento.

EL SIGNIFICADO DE LA "SALVACIÓN"

Todo estudio de la obra salvadora de Cristo debe comenzar con el Antiguo Testamento. Es allí donde descubrimos en las actuaciones y palabras divinas la naturaleza redentora de Dios. Descubrimos tipos y predicciones concretas sobre Aquél que habría de venir, y sobre lo que habría de hacer. Parte de lo que hallamos se encuentra en el uso que hace el Antiguo Testamento de terminología para describir la salvación, tanto natural como espiritual.

Todo el que haya estudiado el Antiguo Testamento hebreo sabe lo rico que es su vocabulario. Los escritores usan varias palabras que se refieren al pensamiento general de "liberación" o "salvación", ya sea natural, legal o espiritual. Aquí la atención se centra en dos verbos: *natsal* y *yashá*'. La primera aparece 212 veces, generalmente con el significado de "libertar" o "rescatar". Dios le dijo a Moisés que Él había descendido para "rescatar" a Israel de mano de los egipcios (Éxodo 3:8). Senaquerib le escribió al rey Ezequías: "Los dioses de las naciones de los países no pudieron librar a su pueblo de mis manos, tampoco el Dios de Ezequías librará al suyo de mis manos" (2 Crónicas 32:17). El salmista clamaba con frecuencia, pidiendo a Dios que lo rescatase (Salmos 22:21; 35:17; 69:14; 71:2; 140:1). Estos usos indican que se está teniendo en cuenta una "salvación" física, personal o nacional.

Sin embargo, la palabra toma también connotaciones relacionadas con la salvación espiritual a través del perdón de los pecados. David clamó a Dios para que lo salvara de todas sus transgresiones (Salmo 39:8). En el Salmo 51:14 se hace evidente que David estaba pensando en la restauración espiritual personal y en la salvación cuando oraba diciendo: "Líbrame de homicidios, oh Dios, Dios de mi salvación; cantará mi lengua tu justicia".

Aunque el Salmo 79 es un lamento debido a la invasión de Israel y la profanación del templo por sus enemigos, el salmista reconoce que sólo será posible una liberación si ésta incluye el perdón de sus pecados (v. 9).

La raíz *yashá*' aparece 354 veces, estando la mayor concentración de ellas en los Salmos (136 veces) y en los libros proféticos (100 veces). Significa "salvar", "liberar", "dar la victoria", o "ayudar". Algunas veces aparece la palabra, libre de matices teológicos (por ejemplo, cuando Moisés defendió a las hijas de Reuel de las acciones opresoras de los pastores; Éxodo 2:17). Sin embargo, lo más frecuente es que se use la palabra teniendo a Dios como sujeto y al pueblo de Dios como objeto directo. Él los ha librado de toda clase de dificultades, incluyendo cosas como los enemigos, nacionales o personales (Éxodo 14:30; Deuteronomio 20:4; Jueces 3:9; Jeremías 17:14–18) y de calamidades (por ejemplo, plaga o hambruna; 2 Crónicas 20:9). Por consiguiente, *Yahwé* es "Salvador" (Isaías 43:11–12), "mi Salvador" (Salmo 18:14), y "mi salvación" (2 Samuel 22:3; Salmo 27:1).

La mayor parte de las veces, Dios decidía usar a los representantes enviados por Él para llevar la salvación, pero "los obstáculos a superar eran tan espectaculares, que no había duda alguna de que era necesaria una ayuda especial por parte de Dios mismo". En Ezequiel, esta palabra toma características morales. Dios promete: "Y os guardaré de todas vuestras inmundicias" (36:29); "Y los salvaré de todas sus rebeliones con las cuales pecaron, y los limpiaré" (37:23).

Cuando leemos el Antiguo Testamento y tomamos su mensaje seriamente y al pie de la letra, podemos llegar fácilmente a la conclusión de que el tema dominante es el de la salvación, siendo Dios el principal protagonista. El tema de la salvación aparece ya en Génesis 3:15, en la promesa de que la descendencia o "simiente" de la mujer le aplastaría la cabeza a la serpiente. "Éste es el *protoevangelio,* el primer resplandor de una salvación que vendría por medio de Aquél que restauraría al hombre a la vida." *Yahwé* salvó a su pueblo por medio de jueces (Jueces 2:16, 18) y de otros caudillos como Samuel (1 Samuel 7:8) y David (1 Samuel 19:5). *Yahwé* salvó incluso a Siria, el enemigo de Israel, por medio de Naamán (2 Reyes 5:1). No hay salvador alguno sin el Señor (Isaías 43:11; 45:21; Oseas 13:4).

El lugar clásico para el uso teológico de *yashá'* en los textos narrativos es Éxodo 14, donde *Yahwé* "salvó a Israel de mano de los egipcios" (v. 30). Este suceso se convirtió en el prototipo de lo que el Señor haría en el futuro para salvar a su pueblo. Todo esto señalaba hacia el momento en el que Dios traería la salvación, no sólo a Israel, sino a todos, por medio del Siervo sufriente. En Isaías 49:6, le dice al Siervo: "También te di por luz de las naciones, para que seas mi salvación hasta lo postrero de la tierra." Las "obras de salvación en el [Antiguo Testamento] se van acumulando y señalando hacia la obra definitiva de salvación, que incluirá a todos los pueblos bajo las posibilidades de su bendición".

Con respecto al concepto de "salvar", "rescatar" o "liberar", la riqueza léxica evidente en el Antiguo Testamento no se repite en el Nuevo. Éste usa principalmente el verbo *sódzo* — que significa "salvar", "conservar" o "rescatar del peligro" — y sus formas derivadas. En la Septuaginta, *sódzo* aparece unas tres quintas partes del tiempo para traducir *yashá'*, y se usa *sotería* sobre todo para los derivados de *yashá'*. Él término hebreo se halla comprendido dentro del nombre anunciado por el ángel a José: "Y llamarás su nombre Jesús, porque él salvará a su pueblo de sus pecados" (Mateo 1:21). "Que el significado de este nombre era ampliamente bien conocido ... lo atestigua el exegeta y filósofo judío alejandrino ... Filón cuando interpreta el nombre de Josué como sigue: *Iesús sotería kyríu*, Jesús significa salvación por medio del Señor." Por consiguiente, la palabra que emplea el Nuevo Testamento al hablar de la obra salvadora de Cristo refleja ideas del Antiguo Testamento.

Sódzo se puede referir a salvar a alguien de la muerte física (Mateo 8:25; Hechos 27:20, 31), de la enfermedad física (Mateo 9:22; Marcos 10:52; Lucas 17:19; Santiago 5:15), de la posesión demoniaca (Lucas 8:36), o de una muerte que ya ha tenido lugar (Lucas 8:50). No obstante, con mucho, el mayor número de usos se refiere a la salvación espiritual que Dios proveyó por medio de Cristo (1 Corintios 1:21; 1 Timoteo 1:15) y que las personas experimentan por fe (Efesios 2:8).

Aunque los griegos atribuían el título de salvador (gr. sotér) a sus dioses, líderes políticos y otros que traían honra o beneficio a su pueblo, en la literatura cristiana sólo se les aplicaba a Dios (1 Timoteo 1:1) y a Cristo (Hechos 13:23; Filipenses 3:20). El sustantivo "salvación" (gr. *sotería*) aparece cuarenta y cinco veces y se refiere casi exclusivamente a la salvación espiritual, que es la posesión presente y futura de todos los creyentes legítimos. Sin embargo, aunque las palabras griegas con el sentido de "salvar" o "salvación" no sean frecuentes, es Jesús mismo el que proclama el tema central del Nuevo Testamento al decir: "El Hijo del Hombre vino a buscar y a salvar *[sósai]* lo que se había perdido" (Lucas 19:10).

LAS NATURALEZAS DE DIOS Y DE LA HUMANIDAD

Por tanto, la Biblia revela a un Dios que salva; un Dios que redime. Pueden surgir ahora dos preguntas: ¿Qué hace necesaria la salvación espiritual? ¿Qué la hace posible? Las respuestas que demos dependerán del concepto que tengamos, tanto de la naturaleza de Dios, como de la naturaleza de la humanidad. ¿Cómo serían las cosas si Dios no fuera la clase de Dios que la Biblia nos revela, o si nosotros no hubiésemos sido creados a imagen de Dios y caído posteriormente? La salvación, tal como la describe la Biblia, no sería ni posible ni necesaria. Por tanto, el drama redentor tiene como telón de fondo la personalidad de Dios y la naturaleza de su criatura humana.

En la Biblia aparece abundantemente claro que todos los humanos necesitan un Salvador, y que no se pueden salvar a sí mismos. Desde el intento de la primera pareja para cubrirse y esconderse de Dios en su temor (Génesis 3), y desde la primera rebelión airada y el primer asesinato (Génesis 4), hasta el rebelde intento final por frustrar los propósitos divinos (Apocalipsis 20), la Biblia es una sola y larga letanía sobre la actitud degradada y el pecado voluntario de la raza humana. El pensamiento de la Ilustración moderna, que la mayor parte de las veces refleja ideas pelagianas, se ha consagrado a la creencia en la bondad esencial de la humanidad. A pesar de todo cuanto había visto y experimentado, Ana Frank llegaba en su diario a esta conclusión: "Aún sigo creyendo que las personas en realidad son buenas de corazón."[3] Gran parte del pensamiento moderno parece creer que lo que nos hace falta es educación, no salvación; una universidad, no una cruz; un planificador social, no un Salvador que haga propiciación por nosotros. Todo este pensamiento optimista se halla en directa contradicción con las enseñanzas de las Escrituras.

En la nube y el pilar de fuego, en los truenos y la oscuridad del Sinaí, y en el establecimiento del sistema de sacrificios, con todos sus mandatos y prohibiciones, Dios trató de asegurarse de que el pueblo entendiese que había un abismo entre Él y ellos, que sólo Él podía atravesar. A veces nos cansaremos cuando leemos todos los detalles sobre quién, y cuándo, y cómo, y qué exigía y aceptaba Dios. ¿Qué significado puede tener todo esto para nosotros, que vivimos en la era del nuevo pacto? Posiblemente, que Dios nos esté diciendo a todos: "Si quieren acercarse a mí, debe ser bajo mis condiciones. Ustedes no tienen derecho alguno a planificar su propio camino." Nadab y Abiú aprendieron esto de manera repentina (Levítico 10:1–2; Números 3:4), y todo Israel con ellos. ¿Podríamos considerar la experiencia de Ananías y Safira como un ejemplo paralelo (Hechos 5:1–11)? Dios no permitirá jamás que juguemos con aquello que nos exige su santidad.

La santidad y el amor de Dios

Puesto que nosotros no somos santos, mientras que Dios es la santidad pura, ¿cómo podremos pensar jamás en acercarnos a Él? Lo podemos hacer porque Él mismo escogió el camino y lo abrió: la cruz de Cristo. El Nuevo Testamento hace numerosas referencias a la relación entre su muerte, y los "pecados" o los "pecadores". Veamos algunas: "El cual fue entregado por nuestras transgresiones" (Romanos 4:25). "Siendo aún pecadores, Cristo murió por nosotros" (Romanos 5:8). "Cristo murió por nuestros pecados, conforme a las Escrituras" (1 Corintios 15:3). "Cristo padeció una sola vez por los pecados" (1 Pedro 3:18). No es posible tomar en serio las afirmaciones del Nuevo Testamento, al mismo tiempo que se niega que enseñan que Jesucristo murió para tender un puente en el abismo entre un Dios santo y una raza pecadora que no se podía salvar a sí misma.

Cuando estudiamos las características de Dios, es importante que evitemos toda tendencia a tratar los atributos divinos de una manera que, esencialmente, destruya la unidad de su naturaleza. Cuando la Biblia dice que Dios es amor, usa el sustantivo "amor" para describirlo, y no el adjetivo "amoroso", siendo éste último una caracterización más débil. Aunque es cierto que la Biblia habla de la justicia, la santidad, la rectitud o la bondad de Dios, no dice que Dios *sea* justicia, o que Dios *sea* bondad. Esto ha llevado a algunos a afirmar: "En la realidad de Dios, el amor es más fundamental que la justicia o el poder, y anterior a ellos." También: "Si el poder, el dominio y la soberanía son las cualidades divinas preeminentes según el calvinismo, entonces el amor, la sensibilidad y la apertura, además de la fidelidad y la autoridad, son las cualidades esenciales de Dios para los arminianos." Sin embargo, en ningún estudio sobre la naturaleza de Dios debemos verla como si un atributo superara a otro, o como si mantuviera a otro bajo control, o hiciera equilibrio con él. Todos los términos que usa la Biblia para describir la personalidad de Dios son cualidades igualmente esenciales de su naturaleza. Por tanto, en Él, la santidad y el amor, la justicia y la bondad no se hallan en oposición mutua.

La Biblia, tanto en el Antiguo Testamento como en el Nuevo, revela a Dios como un Dios de una santidad absoluta (Levítico 11:45; 19:2; Josué 24:19; Isaías 6:3; Lucas 1:49) y una justicia recta (Salmo 119:142; Oseas 2:19; Juan 17:25; Apocalipsis 16:5). Ni puede ni quiere tolerar o justificar la falta de santidad o de justicia (Habacuc 1:13). Podemos ver esto en el castigo de Adán y Eva; en la destrucción de la humanidad en el diluvio; en su orden a Israel de que extermine a los cananeos, cuya iniquidad ya había "llegado a su colmo" (Génesis 15:16); en los castigos a su propio pueblo escogido; en el juicio final que sufrirán todos los que hayan rechazado a su Hijo; y, lo más importante de todo, en la cruz.

No obstante, al mismo tiempo, las Escrituras muestran que por un tiempo, Dios estuvo dispuesto a pasar por alto la ignorancia de la humanidad en cuanto a la adoración de ídolos, aunque ahora, Él les ordene a todos los pueblos y en todos los lugares, que se arrepientan (Hechos 17:29–30). En las generaciones del pasado, Él "ha dejado a todas las gentes andar en sus propios caminos" (Hechos 14:16), aunque ahora quiere que "se conviertan de estas vanidades" (14:15). Pablo dice que en la cruz, Dios trató de demostrar su justicia, "a causa de haber pasado por alto, en su paciencia, los pecados pasados" (Romanos 3:25). Durante cuatrocientos años, soportó la vulgar iniquidad de los amorreos (Génesis 15:13), aunque finalmente, su castigo cayó con un poder irresistible. El Señor no "justificará al impío" (Éxodo 23:7) "ni tomará cohecho" (Deuteronomio 10:17). Él "juzgará al mundo con justicia, y a los pueblos con rectitud" (Salmo 98:9). En Proverbios 17:15 dice: "El que justifica al impío, y el que condena al justo, ambos son igualmente abominación a Jehová." Los que ponen a prueba la paciencia de Dios "atesoran ... ira para el día de la ira y de la revelación del justo juicio de Dios" (Romanos 2:5).

Los intentos por debilitar el significado de estas palabras que describen a Dios y sus acciones, quizá tratando de verlas como expresiones exageradas del disgusto de Dios ante la desobediencia de los humanos, conducen al absurdo semántico. Porque, si nos negamos a comprenderlas en toda su fuerza, ¿qué podremos decir acerca de los términos que describen su amor y su gracia? Debilitar a un grupo de términos es debilitar al otro. La cruz y todo lo que ella significa sólo pueden tener sentido en vista de un Dios justo y santo que exige el castigo. Si esto no fuera así, entonces la agonía de Cristo en Getsemaní y su terrible muerte se convertirían simplemente en escenas de una representación teatral. Además, esto sería una burla contra un Dios amoroso. Si en realidad, Él no se siente tan airado con el pecado, como para exigir el castigo, entonces la cruz se convierte en el acto más carente de amor que se haya visto jamás.

La bondad, la misericordia y la gracia de Dios

La Biblia nos muestra que debemos tomar en consideración que la naturaleza divina es santa y justa cuando pensamos en su mensaje de salvación. Con todo, de igual manera revela que la naturaleza de Dios es buena en su esencia misma. El Antiguo Testamento afirma continuamente que el Señor es bueno (heb. *tob*) y que sólo hace cosas buenas. El salmista nos invita a gustar, y ver "que es bueno Jehová" (Salmo 34:8). Declara: "Jehová es bueno" (100:5) y le dice al Señor: "Bueno eres tú, y bienhechor" (119:68). Un escritor afirma: "La palabra 'bueno' es el término más amplio que se puede utilizar cuando se elogia la alta calidad de algo." Aplicado a Dios, declara implícitamente la perfección absoluta de esta característica en Él. No hay nada en Él que no haga "no-bueno". Por consiguiente, la actividad redentora de Dios es expresión de su bondad, y es evidente cuando la Biblia dice que Él no quiere (gr. *búlomai*) "que ninguno perezca, sino que todos procedan al arrepentimiento" (2 Pedro 3:9).

La bondad de Dios que lo movió a detener el castigo y salvar a la humanidad perdida encuentra expresión en varias ideas clave (aunque no sean las que aparecen más frecuentemente con relación a las características afectivas de Dios). La Biblia habla claramente de su paciencia, su mansedumbre y su indulgencia, que los escritores del Antiguo Testamento expresaron con mayor frecuencia utilizando la expresión "tardo para la ira". La palabra primaria del Nuevo Testamento sigue el esquema del hebreo. En 2 Pedro leemos: "El Señor ... es paciente [gr. *makrozyméi*] para con nosotros, no queriendo que ninguno perezca" (3:9). Pedro afirma más adelante: "La paciencia [gr. *makrozymía*] de nuestro Señor es para salvación" (2 Pedro 3:15). En Romanos 2:4, Pablo usa *anojé* (que significa "dominio de sí", "resistencia" o "paciencia") para advertir a los que juzgan a otros mientras ellos hacen las mismas cosas, contra la manifestación de menosprecio por "las riquezas de su benignidad, paciencia y longanimidad [de Dios]". En ciertos aspectos, la paciencia de Dios es reflejo de una razón reactiva, más que proactiva,[3] para proporcionarnos la salvación por medio de Cristo. No obstante, si no fuera por su longanimidad, ¿habría alguien salvo?

La Biblia revela la naturaleza salvadora de Dios en la descripción que hace de su misericordia. La misericordia no es tanto una cualidad como una acción. La paciencia no requiere acción; la misericordia sí, aunque debemos evitar el hallar algún tipo de dicotomía entre ambas. La idea esencial de la misericordia exige una situación en la cual el que la recibe no pueda reclamar mérito alguno para sí ante el misericordioso. Si hay méritos presentes, cesa la misericordia. No obstante, la posición superior del misericordioso no lo lleva a mirar con aires de superioridad. Al contrario: Dios se humilló a sí mismo y se convirtió en uno de nosotros, lo cual es la máxima expresión de la misericordia.

En el Antiguo Testamento hay cinco grupos importantes de palabras que se refieren a la misericordia, compasión o bondad de Dios. Cuando medita en lo que Dios ha hecho en el pasado por el pueblo del pacto, Isaías dice: "En su amor [heb. *ahavá*] y en su clemencia [heb. *jemlá*] los redimió" (63:9). David compara la compasión (heb. *rajem*) del Señor con la compasión de un padre (Salmo 103:13). El Salmo 116:5 dice: "Sí, misericordioso (heb. *rajem*) es nuestro Dios." El Nuevo Testamento usa sobre todo *éleos* y sus formas derivadas, que se encuentran mayormente en los escritos de Pablo (veintiséis veces) y en Lucas y Hechos (veinte veces). En los sinópticos aparece el verbo (gr. *eleéo*) sobre todo en las súplicas dirigidas a Jesús, el "hijo de David", pidiéndole misericordia (Mateo 9:27; Marcos 10:47), mientras que en las epístolas la palabra se refiere principalmente a Dios, en cuanto muestra o no su misericordia (Romanos 9:15–18; 1 Pedro 2:10). La misericordia es tanto humana (Mateo 23:23; Santiago 3:17) como divina (Romanos 15:9; Hebreos 4:16; 1 Pedro 1:3).

Hay cuatro pasajes del Nuevo Testamento que reúnen la misericordia con la salvación, y que merecen una atención especial. El primero es Lucas 1, el gran capítulo que sirve de introducción a la redención definitiva de Dios, donde la palabra "misericordia" aparece cinco veces (vv. 50, 54, 58, 72, 78). En el Magníficat, María se regocija en Dios porque "ha mirado la bajeza de su sierva" (v. 48), pero incluye a todos "los que le temen" (v. 50) y a "Israel su siervo" (v. 54) en la misericordia de Dios. La inspirada profecía de Zacarías muestra de manera especial la conexión entre la misericordia y la salvación. En la primera estrofa hace resaltar una salvación al estilo del Éxodo "para hacer misericordia con nuestros padres" (v. 72). Con todo, en la segunda estrofa canta sobre el hecho de que llegue el "conocimiento de salvación a su pueblo, para perdón de sus pecados, por la entrañable misericordia de nuestro Dios" (vv. 77–78).

El segundo es Romanos 11:28–32. Al concluir su explicación acerca del lugar de Israel dentro del plan de Dios, Pablo se refiere al derramamiento de la misericordia de Dios sobre los gentiles que antes vivían en desobediencia, a fin de que los israelitas, ahora desobedientes, puedan recibir misericordia. Afirma el apóstol que Dios ha aprisionado a la humanidad en general en la desobediencia, de manera que todos puedan ver que la salvación depende de su misericordia, y no de la identidad nacional.[2]

El tercero es Efesios 2:4–5, donde Pablo presenta la obra del amor, la misericordia y la gracia de Dios al salvarnos. Traducido de manera más literal, el texto griego diría: "Pero

Dios, siendo rico en misericordia, por causa de su gran amor con el que nos amó, [nos] hizo vivos con Cristo." La riqueza de su misericordia lo movió a salvar.

El cuarto texto se halla en Tito 3:4-5, donde Pablo une la misericordia con otras dos palabras llenas de ternura. Dios manifestó su bondad y su amor[4] cuando nos salvó, "no por obras de justicia que nosotros hubiéramos hecho, sino por su misericordia". La parábola del siervo inmisericorde en Mateo 18:23-24 sirve de ilustración a las enseñanzas del Nuevo Testamento con respecto a la misericordia de Dios. Aunque el primer siervo tenía una deuda que era imposible pagar, el amo no trató de actuar sin clemencia y hacérsela pagar. Al contrario; lo perdonó bondadosamente. En Cristo, Dios ha hecho esto mismo por nosotros.

Otra forma en la que Dios manifiesta su bondad es en la gracia salvadora. Las palabras que reflejan la idea de "gracia", y que el Antiguo Testamento usa con mayor frecuencia, son *janán*, "mostrar favor", o "ser clemente", y sus formas derivadas (especialmente *jen*), y *jesed*, "bondad amorosa y fiel", o "amor que no falla". La primera se suele referir al acto de mostrar favor, redimiéndolo a uno de sus enemigos (2 Reyes 13:23; Salmo 6:2, 7) o en las súplicas para lograr el perdón de pecados (Salmos 41:4; 51:1). Isaías dice que el Señor anhela ser misericordioso con su pueblo (Isaías 30:18), pero no es la salvación personal la que se está teniendo en cuenta en ninguna de estas situaciones. El sustantivo *jen* aparece principalmente en la frase "hallar gracia en los ojos de alguien" (de los hombres: Génesis 30:27; 1 Samuel 20:29; de Dios: Éxodo 34:9; 2 Samuel 15:25). *Jesed* contiene siempre un elemento de lealtad a pactos y promesas expresado espontáneamente en actos de misericordia y de amor. En el Antiguo Testamento lo que se trata de realzar es el favor mostrado al pueblo del pacto, aunque también se incluye a las naciones.

En el Nuevo Testamento, la palabra "gracia" como el don no merecido por el cual reciben la salvación las personas, aparece principalmente en los escritos de Pablo. Es "un concepto central que expresa de la manera más clara su comprensión de que el acontecimiento de la salvación ... manifiesta una gracia inmerecida. El elemento de la libertad ... es constitutivo". Pablo insiste en la actuación de Dios; no en su naturaleza. "No habla del Dios de la gracia; habla de la gracia que se manifiesta en la cruz de Cristo."[3] En Efesios 1:7, Pablo dice: "En quien tenemos redención por su sangre, el perdón de pecados según las riquezas de su gracia", porque "por gracia sois salvos" (Efesios 2:5, 8).

El amor de Dios

Sin rebajar por eso su paciencia, misericordia y gracia, lo más frecuente es que la Biblia asocie el deseo de salvarnos que tiene Dios con su amor. El Antiguo Testamento se centra primordialmente en el amor del pacto, como en Deuteronomio 7:7-8, 12-13:

> No por ser vosotros más que todos los pueblos os ha querido [heb. *jashaq*] Jehová y os ha escogido, pues vosotros erais el más insignificante de todos los pueblos; sino por cuanto Jehová os amó [heb. *ahab*], y quiso guardar el juramento que juró a vuestros padres, os ha sacado Jehová con mano poderosa, y os ha rescatado de servidumbre, de la mano de Faraón rey de Egipto ... Y por haber oído estos decretos, y haberlos guardado y puesto por obra, Jehová tu Dios guardará contigo el pacto y la misericordia [heb. *jesed*] que juró a tus padres. Y te amará [heb. *ahab*], te bendecirá y te multiplicará, y bendecirá.

En un capítulo que trata de la redención del pacto, el Señor dice: "Con amor [heb. *ahabá*] eterno te he amado [heb. *ahab*]; por tanto, te prolongué mi misericordia [heb. *jesed*]" (Jeremías 31:3). A pesar de las caídas y la idolatría de Israel, Dios lo amaba con un amor perdurable.

El Nuevo Testamento usa las palabras *agapáo* y *agápe* para referirse al amor salvador de Dios. En el griego prebíblico, estas palabras tenían poco poder o fuerza. Sin embargo, en el Nuevo Testamento se hacen evidentes su poder y calor. "Dios es *agápe*" (1 Juan 4:16); por eso "ha dado a su Hijo unigénito" (Juan 3:16) para salvar a la humanidad. Dios ha demostrado su amor inmerecido en que, "siendo aún pecadores, Cristo murió por nosotros" (Romanos 5:8). El Nuevo Testamento da amplio testimonio sobre el hecho de que el amor de Dios lo llevó a salvar a la humanidad perdida. Por consiguiente, estos cuatro atributos de Dios — su paciencia, misericordia, gracia y amor — demuestran su bondad al proporcionar lo necesario para nuestra redención.

Si bien la Biblia enseña que la bondad de Dios lo movió a salvar a la humanidad perdida, también enseña que nada externo a Él lo impulsó a hacerlo. La redención encuentra su fuente en el amor y la voluntad libres y sin ataduras de Dios. En Deuteronomio 7:7–8, Moisés indica esto mismo cuando dice que el Señor no escogió a los israelitas por ser quienes eran, sino porque los amaba y era fiel a su promesa. La personalidad misma de Dios (esto es, su amor y su fidelidad) quedó expresada en su decisión de escogerlos y redimirlos, aun a pesar de que eran duros de cerviz (Deuteronomio 9:6; 10:16).

En Gálatas 1:4, Pablo dice que Cristo "se dio a sí mismo por nuestros pecados para librarnos del presente siglo malo, conforme a la voluntad de nuestro Dios y Padre". En el día de Pentecostés, Pedro predicó que Jesús había sido entregado a la muerte "por el determinado consejo y anticipado conocimiento de Dios" (Hechos 2:23). Aunque no debemos limitar el poder infinitamente impulsor del amor divino, por otra parte tampoco debemos limitar su soberanía.

El Nuevo Testamento los mantiene a ambos, al no ofrecer una teoría sobre la Expiación, aunque sí proporcione "varias indicaciones sobre el principio sobre el cual se ha realizado la expiación". A pesar del enfoque no teórico del Nuevo Testamento, a lo largo de los años los teólogos de la Iglesia han elaborado varias teorías. Tal como sucede con frecuencia cuando existen varias teorías para explicar una verdad bíblica, es posible que cada una de ellas contenga una porción de esa verdad.

LAS TEORÍAS SOBRE LA EXPIACIÓN

La teoría de la influencia moral

Generalmente se atribuye esta teoría de la influencia moral (llamada también la teoría del amor de Dios, o ejemplarismo) a Pedro Abelardo. Al insistir en el amor de Dios, rechaza toda idea de que en Dios hubiese algo que estuviese exigiendo satisfacción. Dios no exigió un pago por el pecado, sino que perdonó bondadosamente. En la Encarnación y en la cruz vemos una demostración del desbordante amor de Dios. Esta visión nos mueve a gratitud y amor y, por tanto, incita al arrepentimiento, la fe y el anhelo de transformar nuestra conducta. La teoría de la influencia moral no ve ningún propósito o efecto expiatorio en la cruz.

No debemos rechazar esta teoría sin más. Contiene verdades. ¿Acaso no nos inspiran los ejemplos de valentía y de bondad para cambiar, y volvernos valientes y bondadosos? No es posible mirar a la cruz sin sentirse inspirado. Cada vez que cantamos uno de los numerosos himnos tan conocidos sobre la cruz de Jesús, le damos expresión a esta teoría.

No obstante, aunque la teoría insista de manera correcta en el amor de Dios, es lamentablemente inadecuada para explicar todo cuanto afirma la Biblia sobre la razón de que hubiera una cruz. No toma en consideración plena la santidad y la justicia de Dios, ni tampoco las afirmaciones bíblicas acerca de que la muerte de Cristo realizó una obra de expiación, sino de propiciación (Romanos 3:25–26; Hebreos 2:17; 1 Juan 2:2). Además, no demuestra que una simple agitación de las emociones conduzca al arrepentimiento. No da una explicación satisfactoria de la forma en que llegaron a ser salvos los santos del Antiguo Testamento. Alister McGrath dice: "Quizá una de las dificultades más serias ... sea la total ambigüedad de la cruz. Si lo único que podemos aprender en la cruz es que Dios nos ama, ¿por qué tuvo Él que ir revelándolo de una manera tan ambigua?" Si Cristo no hizo en la cruz otra cosa más que influir sobre nosotros, entonces su muerte sólo es una representación para lograr un efecto. La Biblia afirma mucho más que eso.

La teoría del rescate

La teoría que pone su énfasis en la victoria de Cristo sobre Satanás recibe algunas veces el nombre de "teoría del rescate", o del rescate del diablo, o teoría dramática. Debido a nuestro pecado, estamos bajo el dominio de Satanás. Sin embargo, porque Dios nos ama, le ofreció su Hijo al diablo como precio de rescate para que quedásemos libres. El maligno estuvo más que dispuesto a realizar el intercambio, pero no sabía que él no podía mantener a Cristo en el Hades, y con la resurrección perdió tanto el rescate como sus prisioneros originales. Que esta transacción enredara a Dios en el engaño, puesto que Él conocía con seguridad el desenlace, no les preocupaba a los padres de la Iglesia. Para ellos, todo lo que significaba era que Dios era más sabio y más fuerte que Satanás. La humanidad de Jesús era el cebo que escondía el anzuelo de su divinidad, y el diablo lo tomó. El error fue suyo, no de Dios.

Después de Anselmo, este punto de vista desapareció, pero en los años recientes, un teólogo sueco, Gustaf Aulen (1879–1978), revivió los aspectos positivos de la teoría en su obra clásica *Christus Victor*. Él insiste en la verdad bíblica de que, ciertamente, la muerte de Cristo derrotó al diablo (Hebreos 2:14; Colosenses 2:15; Apocalipsis 5:5). La muerte y el infierno han sido vencidos (1 Corintios 15:54–57; Apocalipsis 1:18). La simiente de la mujer le ha aplastado la cabeza a la serpiente (Génesis 3:15). Ver la Expiación como la victoria sobre todas las fuerzas del mal debe constituir siempre una parte vital de nuestra proclamación victoriosa del evangelio. No debemos descartar esa verdad, aunque sí rechazar la idea de que Dios haya engañado astutamente a Satanás para conducirlo a la derrota.

La teoría de la satisfacción

Anselmo (1033–1109) propuso una teoría que le dio forma a casi todo el pensamiento católico y protestante sobre el tema hasta el día de hoy. Dirigido en parte a los judíos de sus tiempos, que negaban la verdad de la Encarnación, escribió su tratado *Cur Deus Homo (Por qué Dios se hizo hombre)*. En él ofrecía una de las primeras teorías bien pensadas sobre la Expiación; la que suele recibir el nombre de "teoría de la satisfacción". Él decía que al pecar, los humanos insultan el honor del Dios infinito y soberano. El insulto a un soberano no puede pasar sin castigo, y exige una satisfacción.[2] Ahora bien, ¿cómo podíamos nosotros lograr esto, si el Dios soberano es al mismo tiempo infinito? A la vez, el amor de Dios clama a favor del pecador. ¿Cómo encontró su solución este evidente conflicto dentro de Dios? Nosotros cometemos el pecado y, por tanto, debemos dar una satisfacción. Sin embargo, puesto que sólo Dios puede hacerlo, y sólo nosotros debemos hacerlo, sólo un Dios-hombre podía satisfacer el insulto al honor de Dios, y pagar el precio infinito del perdón.

La teoría de la satisfacción tiene mucho de qué elogiarla. Se centra en lo que exige Dios en la Expiación, y no en Satanás. Toma un punto de vista mucho más profundo en cuanto a la seriedad del pecado, que las teorías de la influencia moral y del rescate. Propone una teoría de la satisfacción, una idea que constituye una explicación más adecuada de los materiales bíblicos.

No obstante, la teoría de la satisfacción también tiene puntos débiles. Dios se convierte en un señor feudal cuyos vasallos lo han deshonrado gravemente, y no puede permitir que su acción quede sin castigo, para poder conservar su posición. Sin embargo, lo que Anselmo no supo tener en cuenta es la posibilidad de que un soberano pueda ser misericordioso sin poner en peligro su posición de superioridad. La teoría parece insinuar la existencia de un verdadero conflicto entre los atributos de Dios, la aceptación del cual no permite la Biblia. Además, también toma una dimensión cuantitativa: puesto que los pecados son virtualmente infinitos en su número, e infinitos en su naturaleza, porque van en contra de un Dios infinito, el sacrificio también debe ser cuantitativa y cualitativamente infinito. Aunque no se debe rechazar por completo esta explicación, la Biblia no insiste en una transacción comercial, sino en la actuación de un Dios lleno de amor y de gracia. No somos simples observadores que reciben los beneficios indirectos de una transacción que tiene lugar entre Dios y su Hijo. Somos la razón de ser de todo ello. Aunque la teoría de Anselmo tenga sus puntos débiles, éstos no invalidan la verdad subyacente; esto es, que se trata de una expiación que da una satisfacción.

La teoría del gobierno

La teoría del gobierno debe su origen a Hugo Grotius (1583–1645), jurista, hombre de estado y teólogo holandés. Este veía a Dios como el Legislador que al mismo tiempo promulga y sostiene la ley en el universo. La ley es consecuencia de la voluntad de Dios, y Él tiene la libertad de "alterarla, o incluso abrogarla." La ley declara de manera inequívoca: "El alma que pecare, morirá." La justicia más estricta exige la muerte eterna de los pecadores.

¿De qué manera pudo mantener Dios el respeto por la ley, y al mismo tiempo mostrar clemencia hacia los pecadores? Limitarse a perdonarlos, como habría podido hacer, sería contrario al mantenimiento de la ley. Por eso lo hizo, no a base de apaciguar un principio de ira judicial en su naturaleza, sino a base de presentar la muerte de Cristo como "ejemplo público de la profundidad del pecado y de lo que Dios está dispuesto a hacer para mantener el orden moral del universo". Los efectos de su muerte no tienen aplicación directa a nosotros, sino sólo de manera secundaria, en que Cristo no murió en nuestro lugar, sino sólo por nuestro bien. El enfoque primordial no está en la salvación de los pecadores, sino en el mantenimiento de la ley. En la cruz, Dios mostró que Él es capaz de abominar el quebrantamiento de la ley, al mismo tiempo que mantiene esa ley y perdona al que la ha quebrantado.

Aunque la teoría del gobierno contiene parte de verdad en el hecho de que "el castigo impuesto a Cristo es también instrumental en cuanto a asegurar los intereses del gobierno divino", no expresa el núcleo de la enseñanza bíblica, y en esto encontramos la principal objeción. Les presta un mal servicio a los numerosos pasajes de las Escrituras que, tomados en su valor más inmediato, indican la presencia del tema de la sustitución en la muerte de Cristo (por ejemplo, Mateo 20:28; 26:28; Juan 10:14–15; 2 Corintios 5:21; Efesios 5:25). La teoría no puede explicar la razón por la que se escogió a una persona sin pecado para demostrar el deseo de Dios en cuanto al mantenimiento de la ley. ¿Por qué no hacer morir al peor de todos los pecadores? ¿Por qué Cristo, y no Barrabás? Ciertamente, éste sería un ejemplo más claro de la profundidad con la que Dios sintió la necesidad de mostrar lo detestable que es para Él todo quebrantamiento de la ley. Además de esto, la teoría no tiene totalmente en consideración la depravación de la raza humana. Como la teoría de la influencia moral, da por supuesto que un simple ejemplo va a ser suficiente para hacernos llevar un estilo de vida respetuoso de la ley. Nada podría hallarse más lejos de la verdad bíblica.

La teoría de la sustitución penal

Reflejando el pensamiento básico de los reformadores, el movimiento evangélico afirma la idea de la sustitución penal para explicar el significado de la muerte de Cristo. Indica que Cristo sufrió en nuestro lugar todo el castigo del pecado que nos correspondía pagar a nosotros. Es decir, que su muerte fue vicaria, totalmente en el lugar de otros. Esto significa que no sufrió simplemente para beneficio o ventaja nuestra,

El Nuevo Testamento no usa nunca la expresión "sustitución penal", pero de todas las teorías diversas, ésta es la que parece representar de manera más adecuada las enseñanzas de la Biblia. Toma en serio la Biblia en sus descripciones de la santidad y la justicia de Dios, al hallar ésta expresión en su ira judicial. Toma totalmente en consideración lo que dice la Biblia acerca de nuestra depravación y la consiguiente incapacidad para salvarnos a nosotros mismos. Toma literalmente las declaraciones que dicen de manera tipológica (en el sistema de sacrificios), profética (en anuncios directos) e histórica (en el texto del Nuevo Testamento) que Cristo "ocupó nuestro lugar".

Debemos expresar cuidadosamente este concepto, puesto que no todos están de acuerdo con la teoría de la sustitución penal. Debemos responder algunas objeciones, como las que siguen.

1. Puesto que el pecado no es algo externo, ¿es posible transferirlo de una persona a otra? De hecho, realizar esto sería inmoral. No obstante, si no lo vemos como una transferencia mecánica de los pecados, sino como la identificación de Cristo con nosotros, miembros de una raza pecadora, la intensidad de la objeción queda disminuida. Excepto en el pecado, Cristo se hizo uno con nosotros. Entonces, ¿se podría decir también que es inmoral que Dios nos transfiera la justicia de Cristo? Además de esto, necesitamos entender que Dios mismo es el sacrificio. En Jesús, Dios asumió sobre sí la culpa y llevó el castigo.

2. La teoría de la sustitución penal insinúa la existencia de un conflicto dentro de la Deidad. Cristo se convierte en un Salvador amoroso que debe arrancar el perdón del puño cerrado de un Padre airado. La justicia de Dios queda situada por encima de su amor. Sin embargo, permanece el hecho de que las Escrituras excluyen con toda claridad esta objeción de doble punta. El Padre amaba tanto al mundo, que envió al Hijo. Juan dice: "En esto consiste el amor: no en que nosotros hayamos amado a Dios, sino en que él nos amó a nosotros, y envió a su Hijo en propiciación por nuestros pecados" (1 Juan 4:10). Juan 3:36 dice: "El que cree en el Hijo tiene vida eterna; pero el que rehúsa creer en el Hijo no verá la vida, sino que la ira de Dios está sobre él." El amor y la ira aparecen juntos en relación con la acción divina de enviar a Jesús. Ninguno de los dos está por encima del otro.

3. La teoría de la sustitución penal reduce al mínimo la gracia divina al insinuar que Él no habría estado dispuesto a perdonar y, de hecho, no habría podido hacerlo, a menos que se le hubiese apaciguado con un sacrificio. Aunque la objeción toca una verdad, falla en el hecho de que no reconoce que la obra expiatoria de Cristo es el perdón de Dios. En ella, Dios demuestra que Él *es* perdonador y que *sí* perdona. Los que le ponen objeciones a la teoría de la sustitución penal necesitan reconocer las consecuencias de una decisión así. ¿Quién lleva el castigo por el pecado; Cristo, o nosotros? No pueden ser ambas cosas al mismo tiempo. ¿Es el cristianismo una religión redentora? Si no lo es, ¿en qué consiste nuestra esperanza? Si lo es, queda implícito el concepto de sustitución.

LOS ASPECTOS DE LA OBRA SALVADORA DE CRISTO

El sacrificio

Aunque ya hemos cubierto algunas ideas, necesitamos mirar más de cerca varios aspectos de la obra salvadora de Cristo. Hay un conjunto de palabras bíblicas que la caracterizan. A nadie que lea las Escrituras con atención se le puede escapar el hecho de que el sacrificio se encuentra en el corazón mismo de la redención, tanto en el Antiguo Testamento como en el Nuevo. La imagen de un cordero o de un macho cabrío sacrificado como parte del drama redentor y salvador se remonta a la Pascua (Éxodo 12:1–13). Dios veía la sangre rociada y "pasaba" por encima de aquéllos a quienes protegía esa sangre. Cuando el creyente del Antiguo Testamento ponía las manos sobre el sacrificio, esto significaba más que una simple identificación (es decir, éste es "mi" sacrificio); se trataba de un sustituto en el sacrificio (es decir, sacrifico esto en mi lugar).

Aunque no debemos llevar demasiado lejos las comparaciones, este tipo de imágenes se transfiere claramente a la persona de Cristo en el Nuevo Testamento. Juan el Bautista lo presenta diciendo: "He aquí el Cordero de Dios, que quita el pecado del mundo" (Juan 1:29). En Hechos 8, Felipe les aplica la profecía de que el Siervo sería llevado "como cordero ... al matadero" (Isaías 53:7) al "evangelio de Jesús" (Hechos 8:35). Pablo llama a Cristo "nuestra pascua" (1 Corintios 5:7). Pedro dice que fuimos redimidos "con la sangre preciosa de Cristo, como de un cordero sin mancha y sin contaminación" (1 Pedro 1:19). Aun los que se hallaban en los cielos alababan y adoraban al León de la tribu de Judá como el Cordero inmolado (Apocalipsis 5). Aunque algunos retrocedan ante la "sangre y crueldad" asociadas con el sacrificio, quitarlo del medio equivaldría a arrancarle a la Biblia su corazón mismo.

Estrechamente relacionados con el concepto de sacrificio, se hallan los términos "propiciación" y "expiación", que intentan dar una respuesta a esta pregunta: ¿Qué efecto tiene el sacrificio de Cristo? En el Antiguo Testamento, estas palabras reflejan el grupo de vocablos de *kipper*, y en el Nuevo el de *hiláskomai*. Ambos grupos de vocablos tienen el significado general de "apaciguar", "pacificar" o "conciliar" (esto es, propiciar), y de "cubrir con un precio" o "expiar" (como para quitar el pecado o el delito de la presencia de uno; esto es, expiar). En algunas ocasiones, la decisión de escoger un significado sobre el otro, se relaciona más con una posición teológica, que con el significado básico de la palabra. Por ejemplo, se puede tomar una decisión teológica con respecto a lo que quiere decir la Biblia al hablar de la ira o el enojo de Dios. ¿Exige éste apaciguamiento?

Colin Brown se refiere a "un amplio segmento de los eruditos bíblicos que sostienen que el sacrificio en la Biblia tiene que ver con la expiación, más que con la propiciación". G. C. Berkouwer hace referencia a la afirmación de Adolph Harnack de que la ortodoxia le confiere a Dios el "horrible privilegio" de no estar en "la posición de perdonar por amor". Leon Morris expresa el consenso general de los evangélicos, al decir: "El punto de vista constante en la Biblia es que el pecado del hombre ha incurrido en la ira de Dios. Esa ira es alejada por la ofrenda expiatoria de Cristo. Desde este punto de vista, es correcto llamar 'propiciación' a su obra salvadora". Ni la Septuaginta, ni el Nuevo Testamento, vaciaron la fuerza de *hiláskomai* en cuanto a su significado de propiciación.

La Biblia se aparta de la crudeza asociada frecuentemente con la palabra en los rituales paganos. El Señor no es una deidad malévola y caprichosa cuya naturaleza permanece tan inescrutable, que uno nunca sabe cómo va a actuar. Con todo, su ira es real. Sin embargo, la Biblia enseña que Dios, en su amor, misericordia y fidelidad a sus promesas, proporcionó el medio para satisfacer su ira. En el caso de las enseñanzas del Nuevo Testamento, Dios no sólo proporcionó el medio; Él mismo se convirtió en ese medio. En 1 Juan 4:10 se dice: "En esto consiste el amor: no en que nosotros hayamos amado a Dios, sino en que él nos amó a nosotros, y envió a su Hijo en propiciación [gr. *hilasmós*] por nuestros pecados".

Todos los léxicos indican que *kipper* y *hiláskomai* significan "propiciar" y "expiar". La diferencia se encuentra en la manera en que consideremos su significado dentro de los materiales bíblicos que se relacionan con la expiación. Si aceptamos lo que dice la Biblia acerca de la ira de Dios, se nos presenta una solución posible. Podemos ver las palabras con un sentido vertical y otro horizontal. Cuando el contexto se centra en la Expiación con respecto a Dios, estas palabras hablan de propiciación. En cambio, hablan de expiación cuando el centro de atención está en nosotros y en nuestro pecado. No estamos escogiendo entre un significado y otro, sino aceptando ambos, con sus matices respectivos. El contexto histórico y literario determina el significado adecuado.

Puede surgir ahora una pregunta: Si Él llevó el castigo por nuestra culpa al tomar sobre sí la ira de Dios y cubrir nuestro pecado, ¿sufrió exactamente las mismas consecuencias y el mismo castigo en clase y grado, que aquéllos por los que murió habríamos sufrido de manera acumulativa? En primer lugar, Él era sólo uno; nosotros somos muchos. Como sucede con muchas preguntas así, no puede haber una respuesta definitiva. La Biblia no intenta darla. Sin embargo, necesitamos recordar que en la cruz no nos enfrentamos con un suceso mecánico ni con una transacción comercial. La obra de la salvación se mueve en un plano espiritual, y no existen respuestas ordenadas que den una explicación completa de ella.

En primer lugar, necesitamos tener presente que el sufrimiento, por su naturaleza misma, no está sujeto a cálculos matemáticos, ni es posible pesarlo en una balanza. En cierto sentido, sufrir la peor rotura de huesos posible en un brazo es sufrirlas todas. Morir con una muerte atormentadora y angustiosa es morir todas las muertes posibles. En segundo lugar, tenemos que recordar la personalidad y naturaleza de la persona que pasó por esos sufrimientos. Cristo era perfecto en su santidad y, por tanto no tenía sentido de culpa personal ni de remordimiento, como los tendríamos nosotros si supiésemos que estamos sufriendo justamente por nuestros pecados. Hay algo de heroico en la aguda represión que el ladrón le lanza desde su cruz a su compañero de crímenes: "¿Ni aún temes tú a Dios, estando en la misma condenación? Nosotros, a la verdad, justamente padecemos, porque recibimos lo que merecieron nuestros hechos; más éste ningún mal hizo" (Lucas 23:40-41). La perfección de Cristo no le quitó nada a sus sufrimientos, sino que, de hecho, los ha debido intensificar, puesto que Él sabía que eran inmerecidos. Su oración pidiendo "no beber la copa" no era fingida. Él conocía el sufrimiento que le esperaba. Ciertamente, que haya sufrido como Dios es algo importante con respecto a esta pregunta.

La reconciliación

A diferencia de otros términos bíblicos o teológicos, "reconciliación" aparece como parte de nuestro vocabulario corriente. Es un término tomado del ámbito social. Las relaciones rotas, de cualquier clase que sean, claman por una reconciliación. El Nuevo Testamento es claro en cuanto a su enseñanza de que la obra salvadora de Cristo es una obra reconciliadora. Por medio de su muerte, Él ha quitado todas las barreras entre Dios y nosotros. El grupo de vocablos que usa el Nuevo Testamento (gr. *allásso*) apenas aparece en la Septuaginta y es poco frecuente en el Nuevo Testamento, aun en un sentido religioso. El verbo base significa "cambiar" "hacer que cese una cosa y que otra tome su lugar". El Nuevo Testamento lo usa seis veces sin que se trate de una referencia a la doctrina de la reconciliación (por ejemplo, Hechos 6:14; 1 Corintios 15:51-52). Sólo Pablo utiliza este grupo de palabras con connotaciones religiosas. El verbo *katallásso* y el sustantivo *katallagué* presentan de manera adecuada la noción de "intercambiar" o "reconciliar", como se reconcilian los libros en la práctica de la contabilidad. En el Nuevo Testamento, la aplicación tiene que ver primordialmente con Dios y con nosotros. La obra reconciliadora de Cristo nos restaura al favor divino porque "se ha hecho balance de los libros".

Los principales pasajes pertinentes al respecto son Romanos 5:9–11 y 2 Corintios 5:16–21. En Romanos, Pablo hace resaltar la seguridad que podemos tener con respecto a nuestra salvación. En dos declaraciones que utilizan la expresión "mucho más", afirma que la obra de Cristo nos salvará de la ira de Dios (Romanos 5:9) y que, aun cuando éramos enemigos (Colosenses 1:21–22), su muerte nos reconcilió con Dios; por tanto, el hecho de que Él esté vivo asegura nuestra salvación (Romanos 5:10). Podemos regocijarnos en nuestra reconciliación con Dios por medio de Cristo (5:11). Si bien el centro de atención en Romanos se encuentra en lo que Dios hizo "por nosotros" en Cristo, en 2 Corintios se encuentra en Dios, como el iniciador de la reconciliación (véase Colosenses 1:19–20). El que seamos nuevas criaturas procede de Dios, "quien nos reconcilió consigo mismo por Cristo" (2 Corintios 5:18) y "estaba en Cristo reconciliando consigo al mundo" (5:19). Estos versículos hacen resaltar algo que podríamos llamar "reconciliación activa"; esto es, que para que se produzca la reconciliación, es el ofendido quien desempeña el papel principal. A menos que la persona ofendida se muestre dispuesta a recibir al ofensor, no se podrá producir la reconciliación.

Observemos la forma en que tiene lugar la reconciliación en las relaciones humanas, digamos entre los esposos. Si yo pecase contra mi esposa, de manera que se produjera un rompimiento en nuestras relaciones, aun cuando tomase la iniciativa y le pidiese ansiosamente una reconciliación — con chocolates, flores y súplicas de rodillas — sería ella la que me debería perdonar en su corazón para que se produjera la restauración. Sería necesario que ella tomase la iniciativa, porque su actitud sería el factor fundamental. A través de Cristo, Dios nos da la seguridad de que Él ha tomado esa iniciativa. Él ya ha perdonado. Ahora, nosotros debemos responder y aceptar el hecho de que Dios ha roto de arriba abajo el velo que nos separaba de Él, para caminar osadamente hasta su presencia perdonadora. Eso es lo que nos toca a nosotros: aceptar lo que Dios ha hecho por medio de Cristo. A menos que se produzcan ambas acciones, la reconciliación nunca tendrá lugar.

La redención

La Biblia usa también la metáfora del rescate o la redención para describir la obra salvadora de Cristo. Este tema aparece mucho más frecuentemente en el Antiguo Testamento, que en el Nuevo. Un gran número de usos del Antiguo Testamento se refieren a los ritos de "redención" en relación con las personas o la propiedad (véanse Levítico 25; 27; Rut 3–4, que usan el término hebreo *ga'al*). El "pariente redentor" funciona como un go'el. *Yahwé* mismo es el Redentor (heb. *go'el*) de su pueblo (Isaías 41:14; 43:14), y ellos son los redimidos (heb. *gue'ulim*, Isaías 35:9; 62:12). El Señor hizo provisión para redimir (heb. *padhá*) a los varones primogénitos (Éxodo 13:13–15). Él ha redimido a Israel de Egipto (Éxodo 6:6; Deuteronomio 7:8; 13:5) y lo redimirá del exilio (Jeremías 31:11). En ocasiones, Dios redime a una sola persona (Salmos 49:15; 71:23) o alguien ora para pedirle a Dios que lo redima (Salmos 26:11; 69:18); no obstante, la obra redentora de Dios es primordialmente nacional en su alcance. En algunos lugares, la redención se relaciona claramente a asuntos morales. El Salmo 130:8 dice: "Y él redimirá a Israel de todos sus pecados." Isaías dice que sólo los "redimidos", los "rescatados", caminarán por la vía llamada "el Camino de Santidad" (35:8–10). Dice además que la "hija de Sión" será llamada "Pueblo Santo, Redimidos de Jehová" (62:11–12).

En el Nuevo Testamento, Jesús es tanto el "Rescatador" como el "rescate"; los pecadores perdidos son los "rescatados". Él mismo declara que ha venido a "dar su vida en rescate [gr. *lutrón*] por muchos" (Mateo 20:28; Marcos 10:45). Se trataba de una "liberación [gr. *apolytrósis*], llevada a cabo por medio de la muerte de Cristo, de la ira retributiva de un Dios santo, y del castigo merecido por el pecado". Pablo une nuestra justificación y el perdón de los pecados con la redención provista por Cristo (Romanos 3:24; Colosenses 1:14, en ambos, *apolytrósis*). Dice que Cristo "nos ha sido hecho por Dios sabiduría, justificación, santificación y redención" (1 Corintios 1:30). Dice también que Cristo "se dio a sí mismo en rescate [gr. *antílytron*] por todos" (1 Timoteo 2:6). El Nuevo Testamento indica claramente que la redención que Él nos proporcionó fue por medio de su sangre (Efesios 1:7; Hebreos 9:12; 1 Pedro 1:18–19; Apocalipsis 5:9), porque la sangre de los toros y machos cabríos no podía quitar los pecados (Hebreos 10:4). Cristo nos compró (1 Corintios 6:20; 7:23; gr. *agorádzo*) de vuelta para Dios, y el precio de compra fue su sangre (Apocalipsis 5:9).

Puesto que las palabras indican una liberación de un estado de esclavitud mediante el pago de un precio, ¿de qué se nos ha liberado? La contemplación de estas cosas debe ser motivo de gran gozo. Cristo nos ha librado del justo castigo divino que merecíamos justamente, debido a nuestros pecados (Romanos 3:24–25). Él nos ha redimido de las inevitables consecuencias del quebrantamiento de la ley de Dios, que nos sujetó a la ira divina. Aun cuando no hagamos todo lo que exige la ley, ya no estamos sujetos a la maldición. Cristo la tomó sobre sí mismo (Gálatas 3:10–13). Su redención nos consiguió el perdón de los pecados (Efesios 1:7) y nos liberó de ellos (Hebreos 9:15). Al entregarse por nosotros, nos redimió "de toda iniquidad [gr. *anomía*]" (Tito 2:14), pero no para usar nuestra "libertad como ocasión para la carne" (Gálatas 5:13) o "como pretexto para hacer lo malo" (1 Pedro 2:16). (*Anomía* es la misma palabra que Pablo usa en 2 Tesalonicenses 2:3 para referirse al "hijo de perdición"). El propósito de Cristo al redimirnos es "purificar para sí un pueblo propio, celoso de buenas obras" (Tito 2:14).

Pedro dice: "Fuisteis rescatados de vuestra vana manera de vivir, la cual recibisteis de vuestros padres" (1 Pedro 1:18). No podemos estar seguros quiénes son esos "padres". ¿Está dirigiéndose a paganos, o a judíos? ¿O a ambos? Probablemente a ambos, puesto que el Nuevo Testamento consideraba vanas la manera de vivir de los paganos (Hechos 14:15; Romanos 1:21; Efesios 4:17) y también veía una cierta vaciedad en las prácticas externas de la religión judía (Hechos 15:10; Gálatas 2:16; 5:1; Hebreos 9:10, 25–26; 10:3–4). También habrá una redención definitiva del gemir y la angustia de esta era presente, cuando tenga lugar la resurrección y veamos las consecuencias de nuestra adopción como hijos de Dios por medio de la obra redentora de Cristo (Romanos 8:22–23).

Los evangélicos creemos que el Nuevo Testamento enseña que Cristo pagó en su totalidad el precio del rescate para liberarnos. Su obra de expiación es "la" expiación objetiva, cuyos beneficios, cuando se nos aplican, no nos deja nada que añadir. Es una obra definitiva y no es posible repetirla. Es una obra única, y nunca será posible imitarla o compartirla.

Si esto es así, ¿cómo explicar entonces Colosenses 1:24? Allí dice Pablo: "Ahora me gozo en lo que padezco [gr. *pazémasi*] por vosotros, y cumplo en mi carne lo que falta de las aflicciones de Cristo [gr. *tá hysterémata tón zlípseon tú Jristú*] por su cuerpo, que es la iglesia". Pablo parece estar diciendo que hay alguna deficiencia en el sacrificio expiatorio de Cristo. Por supuesto, un solo versículo no puede afectar todo lo que afirma el Nuevo Testamento sobre la obra exclusiva y definitiva de Cristo. Es imposible suponer que Pablo tratara de decir de manera alguna que la obra de Cristo no había sido suficiente (véase Colosenses 2:11–15). Ahora bien, ¿qué quiso decir? La palabra que nosotros traducimos como "aflicciones" (gr. *zlípseon*, plural de *zlípsis*, del verbo *zlíbo*, "oprimir", "apretar", "afligir") se refiere a las cargas ordinarias de la vida en un mundo caído, y no a los sufrimientos expiatorios de Cristo. El Nuevo Testamento escoge *pásjo* o *pázema* para referirse a esta idea (véanse Hechos 17:3; Hebreos 13:12; 1 Pedro 2:21, 23). El fondo sobre el cual se produce esta declaración de Pablo es el principio de nuestra unión con Cristo. Esta unión, por su naturaleza misma, implica sufrimiento. Jesús dijo: "Seréis aborrecidos de todos por causa de mi nombre" (Marcos 13:13). En Hechos 9:4, dice: "Saulo, Saulo, ¿por qué me persigues?" (Véanse también Mateo 10:25; Juan 15:18–21; Hechos 9:4–5; Romanos 6:6; 8:17; 2 Corintios 1:10; 4:10; Filipenses 3:10; etc.). Perseguir a la Iglesia es perseguir a Jesús; de esta manera, Él entra en las aflicciones experimentadas por la Iglesia. Con todo, Pablo no está solo en cuanto a "cumplir lo que falta de las aflicciones de Cristo". La Iglesia entera, en solidaridad mutua y en unión con su Cabeza, las comparte. En cuanto a Cristo, sus "sufrimientos personales han terminado, pero sus sufrimientos en los suyos continúan".

EL ALCANCE DE LA OBRA EXPIATORIA DE CRISTO

Hay una importante diferencia de opinión entre los cristianos con respecto al alcance de la obra expiatoria de Cristo. ¿Por quién murió? En su conjunto, los evangélicos han rechazados la doctrina del universalismo universal (es decir, que el amor divino no permitirá que ningún ser humano, y quizá tampoco el diablo y los ángeles caídos, permanezcan separados de Él para siempre). El universalismo propone que la obra salvadora de Cristo abarcó absolutamente a todos. Además de los pasajes que hablan de la naturaleza de amor y misericordia infinitos de Dios, el versículo clave del universalismo en Hechos 3:21, donde Pedro dice que Jesús debe permanecer en el cielo "hasta los tiempos de la restauración de todas las cosas". Algunos toman la expresión griega *apokatastáseos pánton* ("restauración de todas las cosas") como poseedora de una intención absoluta, en lugar de limitarla a "todas las cosas de que habló Dios por boca de sus santos profetas". Aunque es cierto que las Escrituras se refieren a una restauración futura (Romanos 8:18–25; 1 Corintios 15:24–26; 2 Pedro 3:13), a la luz de todas las enseñanzas de la Biblia sobre el destino eterno, tanto de los seres humanos como de los ángeles, no es posible utilizar este versículo para apoyar el universalismo. Hacerlo equivaldría a violentar exegéticamente lo que la Biblia afirma a este respecto.

Entre los evangélicos, la diferencia estriba en la decisión entre el particularismo, o expiación limitada (esto es, que Cristo sólo murió por aquéllos a quienes Dios ha elegido soberanamente), y el universalismo condicionado, o expiación ilimitada (es decir, que Cristo murió por todos, pero su obra salvadora se hace eficaz solamente en aquéllos que se arrepienten y creen). El que exista una diferencia tan tajante de opiniones entre personas igualmente creyentes en la Biblia, y piadosas, debería servir para alejarnos de las dogmatizaciones extremas que hemos visto en el pasado, y vemos aún hoy. Atadas a una doctrina particular sobre la elección, ambos puntos de vista hallan su fundamento en la Biblia y en la lógica. Ambas están de acuerdo en que el problema no se halla en la aplicación. No todos serán salvos. Ambas están de acuerdo en que, directa o indirectamente, todos los humanos reciben beneficios de la obra expiatoria de Cristo. El punto de desacuerdo tiene que ver con el propósito divino. ¿Era éste hacer posible la salvación para todos, o sólo para los elegidos y, por tanto, asegurar y garantizar la salvación eterna de éstos?

Los particularistas toman los pasajes que dicen que Cristo murió por las ovejas (Juan 10:11, 15), por la Iglesia (Efesios 5:25; Hechos 20:28), o por "muchos" (Marcos 10:45). Citan también numerosos pasajes que, en el contexto, asocian claramente a los "creyentes" con la obra expiatoria de Cristo (Juan 17:9; Gálatas 1:4; 3:13; 2 Timoteo 1:9; Tito 2:3; 1 Pedro 2:24). Los particularistas alegan lo siguiente: (1) Si Cristo murió por todos, entonces Dios debe ser injusto si alguno perece por sus propios pecados, puesto que Cristo tomó sobre sí todo el castigo debido por los pecados de todos. Dios no podría exigir dos veces el pago de la misma deuda. (2) La doctrina de la expiación ilimitada conduce lógicamente al universalismo, porque si pensamos de otra forma, tenemos que poner en duda la eficacia de la obra de Cristo, que fue para "todos". (3) Una exégesis y una hermenéutica sólidas hacen evidente que el lenguaje universal no es siempre absoluto (véanse Lucas 2:1; Juan 12:32; Romanos 5:18; Colosenses 3:11).

Los que sostienen el universalismo condicionado alegan lo siguiente: (1) Es el único que le da sentido al ofrecimiento sincero del evangelio a todos los seres humanos. Los oponentes contestan que la autorización para predicar el evangelio a todos es la Gran Comisión. Puesto que la Biblia enseña la elección, y puesto que no sabemos quiénes son los elegidos (véase Hechos 18:10, "Yo tengo mucho pueblo en esta ciudad", es decir, en Corinto), les debemos predicar a todos. Ahora bien, ¿sería genuino el ofrecimiento de Dios cuando dice "Todo el que quiera", a sabiendas de que esto no es realmente posible? (2) Desde el principio de la Iglesia, hasta que surgió el calvinismo, el universalismo condicionado había sido la opinión mayoritaria. "Entre los reformadores, encontramos esta doctrina en Lutero, Melanchton, Bullinger, Latimer, Cranner, Coverdale, e incluso Calvino en algunos de sus comentarios. Por ejemplo, Calvino dice acerca de ... Marcos 14:24, 'que por muchos es derramada: Con la palabra "muchos", [Marcos] no define solamente a una parte de la humanidad, sino a toda la raza humana' ". (3) No es posible sostener la acusación de que, si fuese cierta una expiación ilimitada, Dios sería injusto, y de que el universalismo sería la conclusión lógica. Necesitamos tener en mente que nos es necesario creer para ser salvos, incluso a los elegidos. La aplicación de la obra de Cristo no es automática. El que una persona decida no creer, no significa que Cristo no haya muerto por ella, o que quede bajo sospecha la integridad personal de Dios.

Sin embargo, el punto culminante de la defensa es que no resulta fácil pasar por alto el evidente propósito de muchos pasajes universalistas. Millard Erickson dice: "La hipótesis de la expiación universal puede dar cuenta de un segmento más amplio del testimonio bíblico con menos distorsión que la hipótesis de la expiación limitada". Por ejemplo, en Hebreos 2:9 dice que, por la gracia de Dios, Jesús probó la muerte "por todos". Es bastante fácil alegar que el contexto (2:10–13) señala que el escritor no está hablando de todos en sentido absoluto, sino de los "muchos hijos" que Jesús lleva a la gloria. Sin embargo, una conclusión así extiende demasiado la credibilidad exegética. Además, en el contexto hay un sentido universal (2:5–8, 15). Cuando la Biblia dice que "de tal manera amó Dios al mundo" (Juan 3:16), o que Cristo es "el Cordero de Dios, que quita el pecado del mundo" (Juan 1:29), o que Él es "el Salvador del mundo" (1 Juan 4:14), es eso precisamente lo que quiere decir.

Ciertamente, la Biblia usa la palabra "mundo" en un sentido cualitativo, para referirse al sistema de maldad del mundo, dominado por Satanás. Sin embargo, Cristo no murió por un sistema; murió por las personas que forman parte de ese sistema. En ningún lugar del Nuevo Testamento, la palabra "mundo" se refiere a la Iglesia o a los elegidos. Pablo dice que Jesús "se dio a sí mismo en rescate por todos" (1 Timoteo 2:6) y que Dios "quiere que todos los hombres sean salvos" (1 Timoteo 2:4). En 1 Juan 2:1–2 tenemos una separación explícita entre los creyentes y el mundo, y una afirmación de que Jesucristo, el Justo, "es la propiciación" (v. 2) por ambos. H. C. Thiessen refleja el pensamiento del Sínodo de Dort (1618–1619) al decir: "Llegamos a la conclusión de que la expiación es ilimitada en el sentido de que se halla a disposición de todos; es limitada en que sólo es eficaz para aquéllos que crean. Está a la disposición de todos, pero sólo es eficaz para los elegidos".

EL ORDEN DE LA SALVACIÓN

A causa de su bondad y justicia infinitas, Dios envió su Hijo unigénito a la cruz para que llevase sobre sí todo el castigo del pecado, de manera que le fuese a Él posible perdonar gratuita y justamente a todos los que acudiesen a Él. ¿Cómo tiene lugar esto en la vida de una persona? El pensamiento de la aplicación de la obra de Cristo a nosotros nos lleva a la consideración de lo que ha sido llamado el *ordo salutis* ("orden de la salvación"), expresión que data de alrededor del año 1737, y es atribuida al teólogo luterano Jakob Karpov, aunque la idea es anterior a él. Parte de una pregunta: ¿Cuál es el orden lógico (no cronológico) en el que experimentamos el proceso de pasar de un estado de pecado a otro de salvación plena? La Biblia no indica orden alguno, aunque se puede hallar el embrión en Efesios 1:11–14 y en Romanos 8:28–30, donde Pablo menciona conocimiento previo, predestinación, llamado, justificación y glorificación, cada una de estas ideas apoyándose en la anterior.

El catolicismo romano ha relacionado este orden con los sacramentos; esto es, el bautismo, en el cual se experimenta la regeneración; la confirmación, en la que se recibe al Espíritu Santo; la eucaristía, una participación en la presencia física de Cristo; la penitencia, el perdón de los pecados, y la extrema unción, cuando se recibe seguridad de que se entrará en el reino eterno de Dios.

Entre los protestantes, la diferencia yace principalmente en los enfoques reformados y, en general, los wesleyanos. El punto de vista que alguien acepte se relaciona con su doctrina acerca de la depravación. ¿Significa ésta una incapacitación total que hace imprescindible una obra regeneradora del Espíritu Santo para que la persona pueda arrepentirse y creer, esto es, la posición reformada? Entonces, el orden sería elección, predestinación, conocimiento previo, llamado, regeneración, arrepentimiento, fe, justificación, adopción, santificación y glorificación. O bien, ¿significa que, puesto que aún seguimos llevando la imagen de Dios, incluso en nuestro estado caído, podemos responder al acercamiento de Dios en arrepentimiento y fe? Si es así, el orden sería conocimiento previo, elección, predestinación, llamado, arrepentimiento, fe, regeneración y lo demás. Las diferencias se encuentran en el orden de los tres primeros conceptos, esto es, los que se refieren a la actividad de Dios en la eternidad, y en la colocación de la regeneración dentro de este orden. El último de ambos es la posición que sostenemos en este capítulo.

La elección

Es evidente que la Biblia enseña acerca de una selección, una elección divina. El Antiguo Testamento dice que Dios escogió a Abraham (Nehemías 9:7), al pueblo de Israel (Deuteronomio 7:6; 14:2; Hechos 13:17), a David (1 Reyes 11:34), a Jerusalén (2 Reyes 23:27) y al Siervo (Isaías 42:1; 43:10). En el Nuevo Testamento, la elección divina se refiere a los ángeles (1 Timoteo 5:21), a Cristo (Mateo 12:18; 1 Pedro 2:4, 6), a un remanente de Israel (Romanos 11:5) y a los creyentes, es decir, a los elegidos, ya sea de manera individual (Romanos 16:13; 2 Juan 1:1, 13) o colectiva (Romanos 8:33; 1 Pedro 2:9). La iniciativa siempre es de Dios. Él no escogió a Israel debido a la grandeza de este pueblo (Deuteronomio 7:7). Jesús les dice a sus discípulos: "No me elegisteis vosotros a mí, sino que yo os elegí a vosotros" (Juan 15:16). Pablo hace evidente esto mismo en Romanos 9:6–24 al declarar que Dios sólo escogió a los descendientes de Isaac para que fuesen sus hijos (vv. 7–8), y que aún antes de que hubiesen nacido, ya había escogido a Jacob, y no a su gemelo Esaú, "para que el propósito de Dios conforme a la elección permaneciese" (v. 11).

Necesitamos tener en cuenta las cosas que Pablo destaca. Una de ellas es que ser hijo de Dios depende de la expresión soberana y gratuita de su misericordia, y no de nada que nosotros tengamos que hacer. Pablo pone de relieve una misericordia divina que incluye tanto judíos como gentiles (Romanos 9:24–26; 10:12). El calvinismo considera que este pasaje reafirma la doctrina de que Dios escogió arbitrariamente, sin tomar en consideración la respuesta o la participación de los seres humanos. Sin embargo, no es ésta la única posibilidad. Aun en esta sección entera (Romanos 9–11), aparecen evidencias de participación y responsabilidad (véase vv. 9:30–33; 10:3–6, 9–11, 13–14, 16; 11:20, 22–23). Pablo dice: "De quien quiere, tiene misericordia, y al que quiere endurecer, endurece" (9:18). También dice que Israel ha experimentado un "endurecimiento en parte" (11:25), pero el contexto parece relacionar esto con su desobediencia, obstinación e incredulidad (10:21; 11:20). Además de esto, Pablo afirma que la razón por la cual "Dios sujetó a todos en desobediencia" es "para tener misericordia de todos" (11:32). Por consiguiente, teniendo en cuenta todo lo que Pablo hace destacar, no nos sentimos obligados a llegar a una sola conclusión, esto es, a la de la elección incondicional.

En todo estudio sobre la elección, necesitamos comenzar siempre por Jesús. Se debe sospechar de toda conclusión teológica que no haga referencia al corazón y a las enseñanzas del Salvador. Su naturaleza refleja al Dios que elige, y en Jesús no hallamos particularismo alguno. En Él hallamos amor. Por consiguiente, es significativo que en cuatro lugares, Pablo una la idea del amor con la de la elección o la predestinación. "Conocemos, hermanos amados de Dios, vuestra elección [gr. *eklogén*]" (1 Tesalonicenses 1:4). "Como escogidos de Dios [gr. *cklektói*], santos y amados ..." (Colosenses 3:12); en este contexto, amados por Dios. "Según nos escogió [gr. *exeléxato*] en él antes de la fundación del mundo ... en amor habiéndonos predestinado para ser adoptados hijos suyos por medio de Jesucristo, según el puro afecto de su voluntad" (Efesios 1:4–5). Una traducción mejor para esta última frase sería: "según bien le plació [gr. *eydokía*] a su voluntad". Aunque el propósito divino no está ausente de esta palabra en griego, tiene también un sentido de calor que no es evidente en *zélo* o en *búlomai*. La forma verbal aparece en Mateo 3:17, cuando el Padre dice: "Éste es mi Hijo amado, en quien tengo complacencia [gr. *eydókesa*]."

Por último, Pablo dice: "Pero nosotros debemos dar siempre gracias a Dios respecto a vosotros, hermanos amados por el Señor, de que Dios os haya escogido [gr. *héileto*] desde el principio para salvación, mediante la santificación por el Espíritu y la fe en la verdad" (2 Tesalonicenses 2:13). El Dios que elige es el Dios que ama, y Él ama al mundo. ¿Puede mantenerse en pie la noción de un Dios que escoge arbitrariamente a algunos e ignora al resto, causando su condenación, bajo escrutinio alguno, a la luz de un Dios que ama al mundo?

En Jesús vemos también conocimiento del futuro. Él sabía que moriría en una cruz (Juan 12:32), y conocía algunos de los detalles de aquella muerte (Marcos 10:33–34). Sabía que Judas lo traicionaría (Juan 13:18–27) y que Pedro lo negaría (Marcos 14:29–31). Sin embargo, ciertamente no podemos considerar causativo este conocimiento del futuro. Después de la curación del hombre cojo, Pedro dijo bondadosamente que los judíos de Jerusalén habían actuado con ignorancia al crucificar a Jesús, pero también dijo que la muerte de Cristo cumplía lo que había hablado Dios por medio de los profetas (Hechos 3:17–18). Dios no fue el *causante* de que ellos crucificaran a Jesús; seguían siendo culpables (Hechos 4:27–28).

¿Podríamos ver el conocimiento previo y la predestinación como los dos lados de una moneda? El lado superior, el conocimiento previo, mira arriba, hacia Dios, y refleja lo que Él sabe. Ahora bien, en relación con lo que nos corresponde en cuanto a ser salvos, la Biblia no da indicación alguna de *qué* es lo que Dios conocía de antemano. Sin embargo, si sostenemos una doctrina de omnisciencia absoluta, es seguro que su conocimiento previo podría incluir nuestro arrepentimiento y fe como respuesta a su acercamiento. Al afirmar esto, no hemos puesto en peligro el acto soberano de Dios, haciéndolo dependiente de algo que nosotros hagamos. Ahora bien, aunque la Biblia no dice *qué* sabía Dios de antemano, sí se refiere con claridad a *quién* (Romanos 8:29). La predestinación, el lado inferior de la moneda, mira hacia los seres humanos y muestra la realización soberana de la voluntad divina.

Se ha dicho además que "conocer de antemano" (gr. *proginósko*) es un verbo que sugiere algo más que el conocimiento mental. Tanto el Antiguo Testamento, como el Nuevo, utilizan la palabra "conocer" para referirse a la intimidad de relaciones entre esposo y esposa (Génesis 4:1; Lucas 1:34), y a un conocimiento que va más allá de los simples datos sobre alguien. Por medio de Amós, el Señor le dice a Israel: "A vosotros solamente he conocido" (3:2). Pablo dice: "A fin de conocerle" (Filipenses 3:10). Al dirigirse a los padres, Juan dice que ellos conocen "al que es desde el principio" (1 Juan 2:13–14). Estos ejemplos señalan con toda certeza que "conocer" en la Biblia puede incluir el amor y la relación. Entonces, ¿podemos ver adecuadamente en el conocimiento previo que Dios tuvo de nosotros una expresión de su amor y su interés por nosotros? Además, Dios ama a todos en el mundo. Ciertamente, Él conoce de manera previa todos los pensamientos y acciones de todos los seres humanos. Sin embargo, cuando la Biblia se refiere a aquéllos que creen en su Hijo, aplica el conocimiento previo a ellos, y sólo a ellos. Es un Padre amoroso que le presenta la novia a su Hijo amado.

Aquéllos a quienes Dios conoció de antemano (Romanos 8:29; 1 Pedro 1:1), los eligió en Cristo (Efesios 1:4) y los predestinó "para que fuesen hechos conformes a la imagen de su Hijo" (Romanos 8:29) y "para alabanza de su gloria" (Efesios 1:11–12). En concordancia con su propósito amoroso y soberano, expresado en el hecho de no querer "que ninguno perezca, sino que todos procedan al arrepentimiento" (2 Pedro 3:9), Él llama a los humanos hacia sí (Isaías 55:1–8; Mateo 11:28). En el Antiguo Testamento, el llamado de Dios tenía que ver primordialmente con el pueblo de Israel, comenzando por Abraham, su antepasado. En el Nuevo Testamento, el llamado se hizo más universal e individualista, principalmente con un propósito salvador, aunque haga un énfasis distinto. Algunas veces, el llamado se refiere a (1) una exhortación a seguir a Jesús (Mateo 4:21; Marcos 2:14, 17; véase Lucas 18:22); (2) un llamado interno y activo hecho por Dios, cuando se refiere a los creyentes (Romanos 8:30; Efesios 4:1; 2 Timoteo 1:9); (3) una descripción de aquéllos que responden (es decir, ellos son los "llamados" [1 Corintios 1:24]); o (4) el propósito con el que Dios los ha llamado (esto es, ser "santos" [Romanos 1:7; 1 Corintios 1:2]).

Al concluir la parábola del banquete de bodas del rey (Mateo 22:1–14), Jesús afirma que "muchos son los llamados [gr. *kletói*], y pocos escogidos [gr. *ekletói*]" (v. 13), en un contexto que ciertamente se refiere al destino eterno. "Esto señala que, al menos desde el punto de vista de la respuesta humana, no se puede afirmar que el círculo de los llamados y el de los elegidos coincidan de manera necesaria." La misma palabra "llamado" implica la necesidad de una respuesta, y si respondemos a él, nos convertimos en elegidos de Dios. Si mantenemos a la vista de manera particular el propósito eterno de Dios (véase Efesios 1:4), mostramos que nos hallamos entre los elegidos.

Cuando Dios nos llama hacia sí para salvación, siempre se trata de un llamado de la gracia, cualquiera que sea la distinción que hagamos entre la gracia "preventiva" y la gracia "eficaz". ¿Podemos resistirnos a este bondadoso llamado? El calvinismo enseña que no podemos, porque las obras de Dios siempre logran sus fines. Su gracia es eficaz. Así como Dios llamó a la existencia a la creación de manera irresistible, también llama de manera irresistible a los seres humanos a la redención. Si aceptamos el *ordo salutis* que proponen los calvinistas, en el cual la regeneración sigue al llamado, pero precede al arrepentimiento y a la fe, entonces ciertamente, la gracia es irresistible. Ya hemos nacido de nuevo. En un caso así, la idea de resistirse pierde sentido por completo.

A pesar de esto, ¿se puede decir que la misma expresión "gracia irresistible" es técnicamente incorrecta? Parece ser una contradicción manifiesta, como "bondad cruel", porque la naturaleza misma de la gracia incluye el ofrecimiento de un regalo gratuito, y los regalos se pueden aceptar o rechazar. Esto es cierto, aun en el caso de que ofrezca el regalo un Soberano bondadoso y amante que no experimenta amenaza ni disminución en su soberanía si alguien rechaza su regalo. Esto es claramente evidente en el Antiguo Testamento. El Señor dice: "Extendí mis manos todo el día a un pueblo rebelde" (Isaías 65:2), y también: "Llamé, y no respondisteis; hablé, y no oísteis" (Isaías 65:12). Los profetas dijeron con claridad que la negación por parte del pueblo a recibir las expresiones de bondad de Dios no ponen en peligro su soberanía en lo más mínimo. Esteban arremete contra sus oyentes, diciendo: "¡Duros de cerviz, e incircuncisos de corazón y de oídos! Vosotros resistís siempre al Espíritu Santo; como vuestros padres, así también vosotros" (Hechos 7:51). Es obvio que Esteban estaba pensando en su resistencia ante ese Espíritu que trataba de acercarlos a Dios. El que algunos hayan creído más tarde (por ejemplo, Saulo de Tarso), no constituye evidencia a favor de la doctrina de la gracia irresistible.

Debemos añadir además que si no podemos resistir la gracia de Dios, entonces los no creyentes perecerán, no porque no quisieron responder, sino porque no pudieron. La gracia de Dios no sería eficaz para ellos. Entonces, Dios toma más el aspecto de un caprichoso soberano que juega con sus súbditos, que el de un Dios de amor y de gracia. Su "todo el que quiera" se convierte en un cruel juego en el que no tiene igual, puesto que Dios es el que lo juega. Sin embargo, el Dios y Padre de nuestro Señor Jesucristo no juega con nosotros. Cuando se extendieron los brazos de su Hijo a todo lo largo de la cruz, Él nos abrazó a todos, porque ama al mundo. Dios *es* amor, y la naturaleza misma del amor lleva implícito el que se le pueda resistir o rechazar. Por su naturaleza misma, el amor es vulnerable. No es hacer un mal servicio a su magnífica grandeza ni a su soberanía el creer que nosotros podemos rechazar su amor y gracia, que buscan genuinamente atraer a todos los humanos hacia sí. Lo cierto es exactamente lo opuesto. Un Dios cuyo amor anhela que todos vengan a Él, pero que no los obliga de manera irresistible a acercársele, y cuyo corazón se quebranta por su rechazo, tiene que ser un Dios de una grandeza mucho mayor de lo que podemos imaginar.

Sólo puede haber una respuesta adecuada a un amor tan grande: arrepentirse y creer. Por supuesto, nosotros no podemos realizar esas acciones sin que Dios nos capacite, pero tampoco se producen dentro de nosotros sin que nosotros estemos dispuestos. Debemos evitar las expresiones extremas, tanto del sinergismo, un "obrar juntos", como del monergismo, un "trabajar solos". El monergismo encuentra sus raíces en el agustinianismo, y afirma que la persona no puede hacer, ni hace nada que produzca en ella la salvación. La conversión es enteramente una obra que realiza Dios. Si un pecador decide arrepentirse y creer, sólo Dios es el agente activo. Si un pecador decide no arrepentirse ni creer, la culpa es totalmente suya.

Las formas extremas de sinergismo se remontan a Pelagio, quien negaba la depravación esencial de la raza humana. Sin embargo, en su expresión evangélica moderada, se remonta a Arminio, y, más importante aún, a Wesley. Ambos hicieron resaltar nuestra capacidad para decidir libremente, aun en asuntos que afecten a nuestro destino eterno. Somos depravados, pero aún los más depravados de nosotros no han perdido totalmente la imagen de Dios. Un evangélico sinergista afirma que sólo Dios salva, pero cree que las exhortaciones universales a arrepentirse y creer sólo tienen sentido si es cierto que podemos aceptar o rechazar la salvación. La salvación brota totalmente de la gracia de Dios, pero afirmar que esto es así no nos exige disminuir nuestra responsabilidad cuando se nos presenta el evangelio.

El arrepentimiento y la fe

El arrepentimiento y la fe constituyen los dos elementos esenciales de la conversión. Comprenden un apartarse de algo, esto es, el arrepentimiento, y un volverse hacia algo, esto es, la fe. Las palabras primarias del Antiguo Testamento con respecto a la idea de arrepentimiento son *shub*, "volverse", "regresar", y *najam*, "sentirlo", "consolar". *Shub* aparece más de cien veces con un sentido teológico, o bien de apartarse de Dios (1 Samuel 15:11; Jeremías 3:19), o de regresar a Dios (Jeremías 3:7; Oseas 6:1). También es posible apartarse del bien (Ezequiel 18:24, 26) o apartarse del mal (Isaías 59:20; Ezequiel 3:19), esto es, arrepentirse. El verbo *najam* tiene un aspecto emocional que no es evidente en *shub*, pero ambos contienen la idea del arrepentimiento.

El Nuevo Testamento usa *epistréfo* con el sentido de "volverse" hacia Dios (Hechos 15:19; 2 Corintios 3:16) y *metanoéo/metánoia* con la idea de "arrepentirse" (Hechos 2:38; 17:30; 20:21; Romanos 2:4). El Nuevo Testamento usa *metanéo* para expresar la fuerza de *shub*, indicando una insistencia en la mente y la voluntad. Sin embargo, también es cierto que en el Nuevo Testamento, *metánoia* va más allá de un cambio intelectual de opinión. Destaca el hecho de que toda la persona se da vuelta y tiene un cambio fundamental en sus actitudes básicas.

Aunque el arrepentimiento no salve en sí mismo, no se puede leer el Nuevo Testamento sin darse cuenta de lo mucho que insiste en él. Dios "manda a todos los hombres en todo lugar, que se arrepientan" (Hechos 17:30). El mensaje inicial de Juan el Bautista (Mateo 3:2), de Jesús (Mateo 4:17) y de los apóstoles (Hechos 2:38) era "¡Arrepentíos!". Todos deben arrepentirse, puesto que todos han pecado y están destituidos de la gloria de Dios (Romanos 3:23).

Aunque el arrepentimiento abarque las emociones y el intelecto, su componente primario es la voluntad. Sólo tenemos que pensar en dos Herodes. El Evangelio según San Marcos presenta el enigma de Herodes Antipas, un déspota inmoral que había echado en la cárcel a Juan por denunciar su matrimonio con la esposa de su hermano, mientras que al mismo tiempo "temía a Juan, sabiendo que era varón justo y santo, y le guardaba a salvo" (Marcos 6:20). Es evidente que Herodes creía en una resurrección (v. 16), de manera que tenía alguna profundidad teológica. Es difícil imaginarse que Juan no lo haya obligado a enfrentarse con la oportunidad de arrepentirse.

Pablo enfrentó a Herodes Agripa II con las creencias del propio rey en las declaraciones de los profetas sobre el Mesías, pero éste se negó a dejarse persuadir para convertirse en cristiano (Hechos 26:28). Se negó a arrepentirse, aun cuando no negase la verdad de lo que Pablo decía sobre él. Como el hijo pródigo, todos debemos decir: "*Me levantaré* e iré a mi padre" (Lucas 15:18). La conversión implica un "alejarse de algo", pero de igual manera implica un "volverse hacia algo". Aunque no debemos sugerir una dicotomía absoluta, porque es necesario confiar para moverse al arrepentimiento, la distinción no es inadecuada. Cuando creemos, cuando ponemos en Dios nuestra confianza, nos volvemos hacia Él.

A la cabeza de todas estas afirmaciones de la Biblia se encuentra ésta: "Y creyó [heb. '*amán*] [Abraham] a Jehová, y le fue contado por justicia" (Génesis 15:6). Moisés conectó la rebelión de Israel y su desobediencia a Dios con su falta de confianza en Él (Deuteronomio 9:23-24). La infidelidad de Israel (Jeremías 3:6-11) hace un fuerte contraste con la fidelidad de Dios (Deuteronomio 7:9; Salmo 89:1-8; Oseas 2:2, 5; véase Oseas 2:20). La fe supone confianza. Podemos "confiar" o "contar con" (heb. *bataj*) el Señor con toda firmeza. La persona que lo hace es bendecida (Jeremías 17:7). Nos regocijamos, porque ponemos nuestra confianza en su nombre (Salmo 33:21) y en su amor que nunca falla (Salmo 13:5). También podemos "buscar refugio" en Él (heb. *jasá*), una idea que afirma la fe (Salmo 18:30; véase también Isaías 57:13).

En el Nuevo Testamento, el verbo *pistéyo*, "creer, confiar", y el sustantivo *pístis*, "fe", aparecen unas 480 veces. Sólo unas cuantas veces refleja el sustantivo la idea de fidelidad del Antiguo Testamento (por ejemplo, Mateo 23:23; Romanos 3:3; Gálatas 5:22; Tito 2:10; Apocalipsis 13:10). Funciona más bien como un término técnico, usado casi exclusivamente para referirse a una confianza, obediencia y dependencia incondicionales con respecto a Dios (Romanos 4:24), a Cristo (Hechos 16:31), al evangelio (Marcos 1:15) o al nombre de Cristo (Juan 1:12). A partir de esto, es evidente en la Biblia que la fe no es "un salto en la oscuridad".

Somos salvos por gracia por medio de la fe (Efesios 2:8). La fe en el Hijo de Dios conduce a la vida eterna (Juan 3:16). Sin fe no podemos agradar a Dios (Hebreos 11:6). Por tanto, la fe es la actitud de confianza obediente y segura en Dios y en su fidelidad, que caracteriza a todo verdadero hijo de Dios. Es lo que nos da vida espiritual (Gálatas 2:20).

Podríamos alegar que la fe salvadora es un don de Dios a tal grado que la presencia de anhelos religiosos, incluso entre paganos, no tiene nada que ver, ni con la presencia de la fe, ni con su ejercicio. Sin embargo, la mayor parte de los evangélicos afirman que estos anhelos universalmente presentes constituyen una evidencia a favor de la existencia de un Dios al cual se dirigen. ¿Acaso carecen esos anhelos de realidad, o de validez en sí mismos y por sí mismos, fuera de la actividad divina directa?

Por supuesto, no podemos ejercitar la fe salvadora si Dios no capacita, pero, ¿enseña la Biblia que cuando yo creo, sólo le estoy devolviendo a Dios un regalo suyo? Para proteger la enseñanza bíblica sobre la salvación por gracia a través de la fe solamente, ¿necesitamos insistir en que la fe no es en realidad nuestra, sino de Dios? Algunos citan ciertos versículos como evidencias a favor de una opinión así. J. I. Packer dice: "De esta forma, Dios es el autor de toda fe salvadora (Efesios 2:8; Filipenses 1:29)." H. C. Thiessen afirma que "la fe tiene su lado divino y su lado humano", y sigue diciendo: "La fe es un don de Dios (Romanos 12:3; 2 Pedro 1:1), dado de manera soberana por el Espíritu de Dios (1 Corintios 12:9; véase Gálatas 5:22). Pablo habla de todo el aspecto de la salvación como don de Dios (Efesios 2:8), y es totalmente seguro que esto incluye la fe."

Con todo, es necesario hacer esta pregunta: ¿Se refieren todas las citas mencionadas inequívocamente a la fe "salvadora"? No parece ser éste el caso en Romanos 12:3 y 1 Corintios 12:9, y ciertamente tampoco en Gálatas 5:22. La fe que se menciona en estos versículos se refiere a la fe (o fidelidad) dentro de la experiencia cotidiana de los creyentes. El versículo de Efesios es dudoso, porque los géneros del sustantivo "fe" y del pronombre "esto" son diferentes. De ordinario, el pronombre concuerda en género con su antecedente. Pablo quiere decir que todo el asunto de nuestra salvación es don de Dios, a diferencia de la posibilidad de lograrla por medio de obras. Los otros dos versículos (Filipenses 1:29 y 2 Pedro 1:1) son los que más se acercan a la sugerencia de que la fe, como don de Dios, sigue a la regeneración. Louis Berkhof dice: "La verdadera fe salvadora es una fe que tiene su asiento en el corazón y está enraizada en la vida regenerada." Sin embargo, ¿podríamos ver estos versículos de una manera diferente? Por ejemplo: "La fe ... es la respuesta del hombre. Dios es quien la hace posible, pero el hecho de creer no es de Dios, sino del hombre." La fe no es una obra, sino una mano extendida que se alarga para aceptar el don de la salvación ofrecido por Dios.

La regeneración

Cuando respondemos al llamado de Dios y al acercamiento del Espíritu y de la Palabra, Dios realiza actos soberanos que nos hacen entrar en la familia de su reino: regenera a aquéllos que están muertos en sus transgresiones y pecados; justifica a los que comparecen condenados ante un Dios santo, y adopta a aquéllos que son hijos del enemigo. Aunque estas cosas ocurran de manera simultánea en la persona que cree, podemos estudiarlas por separado.

La regeneración es el acto decisivo e instantáneo del Espíritu Santo, en el que éste re-crea la naturaleza interna. El sustantivo que traducimos "regeneración" (gr. *palinguenesía*) sólo aparece dos veces en el Nuevo Testamento. Mateo 19:28 lo usa con referencia a los últimos tiempos. Sólo en Tito 3:5 se refiere el vocablo a la renovación espiritual de una persona humana. Aunque el Antiguo Testamento se centra primariamente en Israel como nación, la Biblia usa diferentes imágenes para describir lo que tiene lugar. El Señor dice: "Y quitaré el corazón de piedra de en medio de su carne, y les daré un corazón de carne" (Ezequiel 11:19). También afirma: "Esparciré sobre vosotros agua limpia, y seréis limpiados ... Os daré corazón nuevo, y pondré espíritu nuevo dentro de vosotros ... Y pondré dentro de vosotros mi Espíritu, y haré que andéis en mis estatutos" (Ezequiel 36:25–27). "Daré mi ley en su mente, y la escribiré en su corazón" (Jeremías 31:33). Él les circuncidará el corazón para que lo amen (Deuteronomio 30:6).

El Nuevo Testamento tiene la imagen de ser creado de nuevo (2 Corintios 5:17) y de la renovación (Tito 3:5), pero la imagen más común de todas es la de "nacer" (gr. *guennáo*, "dar a luz", "hacer nacer"). Jesús dice: "De cierto, de cierto te digo, que el que no naciere de nuevo, no puede ver el reino de Dios" (Juan 3:3). Pedro afirma que Dios, por su gran misericordia, "nos hizo renacer para una esperanza viva" (1 Pedro 1:3). Es una obra que sólo Dios realiza. "Nacer de nuevo" habla de una transformación radical. Con todo, sigue haciendo falta un proceso de maduración. La regeneración nos inicia en el crecimiento de nuestro conocimiento de Dios, en nuestra experiencia en Cristo y en el Espíritu, y en nuestra personalidad moral.

La justificación

Si bien la regeneración efectúa un cambio en nuestra naturaleza, la justificación efectúa un cambio en nuestra posición con respecto a Dios. Este término se refiere a un acto por medio del cual, apoyado en la obra infinitamente justa y satisfactoria de Cristo en la cruz, Dios declara que los pecadores condenados quedan libres de toda la culpa del pecado y de sus consecuencias eternas, y los declara plenamente justos ante su presencia. El Dios que detesta "justificar al impío" (Proverbios 17:15) mantiene su propia justicia, al mismo tiempo que justifica al culpable, porque Cristo pagó ya todo el castigo debido por el pecado (Romanos 3:21-26). Por ese motivo, nosotros podemos comparecer ante Dios totalmente justificados, y lo hacemos.

Para describir la acción divina de justificarnos, los términos usados, tanto por el Antiguo Testamento (heb. *tsadík:* Éxodo 23:7; Deuteronomio 25:1; 1 Reyes 8:32; Proverbios 17:15) como por el Nuevo (gr. *dikaióo:* Mateo 12:37; Romanos 3:20; 8:33-34), sugieren un escenario judicial, forense. Sin embargo, no lo debemos considerar como una ficción legal en la cual es *como si* fuésemos justos, cuando en realidad no lo somos. Porque estamos en Él (Efesios 1:4, 7, 11), Jesucristo se ha convertido en nuestra justicia (1 Corintios 1:30). Dios nos acredita, reconoce (gr. *loguídzomai*) la justicia de Él a favor de nuestra cuenta; no es atribuida.

En Romanos 4, Pablo usa dos ejemplos tomados del Antiguo Testamento para defender la justicia atribuida. De Abraham se dice que "creyó a Jehová, y le fue contado por justicia" (Génesis 15:6). Esto tuvo lugar antes de que Abraham hubiese obedecido a Dios con respecto a la circuncisión como señal del pacto. De una forma quizá más drástica aún, Pablo cita el Salmo 32:2, en el cual David pronuncia una bendición sobre "el varón a quien el Señor no inculpa de pecado" (4:8; véase también 2 Corintios 5:19). Poner en la cuenta de alguien la justicia de otro, sin tener en cuenta ninguna cosa buena que esa persona haga, es ya suficientemente glorioso, pero no tenerle en cuenta a la persona sus pecados y actos de maldad es más glorioso aún. Al justificarnos, Dios ha hecho ambas cosas misericordiosa y justamente, debido al sacrificio de Cristo.

¿Cómo se produce la justificación con respecto al creyente? La Biblia aclara abundantemente dos cosas. En primer lugar, no se debe a ninguna buena obra de parte nuestra. En realidad, "Cristo habría muerto para nada" si la justicia se produciese por la obediencia a la ley (Gálatas 2:21). Toda persona que trate de ser justa a base de obedecer la ley, cae bajo una maldición (Gálatas 3:10), "se ha desligado de Cristo" y "ha caído de la gracia" (Gálatas 5:4). Todo el que crea que está más justificado después de haber servido al Señor, lo mismo si ha sido durante cinco años, como si ha sido durante cincuenta y cinco, o piense que las buenas obras ganan méritos ante Dios, no ha sido capaz de comprender esta enseñanza bíblica.

En segundo lugar, en el corazón mismo del evangelio se halla la verdad de que la justificación encuentra su fuente en la gracia inmerecida de Dios (Romanos 3:24) y su provisión en la sangre derramada por Cristo en la cruz (Romanos 5:19), y la recibimos por medio de la fe (Efesios 2:8). Con una gran frecuencia, cuando aparece la idea de la justificación en el Nuevo Testamento, se puede encontrar la fe (o el hecho de creer) unida a ella (véanse Hechos 13:39; Romanos 3:26, 28, 30; 4:3, 5; 5:1; Gálatas 2:16; 3:8). La fe no es nunca la base de la justificación. El Nuevo Testamento nunca dice que la justificación sea *día místin*, "por causa de la fe", sino siempre *día místeos*, "a través de la fe". La Biblia no considera la fe como algo meritorio, sino más bien simplemente como una mano extendida para recibir el don gratuito de Dios. La fe siempre ha sido el medio de justificación, aun en el caso de los santos del Antiguo Testamento (véase Gálatas 3:6–9).

Habiendo sido justificados por gracia por medio de la fe, experimentamos y experimentaremos grandes beneficios. "Tenemos paz para con Dios" (Romanos 5:1) y "seremos salvos de su ira" (Romanos 5:9). Tenemos la seguridad de una glorificación final (Romanos 8:30) y de estar libres de condenación, tanto en el presente como en el futuro (Romanos 8:33–34; véase también 8:1). La justificación nos lleva a convertirnos en "herederos conforme a la esperanza de la vida eterna" (Tito 3:7).

La adopción

Con todo, Dios va más allá de proporcionarnos una relación correcta consigo mismo. También nos lleva a una relación nueva; nos adopta y nos hace parte de su familia. El término legal "adopción" identifica aquel acto de gracia soberana por medio del cual Dios les da todos los derechos, privilegios y obligaciones relacionados con pertenecer a su familia, a los que reciban a Jesucristo. Aunque el término no aparezca en el Antiguo Testamento, la idea sí aparece (Proverbios 17:2). La palabra griega *hyiozesía*, "adopción", aparece cinco veces en el Nuevo, sólo en los escritos de Pablo, y siempre con un sentido religioso. Por supuesto, al convertirnos en hijos de Dios no nos hacemos divinos. La divinidad sólo pertenece al único Dios verdadero.

La enseñanza del Nuevo Testamento sobre la adopción nos toma desde la eternidad pasada, a través del presente, y hasta la eternidad futura (si es que estas expresiones son adecuadas). Pablo dice que Dios "nos escogió en él [en Cristo] antes de la fundación del mundo" y nos predestinó "para ser adoptados hijos suyos por medio de Jesucristo" (Efesios 1:4–5). Con respecto a nuestra experiencia presente, dice: "Pues no habéis recibido el espíritu de esclavitud para estar otra vez en temor, sino que habéis recibido el espíritu de adopción [*hyiozesía*], por el que clamamos [en nuestro propio idioma]: ¡Abba [arameo, "padre"], Padre [gr. *ho patér*]!" (Romanos 8:15). Somos hijos de pleno derecho, aunque aún no seamos totalmente maduros. Entonces, en el futuro, cuando dejemos a un lado la mortalidad, recibiremos "la adopción, la redención de nuestro cuerpo" (Romanos 8:23). La adopción es una realidad presente, pero se realizará de manera total en la resurrección de entre los muertos. Dios nos concede estos privilegios de familia a través de la obra redentora de su Hijo único, Aquél que no se avergüenza de llamarnos hermanos (Hebreos 2:11).

La perseverancia

Si la doctrina de la elección suscita la ira de los no creyentes, entre los creyentes la doctrina de la perseverancia hace lo mismo. Las caricaturas que fabrican los partidarios de cada uno de los diferentes puntos de vista sobre todos los demás, la mayoría de las veces no tienen base alguna en la realidad. Entre los de persuasión wesleyano-arminiana, hay algunos que insisten en que los calvinistas creen que, una vez que son salvos, ya pueden hacer cuanta cosa pecaminosa se les ocurra, con tanta frecuencia como les parezca, y con todo, seguir salvos, como si creyesen que la obra santificadora del Espíritu y de la Palabra no les afecta. Mientras tanto, hay algunos calvinistas que insisten en que los wesleyano-arminianos creen que cualquier pecado que cometan pone en peligro su salvación, de manera que "caen y salen" de la salvación cada vez que pecan, como si creyesen que el amor, la paciencia y la gracia de Dios son tan frágiles que se hacen añicos ante la más mínima presión. Toda persona que esté bíblica y teológicamente alerta reconoce la mentira en ambas caricaturas. La presencia de los extremos ha conducido a lamentables generalizaciones.

Por supuesto, debemos entender que es imposible aceptar como igualmente ciertas ambas posiciones, la calvinista y la wesleyano-arminiana. O bien la Biblia le da a la persona verdaderamente salva la seguridad de que, por muchas que sean las veces que el creyente se aparte de una vida que refleje el cristianismo bíblico, no puede apartarse de la fe, y al final no lo hará, o no lo hace. Ambas posiciones no pueden ser ciertas. Con todo, no es imposible buscar una orientación bíblica más equilibrada.

Bíblicamente, la perseverancia no significa que todo aquél que profese creer en Cristo y se convierta en miembro de una comunidad de creyentes, tenga la eternidad asegurada. En 1 Juan 2:18–19 leemos que el surgimiento de "anticristos" demuestra que "es el último tiempo. Salieron de nosotros, pero no eran de nosotros; porque si hubiesen sido de nosotros, habrían permanecido con nosotros; pero salieron para que se manifestase que no todos son de nosotros". Éste es un punto favorito en el que se mantienen insistiendo los calvinistas para alegar que aquéllos que "se apartan" de la fe hasta perderse, sólo eran creyentes de nombre. Algunos sostienen que Simón el mago (Hechos 8:9–24) sirve como ejemplo de este tipo de personas. Los no calvinistas no favorecen su posición a base de debilitar la fuerza de estas afirmaciones. No todos los que están en nuestras iglesias, ni todos los que dan una evidencia externa aparente de fe, son verdaderos creyentes. Jesús les dijo a algunos que afirmaban tener poderes espirituales extraordinarios (lo cual Jesús no negó) que Él nunca los había conocido (Mateo 7:21–23). Estas declaraciones no tienen el propósito de desatar el miedo en el corazón de un creyente sincero y de corazón sencillo, sino el de advertir a aquéllos que dependen de la actuación externa para sentir seguridad en cuanto a la salvación.

Bíblicamente, la perseverancia se refiere a la operación continua del Espíritu Santo, por medio de la cual será completada la obra de Dios que fue comenzada en nuestro corazón (Filipenses 1:6). Da la impresión de que nadie, cualquiera que sea su orientación teológica, debería poner objeciones a una afirmación así, y quisiéramos que las cosas pudiesen terminar en este punto. Sin embargo, a la luz de la necesidad de tratar de hacer una exégesis íntegra de la Biblia, este deseo se vuelve imposible. ¿Qué dice la Biblia concretamente en cuanto a este asunto?

Hay un importante apoyo en el Nuevo Testamento para el punto de vista calvinista. Jesús no perderá nada de cuanto Dios le ha dado (Juan 6:38–40). Las ovejas nunca perecerán (10:27–30). Dios siempre escucha las oraciones de Jesús (11:42), y Él oró para que el Padre mantuviera salvaguardados y protegidos a sus seguidores (17:11). Es Cristo quien nos guarda (1 Juan 5:18). Nada nos separará del amor de Dios (Romanos 8:35–39). El Espíritu Santo en nosotros es el sello y la garantía de nuestra redención futura (2 Corintios 1:22; 5:5; Efesios 1:14). Dios guarda lo que ponemos bajo su custodia (2 Timoteo 1:12). Él puede salvar para todos los tiempos a aquéllos que crean (Hebreos 7:24–25). Su poder nos guarda (1 Pedro 1:5). Dios en nosotros es mayor que todo cuanto haya fuera de nosotros (1 Juan 4:4). ¡Qué seguridades tan grandes! Ningún creyente puede ni debe vivir sin ellas. Si fuera esto todo cuanto el Nuevo Testamento dice, la posición del calvinismo permanecería segura.

Sin embargo, hay algo más. Los wesleyano-arminianos aceptan de buen grado la fuerza y seguridad expresadas en los pasajes anteriores. Sin embargo, parece que los calvinistas acuden a veces a giros y vueltas exegéticos y hermenéuticos para evitar las implicaciones de otros pasajes del Nuevo Testamento. La apostasía, no simplemente formal, sino real, es posible (Hebreos 6:4–6; 10:26–31). La palabra griega *apostasía*, "apostasía", "rebelión", procede del verbo *afístemi*, "dejar", "marcharse", que conlleva la idea de apartarse del lugar donde uno se encontraba. Millard Erickson dice: "El escritor … está pensando en una situación hipotética … Jesús (Juan 10:28) nos está diciendo lo que *sucederá*; esto es, que sus ovejas no perecerán. Entonces, podemos entender que la Biblia lo que dice es que *podríamos* caer, pero que, por medio del poder preservador de Cristo, *no caeremos*."

Si es posible que suceda, ¿por qué es sólo hipotéticamente posible? Erickson y la mayor parte de los calvinistas citan Hebreos 6:9 como evidencia: "Pero en cuanto a vosotros, oh amados, estamos persuadidos de cosas mejores". Esta justificación resulta débil a la luz de Hebreos 6:11–12: "Pero deseamos que cada uno de vosotros muestre la misma solicitud hasta el fin, para plena certeza de la esperanza, a fin de que no os hagáis perezosos, sino imitadores de aquellos que por la fe y la paciencia heredan las promesas." La perseverancia en la fe y la práctica hace seguras la esperanza y la herencia. ¿Es realmente posible interpretar Hebreos 10:26–31, aun a pesar del versículo 39, de una manera tal que lleguemos a la conclusión de que sólo se refiere a una posibilidad lógica, pero no real?

Para darle mayor fuerza a este alegato, presentamos una advertencia de Jesús: "El amor de muchos se enfriará. Más el que persevere hasta el fin, éste será salvo" (Mateo 24:12–13). Él mismo afirma que mirar atrás nos hace no aptos para el reino de Dios (Lucas 9:62), y nos dice: "Acordaos de la mujer de Lot" (Lucas 17:32). También indica que si alguna persona no permanece en Él, será echada fuera (Juan 15:6; véase Romanos 11:17–21; 1 Corintios 9:27). Pablo dice que podemos apartarnos de Cristo y caer de la gracia (Gálatas 5:4); que algunos han naufragado en su fe (1 Timoteo 1:19); que algunos abandonarán (gr. *afístemi*) la fe (1 Timoteo 4:1); y que "si le negáremos, él también nos negará" (2 Timoteo 2:12). El escritor de Hebreos habla de "su casa [de Dios], la cual somos nosotros, si retenemos firme hasta el fin la confianza y el gloriarnos en la esperanza" (3:6), y de que debemos asegurarnos de que ninguno de nosotros tenga "corazón malo de incredulidad para apartarse [gr. *afistámai*] del Dios vivo" (3:12), y dice que "somos hechos participantes de Cristo, con tal que retengamos firme hasta el fin nuestra confianza del principio" (3:14).

Pedro habla de la suerte de aquéllos que han "escapado de las contaminaciones del mundo, por el conocimiento del Señor y Salvador Jesucristo" y "enredándose otra vez en ellas son vencidos." Dice que "su postrer estado viene a ser peor que el primero. Porque mejor les hubiera sido no haber conocido el camino de la justicia, que después de haberlo conocido, volverse atrás del santo mandamiento que les fue dado. Pero les ha acontecido lo del verdadero proverbio: El perro vuelve a su vómito, y la puerca lavada a revolcarse en el cieno" (2 Pedro 2:20-22).

Juan dice que la vida eterna no es posesión del creyente, independientemente de poseer a Cristo (1 Juan 5:11-12). El Padre "ha dado al Hijo el tener vida en sí mismo", en el mismo sentido en que el propio Padre tiene vida por derecho propio y por naturaleza (Juan 5:26). Eso no nos lo ha concedido a nosotros. La vida eterna es la vida de Cristo en nosotros, y sólo la tendremos mientras estemos "en Cristo".

Al manejar estas advertencias como esencialmente hipotéticas para un verdadero creyente, los calvinistas utilizan diversas ilustraciones. Erickson se refiere a los padres que temen que su hijo salga corriendo a la calle y lo atrepelle un automóvil. Tienen dos opciones. Construir un vallado, de manera que le sea físicamente imposible al niño salir del patio. Sin embargo, esto restringiría la libertad del niño. La otra posibilidad es advertir a su hijo sobre lo peligroso que es salir corriendo a la calle. En ese caso, el niño podría salir corriendo a la calle, pero no lo va a hacer. No obstante, si los autos, esto es, los peligros, no existen realmente y el niño lo sabe, ¿puede funcionar realmente la advertencia para detenerlo?

Veamos otra analogía. Digamos que vamos en automóvil por una carretera de noche. Cada pocos kilómetros pasamos carteles de advertencia. Nos alertan sobre una curva pronunciada que hay delante, un puente que se ha caído, rocas que se pueden desprender, un camino estrecho y lleno de curvas, una fuerte diferencia de niveles en la carretera, una carretera en construcción, etc. ¿Qué vamos a pensar? Que ha pasado por allí un bromista O un necio. ¿De qué manera son advertencias, si no corresponden con la realidad?

Los calvinistas alegan que tienen la seguridad de la salvación debido a su posición, mientras que los wesleyano-arminianos no lo hacen. ¿Es realmente así? En vista de pasajes como los capítulos 6 y 10 de Hebreos, y todos los demás citados, ¿cómo pueden afirmar los calvinistas que tienen una seguridad mayor que los arminianos? ¿Cómo pueden estar seguros de que forman parte del grupo de los elegidos, mientras no hayan llegado al cielo? Si es posible estar tan cerca del reino de Dios como lo describen la carta a los Hebreos, 2 Pedro y Mateo 7:22, y aun así, no estar "dentro" del reino de Dios, ¿de dónde procede esa seguridad mayor? En realidad, la seguridad es la que les da a todos los verdaderos creyentes el Espíritu Santo que vive en nosotros, de que por gracia, por medio de la fe, estamos en Cristo, quien es nuestra redención y justicia, y puesto que estamos en Él, estamos seguros. Esto se aplica a todos, seamos calvinistas, o wesleyano-arminianos. Ambos están de acuerdo en que la Biblia enseña que no debemos atrevernos a caer en la presunción, ni tampoco necesitamos tener temor.

PREGUNTAS DE ESTUDIO

1. La Biblia dice que Cristo es el Cordero "inmolado desde el principio del mundo" (Apocalipsis 13:8); que fue "entregado por el determinado consejo y anticipado conocimiento de Dios" (Hechos 2:23), y que Dios "nos escogió en él [en Cristo] antes de la fundación del mundo" (Efesios 1:4). ¿Cuáles son las posibilidades de que el amor eterno de Dios abarque el sufrimiento supremo? ¿Cesará Dios de dolerse alguna vez por los seres humanos que están eternamente separados de Él?

2. Tomando como base 2 Corintios 5:21 (y otros pasajes similares), algunos enseñan que la naturaleza de Cristo cambió, y que, después de sufrir en el infierno como pecador, tuvo que nacer de nuevo. ¿Por qué es esta enseñanza contraria a la Biblia y también herética?

3. ¿Qué enseña la Biblia sobre la relación entre el Antiguo Testamento y el Nuevo?

4. ¿Qué siente usted como respuesta a la afirmación de exclusividad por parte de los cristianos en cuanto a la salvación eterna? ¿Cómo les podemos ayudar a los no creyentes a comprender esto?

5. Sabemos y creemos en la Biblia cuando afirma que no somos salvos por obras (Efesios 2:9). Ahora bien, ¿cómo podemos evitar caer en la trampa de suponer que nuestras buenas obras son meritorias?

6. Comente la enseñanza de algunos acerca de que en las distintas dispensaciones, Dios tuvo formas diferentes de producir la salvación para la humanidad?

7. La Biblia enseña que la muerte de Cristo fue el rescate pagado por nosotros. ¿Por qué resulta inadecuado incluso preguntar a quién le fue pagado ese rescate?

8. Comente esta afirmación: Los que se preocupan poco por la enfermedad irán perdiendo el tiempo en el camino al médico.

El Espíritu Santo

La encomienda recibida por la Iglesia del siglo veinte consiste en predicar todo el evangelio. Lo que se necesita no es un evangelio diferente, sino la totalidad del evangelio, tal como aparece escrito en el Nuevo Testamento. Insistimos en esto, porque se ha descuidado la figura del Espíritu Santo a lo largo de los siglos, y a nosotros nos ha tocado la tarea de comprender de nuevo su persona y su obra, tal como están reveladas en la Biblia y son experimentadas en la vida de la Iglesia hoy. El mensaje del evangelio completo proclama la centralidad de la obra del Espíritu Santo, como el agente activo de la Trinidad en la autorrevelación de Dios a su creación. El mensaje del evangelio completo dice que Dios continúa hablando y obrando hoy, tal como lo hizo en los tiempos del Antiguo Testamento y del Nuevo.

El mensaje del evangelio completo es más que una sencilla declaración de que las lenguas y los otros dones que se mencionan en la Biblia están a la disposición del creyente hoy. A lo largo de toda la historia de la Iglesia ha habido brotes de fenómenos pentecostales. Muchos de estos brotes comenzaban dentro de la Iglesia como movimientos de reforma o de santidad. Estos movimientos iban quedando a lo largo del camino, porque no tenían acceso a las Escrituras. Las Biblias eran extremadamente caras y estaban literalmente encadenadas en las iglesias.

Se pensaba que sólo los miembros del clero tenían la preparación y el acceso a la verdad espiritual necesarios para permitirles el manejo de las Sagradas Escrituras. Sin acceso a las Escrituras, el pueblo comenzaba a confundir sus emociones con el Espíritu Santo. Sin la Biblia para que formara las vallas de la senda recta y estrecha, estos grupos se desviaban muy pronto de la senda y se salían de ella.

Una de las razones de la longevidad y el éxito del movimiento pentecostal en el siglo veinte es el acceso abierto a la Biblia, nuestra regla infalible de fe y conducta. Admitimos que nuestras interpretaciones de la Biblia son claramente falibles con demasiada frecuencia, aun cuando hayan sido hechas con mucho cuidado y oración. Con todo, sin las Escrituras como guía canónica sobre quién es Dios y cuáles son sus propósitos, podemos desviarnos fácilmente del camino.

La tarea de proclamar el mensaje del evangelio completo no es fácil. Vivimos en un mundo en el cual los secularistas y los académicos teológicamente liberales de algunas de las universidades más prestigiosas han proclamado que la fe bíblica tradicional en un Dios personal es peligrosa para la continuación de la existencia humana. Alegan que no hay un Dios que esté activamente dedicado a la redención del mundo, ni de los seres humanos individualmente. Los secularistas claman por una abolición de toda religión. Los teólogos liberales piden la demolición de los elementos tradicionales en la fe judeocristiana: la Biblia, Dios y Jesucristo. Quieren reemplazarlos o redefinirlos a la luz de su creencia de que nadie nos puede salvar de nosotros mismos. Dicen que la continuación de la existencia de la raza humana se halla exclusivamente en las manos de los seres humanos.

Encontramos una consecuencia de esta visión del mundo teológicamente liberal en el texto de Génesis 1:2. La versión NEB ha traducido este versículo diciendo que "un poderoso viento barría la superficie de las aguas" (véase también la NRS). En la nota de pie de página encontramos: "Otros, *el Espíritu de Dios*". Después de haber decidido que el Antiguo Testamento no contiene indicación alguna de que el Espíritu Santo haya sido agente en la creación, tal como aparece en el Nuevo Testamento, los traductores se limitaron a cambiar "espíritu" por "viento", y "Dios" por "poderoso". No he podido hallar ninguna traducción paralela en el texto canónico que pudiera sugerir una traducción así.

La tarea ha sido complicada aún más por comprensiones incorrectas sobre la obra y la persona del Espíritu Santo, que han sido circuladas consciente o inconscientemente por toda la Iglesia en general. Aquí se incluyen interpretaciones inexactas sobre el papel del Espíritu Santo en el Antiguo Testamento, así como sobre la relación del creyente con el Espíritu Santo antes y después de la conversión, y antes y después del bautismo en el Espíritu Santo.

El capítulo sobre la Trinidad estudió el tema del lugar del Espíritu Santo dentro del ser divino. No se puede añadir mucho más. Dios se ha revelado como una Trinidad. Hay un solo Dios, pero tres Personas: un Dios, no tres; no un Dios con un desorden de personalidad múltiple. Para comprender la doctrina de la Trinidad, necesitamos aceptar que la autorrevelación de Dios en la Biblia nos obliga a pasar por alto las leyes ordinarias de la lógica. La doctrina de la Trinidad proclama que Dios es uno y, sin embargo, tres; es tres, y sin embargo, uno. Esto no significa que el cristianismo haya abandonado la lógica y el razonamiento. En lugar de esto, aceptamos el hecho de que la doctrina de la Trinidad se refiere a un Ser infinito que se halla más allá de una comprensión total por parte de sus criaturas finitas.

Esto nos hace regresar a la función del Espíritu Santo como el agente activo de la Deidad en sus relaciones con la creación. Sin la actividad continuada de Dios a través del Espíritu Santo, sería imposible tener conocimiento de Él. Aunque muchos teólogos han tratado de describir los atributos de Dios a partir de la teología natural, o de la teología escolástica, no han podido describir correctamente los atributos o los propósitos de Dios. La única forma de conocer a una persona, incluyendo a Dios, es a base de saber lo que esa persona ha dicho y hecho. La Biblia nos dice lo que Dios ha dicho y hecho. Además, la obra continuada del Espíritu Santo nos revela lo que Él sigue diciendo y haciendo hoy.

EL ESPÍRITU SANTO EN LAS ESCRITURAS

Los títulos del Espíritu Santo

Para muchos en nuestra sociedad, los nombres no tienen ya la importancia que poseen en la literatura bíblica. Los padres les ponen a sus hijos el nombre de parientes, amigos o personalidades del cine, sin que piensen realmente sobre el significado de dicho nombre. Es posible que unos padres le pongan "Miguel" a su hijo, sin tener conocimiento alguno del significado original de este nombre ("¿Quién como Dios?"). Es posible que unos padres que tengan un tío favorito llamado Samuel ("Su nombre es Dios"), le pongan ese nombre a su hijo. Para un israelita, el nombre de Samuel proclamaba que el que lo llevaba era un adorador de Dios.

Los nombres y títulos del Espíritu Santo nos revelan mucho acerca de quién es Él. Aunque el nombre de "Espíritu Santo" no aparece en el Antiguo Testamento,[3] se usan una serie de títulos equivalentes. El problema teológico de la personalidad del Espíritu Santo gira alrededor del tema de la revelación y comprensión progresivas, así como la forma en que el lector comprenda la naturaleza de la Biblia. El Espíritu Santo, como miembro de la Trinidad, de la forma en que lo revela el Nuevo Testamento, no está revelado en la Biblia hebrea. Sin embargo, el hecho de que la doctrina sobre el Espíritu Santo no esté plenamente revelada en la Biblia hebrea no cambia la realidad de su existencia y obra en los tiempos del Antiguo Testamento. La tierra nunca ha sido el centro físico del universo. Con todo, hasta que las observaciones sobre la creación de Dios por parte de Copérnico, Galileo y otros demostraron lo contrario, tanto los teólogos como los científicos de su era creían que la tierra era el centro del universo.

Como hemos indicado anteriormente, aún no ha habido nadie, entre los que han recibido la autorrevelación de Dios, tanto en la Biblia como en la creación, que haya podido captar de manera total cuanto Dios dice o hace. La comprensión que se tuvo después de la resurrección acerca del Siervo sufriente, tal como queda resumida en la explicación de Felipe sobre Isaías 53:7-8 al eunuco etíope (Hechos 8:26-40), no era una revelación nueva, sino una comprensión más exacta de una revelación antigua.

El título más frecuente en el Antiguo Testamento es "el Espíritu de Yahwé" (heb. *ruáj YHWH [Yahwé]*), o como se suele encontrar en numerosas traducciones antiguas: "el Espíritu del Señor". A la luz del ataque contra la presencia del Espíritu Santo en el Antiguo Testamento, quizá deberíamos utilizar el nombre personal de Dios, "Yahwé", en lugar del título "Señor" (con el que lo sustituyeron los judíos después de los tiempos del Antiguo Testamento). Lo importante es que uno de los significados de *Yahwé* es "Aquél que crea, o trae a la existencia". Todo uso del nombre *Yahwé* es una afirmación sobre la creación. La expresión "Señor de los ejércitos" está mejor traducida como "Aquél que crea los ejércitos". Esto se refiere a los ejércitos de los cielos (tanto estrellas como ángeles, dependiendo del contexto) y a los ejércitos del pueblo de Dios. El Espíritu de *Yahwé* estuvo activo en la creación, tal como lo revela Génesis 1:2, refiriéndose al "Espíritu de Dios" (heb. *ruáj 'elohim*).

Encontramos un rico conjunto de títulos del Espíritu Santo en Juan 14–16. En el 14:16, Jesús dice que enviará otro Consolador, Ayudador o Consejero. La obra del Espíritu Santo como Consejero incluye su papel como el Espíritu de verdad que habita en nosotros (Juan 14:16; 15:26), como maestro de todas las cosas, como el que nos recuerda todo lo que Cristo ha dicho (14:26), como el que dará testimonio de Cristo (15:26), y como el que convencerá al mundo de pecado, de justicia y de juicio (16:8).

En las Epístolas encontramos varios títulos del Espíritu Santo: "Espíritu de santidad" (Romanos 1:4); "Espíritu de vida" (Romanos 8:2); "Espíritu de adopción" (Romanos 8:15); "Espíritu Santo de la promesa" (Efesios 1:13; traducido también como el "Espíritu Santo prometido"); "Espíritu eterno" (Hebreos 9:14); "Espíritu de gracia" (Hebreos 10:29); y "Espíritu de la gloria" (1 Pedro 4:14).

Los símbolos del Espíritu Santo

Los símbolos nos dan imágenes concretas de cosas que son abstractas, como la Tercera Persona de la Trinidad. Los símbolos del Espíritu Santo también son arquetipos. En la literatura, un arquetipo es un carácter, tipo, tema o símbolo que aparece una y otra vez y que se puede encontrar en muchas culturas y momentos. En todas partes, el tiempo representa a fuerzas poderosas, aunque invisibles; el agua clara y corriente representa el poder que sostiene la vida y refresca a los que están física o espiritualmente sedientos; el fuego representa una fuerza purificadora (como en la purificación de los minerales metalíferos) o una fuerza destructora (usada con frecuencia en los juicios). Estos símbolos representan realidades que son intangibles, pero verdaderas.

El viento. La palabra hebrea *ruáj* tiene una notable amplitud semántica. Puede significar "aliento", "espíritu" o "viento". Se usa paralelamente a *nefesh*. El significado básico de *nefesh* es "ser viviente"; esto es, todo lo que respire. Su amplitud semántica se desarrolla a partir de aquí, para referirse a prácticamente todos los aspectos emocionales y espirituales de un ser humano vivo. *Ruáj* toma parte de la amplitud semántica de *nefesh*. Así, en Ezequiel 37:5–10, vemos que algunas traducciones ponen "aliento". En el 37:14, *Yahwé* explica que Él pondrá su Espíritu en Israel.

La palabra griega *pnéyma* tiene una amplitud semántica casi idéntica a la de *ruáj*. El símbolo del viento lleva consigo la naturaleza invisible del Espíritu Santo, tal como vemos en Juan 3:8. Podemos ver y sentir los efectos del viento, pero el viento en sí es invisible. Hechos 2:2 usa con gran fuerza la imagen del viento para describir la venida del Espíritu Santo el día de Pentecostés.

El agua. Como el aliento, el agua es también necesaria para sostener la vida. Jesús prometió ríos de agua viva. "Esto dijo el Espíritu" (Juan 7:39). Vitales en la jerarquía de las necesidades físicas de los humanos, el aliento y el agua son igualmente vitales en el ámbito del Espíritu. Sin el aliento que da vida, y las aguas del río del Espíritu Santo, nuestra vida espiritual quedaría ahogada muy pronto y se agotaría por completo. La persona que se deleita en la ley (heb. *Torá*, "instrucción") de *Yahwé* y medita en ella de día y de noche es "como árbol plantado junto a corrientes de aguas ... su hoja no se cae" (Salmo 1:3). El Espíritu de verdad fluye desde la Palabra como agua viva que sostiene, refresca y da poder al creyente.

El fuego. El aspecto purificador del fuego queda claramente reflejado en Hechos 2. Mientras que es un carbón tomado del altar el que purifica los labios de Isaías (6:6–7), en el día de Pentecostés, las "lenguas de fuego" simbolizan la llegada del Espíritu (Hechos 2:3). Se usa este símbolo una sola vez para describir el bautismo en el Espíritu Santo. El aspecto más amplio del fuego como agente limpiador se encuentra en la declaración o profecía de Juan el Bautista: "Él os bautizará en Espíritu Santo y fuego. Su aventador está en su mano, y limpiará su era; y recogerá su trigo en el granero, y quemará la paja en fuego que nunca se apagará" (Mateo 3:11–12; véase también Lucas 3:16–17).

Esto tiene su aplicación más directa a la separación del pueblo de Dios con respecto a aquéllos que han rechazado a Dios y su Mesías y que sufrirán el fuego del juicio. Sin embargo, el fuego ardiente y purificador del Espíritu de Santidad está obrando también en el creyente (1 Tesalonicenses 5:19).

El aceite. En su sermón a Cornelio, Pedro afirma: "Dios ungió con el Espíritu Santo y con poder a Jesús de Nazaret" (Hechos 10:38). Citando Isaías 61:1–2, Jesús proclama: "El Espíritu del Señor está sobre mí, por cuanto me ha ungido para dar buenas nuevas a los pobres" (Lucas 4:18). El aceite era usado desde el principio para ungir primero a los sacerdotes de *Yahwé* y después a los reyes y los profetas. Es el símbolo de la consagración del creyente por parte de Dios, al servicio del reino de Dios. En su primera Carta, Juan advierte a los creyente acerca de los anticristos:

> Pero vosotros tenéis la unción del Santo, y conocéis todas las cosas ... Pero la unción que vosotros recibisteis de él permanece en vosotros, y no tenéis necesidad de que nadie os enseñe; así como la unción misma os enseña todas las cosas, y es verdadera, y no es mentira, según ella os ha enseñado, permaneced en él.

1 Juan 2:20, 27

Cuando recibimos la unción del Espíritu de verdad, que hace brotar ríos de agua viva desde nuestro ser interior, recibimos poder para servir a Dios. En el Espíritu Santo, el agua y el aceite sí se mezclan.

La paloma. El Espíritu Santo descendió sobre Jesús en la forma de una paloma en los cuatro relatos del Evangelio. La paloma es un arquetipo de delicadeza y paz. El Espíritu Santo habita en nosotros. No nos posee. Nos ata a sí en el amor, en contraste con las cadenas de los hábitos pecaminosos. Es delicado. Nos da la paz en medio de las tormentas de la vida. Aun en sus relaciones con los pecadores, es delicado, como vemos por ejemplo en la forma en que llama a la vida a la humanidad por medio de ese clamor hermoso, pero adolorido, que hallamos en Ezequiel 18:30–32: "Convertíos, y apartaos de todas vuestras transgresiones, y no os será la iniquidad causa de ruina. Echad de vosotros todas vuestras transgresiones con que habéis pecado, y haceos un corazón nuevo y un espíritu nuevo. ¿Por qué moriréis, casa de Israel? Porque no quiero la muerte del que muere, dice Jehová el Señor; convertíos, pues, y viviréis."

Los títulos y símbolos del Espíritu Santo nos proporcionan las claves para comprender su obra a favor nuestro. Los usaremos como puntos básicos para el estudio de la obra del Espíritu Santo.

LA OBRA DEL ESPÍRITU SANTO

Existen varias concepciones incorrectas de la obra del Espíritu Santo. Algunas de ellas han echado raíces en la religión popular y de manera más amplia en las doctrinas populares de la Iglesia. La religión popular es la forma en que practicamos nuestra vida diaria en Cristo. Es una mezcla de elementos normativos y no normativos. Los elementos normativos son doctrinas bíblicas correctas sobre lo que se debe creer, y lo que no. Los elementos no normativos son comprensiones equivocadas de las doctrinas bíblicas, y elementos no bíblicos que se han introducido desde la cultura general en la que vive el cristiano.

Nadie comprende por completo al Dios infinito, o a su infinito universo, ni conoce y comprende perfectamente todas las palabras de la Biblia. Todos seguimos siendo discípulos (literalmente, "aprendices"). Como criaturas finitas que somos, no nos debería sorprender el darnos cuenta de lo totalmente necia que es la afirmación de que hemos llegado a comprender por completo al Dios infinito. Dios sigue obrando en su Iglesia y con cada uno de nosotros, transformándonos en la imagen de Cristo. La doctrina de la santificación *progresiva* se refiere directamente a este tema. Los cristianos necesitan evitar el desaliento, al mismo tiempo que aceptan alegremente la meta de conocer y experimentar más plenamente a Dios cada día.

Antes del día de Pentecostés

"Saquemos por completo de nuestra mente la impresión de que el Espíritu Santo no vino a este mundo hasta el día de Pentecostés." Tengamos en cuenta la profecía de Joel 2:28–29 y la cita de ella que hace Pedro en Hechos 2:17–18.

> Y después de esto derramaré mi Espíritu sobre toda carne, y profetizarán vuestros hijos y vuestras *hijas*; vuestros ancianos soñarán sueños, y vuestros jóvenes verán visiones. Y también sobre los *siervos* y sobre las *siervas* derramaré mi Espíritu en aquellos días. Y en los postreros días, dice Dios, derramaré de mi Espíritu sobre toda carne, y vuestros hijos y vuestras hijas profetizarán; vuestros jóvenes verán visiones, y vuestros ancianos soñarán sueños; y de cierto sobre mis siervos, y sobre mis siervas en aquellos días derramaré de mi Espíritu, y profetizarán.

Notemos que la promesa no se refiere a un cambio en la actividad, o en la calidad de actividad del Espíritu de Dios. Lo que se profetiza es un cambio en la cantidad, o amplitud de la actividad. Vemos claramente la naturaleza radical de la promesa en la inclusión de los esclavos y las esclavas. Una cosa es que *Yahwé* derrame su Espíritu en los hijos, los jóvenes y los ancianos entre los ciudadanos libres de Israel. En cambio, derramar su Espíritu en los que son propiedad de la casa, es algo muy distinto. En Joel vemos una de las primeras afirmaciones abiertas sobre este principio. (Véase Gálatas 3:28: "Ya no hay judío ni griego; no hay esclavo ni libre; no hay varón ni mujer.")

La fe original de Israel era una fe inclusiva. Sin embargo, en Éxodo 12:43-45 se indica con claridad que ningún extranjero podía comer de la Pascua. ¿Qué debía hacer el jefe de familia si su esclavo de origen extranjero quería celebrar la Pascua? Tenía que circuncidar al esclavo. Ningún incircunciso, fuese trabajador temporal o extranjero residente en la casa, podía unirse a la celebración a menos que él también se sometiese a la circuncisión. "Más si algún extranjero morare contigo, y quisiere celebrar la pascua para Jehová, séale circuncidado todo varón, y entonces la celebrará, y será como uno de vuestra nación; pero ningún incircunciso comerá de ella. La misma ley será para el natural, y para el extranjero que habitare entre vosotros" (Éxodo 12:48-49).

Dos ejemplos prominentes son Doeg el edomita y Urías el hitita (1 Samuel 22:9; 2 Samuel 11:1-26). Estos hombres y sus familias habían entrado a formar parte del pacto entre los hijos de Israel, aunque se expresa llanamente su linaje no israelita. La circuncisión y la obediencia a la ley eran señales de que ellos aceptaban a *Yahwé* como Dios suyo, y *Yahwé* los aceptaba a ellos. Con todo, Dios manifiesta claramente que la circuncisión externa ha de ir acompañada por la circuncisión del corazón (Deuteronomio 10:16; 30:6; véase Jeremías 9:26). En Deuteronomio 29:18-22 se nos advierte que si se toma una decisión para esconderse bajo la protección del pacto, tanto el que la tome, como la comunidad, sufrirán como consecuencia de un menosprecio muy arbitrario por el pacto de *Yahwé*. La derrota en Hai y la destrucción posterior de Acán y de su familia son un vívido testimonio de esto (Josué 7:1-26).

Desde los primeros capítulos del Génesis hasta el Nuevo Testamento, se ve claro el anhelo de Dios de lograr una relación personal con cada ser humano en particular, y no sólo con la comunidad del pacto. El encuentro de Samuel con Dios en 1 Samuel 3:1-21 indica que las diferencias entre crecer en la iglesia y nacer de nuevo son tan claras en el período del Antiguo Testamento, como lo son hoy. Samuel "ministraba en la presencia de Jehová", y "crecía delante de Jehová", "acepto delante de Dios y delante de los hombres". Sin embargo, "Samuel no había conocido aún a Jehová, ni la palabra de Jehová le había sido revelada" (1 Samuel 2:18, 21, 26; 3:7).

La palabra hebrea que traducimos "conocer" es *yadá*. Este vocablo toma con frecuencia el significado de conocer por experiencia, por oposición a conocer datos sobre la historia. Dar a conocer a *Yahwé* por experiencia personal era la labor del Espíritu Santo en la vida de los santos del Antiguo Testamento, como lo es en la vida de los santos del Nuevo. Como señala claramente Hebreos 11, todos aquéllos que han sido salvos en todos los momentos de la historia lo han sido por fe, ya sea que esperasen las promesas que aún no veían, o que contemplasen la resurrección de Jesús en el pasado.

Debemos tener en cuenta una importante distinción. En la iglesia del Nuevo Testamento, Dios indica con claridad que la circuncisión externa ya no es necesaria como señal de inclusión en ella. El relato de Cornelio y Pedro en Hechos 10 ilustra la realización de la profecía de Joel y la obra del Espíritu Santo. Tanto Cornelio como Pedro tuvieron una visión. La llegada de los mensajeros de Cornelio le dio a Pedro seguridad sobre la validez de la suya. Sin embargo, esta validez no fue apropiada para la iglesia de Jerusalén. La familia de Cornelio era reconocida como "piadosa y temerosa de Dios" (Hechos 10:2). Sin embargo, Pedro se siente obligado a decirles: "Vosotros sabéis cuan abominable es para un varón judío juntarse o acercarse a un extranjero" (Hechos 10:28). Aunque se trataba de una interpretación incorrecta de la ley, era parte de la doctrina popular en la iglesia predominantemente judía que habría de poner a prueba la visión de Pedro.

Dios actuó en la historia, derramando el Espíritu Santo sobre la familia de Cornelio. Antes de que Pedro le pudiese preguntar: "¿Crees en este evangelio?", el Espíritu Santo respondió la pregunta con un derramamiento de sí mismo. Muchos en la Iglesia les habrían negado el bautismo en agua a esta familia, hasta que Cornelio y todos los varones se circuncidaran, cosa que no hizo el Espíritu Santo.

Los creyentes circuncisos que acompañaron a Pedro para probar su visión se quedaron atónitos ante el derramamiento del Espíritu Santo sobre esta familia gentil. Sin embargo, tuvieron suficiente sentido común como para aceptar la obra del Espíritu Santo como la única señal adecuada de que habían quedado incluidos en la Iglesia. Esta obra del Espíritu Santo incluye su inhabitación al ser salvos, y el subsiguiente bautismo en el Espíritu Santo.

La profecía de Joel choca con otro concepto prevalente en el Israel antiguo. La conducta dinámica asociada con los verdaderos profetas de *Yahwé* era una de las señales del oficio profético. A veces se llama "éxtasis" a esto, pero es totalmente distinto al comportamiento extático de los profetas paganos, que se sumergían a sí mismos en un frenesí más allá de toda razón y control de sí mismo. Los verdaderos profetas recibían su poder del Espíritu Santo y se alzaban hasta una dinámica cima de gozo en la presencia de Dios, o quizá a una profunda preocupación por los perdidos. En ocasiones, estas profundas experiencias emotivas los llevaban a reír, cantar, llorar, yacer en el suelo o danzar en el Espíritu.[3]

En el Antiguo Testamento se ve esta conducta dinámica como consecuencia de que el Espíritu de Dios descansa sobre una persona (Números 11:26) o viene con poder sobre ella (1 Samuel 10:6, 11; 19:23–24). Este tipo de conducta, aunque es la que se esperaba de un profeta, causaba preocupación, y se convertía en motivo de comentarios cuando lo manifestaba alguien que no era profeta. Josué le suplicó a Moisés que les impidiese a Eldad y Medad que profetizaran en el campamento. Moisés le contestó: "Ojalá todo el pueblo de Jehová fuese profeta, y que Jehová pusiera su espíritu sobre ellos" (Números 11:28–29).

Saúl tuvo dos experiencias extáticas. La primera tuvo lugar en Gabaa. Cuando Saúl se encontró con la compañía de los profetas que Samuel le había dicho que encontraría, comenzó a profetizar junto con ellos. Esta experiencia en el Espíritu fue acompañada por un cambio de corazón. Saúl se convirtió en otra persona. Los que lo veían, preguntaban atónitos: "¿Saúl también entre los profetas?" (1 Samuel 10:6–12). Ahora Saúl *conocía* a

Dios. Su segundo encuentro tuvo lugar en Naiot, y fue de una clase distinta. Fue consecuencia de su resistencia al Espíritu, de manera que se despojó de sus vestiduras reales y permaneció tirado en el suelo todo el día y toda la noche ante Samuel, reforzando el dicho: "¿También Saúl entre los profetas?" (1 Samuel 19:23-24).

Este tipo de conducta por parte de los profetas y de las compañías de sus seguidores no era una especie de maratón para predecir sucesos futuros. Gran parte de esta dinámica profecía, acompañada frecuentemente con música, parece haber sido en alabanza de *Yahwé*.

Lamentablemente, este tipo de conducta tenía su lado oscuro. Los profetas de la cultura religiosa circundante en el Medio Oriente antiguo exhibían un tipo de conducta extático. También llegaban a participar en actos de automutilación, en frenéticos intentos por producir un trance religioso o conseguir la atención de sus dioses. Un ejemplo de esta conducta por parte de los profetas de Baal, lo encontramos en 1 Reyes 18:28-29. La misma palabra hebrea, *nabá* (profetizar), usada para designar la actividad de los profetas de Baal (v. 29) es usada para los profetas de *Yahwé*. Naturalmente, esto les causaba gran confusión a los israelitas.[2] ¿Era la automutilación una conducta adecuada para los profetas de *Yahwé*?

Si dos profetas de *Yahwé* tenían mensajes diferentes, ¿a cuál se debía creer? ¿Sobre cuál de ellos descansaba el Espíritu de Dios? Tenemos que recordar que los cuatrocientos profetas que se opusieron a Micaías ante Acab y Josafat se identificaban como profetas de *Yahwé*, no de Baal (1 Reyes 22). La conducta extática no podía garantizar que el profeta tuviera la "palabra del Señor". Era posible que aquel profeta sólo tuviera la palabra de sus propias ilusiones, o la palabra que sus oyentes querían oír. Como consecuencia, hallamos en Zacarías 13:2-6 un repudio de estos falsos profetas, de sus intentos por identificarse como profetas por medio de unos ropajes distintivos, y de su conducta extática, incluyendo la automutilación.

Después vemos, en la profecía de Joel, una expansión de la actividad del Espíritu Santo, y no un cambio en su calidad. Desde el Edén hasta hoy, Dios ha anhelado tener comunión con la humanidad. La idea de que el Espíritu Santo estaba inactivo en los laicos del Antiguo Testamento es infundada. La actividad del Espíritu Santo en sus vidas es paralela a su identificación con la vida de los que Él mismo ha traído a la salvación en la Iglesia. El Espíritu les cambia el corazón a las personas y las hace diferentes. Existe otro paralelo entre la venida del Espíritu sobre una persona, cuya consecuencia es la entrega de poder para un oficio o ministerio, y la llenura del Espíritu Santo en la Iglesia. Roger Stronstad ha señalado que una de las razones por la que los creyentes son "llenos del Espíritu Santo" es equiparlos para que cumplan el ministerio profético de proclamar la voluntad y los planes de Dios para la Iglesia y para el mundo. Es posible que esto comprenda una conducta poco frecuente. Aunque no sea así, ser lleno del Espíritu constituye una experiencia cumbre emocional, física y religiosa, con un propósito concreto. Sin embargo, no nos es posible vivir de manera continua en esa cumbre día tras día. El motivo de la inhabitación del Espíritu Santo en la salvación es mantenernos a un nivel estable un día tras otro, momento tras momento, particularmente después de las experiencias en que el Espíritu Santo desciende sobre nosotros "con poder".

En el movimiento pentecostal

La continuidad de la obra del Espíritu Santo a lo largo de la historia del pueblo de Dios fue el tema central de la sección anterior. Aunque su actividad ha aumentado en cantidad a medida que ha crecido la Iglesia, es el mismo Espíritu Santo el que obra en el mundo de hoy, y el que estaba obrando en el mundo anterior al día de Pentecostés. Sin embargo, debido a la revelación progresiva, y a la comprensión progresiva, nuestro grado de comprensión acerca de la obra del Espíritu debería ser más alto. Tenemos todo el canon de la Biblia y dos mil años de historia para obtener ese conocimiento. Por esta razón, la Iglesia de hoy tiene una clara ventaja sobre la de la época en que se escribió el Nuevo Testamento.

Durante los primeros años del movimiento pentecostal, generalmente hacerse pentecostal equivalía a ser sacado de su denominación original para entrar en una de las comunidades pentecostales. Aún hoy, hay algunos pentecostales clásicos que expresan su consternación ante la idea de que una persona pueda estar bautizada en el Espíritu Santo, se identifique como cristiano carismático y, sin embargo, permanezca en una iglesia tradicional protestante, católica u ortodoxa. Aunque la sana doctrina es indispensable en el proceso de santificación, da la impresión de que el Espíritu Santo está más interesado en lo que hay dentro del corazón de una persona, que en el sistema teológico de dicha persona. De no ser así, ¿cómo podríamos explicar el bautismo en el Espíritu Santo del que disfrutan tanto los pentecostales unitarios como los trinitarios, sin mencionar a los que se hallan en la renovación carismática? Dios nos toma tal como somos, nos salva, habita en nosotros y nos bautiza. Entonces, su Espíritu Santo nos comienza a transformar en la imagen de Cristo.

Pablo nos dice que si estamos dispuestos a confesar con la boca que Jesús es el Señor, y creemos realmente que Dios lo levantó de entre los muertos, seremos salvos, porque cuando creemos en nuestro corazón, somos justificados. Cuando confesamos que Dios resucitó a Jesús de entre los muertos, somos salvos (Romanos 10:9–10). Pablo sigue diciendo que nadie puede "llamar a Jesús Señor, sino por el Espíritu Santo" (1 Corintios 12:3). Pablo no está diciendo que les sea imposible a los hipócritas y a los falsos maestros pronunciar las palabras "Jesús es Señor". Ahora bien, decir que Jesús es verdadero Señor (lo que significa que estamos comprometidos a seguirlo y hacer su voluntad, en lugar de seguir nuestros propios planes y deseos) requiere la inhabitación del Espíritu Santo; el nuevo corazón y el nuevo espíritu del que habla Ezequiel 18:31. Nuestro propio ser confiesa que Jesús es Señor, cuando el Espíritu Santo comienza a transformarnos a imagen de Dios. La transformación interna constituye para la persona una señal de que es miembro del Cuerpo de Cristo. La manifestación externa de la transformación, aunque varíe de una persona a otra, es una señal para la Iglesia.

Se ha ido desarrollando un problema relacionado con la actividad del Espíritu Santo como señal de inclusión en el Cuerpo de Cristo entre los jóvenes de tercera y cuarta generación dentro del movimiento pentecostal tradicional. En las iglesias pentecostales, las posiciones de autoridad sólo están disponibles para aquéllos que puedan testificar que han sido bautizados en el Espíritu Santo con la evidencia física inicial de las lenguas. Esto está de acuerdo con la Biblia (Hechos 6:3, 5) y es un punto fuerte importante del movimiento pentecostal. Sin embargo, tiene un peligroso efecto secundario en los que se saben salvos. Experimentan el poder continuamente transformador del Espíritu Santo en su vida y, sin embargo, se sienten ciudadanos de segunda clase. Para ellos, el bautismo en el Espíritu Santo se convierte en algo socialmente necesario que se debe lograr, en lugar de un anhelo por una relación espiritual más profunda que es inaugurada con el bautismo en el Espíritu Santo.[2]

Esto hace mucho más importante el que insistamos en que la actividad del Espíritu Santo en los creyentes, ya sea en cuanto a la salvación, o en cuanto al bautismo, es sobre todo una señal para el individuo, más que para la congregación. Muchas personas son salvas en su oración privada en un momento en que están solas. Lo mismo es cierto en cuanto a los que son bautizados en el Espíritu en un lugar de oración privado. Aun cuando hayamos sido salvos y bautizados en una reunión pública, ¿cuántas de las personas que asistieron a esa reunión recordarán lo que nos sucedió al cabo de unas cuantas semanas, o meses, o años? Si nos trasladamos a un lugar donde nadie nos conoce, los creyentes de ese lugar no han sido testigos de lo que nos ha sucedido. Deben confiar en el testimonio que demos con nuestra palabra y nuestra vida sobre la actividad del Espíritu Santo en nosotros.

Como Consolador

Tal como observamos en el estudio sobre los títulos del Espíritu Santo, éstos nos proporcionan claves para comprender su Persona y obra. La obra del Espíritu Santo como Consolador comprende su papel como el Espíritu de verdad que habita en nosotros (Juan 14:16; 15:26), como Maestro de todas las cosas, como Aquél que nos recuerda todo cuanto Cristo ha dicho (14:26), como el que dará testimonio a favor de Cristo (15:26), y como el que convencerá al mundo de pecado, de justicia y de juicio (16:8). Nunca valoraremos lo suficiente la importancia de estas funciones. El Espíritu Santo en nosotros comienza a aclarar las creencias erróneas, incompletas y desordenadas sobre Dios y su obra, sus propósitos, su Palabra, y sobre el mundo, que traemos con nosotros a nuestra relación con Dios. Tal como afirmara Pablo, es una obra para toda la vida, que nunca se verá terminada de este lado del velo (1 Corintios 13:12). Vemos claramente que el Espíritu Santo es más que alguien dedicado a consolarnos en nuestras aflicciones; Él es también quien nos guía hacia la victoria sobre el pecado y la angustia. El Espíritu Santo habita en nosotros para terminar la transformación que comenzó cuando fuimos salvos. Jesús vino a salvarnos *de* nuestros pecados; no *en* ellos. Él vino a salvarnos de algo más que del infierno en la otra vida; vino a salvarnos del infierno en esta vida; el que causamos debido a nuestros pecados. Jesús obra para realizar esto por medio de la actuación del Espíritu Santo.

Como Maestro

El Espíritu Santo puede y quiere ayudar a todo creyente para que interprete y comprenda correctamente la Palabra de Dios y su obra continua en este mundo. Él es quien nos guiará a toda verdad. Sin embargo, esta promesa exige trabajo de nuestra parte también. Debemos leer la Biblia cuidadosamente y en espíritu de oración. Dios nunca pretendió que fuera un libro difícil de entender para los suyos. Sin embargo, a menos que estemos dispuestos a cooperar con el Espíritu Santo, a base de aprender y aplicar reglas sólidas de interpretación, nuestra comprensión de la Biblia, que es nuestra regla infalible de fe y conducta, estará repleta de errores. El Espíritu Santo nos conducirá a toda verdad a medida que leamos y estudiemos *cuidadosamente* la Biblia bajo su dirección.

Una de las verdades que nos enseña el Espíritu Santo es la de que no nos es posible recitar una fórmula mágica al estilo de "Ato a Satanás; ato mi mente; ato mi carne. Ahora, Espíritu Santo, creo que los pensamientos y palabras que vengan a continuación procederán todos de ti". No podemos usar encantamientos mágicos para ejercer cohecho sobre Dios. Juan exhorta a la Iglesia a "probar los espíritus si son de Dios" (1 Juan 4:1). Esto significa que debemos permitir que el Espíritu de verdad nos guíe en la tarea de interpretar la Palabra de Dios, y que necesitamos confrontar todos nuestros pensamientos y los de otros con las Escrituras. Aquí hay un verdadero peligro. Un autor afirma en la cubierta de su libro: "Este libro fue escrito en el Espíritu." Otro declara acerca de su libro: "Predicciones correctas al ciento por ciento acerca de las cosas futuras."[2] La tarea del lector, con la ayuda del Espíritu Santo, consiste en seguir el ejemplo de los hermanos de Berea, que son elogiados por Él a través de Lucas porque "escudriñaban cada día las Escrituras para ver si estas cosas [dichas por Pablo] eran así" (Hechos 17:11). Todo creyente debe leer, probar y comprender la Palabra de Dios y las enseñanzas acerca de esa Palabra. El creyente puede hacer esto con confianza, sabiendo que el Espíritu Santo que habita en cada uno de nosotros nos guiará a toda verdad.

Hay otro aspecto más de la obra del Espíritu Santo como maestro. Esa obra consistió en preparar a Jesús, el Hijo de Dios encarnado, para su labor como Rey, Sacerdote y Cordero para el sacrificio. El Espíritu Santo descendió sobre María y la cubrió con su sombra, engendrando a Jesús, el Hijo de Dios. Fue Él también quien le hizo de maestro a Jesús siendo éste niño, de tal manera que a los doce años fue capaz de dejar asombrados a los maestros en el templo. "Se llenaba de sabiduría; y la gracia de Dios era sobre él" (Lucas 2:40). Después de su bautismo en el Jordán, Jesús, a quien se describe como lleno del Espíritu Santo, batalló con el adversario durante cuarenta días (Lucas 4:1–13). Siguió su vida lleno del Espíritu Santo. Como consecuencia, cuando el diablo buscaba un "momento oportuno" para volverlo a tentar, los resultados eran los mismos. Jesús "fue tentado en todo según nuestra semejanza, pero sin pecado" (Hebreos 4:15; véase también 2:10–18). Si estamos llenos del Espíritu Santo cuando luchamos con nuestra carne y con el Adversario, nosotros también podremos obtener la victoria sobre la tentación por medio del Espíritu mismo. Cristo vino a salvarnos de nuestros pecados; no en ellos.

El Espíritu Santo estaba activo en el ministerio de Jesús y de sus discípulos. Estaba en acción en la predicación y los milagros de los doce discípulos, y también en los de aquellos setenta y dos que Jesús envió a predicar el reino de Dios.

Otro aspecto de esta tarea es la ayuda que nos da el Espíritu para que recordemos todo lo que Jesús ha dicho. Sólo podemos recordar aquellas cosas que hemos conocido, y quizá olvidado por causa de la falta de uso. Esta ayuda del Espíritu Santo nos exige a los creyentes que estudiemos y aprendamos de memoria la Palabra, con la seguridad de que el Espíritu nos recordará todo cuanto Jesús ha dicho cuando lo necesitemos. Los que se deleitan en la Palabra de Dios y meditan en ella, descubrirán que son como árboles plantados junto a una corriente de agua (Salmo 1:2–3). En Lucas 24:6–8 se les pregunta a los discípulos por qué están buscando entre los muertos al que vive. Sin duda, el Espíritu utilizó las palabras de los mensajeros para ayudarlos a recordar las palabras de Jesús. En Juan 2:19, Jesús dice: "Destruid este templo, y en tres días lo levantaré." Nadie comprendió lo que Él quería decir, hasta después de que "resucitó de entre los muertos". Entonces, "sus discípulos se acordaron de que había dicho esto" (v. 22). Juan 12:16 es un ejemplo parecido de esta obra del Espíritu Santo.

El Espíritu Santo es también el maestro de los no creyentes. En esta función, el Espíritu (dicho con palabras de Jesús) convence al mundo "de pecado, de justicia y de juicio. De pecado, por cuanto no creen en mí; de justicia, por cuanto voy al Padre, y no me veréis más; y de juicio, por cuanto el príncipe de este mundo ha sido ya juzgado" (Juan 16:8–11). Esto se relaciona directamente con la labor que realiza el Espíritu Santo para atraer a todas las personas a la salvación. En Juan 14:6, Jesús afirma: "Nadie viene al Padre, sino por mí." Juan 6:44 establece: "Ninguno puede venir a mí, si el Padre que me envió no le trajere." Es el Espíritu Santo el que atrae a todo ser humano a Dios, aunque muchos rechacen esa atracción. Él no se cansa nunca de su llamado incesante: "¿Por qué moriréis …? Convertíos, pues, y viviréis."

Para dar testimonio de Cristo

La actividad del Espíritu Santo como el que da testimonio de Cristo comienza en el Antiguo Testamento y continúa hasta nuestros días. Fue el Espíritu Santo quien inspiró a los profetas del Antiguo Testamento mientras escribían las profecías sobre el Mesías que habría de venir. Esto no significa que el autor humano original, o sus destinatarios, tanto inmediatos como posteriores, reconociesen o comprendiesen siempre de manera total el significado de lo que estaban escribiendo o leyendo. Isaías 11:1–2 es un buen ejemplo de profecía mesiánica fácilmente reconocible:

> Saldrá una vara del tronco de Isaí, y un vástago retoñará de sus raíces. Y reposará sobre él el Espíritu de Jehová; espíritu de sabiduría y de inteligencia, espíritu de consejo y de poder, espíritu de conocimiento y de temor de Jehová.

Otros pasajes, como Isaías 53 y el Salmo 110:1, exigen mayor ayuda de parte del Espíritu Santo, y hasta cierto punto la comprensión de alguien situado después de la resurrección. Está claro que ni los discípulos ni los fariseos habían reconocido al Mesías sufriente, ni lo estaban buscando tampoco.

Lucas nos informa que el Espíritu Santo dio testimonio de que se acercaba la venida de Cristo, por medio de Juan el Bautista, de sus padres, de María, y de Simeón y Ana en Jerusalén (véase Lucas 1–3). En Juan 16:13–15, Jesús afirma que la obra del Espíritu Santo no es hablar por sí mismo, sino sólo aquello que el Padre y el Hijo le indican que diga.

Como promesa

Es difícil sugerir que alguno de los títulos o motivaciones el Espíritu Santo sea más importante que otro. Todo lo que hace el Espíritu es vital para el reino de Dios. Sin embargo, hay una motivación central, una función básica del Espíritu Santo, sin la cual todo cuanto se ha dicho de Él hasta este momento sería en vano: el Espíritu Santo es el depósito que garantiza nuestra herencia futura en Cristo.

> En él también vosotros, habiendo oído la palabra de verdad, el evangelio de vuestra salvación, y habiendo creído en él, fuisteis sellados con el Espíritu Santo de la promesa, que es las arras de nuestra herencia hasta la redención de la posesión adquirida, para alabanza de su gloria.

Efesios 1:13–14

¿Qué es lo que garantiza la obra del Espíritu Santo en nuestra vida y en la vida de la Iglesia?

> Porque sabemos que si nuestra morada terrestre, este tabernáculo, se deshiciere, tenemos de Dios un edificio, una casa no hecha de manos, eterna, en los cielos. Y por esto también gemimos, deseando ser revestidos de aquella nuestra habitación celestial; pues así seremos hallados vestidos, y no desnudos. Porque asimismo los que estamos en este tabernáculo gemimos con angustia; porque no quisiéramos ser desnudados, sino revestidos, para que lo mortal sea absorbido por la vida. Más el que nos hizo para esto mismo es Dios, quien nos ha dado las arras del Espíritu.

2 Corintios 5:1–5
(véase también 2 Corintios 1:22; Efesios 4:30)

Por medio del Espíritu Santo llegamos a conocer a Dios por experiencia propia, como en la palabra hebrea *yadá*, "conocer por experiencia". Nuestra experiencia con el Espíritu Santo nos sirve de prueba de la resurrección de Cristo. Tal como Pablo afirmaba en 1 Corintios 15, si Cristo no ha resucitado de entre los muertos, entonces nunca habrá una resurrección, y todas nuestras creencias en Dios y en la salvación son mentiras. Como observamos con respecto a Samuel, hay una diferencia entre saber cosas acerca de una persona o de Dios, y conocer a una persona o a Dios porque nos hemos encontrado personalmente y hemos experimentado su presencia.

Tener un conocimiento intelectual del contenido de la Biblia *no es conocer a Dios*. Muchos teólogos y comentaristas de la Biblia, algunos de los cuales conozco personalmente, y otros sólo a través de sus escritos, saben más acerca de la religión, la historia de la Iglesia, el contenido de la Biblia y la teología, que muchos de los que se llaman cristianos. Sin embargo, nunca se han rendido al llamado del Espíritu Santo sobre su vida; ni siquiera lo han reconocido. No tienen experiencia de Dios en su vida. Creen que si ellos no han experimentado a Dios, entonces nadie lo ha experimentado jamás. Por tanto, niegan la existencia de Dios y denuncian a los cristianos por interpretar sus experiencias subjetivas como la actividad de Dios en su vida. Declaran que no hay evidencia alguna de la actividad divina en el universo. Todo no es más que causas y efectos naturales. No obstante, todo esto se basa en su falta subjetiva de actividad divina.

Ahora podemos comenzar a apreciar lo importante que es la obra del Espíritu Santo como señal para el creyente de su inclusión en el Cuerpo de Cristo, más aún que para la

Iglesia. El Espíritu Santo no sólo verifica la resurrección, sino que también, por extensión, verifica la veracidad de las Escrituras. Sin las arras ("primer pago") del Espíritu Santo, que nos enseñe, nos guíe a toda verdad y nos dé testimonio de Cristo, no habría Iglesia alguna hoy, porque no habría evangelio que predicar.

PREGUNTAS DE ESTUDIO

1. ¿Por qué es importante que todos los cristianos conozcan los elementos de la religión popular y el papel que esta religión popular juega en la vida diaria del cristiano?
2. ¿Cuál es la diferencia entre la actividad del Espíritu Santo prometida en Joel 2:28-29 y la prometida en Hechos 2:17-18?
3. ¿Qué aspectos de la promesa del Espíritu harían que les pareciese radical a los oyentes originales de esta profecía?
4. ¿Cuáles son las principales diferencias y similaridades entre la circuncisión y el bautismo en el Espíritu Santo como señales de inclusión dentro del pueblo de Dios?
5. ¿Estaría usted de acuerdo, o en desacuerdo con respecto a la idea de que el bautismo en el Espíritu Santo y la inhabitación del Espíritu son, en primer lugar, una señal para el individuo, más que para la Iglesia? ¿Por qué?
6. ¿Por qué es tan importante la función del Espíritu Santo como garantía de la resurrección? Mencione algunas de las consecuencias de esta función del Espíritu Santo.
7. El papel del Espíritu Santo como maestro de todas las cosas exige ciertas acciones y actitudes por parte del estudiante. Mencione algunas de estas exigencias y comente sobre su importancia para la comprensión correcta de la Biblia y de sus doctrinas.
8. Comente la importancia del uso de la Biblia al probar afirmaciones acerca de la teología, la profecía y la operación de los dones del Espíritu. ¿Dará el Espíritu alguna vez indicaciones que sean contrarias a enseñanzas claras de las Escrituras?

El Espíritu Santo y la santificación

Este capítulo se centra en el Espíritu Santo y la santificación, aun cuando estén relacionados con ella los tres miembros de la Trinidad. El plan es de Dios. Su anhelo es nada menos que la santificación del mundo entero y de todos sus habitantes. Jesucristo murió para hacer posible ese plan, pero su obra en la cruz ha terminado (Juan 19:30; véase Hebreos 10:10-14). El agente activo hoy en la santificación es el Espíritu de Dios. Su papel principal en este proceso queda indicado por su título más frecuente, el de Espíritu *Santo*, y los símbolos de purificación con los que se le representa en las Escrituras: el agua y el fuego.

El título "Espíritu Santo" aparece noventa y cuatro veces en el Nuevo Testamento (incluyendo la aparición única de "Espíritu de santidad" en Romanos 1:4). Todos los demás títulos alternos del Espíritu aparecen con una frecuencia mucho menor. Aunque algunos puedan alegar que "Espíritu Santo" es una simple abreviación de "Espíritu del Santo", no es posible limitarse a dar de él una explicación superficial. Dios Padre tiene muchos atributos únicos; cualquiera de ellos — eternidad, omnipotencia, omnisciencia — habría podido servir para identificar al Espíritu, tanto como la santidad. Los escritores del Nuevo Testamento usaron la expresión "Espíritu Santo" con tanta frecuencia porque reconocían lo importante que es el Espíritu para la santificación del mundo.

Los símbolos que usaron estos escritores con respecto al Espíritu son también reveladores. Los rituales de purificación del Antiguo Testamento (acerca de los cuales abundaremos más adelante) usaban sangre, agua y fuego. La primera señala hacia el ministerio de Jesús; la segunda y (hasta cierto punto) la tercera, al ministerio del Espíritu Santo. Es frecuente que se simbolice al Espíritu de Dios por medio del agua (Isaías 44:3-4; Ezequiel 36:25-27; Joel 2:23; véanse 2:28; Juan 7:38-39; véase 19:34), o que se hable de Él con términos reservados generalmente a los fluidos: "derramar" (Zacarías 12:10; Hechos 2:17-18; 10:45), "llenar" (Lucas 1:15; Hechos 2:4; Efesios 5:18), "ungir" (Isaías 61:1-2; véase Lucas 4:18); incluso "bautizar" y "bautismo" (Juan 1:33; Hechos 1:5; 1 Corintios 12:13). Menos frecuentemente, se simboliza al Espíritu con el fuego (Hechos 2:3; Apocalipsis 4:5) o se le encuentra en una estrecha relación con él (Mateo 3:11; Lucas 3:16). Estos símbolos eran poderosos para los oyentes judíos, acostumbrados a los bautismos y a otros ritos de purificación que había en el judaísmo del primer siglo. En parte, es posible que nuestros malentendidos con respecto a la santificación y a la obra del Espíritu Santo se deban a nuestra falta de conocimiento sobre esos ritos de purificación.

En general, cuando la gente de hoy habla de la obra del Espíritu con respecto a la santificación, se refiere a un proceso (o experiencia) espiritual por el cual pasa la persona, y que la hace más santa. Algunos identifican esta experiencia con la salvación; otros la identifican como una experiencia posterior, y otros la identifican como un proceso que incluye ambas experiencias anteriores y más. Sin embargo, la obra santificadora del Espíritu comprende más aún. Es parte integral de todo el plan de Dios para la humanidad; su "historia de la salvación". Como tal, incluye su obra, tanto con los convertidos, como con los no convertidos.

Aun así, muchos están sumamente preocupados acerca de cómo se les aplica a ellos la santificación de manera individual. Esa preocupación es adecuada. Al fin y al cabo, el plan de Dios para el mundo es realizado en los humanos, uno a uno. Se podrían formular de manera muy sencilla las preguntas prácticas acerca de la santificación de una persona:

¿Qué es la santificación?

¿Se produce de un solo golpe, o es un proceso?

¿Cómo se relaciona con la salvación?

¿Qué significa ser santo (o "santificado")?

¿Quién tiene la responsabilidad de hacernos santos, y qué se puede hacer si no alcanzamos la santidad auténtica?

¿Llega alguna vez el creyente a alcanzar un estado en el que se le hace imposible pecar, eso que algunas veces se llama "perfección cristiana"?

Antes de responder a estas preguntas, sería útil definir los términos, explicar los límites de nuestro estudio y revisar la doctrina de la santificación a lo largo de la historia de la Iglesia.

DEFINICIÓN DE LA SANTIFICACIÓN

De acuerdo a lo expresado en los párrafos anteriores, debería ser obvio que estamos presentando aquí la santificación en su sentido más amplio. La santificación es el proceso por medio de la cual Dios está limpiando nuestro mundo y sus habitantes. Su meta final es que todas las cosas — animadas o inanimadas — sean purificadas de toda mancha de pecado o impureza. Con este propósito, nos ha proporcionado el medio de salvación a través de Jesucristo. Al final de los tiempos, también ha planificado entregar al fuego todo lo que no pueda o quiera ser purificado (Apocalipsis 20:11 a 21:1; véase también 2 Pedro 3:10–13), limpiando así la tierra de todo cuanto es pecaminoso.

La misión del Espíritu Santo en la etapa presente de la historia de la salvación es cuádruple: (1) convencer al mundo; (2) limpiar al creyente por medio de la sangre de Cristo cuando nace de nuevo; (3) hacer real en la vida del creyente el pronunciamiento legal de justicia que Dios ha hecho; y (4) llenar de poder al creyente para que ayude en el proceso de santificación de otros por (a) la proclamación del evangelio a los no creyentes y (b) la edificación de los creyentes.

Lo acostumbrado entre los teólogos es utilizar el término "santificación" solamente para hablar de la tercera de estas cuatro tareas del Espíritu Santo. En este sentido más restringido, A. H. Strong define la santificación como "esa operación continua del Espíritu Santo, por medio del cual se mantiene y fortalece la disposición santa impartida en la regeneración". Charles Hodge está de acuerdo con el Catecismo de Westminster, que define la santificación como "la obra de la gracia de Dios por medio de la cual somos renovados en el hombre entero según la imagen de Dios, y podemos morir cada vez más al pecado, y vivir para la justicia".[2] No tenemos nada en contra de ninguna de estas dos explicaciones, pero nos parece que la definición del término dada por Millard Erickson es la afirmación más clara de la forma en que entendemos esta parte del proceso. Dice Erickson: "Es una continuación de lo que ha comenzado en la regeneración, cuando le fue otorgada e impartida al creyente una novedad de vida. En especial, la santificación es la aplicación por parte del Espíritu Santo a la vida del creyente de la obra hecha por Jesucristo."

LA SANTIFICACIÓN EN LA HISTORIA DE LA IGLESIA

No es nuestro propósito hacer un estudio histórico completo de la teología de la santificación. Dicho estudio revisaría todas las posiciones que ha tomado la Iglesia acerca de este tema a lo largo de los tiempos, así como las circunstancias que la han llevado a tomar esas posiciones. Nuestra intención es explicar lo que dice la Biblia acerca de la obra santificadora del Espíritu Santo. Esto ayudará a aquéllos que quieren vivir de una manera cada vez más agradable a Dios.

En todas las épocas, incluso la nuestra, la Iglesia ha tenido puntos fuertes y puntos débiles en su teología. Con frecuencia, se los puede entender mejor si se observa el flujo y reflujo histórico de diversas doctrinas en el pasado. Debido a las limitaciones de espacio, no podemos incluir aquí un estudio exhaustivo de la teología histórica de la santificación. Sin embargo, nuestro estudio puede servir de guía en cuanto al desarrollo de la doctrina. Cualquier otra cosa que sea la que aprendamos de dicho estudio, es de algún consuelo saber que ha habido otros en la Iglesia que han luchado con las consecuencias prácticas de esta doctrina.

Los primeros seguidores de Jesús esperaban que Él regresara en cualquier momento, y así lo predicaban (Hechos 2:7). Por esto insistían fuertemente en la salvación y el evangelismo (Mateo 28:18–20; Hechos 1:7–8). A medida que pasaron los años, y se retrasaba la venida de Cristo, los escritos del Nuevo Testamento indican que se desarrollaron ciertos problemas en la Iglesia (1 Tesalonicenses 4:13–18; 1 Pedro 3:3–18). Por ejemplo, algunos creyentes no llevaban una vida santa, sino que utilizaban su libertad con respecto al código moral judío como excusa para una conducta licenciosa (como en las iglesias de Corinto, Galacia, Colosas y las de Apocalipsis 2 y 3). Otros (los judaizantes) alegaban que la solución al problema era que tanto los cristianos de origen gentil, como los de origen judío, obedecieran la ley mosaica (Hechos 15), sugerencia que amenazaba con disminuir la importancia del sacrificio de Jesús (Hebreos 6:4–6). Aunque la derrota de esta sugerencia constituye un hito en el mantenimiento del cristianismo accesible a los seres humanos de todas las razas, no resolvió el problema real de cómo mantener una vida santa en medio de un mundo caído.

La Iglesia posterior a la época del Nuevo Testamento se retiró rápidamente de la doctrina bíblica de una santificación por pura gracia, dada y mantenida únicamente por el poder de Dios. En lugar de esto, buscó un entendimiento entre la interpretación farisaica y legalista de la ley mosaica (Mateo 23) y el perdón ilimitado que enseñó Jesús (Mateo 6:9–15; véase 18:21–35) y expuso Pablo (Romanos 3:21–24). En resumen, a pesar de todas las epístolas de Pablo y los esfuerzos misioneros, fueron muchos los que no supieron aprender las lecciones de la santificación.

La forma en que la Iglesia fue haciendo concesiones es iluminadora. Según Louis Berkhof, los primeros padres de la Iglesia escribieron poco acerca de la doctrina de la santificación. Sin embargo, Ignacio de Antioquía sí enseñaba que "tener a Jesús dentro de uno" era lo que producía una renovación moral.[2]

No obstante esto, la Iglesia temprana sí enseñaba que la salvación dependía de una combinación de fe y buenas obras. Concretamente, decían que el bautismo cristiano limpiaba de los pecados anteriores a él, pero que las fallas morales posteriores al bautismo cristiano exigían cierta forma de contrapeso de penitencia o buenas obras.

Agustín, cuyos escritos le dieron forma en un grado notable a la iglesia católica, pensaba que la santificación era un "depósito de Dios en el hombre". Berkhof resume la doctrina de Agustín, diciendo: "Puesto que creía en la corrupción total de la naturaleza humana por causa de la caída, pensaba que la santificación era una nueva impartición de vida divina ... que operaba exclusivamente dentro de los confines de la Iglesia y a través de los sacramentos".

La importancia que le da Agustín al papel de los sacramentos en el proceso de santificación tuvo una notable influencia en la Iglesia. Con todo, más importante aún fue su insistencia en que estos sacramentos eran propiedad exclusiva de la Iglesia. En los momentos más cimeros de la Edad Media, Tomás de Aquino amplió esta doctrina, enseñando que la Iglesia controlaba un "tesoro de méritos" que podía otorgar a un creyente que los necesitara. Después del bautismo cristiano, los pecados veniales del creyente podían ser borrados por el sacramento de la comunión, mientras que los "pecados mortales", más graves, exigían cierta forma de penitencia.[2]

Los dirigentes de la Reforma se sintieron angustiados por la corrupción que vieron en la iglesia católica. En consecuencia, le restaron importancia al papel de la iglesia institucional y de los sacramentos en la santificación. Alegaban al respecto que la santificación es la obra del Espíritu, "en primer lugar por medio de la Palabra, y [sólo] de manera secundaria por medio de los sacramentos". También decían que "la justificación proporciona la fuerza que motiva a la santificación".

Los pietistas y los metodistas, en su desespero por la falta de vitalidad espiritual en sus propias filas, apartaron aún más este proceso del control de la Iglesia. Afirmaban que el Espíritu Santo realizaba esta obra por medio del amor, la entrega y la obediencia del creyente a Cristo, junto con un anhelo por la santidad práctica, y una lucha por alcanzar la perfección. Insistían en una *relación* espiritual individual y personal, más que en la participación en una actividad patrocinada por la iglesia institucional: los sacramentos (catolicismo) o la predicación de la Palabra (luteranismo).

Juan Wesley mismo fue más extremista aún, y enseñaba que aquéllos que carecían de vitalidad espiritual habían sido salvos, pero no santificados. Creía que la justificación y la santificación eran dos obras distintas y separadas de la gracia. La salvación era la primera; la santificación, la segunda. Con frecuencia le daba a esta segunda obra el nombre de perfección cristiana, diciendo que hacía imposible toda transgresión *voluntaria* de las leyes de Dios (estaba dispuesto a admitir que aún podrían seguir ocurriendo transgresiones involuntarias). Definía esta perfección como amar a Dios y al prójimo, tener la mente que había en Cristo Jesús, tener el fruto indivisible del Espíritu unido en el alma del creyente, y tener la imagen moral de Dios renovada en justicia y santidad verdadera. "Esto — decía — es la perfección". La solución a los problemas espirituales de la Iglesia en su tiempo era esta segunda obra de la gracia: la santificación. La santificación proporcionaría una espiritualidad personal mayor y aumentaría el poder para trabajar en los campos de cosecha del mundo.

Los miembros del movimiento de santidad de mediados del siglo diecinueve hasta principios del veinte, enfrentados a la insípida espiritualidad de sus propias denominaciones (que con frecuencia se convirtieron en "previas"), adoptó muchas de las características del metodismo temprano. Entre estas características se hallaba la distinción entre una primera obra de la gracia y una segunda obra, así como la insistencia en la espiritualidad personal. En muchas ocasiones, esta segunda obra de la gracia fue identificada como el bautismo en el Espíritu Santo. Como en las enseñanzas de Juan Wesley, esta experiencia proporcionó tanto un aumento en la espiritualidad (la "santidad"), como un poder mayor para servir.

Otros líderes de las iglesias en aquellos tiempos estaban de acuerdo con los grupos de santidad en que la Iglesia necesitaba una renovación, pero discrepaban con su solución. Uno de ellos era Charles Finney, quien adoptó un punto de vista más modesto. Aunque aceptaba la enseñanza wesleyana de una segunda obra (instantánea) de la gracia, enseñaba que no era una obra de santificación; era un revestimiento de poder.

Reuben A. Torrey fue otro líder importante de la Iglesia en este aspecto. Animado por el evangelista Dwight L. Moody, ofreció una versión distinta de esta doctrina. Enseñó que la santificación era un proceso, pero que el poder para servir procedía del bautismo en el Espíritu. En otras palabras, rechazaba la identificación que hacían los grupos de santidad del bautismo en el Espíritu como una "segunda obra de la gracia" que proporcionaba santidad. Retuvo la expresión "bautismo en el Espíritu", estuvo de acuerdo en que era posterior a la salvación, y enseñó que únicamente era un don divino que daba poder espiritual.

La creciente insistencia en la obra del Espíritu Santo a fines del siglo diecinueve preparó el camino para la renovación del pentecostalismo a principios del siglo veinte. Sin embargo, algunos de los primeros pentecostales sostenían que el bautismo en el Espíritu Santo era una *tercera* obra de la gracia: (1) la salvación, por la cual una persona era purificada de los pecados de la vida no regenerada; (2) la santificación, que proporcionaba victoria sobre el pecado en esta vida, en el sentido wesleyano; y (3) el bautismo del Espíritu Santo, que le daba poder al creyente para servir a Dios y a los demás. Las dos últimas parecían relegar al resto de la Iglesia a una posición espiritual inferior, alentando un elitismo espiritual pentecostal. Pronto, los no pentecostales comenzaron a caracterizar a todos los pentecostales como elitistas, aun aquéllos que no habían tomado posiciones tan extremas. Lamentablemente, parece haberse perdido la doctrina de la santificación en el calor de la batalla.

En el presente existe una urgente necesidad de renovar la insistencia en cuanto a la doctrina de la santificación en los círculos pentecostales. En primer lugar, hoy serían pocos los pentecostales que alegarían que ellos mismos no están necesitando una renovación espiritual. A pesar del gran número de creyentes bautizados en el Espíritu Santo, muchas iglesias pentecostales carecen de la vitalidad y la eficacia que eran evidentes en años pasados. En segundo lugar, la insistencia pentecostal en el bautismo en el Espíritu y los dones sobrenaturales del Espíritu ha tenido por consecuencia un descuido con respecto al resto de la obra del Espíritu, incluyendo la santificación. En tercer lugar, la mayor aceptación de los pentecostales y carismáticos parece haber amenazado la diferencia tradicional entre la Iglesia y el mundo, poniendo en tela de juicio muchas normas antiguas de santidad. Por último, a los pentecostales modernos les agrada su recién adquirida popularidad, y están ansiosos por evitar toda apariencia de elitismo espiritual, por temor de perder esa popularidad.

LA SANTIFICACIÓN EN EL ANTIGUO TESTAMENTO

La terminología

Qadash y los términos relacionados. El hebreo *qadash*, traducido con frecuencia como "el santo", conlleva la idea básica de separación, o de alejamiento del uso ordinario con el fin de ser consagrado a Dios y a su servicio. Se encuentra en la Biblia tanto en forma de verbo ("ser apartado", "consagrado") como de adjetivo (heb. *qadosh*, "sagrado", "santo", "consagrado" [un lugar, una persona, etc.]), tanto si se aplica esta cualidad a Dios mismo, como si se aplica a lugares, cosas, personas o momentos santificados o apartados por Dios o para Él. El Nuevo Testamento suele utilizar el griego *haguiádzo* y los vocablos de su grupo (por ejemplo, gr. *háguios*) para comunicar la misma idea.

Quizás la mejor manera de definir la santidad sea en función de la personalidad de Dios. La Biblia enseña claramente que la característica fundamental de Dios es la santidad. Es lo que Él dice de sí mismo: "Seréis, pues, santos, porque yo soy santo" (Levítico 11:44; véase también 1 Pedro 1:15-16); el pueblo lo proclama: "Él es Dios santo" (Josué 24:19); los serafines lo afirman mientras adoran a Dios: "Santo, santo, santo, Jehová de los ejércitos" (Isaías 6:3; véase Apocalipsis 4:8); incluso Jesús mismo, el Hijo de Dios, lo llama *"Padre santo"* (Juan 17:11).

El profeta Amos dice: "Jehová el Señor juró por su santidad" (2:4), añadiendo más tarde: "Jehová el Señor juró por sí mismo" (6:8), con lo que indica que la santidad es central en su esencia más íntima (véase 6:8), la cual es diferente a todo cuanto Él ha creado, además de hallarse separada de todo pecado y maldad. "La santidad de Dios se convierte en una expresión de la perfección de su ser, que trasciende todo lo creado".

Quizá la mejor palabra contemporánea para comunicar esta idea sea "alienidad"; esto es, si podemos pasar por alto su connotación frecuentemente negativa. La santidad, en su sentido básico, es algo que no es humano ni terrenal; pertenece por completo a otro ámbito. Es decir: un Dios *santo* es un Dios que es separado y distinto con respecto a sucreación (lo opuesto a lo que enseña el panteísmo).

Comprendemos que esta calidad de santidad es la característica esencial de la divinidad que Él puede impartir. Es la manera en la que Dios imparte esta cualidad la que más nos interesa; en particular en su relación individual con los seres humanos. El problema es que la humanidad, desde la caída, está viviendo en un mundo caído y no es santa. Con todo, Dios anhela tener comunión con nosotros. Puesto que Él no se puede hacer menos santo para tener esa comunión, nosotros debemos convertirnos en más santos.

Dios comunica esta idea en el Antiguo Testamento de diversas formas. Primeramente, le dice a su pueblo: "Seréis, pues, santos, porque yo soy santo" (Levítico 11:44). Después, consagra diversas cosas a fin de facilitar la comunión con su pueblo, su "nación santa" (Éxodo 19:6): un sacerdocio santo para que oficie (Éxodo 29:1; 1 Samuel 7:1), con vestiduras santas (Éxodo 28:2-4; 29:29), un tabernáculo (o templo) santo en el cual habitaría en medio de su pueblo (Éxodo 29:31; Levítico 16:24; Salmos 46:4; 65:4), ciertos "días santos" en los cuales debían detener sus tareas diarias para adorar a Dios (Éxodo 16:23; Levítico 23:32; Jeremías 17:21-27), e incluso agua santa para limpiar a las personas impuras (Números 5:17).

Taher y los vocablos relacionados. El hebreo *taher* no es tan común como *qadash* en el Antiguo Testamento, pero es al menos igualmente importante para comprender la santificación. Su significado radical es "ser limpio, puro". Esta limpieza puede ser una limpieza ceremonial, una pureza moral, o incluso la pureza relativa de un metal. En cuanto a su uso, no parece haber ninguna distinción mayor entre limpiar de la impureza física (la contaminación por el contacto con sustancias inmundas) y limpiar de la impureza espiritual (la corrupción moral). La primera es mucho más frecuente; la segunda parece ser una extensión lógica de ella.

En su conjunto, los sustantivos de este grupo aparecen sólo diecinueve veces, pero el adjetivo aparece noventa. En el Génesis sólo se usa con respecto a los animales "limpios" (Génesis 7:2, 8; 8:20) y en el Éxodo solamente con respecto a los materiales puros, más frecuentemente para hablar del oro puro (Éxodo 25:11-39; 30:3; 39:15, etc.). El Levítico tiende a utilizarlo en relación con la limpieza ceremonial (Levítico 4:12; 13:13, 17, 40-41), como lo hace Números (Números 5:28; 18:11, 13; 19:9, 18-19).

El paso del uso concreto al abstracto resulta instructivo, porque es ilustrativo de la transición. Se dice de las palabras del Señor que son puras (Salmo 12:6); Él es "muy limpio de ojos para ver el mal" (Habacuc 1:13), esto es, con aprobación. El temor del Señor que tenga una persona es "puro" (Salmo 19:9). El salmista exclama: "Crea en mí, oh Dios, un corazón limpio" (51:10; véase Proverbios 22:11). Ezequiel dice que Dios "limpiará" a su pueblo de la idolatría (Ezequiel 36:25).

El verbo aparece ochenta y nueve veces en diversas formas dentro del Antiguo Testamento. De éstas, treinta y ocho aparecen en un solo libro, el Levítico, que da instrucciones detalladas para los diversos ritos de purificación.

Los ritos de purificación

El Antiguo Testamento enseña que algo puede quedar separado de Dios, o bien por el pecado, o por la impureza. Se puede obtener perdón del pecado ofreciendo el sacrificio adecuado; la purificación de la inmundicia exige que la persona pase por el rito de purificación adecuado. Estos ritos son importantes, puesto que son representaciones visuales de verdades espirituales.

En el Levítico y en Números se describen una serie de ritos de purificación. Se pueden dividir en dos categorías: (1) ritos para cosas que se pueden purificar, y (2) ritos para cosas que no se pueden purificar. Todos los ritos de la primera categoría usan el agua. La forma más simple de rito de esta primera categoría es que una persona que había quedado inmunda tenía que lavar sus ropas, y quedaría inmunda hasta el atardecer (Levítico 11:38, 40; 12:6, etc.). En ese momento se le consideraría limpio y libre para ir y venir a su antojo. Una cantidad algo mayor de impureza, como la contraída al entrar en contacto con los fluidos corporales de otra persona, se podía limpiar añadiendo sencillamente al ritual básico la exigencia de bañarse (Levítico 15:1-32; Números 19:11-13).

Unas cantidades mayores de impureza exigían ceremonias más complicadas e ingredientes poderosos. Los que eran sanados de una enfermedad de la piel eran rociados siete veces con agua mezclada con sangre. Entonces tenían que lavar sus ropas, afeitar todo el pelo de su cuerpo, bañarse y permanecer inmundos por siete días (Levítico 14:1-9; véase Números 19:1-10, 17-22). Al octavo día, debían traer un sacrificio, y el sacerdote tomaría un poco de sangre y aceite del sacrificio para ungirlos con ellos. Entonces quedaban limpios (Levítico 14:10–32). Se usaban exigencias similares para las casas que tenían moho común (14:48–53).

Bajo las condiciones correctas, aun el agua podía quedar inmunda (Levítico 11:33–35). Los rabinos de épocas posteriores iban hasta los últimos detalles para especificar la cantidad de agua y el tipo de rociamiento, o incluso bautismo, que cada clase de impureza exigía para limpiarla. Levítico 11:36 contiene ciertamente un detalle más importante: el agua de una fuente, o de una cisterna bajo tierra, siempre era considerada limpia. Por ejemplo, el agua de una fuente era literalmente "agua viva". Se movía y, por tanto, siempre se estaba renovando a partir de una fuente oculta. De hecho, no podía quedar inmunda.

Aquí se encuentra la importancia de la expresión "agua viva". Gramaticalmente, significa simplemente "agua que se mueve, o que fluye", pero teológicamente significa "agua que nunca puede ser hecha inmunda". Ésta es la razón de que en muchos de los ritos de purificación hiciera falta agua "fresca" o "corriente" (Levítico 14:5–6, 50–52; 15:13). Esto explica también por qué Dios se describe a sí mismo ante la Jerusalén pecadora como una "fuente de aguas vivas" (Jeremías 2:13; 17:13), y por qué los comentaristas pueden decir que la fuente y los ríos de Zacarías son para la purificación (Zacarías 13:1; 14:8). Es aún más importante el que explica por qué Jesús se describe a sí mismo como la fuente de "agua viva" (Juan 4:10–11; 7:38); Él es quien provee purificación ilimitada para todo tipo de pecado e impureza.

Otros términos usados con respecto a estos ritos de purificación se abrieron camino hasta el Nuevo Testamento, formando parte de la teología de la santificación. Entre ellos están "rociar" (Hebreos 9:13–28; 10:22; 11:28; 12:24; 1 Pedro 1:2), "lavar" (Mateo 15:2; Juan 13:5–14; Hechos 22:16; 1 Corintios 6:11; Apocalipsis 1:5) y "bautizar" (Romanos 6:4; Efesios 4:5; Colosenses 2:12; Hebreos 6:2; 1 Pedro 3:21), así como los términos más generales para santidad y limpieza (de los que hablaremos posteriormente con más detalle).

La segunda categoría de ritos de purificación es para las cosas que no se podían limpiar. Esto incluía una serie de materiales: tela o cuero con cualquier tipo de moho destructivo (Levítico 13:47–59), o una casa en la que no se había podido limpiar el moho (Levítico 14:33–53). Generalmente, este tipo de cosas eran destruidas (Levítico 11:33, 35; 14:40–41, 45), a menudo por el fuego (Levítico 13:52, 55, 57). Dios destruyó a Sodoma y Gomorra por medio del fuego (Génesis 19:24; véase también Lucas 17:29–30), tal como hizo más tarde con la Jerusalén idólatra (Jeremías 4:4; 17:27). En Jericó, todo se debía quemar, menos los artículos de metal (Josué 6:17, 24). Cuando Acán robó estos artículos, fueron quemados él, su familia y todas sus posesiones (7:12, 25); también lo fue la ciudad de Hazor (11:11, 13).

Puesto que los ritos son presentaciones visuales de verdades espirituales, ¿qué verdades quiere Dios que aprendamos con estos ritos de purificación? Ciertamente, nos enseñan que Él es santo, y que exige santidad de su pueblo. También nos enseñan algo más: Dios desea que todo llegue a ser hecho santo. Él proporcionó un medio de purificación para todo tipo de material que se podía purificar, aun cuando el procedimiento fuera costoso o extenso. Esto es, el de "lavar" (por ejemplo, Números 19:19, 21), o el de "bautizar" (por ejemplo, Levítico 11:32, donde "metido en agua" es en hebreo *taval*, "sumergir", "hundir"), quitar la piel, pero "salvar" el material. Aquellos materiales que no se podían limpiar, Él los destruía (generalmente) por el fuego. Esto mantenía al campamento y al pueblo de Dios limpios o santos.

Esta verdad tiene una poderosa aplicación espiritual para los que estamos bajo el nuevo pacto. Dios, por medio del poder santificador de su Espíritu, sigue deseando purificar a quienes se desprendan de su pecado. Él les quitará el pecado y los salvará. Los que no estén dispuestos a abandonar su pecado, como los materiales más contaminados del Antiguo Testamento, deberán ser destruidos junto con su pecado, exactamente de la misma manera: por el fuego.

La promesa profética

Los profetas hebreos miraban hacia un tiempo en el futuro en el que Dios limpiaría a toda la humanidad y al mundo en que ella vive. Dios les reveló que Él realizaría esta gran labor de purificación por medio de su Espíritu: "No con ejército, ni con fuerza, sino con mi Espíritu, ha dicho Jehová de los ejércitos" (Zacarías 4:6). Por consiguiente, los profetas usaron con frecuencia, para describir esta obra divina, un vocabulario tomado de los ritos de purificación del templo. Por ejemplo, en Ezequiel le dice Dios a Israel: "Esparciré sobre vosotros agua limpia (heb. *tehorim*), y seréis limpiados (heb. *tehartem*) de todas vuestras inmundicias; y de todos vuestros ídolos os limpiaré (heb. *ataher*). Os daré corazón nuevo, y pondré espíritu nuevo dentro de vosotros; y quitaré de vuestra carne el corazón de piedra, y os daré un corazón de carne. Y pondré dentro de vosotros mi Espíritu, y haré que andéis en mis estatutos, y guardéis mis preceptos, y los pongáis por obra ... Y os guardaré de todas vuestras inmundicias" (Ezequiel 36:25–27, 29).

Dios también promete que restaurará tanto a Israel como a Judá a la tierra, y los hará limpios (Ezequiel 37:21–23). Los poblados serán reconstruidos y la tierra se volverá "como huerto de Edén" (36:33–35).

Esta purificación por el Espíritu (así como otros aspectos de su obra) estaría a disposición de todos en el futuro; tanto hombres como mujeres, judíos como gentiles, jóvenes como ancianos (Joel 2:28–32). Algunas veces, la visión describe una lluvia purificadora (Joel 2:23); otras veces se trata de un poderoso río que fluye desde el templo por toda la tierra, trayendo purificación y dando vida (Ezequiel 47:1–12).

Zacarías profetizó que este río de "aguas vivas" se dividiría en cuatro partes para regar la tierra (Zacarías 14:4, 8), como en el huerto del Edén (Ezequiel 36:35; véase Génesis 2:20). En ese día, el Señor gobernará desde Jerusalén y toda nación subirá allí para adorarlo (Zacarías 14:16). Jerusalén misma será tan santa, que "estará grabado sobre las campanillas de los caballos: SANTIDAD A JEHOVÁ; y las ollas de la casa de Jehová serán como los tazones del altar. Y toda olla en Jerusalén y Judá será consagrada a Jehová de los ejércitos" (Zacarías 14:20–21; véase Jeremías 31:40).

Los pasajes de Ezequiel y Zacarías eran leídos anualmente en la fiesta judía de los Tabernáculos. Jesús asistió a esta fiesta por lo menos una vez: "En el último y gran día de la fiesta, Jesús se puso en pie y alzó la voz, diciendo: Si alguno tiene sed, venga a mí y beba. El que cree en mí, como dice la Escritura, de su interior correrán ríos de agua viva" (Juan 7:37–38).

"De su interior" (gr. *ek tés koilías aytú*) significa literalmente "de su vientre". Esto no significa que esté hablando del vientre del creyente, ni se puede referir directamente al vientre del Mesías, puesto que no hallamos ninguno de los dos conceptos en las Escrituras del Antiguo Testamento. Se refiere a Jerusalén, donde Jesús sería crucificado, y donde se derramaría el Espíritu Santo el día de Pentecostés.

Los judíos entendieron que Jesús hablaba de Jerusalén (como el "ombligo de la tierra"), y que sus palabras se referían a dos de los pasajes litúrgicos leídos en la fiesta: Zacarías 14 y Ezequiel 36. Estaban en lo cierto, aunque sólo parcialmente. Jesús quería que supiesen que este poderoso río de aguas vivas purificadoras que habían visto los profetas, era en realidad el Espíritu de Dios. Sabemos esto, porque Juan dice a continuación: "Esto dijo del Espíritu que habían de recibir los que creyesen en él" (Juan 7:39; véanse 4:13–14; 19:34). Esto no es el bautismo en el Espíritu; o al menos, sólo el bautismo en el Espíritu, sino una referencia a la poderosa obra de santificación que haría el Espíritu en medio del pueblo de Dios en los últimos días.

LA SANTIFICACIÓN EN EL NUEVO TESTAMENTO

Terminología

Los dos términos griegos críticos para el estudio de la santificación en el Nuevo Testamento son *haguiadzo* (y su grupo) y *kazarídzo* (y su grupo). *Haguiádzo* es aproximadamente equivalente al hebreo *qadash*, y casi siempre es su traducción en la Septuaginta. Significa "hacer santo, apartar, purificar, dedicar o consagrar", además de "tratar como santo". El griego *kazarídzo* casi siempre traduce el hebreo *taher* en la Septuaginta. Significa "hacer limpio o purificar", y se usa tanto en el sentido ceremonial, como en el moral.

Aunque la Torá suele usar los dos términos hebreos con bastante precisión, la diferencia entre ellos se hace borrosa cuando se usan en un sentido figurado. Esto sucede especialmente en los profetas y en los Salmos. El Nuevo Testamento suele mantener la distinción entre los términos griegos cuando habla de los ritos del pacto antiguo o de los fariseos, pero también los usa indistintamente cuando habla de la obra de Cristo en el nuevo pacto. Puesto que nuestro interés se centra en la purificación espiritual y en el nuevo pacto, podemos decir con bastante seguridad que el Nuevo Testamento usa *haguiádzo* y *kazarídzo* de manera intercambiable.

La palabra más frecuente es *háguios* (derivado del verbo *haguiádzo*). En singular se traduce como "santo", y se usa con frecuencia como adjetivo para describir a Dios, a su Espíritu, a Jerusalén, etc. En plural se usa a menudo con respecto al pueblo de Dios. Entonces se suele traducir como "los santos". Este término es muy común en el Nuevo Testamento (aparece sesenta veces) y constituye una sólida evidencia de que los primeros cristianos comprendían su propia cualidad distintiva: Dios los había hecho santos.

Dos teologías sobre la santificación

El término "santos" nos es tan familiar, que es probable que lo demos por supuesto. No así los cristianos en los tiempos del Nuevo Testamento. Ellos conocían muy bien las extensas leyes con respecto a la comida "kosher", a las sustancias inmundas y a los ritos de purificación de la ley mosaica. Muchas de las diferentes sectas del judaísmo tenían elaboradas reglas y normas acerca de la inmundicia. En general, la regla era que se podía mantener la santidad a base de evitar la inmundicia y de aislarse de los que estaban inmundos. Si se contraía inmundicia, la solución era quitarla por medio de bautismos de uno u otro tipo (Hebreos 6:2; 9:10). Ésta es una noción bastante pasiva de la santidad: consiste en evitar la inmundicia.

Además de esto, los fariseos tenían también una interesante incoherencia dentro de su propia teología. Muchos de ellos entendían que el reino de Dios era un reino espiritual, que se hallaba dentro, y no un reino externo (material), político. Aun así, sostenían que la entrada a este reino interno se lograba por medio de ritos *externos* que quitaban el pecado y la inmundicia para traer la santidad.

Sin embargo, la santidad de Dios es activa. Puesto que Él anhela la comunión con los seres humanos, su santidad activa consiste en hacer limpios a los inmundos, y santos a los que no lo son. La muerte de Jesús hizo posible este tipo de santidad. Sus seguidores lograron el acceso al reino espiritual de Dios por medio de un proceso espiritual, y no uno externo. Aunque estén rodeados por gente o cosas inmundas, pueden seguir siendo santos. Por consiguiente, la expresión "santos" se convierte así en su designación característica.

El cumplimiento de la profecía

En última instancia, la santificación del mundo se produce a un nivel individual. Cada persona ha de escoger entre aceptar la soberanía de Dios y su reinado, o rechazarlos. Las personas que han decidido no abandonar su pecado, deberán ser purificadas por medio del fuego. Este proceso no exige su cooperación, pero es doloroso, destructor y de larga duración. Éste es el castigo eterno que la Biblia llama "infierno", "el lago de fuego" y "la muerte segunda" (Isaías 66:24; Mateo 23:33; 25:30, 41, 46; Apocalipsis 20:14–15). Aunque nunca serán purificados, el fuego eterno garantiza que la creación de Dios no será perturbada nunca más por su inmundicia. En resumen, Dios ha decidido que va a santificar el mundo. Lo va a hacer por medio del agua, o del fuego (Mateo 3:11–12).

Los cristianos deciden ser santificados por el Espíritu, un proceso que exige la cooperación continua de cada uno de ellos (1 Juan 3:3; Apocalipsis 22:11), de manera muy parecida a las ceremonias de purificación con agua que describe el Antiguo Testamento. Este proceso de santificación quita el pecado, pero salva a la persona. Hemos decidido describir a continuación este proceso en cuatro etapas diferentes entre sí.

Convencer al mundo. La primera etapa de la santificación, y la obra mayor del Espíritu Santo consiste en traer a las personas a una relación de pacto con Dios. El Espíritu tiene tres tareas entre los que no son convertidos: convencer de pecado, dar testimonio de Cristo y confirmar la Palabra de Dios. Son sus tareas mayores, porque las realiza entre el grupo mayor de personas: virtualmente todos los habitantes de la tierra que no son cristianos.

La salvación sólo puede comenzar cuando la persona ha sido convencida de pecado personal. Por "convencer" entendemos que la persona se da cuenta de que ha actuado mal; de que es verdaderamente culpable delante de Dios. El Espíritu Santo es el que produce esa convicción. La convicción de pecado es la primera etapa en la santificación de la persona, y la *única* que no exige nuestro consentimiento. Jesús hablaba de este ministerio del Espíritu cuando dijo: "Y cuando él venga, convencerá al mundo de pecado, de justicia y de juicio. De pecado, por cuanto no creen en mí; de justicia, por cuanto voy al Padre, y no me veréis más; y de juicio, por cuanto el príncipe de este mundo ha sido ya juzgado" (Juan 16:8–11).

Notemos que Jesús dice que el Espíritu convencerá "al mundo". En otras palabras, el Espíritu Santo tiene un ministerio entre los *no convertidos*. Es el de convicción. Los convence de tres cosas: (1) de que sus pecados, especialmente el pecado de no creer en el Hijo de Dios, los han hecho culpables delante de Dios; (2) de que la justicia es posible y deseable; y (3) de que aquéllos que no hagan caso de su invitación tendrán que enfrentarse al juicio divino.

Es posible resistirse al intento del Espíritu de traer convicción (Hechos 7:51), y así sucede con frecuencia, incluso a veces hasta un rechazo abierto que convierte a la persona en réprobo (1 Timoteo 4:2). Ésta es también la razón por la que la blasfemia contra el Espíritu (Mateo 12:31–32; Marcos 3:29) es tan seria en potencia: Si el Espíritu se retira, no hay posibilidad de arrepentimiento ni de perdón, porque no hay convicción; no hay sentido de culpa.

El Espíritu también testifica a favor de Cristo. Hablando del mundo, Jesús dijo:

> Si yo no hubiese hecho entre ellos obras que ningún otro ha hecho, no tendrían pecado; pero ahora han visto y han aborrecido a mí y a mi Padre. Pero esto es para que se cumpla la palabra que está escrita en su ley: Sin causa me aborrecieron. Pero cuando venga el Consolador, a quien yo os enviaré del Padre, el Espíritu de verdad, el cual procede del Padre, él dará testimonio acerca de mí. Y vosotros daréis testimonio también, porque habéis estado conmigo desde el principio.

Juan 15:24–27

Pocas personas están dispuestas a hablar contra Jesús, sean cristianas o no. ¿Por qué? Creemos que se debe al Espíritu Santo: Él da testimonio a favor de Cristo, convenciendo a los seres humanos con respecto a la verdad.

Los cristianos les pueden dar testimonio a los no convertidos, anunciándoles la verdad del evangelio (Juan 15:27; véase 3:3–4, 16–21). Dios nos promete incluso que el Espíritu nos guiará en cuanto a qué decir (Mateo 10:19; Hechos 2; 7; etc.). Sin embargo, para que haya una respuesta de fe se necesita la actuación del Espíritu Santo (Juan 15:26; véase 3:5–8).

Además de dar convicción interna y de dar testimonio sobre Cristo, el Espíritu también confirma la Palabra de Dios. Esto lo hace dando las señales y los prodigios sobrenaturales que acompañan a su proclamación. Pablo le habla a partir de su propia experiencia en este asunto a la iglesia de Corinto: "Así que, hermanos, cuando fui a vosotros para anunciaros el testimonio de Dios, no fui con excelencia de palabras o de sabiduría. Pues me propuse no saber entre vosotros cosa alguna sino a Jesucristo, y a éste crucificado. Y estuve entre vosotros con debilidad, y mucho temor y temblor; y ni mi palabra ni mi predicación fue con palabras persuasivas de humana sabiduría, sino con demostración del espíritu y de poder, para que vuestra fe no esté fundada en la sabiduría de los hombres, sino en el poder de Dios" (1 Corintios 2:1–5; véase 12:7–11).

Más tarde, escribiría aún más llanamente sobre la forma en que el Espíritu destacaba su presentación del evangelio: "Porque no osaría hablar sino de lo que Cristo ha hecho por medio de mí para la obediencia de los gentiles, con la palabra y con las obras, con potencia de señales y prodigios, en el poder del Espíritu de Dios; de manera que desde Jerusalén, y por los alrededores hasta Ilírico, todo lo he llenado del evangelio de Cristo" (Romanos 15:18–19).

Este "poder" del que habla Pablo es el mismo tipo de señales y prodigios sobrenaturales que acompañaron el ministerio de Jesús (Hechos 2:22). De igual forma, el Espíritu sigue obrando poderosamente hoy a través del creyente para confirmar la predicación de la Palabra (Hechos 4:8–12; 5:12; Romanos 12:4–8; 1 Corintios 12:27–28).

En resumen, esto significa que toda la experiencia del pecador con el Espíritu de Dios es negativa. Los no convertidos experimentan convicción de pecado, aumentada por el hecho de que la justicia es posible ahora a través de Jesucristo, y aumentada aún más debido a la certeza del castigo que se acerca. Cuando el Espíritu da testimonio acerca de Cristo, revela a Uno que llevó una vida justa. Cuando se predica la Palabra de Dios, el Espíritu la confirma con poderosas señales y prodigios. No es de maravillarse que el pecador deteste escuchar la predicación de la Palabra de Dios. Le trae sentimientos de culpa, insuficiencia, ansiedad y convicción. ¿Por qué? porque la obra del Espíritu Santo con el no convertido va dirigida hacia una sola meta: llevar a esa persona al arrepentimiento.

Purificar al creyente. La obra del Espíritu no cesa cuando una persona admite su culpa ante Dios; aumenta, tal como lo hace en cada una de las etapas posteriores. La segunda etapa en la santificación de una persona por el Espíritu es la conversión. Ésta es una experiencia de un instante. Incluye la santificación por el Espíritu, o, para decirlo de una forma más correcta bíblicamente, el proceso de santificación por el Espíritu incluye la conversión.

Podemos demostrar esto con facilidad a partir de las Escrituras. Veamos estas palabras de Pablo: "Pero nosotros debemos dar siempre gracias a Dios respecto a vosotros, hermanos amados por el Señor, de que Dios os haya escogido desde el principio para salvación, mediante la santificación por el Espíritu y la fe en la verdad" (2 Tesalonicenses 2:13). Observemos que la palabra "salvación" en este pasaje es modificada por dos frases proposicionales que describen la forma en que recibieron la salvación los creyentes de Tesalónica. La segunda frase, "y la fe en la verdad", describe el papel del creyente en la salvación: tener fe en el evangelio de Jesucristo (v. 14). La primera frase, "mediante la santificación por el Espíritu", es más importante para nuestros propósitos en estos momentos. Describe el papel del Espíritu en la salvación: santificar al creyente. La idea principal en este versículo no es que Dios haya escogido a unos, y no a otros (la predestinación clásica), sino que Dios escogió *los medios* por medio de los cuales todos podrían recibir la salvación: la fe de la persona en las promesas de Dios, además del poder purificador del Espíritu de Dios (véanse también Hechos 10:15; 11:9; Romanos 15:16; 1 Pedro 1:1–2).

Aparece otro importante ejemplo en la primera carta de Pablo a los Corintios. Increpa a los creyentes de Corinto por su inmoralidad (5:1–8). Después de mencionar diversos tipos de personas pecadoras (6:9–10), dice: "Y esto erais algunos; mas ya habéis sido lavados, ya habéis sido santificados, ya habéis sido justificados en el nombre del Señor Jesús, y por el Espíritu de nuestro Dios" (6:11). Pablo dice que esta obra fue realizada por el Espíritu (véase 2 Tesalonicenses 2:13). La forma de los verbos griegos traducidos como "lavar", "santificar" y "justificar" en este pasaje (el aoristo pasivo) no indica aquí ningún tipo de proceso. Todas se refieren a la misma experiencia terminada de manera instantánea: la conversión.

Sencillamente, no hay manera alguna de que se pueda hacer que el griego de estos versículos signifique que esta obra santificadora del Espíritu es algo distinto a la salvación. No es una segunda obra de gracia definida, como algunos quisieran considerarla. Ambos pasajes describen la santificación del Espíritu como el medio por el cual la persona es salva. El segundo pasaje, 1 Corintios 6:11, representa esta santificación de manera puntual, como algo que se produce al mismo tiempo que la obra de lavar y la de justificar.

La única forma en que podemos reconciliar estos pasajes con otros que hablan de la santificación como un proceso (véase más adelante), es reconocer que la santificación no es simplemente algo que tiene lugar después de la conversión, pero que equivale a crecer en el Señor. La santificación incluye toda la obra de Dios en su intento por salvar a los seres humanos del juicio que habrá de venir.

En el momento de la conversión nacemos de nuevo, esta vez del Espíritu (Juan 3:5–8). Simultáneamente, el Espíritu nos bautiza en el cuerpo de Jesucristo, la Iglesia (1 Corintios 12:13; Efesios 2:22). Somos lavados, santificados y justificados de manera instantánea, todo por medio del poder del Espíritu (1 Corintios 6:11; 2 Tesalonicenses 2:13; 1 Pedro 1:1–2). En ese momento, el Espíritu de Dios le comienza a testificar a nuestro espíritu que ahora somos hijos de Dios (Romanos 8:15–16). El Espíritu de vida nos liberta de la ley del pecado y de la muerte (8:2; véase Juan 6:63). Somos nuevas criaturas en Dios (2 Corintios 5:17).

La diferencia fundamental entre un cristiano y un no cristiano no está en el estilo de vida, en la actitud, ni siquiera en el sistema de creencias. Está en que el cristiano le ha permitido a Dios que lo santifique, y el no cristiano no lo ha hecho. Esta diferencia es una de las razones por las que el Nuevo Testamento se refiere con frecuencia a los creyentes llamándolos "santos" (Mateo 27:52; Hechos 9:13; Romanos 1:7; 1 Corintios 1:2; Efesios 1:1; Apocalipsis 5:8, etc.), aunque a continuación describa sus pecados o sus debilidades (como lo hace Pablo en 1 Corintios). O sea, que el cristiano no es alguien perfecto, sino alguien que se ha arrepentido del pecado y se ha sometido al poder purificador del Espíritu de Dios.

Realizar la justicia en el creyente. El Espíritu de Dios no abandona al creyente después de su conversión (Juan 14:16). Tal como sucede en la transición de la convicción a la conversión, su papel aumenta después de la conversión. El aumento en la sumisión del creyente produce una cooperación y una intimidad mayores con el Espíritu, lo que consecuentemente lo capacita para hacer una obra aún mayor en la persona después de la conversión. Hay tres formas adicionales en las que el Espíritu obra con el creyente: (a) santifica continuamente al creyente con respecto al pecado, (b) libra cada vez más al creyente de las realidades de pecado, y (c) usa a los creyentes para que ayuden en la obra de santificación.

Ningún creyente podrá decir jamás con verdad que está libre del pecado (1 Juan 1:8–9). Somos culpables de pecados de omisión, por cuanto ninguno de nosotros adora, ama o sirve a Dios lo suficiente, totalmente aparte de cualquier pecado que podamos cometer de vez en cuando. Ésta es la razón por la cual la sangre de Jesús nos purifica *continuamente* de todo pecado (v. 7 [el presente del verbo griego en este pasaje nos dice que se trata de una acción repetida y continua]).

Jesús ha desempeñado ya su papel en la santificación (Hebreos 10:12–13; véase Juan 19:30). Esta aplicación continua del sacrificio de Jesús a nuestra vida, de la que habla 1 Juan, es obra del Espíritu. Éste es el sentido en el que Jesús habló del Espíritu como "ríos de agua viva" (Juan 7:38–39), un río suficiente para limpiar toda nuestra pecaminosidad. Por tanto, momento tras momento, el Espíritu limpia al creyente, quien de esta manera es siempre santo delante de Dios.

Como consecuencia de esto, los creyentes disfrutan de muchos beneficios. Están libres de condenación y de culpa (Romanos 8:1–20). Tienen acceso continuo al Padre (Efesios 2:18). Pueden adorar ahora en el Espíritu y en verdad (Juan 4:23–24). Finalmente, tienen al Espíritu como las arras de su futura herencia en el Señor (Efesios 1:14; véase 5:5).

Además de limpiarnos momento tras momento, el Espíritu también obra ayudándonos a evitar el pecado. Por tanto, podemos hablar de "un proceso vital por medio del cual su santidad [de Dios] se hace real en nuestra vida".

Pablo usa muchas analogías en Romanos 8 para hablar de esta obra del Espíritu. Tener la "mente del Espíritu" significa vivir "en las cosas del Espíritu" (Romanos 8:5), o estar "sujetos al Espíritu" (vv. 6–9). Emplea una expresión corriente entre los fariseos cuando habla de andar conforme al Espíritu (gr. *peripatúsin*, forma del verbo traducido "andar"). El cuerpo de leyes que les indicaban a los fariseos la manera de aplicar la ley mosaica a la vida cotidiana era llamado *halaká*. Esta palabra es derivada de otra palabra hebrea, *halak*, que significa "ir", o "caminar".

La idea central es ésta: el fariseo tenía un cuerpo de leyes no escritas (la Torá oral, "instrucción" o "tradición de los ancianos"), que prescribían cuál debía ser su conducta en toda situación. Esto lo protegía de contraer inmundicia. El creyente tiene al Espíritu Santo, que hace exactamente lo mismo. Da instrucciones acerca de cómo actuar para evitar el pecado en todas las situaciones (Romanos 8:6–9). Por la misma razón, el Espíritu les abre la Palabra de Dios a los creyentes (1 Corintios 2:9–16), recordándoles con frecuencia lo que Jesús ha dicho en la Palabra (Juan 14:26). De esta forma, el Espíritu ayuda a hacer real la justicia del creyente, y no sólo legal. Se trata de un proceso continuo que durará todo el tiempo que el creyente esté sobre la tierra (1 Tesalonicenses 5:23).

Finalmente, el Espíritu usa a los creyentes para que lo ayuden en la obra de la santificación. Esto va mucho más allá de demandar nuestra cooperación continua en el proceso de nuestra propia santificación (2 Corintios 6:16–7:1; Apocalipsis 22:11): cosas como resistir a la tentación de pecado. Significa ayudar en la santificación de otros.

En estos tiempos en que abunda el divorcio, da algún consuelo saber que los creyentes casados, si están dispuestos a permanecer con sus cónyuges no creyentes, pueden tener un poderoso ministerio ayudando al Espíritu Santo a producir la santificación en ese cónyuge, y en los hijos que vivan en el hogar (1 Corintios 7:14).

En la próxima sección hablaremos más sobre el tema de contribuir a la santificación del mundo, aunque mucho de aquello se aplique igualmente aquí. En estos momentos queremos centrarnos en la forma en la que el creyente ha de ayudar al Espíritu en la santificación de otros creyentes. El Espíritu le da al creyente "comunión" con el resto de los santos (Filipenses 2:1). Dentro de esta comunión, Dios nos exhorta a consolarnos unos a otros con respecto al pecado (Mateo 18), a darnos ánimos unos a otros (Hebreos 10:24), a amarnos unos a otros (Romanos 13:8), a preocuparnos los unos por los otros (1 Corintios 12:25), etc. Todas estas acciones ayudan al Espíritu en su labor de darnos forma según la imagen de Cristo, para santificarnos.

Dios les dijo a los israelitas: "Santificaos." El Nuevo Testamento tomó el tema, ampliándolo en una forma que lo hace especialmente pertinente para el sensual mundo de hoy: "Pues la voluntad de Dios es vuestra santificación; que os apartéis de fornicación, que cada uno de vosotros sepa tener su propia esposa en santidad y honor; no en pasión de concupiscencia, como los gentiles que no conocen a Dios ... Porque el Señor es vengador de todo esto ... Pues no nos ha llamado Dios a inmundicia, sino a santificación. Así que, el que desecha esto, no desecha a hombre, sino a Dios, que también nos dio su Espíritu Santo" (1 Tesalonicenses 4:3–8).

Dar poder al creyente. El bautismo en el Espíritu Santo abre un papel nuevo para el creyente en la santificación del mundo. Los creyentes están mejor capacitados para ayudar al Espíritu en su obra de santificar a otros, una vez que lo han recibido. Jesús les ordenó a sus discípulos que esperaran el bautismo en el Espíritu, de manera que tuvieran poder para testificar (Hechos 1:4–5, 8). Ese bautismo llegó con una señal que simbolizaba que el nuevo pacto se hallaba a disposición de todos los seres humanos del mundo entero: la señal de "hablar en otras lenguas" (2:4). Hoy día, pocas personas reconocen que "otras lenguas" fue originalmente hablar idiomas que no eran ni el hebreo ni el arameo. Virtualmente por vez primera, Dios habló en otros idiomas y llamó a seres humanos que no eran judíos a entrar en una relación de pacto con Él.

Ésta fue una poderosa señal de que la santificación universal de la que habían hablado los profetas estaba ya a disposición de todos. Pedro, reconociendo que en la multitud había muchas clases diferentes de personas, hombres y mujeres, jóvenes y ancianos, citó Joel 2:28–32 para apoyar aquella experiencia. Muy pronto, Dios le revelaría que esto incluía también la conversión de gentiles (Hechos 10 y 11). La misión a los gentiles capturaría la imaginación de la Iglesia naciente. En unos pocos años, el evangelio de Jesucristo se extendería a lo largo y ancho del mundo entonces conocido.

El creyente de hoy bautizado en el Espíritu ha sido llamado a la misma tarea. Ha recibido poder de parte del Espíritu, y podemos esperar de Dios que confirme su Palabra con señales y prodigios (Romanos 15:18–19). El Espíritu les sigue hablando a los creyentes para que envíen personas concretas a ministerios especiales (Hechos 11:12; 13:2), algunas veces incluso a lugares especiales (16:6–10). De esta forma, el creyente lleno del Espíritu ayuda al Espíritu en su tarea de santificar al mundo.

Los dones espirituales, a disposición de todos los que han bautizados en el Espíritu, también pueden contribuir en la edificación de los santos, otro aspecto de la obra continua de santificación que lleva a cabo el Espíritu. Esto puede incluir una palabra de sabiduría o de conocimiento, una exhortación, una profecía, o lenguas e interpretación (1 Corintios 12:7-10). Sin embargo, todos estos fenómenos son "para provecho" común (v. 7) y para la "edificación" de la Iglesia (14:26).

El Espíritu también edifica a los santos para un ministerio eficaz de otra forma: por medio de su ministerio de intercesión. Pablo dice lo siguiente: "Y de igual manera el Espíritu nos ayuda en nuestra debilidad; pues qué hemos de pedir como conviene, no lo sabemos, pero el Espíritu mismo intercede por nosotros con gemidos indecibles. Más el que escudriña los corazones sabe cuál es la intención del Espíritu, porque conforme a la voluntad de Dios intercede por los santos" (Romanos 8:26-27).

Observemos que este tipo de intercesión es "por los santos" (v. 27), y concretamente, cuando no sabemos "qué hemos de pedir como conviene" (v. 26). Hay quienes sostienen que esto se refiere a la intercesión en lenguas, aunque nos es difícil identificar con algo de certeza la expresión "gemidos indecibles" (v. 26) con las "otras lenguas" (que son habladas); no obstante, orar en lenguas también puede incluir intercesión.

Quisiéramos animar a los creyentes para que estén dispuestos a permitirle al Espíritu que los use en un ministerio de intercesión. Quizá la intercesión en lenguas haya estado detrás de las afirmaciones hechas por los primeros pentecostales sobre la relación entre el bautismo en el Espíritu y la purificación. Tomando como base las Escrituras, no podemos estar de acuerdo con aquéllos que quieren identificar el bautismo en el Espíritu con una segunda obra instantánea de la gracia, llamada santificación. Tampoco podemos estar de acuerdo con aquéllos que quieren hacer del bautismo en el Espíritu una condición para la salvación, o un medio por el cual se obtiene una especie de "categoría" especial en el reino de Dios. Con todo, hay formas profundas y muy personales en las que el Espíritu tiene mayor capacidad para obrar en aquéllos que se han rendido a Él. Estamos convencidos de que esto incluye también su obra de santificar al creyente en Cristo.

El Espíritu Santo terminará esa obra en nosotros cuando venga Cristo, pero hasta entonces, tenemos la responsabilidad de purificarnos a nosotros mismos (con la ayuda del Espíritu Santo) (1 Juan 3:2-3).

Las definiciones y teologías de la santificación que se refieren solamente al creyente después de la salvación son inadecuadas. No representan de manera completa el concepto bíblico de la santificación y, por eso, les es difícil hallarles sentido a las diferentes formas en las que la Biblia habla de ella.

El plan divino de santificación incluye a todo el mundo; a todo, tanto animado como inanimado. Lo que Él no pudo realizar a través del pacto antiguo, el Espíritu Santo lo está realizando poderosamente ahora, en el nuevo pacto. Aquéllo que no quiera o no pueda ser limpiado esta vez, será destruido por el fuego. Tenemos el gran privilegio, no sólo de ser objeto de este proceso de santificación, sino también de poder ayudar en él, para la gloria de Dios.

PREGUNTAS DE ESTUDIO

1. ¿Cuál es la meta final del plan divino de santificación?
2. ¿Cuál es la tarea cuádruple del Espíritu Santo en el proceso de santificación?

3. La santificación era una doctrina importante para muchos de los primeros pentecostales. ¿Ha sido ignorada en un grado notable en los años recientes? Si así ha sido, ¿por qué?

4. ¿Qué dos palabras, enraizadas en los ritos del Antiguo Testamento, son esenciales para tener una comprensión correcta de la doctrina bíblica de la santificación?

5. ¿En qué difieren los ritos de purificación del Antiguo Testamento que usan el agua, de los que usan el fuego?

6. ¿Qué añade la expresión "aguas vivas" a nuestra comprensión de la santificación?

7. ¿Por qué es la palabra "santos" la designación característica de los cristianos en el Nuevo Testamento? ¿En qué difería esto del fariseísmo?

8. ¿Se asemeja la obra purificadora del Espíritu Santo más a las purificaciones del Antiguo Testamento por el agua, o a las realizadas por el fuego? ¿Por qué?

9. ¿Qué papel desempeña la persona en cada una de las cuatro etapas que tiene la obra santificadora del Espíritu?

10. ¿De qué forma simbolizaba (y simboliza) el don de lenguas el comienzo del cumplimiento por parte de Dios de las profecías del Antiguo Testamento sobre la santificación universal?

El bautismo en el Espíritu Santo

Muchas obras de teología sistemática no incluyen un capítulo específicamente dedicado al tema del bautismo en el Espíritu Santo. De hecho, todo lo correspondiente a la Persona y la obra del Espíritu Santo ha sido grandemente descuidado. William Barclay escribe: "La historia de la Biblia es la historia de hombres llenos del Espíritu. Sin embargo ... lo que pensamos acerca del Espíritu es mucho más vago e indefinido que lo que pensamos acerca de cualquier otra parte de la fe cristiana." Carl F. H. Henry observa con pesar: "Los teólogos del pasado ... no nos dejaron plenamente delineado el ministerio del Espíritu Santo."

Afortunadamente para toda la Iglesia, por fin se está prestando una atención mayor al Espíritu Santo. Obras como las de Frederick D. Bruner y James D. G. Dunn indican un creciente interés en el tema dentro de los no pentecostales. Este aumento de interés se debe mayormente a la persistencia y el crecimiento del movimiento pentecostal. Los líderes de la Iglesia hablan ahora con frecuencia del pentecostalismo, llamándolo "una tercera fuerza dentro de la Cristiandad", junto al catolicismo y al protestantismo.

Mayormente debido a su presencia visible en el mundo entero, esta "Tercera fuerza" está ahora también captando la atención de los teólogos. Es decir, los eruditos están reconociendo ahora que el pentecostalismo es esta tercera fuerza en su presencia, porque es "una tercera fuerza en su doctrina", concretamente, en la doctrina sobre el bautismo en el Espíritu Santo. Dunn observa que los católicos insisten en el papel de la Iglesia y de los sacramentos, subordinando el Espíritu a la Iglesia. Los protestantes insisten en el papel de la predicación y la fe, subordinando el Espíritu a la Biblia. Los pentecostales reaccionan ante ambos extremos — el sacramentalismo que se puede volver mecánico y la ortodoxia biblicista que puede volverse espiritualmente muerta — y reclaman una experiencia vital con Dios mismo en el Espíritu Santo.[3]

Este capítulo divide el tema del bautismo en el Espíritu Santo en cinco cuestiones o subtemas:

(1) la separabilidad entre el bautismo en el Espíritu Santo y la regeneración
(2) las evidencias de la experiencia del bautismo en el Espíritu Santo en la vida del creyente
(3) la disponibilidad del bautismo en el Espíritu Santo para los creyentes de hoy
(4) la razón de ser del bautismo en el Espíritu Santo
(5) la recepción del bautismo en el Espíritu

El enfoque del material presentado aquí es analítico y descriptivo, más que apologético o polémico.

SEPARABILIDAD Y EVIDENCIAS

Hablamos primero de la separabilidad y las evidencias del bautismo en el Espíritu Santo, porque la mayor parte de las posiciones sobre los otros temas relacionados son contingentes al concepto de la separabilidad y al concepto de las lenguas como evidencia. Esto es, las posiciones en estos dos asuntos definen y delinean las cuestiones en otros aspectos.

La cuestión de la disponibilidad del bautismo en el Espíritu Santo hoy es un excelente ejemplo. Por una parte, muchos eruditos bíblicos responderían que hay un bautismo en el Espíritu a la disposición de los creyentes de hoy, pero alegarían que se trata simplemente de una parte de la conversión e iniciación. Por otra parte, cuando los pentecostales dicen que el Espíritu está a nuestra disposición, luchan a favor de una experiencia que, en cierto sentido, es diferente de la regeneración y que, además, va acompañada por la evidencia física inicial de las lenguas.

También, aunque la separabilidad y las lenguas como evidencia están relacionadas de manera bastante estrecha, son temas diferentes. Lógicamente, existen cuatro posiciones posibles sobre la separabilidad y las lenguas como evidencia. Una posición posible es que el bautismo en el Espíritu Santo es parte de la experiencia de conversión e iniciación, sin evidencia especial alguna como la de hablar en lenguas. Ésta es la posición presentada por Dunn y Bruner. La segunda posición posible es que el bautismo en el Espíritu Santo es parte de la experiencia de conversión e iniciación y siempre va acompañado por la evidencia especial de las lenguas. Ésta es la posición de algunos grupos entre los pentecostales unidos.[3] La tercera posición posible es que el bautismo en el Espíritu Santo suele seguir a la regeneración, pero la experiencia no va acompañada por las lenguas. Ésta es la posición de algunos grupos de santidad wesleyanos, como la Iglesia Nazarena. La cuarta posición posible es que el bautismo en el Espíritu Santo suele seguir a la regeneración, y siempre va acompañado por la evidencia especial de las lenguas. Ésta es la posición de pentecostales.[5]

La terminología

La frase "bautismo en el Espíritu Santo" no aparece en la Biblia. Sin embargo, es bíblica en el sentido de que se origina en una fraseología similar usada por los escritores bíblicos. Los tres escritores sinópticos recogen la comparación que hace Juan el Bautista entre su propia actividad de bautizar en agua y la actividad futura de Jesús (Mateo 3:11; Marcos 1:8; Lucas 3:16). Hablando acerca de Jesús, Juan dice: "Él os bautizará en Espíritu Santo." Lucas recoge de nuevo esta terminología en Hechos 1:5, donde escribe que Jesús les dice a sus seguidores: "Seréis bautizados con el Espíritu Santo dentro de no muchos días." Usa esta terminología por tercera vez en Hechos 11:16, donde relata la forma en que Pedro entiende la experiencia de Cornelio. Al explicarles la recepción del Espíritu Santo por parte de Cornelio a los creyentes de Jerusalén, Pedro les recuerda las palabras del Señor: "Seréis bautizados con [en] el Espíritu Santo." Es evidente que Pedro entendía que esta terminología era una descripción de la experiencia de Cornelio cuando habló en lenguas. En realidad, la única diferencia entre la frase "bautismo en el Espíritu Santo" y las frases que se hallan en las citas bíblicas mencionadas, es que la primera usa el sustantivo "bautismo", en lugar de las formas verbales.

Otro punto a tener en cuenta es que la frase "bautismo en el Espíritu Santo" no es más que una entre varias frases bíblicas similares, que al entender de los pentecostales, describen un suceso o una experiencia única con el Espíritu Santo. Entre las otras terminologías, derivadas también del lenguaje del Nuevo Testamento, especialmente en el libro de Hechos, tenemos "ser lleno del Espíritu Santo", "recibir el Espíritu Santo", "derramamiento del Espíritu Santo", "el Espíritu Santo cayendo sobre", "el Espíritu Santo viniendo a" y diversas variaciones de estas frases.

Los pentecostales suelen sostener que estas frases son sinónimas y se refieren a la misma experiencia con el Espíritu Santo. Howard M. Ervin hace notar que "en todos los casos, lo que se describe es la experiencia Pentecostal". Es de esperar que exista tal variedad de terminología, a la luz de lo multifacéticas que son la naturaleza y las consecuencias de la experiencia. Stanley Horton sugiere: "Cada una de estas expresiones hace resaltar algún aspecto de la experiencia pentecostal, y no hay ninguna que pueda destacar ella sola todos los aspectos de esa experiencia."

Por consiguiente, la naturaleza comparable de estas frases es a un tiempo evidente y de esperarse. Además, el lenguaje utilizado es metafórico por necesidad, puesto que estas frases hablan de una experiencia en la que el Espíritu del Dios viviente se mueve dinámicamente para entrar en la situación humana. Utilizando las palabras de J. Rodman Williams, "lo que expresan estas frases de manera diversa es el suceso y la experiencia de la *presencia dinámica* de Dios en el Espíritu Santo". El mismo autor observa correctamente que esta experiencia "va mucho más allá de lo que palabra alguna es capaz de contener".

De entre todas estas frases comparables, los pentecostales parecen preferir la de "bautismo en el Espíritu Santo". Esta preferencia se puede deber a que este lenguaje se deriva de las afirmaciones del propio Jesús, o quizá se deba a la profundidad que lleva en sí este lenguaje metafórico en particular. Es decir, la analogía que se hace aquí, se relaciona con el bautismo en agua. J. R. Williams señala: "El bautismo en agua significa literalmente ser sumergido, metido, e incluso, empapado o embebido" en agua. Al efecto, ser *bautizado* en el Espíritu Santo es quedar totalmente envuelto en el dinámico Espíritu del Dios viviente, y saturado de Él.

Relación con la regeneración

Una de las diferencias principales entre los teólogos con respecto a esta experiencia llamada bautismo en el Espíritu Santo, tiene que ver con su relación con la regeneración. Como observamos anteriormente, algunos afirman que forma parte de la experiencia de conversión e iniciación; otros sostienen que es una experiencia distinta en cierta forma a la regeneración. Exponemos esta cuestión de la siguiente manera: ¿Hay hoy en día a disposición del creyente una experiencia llamada comúnmente bautismo en el Espíritu Santo, que sea en cierto sentido distintiva y única en relación con la experiencia de conversión e iniciación?

Generalmente, tanto aquéllos que niegan que el bautismo en el Espíritu Santo sea separable de la regeneración, como quienes afirman que lo es, reconocen la importancia de las Escrituras como autoridad definitiva. Por un lado, Bruner, quien niega que estas experiencias sean separables, se lanza a considerar "el testimonio del Nuevo Testamento" y a proporcionar una "exégesis de las principales fuentes bíblicas" relacionadas con el tema. Dunn cree que es necesaria "una revisión completa de las enseñanzas del Nuevo Testamento sobre el don del Espíritu, y su relación con la fe y el bautismo". Tiene la "esperanza de demostrar que para los escritores del Nuevo Testamento, el bautismo en el Espíritu, o don del Espíritu, era parte del suceso (o proceso) de convertirse en cristiano".

Por otro lado, aquéllos que defienden el bautismo en el Espíritu Santo como una experiencia separable, están igualmente dedicados a demostrar que las Escrituras enseñan la posición que ellos sostienen. Howard M. Ervin los representa. El título completo de su obra sobre el Espíritu la identifica como "Una investigación bíblica". Hace notar que la experiencia contemporánea ilustra la perspectiva pentecostal; sin embargo, para él, "sólo el texto bíblico adjudica nuestras conclusiones". Baste otro ejemplo más: Stanley M. Horton, quien escribe *El Espíritu Santo revelado en la Biblia*, llega a la conclusión de que el bautismo en el Espíritu Santo es una experiencia posterior.

Gran parte de este estudio, aunque no todo, se centra en el libro de Hechos. Ciertamente, hay pasajes pertinentes en otros lugares de las Escrituras. No obstante, los eruditos de ambos extremos en cuanto al tema suelen estar de acuerdo en que la doctrina de la separabilidad depende mayormente del libro de Hechos. El Antiguo Testamento y los evangelios profetizan con respecto a él, y esperan su llegada; las epístolas dan por supuesta la experiencia y, por consiguiente, sólo se refieren a ella indirecta y ocasionalmente. Bruner tiene razón cuando observa: "La principal fuente de doctrina pentecostal sobre el bautismo subsiguiente en el Espíritu Santo es el libro de Hechos." Cuando la Declaración de Verdades Fundamentales Pentecostales dice que la experiencia del bautismo en el Espíritu Santo "es distinta a la experiencia del nuevo nacimiento, y posterior a ella", las citas bíblicas que se dan son tomadas del libro de Hechos.[3]

Puesto que la doctrina de la separabilidad depende grandemente del libro de Hechos, es fundamental una consideración exegética de sus pasajes pertinentes. Los eruditos pentecostales reconocen esto, como lo hacen también Bruner, Dunn y otros que niegan la posición pentecostal.

Los relatos que se suelen considerar como especialmente pertinentes en la cuestión de la separabilidad son el del día de Pentecostés, Hechos 2:1-13; el avivamiento entre los samaritanos, Hechos 8:4-19; la experiencia de Pablo, Hechos 9:1-19; Cornelio y otros gentiles, Hechos 10:44-48 y 11:15-17; y los creyentes de Éfeso, Hechos 19:1-7. Nos llegan conclusiones de la exposición exegética de estos pasajes desde ambos lados del tema. Aquéllos que creen que el bautismo en el Espíritu Santo es una experiencia distintiva, suelen afirmar que en estos casos los individuos ya eran creyentes que habían experimentado la regeneración *antes* — al menos un instante antes — de su experiencia del bautismo en el Espíritu Santo. Por tanto, dicen que Lucas demuestra que el bautismo en el Espíritu Santo es una experiencia distinta. Sostienen además que Lucas tiene la intención de enseñar que la experiencia distintiva, separable del bautismo en el Espíritu Santo es normativa para la experiencia cristiana de todos los tiempos. Aquéllos que rechazan la separabilidad alegan que si la experiencia parece ser separable y distinta porque parece ser posterior en estos casos del libro de Hechos, esto se debe a la situación histórica única durante las etapas iniciales de la Iglesia. Lucas, afirman, no está tratando de enseñar que una experiencia separada y distinta del bautismo en el Espíritu Santo sea normativa para la experiencia cristiana durante las etapas posteriores de la Iglesia.

En realidad, hay dos aspectos en este debate contemporáneo sobre la separabilidad, tal como aparece en estos incidentes de Hechos. El primer aspecto de este debate tiene que ver con esta pregunta: ¿Señalan los textos de Hechos mencionados anteriormente que, para las personas envueltas en estos incidentes, el bautismo en el Espíritu Santo fue una experiencia separable y distinta en relación con su experiencia de conversión, o regeneración? Los pentecostales responden que sí.

Los ciento veinte del día de Pentecostés eran creyentes antes del derramamiento del Espíritu en aquel día. Antes de este suceso, ya se habían arrepentido y entrado en una nueva vida en Cristo. Los samaritanos ya habían llegado a la fe en Jesucristo y habían sido bautizados en agua por Felipe antes de que Pedro y Juan orasen por ellos para que recibiesen el don especial del Espíritu Santo. De igual manera, el caso de Pablo fue claramente posterior. Se había convertido y se había vuelto un hombre nuevo en Cristo en el momento de su visión en el camino de Damasco. Tres días más tarde, recibió el Espíritu de una manera nueva y especial cuando Ananías oró por él. El caso de Cornelio en Hechos 10 es una situación poco corriente: experimentó el bautismo en el Espíritu Santo en la misma ocasión en que experimentaba la regeneración por el Espíritu Santo.

Sin embargo, los pentecostales suelen afirmar que, aun en este caso, "aquí también debe haber alguna distinción entre su conversión y el don del Espíritu". El caso final es el de los discípulos de Éfeso (Hechos 19). Los pentecostales sostienen que, o bien ya habían recibido la salvación antes de la llegada de Pablo, o al menos estaban regenerados antes de que el Espíritu Santo descendiera sobre ellos. Pablo les dio algunas indicaciones y después los bautizó en agua. Después de esto, el Espíritu Santo descendió sobre ellos cuando Pablo les impuso las manos y oró.

Por consiguiente, los pentecostales llegan a la conclusión de que, en Hechos, el bautismo en el Espíritu Santo es claramente subsecuente en tres casos (Pentecostés,

Samaría y Pablo) y lógicamente separable en los dos casos restantes (Cornelio y los efesios).

Entre los que no creen que el hecho de la separabilidad sea tan seguro como sostienen los pentecostales, se hallan Dunn y Bruner. Ambos estudian los cinco casos de Hechos citados anteriormente. Dunn sostiene que los ciento veinte del día de Pentecostés no eran "cristianos en el sentido del Nuevo Testamento" hasta ese día, porque antes de aquel momento, "su respuesta y consagración *eran* defectuosas". La experiencia de Cornelio era una unidad, según Dunn. "Cornelio fue salvado, fue bautizado en el Espíritu ... se le concedió arrepentimiento para vida; todas ellas, formas sinónimas de decir: Cornelio se convirtió en cristiano". Igualmente, "la experiencia de tres días de Pablo fue una unidad ... una experiencia de crisis que se extendió por tres días, desde el camino de Damasco hasta su bautismo". No se podía llamar cristiano a Pablo, sostiene Dunn, hasta que la serie quedara completa a manos de Ananías. Por último, en el caso de los efesios, Dunn considera que Pablo no les estaba preguntando a *cristianos* si habían recibido el Espíritu. En lugar de esto, les estaba preguntando a unos *discípulos*, que profesaban creer, si eran cristianos. Dunn llega a la conclusión de que no eran cristianos, hasta que Pablo los rebautizó y les impuso las manos. Por tanto, debido a que, evidentemente, da por supuesto lo que él llama conversión e iniciación, Dunn llega a la conclusión de que en ninguna circunstancia Lucas describe un incidente en el cual el bautismo en el Espíritu Santo sea verdaderamente separable de la conversión.

Bruner sostiene una posición similar a la de Dunn: el bautismo cristiano es el bautismo en el Espíritu Santo. Con todo, a diferencia de Dunn, Bruner parece conceder que hay dos casos en Hechos que son excepcionales, debido a la situación histórica. El primero es el caso del día de Pentecostés. Los ciento veinte tuvieron que *esperar* debido a "ese período poco usual en la vida de los apóstoles entre la ascensión de Jesús y su don del Espíritu a la Iglesia en el día de Pentecostés". En cambio, después del día de Pentecostés, "el bautismo y el don del Espíritu Santo se hallan indisolublemente unidos". Con todo, Bruner acepta un segundo caso después del día de Pentecostés como excepción. Dice que el caso de los samaritanos que creyeron y fueron bautizados en agua sin haber sido bautizados en el Espíritu fue una laguna que tuvo lugar porque "Samaria era el primer paso decisivo de la Iglesia fuera y más allá del judaísmo". Esta única separación entre el bautismo cristiano y el don del Espíritu fue "una suspensión temporal de lo normal", permitida por Dios para que los apóstoles pudiesen presenciar este paso decisivo y participar en él. Sin embargo, según Bruner, para los demás casos del libro de Hechos, el bautismo en el Espíritu Santo es inseparable del bautismo cristiano en agua, e idéntico a él.

Dunn y Brunner distan mucho de resultar convincentes en sus argumentos. Es posible que en cierto sentido, al menos idealmente, Lucas entendiera todas las obras del Espíritu en una persona como un todo, una unidad. No obstante, lo cierto es que muestra que, al menos en algunos de los incidentes, hubo realmente un lapso de tiempo entre las partes del todo. Como hemos observado anteriormente, tanto Dunn como Bruner reconocen esto. También, Gordon Fee sostiene que Lucas describe claramente a los samaritanos como creyentes cristianos antes de que el Espíritu descendiera sobre ellos. La realidad es que hay incidentes en los relatos de Lucas, en los que el tiempo separa las partes de la obra del Espíritu en la vida de las personas.

El hecho de que Lucas describa claramente unos incidentes en los cuales las "partes" de la experiencia cristiana quedan separadas por el tiempo es un punto a favor de la posición pentecostal. No obstante, los pentecostales no necesitan centrarse tan fuertemente en la *subsecuencia* para insistir a favor de la *separabilidad* y la *distinción*. La subsecuencia hace énfasis en la sucesión dentro del tiempo, o el orden. La separabilidad tiene que ver con la cualidad de ser diferente en naturaleza o identidad. La distinción tiene que ver con el hecho de ser distinto en carácter y propósito, o en ambos. Por consiguiente, la subsecuencia no es absolutamente esencial a los conceptos de separabilidad y distinción. Los sucesos pueden ser simultáneos, y con todo separables y distinguibles, si son disímiles en naturaleza o identidad. También son distinguibles si son diferentes en carácter, en propósito o en ambas cosas.

Al menos en teoría, éste podría ser el caso de las experiencias cristianas de justificación, regeneración, santificación y bautismo en el Espíritu Santo. Aun cuando todas ellas tuviesen lugar al mismo tiempo, ¿qué teólogo afirmaría que no son distinguibles en carácter y propósito, y que, por tanto, no son separables en naturaleza e identidad? De igual manera, cualquiera que sea su relación temporal con estas otras obras, el bautismo en el Espíritu Santo es una obra separable y distinta del Espíritu.

Ciertamente, los pentecostales pueden reconocer que en el caso de Cornelio, éste experimentó la regeneración y el bautismo en el Espíritu Santo en la misma ocasión. También, aun cuando los ciento veinte no hubiesen sido cristianos en el sentido del Nuevo Testamento hasta el día de Pentecostés,[2] y aun cuando los Efesios sólo hubiesen sido discípulos de Juan antes de que Pablo orase por ellos, en los tres casos, lo que recibieron fue una experiencia distinguible del bautismo en el Espíritu Santo. Nuevamente, esto es cierto porque la subsecuencia no es absolutamente esencial a la separabilidad y la distinción. En cambio, los pentecostales pueden presentar un fuerte argumento, no sólo a favor de la separabilidad y la distinción, sino también a favor de la subsecuencia, en los casos de los samaritanos y de Pablo. El punto importante a observar es éste: El hecho de que Lucas muestre que la experiencia del bautismo en el Espíritu Santo *puede ser* subsiguiente, sirve para subrayar el que se trata de una experiencia separable y distinta. William Menzies observa: "Hay una distinción lógica, si no siempre temporal, entre el nuevo nacimiento y el bautismo en el Espíritu."

La conclusión de que en Hechos el bautismo en el Espíritu Santo es una experiencia separable, sólo es el primer aspecto de este asunto. El que se muestre que la separabilidad, o incluso la subsecuencia, es la pauta en Hechos, es una cuestión. El que se deba considerar una pauta así como normativa para la doctrina y la práctica hoy, es otra cuestión diferente. ¿Se limita Lucas a describir cómo ocurrieron las cosas en aquella situación histórica? ¿O tiene la intención de enseñar que la pauta y el carácter del bautismo en el Espíritu Santo en su narración histórica del libro de Hechos es normativa para la doctrina y la práctica cristianas? Aunque éste no sea el lugar para un estudio exhaustivo de este tema, su importancia es tal, que tenemos necesidad de comentarlo, aunque sea brevemente.

Podríamos formular de la siguiente forma el segundo aspecto de la cuestión de la separabilidad: ¿Son normativas la pauta y la característica del bautismo en el Espíritu Santo que presenta Lucas en Hechos para la Iglesia en todas las generaciones? Fee considera que este segundo aspecto de la cuestión es una pregunta hermenéutica. Se centra en la práctica de utilizar los precedentes históricos de la Biblia para formular doctrina cristiana y establecer experiencias cristianas normativas. En este procedimiento hermenéutico, si uno puede demostrar que el escritor bíblico describe una pauta de experiencia cristiana que era típica, o normativa, en la Iglesia del Nuevo Testamento, entonces, interpretativamente, se espera que sea normativa para la Iglesia de hoy. Concretamente, con respecto al tema de la separabilidad, los eruditos pentecostales creen que Lucas describe en Hechos una pauta en la cual el bautismo en el Espíritu Santo es distinto de la experiencia de regeneración. Sostienen, además, que los cristianos del presente pueden esperar que se produzca el mismo modelo de experiencia.

El peso teológico de los materiales históricos en la Biblia

Eruditos como Anthony A. Hoekema y John R. W. Stott toman un punto de vista que va contra la posición pentecostal. Distinguen entre los materiales *históricos* y los *didácticos* en el Nuevo Testamento, con respecto a la diferencia de propósito y uso entre ambas clases de material. Sostienen que los materiales históricos son sólo eso: históricos. En cambio, los materiales didácticos han sido preparados con la intención de enseñar. El material narrativo histórico, como el de Lucas en el libro de Hechos, no tiene un propósito didáctico e instructivo. Por consiguiente, Hoekema dice: "Cuando afirmamos ... que queremos que nos guíe la Escritura en nuestra comprensión de la obra del Espíritu, necesitamos buscar esta guía primordialmente en sus partes *didácticas*, y no en sus partes *históricas*." Según Stott, encontramos estos materiales didácticos "más precisamente en las enseñanzas de Jesús, y en los sermones y escritos de los apóstoles, y no en las partes puramente narrativas de Hechos". Por consiguiente, y contrariamente a la mayoría de los pentecostales, Hoekema y Stott sostienen que no se pueden utilizar los materiales históricos del libro de Hechos para formular doctrinas y prácticas cristianas normativas.

Aquéllos que toman la posición de Hoekema y de Stott afirman que el procedimiento de formular doctrinas y prácticas a partir de materiales históricos es una hermenéutica incorrecta. También Fee, aunque es pentecostal, observa que este procedimiento es parte de "una especie de hermenéutica pragmática" que él cree que los pentecostales usan con frecuencia, en lugar de la "hermenéutica científica". Alega que este procedimiento es una hermenéutica incorrecta, sencillamente porque la intención primaria de Lucas no era enseñar que el bautismo en el Espíritu Santo es distinto a la conversión y posterior a ella. Según Fee, el hecho de que el lector de Hechos pueda observar esta pauta de separabilidad en el relato de Lucas es "incidental" a la intención primaria de Lucas en la narración. Al referirse al episodio de Samaria — que él considera el punto más fuerte a favor de los pentecostales — Fee sugiere que, probablemente, Lucas no estuviera "*tratando de enseñar* con esto que era algo 'distinto y posterior a' " la conversión.

Por tanto, este asunto se centra en la cuestión de la intención del autor. Por un lado, eruditos como Hoekema, Stott y Fee sostienen que cuando un autor del Nuevo

Testamento está escribiendo material histórico, no tiene la intención de enseñar doctrinas y prácticas normativas para la Iglesia de todos los tiempos. Dicen que los escritos históricos son "historia descriptiva de la Iglesia Primitiva" y, como tales, "no se deben traducir en experiencias normativas para la Iglesia presente". En concordancia con esto, Fee afirma que lo que Lucas, como historiador, presenta con respecto al bautismo en el Espíritu Santo, es lo que era la experiencia normal de los cristianos del primer siglo. Cualquier "modelo repetitivo de la venida (o presencia) del Espíritu" que Lucas revela, es "repetible". Esto es, el modelo original que revela Lucas es "algo según lo cual haríamos bien en modelar nuestra vida". Sin embargo, no se debe imponer esta pauta como "normativa"; prescrita como algo "a lo que deben adherirse todos los cristianos de todos los tiempos y en todo lugar". Esta afirmación de Fee se basa en su posición de que no había intención de que se utilizara el material histórico para la formulación de la doctrina y la experiencia cristianas.

Por otra parte, eruditos como Roger Stronstad y William W. Menzies afirman fuertemente lo contrario. Consideran la posición de Hoekema, Stott y Fee — de que el material histórico no tiene valor didáctico — más bien arbitraria. Stronstad reconoce que la obra de Lucas es narrativa histórica, pero rechaza la suposición de que dicho material carezca de intención instructiva. Menzies está de acuerdo: "El género de Hechos no es simplemente histórico, sino también intencionalmente teológico." Con esto quiere decir que Lucas tuvo la intención de enseñar lo que es normativo para la doctrina, la práctica y la experiencia cristianas.

Para apoyar su tesis, Stronstad observa que "Lucas y Hechos no son dos libros separados ... Más bien son, de hecho, las dos mitades de una sola obra, y se deben interpretar como una unidad." La intención de una es compartida por la otra. Entonces se lanza a demostrar que la forma en que Lucas desarrolló su material, tanto en su evangelio como en Hechos, indica que tenía la intención de que enseñara doctrinas y prácticas normativas. Lucas usó sus fuentes y desarrolló su material de una manera similar a los historiadores del Antiguo Testamento e intertestamentarios. Lo hizo, dice Stronstad, "específicamente para presentar temas teológicos clave" y "para fijar, ilustrar y reforzar esos temas por medio de episodios históricos concretos". Stronstad continúa reforzando su idea y termina con esta conclusión: "Lucas tuvo un propósito didáctico o catequético, o instructivo, más que simplemente informativo, con respecto a su historia del origen y la extensión del cristianismo."

Estrechamente relacionada con el tema de la intención del autor, se halla la cuestión de cómo deben comprender los intérpretes del presente el material del autor, en relación con esa intención. Ésta es la cuestión del lugar relativo de la hermenéutica científica y la hermenéutica pragmática. Fee sostiene que la práctica pragmática de los pentecostales de fundamentar doctrinas y experiencias normativas en precedentes históricos de la Biblia es contraria a la "hermenéutica científica". No obstante, la mayor parte de los intérpretes bíblicos reconocen que la buena hermenéutica no es una cosa u otra, sino tanto científica como pragmática. En su normativa obra, A. Berkeley Mickelsen escribe: "El término 'hermenéutica' designa tanto la ciencia, como el arte de la interpretación." Alerta contra un enfoque "mecánico, racionalista", diciendo: "El enfoque normativamente mecánico de la hermenéutica suscita ideas erradas desde el principio." La exégesis científica no lleva al intérprete demasiado lejos. Llega un punto en el cual debe entrar en el proceso cierto grado de hermenéutica pragmática.

Ciertamente, en el grado en que Fee hace su advertencia contra aquellos pragmáticos que ignoren o rechacen el enfoque científico, es en el grado en que se debe recibir esa advertencia.

Sin embargo, debemos observar que la relación entre la hermenéutica científica y la hermenéutica pragmática es sólo tensional, y no antitética. Por tanto, no se puede rechazar sin más la práctica de traducir los precedentes históricos de la Biblia en experiencias normativas para la Iglesia presente, sólo porque incluya un elemento de hermenéutica pragmática. Stronstad cree que esta práctica, de hecho, "recuerda el principio paulino para interpretar la narrativa histórica". Cuando Pablo afirma: "Toda la Escritura es inspirada por Dios, y útil para enseñar ... para instruir en justicia" (2 Timoteo 3:16), podemos estar seguros de que incluye tanto las narraciones del Génesis, como las otras porciones históricas. Basados en esto, la mayoría de los pentecostales sostienen que la narrativa de Hechos es tan inspirada por Dios y tan provechosa "para enseñar ... para instruir en justicia" como las enseñanzas de Romanos.

Además de esto, así como Pablo creía que "las cosas que se escribieron antes [es decir, en el Antiguo Testamento], para nuestra enseñanza se escribieron" (Romanos 15:4), también los pentecostales creen de manera similar que cuanto fue escrito en Hechos, fue escrito para nuestra enseñanza, al igual que los evangelios o las epístolas. Por tanto, hay razón suficiente para llegar a la conclusión de que Lucas tenía la intención de enseñarle a Teófilo un modelo que éste pudiera considerar normativo para la formulación de la doctrina, la práctica y la experiencia cristianas.

Los pentecostales no son los únicos en esta posición acerca de la narrativa histórica. I. Howard Marshall, distinguido evangélico no pentecostal, sostiene la posición de que Lucas era a un tiempo historiador y teólogo. Si la posición de Marshall es correcta, entonces el material de Lucas, como el de cualquier otro teólogo del Nuevo Testamento, es una fuente válida para comprender lo que es normativo para las doctrinas y prácticas cristianas. Menzies hace notar que hay "un cuerpo creciente de estudios sustanciales que señalan en la dirección de una clara teología lucana del Espíritu en Lucas y Hechos que apoya el concepto de 'nor-matividad' ". Gary B. McGee cita otros eruditos que sostienen un punto de vista similar con respecto a la naturaleza teológica de los escritos de Lucas. Ésta es su conclusión: "Por tanto, hermenéuticamente, los pentecostales se encuentran dentro de una línea respetada e histórica de cristianos evangélicos que han reconocido legítimamente que el libro de Hechos de los Apóstoles es un vital depósito de verdades teológicas."

Tomando esta posición, los pentecostales estudian los relatos de Hechos en los que Lucas se refiere a incidentes históricos en los que es evidente que las personas experimentan el bautismo en el Espíritu Santo. Este estudio revela que el bautismo en el Espíritu es una experiencia distinta, que algunas veces fue claramente posterior, y siempre lógicamente separable de la regeneración. El material de Lucas el teólogo es reconocido como una fuente válida para la doctrina y la experiencia cristianas normales. Por tanto, la conclusión es que una experiencia del bautismo en el Espíritu Santo similar, distinta y separable, es normativa para la experiencia cristiana contemporánea. Donald A. Johns presenta esta posición:

> La aplicación de los principios aceptados ... apoyará el concepto de que ser bautizado en el Espíritu Santo es algo distinto a la conversión ... La conversión comprende el establecimiento de relaciones con Dios; ser bautizado en el Espíritu comprende la iniciación en un ministerio poderoso y carismático.

EVIDENCIAS DEL BAUTISMO EN EL ESPÍRITU

Central también dentro del estudio contemporáneo de esta doctrina es la evidencia (o evidencias) del bautismo en el Espíritu Santo. Tomadas en conjunto, la posición que uno tome sobre la separabilidad y la evidencia determina grandemente o, al menos, influye sobre toda su doctrina sobre el bautismo en el Espíritu Santo. Esta sección estudia el tema de las lenguas como la evidencia física (o externa) inicial del bautismo en el Espíritu Santo. También estudia otras evidencias del bautismo en el Espíritu en la vida de la persona individual.

Las lenguas como la evidencia física inicial

La literatura actual sobre este tema revela una considerable diversidad de posiciones sobre las lenguas. No obstante, con respecto a las lenguas como la evidencia inicial del bautismo en el Espíritu Santo, estos puntos de vista se pueden categorizar de la siguiente manera: (1) las lenguas no son la evidencia del bautismo en el Espíritu Santo; (2) el bautismo en el Espíritu Santo tiene algunas veces las lenguas como evidencia; (3) el bautismo en el Espíritu Santo va siempre acompañado por la evidencia inicial de las lenguas. Nuevamente, como sucedía con la separabilidad, en la cuestión de las lenguas como evidencia inicial, la cuestión de lo que el libro de Hechos muestra como pauta y enseña como normativo es sumamente fundamental.

La primera opinión — que dice que las lenguas no son evidencia de estar bautizado en el Espíritu Santo — es el punto de vista evangélico tradicional. Carl Henry articula así esta posición:

> La presente controversia se centra grandemente en la afirmación por parte de los carismáticos de que las lenguas son evidencia del bautismo del Espíritu ... Este punto de vista no tiene el apoyo de ninguno de los hombres fuertes del pasado, como Lutero, Calvino, Knox, Wesley, Whitefield, Edwards, Carey, Judson y otros.

Bruner, en concordancia con su convicción de que el bautismo en el Espíritu Santo y la conversión cristiana son lo mismo, niega igualmente que las lenguas sean la evidencia de esta experiencia. Afirma que la fe expresada en la confesión "Señor Jesús" es la única evidencia de la venida y presencia del Espíritu.

Aquéllos que toman esta primera posición en el tema de las lenguas como evidencia, presentan con frecuencia un extenso estudio de los materiales de Hechos sobre este tema. Hoekema reconoce tres incidentes en Hechos en los que hubo lenguas. En el día de Pentecostés, las lenguas fueron "una de las tres señales milagrosas" de lo que él llama "el acontecimiento definitivo e irrepetible del derramamiento del Espíritu Santo". "Ciertamente, los miembros de la casa de Cornelio hablaron en lenguas después de derramarse el Espíritu sobre ellos", admite Hoekema; pero "este hecho no demuestra que las lenguas sean prueba de que uno haya recibido un 'bautismo en el Espíritu' posterior a la conversión". De igual manera, en el caso de los discípulos de Éfeso, "el hecho de que hubo lenguas ... no puede ser utilizado para demostrar su valor como evidencia de un 'bautismo en el Espíritu' posterior a la conversión", según Hoekema. ¿Por qué? Porque "la venida del Espíritu sobre los discípulos de Éfeso no fue posterior a su conversión, sino simultánea a ella". Observa también: "En el libro de Hechos hay nueve ocasiones en las que se describe que las personas son llenadas o están llenas del Espíritu Santo, y donde no se hace mención de las lenguas." Por consiguiente, llega a la conclusión de que las lenguas no son evidencia de haber recibido el bautismo en el Espíritu Santo.

Después de su estudio de los casos hallados en Hechos, Bruner está de acuerdo con Hoekema. Según Bruner, es la fe, y no las lenguas, la que sirve como medio y evidencia a la vez del bautismo en el Espíritu.

El segundo punto de vista sobre las lenguas como evidencia dice que a veces éstas son evidencia del bautismo en el Espíritu Santo. Esta posición es característica de algunos dentro del movimiento carismático. Henry I. Lederle resume brevemente la gran variedad de ideas entre los carismáticos. También presenta de manera sucinta lo que él entiende que tienen en común estos puntos de vista: "La mayor parte de los carismáticos asocian (la renovación en el Espíritu, o) el bautismo en el Espíritu con la manifestación de los carismas, entre los que se incluyen normalmente las lenguas ... Pocos carismáticos aceptan que la glosolalia sea la condición *sine qua non* [esto es, esencial] para el bautismo en el Espíritu".

De manera que Lederle reconoce que la glosolalia (las lenguas) se encuentra entre los "aspectos legítimos de nuestra fe apostólica", pero rechaza la doctrina de que las lenguas sean la única evidencia del bautismo en el Espíritu. Cree que a esta doctrina le falta "apoyo explícito o concluyente" en las Escrituras. Lederle concuerda con otros carismáticos en que "no hay afirmación alguna en el Nuevo Testamento donde se indique que [la glosolalia] sea la *única* evidencia".

El tercer punto de vista sobre las lenguas como la evidencia del bautismo en el Espíritu Santo es la posición pentecostal tradicional. Los pentecostales suelen afirmar que las lenguas son siempre la evidencia física inicial de esta experiencia especial. De hecho, tal como observa J.R. Williams, "los pentecostales han puesto un énfasis especial en que las lenguas son la 'evidencia inicial' del bautismo en el Espíritu". La Declaración de Verdades Fundamentales de los Pentecostales presenta esta posición en el punto número 8: "El bautismo de los creyentes en el Espíritu Santo es testificado por la señal física inicial de hablar en lenguas según el Espíritu les da que hablen (Hechos 2:4)." Bruner tiene razón cuando observa: "En la comprensión de la *evidencia* inicial de esta experiencia subsiguiente, los pentecostales son únicos, y es esta evidencia la que señala como pentecostales a sus defensores."

Los pentecostales creen que su conclusión acerca de que las lenguas son la evidencia física inicial del bautismo en el Espíritu Santo se basa en las Escrituras; especialmente en el libro de Hechos. En tres casos en los que Lucas presenta detalles sobre personas que están experimentando el bautismo en el Espíritu Santo, es claramente evidente que hablan en lenguas. En el día de Pentecostés, los ciento veinte hablaron en lenguas —glosolalia —, en idiomas de los que ellos no tenían dominio en circunstancias normales (Hechos 2:4). Según Ralph M. Riggs, "estas lenguas se convirtieron entonces en la señal y evidencia de que el Espíritu Santo había descendido sobre los cristianos del Nuevo Testamento". El siguiente caso claro de lenguas en Hechos es el suceso de la casa de Cornelio (Hechos 10:44–46). Horton observa: "El Espíritu dio la evidencia, y sólo dio una. 'Los oían que hablaban en lenguas, y que magnificaban a Dios' (exactamente como en Hechos 2:4, 11)." El tercer y último caso claro es el incidente relacionado con los discípulos de Éfeso (Hechos 19:1–6). Howard Ervin comenta en este caso: "La naturaleza evidencial de la glosolalia aquí queda fuertemente subrayada por el comentario de que 'las lenguas y la profecía eran *prueba indudable* y externa de que el Espíritu Santo había descendido sobre aquellos doce discípulos, poco informados hasta el momento'. "

Por esto, una serie de exegetas competentes, la mayoría de ellos eruditos no pentecostales, reconocen con facilidad que Lucas estaba hablando de la manifestación sobrenatural de las lenguas en estos tres casos. Los eruditos pentecostales sostienen además que Lucas reveló una *pauta* en estos tres casos; una experiencia distintiva con el Espíritu, evidenciada por las lenguas. Tal como lo afirma J. R. Williams, en estos tres casos "las lenguas fueron clara evidencia de que se les había dado el Espíritu Santo".

Aunque Lucas no decidió declararlo, los pentecostales creen *también* que las lenguas se manifestaron igualmente en los otros casos del bautismo inicial en el Espíritu Santo dentro de Hechos. Por ejemplo, los pentecostales sostienen que los creyentes samaritanos (Hechos 8:4–24) hablaron en lenguas igual que los ciento veinte del día de Pentecostés, la casa de Cornelio y los discípulos de Éfeso. Ervin formula la pregunta obvia: "¿Qué vio Simón que lo convenció de que aquellos discípulos samaritanos habían recibido el Espíritu Santo por medio de la imposición de manos de Pedro y Juan?" Ervin cita a varios eruditos no pentecostales que confirman su respuesta. "El contexto justifica la conclusión de que estos samaritanos convertidos recibieron el bautismo en el Espíritu Santo después de su conversión, con la probable evidencia de las lenguas." F. F. Bruce parece estar de acuerdo en sus comentarios acerca de la experiencia de los samaritanos: "El contexto no nos deja duda alguna de que la recepción del Espíritu por parte de ellos fue acompañada por manifestaciones externas como las que habían marcado su derramamiento sobre los primeros discípulos en Pentecostés." Entre los otros que cita Ervin se halla A. T. Robertson, quien afirma que el texto en este caso "muestra llanamente que aquéllos que recibieron el don del Espíritu Santo hablaron en lenguas."

Los pentecostales sostienen que hablar en lenguas era la experiencia normal y esperada de todos los creyentes del Nuevo Testamento que eran bautizados en el Espíritu Santo. Esto es, que "la *actividad primaria* posterior a la recepción del Espíritu Santo era la de hablar en lenguas". Debido a esto, Lucas no sintió la necesidad de señalar que se había hablado en lenguas cada vez que hablaba de una aparición de esta experiencia. Los lectores de Lucas sabían ya que los creyentes hablaban en lenguas cuando recibían el bautismo en el Espíritu Santo. Por consiguiente, los pentecostales sugieren que no sólo los samaritanos convertidos, sino Pablo y los demás de los que habla Lucas, manifestaron también la evidencia inicial de hablar en lenguas. En el caso de Pablo, señalan que él mismo reconoció que hablaba en lenguas en su correspondencia con los corintios (1 Corintios 14:18). Apoyado en esto, Ervin afirma con gran seguridad que "Pablo también habló en lenguas cuando recibió el don pentecostal del Espíritu Santo."

En resumen, los pentecostales observan entonces que, en algunos casos, Lucas describe en detalle las manifestaciones que acompañaban a los creyentes que recibían el bautismo en el Espíritu Santo (los discípulos del día de Pentecostés, Cornelio y los efesios). En todos estos casos, las lenguas fueron la evidencia clara; sencillamente, no necesitó repetir los detalles cada vez. Los pentecostales creen que las lenguas fueron la evidencia inicial en todos los casos; sostienen que Lucas reveló la existencia de una pauta constante en el período del Nuevo Testamento: una experiencia distintiva del bautismo en el Espíritu Santo, separable de la regeneración y evidenciada inicialmente por las lenguas.

Los pentecostales sostienen además que los relatos de Lucas no sólo revelan esta pauta, sino que también enseñan que las lenguas son normativas para la doctrina y la práctica cristianas. Es decir, que siempre se espera que las lenguas sean la evidencia inicial del bautismo en el Espíritu Santo a lo largo de toda la historia de la Iglesia. Ésta es la forma en que se deben entender los relatos de Hechos porque, nuevamente, Lucas no estaba escribiendo solamente como historiador, sino también como teólogo. Estaba describiendo la obra del Espíritu Santo en los creyentes de la era de la Iglesia, y a través de ellos. Es cierto que estos incidentes tuvieron lugar dentro de un escenario histórico determinado, pero esto no es razón para declarar que esta pauta no es normativa para toda la era de la Iglesia. Al fin y al cabo, la era de la Iglesia es siempre un tiempo durante el cual es necesario que la presencia del Espíritu Santo sea evidente en la vida de los creyentes. En la era de la Iglesia siempre son necesarios su presencia y su poder para que obre a través de los creyentes a fin de llevar la gracia salvadora de Cristo hasta aquéllos que están sin Dios. En conclusión, los pentecostales creen: (1) que el bautismo en el Espíritu Santo es la venida de esa presencia y ese poder especiales del Espíritu, y (2) que la evidencia inicial de esto son las lenguas, tanto hoy como en el libro de Hechos.

Otras evidencias del bautismo

Necesitamos ahora notar especialmente que, al entender de los pentecostales, el hablar en lenguas es sólo la evidencia inicial del bautismo en el Espíritu Santo. En la vida de quienes lo reciben, hay otras evidencias de su presencia especial que aparecen posteriormente.

Algunos escritores sugieren que el "fruto del Espíritu" (Gálatas 5:22), esto es, el conjunto de cualidades de la personalidad cristiana, es la evidencia prolongada de que se está bautizado en el Espíritu Santo.

Por ejemplo, en un capítulo titulado "Los efectos de la venida del Espíritu", J. R. Williams identifica la "plenitud de gozo", el "gran amor", el "compartir" y la "alabanza continua de Dios" entre estos efectos. Un famoso escritor pentecostal más antiguo, Donald Gee, hace la observación de que el concepto de que el fruto del Espíritu es evidencia del bautismo en el Espíritu Santo es una enseñanza "corriente y popular". Sin embargo, advierte contra este concepto, diciendo: "El fruto del Espíritu ... es prueba de que caminamos en el Espíritu ... no la prueba de que hayamos sido bautizados en el Espíritu." Con todo, en el capítulo siguiente, Gee habla de algunas cualidades de la personalidad cristiana, como "marcas" o evidencias de "estar lleno del Espíritu". Éstas son el "testimonio desbordante", el "quebrantamiento y humildad", "un espíritu dócil" y la "consagración".[2] Ervin habla con profundidad acerca de este concepto: "Las Escrituras no coordinan el fruto del Espíritu con los carismas como evidencia de la plenitud del Espíritu". Sin embargo, hace esta observación: "Esto no niega que las consecuencias prácticas de la influencia del Espíritu Santo en la vida del cristiano se reflejen en impulsos y aspiraciones santos que lo lleven al crecimiento espiritual."

Por tanto, los pentecostales sostienen en general que el conjunto de cualidades de la personalidad cristiana, o fruto del Espíritu, no constituye una evidencia prolongada del bautismo en el Espíritu, pero que estas cualidades pueden y deben quedar resaltadas en aquéllos que tengan esta experiencia.

Otra sugerencia entre los escritores pentecostales es la de que hay diversas manifestaciones carismáticas que son evidencias prolongadas del bautismo en el Espíritu Santo. Al referirse a los dones espirituales, Gee observa: "Puesto que son manifestaciones de la inhabitación del Espíritu, es fundamental que aquéllos que los ejerciten están llenos del Espíritu en el momento de ejercitarlos." Ervin ve las "manifestaciones de los carismas" como "evidencias del poder del Espíritu" y de "la plenitud prolongada del Espíritu". Escribe al respecto: "El bautismo en el Espíritu y la plenitud del Espíritu son expresiones sinónimas, y la dimensión carismática de la experiencia cristiana es evidencia de la plenitud del Espíritu Santo."[2] J. R. Williams elabora más esta idea en un estudio sobre la manifestación de los dones en la iglesia de Corinto. Primeramente, hace resaltar que "el contexto para los dones del Espíritu fue la experiencia del derramamiento del Espíritu". Para los cristianos de Corinto, "se había producido un abundante derramamiento del Espíritu en el que todos habían participado". Después traza un paralelo entre la situación de Corinto y la renovación carismática actual. Hoy en día, como en la iglesia de Corinto, la operación de los dones del Espíritu significa que aquéllos que manifiestan los dones han experimentado un derramamiento del Espíritu Santo, o el bautismo en el Espíritu Santo.

La sugerencia final en cuanto a una evidencia prolongada del bautismo en el Espíritu Santo es la realidad del dinámico poder del Espíritu Santo en la vida del participante. J. R. Williams hace observar que "el propósito central de la entrega del Espíritu es ese poder capacitador por medio del cual se puede llevar adelante el testimonio de Jesús, tanto en palabras como en obras". En línea con esta observación, Ernest S. Williams identifica este poder del Espíritu como "la evidencia más importante" de la "experiencia pentecostal".

LA DISPONIBILIDAD DEL BAUTISMO EN EL ESPÍRITU SANTO

La pregunta que nos hacemos ahora es la siguiente: ¿Está el bautismo en el Espíritu Santo al alcance de los creyentes de hoy, o sólo estuvo disponible durante la era apostólica del Nuevo Testamento? La mayor parte de los evangélicos contemporáneos, tanto pentecostales como no pentecostales, responden afirmativamente; sigue estando disponible hoy. Sin embargo, con esta respuesta, cada uno de los grupos quiere decir algo diferente. Por un lado, los eruditos como Hoekema, Bruner y Dunn aceptan que el bautismo en el Espíritu Santo forma parte de la realidad cristiana, pero no es una experiencia distinta de la regeneración. Según el punto de vista de estos eruditos, el bautismo en el Espíritu sólo es una parte del acontecimiento total de convertirse en cristiano, llamado por Dunn conversión e iniciación. Por otra parte, cuando los eruditos pentecostales dicen que el bautismo en el Espíritu Santo está a la disposición de los creyentes de hoy, están insistiendo en la disponibilidad contemporánea de una experiencia distinta y separable que es evidenciada por las lenguas.

Algunas veces se presenta el argumento, basado en 1 Corintios 13:8-12, de que la experiencia pentecostal cesó al final del período en que se escribió el Nuevo Testamento. Algunos piensan que Pablo enseña en estos versículos que las profecías, las lenguas y la ciencia cesaron cuando quedó terminado el canon del Nuevo Testamento. Pablo dice que estos carismas "cesarán" (v. 8) "cuando venga lo perfecto (gr. téleion)" (v. 10); cuando veamos "cara a cara" (v. 12). Apoyados en esto, algunos niegan que esté a nuestra disposición hoy un tipo del bautismo en el Espíritu al estilo pentecostal, evidenciado por las lenguas. Por ejemplo, Paul Enns escribe: "Con la finalización de las Escrituras ya no hubo más necesidad de una señal que autenticara ... Las lenguas fueron un don para señal que tuvo su lugar en la etapa de infancia de la Iglesia (1 Corintios 13:10-11; 14:20)."

Tanto los eruditos pentecostales como muchos no pentecostales rechazan la idea de que Pablo esté diciendo algo así en este lugar. W. Harold Mare demuestra por qué posiciones como la de Enns son insostenibles. El concepto de "la cesación de estos dones a fines del primer siglo — dice Mare —, es completamente extraño al contexto". "Que estos tres carismas cesarán, es algo que se afirma claramente en el texto", reconoce Ervin. "Cuándo cesarán, sólo se puede deducir a partir del contexto." Ervin cita a diversos eruditos que confirman exegéticamente su conclusión de que aquí Pablo está mirando hacia la *Parusía*, o segunda venida de Cristo en el futuro, y no a la finalización del canon. Además, en estos versículos, Pablo no está ni siquiera escribiendo sobre el bautismo en el Espíritu Santo. En realidad, sus afirmaciones tienen muy poco o nada que ver con la cuestión de la disponibilidad de una experiencia distintiva del bautismo hoy.

La posición pentecostal sobre la disponibilidad del bautismo en el Espíritu Santo evidenciado por las lenguas comienza con el día de Pentecostés. Más concretamente, comienza con las palabras de Pedro: "Porque para vosotros es la promesa, y para vuestros hijos, y para todos los que están lejos; para cuantos el Señor nuestro Dios llamare" (Hechos 2:39). Horton comenta lo siguiente sobre la explicación que le hace Pedro de la profecía de Joel a la multitud que ha escuchado a los ciento veinte hablando en lenguas: "La forma en que Pedro veía la profecía demuestra que esperaba que esta profecía se siguiese cumpliendo hasta el final de los 'últimos días'. " Horton señala que para Pedro, los últimos días comprendían toda la era de la Iglesia, a partir de la ascensión de Jesús. "Está claro que no se puede limitar el cumplimiento de la profecía de Joel al día de Pentecostés, ni a ninguna ocasión única." P. C. Nelson se limita a decir. "Para todos los que están lejos: esto nos incluye a nosotros."

Además de esto, los pentecostales sostienen que ciertamente, la experiencia del bautismo se repite de manera distintiva con la evidencia de las lenguas, después del día de Pentecostés. En el libro de Hechos, señalan los otros cuatro incidentes (los convertidos de Samaria, Pablo, Cornelio y los discípulos de Éfeso) estudiados anteriormente, especialmente los dos últimos casos, en los cuales las lenguas son claramente evidentes. También, puesto que esto tiene que ver con la disponibilidad de la experiencia para hoy, los pentecostales señalan que, durante el siglo veinte, el tipo de experiencia distintiva de Hechos, incluyendo las lenguas, se ha repetido en la vida de millones de cristianos a lo largo y ancho del mundo. Al fin y al cabo, sostiene Menzies, "no se debería considerar incorrecto incluir la experiencia personal y los relatos históricos en algún momento del proceso de hacer teología". La verdad bíblica "debe ser demostrable en la vida". Por esta razón, indica Ervin, "para los pentecostales es axiomático que el bautismo en el Espíritu Santo no cesó con el día de Pentecostés, ni tampoco al terminar la era apostólica. Creen, y su experiencia lo confirma, que es un derecho inherente a todo cristiano."[3]

Al insistir en que la experiencia distintiva del bautismo en el Espíritu Santo está a la disposición de los creyentes de hoy, los pentecostales no insinúan que los cristianos que no hayan hablado en lenguas no tienen el Espíritu. El bautismo en el Espíritu Santo sólo es una de sus diversas obras. La convicción, la justificación, la regeneración y la santificación son también obras del Espíritu Santo mismo. Cada una de estas obras es distintiva, con su naturaleza y razón de ser únicas. Si la persona responde positivamente a la obra de convicción del Espíritu, entonces se producen la justificación y la regeneración. En ese momento, el Espíritu Santo hace su morada dentro del creyente, y a partir de ese momento, es correcto afirmar que la persona tiene al Espíritu. El bautismo en el Espíritu Santo con la evidencia inicial de las lenguas puede suceder en esa misma ocasión, o puede suceder en un momento posterior, según vemos en la pauta revelada en el libro de Hechos. En cualquiera de ambos casos, el Espíritu habita dentro de la persona desde el momento de la regeneración de ésta.

Las confusiones con respecto a esta cuestión de tener o no tener al Espíritu Santo se producen debido a una falta de comprensión sobre la forma en que Lucas usa ciertos términos. Cuando Lucas describe y comenta el bautismo en el Espíritu Santo, emplea terminología del tipo de "ser lleno del Espíritu Santo", "recibir al Espíritu Santo", "el derramamiento del Espíritu Santo", "el Espíritu Santo descendió sobre" y "el Espíritu Santo vino sobre". Estas expresiones no son tanto de *contraste*, sino más bien resultan un simple intento por *describir* y *resaltar*. Es decir, que al emplear estas expresiones, Lucas no está haciendo un contraste entre el bautismo en el Espíritu Santo y la regeneración, como si dijese que en la regeneración no viene el Espíritu, no se recibe, o no permanece en nosotros. Ciertamente, el Espíritu viene, se recibe y permanece en nosotros en el momento de la regeneración (Romanos 8:9). No obstante, al usar estas expresiones para referirse al bautismo en el Espíritu Santo, Lucas sólo está diciendo que se trata de una experiencia especial en la que la persona es "llenada con" el Espíritu; lo "recibe"; el Espíritu "se derrama" o "viene sobre" la persona.

No tenemos por qué dejar que la terminología de Lucas cause confusión en el tema de la disponibilidad de una experiencia distintiva del bautismo en el Espíritu Santo. Tal como Riggs dice, los pentecostales insisten en que "todos los creyentes tienen al Espíritu Santo; con todo ... todos los creyentes, además de tener al Espíritu Santo, pueden ser llenados con Él, o bautizados en Él".[1] El bautismo en el Espíritu Santo es una experiencia única, a la disposición de todos los cristianos convertidos y regenerados, y con una razón de ser concreta y especial.

LA RAZÓN DE SER DEL BAUTISMO EN EL ESPÍRITU SANTO

El tema definitivo entre los relacionados con el concepto del bautismo en el Espíritu Santo tiene que ver con la razón de ser de esta experiencia. Todos los demás comentarios sobre el bautismo en el Espíritu Santo deben señalar hacia la razón de esta obra especial, y la necesidad que Dios quiere que satisfaga.

En efecto, muchos cristianos no le ven razón de ser especial ninguna al bautismo en el Espíritu Santo, aparte de los demás aspectos de la conversión e iniciación. Bruner escribe: "El poder del bautismo en el Espíritu Santo es primera y primordialmente un poder que une a Cristo." Según Hoekema, *bautismo en el Espíritu Santo* sólo "significa que se les otorga el Espíritu Santo para su salvación a personas que no eran creyentes en el sentido cristiano de la palabra, antes de que les fuera otorgado". No hay "pruebas bíblicas a favor del argumento de que las lenguas sean una fuente especial de poder espiritual", afirma Hoekema.

Dunn llega a la misma conclusión: "El bautismo en el Espíritu ... tiene primariamente una naturaleza iniciatoria." Concede que "sólo de manera secundaria ..." es una experiencia "que da poder". Evidentemente, para Dunn y para otros que toman su posición, puesto que el bautismo en el Espíritu Santo no es distintivo en sentido alguno con respecto a la conversión, se sigue que no tiene un propósito que no se pueda atribuir a todos los creyentes, puesto que Él habita en todos ellos.

Por largo tiempo, los pentecostales han reconocido que la posición anterior tiene como consecuencia una Iglesia subnormal en la que está ausente la cualidad dinámica, experiencial y capacitadora de la vida cristiana. J. R. Williams escribe: "Además de nacer del Espíritu, con lo que comienza la nueva vida, también hay necesidad de ser bautizado con el Espíritu, o lleno de Él, para que se desborde la vida en ministerio hacia los demás."

Fee sostiene un concepto similar y observa que "una profunda insatisfacción con la vida en Cristo sin la vida en el Espíritu" es precisamente lo que ha servido de fondo al movimiento pentecostal. Desde principios del siglo veinte hasta el presente, los pentecostales han creído que la dinámica plena de la capacitación del Espíritu viene *sólo* con la experiencia especial y distintiva del bautismo en el Espíritu Santo. Cuando esta experiencia especial y distintiva no es normal en la Iglesia, ésta carece de la realidad de la dimensión capacitadora de la vida en el Espíritu.

Por tanto, los pentecostales creen que la experiencia distintiva del bautismo en el Espíritu Santo, tal como la describe Lucas, es primordial para la Iglesia contemporánea. Stronstad dice que su significación, a partir de la teología de Lucas, es clara: "Si el don del Espíritu fue carismático o vocacional para Jesús y para la Iglesia Primitiva, igualmente deberá tener una dimensión vocacional en la experiencia del pueblo de Dios hoy." ¿Por qué? Porque la Iglesia de hoy, como la Iglesia del libro de Hechos, necesita que el dinámico poder del Espíritu la capacite para evangelizar eficazmente al mundo y edificar el Cuerpo de Cristo. El Espíritu descendió en el día de Pentecostés porque los seguidores de Jesús "necesitaban un bautismo en el Espíritu que llenara de poder su testimonio, de tal manera que otros pudiesen entrar igualmente a la vida y la salvación".[2] Igualmente, porque vino en el día de Pentecostés, el Espíritu viene una y otra vez con el mismo propósito.

Según los pentecostales, el propósito de esta experiencia es el elemento definitivo y más importante, el que hace que el bautismo en el Espíritu Santo sea separable y distintivo en relación a la regeneración. J. R. Williams señala: "[Los pentecostales] sostienen con firmeza que, además, y por una razón totalmente distinta a la salvación, hay otra actuación del Espíritu Santo que prepara al creyente para un servicio mayor."

La convicción, la justificación, la regeneración y la santificación son todas obras importantes del Espíritu. Con todo, hay "otro modo de operar, su obra energizadora", que es diferente e igualmente importante, afirma Myer Pearlman. "La característica principal de esta promesa es el poder para servir, y no la regeneración para vida eterna." El bautismo en el Espíritu es "distinto a la conversión", dice Robert Menzies, en que "desata una nueva dimensión en el poder del Espíritu: es una investidura de poder para server".

Los pentecostales creen fuertemente en este punto: el propósito primario y fundamental del bautismo en el Espíritu Santo es recibir poder para servir. Se apoyan en Lucas 24:49 y Hechos 1:8, donde Lucas recoge las últimas indicaciones de Jesús a sus seguidores: "Pero recibiréis poder, cuando haya venido sobre vosotros el Espíritu Santo, y me seréis testigos" (Hechos 1:8). Consideran que Jesús se estaba refiriendo al día de Pentecostés, que estaba próximo, y en el cual los ciento veinte serían bautizados en el Espíritu Santo "como revestimiento de poder para capacitarlos a fin de que diesen un testimonio eficaz a favor de las grandes verdades salvadoras de almas del evangelio". Horton señala: "A partir del día de Pentecostés, vemos al Espíritu Santo activo en la vida de la Iglesia ... en la labor de propagar el evangelio y establecer la Iglesia." Los pentecostales creen que este mismo bautismo en el Espíritu Santo, de características únicas, está a la disposición de los creyentes de hoy, y con el mismo propósito de capacitarlos para servir.

Debido a que los pentecostales reconocen la necesidad esencial del bautismo en el Espíritu Santo y la importancia de su propósito, algunas veces insisten excesivamente en las lenguas que lo evidencian. Sin embargo, los pentecostales equilibrados reconocen lo peligrosa que es esta insistencia excesiva. Aunque insisten en la experiencia distintiva, evidenciada inicialmente por las lenguas, insisten también en que el objetivo final y más importante es la evidencia continua: una vida dinámicamente capacitada por el Espíritu.

Tanto los no pentecostales, como los pentecostales, alzan la voz de alerta con respecto al exceso de insistencia en cuanto a las lenguas y la separabilidad. J. Ramsey Michaels cree que "hay un peligro en la noción pentecostal de la 'evidencia inicial', y es reducir al Espíritu a las lenguas". E. S. Williams, uno de los primeros pentecostales, manifiesta una preocupación similar cuando escribe: "Sería bueno que no insistiésemos demasiado en las lenguas." Declara, y con razón: "Lo que es de primordial importancia es *el poder de lo alto*." De igual manera, Horton advierte:

> Se debería reconocer ... que las lenguas sólo son la evidencia inicial del bautismo en el Espíritu Santo ... De hecho, siempre se debería tener presente que el bautismo en el

espíritu no es una experiencia cumbre ... Sólo es una puerta hacia una relación creciente con el Espíritu.

Fee también manifiesta su preocupación por lo que considera un enfoque indebido en la subsecuencia. Afirma que la experiencia pentecostal en sí misma es correcta para la Iglesia de hoy. Con razón, observa que la cualidad más importante del "poderoso bautismo en el Espíritu" es "la dimensión capacitadora de la vida en el Espíritu", la cual él sostiene que los pentecostales han recuperado.

Lo importante es que la experiencia inicial, evidenciada por las lenguas, sólo es una apertura hacia otras dimensiones de la vida en el Espíritu. Esta experiencia distintiva inicial "conduce a una vida de servicio en la cual los dones del Espíritu proporcionan poder y sabiduría para la propagación del evangelio y el crecimiento de la Iglesia".

Los que han sido bautizados en el Espíritu y capacitados por Él, afectan al resto del cuerpo de creyentes. Menzies dice que "el bautismo en el Espíritu se convierte en la entrada en una forma de adoración que bendice a la asamblea de los santos de Dios. El bautismo es la puerta que conduce a los variados ministerios del Espíritu llamados dones, entre los que se incluyen muchos ministerios espirituales."

En conclusión, la razón por la que recibimos el bautismo en el Espíritu Santo — la dimensión continuada de la vida capacitada por el Espíritu — es la que hace que la experiencia sea en sí lo suficientemente importante como para conocerla, comprenderla y participar en ella. Las lenguas no son su razón final de ser, ni son la razón por la que debemos anhelar la experiencia. La necesidad de poder sobrenatural para testificar y servir es la razón por la que resulta tan importante una experiencia distintiva del bautismo en el Espíritu Santo. La necesidad máxima es que cada uno de los miembros del cuerpo de Cristo queden así capacitados, a fin de que la Iglesia pueda operar plenamente en la dimensión de la vida en el Espíritu.

LA RECEPCIÓN DEL BAUTISMO EN EL ESPÍRITU SANTO

La pregunta final dentro de este estudio sobre el bautismo en el Espíritu Santo es la siguiente: ¿Cómo se recibe esta experiencia especial? He aquí algunos de los temas relacionados: ¿Hay que cumplir con ciertas condiciones para recibir el bautismo en el Espíritu Santo? Si es así, ¿cuáles son? Además, si se requieren esas condiciones *después* de la regeneración, ¿acaso no son exigencias añadidas a la fe?

Hay diversos puntos de vista con respecto a las condiciones para recibir esta experiencia. Dicho sencillamente, los pentecostales suelen sostener que el único requisito previo al bautismo en el Espíritu Santo es la conversión, y que la única condición es la fe. "El Espíritu Santo se derrama sobre aquéllos que creen en Jesucristo", dice J. R. Williams. Horton afirma que "las únicas condiciones para recibir la promesa del Padre son el arrepentimiento y la fe". Menzies señala: "La experiencia es descrita como un don (Hechos 10:45) y, por consiguiente, no se merece ni se gana de ninguna forma. Se recibe por fe; una fe obediente y activa."

Observemos los modificadores que coloca Menzies al final de su afirmación: "una fe obediente y active". Cuando lo pensamos seriamente, la condición de la fe implica unas condiciones o actitudes relacionadas con ella. Menzies usa aquí los términos "obediente" y "active". Los pentecostales se suelen centrar en la oración, la obediencia, una entrega total al Señor y la expectación.

J. R. Williams dice: "La oración ... en sus numerosos aspectos de alabanza, acción de gracias, confesión, súplica y consagración ... es el contexto o atmósfera en el que se recibe al Espíritu Santo." Explica también que "la obediencia se halla en el corazón mismo de la fe, y al Espíritu Santo se le recibe sólo por fe". La obediencia incluye tanto una actitud general de obediencia hacia Dios, como la obediencia a todos los mandatos específicos del Señor. El cederse a Él es un aspecto especial, también de la obediencia. Los pentecostales creen que el bautismo en el Espíritu Santo tiene lugar en una atmósfera de rendición total al señorío de Jesucristo. Por último, J. R. Williams señala lo importante que es la expectación en cuanto a recibir al Espíritu Santo. Observa que aquéllos que esperan poco, reciben "poco o nada ... Pero aquéllos que esperan recibir todo lo que Dios da ... a aquéllos que se sientan expectantes en el borde de su asiento, es a quienes Dios se deleita en bendecir".

Los pentecostales no ven nada extraño en el concepto de que haya condiciones para recibir el bautismo en el Espíritu Santo. Sin embargo, hay otros que sugieren que, cuando se une con la noción pentecostal de separabilidad y subsecuencia, el concepto de las condiciones para el bautismo en el Espíritu se convierte en un tema diferente. Por ejemplo, Bruner está de acuerdo en que hay condiciones para ser bautizado en el Espíritu Santo, pero sostiene que no son diferentes a las necesarias para convertirse en cristiano, o más que ellas. Él considera que la posición pentecostal de separabilidad implica que hay condiciones para ser bautizado en el Espíritu Santo, que van más allá de las condiciones necesarias para la salvación. Si los creyentes no son bautizados en el Espíritu Santo cuando se convierten en cristianos, entonces debe haber exigencias "más allá de la simple fe que percibe a Cristo". Bruner propone que "la doctrina de las condiciones para el bautismo en el Espíritu Santo" explica para los pentecostales "por qué generalmente, el bautismo espiritual no puede acompañar a la fe inicial".

Al llegar a este punto, Bruner declara: "El protestante se ve impulsado a entrar, no sólo al análisis del movimiento pentecostal, sino también a una crítica de él." Se opone a la noción pentecostal de que las condiciones para convertirse en cristiano van "seguidas por el cumplimiento de las condiciones para el bautismo en el Espíritu". Para Bruner, esto significa que después de convertirse en cristiano, es necesario que haya "obediencia y fe superiores a las corrientes". Para recibir el bautismo en el Espíritu Santo, se debe cumplir alguna condición de "*obediencia y fe absolutas*". Rechaza el concepto de que el bautismo en el Espíritu Santo exija algo "más allá de la simple fe que percibe a Cristo".

Los pentecostales explican que, aunque estas condiciones para ser bautizado en el Espíritu Santo sean necesarias *después* de la regeneración, no lo son *más allá* de las condiciones para la salvación. Nuevamente, tal como citamos antes, Horton declara: "Las únicas condiciones para recibir la promesa del Padre son el arrepentimiento y la fe", las mismas condiciones que para convertirse en cristiano. "En condiciones ideales, se debería recibir el revestimiento de poder inmediatamente después de la conversión", escribe Pearlman.[4] Esto significa que en el momento de su conversión, el creyente ha cumplido las condiciones para ser bautizado en el Espíritu Santo. J. R. William añade: "La mejor forma de entender las condiciones que acabo de mencionar, no es verlas como requisitos añadidos a la fe, sino como expresiones de la misma." En otro lugar utiliza los términos "contexto" y "atmósfera" para dar la idea de las "expresiones de la fe": la "atmósfera de oración", el "contexto de obediencia"; una "atmósfera de rendición" y una "atmósfera de expectación".[6]

Por tanto, no se trata de condiciones o exigencias añadidas a las necesarias para la salvación. Simplemente, la fe, la oración, la obediencia, el rendimiento y la expectación producen el contexto, o la atmósfera, en el que se recibe el bautismo en el Espíritu Santo. Esto puede suceder en la misma ocasión que la regeneración, como en el caso de Cornelio (Hechos 10:44–48), o puede ocurrir en algún momento posterior, como en el caso de los samaritanos (Hechos 8:14–19).

Es necesario tratar un último tema con respecto al bautismo en el Espíritu Santo. Puesto que el único requisito previo es la conversión, y la fe la única condición, es importante resaltar que todo creyente cristiano auténtico es candidato para esta experiencia. Los pentecostales creen fuertemente que todo creyente debe recibir este revestimiento especial de poder para servir. Por ejemplo, la declaración doctrinal de los pentecostales sobre el bautismo en el Espíritu Santo comienza de esta manera: "Todos los creyentes tienen derecho a la promesa del Padre; deberían esperarla ardientemente y buscarla afanosamente ... Con ella viene el revestimiento de poder para vivir y servir." No basta con leer acerca de esta experiencia en el libro de Hechos. Ni siquiera basta con reconocer su solidez doctrinal y saber que la experiencia es para los cristianos de hoy. Para que la Iglesia tenga la dimensión dinámica de la vida en el Espíritu operando en ella, los creyentes deben recibir personal e individualmente este bautismo en el Espíritu Santo.

CONCLUSIÓN

La Iglesia contemporánea está contemplando con ojos distintos la doctrina del bautismo en el Espíritu Santo. La persistencia y el crecimiento del movimiento pentecostal tienen gran parte de la responsabilidad por el nuevo interés en esta doctrina. Además, cualquiera que sea el punto de vista que alguien sostenga sobre este movimiento, todos están de acuerdo en que hace mucho tiempo que es necesario centrar la atención en la persona y la obra del Espíritu Santo. Carl Henry observa: "Descuidar la doctrina de la obra del Espíritu ... es crear una iglesia confundida e incapacitada."

Es imprescindible que se desarrolle más aún el estudio de la doctrina del bautismo en el Espíritu Santo. Hasta el presente, el movimiento pentecostal del siglo veinte ha logrado restaurar la dimensión experiencial de la presencia dinámica del Espíritu en un notable sector de la Iglesia. Los pentecostales creen que la recuperación de la doctrina y la experiencia del bautismo en el Espíritu Santo es comparable a la recuperación de la doctrina de la justificación por fe en la Reforma. Hasta Dunn, que está en desacuerdo con gran parte de la doctrina pentecostal, tiene la esperanza de que "no se pierdan de vista ni se pasen por alto la importancia y el valor del énfasis Pentecostal".

Para los eruditos en Nuevo Testamento es difícil negar la validez de una experiencia dinámica y única del bautismo en el Espíritu Santo apoyados en la Biblia. Dunn declara: "Ni que decir tiene que en Hechos la recepción del Espíritu era una experiencia muy viva y 'concreta'." Los pentecostales no ven razón alguna por la que esto no pueda ser igual hoy. Además, testifican de que ellos mismos, de hecho, experimentan esta experiencia viva y concreta del bautismo en el Espíritu Santo. Esta distintiva experiencia le infunde a la Iglesia de hoy la calidad de vida espiritual dinámica y experiencial que era normal en la Iglesia del Nuevo Testamento.[3]

PREGUNTAS DE ESTUDIO

1. ¿Cuáles son las creencias y prácticas principales relacionadas con el bautismo en el Espíritu Santo que han marcado al movimiento pentecostal?
2. ¿Cuáles son los argumentos básicos a favor de considerar el bautismo en el Espíritu Santo como una experiencia separada de la conversión?
3. ¿Por qué es más importante que nos centremos en la separabilidad, y no en la subsecuencia?
4. ¿Cuáles son las evidencias que demuestran que Lucas y Hechos no son sólo libros históricos, sino también teológicos, y fueron pensados con la intención de enseñar?
5. ¿Cuáles son los argumentos bíblicos para tomar las lenguas como la evidencia física inicial del bautismo en el Espíritu Santo?
6. ¿Cuál es la relación entre el bautismo en el Espíritu, el fruto del Espíritu y los dones del Espíritu?
7. ¿Cómo les debemos responder a quienes afirman que el bautismo en el Espíritu Santo, con su evidencia de lenguas, no está a nuestra disposición hoy?
8. ¿Cuál es la razón de ser del bautismo en el Espíritu Santo, y por qué es ésta importante, tanto teológica como prácticamente?
9. ¿Cuáles son las mejores maneras de animar a los creyentes para que acepten el bautismo en el Espíritu Santo?

Los dones espirituales

El despertar y crecimiento del cristianismo en todo el mundo, en especial en los países del Tercer Mundo, es un poderoso testimonio de que los dones espirituales están obrando para extender el reino de Dios. El movimiento pentecostal y carismático creció de dieciséis millones en 1945, a cuatrocientos cinco millones en 1990. Las diez iglesias más grandes del mundo pertenecen a este movimiento.

La exégesis de todos los pasajes del Nuevo Testamento referentes a los dones espirituales se halla más allá del alcance de este capítulo. Me centraré más bien en las enseñanzas principales de Pablo sobre los dones en la Iglesia y en el vivir diario del creyente; en mostrar cómo se relacionan entre sí los dones y el fruto, y cómo se han de ejercitar los dones. La enseñanza bíblica sin práctica conduce a la desilusión; la práctica sin una enseñanza sólida es peligrosa. Por otra parte, la erudición debería conducir a la práctica, y la práctica podría iluminar la erudición.

Se estudia el bautismo en el Espíritu Santo en el capítulo 13. Sin embargo, necesito hacer resaltar tres propósitos clave para el derramamiento del día de Pentecostés.

En primer lugar, los creyentes recibieron poder para hacer la obra de Dios, igual que en los días del Antiguo Testamento. La unción del Espíritu en el Antiguo Testamento era para todos los ministros que Dios quisiera levantar: sacerdotes, artesanos del tabernáculo, caudillos militares, reyes, profetas o músicos. El propósito de la unción era darles lo necesario para que pudiesen servir. En este contexto es en el que Lucas y Hechos hablan de la unción del Espíritu. En Lucas 1 y 2, la unción descansó sobre dos sacerdotes ancianos: Zacarías y Simeón. Dos mujeres, Elisabet y María, recibieron la unción para concebir milagrosamente y criar a sus hijos. Juan el Bautista fue lleno del Espíritu desde el vientre de su madre; no para ser sacerdote como su padre, sino para ser profeta y precursor del Mesías. De igual forma, el centro focal de Hechos es la unción que llenó de poder a la Iglesia y cambió al mundo.

En segundo lugar, todos son sacerdotes en esta nueva comunidad. Desde que Israel comenzó a ser nación, Dios quiso que todo el pueblo se convirtiera en un reino de sacerdotes y una nación santa (Éxodo 19:5-6). En el papel sacerdotal quedaban incluidas la adoración, la oración, la enseñanza, la edificación, la reconciliación, el consejo, el amor, la construcción de relaciones y el acercamiento de las personas angustiadas a Dios. Así los creyentes, "como piedras vivas ... [son] edificados como casa espiritual y sacerdocio santo, para ofrecer sacrificios espirituales aceptables a Dios por medio de Jesucristo" (1 Pedro 2:5).

En tercer lugar, esta comunidad es profética. Moisés le dijo a Josué: "Ojalá todo el pueblo de Jehová fuese profeta, y que Jehová pusiera su espíritu sobre ellos" (Números 11:29). Joel habló de que el Espíritu se derramaría sobre toda carne para que profetizaran (Joel 2:28-29). Jesús identificó como profético su propio ministerio (Isaías 61:1-3; Lucas 4:18-19). Pedro hizo equivaler la experiencia del día de Pentecostés con el cumplimiento de la profecía de Joel (Hechos 2:16-18). Pablo dijo: "Podéis profetizar todos uno por uno, para que todos aprendan, y todos sean exhortados" (1 Corintios 14:31). Se ve claramente que la Iglesia tiene un papel profético, en el que trae la presencia de Dios y su poderosa Palabra a los pecadores, a las cuestiones de ética, a las naciones y a las personas.

Pablo se mueve más allá del contexto de Lucas y Hechos. Se centra en la activación de los dones, el desarrollo del fruto, el caminar en el Espíritu y la edificación de los creyentes en la iglesia local hasta llegar a la madurez. Pablo concebía a la Iglesia como un organismo internamente interdependiente e interactivo, con Cristo como cabeza, que camina en justicia y con poder, esperando ansioso el regreso del Señor. Para captar el concepto paulino de la Iglesia, es necesario comprender los dones.

LA IGLESIA A TRAVÉS DE LA EXPRESIÓN DE LOS DONES

Pablo les comunicó sus pensamientos más grandiosos sobre la Iglesia a las iglesias de Roma, Corinto y Éfeso en sus epístolas. Estas iglesias eran instrumentales dentro de su estrategia misionera. Romanos 12, 1 Corintios 12-13, y Efesios 4, fueron escritos a partir del mismo esquema básico. Aunque se tratase de iglesias diferentes, se insiste en los mismos principios. Cada uno de estos pasajes paralelos sirve como un revelador comentario de los demás. Pablo habla de nuestro papel en el ejercicio de los dones, el modelo de unidad y diversidad en la Trinidad,[2] la unidad y la diversidad dentro del Cuerpo de Cristo, nuestras relaciones éticas mutuas, y todo lo hace a la luz del juicio definitivo de Cristo.

El contexto de estos pasajes paralelos es la adoración. Después de exponer las grandes doctrinas de la fe (Romanos 1–11), Pablo enseña que la respuesta adecuada es una vida de adoración (Romanos 12–16). Los capítulos 11–14 de 1 Corintios también tienen que ver con la adoración.

En los tres primeros capítulos de Efesios hallamos una extática adoración de Dios. Efesios 4 revela a la Iglesia como una escuela de adoración donde aprendemos a reflejar al Maestro por excelencia. Pablo veía a sus convertidos como presentados en adoración viva ante Dios (Romanos 12:1–2; 2 Corintios 4:14; Efesios 5:27; Colosenses 1:22, 28). No basta con conocer la doctrina, ni con corregir las falsedades; nuestra vida entera debe alabar a Dios. La adoración está en el corazón mismo del crecimiento y el avivamiento de la Iglesia.

Estudie el cuadro que aparece a continuación. Observe el fluir del argumento, las similaridades y los propósitos que tenía en mente Pablo. Después examinaremos algunos principios clave sacados de estos pasajes.[5]

Pundos

principales	Romanos	1 Corintios	Efesios
Naturaleza encarnacional	12:1	12:1–2	4:1–3
Exhortación	12:1	12:1	4:1
El Cuerpo	12:1	12:2	
La mente renovada	12:2	12:3; 13:1	4:2–3, 17–24
Humildad	12:3	13:4–5	4:2
¿Mansedumbre pérdida de control?	012:1–2	12:2–3; 13:4–7	4:2, 14–15
Unidad y diversidad en la Trinidad		12:4–6	4:4–6
El Espíritu		12:4	4:4
El Señor (Jesús)		12:5	4:5
El Padre		12:6	4:6

Lista de dones: Diversidad de ministerios (véase también 1 Pedro 4:9–11)	12:6–8	**12:7–11, 28–31; 13:1–3**	**4:7–12**
Naturaleza functional	12:6–8	12:11, 29–30	4:7, 11
Indicaciones	12:6–8	12:7, 12, 19, 24–25; 13:1–13	4:11–12
Un Cuerpo, muchos miembros	12:4–5	**12:12–27**	**4:15–16, 25–29**
Edificación	12:6–16	12:7; 14:3–6, 12 16–17, 26	4:12–13, 15–16, 25–32
Empatía	12:10, 15	12:25–26	4:16
Amor sincero	**12:9–21**	**13:1–13**	**4:25–5:2**
Odiar el mal, asirse al bien	12:9	13:6	4:25
Bondad	12:10	13:4–5	4:32
Celo	12:11	13:6	4:1, 23–24
Regocijo perseverancias, oración	12:12	13:7–8	
Compartir con los necesitados	12:8, 13	13:3	4:28
No hablar cosas indignas	12:4	13:11	4:26–29
Actitud mental de humildad	12:16	12:25; 13:4	4:2, 23
Contra la venganza	12:7	13:5	4:31

Estar en paz	12:18		4:3
Manejar la ira	12:17	13:5–6	4:26, 31
Juicio final	**12:19–21**	**13:10, 12**	**4:13, 15, 30**

La naturaleza encarnacional de los dones

Los creyentes juegan un papel vital en el ministerio de los dones. Observemos los paralelos que se presentan en estos pasajes. Romanos 12:1–3 nos dice: Presentad vuestro cuerpo y mente en adoración espiritual; probad y aprobad lo que sea la voluntad buena, agradable y perfecta de Dios. De manera similar, 1 Corintios 12:1–3 dice: No perdáis el control de vuestro cuerpo. No os dejéis engañar por falsas doctrina, sino haced de Jesús vuestro Señor. Y Efesios 4:1–3: Vivid de una manera digna del llamado que os ha hecho Dios. Tened actitudes correctas. Mantened la unidad del Espíritu.

Nuestro cuerpo es templo del Espíritu Santo y, por consiguiente, debe verse envuelto en nuestra adoración. Muchas religiones paganas enseñan un dualismo entre el cuerpo y el espíritu. Para ellas, el cuerpo es malvado y es una prisión, mientras que el espíritu es bueno, y tenemos que liberarlo. Este punto de vista era corriente en el pensamiento griego.

Pablo exhorta a los corintios a no permitir que su pasado pagano influya en ellos. En el pasado, solían perder el control de sí mismos; consecuentemente, podían manifestar cualquier cosa y alegar que era el Espíritu de Dios. El contexto bíblico de los dones no indica que haya una falta de control. Más bien, mientras más trabaje el Espíritu a través de nosotros, más que nunca iremos teniendo ese control. Le entregamos a Dios nuestro cuerpo y nuestra mente como instrumentos. Le traemos una mente transformada que colocamos bajo la soberanía de Cristo, y nos acercamos con un espíritu disciplinado y manso, para dejarle que obre a través de nosotros. Efesios 4:1–3 nos dice que las actitudes correctas conducen a un ministerio eficaz. Así, cuerpo, mente y actitudes se convierten en instrumentos para la gloria de Dios.

Hay diversos puntos de vista sobre la naturaleza de los dones del Espíritu. Uno de ellos ve los dones como capacidades naturales. Por ejemplo, un cantante tendría el don de música, o un médico (por la vía de la ciencia médica) tendría el don de sanidad. No obstante, el talento humano solo nunca podrá cambiar al mundo.

Otro punto de vista considera que los dones son totalmente sobrenaturales. Este punto de vista niega que haya una implicación del ser humano, diciendo que el Espíritu le pasa por encima a la mente. Ve la carne como malvada, y capaz solamente de distorsionar. Aquí hay el peligro de que pocos tendrán el valor necesario para ejercitar los dones. La mayoría se sentirán indignos, puesto que los consideran como algo místico, o superior a su nivel de comprensión. Tendrán temor a cometer errores. Sin embargo, compartir un don no constituye demostración de santidad, ni de haber conseguido un logro espiritual.

Un tercer punto de vista es bíblico: los dones son encarnacionales. Esto quiere decir que Dios obra a través de los seres humanos. Los creyentes le someten su mente, corazón, alma y fortaleza a Dios. Consciente y voluntariamente le entregan todo cuanto son. El Espíritu los capacita sobrenaturalmente para ministrar más allá de sus posibilidades, al mismo tiempo que expresa cada don a través de su experiencia en la vida, su carácter, su personalidad y su vocabulario. Los dones manifestados necesitan de una evaluación. Esto no disminuye de manera alguna su eficacia, sino más bien le permite a la congregación poner a prueba su veracidad bíblica y su valor de edificación.

Vemos este principio encarnacional en la revelación de Dios a la humanidad. Jesús es el Emanuel, Dios con nosotros (plenamente Dios y plenamente hombre). La Biblia es un libro a la vez divino y humano. Es divino, inspirado por Dios, con autoridad y sin error. Es humano, puesto que refleja el fondo cultural e histórico de los escritores, su situación en la vida, su personalidad y su ministerio. La Iglesia es una institución tanto divina como humana. Dios estableció la Iglesia; de no ser así, no existiría Iglesia alguna. Con todo, sabemos lo muy humana que es. Dios obra a través de vasijas de barro (2 Corintios 4:7). El misterio escondido por las edades y revelado ahora a los gentiles es "Cristo en vosotros, la esperanza de gloria".

No tenemos por qué temer. Lo que Dios ministra a través de nuestra vida, ministerio y personalidad, puede ser distinto a lo que ministra a través de otros. No debemos sentir que estamos garantizando la perfección cada vez que compartamos un don. Los demás pueden evaluarlo amorosamente. Sólo necesitamos ser vasos totalmente entregados, y buscar la edificación del Cuerpo de Cristo. En vez de centrarnos en si un don viene plenamente de Dios, debemos hacer una pregunta más vital que ésa: ¿Cuál es la mejor manera en que puedo atender a las necesidades de los demás y llevar a Cristo a los pecadores? Sólo la comprensión de este principio puede liberar a la Iglesia para que manifieste los dones.

La unidad y la diversidad dentro de la Trinidad

Para el que lea superficialmente, hablar de la Trinidad en este momento parecería que no añade nada a la discusión. En cambio, para Pablo es algo fundamental. Aun el orden en el que Pablo menciona a las Personas de la Trinidad en 1 Corintios 12:4–6 y en Efesios 4:4–6 es el mismo: Espíritu, Señor, Padre. Cada una de las Personas de la Trinidad tiene su propio papel vital en la manifestación de los dones. Algunas veces, sus papeles se superponen, pero esencialmente, es el Padre el que supervisa el plan de salvación y la expresión de los dones desde el principio hasta el final. Jesús es quien nos redime y nos coloca en nuestro lugar de ministerio dentro de la Iglesia, que es su Cuerpo. El Espíritu Santo da los dones. Las Personas de la Deidad tienen diferentes papeles, pero trabajan vitalmente juntos, integrándose en una perfecta unidad de expresión.

La Iglesia debe tratar de reflejar la naturaleza del Señor al que sirve. No hay cisma, divisiones, orgullo carnal, glorificación de sí mismo, exaltación de uno solo, ni usurpación de territorio ajeno en la Trinidad. No debemos hacer lo que queremos, sino lo que vemos hacer a Dios (Juan 5:19). Esto marcará una gran diferencia en la manera en que usemos los dones. Ministrados adecuadamente, los dones revelan la coordinación, la creativa unidad en la diversidad, y la sabiduría y el poder que el Espíritu integra entre sí. Por todas partes vemos diversidad. La Iglesia puede enfrentarse con numerosas situaciones diferentes. Con todo, el Espíritu puede integrar todo esto en una unidad mayor si nos postramos ante Dios, cuya santidad, poder y propósitos son impresionantes.

La diversidad de ministerios

Hay muchos dones. Ninguna de las listas tiene el propósito de ser exhaustiva. En estos pasajes se mencionan veintiuno. Todos ellos son complementarios; ninguno es completo en sí mismo y por sí mismo. Por ejemplo, todos los dones de Romanos 12:6–8 se pueden aplicar con utilidad a una situación de consejería. Algunos de los dones de una lista se relacionan fácilmente con dones de otras listas. El don de repartir se puede manifestar a sí mismo en el mostrar misericordia, ayudar, exhortar o, incluso, sufrir el martirio. Con esta superposición, encontramos que hay algunos dones que todos identifican con facilidad, como las lenguas y la interpretación, las sanidades y los milagros. En cambio, hay otros dones, como la palabra de sabiduría, la palabra de conocimiento, el discernimiento de espíritus y la profecía, que quizá necesiten evaluación para identificarlos.

La insuficiencia personal conduce a la interdependencia. Cada creyente sólo es un miembro el Cuerpo de Cristo; necesita de los demás miembros. Juntos, pueden hacer lo que uno solo no puede. Aun en el caso de que diversas personas manifiesten los mismos dones, lo hacen de manera distinta, con resultados diferentes. Ninguna persona tiene ninguno de los dones en su manifestación total. Todas necesitan que lo manifiesten otros también.

Se deben usar los dones en amor, debido al peligro de mala comunicación, aún por parte de aquéllos que tienen las intenciones más sinceras. Además, todo don debe ser evaluado por los demás.

Pablo es intensamente práctico. En el ámbito de los dones, no dice nada que sea teórico solamente. La mayoría de los escritores han dividido los dones de 1 Corintios 12:8–10 en las tres categorías de dones para la mente, dones de poder y dones para hablar, con tres dones en cada categoría. Es una división cómoda y lógica. No obstante, apoyado en 1 Corintios 12:6–8 y en 1 Corintios 14:1–33, creo que Pablo está haciendo aquí una división funcional.

A partir del uso que hace Pablo dos veces de la palabra griega héteros ("otro de una clase distinta") en 1 Corintios 12:6–8, podemos ver los dones divididos en tres categorías de dos, cinco y dos dones respectivamente.

Dones de enseñanza (y predicación):
El mensaje de sabiduría
El mensaje de conocimiento
Dones de ministerio (a la iglesia y al mundo):
Fe
Dones de sanidades
Poderes milagrosos
Profecía

Discernimiento entre espíritus
Dones de adoración:
Diferentes clases de lenguas
Interpretación de lenguas

Tal vez se pueda confirmar esta triple división dividiendo 1 Corintios 14 en párrafos. Notemos que Pablo añade en 1 Corintios 14:20–25 otra categoría, la de "señal ... a los incrédulos" (v. 22).

El mensaje de sabiduría. Actividades como enseñar, buscar la guía divina, aconsejar y enfrentarse a necesidades prácticas en el gobierno y la administración de la iglesia pueden ofrecer ocasiones para el don de sabiduría. Sin embargo, éste no se debe limitar a la adoración de la iglesia, o a experiencias de aula. Este don enseña a las personas a crecer espiritualmente al aplicar su corazón a la sabiduría y tomar decisiones que conduzcan a la madurez. No obstante, el don en sí es un mensaje, proclamación o declaración de sabiduría, y no significa que aquéllos que ministran ese mensaje sean necesariamente más sabios que los demás.

Nuestra fe no debe descansar en la sabiduría humana (1 Corintios 2:5). Si nos falta sabiduría, se nos exhorta a pedirla a Dios (Santiago 1:5). Jesús les prometió a sus discípulos "palabra y sabiduría, la cual no podrán resistir ni contradecir todos los que se opongan" (Lucas 21:15). Que esta promesa se refería a un don sobrenatural, lo vemos en su orden de "no pensar antes cómo habremos de responder en nuestra defensa" (Lucas 21:14). Por tanto, el don va más allá, tanto de la sabiduría humana, como de la preparación humana.

El mensaje de conocimiento. Este don tiene que ver con la enseñanza de las verdades que contiene la Palabra de Dios. No es producto del estudio en sí. Donald Gee lo describió como "destellos de comprensión de la verdad que penetran más allá de la operación ... del intelecto solo, sin ayuda".[2] En el don se pueden incluir cosas como el que Dios dé a conocer sus secretos, tal como cuando les revelaba a los profetas del Antiguo Testamento cuándo llovería, los planes del enemigo o cosas secretas de reyes y siervos. También podría incluir el conocimiento por parte de Pedro del engaño de Ananías y Safira, y la declaración de Pablo de que caería la ceguera sobre Elimas.

Fe. Una oración ferviente, un gozo extraordinario y una osadía poco usual acompañan al don de fe. No es la fe salvadora, sino más bien una fe milagrosa para una situación u oportunidad especial, como la confrontación de Elías con los profetas de Baal (1 Reyes 18:33–35). Puede comprender una capacidad especial para inspirar la fe de los demás, como hizo Pablo a bordo del barco en medio de la tormenta (Hechos 27:25).

Dones de sanidades. En Hechos, muchos respondieron al evangelio y fueron salvados después de haber sido curados milagrosamente. En griego, tanto "dones" como "sanidades" están en plural. Por tanto, parece ser que no hay nadie que reciba el don de sanidad. Más bien, se trata de muchos dones que están disponibles para atender a las necesidades de los casos concretos en momentos determinados. Algunas veces, Dios sana soberanamente, y otras, sana según la fe de la persona enferma. El que ora por el enfermo sólo es el agente; la persona enferma (ya sea física o emocionalmente) es la que necesita el don y, en realidad, la que lo recibe. En todos los casos, sólo Dios debe recibir la gloria. Sin embargo, nosotros podemos unir nuestra fe a la de la persona enferma, y crear juntos el clima de amor y aceptación que permita el fluir de los dones de sanidad. En el Cuerpo de Cristo hay poder y fortaleza para satisfacer la necesidad del miembro en medio de su conflicto. Éste es el aspecto encarnacional de la sanidad.

Poderes milagrosos. Aquí, Pablo combina dos plurales, el de *dynamis* (obras de un grandioso poder sobrenatural) y *enérguema* (los resultados efectivos). Este don puede estar relacionado con las acciones de dar protección, proveer, arrojar fuera demonios, alterar las circunstancias o pasar juicio. Los evangelios recogen milagros dentro del contexto de la manifestación del reino de Dios (o gobierno) mesiánico, la derrota de Satanás, el poder de Dios y la presencia y obra de Jesús. La palabra griega que traducimos milagro (gr. *sémeion*) en Juan hace resaltar su valor de señal para animar a las personas a creer y a seguir creyendo. El libro de los Hechos destaca la continuación de esa obra en la Iglesia, mostrando que Jesús es el Vencedor.

Profecía. En 1 Corintios 14, la palabra se refiere a una variedad de mensajes espontáneos, inspirados por el Espíritu y en una lengua conocida para el que habla "para edificación [especialmente de la fe], exhortación [especialmente a seguir adelante en fidelidad y amor] y consolación[que da ánimo y reaviva la esperanza y la expectación]" (14:3). Mediante este don, el Espíritu ilumina el progreso del reino de Dios, revela los secretos del corazón de los seres humanos y pone a los pecadores bajo convicción (1 Corintios 14:24–25). Un buen ejemplo es Hechos 15:32: "Y Judas y Silas, como ellos también eran profetas, consolaron y confirmaron a los hermanos con abundancia de palabras."

Aquéllos que son usados de manera continua en el don de profecía, son llamados profetas. No obstante, cualquier creyente puede ejercitar este don. Sin embargo, "los demás", esto es, la congregación (1 Corintios 14:29), deben juzgar el don con cuidado (y públicamente). Esta evaluación debe incluir el investigar cuál es el propósito de Dios, de manera que todos puedan aprender y beneficiarse.

Distinciones entre espíritus. "Distinciones" y "espíritus" están ambas en plural en griego. Esto indica que este don se puede manifestar de diversas formas. Puesto que es mencionado directamente después de la profecía, muchos expertos lo ven como un don acompañante, relacionado con la "evaluación" (1 Corintios 14:29). Comprende una percepción recibida de manera sobrenatural para diferenciar entre los espíritus, con insistencia en protegernos de los ataques de Satanás y de los espíritus malignos (véase 1 Juan 4:1). Nos permite usar todos los dones y la Palabra de Dios para obrar contra Satanás, a fin de hacer entonces una proclamación libre y plena del evangelio.

> Como los otros dones, éste no levanta a la persona a un nuevo nivel de capacidad. Tampoco le da a nadie poder para andar por ahí, mirando a las personas y diciéndoles de qué espíritu son. Es un don concreto para una ocasión determinada.

Lenguas e interpretación. El don de lenguas necesita interpretación para ser eficaz en la congregación. Algunos dicen que estos dones son los dos últimos de la lista, porque son los menos importantes. Esta conclusión es insostenible. Las cinco listas de dones que hay en el Nuevo Testamento tienen los dones en orden diferente.

En el don de lenguas, el Espíritu Santo toca nuestro espíritu. Hallamos liberación para exaltar la bondad de Dios, y nos edificamos a nosotros mismos. Nos vamos edificando espiritualmente a medida que hablamos. Entonces, cuando la interpretación le permite comprender lo que se dice a la congregación, ésta es animada a adorar. La alabanza sigue con mayor facilidad al don de lenguas con interpretación, que al don de profecía. Las manifestaciones proféticas son más de tipo instructivo.

La diferencia básica entre el fenómeno de las lenguas en Hechos y en 1 Corintios, es su propósito. Las lenguas en Hechos eran para edificación propia, dando evidencia de que los discípulos habían recibido realmente el don prometido del Espíritu Santo, que los habría de investir "de poder desde lo alto" (Lucas 24:49; Hechos 1:4-5, 8; 2:4). No necesitaban interpretación. En Corinto, el propósito era bendecir a los demás de la congregación, lo cual hacía necesaria la comunicación.

El Espíritu Santo distribuye todos estos dones según su poder creativo y su soberanía. La palabra "quiere" (1 Corintios 12:11, gr. *búletai*) está en tiempo presente, y presenta implícita y fuertemente su personalidad continuamente creativa. Notamos además que la Biblia no traza límites entre los dones. "Exhortar" es parte del don de profecía en 1 Corintios 14:3; sin embargo, en Romanos 12:8 se considera como un don aparte. Las categorías de dones presentadas anteriormente no son mutuamente excluyentes. Además de esto, las diferentes personalidades pueden expresar los dones de maneras distintas, y en una variedad de ministerios.

En 1 Corintios 14:1-5, se puede comparar el valor funcional de las lenguas con interpretación a la profecía en la enseñanza (14:6-12), la adoración (14:13-19), el evangelismo (14:20-25) y el ministerio al Cuerpo (14:26-33).

La enseñanza, el ministerio del Cuerpo de Cristo a la Iglesia y al mundo, y la adoración, son las tres claves de una asamblea local sana. Si sólo tenemos dos de estas categorías sin la tercera, tenemos un desequilibrio, y quedamos expuestos a las dificultades. Por ejemplo, si tenemos enseñanza y ministerio sin una adoración fuerte, podemos perder gran parte del impulso de avivamiento. Podemos consumirnos fácilmente en nuestro celo por servir. Si tenemos enseñanza y adoración sin ministerio práctico, nuestros miembros se volverán perezosos, encerrados en su grupo, ineficaces, críticos y divisivos.

Si tenemos ministerio y adoración sin enseñanza sólida, nos estaremos exponiendo a los extremismos y al fuego fatuo que dañarán el avivamiento, tanto a corto como a largo plazo. Sin estos tres puntos complementarios, la asamblea local no puede alcanzar su potencial. Está claro que Pablo se interesa en las consecuencias prácticas que liberarán al Cuerpo de Cristo para discipular, evangelizar, mantener la unidad y crecer a imagen de Cristo.

En 1 Corintios 12:4-6, Pablo enseña que hay diferentes dones (gr. *jarismáton*), ministerios (gr. *diakónion*) y operaciones o resultados (gr. *energemáton*). Es decir, que es posible ejercitar cada don a través de diferentes ministerios y obtener diferentes resultados que den honra a Dios. Al usar Pablo la analogía de los diferentes miembros del Cuerpo, y decir que Dios coloca a los miembros en el Cuerpo como Él quiere, dándonos diferentes ministerios con resultados diversos, y a través del esquema de 1 Corintios 14, notamos que está hablando acerca de una función práctica. Una diversidad increíble, y también una practicidad increíble.

Al observar los pasajes paralelos, y añadir 1 Pedro 4:10–11, encontramos los trece principios siguientes:

1. Debemos ejercer nuestro ministerio de una manera proporcionada a nuestra fe.
2. Nos debemos centrar en los ministerios que sabemos que tenemos, para desarrollarlos.
3. Debemos mantener actitudes correctas: dar con generosidad, dirigir con diligencia, mostrar misericordia con alegría.
4. Todos tenemos funciones diferentes en el Cuerpo de Cristo, y debemos entender su relación con todo el cuerpo.
5. Los dones son para edificar a todos, y no solamente a la persona individual.
6. No debemos sentirnos superiores, ni inferiores, puesto que todos los miembros son igualmente importantes.
7. Los dones nos son dados; nosotros no los alcanzamos. La voluntad y la soberanía de Dios deciden sobre su distribución. Los siguientes verbos muestran su acción concreta de situar estos dones en la Iglesia: "dada" (Romanos 12:6), "puso" (1 Corintios 12:28) y "constituyó" (Efesios 4:11). Pablo afirma también en 1 Corintios 12:28–31 que debemos centrarnos en los ministerios que sabemos que Dios nos ha dado.
8. Al mismo tiempo, son manifestaciones dadas por Dios; no talentos humanos. Dios concede dones continuamente, según Él quiere. Debemos estar abiertos a todos ellos. Si sabemos qué parte del Cuerpo somos, y cuáles son nuestros ministerios, entonces podremos canalizar los dones con eficacia.
9. Aunque podamos ejercitar un don al máximo, sin el amor, ese ejercicio es inútil. Está claro que sólo tenemos un conocimiento parcial; sólo podemos expresar ese conocimiento parcial. Los dones son dados continuamente a la medida de la fe de la persona (no de una vez para siempre). Es necesario probar los dones; éstos caen bajo los mandatos del Señor. El punto focal es el desarrollo hacia la madurez de la Iglesia, no la grandeza del don. Estas verdades nos deben llevar a la humildad, al aprecio por Dios y por los demás, y al deseo ardiente de obedecerle.
10. Los ministerios capacitadores tienen la función especial de liberar a los demás para su ministerio, y desarrollar la madurez en ellos. Los apóstoles, los profetas, los evangelistas y los pastores-maestros son dones de Cristo a la Iglesia. Aparecen en orden histórico en la fundación y consolidación de la Iglesia, y no en una especie de rangos de autoridad (1 Corintios 12:28).
11. Debemos ministrar la gracia de Dios en sus diversas formas. En 1 Pedro 1:6 se nos revela que los cristianos habían sido afligidos en diversas pruebas; Dios tiene una gracia especial que ministrar en cada una de esas pruebas. El ministro fiel sabrá cómo ministrar según la necesidad. Necesitamos escoger con cuidado cuándo, dónde y cómo ministrar mejor la gracia de Dios.
12. Debemos ministrar seguramente apoyados en la fortaleza del Señor. No debemos ser tímidos, ni hacerlo en nuestra propia fortaleza. Esto es similar a Romanos 12, donde se

habla de que ministremos en proporción a nuestra fe, pero Pedro dice después que hablemos como si estuviésemos pronunciando "las palabras de Dios" (1 Pedro 4:11).

13. Por último, Dios debe recibir toda la gloria. Todos los dones son gracias con las cuales Dios ha bendecido a su Iglesia.

Un cuerpo, muchos miembros

La unidad del Cuerpo de Cristo se basa en nuestra experiencia común de salvación. Todos somos pecadores salvados por la gracia de Dios.

La analogía que hace Pablo entre la Iglesia y el cuerpo físico les debe haber parecido demasiado terrenal a algunos de los corintios que se consideraban muy espirituales. Deben haber considerado que la carne era mala. Sin embargo, fue Dios quien creó el cuerpo. No se ha desarrollado una imagen mejor de la interacción e interdependencia de la Iglesia. Desde el momento de su conversión en el camino a Damasco, Pablo comprendió que perseguir a la Iglesia era perseguir a Cristo mismo (Hechos 9:40). Él tenía un alto concepto de la Iglesia y de su valor para Dios. Hemos recibido un llamado, y tenemos la obligación de edificarnos mutuamente, de ayudar a cada miembro a encontrar un ministerio personal, de esforzarnos para que nuestra comunicación sea clara, y de dedicar nuestra vida los unos a los otros.

El mundo derrumba. Los cristianos se pueden edificar en el Señor, con la edificación personal en primer lugar. Hablar en lenguas nos edifica personalmente (1 Corintios 14:4, 14, 17–18). Si no estamos edificados, estaremos ministrando desde vasos vacíos; la vida de devoción de muchos cristianos modernos es tristemente deficiente. La oración y la adoración son nuestra fortaleza interna. Con todo, si sólo buscamos la edificación personal, nos convertimos en esponjas espirituales. Debemos tratar de edificar a los demás.

"Ninguna palabra corrompida salga de vuestra boca, sino la que sea buena para la necesaria edificación" (Efesios 4:29). Un cuerpo saludable se edifica a sí mismo, y tiene capacidad para sanar sus propias heridas. La edificación debe ser la meta más alta de la Iglesia en el uso de los dones. El amor edifica. El propósito de los dones es edificar. El pueblo de Dios necesita apoyar, ser abierto, saber perdonar, entregarse para bien de los demás. Este tipo de acción sería un maravilloso ejemplo para el mundo.

La comunión auténtica se edifica sobre la empatía. Tenemos que regocijarnos con quienes se regocijan y lamentarnos con quienes se lamentan (Romanos 12:15). Debemos tener igual preocupación los unos por los otros. Si una parte sufre, todas las demás partes sufren con ella; si una parte recibe honra, todas las partes se regocijan con ella (1 Corintios 12:25–26). Esto es lo opuesto a la forma en que piensa el mundo. Es más fácil regocijarse sobre los que lloran, y llorar sobre los que se regocijan; la naturaleza humana prefiere dedicarse a juzgar. En cambio, los creyentes se pertenecen unos a otros. Mi victoria es causa de regocijo para ti, porque con ella avanza el reino de Dios. Igualmente, tu victoria me levanta a mí. Efesios 4:16 nos presenta el punto culminante de la empatía: el Cuerpo se edifica a sí mismo en amor, a medida que todas las coyunturas, o ligamentos de soporte, reciben de Cristo y realizan su obra.

La palabra "soporte" es *epijoreguías*. Este vocablo es utilizado en la literatura griega para describir a un director de coro que tiene la responsabilidad de suplir con abundancia a su grupo en sus necesidades, o a un caudillo que satisface ampliamente las necesidades de su ejército, o a un esposo que cuida grandemente de su esposa, y le da abundante apoyo. Si cada cual cumple con su responsabilidad, la salud y la vitalidad serán las consecuencias. En este tipo de comunión se puede producir una grandiosa liberación de poder. En una atmósfera así, los milagros y las sanidades se pueden producir con facilidad. Si realmente nos podemos apoyar mutuamente y permanecer abiertos unos a otros, veremos a los cristianos liberados para acercarse a Dios en busca de soluciones.

Todos tenemos una personalidad, un temperamento y un ministerio diferente. Debemos comprometernos a comprendernos mutuamente y a liberarnos unos a otros para ministrar. Esto lleva tiempo. A medida que vayamos conociendo a los demás, comenzaremos a apreciarlos, honrarlos y crecer en comunión.

El amor sincero

Después de cada una de sus exposiciones sobre los dones, Pablo presenta hermosamente tres mensajes a partir de un esquema sobre el amor (Romanos 12:9–21; 1 Corintios 13; Efesios 4:17–32). Cada uno de los pasajes es creativamente distinto; sin embargo, se encuentran en todos los mismos puntos esenciales.

Anders Nygren dice sobre Romanos 12: "Sólo necesitamos hacer del 'amor' el tema del 12:9–21 para ver lo cercano que es el contenido de esta sección a 1 Corintios 13." Todo Romanos 12 constituye una unidad. Pablo no está hablando de dos temas separados: los dones y la ética (el amor). El contexto de Romanos 12 es la urgencia de la hora, cómo el bien debe triunfar sobre el mal y que es necesario vivir a la luz del regreso de Cristo. El pueblo de Dios debe vivir en unas relaciones correctas. No se debe hacer división entre 1 Corintios 12 y 13. El contexto para el ejercicio de los dones es el amor. Efesios 4 hace resaltar la drástica diferencia que existe entre nuestra vida anterior como paganos y nuestra vida nueva en Cristo. Por eso debemos hablar la verdad en amor. El amor es práctico cuando nos edificamos mutuamente. Los tres pasajes desarrollan temas separados. Con todo, el bien sobre el mal, el amor en el ejercicio de los dones, y la verdad en amor son tres expresiones dinámicas del amor: el ejército del Mesías marcha con una metodología distinta. Nuestro estilo de vida es clave en la utilización eficaz de los dones. (Hablaremos más de esto en la sección sobre "La relación entre los dones y el fruto".)

El juicio final

No os venguéis vosotros mismos, amados míos, sino dejad lugar a la ira de Dios; porque escrito está: Mía es la venganza, yo pagaré, dice el Señor. Así que, si tu enemigo tuviere hambre, dale de comer; si tuviere sed, dale de beber; pues haciendo esto, ascuas de fuego amontonarás sobre su cabeza. No seas vencido de lo malo, sino vence con el bien el mal.

Romanos 12:19–21

> Más cuando venga lo perfecto, entonces lo que es en parte se acabará ... Ahora vemos por espejo, oscuramente; más entonces veremos cara a cara. Ahora conozco en parte; pero entonces conoceré como fui conocido.

1 Corintios 13:10, 12

> Hasta que todos lleguemos a la unidad de la fe ... a un varón perfecto, a la medida de la estatura de la plenitud de Cristo ... Crezcamos en todo en aquél que es la cabeza, esto es, Cristo ... Y no contristéis al Espíritu Santo de Dios, con el cual fuisteis sellados para el día de la redención.

Efesios 4:13, 15, 30

Al examinar estos versículos, vemos que los tres pasajes sobre el amor fueron escritos dentro del contexto de la conducta del cristiano a la luz del regreso de Cristo. No edificamos nuestra ética alrededor de la filosofía, la cultura o la conveniencia, sino alrededor de la justicia de Dios, y en vista de su juicio final. Los teólogos llaman a esto "conducta escatológica".

La cita de Romanos 12:20 procede de la literatura sapiencial del Antiguo Testamento (Proverbios 25:21–22). En estos pasajes sobre el amor, Pablo ha citado a Jesús, la ley y la sabiduría sapiencial, y ha dado a entender una preocupación profética por los pobres y necesitados. Ésta es la sabiduría de Dios. Es posible que la expresión "amontonar ascuas de fuego sobre su cabeza" describa la práctica egipcia de colocarse una cubeta con carbones encendidos en la cabeza para indicar penitencia. Si es así, lo que está diciendo Pablo es que, a través del amor, podemos guiar a la persona al arrepentimiento. Hagamos que el enemigo se dé cuenta de que es con Dios con quien está combatiendo, no con nosotros. No queremos derrotar a nuestros enemigos humanos; queremos ganarlos para el Señor. No debemos sucumbir ante las presiones de Satanás. La guerra es entre el bien y el mal. Sólo con el bien podremos vencer al mal.

En 1 Corintios se nos señala un tiempo de claridad total, en el que veremos cara a cara, y conoceremos plenamente, tal como somos plenamente conocidos. Es el día de la venida del Señor; es el día del juicio. Todas nuestras acciones serán juzgadas según sus normas (Romanos 2:6, 16).

En Efesios son abundantes las referencias a las últimas cosas profetizadas. Pablo habla del punto futuro de madurez plena y del día de redención. Hemos sido sellados por el Espíritu hasta ese día (Efesios 4:13, 15, 30). Hasta entonces, los dones son la capacitación que Dios nos da para realizar la tarea de edificarnos mutuamente y llevar el evangelio al mundo. Los mandatos de Pablo a lo largo de toda la epístola a los Efesios exigen un cambio urgente, drástico y radical. Debemos sacar el máximo partido de cada oportunidad (Efesios 5:16). Cristo se quiere presentar a sí mismo una Iglesia radiante (Efesios 5:27). Tanto esclavos como amos tienen un Amo en el cielo, ante el cual habrán de responder (Efesios 6:9). Por último, la expresión "por lo demás" (Efesios 6:10) puede ser una referencia a los días finales, cuando llegue el día malo (Efesios 6:13).

Los pasajes paralelos de Romanos 12, 1 Corintios 12–13, y Efesios 4, se centran en el estilo de vida del creyente lleno del Espíritu: hallar un lugar en el Cuerpo de Cristo, ejercitar los dones en amor, testificar y servir en espera de la venida del Señor. Éste es el propósito y llamado de la Iglesia. La Iglesia es una escuela. A medida que se van reuniendo, los creyentes aprenden a ministrar los dones espirituales y a ser discípulos de Cristo. A medida que van caminando, van aplicando el poder de Dios a las situaciones de la vida. Debemos estar abiertos a que el Espíritu hable a través de nosotros en cualquier momento.

LAS FUNCIONES DE LOS DONES

En 1 Corintios 14, Pablo hace un contraste entre el valor de las lenguas y el de la profecía en cuatro funciones distintas: enseñanza (vv. 6–12), adoración (vv. 13–19), señales para los incrédulos (vv. 19–25) y ministerio a la iglesia local (vv. 26–33). Alerta contra el abuso de los dones y da unas normas positivas para ejercitarlos. Las indicaciones clave aparecen más adelante.

La comunicación es compleja. La comunicación clara fortalece (14:3). Es fácil malentender las intenciones, las actitudes y las palabras. Somos imperfectos. Por eso se deben ejercitar los dones en amor. Debido al egoísmo, la superespiritualidad y el abuso de las lenguas que había en Corinto, surgieron muchos problemas. Pablo vuelve a insistir en la necesidad de claridad de dirección y de instrucción. Así es como usa la profecía para representar a todos los dones ejercitados en la lengua conocida. Las lenguas, cuando son interpretadas, animan a la congregación a adorar (1 Corintios 14:2, 5, 14–15) y es un don tan válido como la profecía. No hay base bíblica para considerar superiores a unos dones, e inferiores a otros. Cada don realiza su labor única si es comunicado correctamente. Pablo presenta la analogía de la flauta, el arpa o la trompeta cuando se las toca sin un sonido claro: no benefician a nadie más. En la asamblea local, necesitamos tener claridad en cuanto a la dirección de Dios y lo que Él nos dice a todos.

Pablo valoraba el don de lenguas para la adoración (1 Corintios 14:2), la propia edificación (14:4), la oración (14:14), la acción de gracias (14:17) y como señal al incrédulo (14:22). Él oraba, cantaba, alababa y hablaba en lenguas (14:13–16). De hecho, hablaba en lenguas más que aquellos exuberantes corintios. Habla del valor que tiene el alabar y orar en el Espíritu y en el entendimiento.

Los corintios habían abusado del don: es posible que algunos creyesen que estaban hablando en lenguas angélicas (1 Corintios 13:1), y que los cultos estuviesen dominados por las lenguas (14:23); también es evidente que los oradores se interrumpían unos a otros para dar su manifestación en lenguas, sin preocuparse por la interpretación (14:27–28).

Una pregunta clave sobre este pasaje es la siguiente: ¿Anima Pablo a tener períodos de adoración corporativa en los que todos hablen en lenguas, o lo desaprueba? Hay dos puntos de vista sobre 1 Corintios 14:23–24. Uno es que Pablo estaba reduciendo al mínimo el uso de las lenguas, y sólo dos o tres personas como máximo deberían hablar en lenguas en un culto, cualquiera que fuese la razón. Esto no permitiría la adoración corporativa en lenguas. Desde este punto de vista, Pablo les está haciendo una concesión mínima a los corintios que hablaban en lenguas.

El segundo punto de vista considera 1 Corintios 14:23–24 como dos declaraciones paralelas: todo el mundo habla en lenguas; todo el mundo profetiza. Si el 14:23 significa que todos hablan en lenguas "al mismo tiempo", entonces el 14:24 se refiere también a que todos profetizan "al mismo tiempo". Es obvio que el 14:24 no puede significar eso. El que todos profetizasen "al mismo tiempo" se vería como confusión o, incluso, demencia. Pablo sí permite el profetizar "por turno" en ministerio a la congregación (1 Corintios 14:31). Puesto que la profecía representa todos los dones en el lenguaje que se entiende, se pueden ministrar los otros dones de una manera profética.

La única limitación en cuanto a los mensajes proféticos es la de "la decencia y el orden". Los corintios no debían dominar todo el tiempo dedicado a ministrar con las lenguas, a base de hablar en lenguas "por turno". Se fija el límite de dos, o a lo sumo, tres manifestaciones en lenguas con interpretación (14:27). El propósito básico de las lenguas y la interpretación es adorar a Dios y exhortar a los demás a hacerlo. Si una congregación está preparada para adorar, sólo debería necesitar dos o tres exhortaciones para entrar con libertad en la adoración.

En Hechos 2:4; 10:44-46 y 19:6, todos hablaron en lenguas en una adoración corporativa. No se menciona interpretación alguna. No se puede negar la validez de que todos adoren en lenguas al mismo tiempo a partir de una interpretación prejuiciada de 1 Corintios 14:2, 22-25. Pablo y Lucas no se contradicen entre sí.

Si el propósito primordial de las lenguas es alabar a Dios, las lenguas con interpretación deberán exhortar a los demás a adorarle. Entonces, negarles a las personas la oportunidad de responder adorando a Dios en lenguas parecería ser una contradicción. En ese caso, Pablo estaría diciendo: "En la asamblea, podéis adorar con el entendimiento, pero no en el Espíritu. Sólo se les permite esta experiencia a dos o tres." Entonces, ¿qué decir de las reuniones en las que la oración constituye la agenda principal? ¿O de las reuniones para animar a otros a recibir la llenura del Espíritu? ¿O de los tiempos de simple celebración? Cuando Dios nos toca en cualquier reunión pública, nosotros respondemos; no obstante, nuestra respuesta no debe atraer una atención indebida sobre nosotros.

El avivamiento pentecostal y carismático a lo largo y ancho del mundo no tiene por qué disculparse por la celebración genuina. Ésta ha animado a una adoración salida del corazón. El espíritu individual no queda suprimido por el Cuerpo corporativo. Al contrario; es plenamente utilizado y controlado para ese Cuerpo. Las lenguas no han quedado relegadas a la oración personal. En realidad, aprendemos por medio del modelo de la adoración corporativa cómo hemos de adorar en privado. Si todos comprenden que hay momentos para que cada cual alabe a Dios, no tiene por qué existir confusión.

Todos los dones tienen valor como señales y valor por su contenido. El don de lenguas se centra en el aspecto de señal: despierta la atención. La profecía se centra en el contenido, aunque en algunas ocasiones tenga un gran valor como señal. Enfrenta a la persona con la Palabra de Dios e invita al arrepentimiento. Palmer Robertson señala: " 'Las lenguas' sirven como indicador; 'la profecía' sirve como comunicador. 'Las lenguas' llaman la atención sobre los poderosos actos de Dios; 'la profecía' llama al arrepentimiento y a la fe en respuesta a esos poderosos actos de Dios."

Las sanidades tienen valor de señal para aquéllos que observan, y valor de contenido para los que son sanados. Las palabras de sabiduría y de ciencia se centran más en el valor de contenido, aunque a veces puedan tener un gran valor como señales. La cuestión es de tipo pragmático: ¿Qué está haciendo Dios, y qué se necesita en esta situación?

Aunque nada puede sobrepasar a la Palabra de Dios, ni ocupar su lugar, Él les habla continuamente a las iglesias y a las personas en sus necesidades. Nos reunimos para oír a Dios nuevamente; Él nos habla sobre nuestra situación presente a través de su Palabra y a través del Cuerpo de Cristo. Si todos llegamos dispuestos a ministrar dones, y se nos da la oportunidad, entonces puede fluir el ministerio. Un lugar ideal para este tipo de ministerio es un grupo pequeño, como la célula. Los horarios estrictos, el gran número de asistentes y los miembros tímidos militan contra la posibilidad de compartir así en un culto de adoración de domingo (1 Corintios 14:26).

Pablo guiaba con mano firme a la iglesia de Corinto. Muchos se habían unido en contra suya. Algunos corintios pensaban que ellos eran superespirituales; les parecía que el reino de Dios había llegado, y que no había necesidad de resurrección, si tenían una fe verdadera. Sólo ellos tenían la manifestación más plena de los dones. Con todo, Pablo no reacciona en contra de ellos. Da unas normas positivas. En primer lugar, la profecía se debe comunicar con claridad, de manera que fortalezca, anime y consuele (1 Corintios 14:3).

En segundo lugar, se deben tener en cuenta las necesidades de los creyentes, de los incrédulos y de los que están buscando la verdad. Según 1 Corintios 14, los creyentes necesitan recibir instrucción y edificación (vv. 1–12), dar gracias junto con los demás creyentes (v. 17), madurar en su pensamiento (v. 20), ministrar una variedad de dones (vv. 26–33), evaluar los dones (v. 29) y ser discipulados (v. 31). Los incrédulos necesitan comprender lo que está pasando en un culto (v. 16), despertar a la realidad de que es Dios quien está hablando (v. 22), y poner delante de Él sin reservas los secretos de su corazón (v. 25), para que puedan creer. Los que están buscando la verdad necesitan comprender lo que está sucediendo en el culto (v. 16), no sentirse confundidos (v. 23) y saber que Dios se halla verdaderamente en medio de nosotros (v. 25).

En tercer lugar, es importante que no reaccionemos. Pablo les dice a los corintios: "Procurad los dones espirituales" (v. 1); sed celosos de ellos y canalizad ese celo para edificación de la Iglesia (v. 12), y no prohibáis hablar en lenguas (v. 9). Con frecuencia, el temor a los extremos causa que las iglesias huyan de un ministerio completo con los dones. "Tiran al niño con el agua"; le temen al fuego por miedo de que se descontrole, o como dice el proverbio chino, cortan el dedo para que le sirva al zapato. Por otra parte, seguir celosamente una posición no probada que tenga escasa base bíblica, es buscarnos problemas que le servirán de impedimento al mismo avivamiento que todos buscamos.

Algunas veces juzgamos inmisericorde y legalistamente a aquéllos que cometen errores. Entonces desalentamos a otros que desean comenzar a ministrar en los dones. El temor extremo al error nos puede apartar de la bendición de Dios. Debemos edificar sobre una teología sólida, pero también debemos enseñar en amor, probar las revelaciones por lo que otros creyentes maduros del Cuerpo sienten del Espíritu, y desarrollar lo que puede ser un don genuino del Espíritu, en lugar de negarlo (vv. 39–40).

En cuarto lugar, se debe exigir responsabilidad. A lo largo de todo este capítulo, Pablo revela que las correcciones de los excesos consisten en un sano ejercicio de los dones, su evaluación y responsabilidad. Somos responsables ante los demás.

En el culto de adoración, la prioridad más alta es edificar a los demás. Debemos ejercitar tanto nuestra vida, como nuestra metodología y manifestaciones, en el contexto de lo que Dios está haciendo en la Iglesia, y debemos someterlas voluntariamente a la evaluación del Cuerpo de creyentes. Los excesos aparecen cuando las personas ejercen los dones, o hacen afirmaciones, sin tener que rendir cuentas ante nadie.

LA RELACIÓN ENTRE LOS DONES Y EL FRUTO

¿Cuál es la relación entre los dones y el fruto del Espíritu? El fruto tiene que ver con el crecimiento y la personalidad; el estilo de vida es la prueba clave de que somos genuinos. En Gálatas 5:22–23 aparecen las "nueve gracias que componen el fruto del Espíritu: el estilo de vida de aquéllos en quienes habita el Espíritu y a quienes da poder". Jesús dijo: "Por sus frutos los conoceréis" (Mateo 7:16–20; véase también Lucas 6:43–45). Estos aspectos del fruto están intrincadamente entretejidos en los tres pasajes sobre los dones. En los pasajes de los dones y en Gálatas, las cualidades del fruto fluyen horizontalmente en el ministerio de uno a otro (1 Corintios 13: Romanos 12:9–10; Efesios 4:2). El tema primario de Gálatas no es la justificación por la fe, aunque parezca el dominante. Más bien es que la razón de ser de la justificación por la fe es el caminar en el Espíritu.

La misma insistencia en el caminar, o vivir en el Espíritu, prevalece en las lecciones a las iglesias del Asia Menor (Éfeso), Acaya (Corinto) e Italia (Roma).

Veamos ahora las cualidades del fruto en Gálatas 5:22–23, y cómo están entretejidas con el ejercicio de los dones en los pasajes de Pablo sobre éstos.

Amor

Se suele usar la palabra griega *agápe* para hablar de un amor leal, y en su grado más elevado, se ve como una revelación de la naturaleza misma de Dios. Es un amor firme, y dado gratuitamente. El amor es central en cada uno de los pasajes (Romanos 12:9–21; 1 Corintios 13; Efesios 4:25–5:2). De hecho, es el principio ético, la fuerza moti-vadora y la metodología correcta para todo ministerio. Sin amor, el beneficio que reciben los demás es poco, y la propia persona no recibe ninguno cuando ejercita el don. Surgen los malentendidos, se divide la Iglesia y las personas quedan heridas. El amor es el fundamento a partir del cual se pueden ministrar los dones, y el contexto en el cual se han de recibir y entender éstos.

Gozo

El vocablo griego *jará*, que traducimos como "gozo", comprende la idea de un deleite activo. Pablo habla de regocijarse en la verdad (1 Corintios 13:6). Esta palabra también está estrechamente relacionada con la esperanza. Pablo habla de que debemos gozarnos en la esperanza (Romanos 12:12), Es la expectación positiva que se debe a que Dios está obrando en la vida de los demás creyentes, una celebración de nuestra victoria final en Cristo. El gozo es el corazón de la adoración: convierte la rutina en deleite, alza el ministerio a un plano más alto y le da esplendor al ministerio de los dones.

Paz

La palabra griega *eiréne* comprende las ideas de armonía, salud, integridad y bienestar. En cuanto a las relaciones, debemos vivir en paz con todos los hombres (Romanos 12:18); en cuanto al ejercicio de los dones, Dios no es un Dios de desorden, sino de paz (1 Corintios 14:33), y en cuanto a la asamblea, debemos luchar por mantener la unidad del Espíritu por medio del vínculo de la paz (Efesios 4:3). La paz es básica para marchar adelante en unidad, para recibir el ministerio de los demás, y para aprender incluso a través del fracaso. El ejercicio de los dones nos debe llevar a una unidad y una paz mayores. Porque nos ayuda a darnos cuenta de que nos necesitamos mutuamente, porque ningún don es ejercitado en una manifestación perfecta, y porque todos cometemos errores, esto nos enseña a ser comprensivos los unos con los otros, y buscar el mayor bien para todos.

Paciencia

La palabra griega *makrozymía* significa paciencia con las personas. Comprende ese ser tardo para la ira y tener dominio de sí que soporta la mala conducta de los demás y nunca busca la venganza. Los cristianos de Roma iban a sufrir persecución pronto. En medio de la tensión y el sufrimiento, era posible que esos cristianos se tuviesen menos paciencia entre sí, por lo que Pablo los exhorta a ser "pacientes en la aflicción" (Romanos 12:12). Al hablar de los dones, Pablo comienza por la paciencia con las personas y termina por la paciencia con las circunstancias (1 Corintios 13:4, 7). Como Iglesia, nos lleva tiempo ir madurando a través de todas nuestras diferencias; esas diferencias que brotan de la cultura, la educación e incluso la personalidad. Por consiguiente, Pablo nos exhorta a ser totalmente humildes y bondadosos; a ser pacientes (Efesios 4:2).

Para un ministerio pleno en el Espíritu, necesitamos aprender juntos, cometer errores, crecer, perdonar y confrontarnos en amor sin mantener un espíritu crítico. Esto exige paciencia. Cada vez que se manifieste el poder de Dios, es importante que lo miremos a Él, en lugar de mirar a nuestra incapacidad. Entonces no actuaremos con rapidez excesiva, ni iremos a los extremos que pueden herir a la Iglesia.

Benignidad

El vocablo griego *jrestótes* nos recuerda a Cristo, el supremo ejemplo de benignidad. La paciencia y la benignidad aparecen juntas en la primera línea de la descripción que hace Pablo sobre el amor de Dios (1 Corintios 13:4). Nos exhorta a seguir el ejemplo de Cristo; a ser mutuamente bondadosos y compasivos, a perdonar (Efesios 4:32). La dureza de trato no es el estilo del Cuerpo de Cristo, sino la apreciación mutua y el respeto. La benignidad es un bálsamo sanador que nos une a medida que aprendemos a apreciarnos mutuamente. Aun los dones son consecuencia de la benignidad de Dios hacia nosotros. No los merecemos, como tampoco merecemos la benignidad de los demás. Los recibimos ambos con un corazón agradecido, y entonces los compartimos incondicionalmente.

Bondad

El significado esencial de *agazosne*, traducido por "bondad", es una generosidad que brota de una justicia santa recibida de Dios. Pablo dice: "Compartiendo para las necesidades de los santos; practicando la hospitalidad" (Romanos 12:13). "Compartir con el que padece necesidad" (Efesios 4:28).

La razón de ser básica para todos los dones, es bendecir a los demás. La bondad, o generosidad, nos trae un interés práctico y realista por las necesidades de las personas, allí mismo donde están. Los miembros de la Iglesia Primitiva sabían cuidar los unos de los otros. Si acaso erraban, era por exceso de generosidad.

Aunque la generosidad descuidada no constituye buena administración, nuestra motivación es mostrar generosidad. Hay el peligro de que mostremos generosidad para poder alardear. Siempre que demos, debemos tener amor; de lo contrario, no será de beneficio alguno (1 Corintios 13:3).

Fe

El término griego *pístis* significa con frecuencia una confianza expresada en una vida de fe. En este contexto, tiene el sentido de "fidelidad". Esto refleja la naturaleza de nuestro Padre celestial. Él es digno de confianza. Es paciente con nosotros, por muy frecuentemente que le fallemos. Se ha comprometido con nosotros; es leal a su gran plan de redención. Nosotros, a nuestra vez, debemos reflejar la imagen de Dios ante los demás. Debemos ser personas dignas de confianza. Si nos comprometemos mutuamente, Dios podrá derramar realmente las bendiciones del Espíritu. La fe, la esperanza y el amor (1 Corintios 13:13) son cualidades por medio de las cuales edificamos nuestras relaciones mutuas. A través de la unidad de la fe, podremos alcanzar toda la medida de la plenitud de Cristo (Efesios 4:13). El crecimiento en este aspecto del fruto edifica nuestra confianza en Dios. Puede ser un punto de apoyo para el don de fe.

El don de fe encabeza la categoría de los cinco poderosos dones de 1 Corintios 12:8–10 que tienen que ver con el ministerio mutuo dentro del Cuerpo de Cristo.

Mansedumbre

La palabra griega *praótes* contiene la idea de una benignidad humilde que se preocupa más por los demás que por sí misma. Jesús dijo: "Bienaventurados los mansos, porque ellos recibirán la tierra por heredad" (Mateo 5:5). La palabra relacionada *pras* significa "manso", "humilde" o "delicado". Aristóteles describe esta palabra como el punto medio entre la tendencia excesiva a la ira y la incapacidad para la misma. La persona mansa tiene un espíritu disciplinado. En potencia, todas las bendiciones espirituales se hallan al alcance de una persona así. Aunque la palabra en sí no es utilizada en Romanos, se describe este espíritu de mansedumbre en Romanos 12:12–14 como capaz de perseverar en medio de la aflicción y la persecución, sirviendo fielmente en la oración y en el cuidado práctico. Es una mansedumbre que sabe que Dios tiene el control de todo, y que no toma venganza (Romanos 12:17–21; Efesios 4:26). En lugar de ser rudos, egoístas y prontos a la ira, mostramos mansedumbre, protegemos a los demás y perseveramos (1 Corintios 13:5, 7). Nuestra actitud mutua debe ser totalmente humilde, mansa, libre de arrogancia (2 Corintios 10:1; Efesios 4:20).

Con demasiada frecuencia se han expresado las manifestaciones espirituales de maneras rudas, manipuladoras y autoritarias. En lugar de animar a los demás en el ministerio de los dones, estas maneras en realidad ahogan este ministerio; especialmente el que procede de todo el Cuerpo. Es muy importante que aprendamos a proteger mutuamente nuestra dignidad y salvar mutuamente nuestra autoestima. Seamos mansos.

Templanza

La palabra *enkráteia* significa "dominio propio", en lo que queda incluido el control de las pasiones sensuales, por lo que comprende también la castidad. Este énfasis no se halla en los pasajes de los dones en Romanos 12 y 1 Corintios 12–14. Sin embargo, anteriormente se ha tratado este tema de manera muy completa. En Efesios 4:17–22 se ha hecho un fuerte contraste entre la nueva vida y la antigua. La inmoralidad no tiene lugar en una persona que quiera ser usada por Dios. Sin una vida santa que acompañe a los dones, el nombre de Cristo es puesto en vergüenza. El ministerio verdaderamente eficaz queda embotado. Es posible que los milagros continúen por algún tiempo, pero Dios no recibe gloria alguna. Los milagros no son garantía de santidad, pero la santidad es vital para un verdadero ministerio espiritual.

Los dones y el fruto quedan cuidadosamente esparcidos. Cuando se insiste en los dones a expensas del fruto, se paga un precio terrible. La personalidad cristiana, la santidad de vida y las relaciones con los demás creyentes quedan echadas a un lado con la justificación de que Dios nos bendice con poder. Así queda diluida la obra del Espíritu Santo. No debemos divorciar el poder de la santidad. Dios nos purifica para usarnos. Los cristianos cuya vida corresponde a su fe, y no están encadenados a la carnalidad, serán libres de condenación. Tendrán una buena reputación y serán poderosos.

Aunque ni la edad ni la experiencia pueden garantizar una madurez espiritual, el fruto del Espíritu sí la produce. Tener madurez espiritual significa tener una comprensión mayor del Espíritu de Dios y de las necesidades de las personas. Entonces es cuando mejor podemos ejercitar los dones. La madurez desarrolla una sensibilidad al Espíritu, para que podamos comprender cómo operan los dones y cuándo son necesarios. Veremos el equilibrio, y no nos pasaremos a los extremos. Buscaremos los resultados a largo plazo, y no solamente la bendición a corto plazo. Buscaremos un avivamiento que perdure hasta que regrese Jesús.

La madurez espiritual nos ayuda a relacionarnos con las personas. Las comprendemos mejor y nos damos cuenta de la manera en que les podemos ministrar mejor. Debemos luchar por la unidad. A medida que observen nuestra personalidad y conducta, las personas irán desarrollando confianza en nosotros. En la Iglesia Primitiva, los siete primeros diáconos fueron escogidos a base de cómo eran "conocidos" (Hechos 6:3). La buena reputación, y el aprecio de los demás son fundamentales para que el Espíritu sea plenamente liberado en un ministerio mutuo, y para el crecimiento de la Iglesia.

El fruto se convierte así en el método para ejercitar los dones. Todo el fruto queda envuelto en el amor, y ningún don, incluso en su manifestación más completa, es nada sin el amor. "Por otra parte, una plenitud genuina del Espíritu Santo tenderá a producir fruto también, debido al avivamiento y enriquecimiento de la vida de comunión con Cristo." El conocimiento de lo asombrosamente grandes que son el amor, el poder y la gracia de Dios nos hace vasos sensibles. No merecemos los dones, pero de todas formas Dios nos da el poder. Así nos convertimos en gente del reino de Dios, lista para recoger la cosecha. Somos levantados a una nueva esfera.

EL EJERCICIO DE LOS DONES

Los líderes desempeñan el vital papel de llevar a su congregación al punto de ejercitar los dones. Las sugerencias siguientes pudieran resultar de utilidad:

1. Proporcione oportunidades. En las reuniones de líderes, reuniones de personal y retiros de personal, dé tiempo para que todos escuchen al Espíritu y expresen las impresiones que Dios les pone en el corazón. Vea si Dios les está diciendo cosas similares a varias personas, y si lo que dice se relaciona con el punto en el que se halla la asamblea. Ore por los enfermos, ejerza una preocupación continua por ellos, y si no son sanados inmediatamente, ore de nuevo.

2. Cause conciencia. Relate la forma en que Dios le habla a usted y lo guía. Testifique sobre los milagros que tienen lugar entre su gente. Permita que los dones se manifiesten con naturalidad; no los fuerce ni los exija. No estamos aquí para un plazo corto, sino largo. El Espíritu puede ministrar en un culto, en una reunión de célula o en una conversación personal.

3. Desarrolle la disposición a operar los dones. Los dones se manifiestan cuando las personas esperan oír a Dios, ya sea por medio de la Escritura, de cantos, o de un susurro apacible. Enseñe acerca de cómo escuchar la voz de Dios. Dé aplicaciones prácticas tomadas de su vida y la de otros. Cuando los que dirigen la adoración dan tiempo para operar los dones, ellos mismos deben estar preparados a hacerlo. No permita que se caracterice a los períodos largos de silencio como momentos en que "nadie ha oído a Dios". Más bien deberíamos decir: "Esperemos en la presencia de nuestro gran Dios, y si alguien tiene algo que decir, dígalo." Entonces, terminemos de manera positiva, expresando las impresiones que nos ha dado Dios. Como líder, esté listo para manifestar un don. Sirva de modelo para esa expectación.

4. Cause un espíritu de aceptación. Su gente no se debe sentir cohibida, o pensar que los demás la están juzgando. Comience en grupos pequeños. Use un tono de voz natural. No se preocupe por los errores, sino enseñe delicadamente y con amor. La iglesia es una escuela donde todos somos aprendices.

5. Evalúe. Comente después de que hayan participado tres o cuatro, ya se haya tratado de coros, textos bíblicos, exhortaciones o incluso testimonios. ¿Se ajustan a la asamblea local? Enseñe a su gente a ser sensible a lo que Dios pueda estar diciendo en todo el culto, y lo que está haciendo en su grupo de personas. Relacione las Escrituras con lo que se esté diciendo. Es fundamental que usted refuerce de manera positiva. Si no dice nada, puede causar confusión, o cohibir el que se sigan utilizando los dones. Apoye lo que se puede apoyar, y deje a un lado como tentativo todo aquello que necesite evaluación. Trate de no criticar, sino evaluar en amor. La evaluación les da a las personas una sensación de seguridad; un marco dentro del cual pueden ministrar los dones.

6. *Pase tiempo en oración.* Edifique su iglesia sobre la oración. Nada puede sustituir al saber esperar en Dios. Practique todo el día la presencia de Dios. Él le hablará a usted y hablará a través de usted. Su pueblo orará sólo si los líderes oran.

7. *Comprenda las diferencias culturales.* La iglesia que pastoreo es multicultural. Las formas en que les predico a los que tienen una formación de origen chino y a los que tienen una formación de origen inglés es diferente, aunque el contenido básico sea el mismo. En los últimos años hemos visto muchas diferencias en cuanto al estilo de adoración y a las expectaciones de las personas cuando hablamos con ellas antes de orar por ellas. En la adoración, algunos prefieren los himnos, otros prefieren los coros, y otros prefieren una música que refleje su cultura y su herencia. Algunos usan de complicadas entrevistas antes de orar, mientras que otros se limitan a orar sobre un gran grupo de personas. Sea sencillo. Los dones expresados en un tono de voz natural animan a otros a manifestarlos también. También animamos a una manera más dinámica de expresión. No tenemos por qué obligar a cada asamblea a tener el mismo estilo de adoración, o la misma forma de manifestar los dones que otra.

8. *La adoración fuerte libera los dones.* La adoración conduce a la expectación de un encuentro con nuestro gran Dios. Aquí es donde puede suceder con facilidad lo milagroso. Lleve la adoración a uno o dos puntos culminantes. Si las personas saben que hay un tiempo que es el mejor para usar los dones, lo harán así. En cambio, si usted espera hasta después de cada coro, esto no es tan eficaz y puede causar una incertidumbre sobre si expresarse o no. La adoración debe seguir moldes similares. Esto le da a la gente una sensación de seguridad, y libertad para adorar dentro de ese contexto. No es tan eficaz estar cambiando el molde cada semana. Incorpore salmos, himnos y cánticos espirituales. Haga las cosas de manera que la congregación en pleno sienta que puede alcanzar a Dios en su adoración.

9. *Con frecuencia, yo iré a Dios primero, les daré a los demás la oportunidad de expresar sus dones, y entonces confirmaré lo que Dios ya me ha dicho.* Esto anima a los demás. Puedo decir: "Dios me ha tocado el corazón con tres pensamientos, pero antes de hablar de ellos, quiero darles la oportunidad de ministrarse unos a otros." Entonces, cuando las personas que nunca antes han ejercitado los dones se den cuenta de que están en sintonía con el Señor, igual que lo están los líderes, esto los animará a expresarse más.

10. *El canal para los dones espirituales es el ministerio.* Marcos 16:17 indica las señales que seguirán a los que crean. Cuando estemos activos tratando de llevar el evangelio al mundo, ministrando donde Dios nos haya situado, nos convertiremos en vasos utilizables. Muchos milagros de Hechos tuvieron lugar en el transcurso de la vida diaria. Los cristianos iban camino del templo o a testificar, o a sufrir por Cristo. Si nos dedicamos a alcanzar a la gente necesitada, nos convertiremos en portadores de los dones de Dios, aun en tiempos y situaciones poco acostumbrados. Los dones suceden cuando los cristianos están "en camino" sirviendo al Señor.

11. *Céntrese en todo el proceso.* Los dones fluyen a través de las personas. ¿Qué está haciendo Dios en la vida de ellas? Además, las palabras son importantes. ¿Qué se está

diciendo realmente? El contexto es vital. ¿Se relacionan los mensajes que se expresen con la vida de la iglesia o con el fluir de ese culto? La respuesta es importante. ¿Cómo debemos recibir lo que se ha expresado? Recuerde siempre: la meta es edificar a la Iglesia y ganar a los perdidos para Cristo. La misión de la Iglesia es la prioridad principal. Se deben ver los dones a la luz de la obra total que Dios está realizando entre su pueblo.

Cuando no comprendemos la naturaleza y el propósito de los dones, nos centramos en temas equivocados. La cuestión primaria no es cuáles son mis dones, sino cómo ejercitar los dones para edificar a la Iglesia. En lugar de igualar la manifestación de los dones con la espiritualidad, valoremos y busquemos la contribución de todos, fuertes o débiles. En lugar de dar por supuesto que los dones son totalmente sobrenaturales y, por tanto, infalibles, debemos reconocer que los dones son ministrados a través de humanos falibles y es necesario ponerlos a prueba. Creceremos a medida que aprendamos a ejercitarlos. En lugar de plantearnos si las mujeres deben tener un lugar en el ministerio público, la cuestión debería referirse a las metodologías correctas dentro del ministerio.

En lugar de debatir cuál es el don mayor o el menor, necesitamos manifestar en amor los dones que Dios nos ha dado. Una iglesia que ignore la dinámica del ministerio guiado por el Espíritu se perderá lo que Dios está haciendo en el mundo. La alternativa bíblica al temor a los extremos consiste en proporcionar y modelar el sano fluir de los dones.

Si sólo se ejercitan los dones en un culto de domingo, entonces no serán esenciales en el crecimiento de la iglesia. Si sólo nos centramos en los dones más espectaculares, éstos serán considerados como cosas espirituales adicionales. Por otra parte, si vemos los dones como un elemento esencial de la vida diaria, fundamental para la eficacia en el ministerio, podremos desarrollar una sensibilidad al Espíritu que nos libere para ministrar todos los dones. Ninguno de ellos es una cosa espiritual adicional que nos hace superiores a los demás.

Los evangelios no tienen una conclusión formal. Mateo recoge la gran comisión que la Iglesia debe cumplir aún bajo la autoridad dada a Jesús. Marcos termina abruptamente, dejando al lector en silencioso temor y expectación ante el Señor todo suficiente y poderoso que podía interrumpir toda situación, por desesperada que fuese. Lucas y Hechos son en realidad "un todo integral." Lucas 24 no es la conclusión. La Iglesia Primitiva continuó la misión y la labor que Cristo había realizado en la tierra. Hechos tampoco tiene una conclusión. Juan, al incluir la comisión personal a Pedro después de la resurrección (Juan 21), indica claramente que la Iglesia seguirá trabajando hasta que Jesús regrese.

Todas las epístolas de Pablo fueron escritas para proclamar la muerte del Señor "hasta que Él vuelva". Los dones del Espíritu fueron dados como un depósito, "un pago inicial", un anticipo de la herencia plena que recibirá la Iglesia. Hebreos nos anima a "correr con paciencia la carrera que tenemos por delante" (Hebreos 12:1). El Apocalipsis tiene al final las palabras "Amén; sí, ven, Señor Jesús" (Apocalipsis 22:20). Como ya se ha señalado, no se pueden dar nuevas revelaciones que superen o echen a un lado la Biblia; al mismo tiempo, Dios continúa hablando a los creyentes llenos del poder de su Espíritu, y por medio de ellos.

Todo pastor necesita escuchar al Espíritu con respecto al desarrollo de la asamblea local en el ministerio de los dones. Toda asamblea debe apresurarse a entrar con todo su empuje en la zona de los dones espirituales. Todo lo que hacen los cristianos es su adoración a Dios. Él constituye el auditorio, y nuestra vida es el escenario de redención en el que se expresa nuestra adoración. El predicador no se afana con la Palabra a fin de impresionar a su congregación, sino para presentarla como ofrenda al Señor. No actuamos cristianamente los unos con los otros, ni trabajamos en la asamblea para impresionar a los demás con nuestra espiritualidad e identificación con la iglesia; todo lo hacemos como un acto de adoración a Dios.

Esto libera nuestro ministerio. Ya no estamos atados por el temor a las opiniones humanas, sino que sólo buscamos ser fieles a nuestro llamado en Cristo. En el desbordamiento de la adoración hallamos la capacitación sobrenatural que procede de Dios. El agotamiento extremo debe ser impedido por el descanso que procede del Señor y al que han de animar los demás creyentes. Los dones fluirán como parte del estilo de vida normal de la asamblea para edificar y evangelizar.

> Los miembros de una *ekklesía* así serán todos poderosos testigos (Hechos 1:8), poseídos por un profundo afecto filial por el Señor, temerosos de herirlo o entristecerlo. La demostración del poder de Dios será la manera normal de funcionar de su comunidad (Hechos 4:33), que será tenida en favor y respeto por todos, y cuya compañía aumentará cada día a medida que vayan siendo salvas las almas (Hechos 2:47).

Amén. Que así sea. Que la Iglesia cumpla su potencial y lleve el evangelio al mundo.

PREGUNTAS DE ESTUDIO

1. La iglesia de Corinto cayó en excesos. Finalmente, habría podido destruirse o apagar el ejercicio continuo de los dones. Presente los problemas de los puntos de vista que había en la iglesia de Corinto, y qué habría podido causar esto.

2. ¿Qué prejuicios o experiencias del pasado impiden que las iglesias se muevan con mayor libertad en los dones espirituales?

3. Pablo no reaccionó ante el extremismo de los corintios. En lugar de ello, lo equilibró y lo guió. Él quería una iglesia dinámica, libre en su fluir y guiada por el Espíritu. Hable de la forma en que hizo esto.

4. Con toda enseñanza nueva ha venido una reacción ante dicha enseñanza. ¿Cómo puede el líder impedir que la gente sea tan crédula, que acepte enseñanzas de este tipo? ¿Cómo se puede tomar lo mejor de estas enseñanzas, en lugar de limitarse a reaccionar negativamente ante ellas?

5. ¿Tiene su iglesia local claridad en cuanto a su visión, su llamado, su dirección única y su misión? ¿Cuáles son? Sea tan concreto como pueda. ¿Se centran las energías de los miembros de la asamblea en esa dirección? ¿Puede usted ver cómo los dones moverían a su iglesia en esa dirección?

6. ¿Puede funcionar bien alguna parte del programa de su iglesia sin el Espíritu Santo? Examínese interiormente con cuidado al respecto. Si los dones son optativos, pronto se convertirán en innecesarios.

7. Desarrolle una estrategia paso a paso para mover a su iglesia hacia un ministerio equilibrado con los dones. Entonces, evalúe. Por ejemplo, ¿por qué parecen fracasar

algunos pasos, o conducir a un punto muerto? ¿Qué calendario de trabajo sería realista en cuanto al logro de una adoración ideal y un libre fluir de los dones?

8. Los dones y el fruto del Espíritu deben fluir juntos. Diga lo que sucede cuando falta el fruto. Comente lo emocionante que se hace todo cuando cada una de las cualidades del fruto se va manifestando junto con los dones.

9. ¿Puede pensar en momentos en los que Dios se haya movido a través de usted, y quizá usted no se diese cuenta de que se trataba de un don del Espíritu? Describa esta experiencia.

10. ¿Es la santidad un requisito previo para el ejercicio de los dones? ¿Por qué sí, o por qué no?

11. Hable sobre si la persona posee el don, o si se le da cuando surge la necesidad.

La sanidad divina

La sanidad divina ha sido objeto de renovado interés en la predicación, la enseñanza y la práctica de muchas iglesias hoy. Ha sido un elemento esencial en el éxito actual del evangelismo y las misiones. Como en la Iglesia Primitiva, muchos han orado para que Dios confirmase el evangelio por medio de sanidades realizadas en el nombre de Jesús (véase Hechos 4:24–31).

Hay al menos cuatro razones principales para creer que Dios sana hoy. En primer lugar, se encuentra en la Biblia, y la Biblia, que es inspirada por el Espíritu Santo, es para nosotros hoy. El mismo Jesucristo revelado en las Escrituras como Sanador es el mismo Señor al que servimos hoy. Hebreos 13:8, "Jesucristo es el mismo ayer, y hoy, y por los siglos", cae bien dentro del mensaje general de Hebreos. Hay una gran continuidad en la persona, el carácter y la obra de Cristo después de su muerte, resurrección y ascensión.

La segunda razón para creer en la sanidad divina es el hecho de que se encuentra dentro de la obra expiatoria de Cristo. La enseñanza bíblica sobre la sanidad es paralela a su enseñanza sobre la salvación. En la salvación se incluye la sanidad de nuestra vida en todos sus aspectos, y toda ella "brota de la expiación".[3] Todos los dones "buenos y perfectos" que proceden de lo alto son consecuencia de la cruz de Cristo. Como señalaré más tarde, Mateo comprendió el pasaje del Siervo sufriente (Isaías 53) en función del hecho de que el ministerio de sanidad de Jesús formaba parte de su obra expiatoria.

La tercera razón para creer en la sanidad divina se encuentra en la convergencia entre las enseñanzas de la Biblia sobre la salvación y sobre la naturaleza de la humanidad. Así como un ser humano no es una desarticulada asociación de cuerpo, alma y espíritu, y es una unidad muy real, la salvación deberá tener aplicación a todas las facetas de la existencia humana. Éste es un tema verdaderamente bíblico que necesita una renovación en su énfasis: el evangelio entero es para la persona entera.

La última razón para que aceptemos la enseñanza sobre la sanidad divina es la creencia de que se debe comprender la salvación en última instancia como una restauración del mundo caído. Dios está opuesto al sufrimiento humano, porque el sufrimiento no es consecuencia de su voluntad, sino de la caída. Debemos entender la redención como el plan de Dios para restaurar a toda la creación, y en especial a la humanidad.

EL ORIGEN Y LA NATURALEZA DE LA ENFERMEDAD

¿Dónde tuvo su origen el sufrimiento humano? ¿Formaba parte del plan de Dios, o fue el efecto de algo que contradijo las intenciones divinas con respecto a la creación? Toda la Biblia enseña esta última posición. Con esto no decimos que Dios no haya sabido que iba a haber sufrimiento. Al contrario. Las Escrituras son muy claras en este punto. Jesucristo es el Cordero "inmolado desde el principio del mundo" (Apocalipsis 13:8). No tomó a Dios por sorpresa.

La cuestión que tenemos ante nosotros, y es una cuestión muy importante, es si fue Dios mismo quien dispuso que el hombre sufriera, o si no es así. La Biblia señala con claridad que no fue así. El sufrimiento humano es consecuencia de la caída de Adán, no de la voluntad de Dios. Dios juzga la maldad humana. Adán, como representante nuestro en el huerto de Edén, atrajo el juicio sobre todos nosotros. Este acto no brotó de la voluntad de Dios, sino de la de Adán. Está claro que el anhelo de Dios consiste en bendecir a su creación, no en hacerle daño (Génesis 12:3; Santiago 1:17).

Esto nos lleva hasta la fuente del sufrimiento humano: nuestra condición de seres caídos. La culpa hay que echársela a Adán y a su progenie, y no a Dios. James Crenshaw señala que en el Antiguo Testamento la cuestión no es la teodicea, o sea, la forma en que podemos justificar a Dios, sino la "antropodicea", o la forma en que podemos justificar a los seres humanos.

La caída adámica fue producto de la rebelión; una rebelión que fue catastrófica en sus consecuencias y cósmica en sus proporciones. El mundo, en su estado edénico, era extraño al sufrimiento humano, y en el cielo nuevo y la tierra nueva de Dios, volverá a serle extraño. Es algo fundamentalmente contrario a la voluntad de Dios.

Algunos alegarán que el sufrimiento no existiría si no fuera voluntad de Dios. Dos respuestas serían suficientes para contestarles. En primer lugar, existe bajo los auspicios del justo reinado de Dios, de manera que es tolerado por Dios, pero no ha sido hecho ni deseado por Él. En segundo lugar, en este mundo hay muchas cosas, como el pecado mismo, que son muy contrarias a la voluntad de Dios y, sin embargo, Él las tolera por el momento.

No obstante, así como la Biblia nos informa que llegará el momento en que el pecado quede derrotado, también nos informa sobre un tiempo en el que el sufrimiento humano ya no existirá más (Apocalipsis 21:4). El hecho de que existan el pecado y el sufrimiento no significa que sean voluntad de Dios. Él ha decidido permitir el pecado y la enfermedad, pero ambos son contradicciones fundamentales a las intenciones suyas con respecto a su creación. El mundo y todo lo que en él había eran, según el más temprano testimonio de las Escrituras, "muy buenos" (Génesis 1:31). No hay fundamento bíblico para suponer que Dios tenía la aspiración de que su creación fuese atormentada con el dolor de la caída. Esto fue obra del hombre, y lo que Dios hizo fue llegar al extremo para corregir esta obra por medio de su plan de redención.

El dominio de los poderes de las tinieblas afecta también la realidad presente de sufrimiento. Herman Ridderbos dice que "no sólo el pecado, sino también el sufrimiento, la opresión, la ansiedad y la adversidad pertenecen al dominio de Satanás" (véanse 1 Corintios 5:5; 2 Corintios 12:7; 1 Tesalonicenses 2:18; 1 Timoteo 1:20). La experiencia presente del universo creado no se debe a la voluntad de Dios, sino "al hecho de que el cosmos es el mundo apartado de Dios".[3]

Aunque no debemos otorgar autoridad doctrinal a las fuentes ajenas a la Biblia, algunas de ellas demuestran con mucha claridad que el mismo judaísmo sostenía que el sufrimiento humano era consecuencia de la rebelión del hombre, y no de la voluntad divina: "Aunque las cosas fueron creadas en su plenitud, cuando el primer hombre pecó, quedaron corrompidas, y no regresarán a su orden antes de que Ben Perets (el Mesías) venga." Este texto muestra claramente las expectaciones mesiánicas del pueblo judío en los tiempos de Jesús. No debe sorprendernos que sus milagros provocaron tanta emoción y sorpresa. Eran las señales del Mesías que restauraría el mundo caído y sus habitantes. Los milagros de sanidades hechos por Jesús hablan del anhelo por parte de Dios de restaurar físicamente a la humanidad quebrantada, y no sólo espiritualmente.

LA ENFERMEDAD EN EL ANTIGUO Y EN EL NUEVO TESTAMENTO

En el pensamiento judío, el sufrimiento físico y el pecado siempre iban asociados de cierta manera. Vale la pena observar que en el relato sobre la caída, en Génesis 3, el sufrimiento humano hace su primera aparición bajo la forma de la penalidad física y los dolores de parto. El castigo consiste en que Dios multiplicaría en gran manera los dolores en sus preñeces (Génesis 3:16). Sin embargo, eso no significa que ya existiera el sufrimiento, sino que ese sufrimiento sería intenso. La palabra hebrea usada aquí es *itstsabón*, que procede de la palabra *atsab*, "encontrar en falta", "herir", "turbar", "angustiar". Lleva en sí la idea del dolor, tanto físico como emocional. Esta misma palabra es usada al hablar del castigo, tanto del hombre como de la mujer. Tan pronto como se cometió la desobediencia, la belleza y la armonía de la existencia quedaron hechas añicos. Todo el que considere que la Biblia es la Palabra de Dios debe reconocer la relación causal directa que hay en este punto entre la transgresión humana y el sufrimiento. Walther Eichrodt escribe que el suceso de la caída es un "desviarse de la línea de desarrollo dispuesta por Dios"; aquí se contradice la voluntad de Dios con respecto a la humanidad. En la caída no se trata solamente de que Adán y Eva tengan que enfrentarse a su propia muerte al final, sino también de que la creación se encuentra ahora esclavizada a los poderes hostiles de la muerte.

Israel tenía la tendencia a relacionar las dolencias, tanto con el pecado humano como con la ira divina. Hay muchos pasajes bíblicos que relacionan el pecado y la enfermedad, y, consecuentemente, el perdón y la sanidad (Salmos 6; 13; 22; 31; etc.). Lo más frecuente es que el Antiguo Testamento presente la aflicción y las enfermedades como las "consecuencias del pecado humano".

Peter Craigie señala que en el Salmo 38:3, "el enlace entre el pecado y el castigo es expresado con gran fuerza en el paralelismo del versículo cuatro, donde la indignación divina y el pecado humano quedan relacionados como un diagnóstico espiritual primario de una queja física". Hallamos otro ejemplo de este fenómeno en el Salmo 107:17: "Fueron afligidos los insensatos ... a causa de sus maldades." Aquí la "aflicción" significa "enfermedad" y demuestra que "este versículo hace resaltar la conexión entre la enfermedad y el pecado".

En el Antiguo Testamento hay muchos ejemplos más que podríamos mencionar. Uzías, rey de Judá, fue herido con la lepra debido a un acto sacrílego (2 Crónicas 26:16–19). También tenemos el caso clásico de Asa en 2 Crónicas 16:11–12. Asa no fue reprendido por acudir a los médicos, sino por no confiar en *Yahwé*. El texto declara que "no buscó a Jehová, sino a los médicos". No deberíamos entender esto como una prohibición en contra de los médicos. Más bien, lo que hace es subrayar lo importante que es confiar en el Señor, y demostrar que cuando uno está enfermo, debe acudir a Él.

Aunque Jesús no aceptara un dogma sobre una retribución mecánica, hay numerosas indicaciones dentro del Nuevo Testamento de que la enfermedad y el pecado estaban conectados algunas veces. Ulrich B. Mueller, en sus estudios sobre la enfermedad y el pecado en las Escrituras, se muestra persuadido de que la enfermedad puede indicar "la perturbación de una relación con Dios". William Lane observa que en el capítulo 2 de Marcos, Jesús señala de manera implícita una relación de causa a efecto entre la enfermedad y el pecado, cuando le dice al hombre que sus pecados le son perdonados y le ordena que se levante y camine. Según Lane, estas palabras no son inteligibles, a menos que se vean contra el fondo del Antiguo Testamento, en el cual "el pecado y la enfermedad, el perdón y la sanidad son con frecuencia conceptos relacionados entre sí". En Juan 5:14, Jesús le indica a alguien que ha sanado que deje de pecar, so pena de que le suceda algo peor. Se ve con claridad diáfana que el mandato de "dejar de pecar" presupone que la enfermedad de aquel hombre había sido causada por su propio pecado; de no haber sido así, el mandato de Jesús no habría tenido sentido.

Ciertamente, en algunos casos hay relación entre la enfermedad y el pecado. Ésta era la opinión de la Iglesia, y también del judaísmo. No obstante, la naturaleza exacta de esta relación entre la enfermedad y el pecado no es fácil de determinaren los casos individuales. Lo importante es reconocer que existía esta relación en el pensamiento del judaísmo y de la Iglesia Primitiva. Puesto que el pecado conduce al sufrimiento humano, era natural que la Iglesia Primitiva entendiese el ministerio de Cristo como la mitigación de ese sufrimiento humano, puesto que Él era la respuesta de Dios al pecado. Los que enseñan que la sanidad divina se encuentra en la Expiación están recuperando un concepto holístico de las personas y de la obra expiatoria de Cristo. T. F. Torrance sugiere que la "sanidad milagrosa" es demostración del poder de la "palabra de perdón", al mismo tiempo que revela "que el perdón alcanzó su realidad plena en la sanidad y la obra creativa de Dios sobre el hombre entero".[3] La restauración de la comunión con Dios es lo más importante de todo, pero esta restauración no sólo tiene por consecuencia la sanidad espiritual, sino también la sanidad física en muchas ocasiones.

Otro aspecto al que necesitamos prestar atención es la relación entre lo demoníaco y la enfermedad. Hay una gran cantidad de evidencias en las Escrituras, en especial en los evangelios, que apuntan hacia la realidad de que algunas enfermedades son de origen demoníaco. En Lucas 13:11–17 se habla de una mujer que había estado atada por Satanás. En el versículo once, el texto indica que "tenía espíritu de enfermedad, y andaba encorvada". El texto de la RV se ajusta al griego, que dice literalmente "una mujer con espíritu de enfermedad" (*gyné én pnéyma éjusa aszenéias*). Sin embargo, esto no significa que todas "las enfermedades, como la posesión, fueran atribuidas a espíritus, con lo que se expresaba la sensación de que había un poder superior dominante". Jesús hizo una pregunta retórica: "A ésta ... ¿no se le debía desatar?" De esta forma indicaba claramente que la voluntad de Dios con respecto a ella era sanarla. Podríamos traducir así el versículo 16: "Mirad, ésta no debería permanecer atada ni un momento más; ya ha sufrido por dieciocho años." En este caso, se ve con claridad que Satanás era la causa de la enfermedad de aquella mujer, y que Jesús se había declarado en contra de este sufrimiento físico.

En otra ocasión, le llevaron a Jesús un hombre que no podía hablar (Mateo 9:32–34). En este texto no se menciona la fe, ni que Él tocara al enfermo. Jesús se limitó a echar fuera al demonio. Esto "indica que este caso era considerado principalmente como un caso de posesión, y la mudez era el 'producto secundario' ".

Con todo, no podemos estar de acuerdo con aquéllos que dan por supuesto que la "interpretación cristiana de las sanidades procede de la suposición común de que la enfermedad es consecuencia de la posesión por parte de demonios". Esta es una posición excesivamente simplista. Aunque hay muchos ejemplos de enfermedades causadas por demonios, hay también muchos casos en los que no se puede hacer, ni siquiera sugerir, una conexión entre ambas cosas. Está claro que el concepto de que todas las enfermedades son causadas por demonios no es la posición de Jesús que presentan los evangelios, ni es la posición de Pablo en las epístolas.

Hay ejemplos de circunstancias en las que Dios le ha permitido a Satanás que aflija con enfermedades a sus siervos, como una forma de acción disciplinaria o de instrucción, tal como sucedió con Job y Pablo. Aun así, no se pueden considerar estos casos como formas de demonización, porque todo lo que el enemigo puede hacer es tocar el cuerpo, no el alma. Por consiguiente, el desarrollo de una doctrina de demonización a partir de la experiencia de Job es algo injustificado. Tampoco se justifica en 1 Corintios 11:30, donde se habla de creyentes enfermos por una acción disciplinaria del Señor. "Es probable que se vea aquí la racha de enfermedades y muertes que los había atacado recientemente como una expresión de castigo divino a toda la comunidad."

La Biblia no indica que un creyente enfermo pueda estar "poseído por demonios" de manera alguna. Ciertamente, hay quienes sugieren que 2 Corintios 12:7 es un ejemplo de una dolencia física que ataca a un creyente por medio de la actividad de fuerzas demoníacas. Sin embargo, se ve claro que en este caso no hay una posesión por demonios, ni era consecuencia del pecado. Más bien, era lo que podríamos llamar "parte del medio providencial utilizado por Dios para asegurarse de que su siervo pusiese su confianza en Él".

Es significativo que se use la palabra griega *daimonídzomai* trece veces en el Nuevo Testamento, pero que no describa nunca la situación de un creyente. La palabra "designa un estado de enfermedad que se explica porque un demonio habita en la persona ('posesión')". Por supuesto que hay circunstancias de opresión demoníaca y de creyentes envueltos en la batalla contra los poderes espirituales de las tinieblas, pero el lenguaje de la demonización queda reservado exclusivamente para los no regenerados.

LA SANIDAD EN EL ANTIGUO Y EN EL NUEVO TESTAMENTO

Un experto ha escrito que "en las tres secciones de las Escrituras judías ... la imagen de *Yahwé* como sanador se halla presente como un aspecto central de la relación entre Dios y el pueblo del pacto". El Antiguo Testamento presenta una comprensión de la enfermedad y la sanidad como manifestación de lo que podríamos llamar "el control de la historia y el destino humanos" por parte de Dios.[5]

Ciertos sufrimientos, como los de los egipcios, eran producto de la desobediencia, lo cual indica de manera implícita que la obediencia trae salud. Herodoto, historiador griego del quinto siglo antes de Cristo, declaró que "los egipcios eran la nación más rica de la antigüedad, [hasta que] su desafío a Dios hizo lengendarias sus enfermedades y plagas". Esta es la idea central en Éxodo 15:26. Dios se describe a sí mismo como el apoyo de su pueblo, al usar el nombre de *Yahwé-Rof'eka*, "*Yahwé* vuestro Médico". Puesto que los nombres de Dios revelan la esencia misma de su naturaleza, este nombre señala que Éxodo 15:26 es más que una simple promesa temporal a Israel; nos hace saber que Él quiere ser nuestro Médico también. En el Antiguo Testamento se utiliza el verbo "sanar" (heb. *rafá*) inicial y primordialmente para hablar de la curación física; sólo posteriormente, en los profetas, se comienza a utilizar en un sentido espiritual. Aun así, la extensión al segundo sentido se apoya en el primero, el de que Dios es el sanador del cuerpo.

El Antiguo Testamento revela que el mundo está abierto a la intervención sobrenatural de Dios. Por tanto, "ya que Dios era el médico de su pueblo, se podía esperar la salud como consecuencia de la obediencia total a los mandatos divinos".

La primera sanidad que se menciona en el Antiguo Testamento se derivó de la intercesión de Abraham por la infertilidad de las familias de Abimelec (Génesis 20:17). Por supuesto, el libro de Job es muy importante para nuestra comprensión de la sanidad divina, porque indica claramente que no siempre la enfermedad es consecuencia del pecado. La enfermedad de una persona puede no tener absolutamente nada que ver con lo que ella haya hecho o dejado de hacer. En el caso de Job, el origen de su sufrimiento fue la animosidad de Satanás contra él y contra Dios. Otra cosa que nos enseña el libro de Job es que en las Escrituras se halla lo que podríamos llamar un "papel correccional de Dios".[5] En nuestra vida, Dios puede utilizar la enfermedad, al igual que puede utilizar otras experiencias no muy agradables. Por último, el libro de Job muestra el poder restaurador de Dios y su deseo de sanar: "Porque él es quien hace la llaga, y él la vendará; él hiere, y sus manos curan" (Job 5:18).

A lo largo de los Salmos hallamos numerosas asociaciones entre el pecado y la enfermedad, por una parte, y el perdón y la sanidad por otra (véanse Salmos 30:2; 41:4; 103:3; 107:19–20; etc.). Tanto Elías como Eliseo vieron a personas levantadas de entre los muertos en su ministerio. Eliseo fue usado en la curación de Naamán (2 Reyes 5:3–14). También fue la curación el resultado de una mayor profundidad espiritual por parte de Ezequías (2 Reyes 20:1–21).

El último libro del Antiguo Testamento termina con una profecía mesiánica que presenta la esperanza de Aquél que revelaría la justicia de Dios por medio de una victoria sobre "todos los soberbios y todos los que hacen maldad", y cuya presencia divina sería conocida como "el Sol de justicia, que traería salvación en sus alas [o rayos]" (Malaquías 4:1-2). No cabe duda de que este texto se refiere a la sanidad que será "consecuencia del sufrimiento vicario del Siervo del Señor". El Antiguo Testamento señalaba la llegada de un tiempo en el cual "los males de la debilidad física, la enfermedad y la muerte serán absorbidos por la vida en el reino de Dios". Esto se revelaría en el Nuevo Testamento; la presencia de este reino mesiánico sería vista en los milagros de sanidad realizados por Jesús.

El Nuevo Testamento presupone la revelación del Antiguo, que sostiene la realidad de la sanidad divina. Pasando esto por alto, algunos eruditos han insistido excesivamente en el contexto sociológico y la influencia del mundo grecorromano en el desarrollo del Nuevo Testamento. En contraste con esto, quisiéramos destacar que la influencia esencial y primaria sobre los escritores del Nuevo Testamento no la tuvo el mundo pagano de magos gentiles y prácticas ocultistas, sino la preparación divina presentada en el Antiguo Testamento.

El lugar por donde hay que comenzar el estudio de la sanidad en el Nuevo Testamento es el ministerio de Jesús. René Latourelle sugiere que comprendamos los milagros de sanidades de Jesús como "señales del reino". A través de estas señales, Jesús nos presenta la liberación y rectificación de este quebrantado mundo por parte del reino de Dios, que tiene como efecto la "persona integral". Lo que esto significa implícitamente es que la "transformación futura" encuentra su fuente en la persona de Cristo.

Además de esto, Jesús insistió en que "estas liberaciones eran evidencias de la presencia de la salvación mesiánica (Mateo 11:4-5)". Eran señal y prenda de que Dios llevará a cabo sus planes, y de que terminará trayéndonos la restauración profetizada, en la que se incluyen nuestra resurrección, nuestro cuerpo nuevo y el que compartiremos el trono de Cristo. Tenemos ya las primicias ahora, pero la consumación plena no ha llegado aún. Por tanto, la sanidad divina no sólo es parte del evangelio, sino que es también un importante testimonio a favor de su veracidad.

Se pueden clasificar los milagros de sanidad de Jesús en sanidades físicas, exorcismos y resurrecciones (o "levantamientos", para no igualarlos a la resurrección de Jesús). Es posible que esta comprensión de la sanidad se halle detrás del uso de los plurales por Pablo al describir los "dones de sanidades" (1 Corintios 12:9). Todos ellos hablan del poder de Dios sobre las fuerzas que se oponen a su voluntad a favor de los seres humanos. Son expresiones del triunfo de Jesús sobre Satanás y de la destrucción de sus obras (véase 1 Juan 3:8). La importancia dada a los milagros de sanidad es sustancial, incluso en función del espacio dedicado a ellos en los evangelios. Por ejemplo, en el Evangelio según San Marcos, más del treinta y uno por ciento de los versículos se refieren a los milagros de sanidad de Jesús.

El espacio nos impide entrar en detalles en cuanto a dichos milagros de sanidad. Baste con decir que todos los escritores de los evangelios hacen uso de las sanidades, no simplemente para impresionarnos, sino para enseñarnos acerca de Jesús y de la personalidad de Dios, porque sanar es algo que forma parte de su naturaleza misma. Mateo los utiliza con el propósito de que ayuden a identificar a Jesús como el Mesías. Para Lucas, son la prueba de que Jesús es el Salvador. Este evangelista describe a Jesús como "entregado a ... la batalla con Satanás, cuyo poder va venciendo de manera decisiva, al mismo tiempo que inaugura la era del nuevo pacto". El Evangelio según San Juan está estructurado alrededor de varias "señales", la mayoría de las cuales son milagros de sanidad, relatados para ayudar a seguir creyendo en que Jesús es el Mesías y el Hijo de Dios.

Si hay algo que sobresalga en el concepto de Jesús sobre la enfermedad, es que Él está en contra de ella. La enfermedad se opone a su voluntad; y, puesto que Él es Dios encarnado, es así una contradicción a la voluntad de Dios.

A partir de una atenta lectura de los evangelios es posible demostrar que Jesús entendía su ministerio de sanidad como el sometimiento de los poderes de la muerte. En el Evangelio según San Juan leemos que Jesús declara que, aunque Satanás ha venido "para hurtar y matar y destruir", Él ha venido para traer vida "en abundancia" (véase Juan 10:10). Los versículos 9 y 10 son explicaciones de lo que quiso decir Jesús al llamarse a sí mismo "la puerta de las ovejas". Él es Aquél que nos trae la plenitud de vida. Aquí el Señor está declarando que Él desea y promueve su bienestar: no está satisfecho con que se ganen a duras penas una escasa y lastimosa existencia; quiere que vivan a plenitud; que tengan pasto en abundancia y disfruten de salud".

Tanto el Antiguo Testamento como el Nuevo presentan a Dios como Sanador. Ambos demuestran que hay una conexión entre el señorío de Dios y su condición de Sanador. Las analogías entre los relatos del Éxodo y las enseñanzas del Nuevo Testamento son obvias. Con todo, las diferencias entre el Antiguo Testamento y el Nuevo son igualmente significativas. En el Antiguo Testamento, Dios impuso el que se guardara la ley como condición para experimentar los beneficios de la sanidad (véase Éxodo 15:26). En contraste con esto, el Nuevo Testamento muestra que los beneficios de la sanidad están abiertos a todos los que se vuelvan a Dios a través de Jesús en una fe confiada.

LA SANIDAD COMO PARTE DE LA SALVACIÓN

Tomando como base el concepto bíblico sobre la naturaleza de los seres humanos, se ve con abundante claridad que hay coherencia y lógica en la doctrina de la sanidad divina. Si Dios creó la humanidad con la intención de que gozara de integridad, entonces es razonable, a partir de las evidencias bíblicas, llegar a la conclusión de que la sanidad es, al menos en un sentido limitado, parte de la obra salvadora de Dios en Cristo. El concepto de que a Dios le interesa solamente el alma, y no la persona total, es ajeno a las Escrituras. "El evangelio completo para la persona completa" es un tema prominente para la predicación y la enseñanza de hoy.

En el pasado, bajo la influencia de la filosofía helenística, se entendía a los seres humanos primariamente en función de lo inmaterial. El dualismo de los filósofos helenistas dejó una fuerte huella en algunos de los padres de la Iglesia. La costumbre de rebajar al cuerpo y al mundo material era algo prominente entre muchos de los primeros filósofos griegos. Platón consideraba al cuerpo (gr. *sóma*) como una tumba o sepultura (gr. *séma*).

Lamentablemente, el pensamiento de Agustín en cuanto a este tema había recibido también una influencia desmesurada. Es decir, su concepto sobre la naturaleza de la humanidad llevaba la influencia de los esquemas neoplatónicos, que en la práctica, rebajaban hasta casi aniquilar las dimensiones físicas de la existencia humana. Esta insistencia en separar de manera radical a los seres humanos en componentes no tiene su base en las Escrituras.

En este siglo, se ha desarrollado entre los eruditos el consenso de que la comprensión bíblica de la naturaleza de la humanidad es de tipo holístico. H. Wheeler Robinson ha sugerido que hemos tenido la tendencia a interpretar la Biblia a la luz de la "interpretación que haría Agustín o Calvino".

Sólo dos ejemplos tomados de los escritos de Agustín nos bastarán para aclarar esta idea acerca de él. En su obra *Del libre albedrío*, Agustín escribió que "el cuerpo ocupa por naturaleza un rango inferior que el alma en la escala del ser". En otro lugar, declara que "el alma es universalmente superior al cuerpo. Ningún alma puede caer tan bajo en el pecado, que sea transformada en un cuerpo ... *La peor de las almas es superior a las cosas corporales*" (cursivas del autor). Esta idea de rebajar lo físico no es bíblica. Sin embargo, Agustín cambió de opinión posteriormente acerca de una serie de cosas, y se volvió tan "antiplatónico" como platónico. No obstante, seguimos viendo los efectos de su contribución a una tradición dentro de la teología cristiana que degrada la preocupación de Dios por la persona integral.

En cuanto a Calvino, aun algunos teólogos reformados admiten que no pudo desprenderse de las cadenas de los conceptos no bíblicos acerca de la humanidad. "Platón formaba una parte importante de su mundo mental."

Una razón por la que muchos teólogos de hoy muestran tanta resistencia a incluir la sanidad divina en la Expiación es esta lamentable herencia de conceptos incorrectos sobre la naturaleza de los seres humanos. Es decir, muchos no parecen darse cuenta de que su concepto sobre la naturaleza humana le debe tanto a una cosmovisión helenística, como a la Biblia, y quizá más. Los conceptos y clasificaciones que usan son esencialmente los mismos que utilizaban los teólogos católicos romanos, obtenidos del neoplatonismo y del aristotelismo de los escolásticos medievales.

A pesar de esto, hemos visto, incluso en círculos no pentecostales, una valoración mayor de lo que George Eldon Ladd llama "el hombre integral". Anthony A. Hoekema declara que "se debe entender al hombre como un ser unitario." Francis Schaeffer, en una de sus grandes obras de apologética, escribe que "aún en esta vida presente, debemos tener una realidad sustancial de redención del hombre entero. Dios hizo al hombre, y está interesado en el hombre entero". G.C. Berkouwer señala que en las Escrituras "es el hombre entero el que sale al escenario". Consideramos que no hay manera de soslayar el hecho de que la Biblia presenta a la naturaleza humana como una unidad. Los pentecostales han reconocido esta verdad, tanto en la práctica como en la predicación.

De hecho, afirmamos que existe una dualidad en cuanto a las personas humanas, un aspecto material y otro inmaterial, al mismo tiempo que una unidad. "El holismo no tiene por qué llevar en sí la negación de que el todo contenga partes distinguibles." Tampoco significa que debamos considerar el holismo bíblico como una forma de monismo. Más bien, el holismo bíblico consiste en el reconocimiento de la persona humana como una persona total, cuyas partes están integradas y operan adecuadamente para el beneficio del todo. ¿Qué significa esto? Que todo cuanto hacemos es un acto de toda la persona. La que peca no es el alma, sino la persona. Es la persona toda, "cuerpo y alma, la que es redimida por Cristo". La imagen del ser humano que nos ponen delante las Escrituras es la de un "ser unitario", del que se habla espiritualmente raras veces sin contar con su existencia corporal.[4]

¿Por qué es tan importante señalar que la antropología dualista es una adición extraña al evangelio? Porque el dualismo, con su comprensión de la existencia humana, ha sido el presupuesto de aquéllos que quisieran alejar del cuerpo las consecuencias salvíficas de la expiación de Cristo. La reducción o disminución de dicha expiación a la esfera espiritual solamente, no es resultado de las enseñanzas de las Escrituras, sino de la influencia de una filosofía pagana. La denigración de lo físico y del ámbito material está ausente en las Escrituras, tanto en el Antiguo Testamento como en el Nuevo. Dios creó personas enteras, y su voluntad, tal como la revelan las Escrituras, consiste en restaurar personas enteras.

Tal como dice con razón Stuart Fowler, esta visión de la naturaleza de los seres humanos es una "corruptora intrusión de la filosofía pagana en el pensamiento cristiano, y un serio obstáculo al disfrute de las riquezas del evangelio". Textos como 1 Tesalonicenses 5:23 — "Y el mismo Dios de paz os santifique por completo; y todo vuestro ser, espíritu, alma y cuerpo, sea guardado irreprensible" — hablan del interés de Dios por la persona entera. Charles Wannamaker sugiere que Pablo les está comunicando lo que él desea [y Dios también] para ellos como "seres humanos completos". Robert L. Thomas dice que aquí, Pablo se refiere a la "totalidad" de las personas humanas cuando usa este lenguaje tripartito.

"No se debería pensar en la sanidad como algo extraño a la salvación y totalmente ajeno a ella." Las Escrituras desconocen un concepto de la salvación que excluya todos los aspectos de una naturaleza física. Un concepto así es una excrecencia filosófica occidental; no una definición bíblica de la salvación. Decir que Isaías 53:5 y 1 Pedro 2:24 hablan exclusivamente de la sanidad espiritual de la salvación del alma, y no de la sanidad física, equivale a establecer entre la dimensión espiritual y la física de la existencia humana una dicotomía extraña que no autorizan las Escrituras.

La palabra que traducimos "salvación" (gr. *soteria*) se refiere tanto a la salvación como a la sanidad. Con frecuencia, la única clave sobre su significado es el contexto particular en el que se encuentra. El correlativo de la doctrina de la reconciliación es "restauración y sanidad". Así, una persona que haya recibido la salvación y haya sido internamente santificada, y restaurada espiritual y emocionalmente por el Espíritu Santo, "no tiene menos necesidad o derecho de estar físicamente sana".

A partir de los evangelios se ve claramente que muchas veces Jesús señalaba, al menos de manera general, que hay una correlación entre el pecado y la enfermedad por una parte, y el perdón y la sanidad por otra. Ejemplo de esto lo tenemos en Marcos 2:5, donde Jesús le dice al paralítico: "Hijo, tus pecados te son perdonados." No parece extraño, a la luz de todo esto, ver por qué debemos afirmar que la sanidad forma parte del plan salvador de Dios. Ray Anderson escribe: "Él es la fuente de la salud, porque Él mismo ha sido hecho salud para nosotros, así como fue hecho pecado por nosotros."

Sin embargo, nadie debe entender esto equivocadamente, como que se enseña que siempre hay una correlación necesaria entre la enfermedad y el pecado a nivel individual. Jesús rechazó esta terca suposición que al parecer era corriente entre los rabinos de sus tiempos (véase Juan 9:1–3). Lo que la Biblia sí afirma es el hecho de que, cuando el pecado entró en escena, la humanidad comenzó a sufrir, de manera que, en última instancia, el sufrimiento y la enfermedad de los humanos son consecuencia del pecado. De esta forma, la expiación provista por Cristo es mucho más que una reconciliación de los "aspectos religiosos del yo". Sobre la base de la obra de Cristo como Salvador, hay redención para la persona toda.

H. D. MacDonald escribe: "En el Antiguo Testamento, 'ser salvo' tenía el sentido general primario de ser librado o apartado de un peligro o enfermedad; la consecuencia es la experiencia de seguridad o sanidad." Es cierto que los últimos profetas del Antiguo Testamento se centran más en los aspectos espirituales y morales de la salvación, pero aún entonces tienen la promesa de restauración de los beneficios físicos y materiales de la salvación (véanse Isaías 58:13-14; 60:10-22; Jeremías 30:10-24). Establecer una dicotomía inflexible entre lo espiritual y lo físico a partir de las Escrituras es hacerle una injusticia a la cosmovisión representada en ellas. Ladd habla de la salvación, tal como se la define en el Nuevo Testamento, diciendo que consiste en "la restauración de la comunión entre Dios y el hombre" y "la redención del cuerpo". La realización plena de esta salvación tendrá lugar en conexión con la resurrección y el arrebatamiento de los creyentes cuando vuelva Jesús, pero aún ahora, la realidad del reino de Dios ha hecho su aparición, trayéndonos ya en el presente esta salvación prometida. Ireneo, uno de los primeros padres de la Iglesia, creía que la salvación rescataba "al cuerpo, no del cuerpo".[2] En este siglo, el movimiento pentecostal ha sostenido con constancia este concepto bíblico de la salvación.

Uno de los argumentos a favor de que la sanidad se encuentra en la Expiación, es la promesa de que nuestro cuerpo será resucitado. La tumba vacía indica que "un Cristo entero murió por nosotros, y es un Cristo entero el que vive para siempre; que Él vino para redimirnos como seres humanos enteros, y no sólo una parte de nosotros".

La creencia de que la sanidad está incluida en la Expiación se apoya en un terreno exegético sólido. Probablemente, Isaías 53:4–5 y Mateo 8:17 sean dos de los textos más importantes para entender la relación entre la obra expiatoria de Jesús y la sanidad. En la Iglesia Primitiva, el texto "por su llaga fuimos nosotros curados" (Isaías 53:5) era la base de lo que se ha llamado una "tradición de sanidad". No obstante, se trata de algo más que una tradición. El modelo hermenéutico con el que debemos tratar da por supuesto que una interpretación neotestamentaria de un pasaje del Antiguo Testamento tiene autoridad. Esto significa que la intencionalidad de un texto del Antiguo Testamento queda definida teológicamente, no sólo por su contexto histórico, sino también por su uso en el Nuevo Testamento. En las Escrituras existe lo que se identifica frecuentemente como una interpretación *sensus plenior* (en un sentido más amplio); esto es, un sentido más amplio dispuesto por Dios, y en la teología cristiana se insiste en la comprensión obtenida en el Nuevo Testamento.

¿Se refiere Isaías 53:4 a la sanidad física? Herbert Wolf dice en su obra sobre Isaías: "Las 'enfermedades' es en primer lugar una referencia a los pecados, aunque este término también se pueda referir a enfermedades físicas." Wolf tiene las cosas puestas al revés. Esta palabra se refiere primordialmente a la enfermedad física, y de manera secundaria, al pecado. La palabra traducida "enfermedades" es el vocablo hebreo *jolí*. Esta palabra es traducida de diversas formas en el Antiguo Testamento, y todas ellas llevan alguna connotación de enfermedad física. La otra palabra de este texto, que se traduce "dolores", es *maj'ob*, literalmente, "dolor físico". Se utiliza esta palabra también para hablar del sufrimiento causado por los capataces de los esclavos en Egipto (Éxodo 3:7). Por consiguiente, no se puede limitar Isaías 53:4 a la sanidad espiritual.

Las palabras usadas en el versículo 4 de Isaías 53, así como "paz" y "curados" en el versículo 5, hablan de la devastación física y psicológica del pecado que Jesús llevó sobre sí en nuestro lugar. Antes de la caída, en el Huerto había una situación de paz (heb. *shalom*). Es una experiencia de salud y bienestar desprovista de sufrimiento, además de tener paz con Dios. Vemos el deseo que tiene Dios de restaurar esta experiencia de *shalom* en el pasaje del Siervo Sufriente (Isaías 53:5). La obra de Cristo en la cruz es primera y fundamentalmente la restauración del *shalom*, pero la intención de Dios no es detenerse aquí. Más bien, lo que desea es inundar toda la existencia de los seres humanos con ese *shalom*.

El saludo típico de las epístolas paulinas no se limita a reflejar un formato epistolar griego, sino que es un genuino saludo cristiano, y una oración por los creyentes, para que experimenten la gracia y el *shalom* que se encuentran en Cristo. C. K. Barrett dice que "es impensable ... que él [Pablo] no enriqueciese la palabra con su contenido específicamente cristiano". Este *shalom* por el que sufrió Cristo no se debe entender como lo entienden muchos creyentes: sola y exclusivamente la paz psicológica o emocional. El *shalom* por el que Cristo sufrió, murió y resucitó es un *shalom* para toda la persona: cuerpo, alma y espíritu.

R. K. Harrison escribe: "El evangelista [Mateo] interpretó el oráculo profético con mayor exactitud que muchas versiones modernas." El texto hebreo de Isaías 53:4 "utiliza las palabras sencillas que denotan 'enfermedades' y 'dolores', y que relacionan directamente la curación de las enfermedades con la obra del siervo". Harrison resume el asunto presentado en Isaías 53 cuando declara "que el Señor encarnado se ocupó en la cruz de las enfermedades y dolencias, además del pecado humano; es decir, que su expiación afecta a la personalidad entera, tanto al alma como al cuerpo". Tampoco es invención cristiana la creencia de que Isaías 53:4 se refiere a la sanidad física, además de la espiritual. Aun dentro de la tradición rabínica hay testigos de interpretaciones similares.

Algunos evangélicos modernos, como John Stott, niegan categóricamente que haya sanidad en la Expiación. Stott dice que el concepto mismo de que Jesús cargara con nuestras enfermedades "no es una noción intelligible".

Quizá sea inteligible para Stott, pero no lo fue para Mateo. Leon Morris, al comentar el pasaje que estamos estudiando, observa: "Es posible que exista el pensamiento de que Jesús tomó de alguna manera sobre sí las dolencias que curó; la sanidad tiene un precio". Herman Hendrickx describe la versión muy literal de Isaías 53:4 que presenta Mateo (en contraste con la Septuaginta y el Targum) como una traducción "muy correcta" del hebreo. Cuando Mateo escribe "tomó" y "llevó", está presentando "traducciones exactas del hebreo" y, ciertamente, éstas hablan de que Jesús cargó nuestros sufrimientos de una manera vicaria. D. A. Carson, quien no es pentecostal, escribe con respecto a Mateo 8:17: "Este texto y otros enseñan claramente que hay sanidad en la Expiación." Carson señala con razón que la Expiación es la base de "todos los beneficios que reciben los creyentes".

Esto no significa que vayamos a disfrutar necesariamente de todos ellos ahora (por ejemplo, el cuerpo resucitado), sino que, debido a la obra expiatoria de Cristo, disfrutaremos de ellos.

¿Se encuentra solo Carson, como el único erudito bíblico evangélico que afirma que la sanidad divina se halla en la Expiación? En absoluto. B. B. Warfield afirmó también que la sanidad divina está en la Expiación. En su ataque a los "sanadores de fe" de sus días, admite que su error no estaba "en la suposición de que la redención es también para el cuerpo, como es para el alma. Esto es cierto. Tampoco se halla en la suposición de que en la expiación se hizo provisión para liberar a los hombres de las enfermedades y los sufrimientos, que son frutos del pecado. Esto también es cierto." Warfield se vuelve elocuente en este momento: "Ésta es la enseñanza de la Biblia; y esto es lo que Cristo enseñaba a base de ejemplos cuando sanaba a los enfermos durante su ministerio en la tierra, para que los hombres pudiesen ver, como en una lección objetiva, que en su obra sustitutoria se había provisto la liberación de toda dolencia humana." Para Warfield, el problema estaba en los que creían que le podían dar órdenes a Dios y manipularlo para producir sanidades a su antojo, como consecuencia de la Expiación.

Craig Blomberg, comentando sobre Mateo 8:17, escribe: "Hay sanidad física para esta era en la Expiación, pero es decisión de Dios en Cristo escoger cuándo y cómo dispensarla." Sí, y Él ha decidido sanar como respuesta a la oración de fe.

Millard Erickson, evangélico, afirma que Isaías 53:4 permite diversas interpretaciones, la mejor de las cuales en cuanto a estar de acuerdo con los datos lingüísticos, es la que señala que "el profeta se está refiriendo en realidad a las enfermedades y los sufrimientos físicos y mentales". No obstante, Erickson sugiere que Jesús no llevó realmente nuestros sufrimientos sobre sí de manera vicaria, sino que se identificó con nosotros. Claramente, la interpretación de Erickson no le hace justicia al texto que tenemos delante. Tendríamos que coincidir con J. B. Torrance, cuando escribe que en su encarnación, Jesús era "hueso de nuestros huesos, carne de nuestra carne, en solidaridad con todos los hombres, todas las razas, todos los colores, llevando en su corazón divino los nombres, las necesidades, las angustias y las injusticias de todas las naciones".[4]

Los críticos de la doctrina bíblica sobre la sanidad no comprenden todo el alcance y la importancia de la obra expiatoria de Cristo. El sufrimiento de Jesús era para nosotros, en lugar nuestro, y a nombre nuestro. En Isaías 53, el Siervo de *Yahwé* experimenta el rechazo y el sufrimiento, "no como consecuencia de su propia desobediencia, sino a nombre de otros". ¿Cuál es el resultado? Esto realiza la curación del pueblo de Dios por medio de "su llaga". La afirmación de que los sufrimientos de Jesús les traen sanidad a los que sufren se apoya en un terreno teológico firme.

El hecho de que Dios haya sanado a los enfermos en el pasado, y de que los sana hoy, es evidencia de la redención de nuestro cuerpo que había prometido (Romanos 8:23). Cuando observamos una manifestación del poder sanador de Dios, esto nos recuerda que algún día, cuando Cristo vuelva, su pueblo será liberado por completo de los sufrimientos de un mundo caído. Aun cuando no seamos sanados nosotros en el presente, la curación de otros no tiene por qué servirnos de perplejidad irresoluble, sino más bien como testimonio divino de que nosotros también, si no ahora, entonces, seremos sanados por completo.

En realidad, la sanidad divina es una irrupción del poder que habrá en las eras por venir. Así es como el autor de la Epístola a los Hebreos entendió las señales y los prodigios que vio. Eran confirmaciones de la salvación prometida (véase Hebreos 2:3–4), señales de los "poderes del siglo venidero" (Hebreos 6:5). El pasaje inmediatamente anterior al versículo citado se refiere al "don celestial", que muy probablemente es una "imagen general para hablar de la bondadosa concesión de la salvación, con todo lo que ésta conlleva". La razón de que sea llamado "celestial" es su "fuente y meta".

Al mismo tiempo, la sanidad divina es temporal en esta época (esto es lo que podríamos llamar "la limitación de ... las liberaciones físicas"), lo cual nos alerta acerca del juicio venidero de Dios sobre los reinos de este mundo, y también sobre el establecimiento de su gobierno de justicia sobre él. O sea, que la sanidad es una expresión muy palpable del amor perdurable de Dios por su creación.

Las sanidades que realizó Cristo en el poder del Espíritu eran señales de que se había acercado el reino de Dios (véase Mateo 10:7–8). Tanto Cristo como los escritores de los evangelios entendieron la curación de los enfermos como una expresión de la victoria futura de Dios, que será consumada cuando Jesús vuelva a la tierra. Era el "ya" del reino de Dios, que verificaba el "aún" prometido. Robert Mounce escribe: "El reino de Dios esperado por tanto tiempo está a punto de irrumpir en la historia humana. Esa es la razón por la que son sanados los enfermos." Cada vez que es sanada una persona enferma mediante la oración y de la fe en Cristo, se proclama un testimonio con respecto a su regreso prometido. Es un testimonio a favor de la fidelidad de Dios. Así, las sanidades que experimentamos hoy sólo son un anticipo de la redención futura de nuestro cuerpo.

RETOS A LA DOCTRINA DE LA SANIDAD DIVINA

Retos desde el mundo secular

Sin duda, el primer reto que le presenta la persona secularista al creyente es una negación rotunda de lo sobrenatural. Una serie de filósofos, tanto cristianos como no cristianos, han demostrado recientemente que la predisposición moderna contra lo sobrenatural no es necesariamente consecuencia de una argumentación racional superior. Entre otros, Thomas Kuhn y Paul Feyerabend, filósofos seculares de la ciencia, han indicado que muchas de las creencias de nuestra época, científicas o de otros tipos, son afirmaciones dogmáticas: no son ciencia, sino cienticismo. Hay tantas razones para creer en lo sobrenatural, como para descartarlo. En cuanto al cristiano, no hay razón para no creer en los milagros del Nuevo Testamento, puesto que la misma experiencia de la regeneración ocupa el rango de milagro en el pensamiento neotestamentario (Juan 3:5–8; 2 Corintios 5:17). Brown relata de nuevo el cuento de C. S. Lewis sobre un voluntarioso agnóstico que se encontró en el lago de fuego al llegar el fin del mundo. "Siguió empeñado en considerar sus experiencias en aquel lugar como una ilusión, buscando explicaciones en el psicoanálisis y en la patología cerebral." Brown señala que Lewis nos quería decir que muchas personas no están dispuestas a cambiar su manera de ver al mundo, a pesar de todo cuanto le indiquen las evidencias (véase Lucas 16:19–31).

El segundo reto presentado por los secularistas se halla con frecuencia en las comparaciones reduccionistas hechas entre los milagros del Nuevo Testamento y la magia pagana del primer siglo. Según Colin Brown, Celso, el gran antagonista de Orígenes, definió a Jesús como un mago que había aprendido "los trucos mientras ejercía su oficio en Egipto". En tiempos recientes, una serie de eruditos han sugerido ideas similares. Morton Smith es un distinguido erudito que sostiene este punto de vista. Smith considera que el relato de Mateo sobre la huída a Egipto como un delicado encubrimiento diseñado para responder a las acusaciones acerca de la capacidad de Jesús para hacer milagros.

Hay un buen número de eruditos que han demostrado que esto constituye una representación totalmente falsa de Jesús. Howard Clark Kee ha publicado una serie de obras importantes sobre el tema de los milagros y las sanidades en el primer siglo. Señala que las sanidades que hallamos en el Nuevo Testamento presentan "un marcado contraste con la magia". Los relatos bíblicos de las sanidades producidas por Jesús y por la Iglesia Primitiva "no tienen restos de las elaboradas invocaciones de numerosos nombres de dioses". A. E. Harvey, de Oxford, escribe: "En general, se puede decir que los relatos de milagros que hay en los evangelios no tienen parecido alguno con ninguna otra cosa en la literatura antigua, porque evitan ... las tendencias que hallamos en cualquier otro relato comparable." La razón de estas comparaciones no es otra que las suposiciones previas y los prejuicios, como señala Blomberg: "Una vez quitados los prejuicios contra lo sobrenatural, los milagros de sanidad de los evangelios satisfacen realmente los diversos criterios históricos de autenticidad."

Retos procedentes de cristianos

Pasemos ahora a considerar los retos desde dentro del cristianismo, comenzando con el del protestantismo liberal. Muchos de estos liberales descartan la sanidad divina, apoyados en una posición filosófica que han abrazado. Teólogos como Rudolf Bultmann niegan todos los milagros porque tienen una cosmovisión defectuosa. John MacQuarrie habla de lo que él llama "graves peligros" inherentes al teologizar filosófico, que es el método principal del protestantismo liberal de hoy. Menciona tres peligros. Primeramente, existe lo que él llama la "preocupación por la filosofía secular" que lleva a una "distorsión de las enseñanzas cristianas" a través de un énfasis excesivo puesto sobre las zonas concretas de convergencia entre la filosofía y la doctrina cristiana. En segundo lugar, señala que es muy común que unas ideas ajenas al cristianismo se deslicen dentro de él o se enmascaren como cristianismo tradicional. En tercer lugar, el peor peligro de todos, es la acomodación completa a la filosofía que prevalezca, sea cual fuere. Todos estos peligros se hallan presentes dentro del protestantismo liberal.

La utilización de la categoría de "mito" tomada de la crítica de las formas, y ahora de la categoría más popular de "relato", también tiende a oscurecer y confundir, si no es que niega abiertamente la realidad de lo sobrenatural. Hay quienes, como Ernst y Marie-Luise Keller y Rudolf Bultmann, sugieren que desmitologicemos lo sobrenatural, o reconozcamos de una vez por todas que todos estos relatos de milagros son innecesarios. Los Keller invocan equivocadamente a Pablo como testigo de su posición. Según ellos,

Pablo "no tenía interés en los milagros físicos; éstos no encajan dentro de la descripción que nos hace del Jesús terrenal, y carecen de significado para la cristología que predica".

Es difícil imaginarse una posición que se halle más lejos de la verdad que la de los Keller. La experiencia de conversión de Pablo está firmemente enraizada en lo sobrenatural. El milagro de la resurrección forma el fundamento de la cristología paulina (véanse Romanos 1:4; 1 Corintios 15:3–9, 12–19). El Jesús de Pablo era claramente una figura histórica que hizo milagros, sufrió, murió y resucitó milagrosamente en la historia real, y que ahora se sienta exaltado junto al Padre (véase Filipenses 2:6–11). Como lo dice Wolfhart Pannenberg: "El relato de Jesucristo tiene que ser histórico ... para que la fe cristiana continúe." MacQuarrie afirma que esta reticencia a enfrentarse a lo milagroso del Nuevo Testamento es un arrastre del modernismo liberal. Señala que muchos eruditos, como Bultmann, sin una consideración seria de las evidencias, "han decidido por adelantado que en esta era científica no podemos creer en los Milagros". MacQuarrie califica explícitamente esto como un razonamiento "falaz", y nosotros debemos hacer lo mismo. Aquéllos que quieran retener el nombre de cristianos y, sin embargo, nieguen la realidad de lo sobrenatural, sólo son cristianos de nombre.[3]

Otro ejemplo de razonamiento erróneo en los círculos protestantes liberales es la negación de lo demoníaco. Ha habido un brote de publicaciones escritas por teólogos nominalmente cristianos que niegan la realidad de un Satanás personal y de los demonios. "Por muchos años ya, el liberalismo cristiano ha socavado la aceptación de la realidad de Satanás por parte de la Iglesia."

Después de esto, necesitamos ver los errores de algunos evangélicos con respecto a la sanidad divina. Uno de sus errores más significativos con respecto a la doctrina de la sanidad divina, es la creencia en la cesación de los *carismas*. Éste es un error que han repudiado recientemente muchos eruditos evangélicos, pero la siguen sosteniendo fuertemente la mayor parte de los dispensacionalistas y los evangélicos reformados, que recibieron una fuerte influencia del Seminario Teológico de Princeton en el siglo pasado. Básicamente, el punto de vista cesacionista consiste en afirmar que los dones sólo eran temporales, hasta la formación del canon del Nuevo Testamento, después de lo cual, o bien el Espíritu Santo los retiró, o desaparecieron con los apóstoles. Warfield es uno de los que sostienen este concepto. Escribe: "Estos dones ... eran claramente la autenticación de los apóstoles. Formaban parte de las credenciales de los apóstoles como los agentes autorizados por Dios para fundar la Iglesia."

Una serie de estudios recientes han señalado que los dones del Espíritu Santo no cesaron al final de la era apostólica. Ronald A. N. Kydd demostró en una disertación de la Universidad de Saint Andrews que los dones del Espíritu continuaron hasta entrado el tercer siglo. La evidente pérdida de los dones después de esto se derivó de una disminución en el interés por ellos: "Ya no encajaban dentro de las comunidades cristianas, altamente organizadas, bien educadas, ricas y socialmente poderosas." No fue cuestión de que el Espíritu Santo hubiese retirado de la Iglesia los dones sino, más bien, de que ésta los fue abandonando junto con muchas otras cosas durante lo que se ha llamado la "constantinización" de la Iglesia. Constantino, como el iniciador de la era de la prosperidad para la Iglesia, se ha convertido en "el símbolo de la época de la gran marcha atrás".[3]

Además del autor desconocido de los Hechos Apócrifos, entre los padres de la Iglesia que mencionan los dones del Espíritu en sus tiempos se encuentran Justino Mártir, Ireneo, Teodoro, Hipólito, Novaciano e incluso Agustín. Justino Mártir defiende los dones de sanidades en la Iglesia de sus tiempos de las críticas de un cierto Trifón. Ireneo da testimonio de la presencia de los dones de sanidades hacia fines del segundo siglo.

Agustín merece una atención especial, porque su comprensión de la cesación de los dones se halla detrás de gran parte del pensamiento de Calvino y de Warfield sobre este asunto. Se ha hablado mucho sobre los comentarios de Agustín en el sentido de que la era de los milagros había pasado. Sullivan señala que después de haber escrito estas observaciones, Agustín se retractó de ellas. ¿Qué le hizo cambiar de opinión? Lo mismo que lo había convencido hasta cierto punto sobre su punto de vista anterior: la experiencia pastoral. Sullivan escribe que, después de varios años de experiencia pastoral como obispo de Hipona, Agustín pudo atestiguar que en su propia diócesis, en un período de dos años, hubo cerca de setenta milagros de sanidades bien confirmados. Éstas son las palabras del propio Agustín, que cita este autor: "Si me limitase solamente a los milagros de sanidades y omitiese todos los otros ... y si me limitase a los que tuvieron lugar en Hipona y Calama, tendría que llenar varios volúmenes y, aun entonces, no podría hacer más que mencionar aquellos casos que han sido registrados y atestiguados oficialmente." Continúa diciendo: "Esto ... puse cuidado en que se hiciese, una vez que me di cuenta de cuántos milagros estaban teniendo lugar en nuestros propios días, y que eran muy similares a los milagros del pasado."[2]

O sea, que pasamos hasta el quinto siglo, en el que tenemos a Agustín como testigo de que Dios sana a los enfermos. Es evidente que los dones de sanidades no terminaron al desaparecer los apóstoles, a pesar de las opiniones de Warfield y otros. Patterson nos dice que la continuación de los dones de sanidades era entendida por algunos como "evidencia de la continuación de la obra salvadora de Cristo".

Ken Blue señala una serie de errores en los círculos evangélicos que corrompen la doctrina bíblica de la sanidad divina. Habla de ellos como obstáculos teológicos a la sanidad. En primer lugar, existe lo que él llama la idea de la "santificación por medio de la enfermedad". En segundo lugar, está el determinismo divino calvinista que afirma que Dios lo ha dispuesto todo; incluso el sufrimiento físico de sus hijos obedientes. Hay ciertos problemas en estos conceptos. Hacen absurda la oración por los enfermos; si Dios lo controla todo directamente, entonces no tenemos por qué orar. Dios nos sanará, si es que quiere que nos sanemos, y si no lo quiere, no valdrá de nada que oremos, de todas maneras. Muchas veces se manifiesta la presencia de este punto de vista cuando hay una insistencia extremadamente fuerte en el "sí es tu voluntad, Señor". Con frecuencia, estas oraciones no son oraciones de sumisión a la voluntad de Dios, sino más bien confesiones de que dudamos que Dios vaya a intervenir realmente en la vida de la persona enferma de una manera sobrenatural para devolverle la salud. Es muy cierto que la voluntad de Dios es lo primero. Sin embargo, como hemos mencionado ya, hay pocas evidencias, si es que hay alguna, de que Dios escoja deliberadamente una experiencia de sufrimiento para sus hijos. La única excepción podría ser la del creyente que está caminando en desobediencia, o posiblemente una como la de Job o Pablo, que necesitaban aprender una verdad concreta. Vale la pena mencionar en este momento que Job llegó finalmente a tener una comprensión adecuada (Job 42:1–6).

Normalmente, la voluntad de Dios es que el creyente esté sano. Esto no significa que los creyentes no se enfermen. Vivimos en un mundo caído. La enfermedad no significa que tengamos muy poca calidad como cristianos. El creyente puede confiar en que Dios atenderá a sus necesidades básicas, y la salud es una de ellas. ¿Puede Dios utilizar la enfermedad en nuestra vida? Por supuesto que sí, pero Él se reveló a sí mismo en el ministerio de Jesucristo como un Dios de sanidad y restauración.

Otro obstáculo a la sanidad bíblica es lo que Blue llama la fórmula de fe que no se centra en el poder de Dios y su deseo de sanar, sino en la fe humana y la confesión. Señala que "el optimismo estadounidense del 'yo puedo hacerlo' se ha fundido con el fundamentalismo cristiano para engendrar un híbrido teológico triunfalista, tan atractivo como peligroso". Desde este punto de vista, se define la fe como si fuese una técnica por medio de la cual se vuelve posible manipular el poder de Dios. Lo que promueve es la soberanía de los seres humanos, y no la soberanía de Dios. El problema que hace encallar al barco de las fórmulas de fe es la conexión absoluta que ellos afirman establecer entre la fe como causa y la sanidad como efecto. Una relación causal de este tipo entre ellas dos deja poco lugar, si es que deja alguno, para lo que podríamos llamar "circunstancias mitigantes", como la disciplina o la elección de momento por parte de Dios. Deploramos que haya un reduccionismo así.[2]

En la forma en que este movimiento entiende la sanidad divina existen una serie de problemas: en primer lugar, la naturaleza cúltica de la doctrina de la Expiación que ellos sostienen, la llamada teoría del Jesús "nacido de Nuevo", en la que Jesús le hace la expiación al diablo y obtiene la victoria por medio de sus conocimientos al estilo del gnosticismo. Las Escrituras enseñan que los sufrimientos y la muerte de Cristo proporcionaron la expiación por los pecados y la liberación de la enfermedad. Ademas de esta posición cristiana ortodoxa, el movimiento de fe, tal como lo representan Kenneth Hagin y Kenneth Copeland, enseña que "las enfermedades son sanadas por la expiación de Cristo.

Aún más, se enseña que un creyente enfermo constituye un una oportunidad de Dios ser Glorificado. E. W. Kenyon escribe bien al respecto. La posición bíblica es clara. La Biblia no le atribuye cualificaciones morales a la enfermedad, ni a la salud. El que estemos físicamente sanos o enfermos puede tener muy poco que ver con nuestra fe o espiritualidad. La voluntad inescrutable de Dios, o las simples consecuencias de que vivamos en un mundo caído no tienen papel alguno que representar.

Veamos la confesión positiva de la Palabra. El movimiento de fe enseña que los creyentes pueden quedar totalmente liberados del sufrimiento corporal ya en esta vida. Aunque en Romanos 8, Pablo se refiere a los sufrimientos de su vida que no le serán quitados por completo hasta la redención futura de nuestro cuerpo, cuando seamos transformados y nos convirtamos en semejantes al Cristo resucitado, esto no es la regla para todos (Romanos 8:18–25; véanse también 1 Corintios 15:42; 1 Juan 3:2).

¿Puede enfermarnos físicamente el pecado? Sí, pero esto no equivale a decir que cada vez que alguien se enferma, se trata de una consecuencia directa del pecado. ¿Puede usar Dios la fe para traer la sanidad a nuestro cuerpo? Sí, pero no se sigue de ahí que si no somos sanados, el problema tenga que ser necesariamente una falta de fe. Concordamos de todo corazón con McConnell cuando escribe: "No debemos, ni negar la sanidad, ni simplificarla a base de 'pasos' o 'principios' o 'fórmulas' a los cuales Dios tendría la obligación de responder."

PREGUNTAS FRECUENTES SOBRE LA SANIDAD DIVINA

1. ¿Por qué se sanan unos, y otros no?

La respuesta a esta pregunta se halla dentro de la soberana sabiduría de Dios, pero se pueden hacer algunas observaciones. Algunos están enfermos debido a los efectos del pecado. En el Nuevo Testamento podemos hallar un ejemplo de esto en 1 Corintios 11:27–30. Esta es la razón por la que siempre le deberíamos pedir al Espíritu Santo que escudriñe nuestro corazón y nos muestre las posibles zonas escondidas de pecado que nos estén impidiendo recibir la sanidad.

Otra posibilidad es que el Señor esté tratando de enseñarnos algo, como hizo con Pablo (2 Corintios 12:7), o con Job. En estos casos, necesitamos buscar que el Señor nos dé comprensión.

Además, está la cuestión del momento adecuado. Muchos no reciben la sanidad inmediatamente. En un caso así, necesitamos recordar las palabras del Señor cuando nos amonestó diciéndonos que debíamos orar siempre, sin desmayar (Lucas 18:1). Dios tiene su tiempo. La palabra *kairós* en el idioma griego del Nuevo Testamento significa "un punto determinado dentro del tiempo", "un momento para la decisión", o también puede significar "momento favorable", como en Hechos 24:25. El creyente no debe abandonar la esperanza, porque Dios tiene un momento para la sanidad de sus hijos e hijas.

La falta de fe también puede ser un impedimento a la recepción de la sanidad. El autor de la Epístola a los Hebreos, en una serie de lugares, nos amonesta a mantener viva nuestra fe en Dios. La primera epístola de Juan nos recuerda que la victoria del creyente va unida a su fe personal (1 Juan 5:4–5). Ladd señala que no todos los que estuvieron en contacto con Jesús fueron sanados. ¿Por qué? Según Ladd, "esta salvación física exigía una respuesta de fe". No es de extrañarse que Santiago escriba en su epístola: "Y la oración de fe salvará al enfermo, y el Señor lo levantará" (Santiago 5:15). Después que hayamos examinado nuestro corazón, y no parezca haber indicación alguna de una razón para no ser sanados, debemos descansar en Dios. Hay momentos en los cuales no llega la sanidad. Muchas veces, desde nuestra perspectiva no hay forma de penetrar la inescrutable voluntad de Dios. Como ha escrito Ladd, "en la obra presente del reino de Dios ... no todos los enfermos y lisiados son salvados ... El poder salvador del reino de Dios aún no opera a nivel universal".

2. Si la sanidad está incluida en la Expiación, ¿por qué no podemos estar seguros de nuestra sanidad, como lo estamos de nuestra salvación?

Hay quienes alegan que, aunque Dios haya prometido salvar a todos los que le invocan, en ningún momento ha prometido sanar a todos los que acudan a Él. La sanidad no ocupa el mismo lugar que la salvación en la Expiación, aunque sea inherente a la salvación. Virgil Warren nos proporciona algunas ideas significativas en cuanto a esta cuestión. Se refiere a tres tipos de sanidad. En primer lugar, se encuentra la sanidad psicológica y emocional. Muchas veces, los problemas psicológicos y emocionales son consecuencia del sentido de culpabilidad. Con la destrucción de la culpabilidad por medio de la regeneración, el creyente queda libre para experimentar la gracia sanadora de Dios en sus emociones. Warren menciona en segundo lugar que se debe hablar de sanidad psicosomática, puesto que, dice, "los desórdenes orgánicos" pueden ser consecuencia de causas psicológicas. En tercer lugar, está también el asunto de la sanidad física. Warren cree que ésta aparecerá con menos certidumbre, puesto que requiere "que entre en la escena una providencia divina especial". Warren considera la sanidad física divina un resultado "no uniforme" de la salvación. Lo que significa esta expresión es que no podemos dar por supuesto que, de manera imprescindible, habrá una manifestación de sanidad divina cada vez que oremos para pedirla. Siempre habrá que considerar los factores de la sabiduría y la voluntad de Dios, entre otras cosas.

Por otra parte, a partir de las Escrituras, entendemos que cuando estemos enfermos, deberían orar por nosotros, y como veremos más adelante en el capítulo, es evidente que la voluntad normal de Dios es sanarnos. En lugar de esperar que no sea voluntad suya sanarnos, debemos orar con fe, confiando en que Él cuida de nosotros, y en que lo provisto por Él en Cristo para sanarnos es suficiente. Si no nos sana, seguiremos confiando en Él. Muchas veces, la victoria se obtiene mediante la fe (véanse Hebreos 10:35–36; 1 Juan 5:4–5).

3. ¿Por qué eran sanados todos los creyentes en el Nuevo Testamento, pero no lo son todos los creyentes de hoy?

En primer lugar, aunque algunos pasajes de los evangelios hablan de que Jesús sanaba a todos los enfermos, otros pasajes sugieren que no todos eran sanados. Ejemplo de esto lo hallamos en Juan 5. Este texto nos dice en el versículo tres que había "una multitud" de "paralíticos", pero Jesús sólo sanó, como indica Juan, a "un hombre que hacía treinta y ocho años que estaba enfermo" (v. 5). Más tarde, Juan se refiere al "que había sido sanado" (v. 13), como si en esta escena particular, sólo uno hubiera recibido la sanidad.

En segundo lugar, sabemos a partir de 2 Corintios 12:7–10 y Gálatas 4:13 que Pablo también luchó con algún tipo de enfermedad, posiblemente una dolencia crónica, que no desapareció en bastante tiempo, si es que llegó a hacerlo. Hans Dieter Betz, al comentar sobre Gálatas 4:13, escribe que "la expresión *aszéneia tés sarkós* ... señala con toda probabilidad a una enfermedad real que tenía Pablo". Es cierto que *aszéneia* se refiere también a la debilidad humana, pero aquí tiene el sentido de enfermedad. No sería de extrañar que una de las respuestas sobre por qué Dios permite que estemos enfermos, se encuentre en este texto. Pablo dice que fue a través (gr. *di'*) de esta enfermedad que llegó a predicarles a los gálatas. Para Pablo, "todo se volvía *kairós* ('buena oportunidad') cuando se trataba de proclamar el evangelio". Así que, en este contexto, Dios usó una enfermedad para llevar a su siervo a un lugar concreto, a un pueblo concreto, y con el propósito concreto de que anunciase el evangelio.

Tenemos también el caso de Epafrodito, quien tenía una enfermedad mortal (Filipenses 2:25–27). Pablo describe la enfermedad de Epafrodito con términos muy conmovedores. La frase *paraplésion zanáto* significa literalmente "un vecino muy cercano a la muerte". Ciertamente, se recuperó, pero sólo después de haber estado a las puertas de la muerte.

Por último, necesitamos mencionar a Timoteo, el joven ayudante de Pablo en el ministerio. Pablo le recomienda en 1 Timoteo 5:23 que beba un poco de vino porque tiene un problema estomacal. Es evidente que se trataba de un problema crónico de salud con el que Timoteo luchaba. Ciertamente, habrían orado con Timoteo, pero en el momento en que le escribió Pablo, no había sido sanado. ¿Cuál es el consejo de Pablo? Usa lo que tengas a tu alcance para que te ayude en tu situación. J. N. D. Kelly señala que "los efectos beneficiosos del vino [esto es, del jugo de la uva] como remedio contra las molestias dispépticas, como tónico y como medio de contrarrestar los efectos del agua impura, eran ampliamente reconocidos en la antigüedad". Generalmente, el vino que se recomendaba era jugo de uva acabado de obtener, sin fermentar, puesto que el vino fermentado irrita las paredes del estómago. Dicho en palabras de hoy, Pablo le estaba diciendo a Timoteo que tomase la medicina que necesitaba. Esto es lo que podríamos llamar un relato histórico que sirve como ilustración y pauta.[4] Es decir, que este texto funciona como precedente histórico para justificar el uso de medicinas durante los tiempos de enfermedad, cuando no hayamos experimentado una sanidad divina. No nos da justificación para permitirnos el uso de bebidas alcohólicas.

4. ¿No se debiera considerar la sanidad divina más como la excepción, que como la regla?

La Biblia nos muestra que Dios no nos abandona a nuestras propias fuerzas cuando nos enfrentamos a las pruebas y las luchas de la vida. Necesitamos estar profundamente conscientes, tanto del interés de Dios en sus hijos, como de su deseo de formar parte de nuestra vida de una manera sobrenatural. Lo que ha significado esto en la práctica, es una expectación de que Dios obre en cosas como las enfermedades, al sanar a los que las padecen. Por ejemplo, tomemos Santiago 5:14–16. Es probable que la sanidad mencionada en Santiago 5:14–16 no sea el don carismático de sanidad, sino más bien la consecuencia de las oraciones de la comunidad y de los ancianos por el enfermo. Este pasaje es de aplicación general en su llamado a la sanidad de los enfermos. Santiago escribe: "¿Está alguno enfermo entre vosotros? Llame a los ancianos de la iglesia, y oren por él, ungiéndole con aceite en el nombre del Señor. Y la oración de fe salvará al enfermo, y el Señor lo levantará; y si hubiere cometido pecados, le serán perdonados." Está claro en el texto que es la oración la que produce la sanidad, y no la unción con aceite ni la imposición de manos.

Algunos hablan hoy de la sanidad divina como algo "excepcional e inesperado". En cambio, la Iglesia Primitiva no creía que la sanidad divina fuera "un acto totalmente inesperado de Dios". Al contrario, oraban por los enfermos, esperando que se recuperarían. El lenguaje de Santiago 5:14-15 no deja dudas en cuanto a esto. En este pasaje se afirma llanamente que "la oración de fe salvará al enfermo". Es obvio que Dios puede decir que no, y lo hace a veces. En su sabiduría, puede negar la sanidad, pero esto no es lo que las Escrituras señalan como normativo. La voluntad normativa de Dios consiste en sanar a los enfermos a partir de la base de la obra de Cristo, y por medio de la fe del creyente en Él.

¿Cómo se debe hacer la oración? Santiago dice que *"tés písteos"*; esto es, "en fe". La fe le restituirá su integridad (gr. *sódzo*), "salvar" y "poner bien". Santiago dice a continuación (5:16) que debemos orar los unos por los otros para que seamos sanados (gr. *iazéte*, subjuntivo pasivo de *iáomai*). El subjuntivo sugiere que podemos recibir la sanidad si oramos y pedimos que otros oren por nosotros. Hay una clara indicación de expectación. El texto es muy positivo con respecto a la sanidad. Si está enfermo, pida que los creyentes, y no sólo los ancianos (véase 5:16), oren por usted para que pueda recibir sanidad. "La expectación de la sanidad está relacionada a la eficacia de la oración." "El resultado prometido, y que debe haber sido el normal ... es que el poder de Dios sanará al enfermo." D. Edmond Hiebert, erudito que se halla sólidamente establecido en las filas evangélicas, aunque no está asociado normalmente con la creencia en la sanidad divina, escribe: "La afirmación de Santiago no considera siquiera la posibilidad de fracasar."

La sanidad divina va más allá de lo excepcional. Decididamente, es algo con lo que Dios querría bendecirnos más de lo que estamos experimentando. P. T. Forsyth lo expresa bien al decir: "Es su voluntad-su voluntad por gracia-que la oración lo persuada y *obtenga* bendiciones de Él." ¿Dónde está el problema? ¿Por qué no la experimentamos con más frecuencia? Como hemos indicado anteriormente, la respuesta se encuentra en Santiago 5:14-16.

OBSERVACIONES FINALES

La doctrina de la sanidad divina es un producto natural de esta búsqueda del cristianismo bíblico. No es una doctrina secundaria sino, al contrario, parte integral del mensaje de la Biblia entera. James Packer, teólogo anglicano, señala que la cuestión de si Dios sana directamente o no, es algo que se ha debatido a lo largo del último siglo entre los protestantes evangélicos. El problema que presenta este debate es que "normalmente, aísla la sanidad del cuerpo de la sanidad de la persona, como si el dualismo cuerpo-alma de las filosofías antiguas y modernas fuese cierto, y el concepto bíblico del hombre como una unidad psicofísica fuese falso ..."

En contraste con algunos fundamentalistas dispensacionalistas y con los protestantes liberales, los pentecostales no encuentran extraña la idea de que Dios quiera sanar a los enfermos hoy sino, más bien, consoladora, y sobre todo, bíblica. Esto forma parte de la obra continua de Jesús en su Iglesia, mientras esperamos con ansias su regreso, "cuando venga lo perfecto" y "lo que es en parte" se acabe (1 Corintios 13:10). Estamos totalmente de acuerdo con Friedrich Graber y Dietrich Muller cuando afirman: "Cuando están dañados el bienestar y la buena salud de los humanos, Dios está activamente envuelto en la obra de restauración, y los cristianos tienen la responsabilidad de compartir este ministerio." El Maestro nos ha llamado a predicarle el evangelio completo a la persona completa hasta que Él vuelva de nuevo. Esto comprende la sanidad sobrenatural del cuerpo, tanto como la del alma.

PREGUNTAS DE ESTUDIO

1. ¿Qué participación debe tener el ministerio de sanidad divina en el evangelismo?
2. ¿Por qué hay tanta enfermedad en el mundo?
3. ¿Cuál es la relación entre la enfermedad de una persona y el pecado?
4. ¿Hasta qué punto son responsables de las enfermedades los demonios?
5. ¿Qué parte tuvo la curación de los enfermos en el ministerio de Jesús?
6. ¿Cuál es la relación entre la sanidad divina y la salvación?
7. ¿Qué queremos decir cuando afirmamos que la sanidad se encuentra dentro de la Expiación?
8. ¿De qué manera son las sanidades una manifestación del reino de Dios?
9. ¿Cuáles son los problemas que presenta la llamada enseñanza de la fórmula de fe?
10. Mencione algunas de las formas en que podemos animar la fe de aquéllos que aún no han sido sanados, y de los que se encuentran en las etapas finales de una enfermedad grave.

La Iglesia del Nuevo Testamento

La doctrina sobre la Iglesia es un aspecto de la teología cristiana al que con frecuencia se le da poca importancia, y se da por supuesto. Esto se debe en parte a la suposición corriente de que hay algunos aspectos del estudio teológico que son más esenciales para la salvación y la vida cristiana (por ejemplo, las doctrinas sobre Cristo y sobre la salvación), y hay otros que, sencillamente, son más emocionantes (por ejemplo, las manifestaciones del Espíritu Santo o la doctrina sobre las últimas cosas). Por otra parte, la Iglesia es un tema con el que muchos cristianos se consideran familiarizados; al fin y al cabo, ha formado parte normal de su vida. ¿Qué más se podría obtener del extenso estudio de algo tan corriente y rutinario en la experiencia de la mayor parte de los creyentes? Por supuesto, la respuesta es que obtendríamos mucho.

Las Escrituras, junto con la historia del desarrollo y la expansión del cristianismo, ofrecen una gran riqueza de comprensión en cuanto a la naturaleza y razón de ser de la Iglesia. Adquirir una comprensión teológica mejor sobre la Iglesia no es sólo un valioso ejercicio académico, sino también algo esencial para una perspectiva completa y equilibrada sobre la forma en que se debe aplicar y vivir la teología en la vida diaria. La Iglesia es creación y diseño de Dios; es su método para proporcionarle al creyente el alimento espiritual y una comunidad de fe a través de la cual es proclamado el evangelio, y su voluntad es presentada a cada generación. Por consiguiente, la doctrina sobre la Iglesia estudia temas de importancia fundamental para el caminar cristiano de la persona y para la comprensión correcta de la dimensión corporativa que tienen la vida y el ministerio cristianos.

EL ORIGEN Y EL DESARROLLO DE LA IGLESIA

Definición de la Iglesia

Jesús afirma en Mateo 16:18: "Edificaré mi iglesia". Ésta es la primera de más de un centenar de citas en el Nuevo Testamento que utilizan el término griego principal para referirse a la Iglesia: *ekklesía*. Este término se compone de la preposición *ek*, "fuera", y el verbo *kaléo*, "llamar". Por tanto, *ekklesía* denotaba originalmente a un grupo de ciudadanos llamados de donde estaban y reunidos en asamblea con un propósito concreto. Es un término que aparece a partir del quinto siglo antes de Cristo en los escritos de Herodoto, Jenofonte, Platón y Eurípides. Este concepto de *ekklesía* era especialmente prevalente en Atenas, la capital, donde se convocaba a los dirigentes políticos como asamblea constitucional hasta cuarenta veces al año. También podemos ver este uso más secular del término en el Nuevo Testamento. Por ejemplo, en Hechos 19:32, 41, *ekklesía* se refiere a la airada turba de ciudadanos que se reunieron en Éfeso para protestar de los efectos del ministerio de Pablo. Sin embargo, la mayoría de las veces que el Nuevo Testamento usa *ekklesía* tienen una aplicación más sagrada, puesto que se refieren a aquéllos a quienes Dios ha llamado del pecado para que entren en la comunión de su Hijo Jesucristo, y que se han convertido en "conciudadanos de los santos" (Efesios 2:19), La palabra se usa siempre para referirse a personas, y también identifica el acto de reunirse éstas para adorar y servir al Señor.

La Septuaginta, versión del Antiguo Testamento al griego, utiliza también *ekklesía* cerca de cien veces, generalmente como traducción del término hebreo *qahal* ("asamblea", "convocación", "congregación"). El uso que hace el Antiguo Testamento de este término, como sucede con el Nuevo, algunas veces se refiere a una asamblea religiosa (por ejemplo, Números 16:3; Deuteronomio 9:10), y otras a una reunión con un propósito más secular, e incluso perverso (por ejemplo, Génesis 49:6; Jueces 20:2; 1 Reyes 12:3). Un término hebreo que tiene un significado parecido a *qahal es edá* ("congregación", "compañía", "asamblea", "reunión"). Es importante observar que en la Septuaginta se usa con frecuencia *ekklesía* como traducción de *qahal*, pero nunca como traducción de *edá*. En lugar de esto, este último término suele ser traducido con el vocablo *synagogué* ("sinagoga"). Por ejemplo, la frase "congregación de Israel" (Éxodo 12:3) se podría traducir como "sinagoga de Israel" si se siguiera la versión de la Septuaginta (véanse también Éxodo 16:1ss.; Números 14:1ss.; 20:1ss.).

El término griego *synagogué*, como su frecuente contrapartida hebrea *edá*, tiene el significado esencial de un grupo de personas reunidas. Cuando escuchamos hoy la palabra "sinagoga", generalmente nos viene a la mente la imagen de un grupo de personas judías reunidas para orar y escuchar la lectura y exposición del Antiguo Testamento. Este significado de la palabra se halla también en el Nuevo Testamento (por ejemplo, Lucas 12:11; Hechos 13:42). Además, aunque los primeros cristianos evitaban normalmente esta palabra cuando se describían a sí mismos, Santiago no lo hacía (utilizaba el término [Santiago 2:2] para referirse a los creyentes que se reunían para adorar, quizá porque la mayor parte de sus lectores eran judíos convertidos).

Por consiguiente, ya sea que nos refiramos a los términos hebreos comunes, *qahal y edá*, o a las palabras griegas *synagogué y ekklesía*, el significado esencial sigue siendo el mismo: la Iglesia abarca a aquéllos que han sido llamados a salir del mundo, del pecado y de su aislamiento con respecto a Dios, y por medio de la obra redentora de Cristo, han sido reunidos como una comunidad de fe que comparte las bendiciones y responsabilidades que trae consigo el servir al Señor.

Según cómo en los idiomas de origen latino usamos palabras derivadas de *ekklesía*, como "iglesia", "igreja", "église", "chiesa" o "esglesia", la palabra inglesa "church" y los términos relacionados con ella en otros lenguajes (por ejemplo, el alemán *kirche* y el escocés *kirk*) se originaron de la palabra griega *kyriakos*, "perteneciente al Señor". Este término sólo aparece dos veces en el Nuevo Testamento (1 Corintios 11:20; Apocalipsis 1:10). Sin embargo, es significativo que en el cristianismo primitivo, esta palabra se convirtiese en una designación para el lugar donde se reunía la Iglesia, o *ekklesía*. Este lugar de reunión, cualesquiera que fuesen su uso normal o sus alrededores, era considerado "santo", o perteneciente al Señor, porque el pueblo de Dios se reunía allí para adorarle y servirle.

Hoy en día se usa la palabra "iglesia" de diversas formas. Con frecuencia se refiere a un edificio donde se reúnen los creyentes (por ejemplo, "vamos a la iglesia"). Puede referirse a la comunión local, o a la denominación (por ejemplo, "mi iglesia enseña que el bautismo es por inmersión"). En algunos lugares, se puede referir a un grupo religioso regional o nacional (por ejemplo, "la Iglesia de Inglaterra"). Se usa con frecuencia la palabra para referirse a todos los creyentes nacidos de nuevo, sin que interesen sus diferencias geográficas o culturales (por ejemplo, "la Iglesia del Señor Jesucristo"). Cualquiera que sea su uso, el significado bíblico de la palabra "iglesia" se refiere, primordialmente, no a instituciones o estructuras, sino más bien al pueblo que ha sido reconciliado con Dios a través de la obra salvadora de Cristo, y ahora le pertenece a Él.

Posibilidades en cuanto a su origen

El momento preciso en que comenzó la Iglesia del Nuevo Testamento ha sido objeto de algunos debates en los círculos teológicos. Algunos han adoptado un enfoque muy amplio, y han sugerido que la Iglesia ha existido desde la concepción de la humanidad, y que incluye a todas aquellas personas de todos los tiempos que han manifestado fe en las promesas de Dios, a partir de Adán y Eva (Génesis 3:15). Otros sostienen que la Iglesia comenzó en el Antiguo Testamento, concretamente con las relaciones de pacto entre Dios y su pueblo, a partir de los patriarcas, y siguiendo con el período mosaico. Muchos eruditos prefieren un origen neotestamentario para la Iglesia, pero en este contexto hay también diferencias de opinión. Por ejemplo, algunos creen que la Iglesia fue fundada cuando Cristo comenzó su ministerio público y llamó a sus doce discípulos. Abundan otros puntos de vista diversos, entre los que se incluyen los de algunos ultradispensacionalistas que piensan que la Iglesia no comenzó realmente hasta el ministerio y los viajes misioneros del apóstol Pablo.

La mayoría de los eruditos, sean de fondo pentecostal, evangélico o liberal, creen que las evidencias bíblicas sobre la inauguración de la Iglesia favorecen al día de Pentecostés en Hechos 2. Sin embargo, algunos reconocen que la muerte de Cristo puso en marcha el Nuevo Pacto (Hebreos 9:15–16). Por esto, consideran que Juan 20:21–23 constituye la inauguración de la Iglesia, como Cuerpo del nuevo pacto (véase Juan 20:29, donde se indica que los discípulos ya eran creyentes y, por tanto, eran ya la Iglesia, antes de recibir poder por medio del bautismo en el Espíritu Santo).

Hay varias razones para creer que la Iglesia se originó, o al menos, fue reconocida públicamente por vez primera, en el día de Pentecostés. Aunque es cierto que en la era precristiana Dios estaba asociado en pacto con una comunidad de creyentes justos, no hay evidencias claras de que existiese el concepto de Iglesia en el período del Antiguo Testamento. Cuando Jesús hizo su primera declaración directa con respecto a la *ekklesía* (Mateo 16:18), estaba hablando de algo que Él iniciaría en el futuro ("edificaré" [gr. *oikodoméso*] es un futuro simple; no una expresión de disposición o decisión).

Por su naturaleza misma como Cuerpo de Cristo, la Iglesia es íntegramente dependiente de la obra terminada por Cristo en la tierra (su muerte, resurrección y ascensión) y de la venida del Espíritu Santo (Juan 16:7; Hechos 20:28; 1 Corintios 12:13). Con relación a esto, Millard J. Erickson observa que Lucas nunca usa el vocablo *ekklesía* en su evangelio, pero lo utiliza veinticuatro veces en el libro de Hechos. Esto sugeriría que Lucas no pensaba que la Iglesia estuviese presente hasta el período que abarca el libro de Hechos. A partir de aquel gran día en que el Espíritu Santo se derramó sobre los creyentes congregados, la Iglesia comenzó a propagar poderosamente el evangelio, tal como lo había predicho el Señor resucitado en Hechos 1:8. Desde aquel día, la Iglesia se ha seguido desarrollando y extendiendo a lo largo y ancho del mundo en el poder, y con la dirección de ese mismo Espíritu Santo.

Una breve historia

A medida que se desarrollaba la Iglesia en los siglos posteriores a la era del Nuevo Testamento, su personalidad se fue alterando de muchas formas diversas, algunas sumamente desviadas de las enseñanzas y las pautas de la Iglesia del primer siglo. Sobre la historia del cristianismo hay disponibles muchos buenos volúmenes que nos pueden ayudar a obtener una perspectiva más amplia e ilustrada sobre este tema. Para cumplir los propósitos de este capítulo, es oportuno que hagamos varias observaciones breves.

Durante la época patrística (el período antiguo de los padres de la Iglesia y los apologetas de la fe), la Iglesia pasó por dificultades, tanto externas como internas. Externamente, se enfrentó a fuertes persecuciones por parte del Imperio Romano, en especial durante sus primeros trescientos años. Al mismo tiempo, dentro de la Iglesia se estaban desarrollando numerosas herejías, que a la larga demostraron ser más calamitosas que las persecuciones.

La Iglesia, por la soberana gracia de Dios, sobrevivió a estos arduos tiempos y siguió creciendo, aunque no sin algunos cambios de consecuencias negativas. En un esfuerzo por unirse para soportar el embate destructor de las persecuciones y las herejías, la Iglesia fue reuniéndose alrededor de sus líderes y elevando la autoridad de éstos de manera creciente. Especialmente después que se lograron la paz política y la armonía con el gobierno romano en el cuarto siglo, la jerarquía religiosa fue aumentando su magnitud. A medida que aumentaban la autoridad y el control del clero (sobre todo de los obispos), disminuían la importancia y la participación del laicado. De esta forma, la Iglesia se volvió más institucionalizada y menos dependiente del poder y la dirección del Espíritu Santo. Crecieron la categoría del obispo de Roma y de la iglesia que él dirigía, de tal manera que, al final de la Edad Antigua, la posición de "papa" y la autoridad de lo que se estaba comenzando a conocer como la Iglesia Católica Romana, estaban aseguradas en el occidente de Europa. Sin embargo, la Iglesia Oriental se separó y permaneció bajo la dirección de obispos principales, a los que se les dio el nombre de "patriarcas".

Durante la Edad Media, la Iglesia siguió caminando en el sentido de la formalidad y el institucionalismo. El papado trató de ejercer su autoridad, no sólo en las cuestiones espirituales, sino también en los asuntos temporales. Muchos papas y obispos trataron de "espiritualizar" este período de la historia, en el que ellos se imaginaban al reino de Dios (para ellos, la Iglesia Católica Romana) extendiendo su influencia y su poder regulador a lo largo y ancho de toda la tierra. Esto creó una tensión continua entre los gobernantes seculares y los papas, acerca de quién tenía el control de las cosas. Sin embargo, con raras excepciones, el papado mantuvo su supremacía en casi todos los aspectos de la vida.

Ciertamente, no todos aceptaron esta secularización creciente de la Iglesia, y su aspiración a cristianizar el mundo. Hubo algunos intentos notables en la Edad Media por reformar a la Iglesia y regresarla a una senda de espiritualidad genuina. Varios movimientos monásticos (por ejemplo, los cluniacenses del siglo X y los franciscanos del siglo XIII), e incluso movimientos laicos (por ejemplo, los albigenses y los valdenses, ambos del siglo XII), hicieron este tipo de esfuerzos. Hubo también personajes prominentes, como los místicos Bernardo de Claraval (siglo XII) y Catalina de Sena (siglo XIV), y clérigos católicos como Juan Wycliffe (siglo XIV) y Juan Hus (fines del siglo XIV y principios del siglo XV), que trataron de liberar a la Iglesia Católica de sus vicios y corrupciones y devolverla a las pautas y principios de la Iglesia del Nuevo Testamento. Sin embargo, la Iglesia de Roma rechazó en su mayor parte estos esfuerzos de reforma y, a cambio, se volvió más cristalizada en cuanto a su doctrina, e institucionalizada en su tradición. Esta actitud hizo casi inevitable la Reforma Protestante.

El siglo dieciséis vio el surgimiento de grandes reformadores que abrieron el camino hacia el revolucionamiento de la Iglesia; hombres como Martín Lutero, Ulrico Zwinglio, Juan Calvino y Juan Knox. Estos hombres y sus seguidores compartieron muchas de las mismas ideas de los reformadores anteriores. Vieron a Cristo como la verdadera Cabeza de la Iglesia, y no el papa; las Escrituras como la verdadera base de la autoridad espiritual, y no la tradición de la Iglesia; y sólo la fe como esencial para la salvación, y no las obras. El Renacimiento había contribuido a abrir el camino para la introducción y aceptación de estas ideas, que habían sido familiares para la Iglesia del primer siglo, pero ahora eran radicales en la Iglesia del siglo dieciséis. Los reformadores diferían entre sí en muchas de las doctrinas concretas y las prácticas del cristianismo (por ejemplo, sus conceptos sobre las ordenanzas y el gobierno de la Iglesia, de los cuales hablaremos en secciones posteriores de este capítulo), pero compartían la pasión por el regreso a la fe y la práctica bíblicas.

En los siglos posteriores a la Reforma (llamados comúnmente como la era de la post-reforma), ha habido personas y organizaciones que han tomado muchas direcciones diversas al tratar de llevar a la práctica su interpretación del cristianismo del Nuevo Testamento. Lamentablemente, algunos han repetido errores del pasado, al insistir en los ritos y el formalismo de la Iglesia institucional, con detrimento de la importancia dada por la Biblia a la salvación por gracia a través de la fe, y a la vida en el Espíritu.

El racionalismo del siglo dieciocho ayudó a preparar la escena para muchas de las enseñanzas liberales y algunas veces antisobrenaturales de los siglos diecinueve y veinte. Louis Berkhof asevera con razón que estos movimientos han conducido al "concepto liberal moderno de la Iglesia como un simple centro social, una institución humana más que algo plantado por Dios". Sin embargo, tomando una perspectiva más positiva, la edad de la post-reforma ha presenciado también las reacciones a estas tendencias sofocantes y liberalizantes, a través de movimientos que una vez más han anhelado y recibido una experiencia genuina con Dios. El movimiento pietista (siglo XVII), los movimientos moravo y metodista (siglo XVIII), y los grandes avivamientos, el movimiento de Santidad y el movimiento pentecostal (siglos XVIII a XX) son todos ejemplos de que la Iglesia fundada por Jesucristo (véase Mateo 16:18) sigue estando viva y en buena salud, y seguirá progresando hasta que Él venga.

LA NATURALEZA DE LA IGLESIA

Términos bíblicos aplicados a la Iglesia

Hemos definido anteriormente a la Iglesia a base de examinar los términos bíblicos principales, como *ekklesía* (un grupo de ciudadanos reunidos con un propósito determinado) y *kyríakos* (un grupo que pertenece al Señor). No obstante, la naturaleza de la Iglesia es demasiado extensiva para que se la pueda abarcar en unas pocas definiciones sencillas. La Biblia usa numerosas descripciones metafóricas para hablar de la Iglesia, y cada una de ellas describe un aspecto diferente de lo que es la Iglesia y lo que está llamada a hacer. Paul Minear indica que hay en el Nuevo Testamento cerca de ochenta expresiones utilizadas para delinear el significado y la razón de ser de la Iglesia. La exploración de todos y cada uno de ellos haría un estudio fascinante, pero para los propósitos del presente capítulo, sólo examinaremos los apelativos más importantes.

Pueblo de Dios. El apóstol Pablo tomó prestada esta descripción de Israel en el Antiguo Testamento para aplicarla a la Iglesia del Nuevo Testamento, al afirmar: "Como Dios dijo: Habitaré y andaré entre ellos, y seré su Dios, y ellos serán mi pueblo" (2 Corintios 6:16; véase Levítico 26:12). A lo largo y ancho de las Escrituras se describe a la Iglesia como el pueblo de Dios. Así como en el Antiguo Testamento, Dios había creado a Israel para que fuera un pueblo para Él, también la Iglesia del Nuevo Testamento es creación suya, "pueblo adquirido por Dios" (1 Pedro 2:9–10; véanse Deuteronomio 10:15; Oseas 1:10). Desde los orígenes de la Iglesia y a lo largo de toda su historia, está claro que el destino de la Iglesia está fundamentado en la iniciativa y el llamado de Dios. Como señala Robert L. Saucy, la Iglesia es "un pueblo convocado por Dios, incorporado en Cristo y habitado por el Espíritu".

Como pueblo de Dios, se describe a la Iglesia mediante muchos términos muy significativos. La Iglesia es un cuerpo "escogido". Esto no significa que Dios haya escogido arbitrariamente a algunos para la salvación, y a otros para la condenación eterna. El pueblo de Dios recibe el título de "escogido" en el Nuevo Testamento porque Dios ha "escogido" que la Iglesia haga su obra en estos tiempos por el Espíritu Santo, quien obra activamente para santificar a los creyentes y conformarlos a la imagen de Cristo (Romanos 8:28-29).

Más de un centenar de veces se alude en el Nuevo Testamento al pueblo de Dios, llamándolo "los santos" (gr. *háguioi*) de Dios. Esto no significa que aquéllos que han sido llamados así hayan alcanzado una categoría espiritual superior, o que se pueda describir su conducta como perfecta o "santa". (Las numerosas referencias a la iglesia de Corinto como "los santos de Dios" deberían servir como indicación suficiente de esto.) Más bien, esto atrae de nuevo la atención al hecho de que la Iglesia es creación de Dios y que, por su iniciativa divina, los creyentes son "llamados a ser santos" (1 Corintios 1:1). Con frecuencia se llama al pueblo de Dios "los que están en Cristo", con lo que se sugiere que son los destinatarios de la obra expiatoria de Cristo, y comparten de manera corporativa los privilegios y responsabilidades de que se les llame cristianos (gr. *jristianói*).

También se hace referencia al pueblo de Dios de otras maneras. Hay tres que merecen una breve mención: "creyentes", "hermanos" y "discípulos". "Creyentes" es traducción del vocablo griego *pistói*, "los fieles". Este término sugiere que los miembros del pueblo de Dios no se han limitado simplemente a creer en el sentido de aceptar intelectualmente la obra salvadora de Cristo en algún punto del pasado, sino que más bien viven continuamente en una actitud de fe, confianza obediente y consagración a su Salvador. (Destaca esto aún más el hecho de que normalmente se encuentre esta palabra relacionada con el tiempo presente en el Nuevo Testamento, lo cual denota una acción en progreso.) "Hermanos" (gr. *adelfói*) es un término genérico que se refiere tanto a hombres como a mujeres, y que es usado con frecuencia por los escritores del Nuevo Testamento para expresar el hecho de que los cristianos son llamados no sólo a amar al Señor, sino también a amarse mutuamente (1 Juan 3:16). Este amor mutuo y esta comunión son inherentes al pueblo de Dios y contribuyen a recordarle que, cualesquiera que sean los llamados o labores de ministerio personales de sus miembros, todos ellos son hermanos, iguales ante la presencia del Señor (Mateo 23:8).

La palabra "discípulos" (gr. *mazetái*) significa "aprendices" o "pupilos". En los tiempos bíblicos, ser un estudiante de este tipo significaba más que escuchar y asimilar mentalmente la información que daba un maestro. Significaba también que la persona quería imitar la personalidad y conducta de su maestro. Ciertamente, los miembros del pueblo de Dios son llamados a ser discípulos así de Cristo, su Maestro. Él lo dijo: "Si vosotros permanecéis en mi palabra, seréis verdaderamente mis discípulos" (Juan 8:31). Jesús no presentó falsamente la vida de sus discípulos como algo fácil o atractivo (véase Lucas 14:26-33), aunque sí indicó que es totalmente esencial para aquéllos que deseen seguirle. El teólogo alemán Dietrich Bonhoeffer ha hecho correctamente la observación de que el verdadero discipulado cristiano exige que estemos dispuestos a morir a nosotros mismos y dárselo todo a Cristo. Este discipulado auténtico sólo es posible a través de lo que Bonhoeffer calificó de "gracia costosa", al decir: "Esta gracia es *costosa* porque nos exige que sigamos, y es *gracia* porque nos llama a seguir *a Jesucristo*. Es costosa porque le cuesta al hombre su vida, y es gracia porque le da al hombre la única vida verdadera".

Cuerpo de Cristo. Una imagen bíblica muy significativa para la Iglesia es la del "cuerpo de Cristo". Esta expresión estaba entre las favoritas del apóstol Pablo, quien comparaba con frecuencia las partes del cuerpo humano a las relaciones mutuas y funciones de los miembros de la Iglesia. Los escritos de Pablo insisten en la verdadera unidad que es esencial para la Iglesia. Por ejemplo: "El cuerpo es uno, y tiene muchos miembros ... así también Cristo" (1 Corintios 12:12). Así como el cuerpo de Cristo fue diseñado para funcionar a todos los efectos como uno, de igual manera son dados los dones del Espíritu Santo para equipar al cuerpo por el mismo Espíritu, el mismo Señor, el mismo Dios "que hace todas las cosas en todos ... para provecho" (1 Corintios 12:4–7). Debido a esto, los miembros del cuerpo de Cristo deben usar de gran cautela "para que no haya desavenencia [gr. *sjísma*] en el cuerpo, sino que los miembros todos se preocupen los unos por los otros" (1 Corintios 12:25; véase Romanos 12:5). Los cristianos pueden alcanzar esta unidad y esta preocupación mutua porque "por un solo Espíritu fueron todos bautizados en un cuerpo" (1 Corintios 12:13). El que habite el Espíritu Santo en todos y cada uno de los miembros del cuerpo de Cristo permite una manifestación legítima de esta unidad. Gordon D. Fee afirma con razón: "Lo que necesitamos con urgencia es una actuación soberana del Espíritu, por medio de la cual Él haga entre nosotros cuanto no puede hacer toda nuestra 'unidad programada' ".

Aunque deba haber unidad dentro del cuerpo de Cristo, no es antitético insistir en que hay una diversidad necesaria en Él para que pueda funcionar adecuadamente. En el mismo contexto en el que Pablo hace resaltar la unidad, afirma: "Además, el cuerpo no es un solo miembro, sino muchos" (1 Corintios 12:14). Al referirse a esta misma analogía en otra epístola, Pablo declara: "En un cuerpo tenemos muchos miembros, pero no todos los miembros tienen la misma función" (Romanos 12:4). Fee dice que la unidad "no significa uniformidad ... No existe una unidad verdadera sin que haya diversidad".

Se insiste en la importancia y belleza de esta diversidad a lo largo de 1 Corintios 12, especialmente en relación con los dones espirituales, que son tan esenciales para el ministerio de la Iglesia (véanse 1 Corintios 12:7–11, 27–31; Romanos 12:4–8). Dios no ha fundido a todos los miembros de la Iglesia en el mismo molde, y no llama a todos los miembros al mismo ministerio, ni los equipa con el mismo don. En lugar de esto, tal como sucede con el cuerpo humano, Dios ha compuesto la Iglesia de tal manera, que funciona al máximo de su eficacia cuando cada una de sus partes (o miembros) está cumpliendo eficientemente con el papel (o llamado) para el cual fue diseñada.

De esta manera, hay "unidad en la diversidad" dentro del cuerpo de Cristo. En otras palabras, inherente a esta metáfora se halla la idea de mutualidad; de que cada creyente trabaje con los demás creyentes y luche por la edificación de ellos. Por ejemplo, esto podría comprender sufrir con los que sufren, o regocijarse con los que reciben honores (1 Corintios 12:26); llevar las cargas de un hermano o hermana en el Señor (Gálatas 6:2); o ayudar a restaurar a alguien que haya caído en pecado (Gálatas 6:1). En las Escrituras hay innumerables ejemplos más de formas prácticas de ejercitar esta mutualidad. La idea central es aquí que un miembro del cuerpo de Cristo no puede tener una relación individualista y exclusivista con el Señor: cada "ser individual" es de hecho un componente necesario de la estructura corporativa de la Iglesia. Así lo afirma Claude Welch: "No hay un cristianismo puramente privado, porque estar en Cristo es estar en la

Iglesia, y estar en la Iglesia es estar en Cristo, y todo intento de separar la relación con Cristo en fe de la identificación con la Iglesia es una perversión de nuestra comprensión del Nuevo Testamento",

Un último aspecto que integra también la imagen del cuerpo de Cristo, es la relación entre el Cuerpo y Jesucristo, su Cabeza (Efesios 1:22-23; 5:23). Por ser la Cabeza del Cuerpo, Cristo es la fuente y el sostenimiento de la vida para la Iglesia. Mientras sus miembros son organizados bajo el liderazgo de Cristo y funcionen como Él desea, su Cuerpo se nutrirá y sostendrá, y crecerá "con el crecimiento que da Dios" (Colosenses 2:19). La unidad, diversidad y mutualidad que son indispensables para el cuerpo de Cristo son alcanzables mientras "crezcamos en todo en aquél que es la cabeza, esto es, Cristo, de quien todo el cuerpo ... según la actividad propia de cada miembro, recibe su crecimiento para ir edificándose en amor" (Efesios 4:15-16).

Templo del Espíritu. Otra imagen muy significativa del Nuevo Testamento acerca de la Iglesia, es su descripción como "el templo del Espíritu Santo". Los escritores bíblicos hacen uso de varios símbolos para hablar de los componentes de la edificación de este templo, que corresponden a los materiales necesarios para la construcción de una estructura terrenal. Por ejemplo, todo edificio necesita unos cimientos sólidos. Pablo indica con claridad que el cimiento primario de la Iglesia es la persona histórica y la obra de Cristo: "Porque nadie puede poner otro fundamento que el que está puesto, el cual es Jesucristo" (1 Corintios 3:11). Sin embargo, en otra epístola, el mismo Pablo sugiere que, en cierto sentido, la Iglesia está edificada "sobre el fundamento de los apóstoles y profetas" (Efesios 2:20). Quizá esto signifique que el Señor utilizó aquellos primeros ancianos de manera única para establecer y fortalecer el templo del Espíritu con las enseñanzas y prácticas que ellos habían aprendido de Cristo, y que se han seguido comunicando a los creyentes hasta hoy por medio de las Escrituras.

Otro componente importante de esta imagen del edificio, estrechamente asociado con los cimientos, es la piedra del ángulo. En los edificios modernos, la piedra del ángulo suele ser más simbólica que integral, probablemente para conservar grabada la fecha en que fue colocada y los nombres de los principales benefactores. Sin embargo, en la época bíblica, la piedra del ángulo era muy importante. Solía ser más grande que las demás piedras, y ayudaba a controlar el diseño correcto para el resto del edificio, trayendo simetría a la construcción restante. Se describe a Cristo como "la principal piedra del ángulo", por medio de la cual "todo el edificio, bien coordinado, va creciendo para ser un templo santo en el Señor" (Efesios 2:20-21; véase 1 Pedro 2:6-7).

Relacionadas con la piedra del ángulo, estaban las piedras normales, necesarias para completar la estructura. El apóstol Pedro describe a los creyentes en este papel, al hablar de ellos como "piedras vivas ... edificados como casa espiritual y sacerdocio santo" (1 Pedro 2:5). El término que usa Pedro aquí es *lízos*, una palabra corriente en griego, con el significado de "piedra". Sin embargo, a diferencia de los sinónimos más familiares, que son *petrós* (una piedra suelta o un guijarro) y *pétra* (una roca sólida sobre la cual se puede edificar), las "piedras vivas" (gr. *lízoi zóntes*) sugieren en este contexto "piedras labradas"; esto es, las piedras a las que el maestro constructor (esto es, Cristo) ha tallado y dado forma para que encajen adecuadamente en su lugar. Tanto en Efesios 2 como en 1 Pedro 2, los verbos que describen la edificación de este templo se suelen hallar en presente, lo que conlleva un sentido de acción progresiva. Quizá se podría deducir de esto que los cristianos están aún, como se suele afirmar, "en proceso de construcción". Por supuesto, el propósito es insistir en el hecho de que la obra santificadora del Espíritu es una empresa continua y progresiva cuyo fin es llevar a cabo los propósitos de Dios dentro de la vida de los creyentes. Se les está reuniendo en un edificio que, "bien coordinado, va creciendo para ser un templo santo en el Señor; en quien ... *sois juntamente edificados para* morada de Dios en el Espíritu" (Efesios 2:21–22).

La metáfora del templo del Espíritu Santo añade una seguridad mayor con respecto al hecho de que el Espíritu de Dios habita en la Iglesia, tanto individual como colectivamente. Por ejemplo, Pablo les pregunta a los creyentes de Corinto: "¿No sabéis que sois templo de Dios, y que el Espíritu de Dios mora en vosotros?... El templo de Dios, el cual sois vosotros, santo es" (1 Corintios 3:16–17). En este pasaje, Pablo se dirige a la Iglesia de manera corporativa (toda la frase está en plural). En cambio, en 1 Corintios 6:19, les hace una pregunta similar a los creyentes de manera individual (les habla en singular): "¿O ignoráis que vuestro cuerpo es templo del Espíritu Santo, el cual está en vosotros, el cual tenéis de Dios ...?" En 1 Corintios 3 y 6, y también en un pasaje similar situado en 2 Corintios 6:16ss., la palabra que utiliza Pablo es *naós*. A diferencia de *hierón*, término más general que se refiere a todo el templo, incluyendo sus patios, *naós* se refiere al santuario interior, al Lugar Santísimo donde Dios manifiesta su presencia de una manera especial. De hecho, lo que está afirmando Pablo es que los creyentes, por ser templo del Espíritu Santo, son nada menos que el lugar de habitación de Dios.

El Espíritu de Dios no se limita a llenar de poder a la Iglesia para que sirva (Hechos 1:8), sino que también, al habitar en ella, le imparte su vida. Por consiguiente, hay un sentido cierto en el que se deben hallar en la Iglesia esas cualidades que ejemplifican su naturaleza (es decir, el "fruto del Espíritu", Gálatas 5:22–23), lo cual es evidencia de la realidad de que la Iglesia "anda por el Espíritu" (Gálatas 5:25).

Otras imágenes. Además de los modelos de imágenes de la Iglesia un tanto trinitarias que hemos mencionado anteriormente (pueblo de Dios, cuerpo de Cristo, templo del Espíritu Santo), hay muchas metáforas bíblicas más que nos ayudan a ampliar nuestra perspectiva sobre la naturaleza de la Iglesia. Las descripciones de la Iglesia como el sacerdocio de los creyentes (1 Pedro 2:5, 9), la desposada de Cristo (Efesios 5:23–32), el rebaño del buen pastor (Juan 10:1–18) y los pámpanos de la vid verdadera (Juan 15:1–8) son ejemplos de las diversas maneras en las cuales las Escrituras representan la composición y los distintos rasgos de la única Iglesia verdadera, compuesta por los redimidos. De distintas formas, estas imágenes bíblicas ilustran la identidad y razón de ser de la Iglesia, que Jesús expresara tan hermosamente en su oración sacerdotal:

> Para que todos sean uno; como tú, oh Padre, en mí, y yo en ti, que también ellos sean uno en nosotros; para que el mundo crea que tú me enviaste ... Para que sean perfectos en unidad, para que el mundo conozca que tú me enviaste, y que los has amado a ellos como también a mí me has amado.

Juan 17:21, 23

El carácter de la Iglesia

Además de las metáforas que describen la naturaleza de la Iglesia, las Escrituras sugieren otros conceptos por medio de los cuales los teólogos han descrito el carácter de ésta. Un método frecuente de hacer esto consiste en describir a la Iglesia como local y universal a un tiempo. En el Nuevo Testamento se hace referencia numerosas veces a la Iglesia universal (por ejemplo, la proclamación de Jesús en Mateo 16:18: "Edificaré mi iglesia"; también la afirmación de Pablo en Efesios 5:25: "Cristo amó a la iglesia, y se entregó a sí mismo por ella"). La Iglesia universal incorpora en sí a todos los creyentes genuinos, sin tener en cuenta las diferencias geográficas, culturales o de denominación. Son los que han respondido a Cristo con fe y obediencia los que ahora son "miembros de Cristo" y, por consiguiente, "miembros los unos de los otros" (véase Romanos 12:5).

En algunos círculos se usa la frase "Iglesia universal" de manera intercambiable con frases como "iglesia ecuménica" e "iglesia católica". Aunque el significado más simple de los términos "ecuménica" y "católica" es "universal", la forma en que se han usado esas palabras históricamente implica diferencias sustanciales. Por ejemplo, cuando alguien habla hoy de la iglesia "ecuménica", normalmente se está refiriendo a una organización que está compuesta por varias denominaciones unidas alrededor de creencias o prácticas comunes, o de ambas. El término "católica", esencialmente se ha convertido en sinónimo de la Iglesia Católica Romana. Aunque ciertamente hay verdaderos creyentes en las filas de estas organizaciones, sería un error confundir unas asociaciones terrenales como éstas con el cuerpo universal de los creyentes.

Idealmente, la iglesia local debería ser una pequeña réplica de la Iglesia universal; es decir, debería estar compuesta por personas de todas las procedencias, culturas raciales o étnicas, y diferentes niveles socioeconómicos, que han nacido de nuevo y comparten en común la consagración de su vida al señorío de Jesucristo. Lamentablemente, estos ideales espirituales se convierten pocas veces en realidad entre seres humanos que distan mucho de estar glorificados. Al igual que en los tiempos del Nuevo Testamento, lo más probable es que algunas asambleas cristianas locales tengan entre su rebaño a ovejas insinceras o, incluso, falsas. Así, a pesar de que las intenciones sean las mejores, la iglesia local suele quedarse muy atrás con respecto al carácter y la naturaleza de la verdadera Iglesia universal.

De manera semejante, también se concibe a veces a la Iglesia como visible e invisible. Esta distinción apareció en la literatura cristiana muy pronto, con Agustín, y se encuentra con frecuencia en los escritos de reformadores como Lutero y Calvino. Algunos enemigos de Lutero lo acusaban de sugerir en realidad que había dos iglesias diferentes, en parte porque él hablaba de una *ekklesíola* invisible dentro de la *ekklesía* visible. Sin embargo, la intención de Lutero no era señalar diferencias entre dos iglesias distintas, sino hablar de los dos aspectos de la única Iglesia de Jesucristo. Esto indica sencillamente que la Iglesia es invisible porque es esencialmente espiritual en su naturaleza: los creyentes son unidos invisiblemente a Cristo por el Espíritu Santo; los ojos naturales no pueden discernir las bendiciones de la salvación; etc. No obstante, esta Iglesia invisible asume una forma visible en la organización externa de la Iglesia terrenal. La Iglesia es exhibida visiblemente a través del testimonio cristiano y la conducta práctica, a través del ministerio tangible de los creyentes, tanto corporativa como individualmente. La Iglesia visible, como la iglesia local, debería ser una versión en pequeño de la Iglesia invisible (o universal); con todo, como hemos observado anteriormente, no siempre sucede así. Es posible que alguien profese creer en Jesucristo y, sin embargo, no lo conozca realmente como Salvador; aunque esté asociado con la Iglesia como institución externa, es posible que no pertenezca realmente a la Iglesia invisible.

A lo largo de la historia de la Iglesia, la tendencia ha sido oscilar de un extremo al otro. Por ejemplo, algunas tradiciones como la católica romana, la ortodoxa oriental y la anglicana, insisten fuertemente en la prioridad de la Iglesia institucional o visible. Otras, como los cuáqueros y los hermanos de Plymouth, al insistir en una fe más internalizada y subjetiva, han reducido al mínimo e incluso censurado con frecuencia todo tipo de organización formal y de estructura, buscando la Iglesia verdadera e invisible. Como observa Millard Erickson, decididamente, las Escrituras consideran el estado espiritual de la persona, y su posición dentro de la Iglesia invisible como una prioridad, pero no por eso descuidan o rebajan la importancia de la organización de la Iglesia visible. Sugiere este autor que, a pesar de que haya distinciones entre la Iglesia visible y la invisible, es importante mantener un enfoque de "ambas a la vez", de tal manera que tratemos de hacerlas tan idénticas como sea posible. "Así como ningún creyente verdadero debería hallarse fuera de la comunión, tampoco se debería apresurar nadie a asegurar que sólo los verdaderos creyentes se hallan dentro de ella."

Sería imposible comprender de manera correcta la verdadera naturaleza y el carácter de la Iglesia (local o universal, visible o invisible) sin reconocer el hecho de que, desde sus comienzos, ha sido el Espíritu Santo el que la ha capacitado y dirigido. Ciertamente, notamos esto en el relato de Lucas dentro del libro de Hechos sobre el comienzo de la Iglesia y su desarrollo a través de sus tres primeras décadas. Las epístolas posteriores del Nuevo Testamento, así como la historia posterior de la Iglesia, añaden nuevo énfasis al papel vital del Espíritu Santo en la vida de ésta. Inmediatamente antes de su ascensión, Jesús les dijo a sus discípulos: "Recibiréis poder, cuando haya venido sobre vosotros el Espíritu Santo, y me seréis testigos en Jerusalén, en toda Judea, en Samaría, y hasta lo último de la tierra" (Hechos 1:8). En una referencia a la inminente venida y al ministerio capacitador del Espíritu, Jesús les había dicho antes a sus seguidores que ellos harían cosas aún mayores que las que le habían visto hacer a Él (Juan 14:12). Esta promesa quedó confirmada después de aquel singular derramamiento del Espíritu en el día de Pentecostés.

El lector del libro de Hechos se maravilla, no sólo ante la respuesta inicial al primer don de profecía y la exhortación expresada por el apóstol Pedro, lleno del Espíritu, cuando fueron salvas cerca de tres mil personas, sino también a la forma en que continuaron respondiendo aquéllos quienes se encontraban con el ministerio de una Iglesia a la que el Espíritu Santo había llenado de poder y capacitado (véanse Hechos 2:47; 4:4, 29–33; 5:12–16; etc.). Con respecto al mensaje de Pedro el día de Pentecostés, un erudito evangélico (aunque no pentecostal) afirma: "Sencillamente, no se le pueden atribuir los resultados del sermón de Pedro a la habilidad con que fue preparado y presentado. La razón de su éxito se encuentra en el poder del Espíritu Santo". De forma similar, el mismo erudito afirma que la eficacia que continúan demostrando los primeros creyentes en Hechos no se puede atribuir a sus propias capacidades y esfuerzos. "No eran personas excepcionales. Los resultados eran consecuencia del ministerio del Espíritu Santo".

El Espíritu Santo le siguió proporcionando fortaleza y dirección a la Iglesia después de la época del Nuevo Testamento. En contra de lo que constituye la opinión popular en algunos ambientes no pentecostales, los dones y las manifestaciones del Espíritu no cesaron al terminar la época apostólica, sino que continuaron en los siglos posteriores al período del Nuevo Testamento. Como se mencionara en una sección previa donde se revisó la historia de la Iglesia, quedan pocas dudas de que, a medida que la Iglesia se extendió, adquirió condición de legalidad y aceptación, y se fue convirtiendo cada vez más formal e institucionalizada, y comenzó a desvanecer su sentido de dependencia inmediata en la dirección y el poder del Espíritu. Con todo, hay diversos movimientos de avivamiento que proporcionan evidencias históricas a favor de que la prominencia del Espíritu no fue completamente olvidada o echada a un lado por todos.

La Iglesia moderna, en especial los que se consideran entre los centenares de millones de pentecostales y carismáticos de todo el mundo, no debe perder nunca de vista la importancia bíblica y teológica que tiene el continuar en atención y obediencia a la obra soberana del Espíritu de Dios. Sus acciones no se manifiestan solamente en exhibiciones extraordinarias de poder milagroso, sino también en formas más normativas y, a veces, casi inadvertidas de proporcionar dirección y ayuda (véase 1 Reyes 19:11–12). Quiera Dios que la Iglesia moderna permanezca siempre sensible y sumisa a la dirección y la delicada orientación del Espíritu Santo. Sólo entonces podrán reclamar para sí los cristianos contemporáneos una afinidad con la Iglesia del Nuevo Testamento.

Otro medio para comprender el carácter de la Iglesia del Nuevo Testamento es examinar su relación con el reino de Dios (gr. *basiléia tú Zeú*). El reino de Dios fue una de las grandes enseñanzas de Jesús durante su ministerio en la tierra. De hecho, aunque los evangelios sólo recogen tres menciones concretas de la iglesia, *ekklesía* (todos en palabras de Jesús registradas en Mateo 16 y 18), están repletos de énfasis con respecto al reino de Dios.

Generalmente, se suele definir el término *basiléia*, "reino", como el gobierno o reinado de Dios, la esfera universal de su influencia. A partir de esta comprensión, hay quienes establecen una diferencia entre el reino de Dios y la Iglesia. Para ellos, el reino de Dios comprende a las criaturas celestiales que no cayeron (los ángeles) y a los redimidos de entre la humanidad (antes y después de los tiempos de Cristo). En contraste con esto, la Iglesia comprende, de una manera más concreta, aquellos humanos que han sido regenerados por la obra expiatoria de Cristo. Aquéllos que aceptan esta distinción creen también que el reino de Dios trasciende el tiempo y concurre con el universo, de manera que la Iglesia tiene un punto definido de comienzo y tendrá un punto culminante definido también, en la segunda venida de Cristo. Por consiguiente, desde esta perspectiva, el reino de Dios abarca a los redimidos de todas las edades (santos del Antiguo Testamento y santos del Nuevo), y la Iglesia comprende a aquéllos que han sido redimidos desde la obra terminada por Cristo (su crucifixión y resurrección). A partir de este razonamiento, alguien puede ser miembro del reino de Dios sin ser miembro de la Iglesia (por ejemplo, los patriarcas, Moisés, David), pero el que sea miembro de la Iglesia, es simultáneamente miembro del reino de Dios. A medida que se van convirtiendo más personas a Cristo y haciéndose parte de su Iglesia, son incluidas en el reino de Dios, y éste va creciendo.

Otros interpretan de manera distinta la distinción entre el reino de Dios y la Iglesia. George E. Ladd veía el reino de Dios como el reinado de Dios; pero, por contraste, consideraba que la Iglesia es el ámbito de Dios; los que se hallan bajo el gobierno divino. De manera similar a los que hacen una diferencia entre el reino de Dios y la Iglesia, Ladd pensaba que no se los debe considerar equivalentes. Más bien, es el reino de Dios el que crea la Iglesia, y la Iglesia da testimonio del reino de Dios. Además, la Iglesia es el instrumento y custodio del reino de Dios, al ser la forma en la que el reino o reinado de Dios se presenta sobre la tierra, como una manifestación concreta del gobierno soberano de Dios en medio de la humanidad.

Hay también quienes distinguen entre el reino de Dios y la Iglesia en que consideran que el reino de Dios es primordialmente un concepto escatológico, y la Iglesia tiene una identidad más temporal y actual. Louis Berkhof ve el concepto bíblico primario sobre el reino como el reinado de Dios "reconocido en el corazón de los pecadores por la poderosa influencia regeneradora del Espíritu Santo". Este dominio se realiza actualmente sobre la tierra en principio ("su realización presente es espiritual e invisible"), pero no se logrará plenamente hasta el regreso visible de Cristo. En otras palabras, Berkhof considera que hay un aspecto de "ya-todavía no" obrando en la relación entre el reino de Dios y la Iglesia. Por ejemplo, Jesús puso de relieve la realidad presente y el carácter de universalidad del reino de Dios, que fue realizado de una forma nueva a través de su propio ministerio. Sin embargo, también sostuvo una esperanza futura con respecto al reino de Dios, que habría de venir en gloria. Con respecto a esto, Berkhof no se halla lejos de las posiciones expresadas anteriormente, puesto que describe el reino de Dios en términos más amplios que la Iglesia. En palabras suyas, el reino de Dios "tiene como meta nada menos que el control absoluto sobre todas las manifestaciones de la vida. Representa el dominio de Dios en todas las esferas de la empresa humana."

La razón de ser de la Iglesia

El capítulo 17 estudia la misión de la Iglesia. No obstante, antes de concluir esta sección sobre la naturaleza de la Iglesia, es de orden realizar unas cuantas observaciones con respecto al propósito por el que Dios le dio razón de ser a la Iglesia. No era intención suya que la Iglesia existiese simplemente como algo que tenía un fin en sí mismo, únicamente para convertirse, por ejemplo, en otra unidad social más formada por miembros que piensan de manera semejante. Más bien, la Iglesia es una comunidad creada por Cristo para el mundo. Cristo se entregó por la Iglesia, y después la capacitó con el don del Espíritu Santo para que pudiese cumplir con el plan y los propósitos de Dios. Sería posible incluir muchos temas en un estudio sobre la misión de la Iglesia. No obstante, en este brevísimo estudio vamos a examinar cuatro:

Central dentro de las últimas indicaciones dadas por Jesús a sus discípulos antes de su ascensión, estaba el mandato (no sugerencia) de evangelizar el mundo y hacer nuevos discípulos (Mateo 28:19; Hechos 1:8). Cristo no abandonó a estos evangelistas a sus propias capacidades o técnicas. Les encomendó la misión de ir bajo su autoridad (Mateo

28:18) y en el poder del Espíritu Santo (Hechos 1:8). El Espíritu convencería de pecado (Juan 16:8–11); a los discípulos les correspondería proclamar el evangelio. Esta tarea de evangelización sigue siendo una parte imprescindible de la misión de la Iglesia: ésta sigue llamada a ser una comunidad evangelizadora. Este mandato no tiene restricciones ni fronteras, sean geográficas, raciales o sociales. Erickson declara: "El evangelismo local, la extensión de las iglesias, o la fundación de iglesias, y las misiones mundiales, son la misma cosa. La única diferencia está en el largo de su radio". Los creyentes modernos no deberían olvidar que, aunque sean ellos los instrumentos en la proclamación del evangelio, sigue siendo el Señor de la cosecha el que "produce el crecimiento". A los creyentes no se les pedirán cuentas por su "porcentaje de exitos" (según las normas del mundo), sino por su entrega y fidelidad en el servicio.

La Iglesia está llamada también a ser una comunidad que adora. Adorar es en realidad reconocer el valor de Aquél que recibe un honor especial, y que también está de acuerdo con este valor. La adoración genuina se caracteriza porque la Iglesia centra su atención en Dios, y no en sí misma.[2] A su vez, cuando sólo Dios es adorado, invariablemente, los creyentes reciben bendición y fortaleza espiritual. No es necesario que la adoración se produzca solamente en un culto de iglesia regularmente establecido. De hecho, todos los aspectos de la vida del creyente deberían caracterizarse por el anhelo de exaltar y glorificar al Señor. Esto parece ser lo que Pablo tiene en mente al decir: "Si, pues, coméis o bebéis, o hacéis otra cosa, hacedlo todo para la gloria de Dios" (1 Corintios 10:31).

Una tercera razón de ser de la Iglesia es convertirse en una comunidad edificante. En la evangelización, la Iglesia se centra en el mundo; en la adoración, se centra en Dios, y en la edificación, se centra (correctamente) en sí misma. Las Escrituras exhortan repetidamente a los creyentes a edificarse mutuamente hasta convertirse en una comunidad madura de creyentes (por ejemplo, Efesios 4:12–16). Se puede realizar esta edificación de muchas maneras prácticas; por ejemplo, cuando se enseña e instruye a los demás en los caminos de Dios, ciertamente se está enriqueciendo a la familia de la fe (Mateo 28:20; Efesios 4:11–12). La administración de la corrección espiritual con una actitud de amor es esencial, si se desea ayudar a un hermano o hermana descarriado a continuar por la senda de la fe (Efesios 4:15; Gálatas 6:1). Las actividades de compartir con los necesitados (2 Corintios 9), llevar las cargas los unos de los otros (Gálatas 6:2) y proporcionar oportunidades para una comunión cristiana sana y una interacción social son todas formas significativas de edificar el cuerpo de Cristo.

La Iglesia está llamada también a ser una comunidad con una preocupación y una responsabilidad social. Lamentablemente, este llamado es reducido a un mínimo o descuidado entre muchos evangélicos y pentecostales. Quizá muchos creyentes sinceros tengan temor de convertirse en liberales, o desviarse hacia el llamado evangelio social, si se dedican a ministerios orientados socialmente. Llevado hasta un extremo insano, y pasando por alto verdades eternas por lograr un alivio temporal, esto podría convertirse en realidad. Sin embargo, este descuido de la preocupación social pasa por alto un amplio número de exhortaciones de las Escrituras al pueblo de Dios para que cumpla con este tipo de obligaciones. El ministerio de Jesús se caracterizó por una amorosa compasión por los que sufren y carecen de todo en este mundo (Mateo 25:31–46; Lucas 10:25–37). La misma preocupación aparece, tanto en los escritos proféticos del Antiguo Testamento

(Isaías 1:15-17; Miqueas 6:8), como en las epístolas del Nuevo (Santiago 1:27; 1 Juan 3:17-18). Expresar el amor de Cristo de una manera palpable puede convertirse en un medio vital en que la Iglesia puede cumplir la misión recibida de Dios. Como sucede con todos los aspectos de la misión, o razón de ser de la Iglesia, es esencial que nuestras motivaciones y métodos vayan dirigidos a hacerlo todo para la gloria de Dios.

LA ORGANIZACIÓN DE LA IGLESIA

¿Organismo u organización?

¿Es correcto entender a la Iglesia como un organismo, algo que tiene y engendra vida, o como una organización, algo caracterizado por las estructuras y las formas? Esta pregunta ha sido hecha de diversas formas y por diversos motivos a lo largo de toda la historia del cristianismo. En cada generación de creyentes (incluso algunos de los pentecostales de principios del siglo veinte) han existido algunos que han pensado que se puede entender correctamente a la Iglesia como un organismo. Estas personas insisten en la naturaleza espiritual de la Iglesia y tienden a pensar que todo intento por organizar al cuerpo de creyentes tendrá como consecuencia la erosión, y finalmente la muerte de la espontaneidad y la vida que caracterizan a la espiritualidad verdadera. Otros creen firmemente en que la Iglesia tiene necesidad de una estructura organizativa. Estas personas algunas veces llegan al extremo de enseñar que la Biblia presenta detalles concretos sobre el orden y la regulación de las iglesias. (Lamentablemente, socavan sus propios argumentos al estar en desacuerdo sobre cuáles son exactamente estos detalles obligatorios.)

Quizá la mejor manera de enfocar esta cuestión a veces tan controversial, no sea presentar el problema como una disyuntiva, sino como una solución equilibrada. Si examinamos la Iglesia del Nuevo Testamento, hallaremos que ciertamente, tenía aspectos que favorecen el punto de vista del "organismo". La Iglesia era dinámica, y disfrutaba de la libertad y el entusiasmo de quienes son guiados por el Espíritu. Sin embargo, este examen nos revelará también que desde el principio, la Iglesia funcionaba con un cierto nivel de estructura organizativa. Los dos lados (organismo y organización) no tienen por qué hallarse en tensión, sino que es posible percibir en ellos una naturaleza complementaria. Todas y cada una de las descripciones bíblicas de la Iglesia que hemos estudiado anteriormente — pueblo de Dios, cuerpo de Cristo, templo del Espíritu Santo — sugieren una unidad orgánica en la Iglesia. Al fin y al cabo, los cristianos derivan su vida espiritual de su relación con Cristo y, a su vez, la vida de Cristo fluye a través de ellos a medida que se convierten en canales de nutrición para el fortalecimiento de la comunidad de fe (Efesios 4:15-16). Sin embargo, para que este organismo sobreviva, necesita tener una estructura. Para llevar el evangelio a todo el mundo, y hacer discípulos de todas las naciones, la Iglesia necesita algún tipo de sistema organizativo para que haya eficacia en el uso de sus recursos.

El anhelo de tener una iglesia neotestamentaria es en muchos sentidos una aspiración valiosa y noble. Los creyentes deben seguir moldeando su teología a partir de las enseñanzas apostólicas, y seguir buscando que el Espíritu Santo los guíe en la vida. Sin embargo, el Nuevo Testamento indica que existen diversos tipos de organización que pueden satisfacer estas necesidades. Por ejemplo, la Iglesia no tuvo diáconos hasta que fueron necesarios. Más tarde, se añadieron las diaconisas. En el Nuevo Testamento hay lugar para la variedad, de manera que se satisfagan las necesidades de unas situaciones geográficas y culturales ampliamente diferentes. Necesitamos recordar que el mensaje del Nuevo Testamento es eterno, y no puede entrar en concesiones; no obstante, para que ese mensaje se vuelva eficaz, es necesario aplicarlo al ambiente contemporáneo.

Principales formas de gobierno eclesial

Se ha sugerido que la cuestión de la organización de la iglesia, esto es, el gobierno eclesial, es al fin y al cabo una cuestión de autoridad: ¿dónde reside la autoridad en la Iglesia, y quién tiene el derecho de ejercerla? Aunque la mayor parte de los creyentes responderían de inmediato que Dios es la autoridad máxima de la Iglesia, aun así necesitan determinar cómo y a través de quién desea Dios administrar su autoridad con respecto a la Iglesia en la tierra. A lo largo de toda la historia cristiana, han existido varias formas principales de gobierno eclesial. Algunas de ellas le dan al clero un alto grado de autoridad. Otras insisten en que el laicado debe ejercer mayor control sobre la iglesia. Aun otros tratan de encontrar una posición mediadora entre estos extremos. Con pocas excepciones, la mayor parte de las estructuras organizativas se pueden clasificar dentro de una de estas tres formas: episcopal, presbiteriana o congregacional.

Normalmente, se considera que la forma episcopal es la forma de gobierno más antigua en la Iglesia. El término en sí está tomado de la palabra griega *epískopos*, que significa "alguien que supervisa". La traducción más frecuente de este término es la palabra "obispo". Los que se adhieren a esta forma de gobierno creen que Cristo, como Cabeza de la Iglesia, ha dispuesto que el control de su Iglesia sobre la tierra sea confiado a un orden de funcionarios conocidos como obispos, a quienes se consideraría como los sucesores de los apóstoles. Además, Cristo ha constituido estos obispos para que sean "un orden separado, independiente y que se perpetúe a sí mismo", lo cual significa que ellos son los que tienen el control definitivo en cuestiones de gobierno eclesial, y que son ellos los que escogen a sus propios sucesores.

La historia de la Iglesia da evidencias de la exaltación gradual de la posición del obispo por encima de todas las otras posiciones de autoridad en la Iglesia. En el segundo siglo, Ignacio de Antioquía (obispo también) dio algunos de los argumentos a favor de la sucesión apostólica cuando escribió: "Porque Jesucristo — esa vida de la que no nos pueden arrancar — es la mente del Padre, así como también los obispos, nombrados por todo el mundo, reflejan la mente de Jesucristo". En otra carta, Ignacio les da crédito a otros funcionarios de la Iglesia también; a los presbíteros y diáconos, con la observación de que "no se puede tener una iglesia sin ellos". Sin embargo, insiste en que sólo el obispo "tiene el papel del Padre".[3]

Cipriano, padre de la Iglesia del tercer siglo, elevó aún más la importancia del obispo y la forma episcopal de gobierno al declarar: "El obispo es en la iglesia y la iglesia en el obispo, y donde no hay obispo, no hay iglesia". La versión extrema del sistema episcopal es evidente en la organización de la Iglesia Católica Romana, que data al menos del quinto siglo. En la tradición católica, el papa ("padre exaltado") ha servido como el único sucesor reconocido del apóstol Pedro, quien es considerado por la iglesia católica como aquél sobre quien Cristo edificó su Iglesia (Mateo 16:17–19), y quien se convirtió en el primer obispo de Roma.

En el catolicismo hay numerosos obispos, pero todos son considerados como sometidos a la autoridad del papa, quien en su papel de "vicario de Cristo", gobierna como el obispo supremo, o monárquico, de la iglesia romana. Otras iglesias que se adhieren al sistema episcopal de gobierno lo hacen en un sentido menos exclusivo y tienen varios líderes (con frecuencia muchos) que ejercen una autoridad y una supervisión iguales de la iglesia en su papel de obispos. Entre estos grupos se incluyen la Iglesia Anglicana (o la Iglesia Episcopal en los Estados Unidos), la Iglesia Metodista Unida y varios grupos pentecostales, como la Iglesia de Dios (de Cleveland, Tennessee) y la Iglesia de Santidad Pentecostal. Con frecuencia, los detalles concretos del gobierno eclesial son modificados grandemente dentro de estos grupos diversos, pero tienen en común el formato amplio del sistema episcopal.

La forma presbiteriana de gobierno eclesial deriva su nombre del oficio y función bíblicos del *presbuteros* ("presbítero" o "anciano"). Este sistema de gobierno está menos controlado desde el centro que el modelo episcopal y, en lugar de esto, depende de un liderazgo representativo. Se percibe a Cristo como la cabeza máxima de la Iglesia, y los que son escogidos (generalmente por elección) para ser sus representantes ante la Iglesia, brindan su liderazgo en los asuntos normales de la vida cristiana (adoración, doctrina, administración, etc.).

Una vez más, la aplicación concreta del sistema presbiteriano varía de una denominación a otra, pero lo típico en este sistema es que conste al menos de cuatro niveles. El primero es la iglesia local, gobernada por la "sesión o consistorio", que consta de "ancianos gobernantes" (o diáconos) y "anciano(s) enseñante(s)" (ministros). El segundo nivel de autoridad es el presbiterio, formado por los ancianos gobernantes y enseñantes representativos de un distrito geográfico determinado. En el nivel superior a éste está el sínodo y, por último, en la posición superior de autoridad, se halla la asamblea general. Nuevamente, estos niveles son dirigidos por líderes representativos, tanto del clero como del laicado, elegidos por el pueblo para que le proporcionen dirección espiritual y pragmática. Aunque no hay una autoridad fuertemente centralizada, como es típico ver en el sistema episcopal, las iglesias que componen el sistema presbiteriano tienen unos fuertes lazos de comunión y una tradición común en cuanto a doctrina y práctica. Entre las iglesias que han adoptado esta forma de gobierno se incluyen las iglesias presbiterianas y reformadas, y algunos grupos pentecostales.

La tercera forma de gobierno eclesial es el sistema congregacional. Como lo sugiere el nombre, su foco de autoridad está en el cuerpo local de creyentes. De los tres tipos principales de gobierno eclesial, el sistema congregacional es el que pone mayor control en manos del laicado, y se acerca más al modelo de la democracia pura. La asamblea local es considerada autónoma en sus procesos de toma de decisiones, y no hay persona ni agencia que tenga autoridad sobre ella, más que Cristo, la verdadera Cabeza de la Iglesia. Esto no equivale a sugerir que las iglesias congregacionales actúan en total aislamiento de sus iglesias hermanas, o con indiferencia respecto a las creencias y costumbres de ellas. Lo típico es que las iglesias congregacionales de la misma persuasión teológica compartan unos lazos de comunión y unidad y que con frecuencia traten genuinamente de cooperar en programas a gran escala, como las misiones o la educación (como vemos, por ejemplo, dentro de la Convención Bautista del Sur de los Estados Unidos). Al mismo tiempo, aunque estas iglesias tienen un sentido de unión y cohesión alrededor de los propósitos generales y el ministerio de su denominación, su asociación es voluntaria; no es obligatoria, y está estructurada de una manera más libre que en el sistema presbiteriano y, sobre todo, el sistema episcopal. Entre las iglesias que operan con un formato congregacional se incluyen la mayor parte de las asociaciones bautistas, la Iglesia Congregacional y muchas más dentro del amplio espectro de los movimientos eclesiales de iglesias libres, o independientes.

Aquéllos que se adhieren a cualquiera de estos tres tipos principales de gobierno eclesial, creen que el Nuevo Testamento apoya su sistema de gobierno. Por ejemplo, una lectura superficial de las epístolas del Nuevo Testamento revela que tanto el título de *episkopos* ("obispo", "supervisor", "superintendente") y el de *presbuteros* ("presbítero", "anciano") son utilizados con frecuencia para referirse a los líderes de la Iglesia Primitiva. En 1 Timoteo 3:1–7, Pablo da indicaciones acerca del cargo de obispo (*episkopos*), y repite en parte las mismas indicaciones en Tito 1:5–9. Sin embargo, en Tito es evidente que Pablo usa de manera intercambiable los términos *episkopos* (v. 7) y *presbuteros* (v. 5). En otros lugares, los dos oficios parecen presentarse solos (véanse Hechos 15:4, 22; Filipenses 1:1). Por consiguiente, según la importancia que se les dé a ciertos pasajes, se puede interpretar la estructura de la Iglesia Primitiva tanto de manera episcopal como presbiteriana.

Un texto bíblico que usan con frecuencia ambos grupos como ejemplo de su sistema es Hechos 15, el relacionado con el Concilio de la Iglesia en Jerusalén. Parece ser Jacobo, el hermano de Jesús, quien preside este concilio. Este hecho, junto con otras referencias a Jacobo donde se le llama "apóstol" y "pilar de la iglesia" (Gálatas 1:19; 2:9), ha convencido a algunos de que Jacobo estaba ejerciendo su autoridad como obispo. Por otra parte, los que sostienen el sistema presbiteriano señalan que Jacobo parece ser más un moderador que una figura de autoridad, y que los otros parecen funcionar como líderes representativos de sus respectivas iglesias. A favor del sistema congregacional hay citas del Nuevo Testamento que sugieren que la Iglesia Primitiva elegía sus propios dirigentes y delegados (por ejemplo, Hechos 6:2–4; 11:22; 14:23) y que la congregación local tenía la responsabilidad de mantener la sana doctrina y ejercer disciplina (por ejemplo, Mateo 18:15–17; 1 Corintios 5:4–5; 1 Tesalonicenses 5:21–22; 1 Juan 4:1).

Es evidente que no es específica en el Nuevo Testamento ninguna pauta completa para el gobierno eclesial. En realidad, había variedad según las necesidades, y al efecto, se establecieron principios para ejercer la autoridad y se proporcionaron ejemplos que posiblemente le sirvan de apoyo a cualquiera de los tres tipos históricos de gobierno eclesial. Hoy en día, en esencia, la mayor parte de las iglesias siguen una de estas tres pautas, aunque no sin modificaciones destinadas a adaptarlas al entendimiento y estilo de ministerio exclusivo de cada grupo. Aunque ninguno de estos sistemas es intrínsecamente correcto o incorrecto, parecería que cada uno de ellos tiene sus aspectos positivos y negativos.

Cualquiera que sea el sistema de gobierno eclesial que se escoja, hay varios principios bíblicos sobresalientes que deben reforzar toda estructura de gobierno. Siempre se debe reconocer y honrar a Cristo como la Cabeza suprema de la Iglesia. Si los cristianos pierden de vista esta verdad absoluta, ninguna forma de gobierno tendrá éxito. W.D. Davies ha afirmado con razón: "El criterio definitivo del Nuevo Testamento con respecto a todo orden en la Iglesia ... es que no usurpa el derecho a la corona que tiene el Redentor dentro de su Iglesia". Otro principio fundamental debe ser el reconocimiento de la unidad básica de la Iglesia. Ciertamente, es mucha la diversidad entre las creencias y las prácticas de las diferentes denominaciones (en realidad, incluso dentro de una misma denominación). Los valores culturales y tradicionales varían ampliamente. Sin embargo, y a pesar de todas las diferencias, el cuerpo de Cristo sigue siendo una "unidad en la multiplicidad",[2] y se debe poner gran cuidado en mantener la armonía y la unidad de propósitos dentro del pueblo de Dios.

Antes de terminar esta sección sobre el gobierno eclesial, es el momento para hablar de la estructura organizativa pentecostal. Muchos de los pioneros de esta fraternidad, desde su fundación, reaccionaron contra la posibilidad de un gobierno desde una fuerte autoridad central, que en algunos casos había despedido de su fraternidad original a aquéllos que habían sido llenos del Espíritu Santo, entre otras cosas, por constituir una amenaza al estado de cosas en aquellos momentos. Algunos de los primeros pentecostales no querían tener nada más que ver con lo que identificaban como la religión "organizada". Sin embargo, con el tiempo, muchos de los primeros líderes pentecostales vieron la necesidad de que existiese algún tipo de estructura a través de la cual se pudiese extender el mensaje de Pentecostés.

EL MINISTERIO DE LA IGLESIA

El sacerdocio de los creyentes

Una de las más importantes entre las doctrinas que recibieron atención especial durante la Reforma Protestante fue la del sacerdocio de los fieles: todos tenemos acceso a Dios por medio del sumo sacerdocio del propio Jesucristo. Una idea así, después de siglos de control del ministerio de la Iglesia por parte de la jerarquía católica romana, apasionó a muchos. A su vez comprendieron que Cristo les ha dado a todos los creyentes ministerios que realizar para el bien de todo el cuerpo de la fe.

Este concepto del sacerdocio de todos los creyentes está firmemente basado en las Escrituras. Al referirse a los creyentes, Pedro los describe como un "sacerdocio santo" (1 Pedro 2:5) y toma prestada del Antiguo Testamento la analogía de que la Iglesia es un "real sacerdocio" (1 Pedro 2:9). Juan describe a los creyentes como convertidos en "reyes [con poder real] y sacerdotes" para servir a Dios (Apocalipsis 1:6; véase también 5:10). Cualquiera que sea la posición o el desempeño de alguien en la vida, puede disfrutar de los privilegios y responsabilidades que tienen los que sirven al Señor como miembros de su Iglesia. Paul Minear se refiere al concepto neotestamentario de que los cristianos son "partícipes [gr. koinonói] del Espíritu Santo y ... del múltiple llamado que asigna el Espíritu". Esta comprensión pone de relieve que el ministerio es un llamado divino y universal al mismo tiempo. Saucy sugiere: "En realidad, el ministerio de la Iglesia es el ministerio del Espíritu, que se divide entre sus diversos miembros, contribuyendo cada uno con su don a la obra total de la Iglesia".[2] Los creyentes dependen de que el Espíritu los capacite y obre a través de ellos, pero la obra del Espíritu está a la disposición de todo creyente.

A lo largo de los siglos, la Iglesia ha tenido la tendencia a dividirse en dos categorías amplias: clero (gr. *kléros*, "parcela", esto es, la parcela de Dios, los escogidos) y laicado (gr. *laós*, "pueblo"). Sin embargo, el Nuevo Testamento no hace esta distinción tan marcada. Más bien, la "parcela" o *kléros* de Dios, su posesión propia, la componen todos los creyentes nacidos de nuevo, y no sólo un grupo escogido (véase 1 Pedro 2:9). Alan Cole afirma con razón que "todos los clérigos son laicos, y también todos los laicos son clérigos, en el sentido bíblico de estas palabras".

Puestos y funciones dentro del ministerio

Aunque el Nuevo Testamento insiste en la universalidad del ministerio dentro del cuerpo de Cristo, también indica que algunos creyentes son apartados de manera exclusiva para funciones concretas dentro del ministerio. Con frecuencia se menciona al respecto Efesios 4:11: "Y él mismo constituyó a unos, apóstoles; a otros, profetas; a otros, evangelistas; a otros, pastores y maestros". De esta manera se obtiene una lista de las que se han llamado en ocasiones "funciones carismáticas" (más bien "ministerios") de la Iglesia Primitiva. Se diferencian de ellos los "puestos administrativos" (obispo, anciano, diácono), de los que se hace mención especial en las últimas epístolas del Nuevo Testamento. Se han sugerido muchas otras formas de clasificar los diferentes puestos, o categorías, dentro del ministerio del Nuevo Testamento. Por ejemplo, H. Orton Wiley habla de un "ministerio extraordinario y de transición" y otro "ministerio normal y permanente"; Louis Berkhof prefiere "funcionarios extraordinarios" y "funcionarios ordinarios"; y Saucy usa correctamente los nombres más sencillos de "ministerios generales" y "funcionarios locales". El importante papel que desempeñaron los apóstoles, profetas y evangelistas en el ministerio de la Iglesia Primitiva está bien atestiguado en el Nuevo Testamento. Para cumplir con los fines del presente estudio, examinaremos aquellas posiciones que se consideran normalmente más ordinarias dentro de la vida de la iglesia local.

El cargo moderno de "pastor" parece coincidir con la posición bíblica de obispo (gr. *epískopos*), la de anciano (gr. *presbuteros*) o ambas. Dentro del contexto general del Nuevo Testamento, estos términos parecen ser usados de manera intercambiable. Berkhof sugiere que la Iglesia tomó prestada la palabra "anciano" o "presbítero" del concepto de los ancianos que eran los gobernantes de la sinagoga judía. Como lo indica el nombre, la palabra "anciano" se refería al pie de la letra con frecuencia a aquéllos que eran de más edad y respetados por su dignidad y sabiduría. A medida que pasó el tiempo, el término "obispo" se convirtió en el usado de manera más prominente para este cargo, porque subrayaba la función de "supervisión" que tiene el anciano.

El uso más amplio que se le da hoy al término "pastor" tiene que ver con la persona que tiene la responsabilidad espiritual y la supervisión de la iglesia local. Es interesante que sólo se utilice una vez el término griego *poimén* ("pastor") en una referencia directa al ministerio de pastor (Efesios 4:11). Sin embargo, el concepto o función de pastor aparece por todas partes en las Escrituras. Como lo sugiere el nombre, pastor es aquél que cuida de las ovejas. (Véase la descripción que hace Jesús de sí mismo como el "buen pastor", *ho poimén ho kalós*, en Juan 10:11ss.). La relación entre estos tres términos de "obispo", "presbítero" y "pastor" queda clara en Hechos 20. En el versículo 17, Pablo manda llamar a los ancianos (gr. *presbuteroi*) de la iglesia de Éfeso. Más adelante, dentro del mismo contexto, exhorta a los ancianos: "Mirad por vosotros, y por todo el rebaño en que el Espíritu Santo os ha puesto por obispos [gr. *epískopoi*]" (v. 28). En la oración inmediatamente siguiente, exhorta a los mismos que acaba de llamar obispos o supervisores a "apacentar" [gr. *poimáino*] la iglesia del Señor" (v. 28).

Las responsabilidades y funciones de los pastores en los tiempos actuales, como las de los pastores de la época neotestamentaria, son muchas y variadas. Los tres aspectos principales a los que se deben entregar los pastores son el gobierno (véase 1 Pedro 5:1–4), el cuidado pastoral (véanse 1 Timoteo 3:5; Hebreos 13:17) y la instrucción (véanse 1 Timoteo 3:2; 5:17; Tito 1:9). Con respecto a este último aspecto de su responsabilidad, se observa con frecuencia que los papeles de pastor y de maestro parecen tener mucho en común en el Nuevo Testamento. De hecho, cuando Pablo menciona estos dos dones de Dios a la Iglesia en Efesios 4:11, la forma en que aparece en griego la frase "pastores y maestros" (*poiménas kái didaskálus*) podría estar señalando a uno solo que cumple con ambas funciones; un "pastor-maestro". Aunque la función de "maestro" es mencionada en otros lugares separada de la de "pastor" (por ejemplo, Santiago 3:1), con lo que se indica que quizá no siempre se deban considerar como papeles sinónimos, todo pastor genuino tomará seriamente la obligación de instruir al rebaño de Dios. Se podría decir mucho con respecto a cada uno de estos aspectos de la responsabilidad pastoral, pero baste con decir que los pastores del rebaño de Dios deben guiarlo con su ejemplo, sin olvidar nunca que están cumpliendo las funciones de ayudantes de pastor junto a Aquél que es el verdadero Pastor y Supervisor de sus almas (1 Pedro 2:25). El dio el ejemplo de lo que es un líder-siervo (Marcos 9:42–44; Lucas 22:27).

Otro oficio o función ministerial, asociado con la iglesia local, es el de diácono (gr. *diákonos*). Este término está relacionado con el de *diakonía*, la palabra que usa con mayor frecuencia el Nuevo Testamento para describir el servicio cristiano normal. Usada ampliamente en las Escrituras, describe el ministerio del pueblo de Dios en general (Efesios 4:12), y también el ministerio de los apóstoles (Hechos 1:17, 25). Jesús mismo la utilizó para describir su principal propósito: "Porque el Hijo del Hombre no vino para ser servido [*diakonézenai*], sino para servir [*diakonésai*], y para dar su vida en rescate por muchos" (Marcos 10:45). Dicho sencillamente, los diáconos son siervos, o "ministros", en el sentido más auténtico de la palabra. Esto queda subrayado en la lista de cualidades necesaria para el papel de diácono que presenta Pablo en 1 Timoteo 3:8–13. Muchas de las cosas que se estipulan aquí son las mismas que se mencionan con respecto al oficio de obispo (o pastor), mencionado en los versículos anteriores (1 Timoteo 3:1–7).

En el pasaje de 1 Timoteo 3 acerca de los diáconos, la afirmación de Pablo en el versículo 11 sobre las mujeres (literalmente, "las mujeres asimismo sean serias", *gynáikas hosáytos semnás*) ha sido sujeto de diferentes interpretaciones. Algunas versiones prefieren traducir esto como una referencia a las esposas de los diáconos, lo cual sería una traducción aceptable. En cambio, otras prefieren traducir *gynáikas* simplemente como "mujeres", dejando abierta la posibilidad de que se trate de mujeres diáconos o diaconisas. Como siempre, la traducción de un término depende de su uso en el contexto; aquí, lamentablemente, el contexto no es lo suficientemente claro como para proporcionar una solución dogmática. Muchos comparan esto con la mención que hace Pablo de Febe como "diaconisa (gr. *diákonon*, lit. "siervo") de la iglesia" (Romanos 16:1). Una vez más, el contexto de Romanos 16 no nos proporciona evidencias suficientes para determinar si Pablo estaba llamando "diaconisa" a Febe, o si estaba diciendo sencillamente que tenía un valioso ministerio dentro de la iglesia, pero no uno que fuera cualitativamente distinto del realizado por otros siervos cristianos.

Tanto con respecto al versículo de Romanos 16, como al de 1 Timoteo 3, los eruditos están un tanto divididos en sus opiniones sobre la traducción correcta. De cualquier forma, la historia de la Iglesia nos proporciona evidencias de que había mujeres que funcionaban en la capacidad de diaconisas desde tiempos tan tempranos como el segundo siglo en adelante. Como observa un erudito: "El evangelio de Cristo le trajo a la mujer de los tiempos antiguos una nueva dignidad, no sólo dándole igualdad personal ante Dios, sino también parte en el ministerio".

Por ejemplo, Plinio el Joven le escribió al emperador Trajano en el año 112 para decirle que se había torturado a dos jóvenes cristianas a quienes llama "diaconisas". La *Didaskália* siria del tercer siglo resume las funciones de una diaconisa, que comprenden ayudar con el bautismo de las mujeres, ministrar a los que están enfermos y necesitan cuidado personal, etc.

LAS ORDENANZAS DE LA IGLESIA

La sección final de este capítulo explora un tema que ha sido el centro de considerables controversias en la historia de la doctrina cristiana. La mayor parte de los grupos protestantes están de acuerdo en que Cristo le dejó a la Iglesia dos observancias o ritos, que se debían incorporar a la adoración cristiana: el bautismo en agua y la Cena del Señor. (El protestantismo, siguiendo a los reformadores, ha rechazado la naturaleza sacramental de todos los ritos, con la excepción de los dos originales.) Desde los tiempos de Agustín, muchos han seguido esta idea de que tanto el bautismo como la Cena del Señor sirven como "señal externa y visible de una gracia interna y espiritual". El problema no está en si se deben practicar estos dos ritos, sino en cómo interpretar su significado (por ejemplo, ¿qué implica una "gracia interna y espiritual"?). Estos ritos históricos de la fe cristiana reciben normalmente el nombre de sacramentos u ordenanzas. Nuevamente, hay quienes usan estos términos de manera intercambiable, mientras que otros señalan que es importante tener una comprensión correcta de las diferencias entre estos conceptos para hacer una aplicación teológica exacta.

El término "sacramento" (del latín *sacramentum*) es más antiguo que el término "ordenanza" y, al parecer, tiene un uso más amplio. En el mundo antiguo, originalmente, el *sacramentum* era una suma de dinero depositada en un lugar sagrado por las dos partes envueltas en una litigación civil. Cuando la corte tomaba su decisión, se le devolvía su dinero a la parte ganadora, mientras que se le quitaba el suyo a la perdedora, como "sacramento" obligatorio; era considerado sagrado porque era ofrecido entonces a los dioses paganos. Al pasar el tiempo, también se aplicó el término "sacramento" al juramento de fidelidad que hacían los nuevos reclutas en el ejército romano. Ya en el segundo siglo, los cristianos habían adoptado este término y lo habían comenzado a asociar con su voto de obediencia y consagración al Señor. La Vulgata latina (alrededor del año 400) usó el término *sacramentum* para traducir el término griego *mystérion* ("misterio"), lo cual añadía una connotación más bien secreta o misteriosa a aquellas cosas consideradas "sagradas". De hecho, a lo largo de los años, los sacramentalistas han tendido en diversos grados a ver los sacramentos como unos ritos que les confieren gracia espiritual (con frecuencia, "gracia salvadora") a los que participan de ellos.

El término "ordenanza" también se deriva del latín (*ordo*, "una fila, o una orden"). Relacionada con los ritos del bautismo en agua y de la comunión, la palabra "ordenanza" sugiere que estas ceremonias sagradas fueron instituidas por un mandato u "orden" de Cristo. Él dispuso que se observaran en la Iglesia, no porque tuvieran unido ningún poder místico o gracia salvadora, sino más bien porque simbolizan lo que ya ha sucedido en la vida del que ha aceptado su obra salvadora.

Mayormente a causa de la connotación un tanto mágica que acompaña al uso de la palabra "sacramento", los pentecostales y evangélicos suelen preferir el término "ordenanza" para expresar lo que entienden ellos con respecto al bautismo y la Cena del Señor. Ya desde los tiempos de la Reforma, algunos pusieron objeciones al uso de la palabra "sacramentos", prefiriendo hablar de "señales" o "sellos" de la gracia. Tanto Lutero como Calvino utilizaron el término "sacramento", pero llamaron la atención sobre el hecho de que el uso que ellos hacían de él tenía un sentido teológico distinto al que implica originalmente la palabra. Felipe Melanchton, compañero de Lutero, prefería utilizar el término *signi* ("señales"). Hoy en día, algunos que no se consideran "sacramentalistas" (es decir, que no consideran que se administre la gracia salvadora a través de los sacramentos), siguen usando los términos "sacramento" y "ordenanza" como sinónimos. Se debe interpretar cuidadosamente el significado del término, según la importancia y las consecuencias que le atribuyen a la ceremonia los que participan de ella. Como algo dispuesto por Cristo, en lo que participamos tanto por su mandato como por su ejemplo, la mayoría de los pentecostales y evangélicos no consideran las ordenanzas como algo que produzca por sí mismo un cambio espiritual, sino más bien piensan que sirven como símbolos o formas de proclamar lo que Cristo ya ha efectuado espiritualmente en la vida del creyente.

El bautismo en agua

La ordenanza del bautismo en agua ha sido parte de la práctica cristiana desde los orígenes de la Iglesia. Esta práctica era una parte tan corriente de la vida en la Iglesia Primitiva, que F. F. Bruce comenta: "La idea de un cristiano sin bautizar es sencillamente algo que no se considera siquiera en el Nuevo Testamento". En realidad, hay otros ritos bautismales algo similares anteriores al cristianismo, entre los que se incluyen los existentes entre algunas religiones paganas y los existentes en la comunidad judía (para "prosélitos" gentiles, o convertidos al judaísmo). Antes del ministerio público de Cristo, Juan "el Bautista" insistió en un "bautismo de arrepentimiento" para aquéllos que quisiesen entrar en el reino prometido de Dios. A pesar de que hay algunas similaridades entre estos diversos bautismos, el significado y el propósito del bautismo cristiano los superan a todos.

Cristo marcó la pauta del bautismo cristiano cuando fue bautizado Él mismo por Juan al comienzo de su ministerio público (Mateo 3:13-17). Más tarde, les ordenó a sus seguidores que fuesen a todo el mundo e hiciesen discípulos, "bautizándolos en el nombre del Padre, y del Hijo, y del Espíritu Santo" (Mateo 28:19). Por tanto, fue Cristo quien instituyó la ordenanza del bautismo, tanto con su ejemplo como con su mandato.

Uno de los principales propósitos por los que se bautiza a los creyentes en agua, es que esto simboliza su identificación con Cristo. Los creyentes del Nuevo Testamento eran bautizados "en" (gr. *éis*) el nombre del Señor Jesús (Hechos 8:16), con lo que indicaban que estaban entrando en el ámbito del señorío soberano y la autoridad de Cristo. En el bautismo, el nuevo creyente "testifica que estaba en Cristo cuando Cristo fue juzgado por el pecado, que fue sepultado con Él, y que ha sido levantado a nueva vida en Él". El bautismo indica que el creyente ha muerto a la antigua forma de vivir y entrado en "novedad de vida" por medio de la redención en Cristo. El acto del bautismo en agua no es el que realiza esta identificación con Cristo, "pero la presupone y simboliza". De esta forma, el bautismo simboliza el momento en el cual alguien que anteriormente había sido enemigo de Cristo presenta "su rendición definitiva".

El bautismo en agua simboliza también que los creyentes se han identificado con el cuerpo de Cristo, la Iglesia. Los creyentes bautizados son iniciados en la comunidad de la fe y, al hacerlo, dan testimonio público ante el mundo de su fidelidad al pueblo de Dios. Ésta parece ser una de las razones más importantes por las que eran bautizados los creyentes del Nuevo Testamento casi inmediatamente después de su conversión. En un mundo que era hostil a la fe cristiana, era importante que los nuevos creyentes tomaran partido junto con los discípulos de Cristo y se integraran de inmediato en la vida total de la comunidad cristiana. Quizá una de las razones por las que el bautismo en agua no disfruta en muchas iglesias modernas del lugar de prominencia que tuvo en el pasado, sea que se separa con tanta frecuencia del acto de conversión. Recibir el bautismo es más que obedecer el mandato de Cristo; es algo relacionado con el acto de convertirse en discípulo suyo.

Históricamente, los tres métodos principales para el bautismo han sido la inmersión, la afusión (derramamiento) y la aspersión. La mayor parte de los expertos en Nuevo Testamento están de acuerdo en que el verbo *baptídzo* significa "sumergir". La *Didajé*, uno de los documentos cristianos más antiguos aparte del Nuevo Testamento, da las primeras indicaciones conocidas que permiten bautizar con otro método distinto a la inmersión. Después de dar instrucciones detalladas sobre el bautismo — que se debe usar "agua corriente", pero si no está disponible, se debe usar agua fría (y como última alternativa, agua caliente); que se debe emplear la fórmula trinitaria, etc. — la *Didajé* aconseja que si no hay agua suficiente para la inmersión, entonces se ha de "derramar agua sobre la cabeza tres veces 'en el nombre del Padre, del Hijo y del Espíritu Santo' ". La aspersión entró en uso ya en el tercer siglo, especialmente en los casos de bautismos clínicos (para las personas cercanas a la muerte que deseaban el bautismo cristiano). Aunque la inmersión es la forma generalmente aceptada entre los evangélicos (incluso los pentecostales), se pueden presentar ocasiones poco usuales y raras en las que es adecuado utilizar otro método; por ejemplo, al bautizar a una persona anciana o con impedimentos físicos. La forma de bautizar nunca debe volverse más importante que la identificación espiritual con Cristo en su muerte y resurrección, que es lo que simboliza el bautismo.

Una cuestión que ha causado considerables controversias en la historia cristiana es la relacionada con los candidatos adecuados al bautismo. ¿Debe la Iglesia bautizar a los infantes y a los hijos pequeños de sus miembros, o sólo a los creyentes; esto es, a los que pueden tomar consciente y racionalmente la decisión de aceptar a Cristo? Esta cuestión ha sido complicada, y se deriva mayormente de la comprensión que tenga cada cual del bautismo como sacramento o como ordenanza. ¿Conlleva gracia el acto en sí mismo (sacramento), o simboliza la gracia que ya ha sido dada (ordenanza)? Se han utilizado argumentos tomados de los primeros padres de la Iglesia, tanto a favor como en contra del bautismo de infantes. Por ejemplo, en el tercer siglo, Orígenes afirmaba que "la Iglesia había recibido una tradición de administrarles el bautismo aun a los infantes". Sin embargo, al mismo tiempo, Tertuliano daba razones contra el bautismo de infantes y de niños: "¿Por qué se apresura la edad de la inocencia a asegurarse el perdón de los pecados?" Afirma además Tertuliano: "Así que esperemos a que vengan cuando sean mayores, cuando puedan aprender, cuando se les pueda enseñar en cuál momento venir; que se conviertan en cristianos cuando sean capaces de conocer a Cristo". La mayor parte de las afirmaciones hechas por los Padres de la Iglesia con respecto a este tema no son lo suficientemente explícitas para determinar con certeza las actitudes de la Iglesia antigua sobre este tema. Muchos de los argumentos que han utilizado ambas partes son argumentos tomados del silencio y las conjeturas, y se podrían usar en uno u otro sentido.

Desde los tiempos medievales, muchos cristianos han practicado el bautismo de infantes. Generalmente, se lo ha apoyado a base de tres argumentos principales. El primero es la sugerencia de que el bautismo de infantes es la contrapartida neotestamentaria a la circuncisión del Antiguo Testamento. Como tal, es considerado un rito de iniciación a la comunidad de creyentes del pacto, que les concede a los bautizados todos los derechos y las bendiciones de las promesas del pacto. Aunque al parecer este paralelo es magnífico, carece de apoyo bíblico sólido. En Gálatas 6:12–18 queda claro que la Biblia no sustituye la circuncisión con el bautismo.

El segundo argumento usado para apoyar el bautismo de infantes apela a los bautismos de las "casas" en la Biblia, lo que llama Joachim Jeremías "la fórmula *óikos*". Por ejemplo, se infiere que pasajes como Hechos 16:15 (la casa de Lidia), Hechos 16:33 (la casa del carcelero de Filipos) y 1 Corintios 1:16 (la casa de Estéfanas) significan que al menos en alguna de aquellas casas había infantes o niños pequeños entre los que fueron bautizados. Nuevamente, este argumento está apoyado mayormente en el silencio, y se basa en lo que se conjetura, más que en lo que se afirma. De igual manera se podría deducir que los lectores de la Biblia habrían entendido que en estos bautismos de casas enteras se incluía solamente a aquéllos que hubiesen aceptado personalmente a Cristo como Salvador, porque todos "creyeron" y todos "se regocijaron" (Hechos 16:34).

Un tercer argumento utilizado con frecuencia es que el infante nace con la culpa del pecado original y tiene necesidad de recibir el perdón, que le llega por medio del bautismo. Sin embargo, esta idea se basa sobre todo en la noción de que los humanos heredamos el pecado de una manera biológica (por oposición a la idea de que se atribuye de manera representativa) y que el bautismo tiene el poder de realizar una especie de regeneración sacramental. Con respecto a la remisión del pecado original en el bautismo, Oliver Quick hace una interesante observación: "Hasta donde nos indica la experiencia, las tendencias pecaminosas o los defectos espirituales de un niño bautizado y de otro sin bautizar son prácticamente los mismos".

Como sugerimos anteriormente, la mayoría de los que sostienen que el bautismo es una ordenanza, y no un sacramento, consideran que el bautismo sólo fue pensado para los creyentes nacidos de nuevo. Además, debemos señalar que incluso algunos de los más prominentes entre los teólogos no evangélicos de los tiempos modernos han rechazado también la práctica del bautismo de infantes. El bautismo simboliza una gran realidad espiritual (la salvación) que ha revolucionado la vida del creyente; no obstante, nunca se debe elevar el símbolo en sí al nivel de esa realidad superior.

La Cena del Señor

La segunda ordenanza de la Iglesia es la Cena del Señor o Santa Comunión. Como el bautismo, esta ordenanza ha formado parte integral del culto cristiano desde el ministerio terrenal de Cristo, cuando Él mismo instituyó este rito en la noche en que fue traicionado, durante la cena de la Pascua. La Cena del Señor tiene algunas contrapartidas comparables en otras tradiciones religiosas (como la Pascua judía, y otras religiones antiguas que tenían un tipo de cena sacramental para identificarse con sus deidades), pero va mucho más allá que ellas en cuanto a significado e importancia.

Siguiendo las indicaciones de Jesús, los cristianos participan de la Santa Cena en "memoria" de Él (Lucas 22:19-20; 1 Corintios 11:24-25). Es posible que el término que traducimos como "memoria" (gr. *anámnesis*) no signifique lo que pensamos. Mientras que hoy en día recordar algo es pensar en alguna ocasión del pasado, la manera en que el Nuevo Testamento entiende la *anámnesis* es exactamente la opuesta. El propósito de este recuerdo era "transportar una acción que está enterrada en el pasado de una manera tal, que no se pierdan su potencia y vitalidad originales, sino que sean traspasadas al presente". Este concepto se halla reflejado incluso en el Antiguo Testamento (véanse Deuteronomio 16:3; 1 Reyes 17:18).

Quizá se pueda sugerir que en la Cena del Señor hay un sentido triple del recuerdo: pasado, presente y futuro. La Iglesia se reúne como un solo cuerpo en la mesa del Señor, para recordar su muerte. Los mismos elementos que es típico utilizar en la Santa Cena son representativos del sacrificio máximo de Cristo: dar su cuerpo y su sangre por los pecados del mundo. Hay también un sentido presente de comunión con Cristo en su mesa. La Iglesia no se reúne a proclamar a un héroe muerto, sino a un Salvador resucitado y vencedor. La frase "la mesa del Señor" sugiere que Él se halla a cargo de todo, como el verdadero anfitrión de la cena, con la connotación del sentido de que los creyentes están seguros y tienen paz en Él (véase Salmo 23:5). Finalmente, hay un sentido futuro de recuerdo en que la comunión presente del creyente con el Señor no es la definitiva. En este sentido, la Cena del Señor tiene una dimensión escatológica, puesto que se toma mientras se espera su regreso y la reunión eterna de la Iglesia con Él (véanse Marcos 14:25; 1 Corintios 11:26).

La comunión con Cristo denota además una comunión con su cuerpo, la Iglesia. La relación vertical que los creyentes tienen con el Señor se ve complementada con su relación horizontal los unos con los otros; el amor a Dios está vitalmente asociado con el amor a nuestro prójimo (véase Mateo 22:37–39). Esta comunión verdadera con nuestros hermanos y hermanas exige necesariamente la superación de todas las barreras (social, económica, cultural, etc.) y la corrección de todo aquello que pudiese destruir la unidad verdadera. Sólo entonces podrá la Iglesia participar genuinamente (o tener *koinonía*) en el cuerpo y la sangre del Señor, y ser realmente un cuerpo (1 Corintios 10:16–17). Pablo hace resaltar vívidamente esta verdad en 1 Corintios 11:17–34. Una de las cosas que quiere destacar el apóstol en este pasaje es que los creyentes necesitan examinar su conducta espiritual y sus motivaciones antes de participar en la Cena del Señor; no sólo con respecto al propio Señor, sino también con respecto a los demás miembros del cuerpo de Cristo.

Puesto que la Cena del Señor es una verdadera comunión entre los creyentes, la mayor parte de las iglesias en las tradiciones pentecostal y evangélica practican la comunión abierta. Esto significa que todos los creyentes nacidos de nuevo, cualesquiera que sean sus diferencias menos importantes, son invitados a unirse con los santos en comunión con el Señor ante su mesa.

Aunque la mayor parte de los cristianos están de acuerdo en que el Señor está presente en su mesa, esto es interpretado de muchas maneras diferentes. La mayoría piensan sobre este tema en línea con una de estas cuatro tradiciones: católica romana, luterana, zwingliana o calvinista (reformada). Presentaremos brevemente cada una de ellas.

La doctrina católica romana, adoptada oficialmente en el Cuarto Concilio Laterano (1215) y reafirmada en el Concilio de Trento (1551) es conocida como transubstanciación. Este punto de vista enseña que cuando el sacerdote bendice y consagra los elementos de pan y vino, se produce un cambio metafísico transformador, de tal manera que el pan se convierte en el cuerpo de Cristo y el vino en su sangre. Usamos el término "metafísico" porque la iglesia católica enseña que las apariencias, el sabor, etc., de los elementos (o sus "accidentes") permanecen los mismos, pero la presencia interior, o sustancia metafísica, ha quedado transformada. Tomando una interpretación muy literal de las palabras de Jesús "Esto es mi cuerpo ... esto es mi sangre" (Marcos 14:22–24), los católicos creen que todo Cristo está plenamente presente dentro de la sustancia de los elementos. Por consiguiente, el que consuma la hostia consagrada estará recibiendo expiación de sus pecados veniales; esto es, perdonables (a diferencia de los pecados mortales).

Un segundo punto de vista parte de las enseñanzas de Martín Lutero. En su juventud, mientras celebraba su primera misa como sacerdote católico, Lutero llegó a las palabras que anunciaban que se estaba presentando un nuevo sacrificio de Cristo: "Te ofrecemos a ti, Dios vivo, verdadero y eterno". En sus propias palabras, Lutero se quedó completamente estupefacto y aterrorizado.

¿Quién soy yo, para atreverme a levantar los ojos o las manos hacia la Majestad divina? Yo, un miserable e insignificante pigmeo, voy a decir "Quiero esto; pido aquello"? Porque soy polvo y ceniza, y lleno de pecado, y le estoy hablando al Dios vivo, eterno y verdadero.

Al darse cuenta de que ningún humano tiene el poder sacerdotal para efectuar la conversión del pan y el vino en el cuerpo y la sangre de Cristo, Lutero iba camino de su rompimiento definitivo con la Iglesia Católica Romana, y con su doctrina de la transubstanciación. Aunque rechazó otras facetas de la doctrina católica con respecto a la Cena del Señor, Lutero no rechazó totalmente la idea de que el cuerpo y la sangre del Señor están "con, en y bajo" las especies de pan y vino, una doctrina que más tarde sería conocida con el nombre de "consubstanciación". Quizá podríamos decir que este punto de vista, como el concepto católico de la transubstanciación, sigue siendo altamente sacramental; tomando aún demasiado literalmente las palabras figurativas de Cristo con respecto a su cuerpo y su sangre.

Un contemporáneo de Lutero que difirió extensamente de él en su comprensión de la presencia de Cristo en la comunión, fue Ulrico Zwinglio. La posición de Zwinglio es mejor conocida hoy como el punto de vista memorial. Insiste en que la Cena del Señor es un rito que conmemora la muerte del Señor y su eficacia para el creyente. En este sentido es una señal que señala al Calvario. Zwinglio rechazó toda noción de una presencia física de Cristo en su mesa (ya fuese transformado en los elementos, o unido a ellos) y enseñó, en cambio, que Cristo estaba espiritualmente presente para los de la fe. Muchos de los seguidores de Zwinglio rechazaron tan fervientemente la idea de la presencia física de Cristo que, de hecho, rechazaron hasta el concepto de que Cristo estuviese espiritualmente presente en el culto de Santa Cena. Por esa razón, la mayoría de los que siguen este concepto tienden a subrayar solamente que la Cena del Señor es una ceremonia conmemorativa en la cual el creyente recuerda la obra expiatoria de Cristo.

El cuarto punto de vista principal sobre la Cena del Señor es el concepto calvinista, o reformado. Al igual que Zwinglio, Juan Calvino rechazaba toda noción de una presencia física de Cristo en los elementos, o con ellos. Sin embargo, más que Zwinglio, Calvino insistió grandemente en la presencia espiritual de Cristo en su mesa. Ésta era comprendida como una presencia dinámica (similar al significado del término griego *anámnesis*) por medio del poder del Espíritu Santo. El punto de vista reformado insiste en que la eficacia del sacrificio y muerte de Cristo es aplicada y hecha significativa al creyente que participa en la Santa Cena con una actitud de fe y confianza en Cristo.

Además de estos cuatro puntos de vista principales sobre la Cena del Señor, los cristianos contemporáneos sostienen muchas modificaciones y combinaciones de ella. Esto es especialmente evidente dentro de los movimientos pentecostal y carismático; la comprensión teológica de muchos de sus miembros ha recibido una fuerte influencia de su asociación anterior con cuerpos eclesiales más tradicionales o litúrgicos. Es probable que la mayor parte de los pentecostales se sientan más cómodos teológicamente con las posiciones expresadas por los puntos de vista de Zwinglio o de los reformados. En todo caso, los cristianos de hoy deben tomar en serio la insistencia y la instrucción de la Biblia en cuanto a ambas ordenanzas, el bautismo en agua y la Cena del Señor, y deben regocijarse de que su significado sigue siendo tan importante y aplicable como lo fue para la Iglesia del Nuevo Testamento.

PREGUNTAS DE ESTUDIO

1. Defina el significado del término *ekklesía*. ¿Le parece que el significado de este término describe con exactitud a la Iglesia moderna? Explique su respuesta.

2. Explique las similaridades y diferencias entre la iglesia local y visible, y la Iglesia universal e invisible. Al describir a la Iglesia universal, ¿por qué es importante distinguir el término "universal" de los términos relacionados "ecuménica" y "católica"?

3. ¿En qué sentidos es similar la Iglesia al reino de Dios, y en qué sentidos es diferente a él?

4. Haga una breve sinopsis de la historia de la Iglesia, desde los tiempos del Nuevo Testamento y a través de la época patrística, la Edad Media y los períodos de la Reforma y la post-reforma. ¿En qué sentidos importantes ha cambiado la Iglesia durante la historia, y en qué otros ha permanecido igual?

5. La imagen bíblica de la Iglesia como el cuerpo de Cristo sugiere que la Iglesia es una "unidad en la diversidad". ¿Qué quiere decir esto? Dé algunos ejemplos de cómo se puede notar esto en su propia iglesia local.

6. Explique el significado de estos términos con los que el Nuevo Testamento identifica al pueblo de Dios: elegidos, santos, creyentes, hermanos, discípulos.

7. Describa brevemente las facetas principales de los tres tipos básicos de gobierno eclesial. Describa por lo menos un aspecto positivo y otro negativo de cada tipo. ¿Qué forma de gobierno prefiere usted, y por qué?

8. En este capítulo se estudiaron cuatro aspectos primarios de la misión, o razón de ser de la Iglesia. A partir de su propia experiencia, ¿le parece que su iglesia local está debidamente comprometida en estos cuatro aspectos de su misión? ¿Hay otros aspectos que le parece que se deberían añadir a estos cuatro?

9. ¿Es aceptable que se bautice en agua a los infantes y a los niños muy pequeños? ¿Les deberían negar los líderes de la iglesia local los elementos de la Cena del Señor a los que no son salvos? Dé las razones de su posición en estos dos temas.

La misión de la Iglesia

Todo estudio sobre la misión de la Iglesia lleva a los que participan en él a considerar los cimientos mismos sobre los que edifican su identidad. Ciertamente, los pentecostales se han hecho notar por su respuesta obediente a la misión redentora encomendada a todos los cristianos. No obstante, cada generación debe alcanzar una nueva valoración de la misión y los propósitos alrededor de los cuales ha de centrar su identidad.

Nuestra perspectiva sobre la Iglesia y su misión está profundamente enraizada en nuestra experiencia con Cristo y con el Espíritu Santo. Sugerir que podemos alejarnos de la influencia de este encuentro espiritual y limitarnos a teorizar acerca de la Iglesia y de su misión, equivale a quitar de nuestro llamado una parte esencial. Aunque otras tradiciones religiosas puedan ver aún al movimiento pentecostal como centrado principalmente en las experiencias, no debemos permitir que esto arroje sombras sobre la obra soberana de Dios que ha hecho su entrada en el mundo nuevamente en el siglo veinte. El Espíritu ha capacitado benévolamente a nuestro movimiento para que permanezca firme como testimonio de la capacitación necesaria para que la Iglesia sea vehículo de la misión redentora de Dios.

UNA COMPRENSIÓN BÍBLICA DE LA MISIÓN

Aunque los temas del poder de Pentecostés y de la misión sean importantes dentro de nuestra reflexión sobre la Iglesia, la comprensión verdaderamente bíblica de la misión deberá edificar sus fundamentos en la Escritura entera. Desde la creación hasta la consumación, la Biblia presenta la reconciliación como algo central dentro de la personalidad de Dios. La misión de Dios en cuanto a reconciliarse con la humanidad, presentada con autoridad en las Escrituras, revela la fuente de nuestra motivación primaria con respecto a la misión de la Iglesia.

Fundamentos en el Antiguo Testamento

El Antiguo Testamento nos da las imágenes iniciales de un Dios que busca redimir a un pueblo que refleje su gloria. La historia temprana del pueblo de Dios está situada dentro del contexto de "las naciones" (Génesis 12:3; 22:17). Esto es profundamente significativo para el desarrollo del intento redentor de Dios con respecto a la humanidad.

Génesis 1:26–28 revela que esa humanidad fue creada a imagen de Dios. Aunque este hecho exija una amplia explicación, para nuestro propósito actual, hay dos elementos clave que son evidentes: (1) Hemos sido creados para tener comunión con Dios. (2) Tenemos la responsabilidad — evidente a partir de la realidad de que fuimos hechos a imagen suya — de mantener nuestra relación con Dios. Toda la raza humana comparte un origen y una dignidad comunes, debido a sus raíces comunes. Nunca podremos pensar en el mundo sin ver a Dios como el Dios de toda la humanidad. Nosotros estamos sujetos a Él y vivimos en la esfera de su actividad redentora.

El Génesis (del capítulo 1 al 11) recoge los principios de la historia; el Apocalipsis revela su culminación. El carácter redentor de Dios se halla siempre presente en el tema de la salvación; un tema que se abre paso a través de la complejidad de la historia y tendrá su punto culminante cuando una cantidad incontable de seres humanos de toda "tribu y lengua" se reúnan alrededor del trono de Dios (Apocalipsis 5:9–10; 7:9–17).

En el relato sobre la familia de Abraham, vemos el comienzo del alcance mundial de la redención (Génesis 12:1–3). Dios no escogió a un hombre o a un pueblo, excluyendo al resto de la humanidad. Al contrario; Abraham e Israel fueron escogidos a fin de que sirviesen como medio para traer bendición a todos los pueblos de la tierra (Génesis 12:3). Las relaciones de Dios con Abraham e Israel tenían por propósito expresar sus intenciones redentoras sobre todas las naciones.

Israel, el pueblo de Dios en el Antiguo Testamento, tenía todo un historial de olvidos con respecto a por qué Dios lo había escogido. Su orgullo se convirtió en fuente de numerosas tragedias. Dios usaba continuamente líderes proféticos inspirados por su Espíritu para recordarles su propia identidad como "luz de las naciones" (Isaías 49:6). En Éxodo 19:4-6 se describe a Dios rescatando a Israel de Egipto como un águila que supervisa a sus aguiluchos mientras éstos aprenden a volar. Israel era una "posesión atesorada". La tierra entera es del Señor, pero Israel debía ser "un reino de sacerdotes y una nación santa"; santa, en el sentido de haber sido separada para Dios, a fin de llevar a cabo su propósito de bendecir a todas las naciones.

En un pasaje paralelo (Deuteronomio 7:6-8), Dios le recuerda a su pueblo que no se ha ganado esta posición debido a su grandeza, ni en cuanto a cantidad, ni en cuanto a calidad. Ellos eran su posesión atesorada por decisión y gracia de Él, y porque Él es amor. Por ser el pueblo santo de Dios, ellos debían manifestar su amor. Por consiguiente, su amor hacía de ellos "un reino de sacerdotes". En este pasaje, Dios les estaba recordando su misión. El pueblo de Dios debía funcionar en nombre de Dios, con un papel mediador ante las naciones. Como "nación santa", deberían estar totalmente entregados a los propósitos para los cuales habían sido escogidos y situados. Su identidad tenía como única fuente el amor de Dios, y su razón de ser no tenía otro origen, más que el que había definido el Señor.

Hay otro pasaje del Antiguo Testamento que nos da una clara perspectiva de las intenciones de Dios con respecto a su pueblo. El Salmo 67 es un salmo misionero; una oración donde se pide a Dios que tenga a bien bendecir a su pueblo. Las bendiciones de Dios les demostrarían a las naciones que Él es misericordioso. Su salvación se daría a conocer y todas las naciones de la tierra se unirían en gozosa alabanza. Es probable que se acostumbrara cantar este salmo en conexión con la bendición del sumo sacerdote (véase Números 6:24-26). Aquí vemos un mensaje para el pueblo de Dios del Antiguo Testamento y para la Iglesia de hoy: Dios le da a su pueblo el papel central en la tarea mediadora de proclamar y manifestar su nombre (es decir, su personalidad) y su salvación ante las naciones.

El pueblo de Dios ha sido llamado (1) a proclamar su plan ante las naciones (Génesis 12:3; véase lo dicho anteriormente); (2) a participar en su sacerdocio como agentes de bendición para las naciones (Éxodo 19; Deuteronomio 7); y (3) a manifestar sus propósitos ante las naciones (Salmo 67).

El Siervo de Yahwé

La misión redentora de Dios, que se ve con claridad máxima en Jesucristo, debe ser contemplada contra el telón de fondo de lo que Dios ya había estado haciendo a lo largo de todo el período de preparación y expectación del Antiguo Testamento. En Isaías 49:3-6, este aspecto es presentado con gran fuerza. En el versículo 3 se le llama "Israel" al Siervo; sin embargo, aquí no se puede tratar de la nación de Israel, puesto que el propósito de Dios es utilizar al Siervo para traer la restauración *a Israel* (v. 5). Dios también le dice al Siervo: "También te di por luz de las naciones, para que seas mi salvación hasta lo postrero de la tierra" (v. 6). El Espíritu Santo estaba sobre Simeón cuando éste tomó a Jesús niño en sus brazos y alabó a Dios por Él, como el cumplimiento de Isaías 49:6 (Lucas 2:25–32). Jesús puso esa misión en manos de sus seguidores en Lucas 24:47–48 y Hechos 1:8, ordenándoles además que esperaran la promesa del Padre de que recibirían poder de lo alto. El mismo versículo (es decir, Isaías 49:6) dio mayor apoyo al envío de la salvación de Dios a los gentiles (Hechos 28:28).

Por tanto, la encarnación de Cristo manifestó en carne humana la personalidad reconciliadora de Dios. En su soberana gracia, Dios trata de restaurar su creación a sí mismo. La identidad y misión de la Iglesia están enraizadas en quién es Jesucristo, y en lo que Dios ha realizado a través de Él. Al tratar de comprender a la Iglesia y su misión, siempre debemos regresar a la misión redentora, articulada y modelada con tanta claridad por Jesucristo, el Hijo unigénito de Dios.

Vemos en Jesucristo el testimonio más fundamental a favor del reino de Dios. Su reinado fue personificado en Jesús, como vemos en su ministerio y sus milagros. Su vida, muerte y resurrección nos dan la seguridad de que cuando Él regrese, hará añicos el orgullo y la autonomía que han destruido las relaciones, tanto entre las naciones como entre las personas. En Jesús vemos el poder de Dios que algún día neutralizará el dominio de los reinos humanos para llenar el mundo con un dominio de justicia. El reino, o gobierno de Dios a través de la vida y el ministerio de Jesús — reveló su poder para destruir cuanto intente el pecado a fin de estrangular a la humanidad. Éste es el fundamento de la misión mundial de la Iglesia en la era presente.[2]

Debemos entender la proclamación de las buenas nuevas del reino de Dios hecha por Jesús en función del pacto con Abraham, en el que se declara el propósito divino de bendecir a todos los pueblos de la tierra (Génesis 12:3). Jesús no dejó lugar a dudas sobre la entrada del reino de Dios en la historia, aunque su consumación se halle aún en el porvenir (Mateo 24:14). Puesto que este reino se manifiesta ahora a derecha del trono del Padre, donde Jesús ha sido exaltado y está intercediendo por nosotros (Hechos 2:33–34; Efesios 1:20–22; Hebreos 7:25; 1 Juan 2:1) y desde donde "ha derramado" el Espíritu Santo prometido (Hechos 2:33), la Iglesia puede seguir adelante con toda confianza. El testimonio autorizado a favor del ministerio terrenal de Cristo que aparece escrito en los evangelios, nos ayuda a comprender dónde hallaremos nuestra razón de ser y cómo haremos para ofrecer nuestros servicios dentro de la misión de Cristo.

Esencial para toda comprensión de la Iglesia y de su misión es estar consciente de que todo intento de ministrar en el nombre de Cristo debe ser una réplica de su ministerio, sus propósitos, su personalidad y su poder. Nuestro ministerio sólo es legítimo si es un representante genuino del ministerio de Cristo. Todo esfuerzo presentado como ministerio suyo deberá reflejar sus propósitos redentores eternos. Cristo camina entre nosotros con la intención de ministrarles a los pueblos descarriados, quebrantados, cautivos y oprimidos del mundo. Ser cristiano es preguntar dónde está obrando Cristo entre nosotros y cómo nos podemos unir a su labor. Ese propósito eterno es la única causa digna de que nos unamos a ella, y de guiar hacia delante al pueblo de Dios.

Fundamentos en el Nuevo Testamento

El Nuevo Testamento recoge el testimonio, no sólo del ministerio terrenal de Cristo, sino también del surgimiento de la Iglesia como la expresión más plena del pueblo de Dios. Los temas que hallamos en las Escrituras son numerosos y proporcionan con facilidad adecuado apoyo para cualquier intento serio por hacer una reflexión teológica sobre la misión de la Iglesia. Hay varios textos clave que nos proporcionan un lugar donde empezar.

La orden con respecto a la misión la encontramos en los cuatro evangelios y en el libro de Hechos. Jesús, puesto que se le había entregado toda autoridad en el cielo y en la tierra, dijo: "Por tanto, id, y haced discípulos a todas las naciones, bautizándolos en el nombre del Padre, y del Hijo, y del Espíritu Santo; enseñándoles que guarden todas las cosas que os he mandado; y he aquí yo estoy con vosotros todos los días, hasta el fin del mundo" (Mateo 28:18–20).

La palabra traducida "id" (gr. *poreyzéntes*) no es un mandato. Al pie de la letra, significa "habiendo ido". Jesús da por supuesto que los creyentes irán, ya sea por causa de un llamado, o por descansar, o por la persecución. El único mandato que aparece en el pasaje es "haced discípulos" (gr. *mazetéysate*), lo cual comprende bautizarlos y seguirles enseñando continuamente.

Marcos 16:15 también recoge este mandato: "Habiendo ido por todo el mundo, proclamad [anunciad, declarad y manifestad] las buenas nuevas a toda la creación" (traducción literal).

Lucas 24:45 nos dice cómo Jesús les abrió el entendimiento a sus seguidores "para que comprendiesen las Escrituras". Entonces les dijo: "Así está escrito, y así fue necesario que el Cristo padeciese, y resucitase de los muertos al tercer día; y que se predicase en su nombre el arrepentimiento y el perdón de pecados en todas las naciones, comenzando desde Jerusalén" (Lucas 24:46–47). Sin embargo, tenían que esperar hasta que Jesús les enviara lo que el Padre había prometido, de manera que estuviesen "investidos de poder desde lo alto" (Lucas 24:49).

Jesús dijo también que una de las razones por las que enviaría al Espíritu era porque Él convencería al mundo "de pecado, de justicia y de juicio" (Juan 16:8). Entonces, cuando los discípulos lo vieron resucitado, el Señor les encomendó su misión, diciéndoles: "Como me envió el Padre, así también yo os envío" (Juan 20:21). Con todo, ellos no tendrían que ir en su propia fortaleza. Las palabras finales de Jesús antes de su ascensión confirmarían que aquella orden se debería cumplir en el poder del Espíritu (Hechos 1:8). Por medio de ellos, el Espíritu haría la obra de convencer al mundo.

Más tarde, el apóstol Pablo describió cómo ha de entenderse la Iglesia a sí misma, y cómo debe entender su misión (2 Corintios 5:17–20). El versículo 17 afirma que ha venido el reinado de Cristo con gran poder; que ha amanecido la aurora de la nueva era de victoria en la reconciliación. Los versículos 18–20 indican con claridad que ahora los creyentes, quienes son llamados "embajadores de Cristo", hacen palpable la victoria de éste. Pablo describe a una Iglesia cuyos miembros, por medio de sus acciones, manifiestan ante el mundo lo que significa reconciliarse con Dios. Demanda que la Iglesia, por medio de su vida corporativa, manifieste ante el mundo la personalidad de Dios, un Dios de reconciliación. Con firmeza e iniciativa, como embajadores de Cristo, debemos llamar a la humanidad a la reconciliación con Dios. Nuestra misión como Iglesia halla su importancia en el hecho de compartir con un mundo agonizante a un Dios cuyo propósito es tener "un pueblo en cada pueblo".

En Efesios Pablo describe a la Iglesia como centrada en su misión. Echa a un lado todo intento por parte de los cristianos de concebir a la Iglesia y su misión como un simple programa; esto es, unas misiones en el extranjero y en la nación que se deben tratar sólo con una insistencia protocolaria, sin que tengan prioridad alguna sobre incontables programas más. En Efesios se presenta una nueva y vibrante comunidad de personas que reflejan el reinado de su Rey victorioso en todos los aspectos de sus relaciones. A esta comunidad de creyentes no se le deja la tarea de preguntarse para qué han sido llamados y capacitados sus miembros. Los creyentes están íntimamente relacionados con el Dios del que dan testimonio (Efesios 1:9–10). Están unificados en la identidad que el mismo Señor Jesucristo le dio a la comunidad. Su preocupación principal es su única gran razón de ser: continuar la misión reconciliadora de Cristo, para cuya extensión la Iglesia ha recibido ahora poder.

Pablo destaca el hecho de que todas nuestras consideraciones acerca de la Iglesia y de su misión no son simples abstracciones; sencillamente, unos temas sobre los cuales se debe hablar o discutir. La Iglesia es una comunidad visible que refleja la misión de un Dios reconciliador. La Iglesia debe ser la "hermenéutica del evangelio"; el lugar donde la gente pueda ver el evangelio representado en vivos colores (2 Corintios 3:3). Nos podríamos preguntar cómo se puede hacer que el evangelio sea tan digno de crédito y tan poderoso, que la gente llegue a creer realmente que un hombre que estuvo colgado de una cruz tiene la última palabra en los asuntos humanos. Sin duda alguna, la única respuesta — la única hermenéutica del evangelio — es una congregación de seres humanos que lo crean y vivan de acuerdo a él (Filipenses 2:15–16). Esto equivale a decir que sólo una Iglesia en misión puede dar una respuesta adecuada a la necesidad de reconciliación por la que clama el mundo sin saberlo.

La primera epístola de Pedro hace de la Iglesia un tema prominente. En el capítulo segundo, Pedro toma libremente diversos temas del Antiguo Testamento y se los aplica a la Iglesia. En los versículos 9 y 10 se refiere a pasajes del Antiguo Testamento en Deuteronomio y en Éxodo (sobre los que hemos hablado brevemente con anterioridad en este capítulo). La Iglesia debe ser un despliegue corporativo de reconciliación; esto es, un sacerdocio real. La Iglesia es un pueblo santo separado para una misión bien definida. Los creyentes proclaman la buena nueva de que Dios los ha redimido de las tinieblas de la autodestrucción y del dominio de Satanás. Ahora se encuentran en la luz divina, que revela su identidad y razón de ser como pueblo de Dios. En estos versículos, Pedro sintetiza su concepto de la Iglesia y de su misión. La misión de la Iglesia se apoya en la misión de Dios de reconciliar a la humanidad consigo mismo. La Iglesia declara en medio de todos los pueblos lo que Dios ha hecho en Jesucristo. Pedro casi parece estar recordando la admonición del Salmo 96:3: "Proclamad entre las naciones su gloria, en todos los pueblos sus maravillas."

Se ve con claridad que el Nuevo Testamento presenta a una comunidad capacitada por el Espíritu para continuar la misión divina de reconciliación. Con Cristo y el Espíritu, la Iglesia ya ha comenzado su existencia como el pueblo de Dios que no sólo tiene raíces en el pasado, sino también, lo que es más importante, centra su atención en el futuro. Esta última dimensión les da una sensación de seguridad y arrojo a los miembros del pueblo de Dios mientras viven a plenitud la *koinonía* ("comunión", "amistad") del Espíritu y dan a nivel mundial un poderoso testimonio a favor de las buenas nuevas de Jesucristo.

EL PODER PARA LA MISIÓN

Central dentro de una comprensión de sí mismo por parte del cristiano, se encuentra la afirmación profundamente enraizada de que la misión de reconciliación para la que nos capacita el Espíritu Santo nos proporciona la esencia de nuestra identidad: Somos un pueblo llamado y capacitado (Hechos 1:8) para compartir con Cristo el trabajo dentro de su misión redentora. Entonces, lo que significa ser pentecostal se halla al menos parcialmente incorporado dentro de una evaluación de la naturaleza y las consecuencias del bautismo pentecostal, tal como aparece en Hechos 2. Históricamente, los pentecostales han afirmado que este don del día de Pentecostés, prometido a todos los creyentes, es un don de poder para cumplir una misión. A los pentecostales se les llama así, afirma el misionólogo pentecostal Melvin Hodges, porque creen que el Espíritu Santo viene hoy a los creyentes, tal como lo hizo con los discípulos en el día de Pentecostés. Este encuentro nos proporciona la guía y la presencia capacitadora del Espíritu. En las consecuencias se incluye una manifestación evidente de su poder para redimir y para llevar adelante la misión de Dios.[2]

El significado del poder de Pentecostés

El día de Pentecostés les trajo consigo a los discípulos de parte de Jesús el don del poder del Espíritu. Este derramamiento prometido del poder del Espíritu sobre los que estaban esperándolo les hizo posible seguir haciendo y enseñando aquellas cosas "que Jesús comenzó a hacer y a enseñar" (Hechos 1:1–2). El don del Espíritu sugiere que los cristianos fueron capacitados el día de Pentecostés con la misma unción que había recibido Jesús para su misión. Este derramamiento de poder produjo seguridad en los ciento veinte y en aquéllos que eran añadidos diariamente a la Iglesia. No se les abandonaría a sus propias fuerzas para que llevaran a cabo su tarea. Por consiguiente, el poder pentecostal fue central para la comprensión de sí misma y de su razón de ser que tenía la Iglesia Primitiva. Dos mil años después, el poder de Pentecostés sigue siendo vital para la autocomprensión de la Iglesia. Debemos buscar continuamente y adquirir mayor claridad con respecto a él.

En el día de Pentecostés surgió una comunidad carismática como el lugar primario de residencia del dominio de Dios. Los creyentes podían ir adelante en su declaración del reino de Dios porque el Cristo reinante había venido sobre todos ellos por el Espíritu. Ahora debían dar testimonio a favor del reinado de Cristo, llamando la atención en palabras y obras a la personalidad y el poder lleno de autoridad del Rey. "El Pentecostés es el ofrecimiento que Dios hace de sí mismo en una adecuación total a sus hijos, hecho posible por la obra redentora de su Hijo Jesucristo. El pentecostés es el llamado de Dios a sus hijos a ser purificados internamente y capacitados para dar testimonio." La venida del Espíritu fue el primer adelanto del reino de Dios y un testimonio a favor de su realidad.

También fue un testimonio sobre la continuación de la misión redentora de Dios, que es llevada adelante hasta las "regiones más lejanas" con infatigable fervor y sostenida por el despliegue de los dones.

Como se afirmara anteriormente, el pentecostés es de vital importancia para la autocomprensión de los pentecostales. No sólo es un acontecimiento significativo dentro de la historia de la salvación, sino que el don pentecostal en sí mismo proporciona profundas consecuencias para un estudio de la Iglesia y de su misión; Está unido, tanto a la formación de la misión de la Iglesia de proclamar las buenas nuevas, como a su misión de crear pautas de vida redimida que den el testimonio de una vida transformada.

La comprensión de la misión por parte de Lucas

El desarrollo que hace Lucas de esta vital conexión entre el bautismo en el Espíritu y la eficacia de la Iglesia en su misión se puede ver en la forma en que se relacionan entre sí por lo menos tres textos del evangelio de Lucas y de Hechos. Lucas 24:49 nos da una perspectiva de misión al centrarse en la necesidad de recibir poder para la tarea que se tiene por delante: "He aquí, yo enviaré la promesa de mi Padre sobre vosotros; pero quedaos vosotros en la ciudad de Jerusalén, hasta que seáis investidos de poder desde lo alto." Este tema de ser investidos de poder para cumplir su misión aparece de nuevo en Hechos 1:8, cuando Jesús, a punto de ascender al Padre, les vuelve a afirmar a sus discípulos: "Recibiréis poder, cuando haya venido sobre vosotros el Espíritu Santo, y me seréis testigos en Jerusalén, en toda Judea, en Samaria, y hasta lo último de la tierra." La promesa fue cumplida en el día de Pentecostés, tal como se describe en Hechos 2. El bautismo en el Espíritu, con su evidencia externa de las lenguas, es vital para el cumplimiento de la promesa que vemos presentada a través de los tres textos.

Las palabras inspiradas de Pedro después del derramamiento del día de Pentecostés demuestran que él había recibido una notable aclaración sobre la misión que Cristo había venido a comenzar. Mientras hablaba por el Espíritu, identificó las consecuencias apostólicas de la profecía del antiguo profeta Joel. Vio claramente la venida del Espíritu en el día de Pentecostés como una confirmación de que habían llegado "los postreros días" (Hechos 2:14-21). Es decir, que la era de la Iglesia, la era del Espíritu, es la última era antes del regreso de Cristo para establecer su reino en la tierra. No habrá otra era más antes del Milenio. Pedro explica además que la venida del Espíritu hizo ver con claridad que la obra de Cristo era una obra victoriosa, y que su lugar como Señor y Cristo estaba asegurado (Hechos 2:34-36).

Pedro experimentó entonces algo que fue una consecuencia sumamente importante de su capacitación por medio del bautismo en el Espíritu: se convirtió en vocero del Espíritu Santo para la proclamación de las buenas nuevas del perdón a través de Jesucristo, y lanzó un llamamiento general a la reconciliación con Dios. Había recibido poder para anunciar las buenas nuevas de esa reconciliación. Al mismo tiempo, llevó a sus oyentes a comprender que la respuesta obediente al mensaje de reconciliación tendría por consecuencia que se convertirían en la comunidad de personas que manifestaría vívidamente, por medio de un nuevo orden redentor de la humanidad, lo que significa haberse reconciliado con Dios (Hechos 2:37-40). El resto del capítulo dos nos presenta una rápida ojeada a la primera Iglesia. Vemos cómo los creyentes trataron de dar realidad física al llamado del bautismo en el Espíritu a ser una comunidad nacida del Espíritu, con la misión de dar testimonio por el Espíritu a favor del ministerio de Cristo, que seguía activo.

Una teología pentecostal sobre la misión de la Iglesia debe tomar en serio el hecho de que el bautismo en el Espíritu es una promesa cumplida. La línea de argumentos que presenta Lucas a lo largo del libro de Hechos muestra la naturaleza del papel del Espíritu en el plan redentor de Dios. La estructura de Hechos muestra cómo la intención por la que se produjo esta capacitación fue mover al pueblo de Dios a través de los escenarios geográficos y culturales del mundo con las buenas nuevas del evangelio. La Iglesia rompe con la miopía del pueblo de Dios en el Antiguo Testamento, y comienza a reflejar la naturaleza universal del eterno plan redentor de Dios.

El poder pentecostal hace posible las diversas expresiones del ministerio que aparecen en Hechos. El Espíritu Santo es el director de la misión. No sólo capacita a las personas para dar testimonio, sino que también las dirige en cuanto a dónde y cuándo ha de tener lugar ese testimonio.

A medida que el evangelio fue saliendo más allá de los límites de Jerusalén se cruzaron vastas fronteras culturales (Hechos 8). Los cristianos que salían de Jerusalén proclamaban el evangelio "por todas partes" (v. 4). Los versículos 5–8 recogen la proclamación del evangelio a los samaritanos por Felipe, y los poderosos encuentros que resultaron, en los cuales el evangelio triunfó y produjo "gran gozo".

Hechos 10 presenta cómo Dios hizo que la Iglesia comprendiese que se debía incluir a los gentiles en el reino de Dios. En la Iglesia se deben incluir todos los pueblos, y debe dar testimonio activo a favor del hecho de que el evangelio es para todas las naciones. La visitación angélica y los sueños también parecen indicar que probablemente, lo sobrenatural haya sido de hecho lo normal en este plan redentor de Dios, a medida que Él se lo daba a conocer a los gentiles.

Hechos 11:19–26 revela la entrada de numerosos gentiles en la iglesia de Antioquía. Bernabé fue enviado para ayudarlos y evaluó esta iglesia en crecimiento como verdaderamente legítima. El resultado fue una genuina iglesia multicultural en la que se incorporaban tanto el hecho de que se debía predicar el evangelio con poder hasta los "confines de la tierra", como el que quienes lo hubiesen oído debían responder con una transformación genuina en la forma en que vivían y en sus relaciones mutuas. El hecho de que "a los discípulos se les llamó cristianos por primera vez en Antioquía" (v. 26) indica que los demás reconocían el cambio.

Este testimonio tan único a favor del poderoso movimiento del evangelio a través de fronteras culturales y geográficas dio gran fruto cuando Antioquía se convirtió en una iglesia internacional y multicultural, y comenzó a enviar misioneros. Hechos 13:2–3 recoge el proceso de selección y confirmación utilizado cuando envió a Bernabé y Pablo, sus primeros misioneros. Hechos 13:4 muestra que el Espíritu Santo, además de indicarle a la iglesia de Antioquía que enviase a estos misioneros, también los envió a lugares concretos. Esta actividad misionera, guiada por el Espíritu Santo, se continuó moviendo en círculos cada vez más amplios, pasando por encima de barreras culturales. Hechos 15 muestra que la dirección del Espíritu Santo en cuanto a afirmar el evangelio de Cristo abarca a todos, y no exclusivamente a los judíos. La decisión tomada en la conferencia de Jerusalén bajo la dirección del Espíritu hizo que Pablo, Bernabé y otros cruzasen barreras aún mayores.

En los capítulos siguientes del libro de Hechos, Lucas continúa su descripción del plan redentor de Dios, supervisado por el Espíritu Santo por medio de siervos capacitados por Él. Lucas resalta claramente la idea de que estos apóstoles y creyentes del libro de Hechos recibieron poder y dirección de parte del Espíritu de una manera muy semejante a la de Jesús en su ministerio terrenal.

Podemos resumir sucintamente la forma en que Lucas relaciona el bautismo en el Espíritu con la capacitación para realizar la misión de la Iglesia: "La glosolalia, como parte integrante de la experiencia del bautismo en el Espíritu en Hechos 2, representaba una participación verbal en la capacitación por parte del Espíritu y ... el poder creador del Espíritu para iniciar el orden de vida redentor de Cristo."

En Hechos 10 y 19 se menciona también de manera explícita esta experiencia, y en otros casos más, de manera implícita (Hechos 4 y 8). Parte importantísima de la teología de Hechos es la relación entre las lenguas y el poder del Espíritu para iniciar a una persona y a un grupo como testigos, lo cual tiene lugar tanto de manera individual como corporativa en la misión redentora de Jesucristo.

Tanto en Hechos 11:17 como en 15:18, Pedro se refiere al hecho de que la inclusión de los gentiles en la comunidad redentora está conectada con una experiencia común en cuanto al bautismo en el Espíritu. Cuando dice que Dios "les dio testimonio, dándoles el Espíritu Santo lo mismo que a nosotros" (15:8), relaciona categóricamente el bautismo en el Espíritu con la intención del derramamiento sucedido el día de Pentecostés. En esencia, lo que les dice a todos los que están escuchando su relato sobre aquel significativo día en la casa de Cornelio, es que el bautismo en el Espíritu con la evidencia de las lenguas forma parte integral de ese encuentro espiritual con Dios. Este encuentro con Dios señala con claridad el señorío de Cristo: Él tiene el dominio. Está dando evidencias de su autoridad al crear en nosotros un nuevo lenguaje, demostrando de esta forma que no sólo es el Creador, sino también el Re-creador. Él es el Dios que está incorporando a algunos de cada tribu, lengua, pueblo y nación a su reino, y las puertas del hades no pueden prevalecer contra tal empresa (Mateo 16:18; Apocalipsis 5:9). El mismo encuentro con Jesucristo hoy nos capacita para dar testimonio a favor del mensaje del reino de Dios, y para participar creativamente en una comunidad redentora que le grita al mundo: "Reconciliaos con Dios" (2 Corintios 5:20).

Digamos para concluir que se deben reiterar varios temas con respecto a la importancia del poder de Pentecostés para el desarrollo de una teología de la Iglesia y de su misión. La conexión entre el bautismo en el Espíritu ocurrido en el día de Pentecostés y nuestra comprensión y puesta por obra de la misión de la Iglesia es tal, que están intrínsecamente unidos entre sí. "El poder de Pentecostés significa que la misma vida eterna y sobrenatural de Dios se derramó sobre la Iglesia, y que Él, en su propio ser divino y en su poder, estaba presente en medio de ella."

La capacitación que se encuentra presente en el bautismo en el Espíritu tiene por motivo mover al pueblo de Dios a través de los escenarios geográficos y culturales con las buenas nuevas del evangelio. "La misión de la Iglesia es la continuación de la misión de

Jesucristo." Así como le fue dado el Espíritu Santo a Jesús para que realizase su misión (Lucas 3:22), también ha sido dado a sus discípulos (Hechos 1:8; 2:4) para que continúen esa misma misión (de reconciliación), y lo hagan con un estilo carismático.

La conexión mundial

"Cosmovisión" es una expresión usada por los antropólogos para describir lo que se encuentra en el corazón mismo de toda cultura. La cosmovisión es una red de percepciones relacionadas entre sí que guían todas las facetas de la vida de la persona. Es la manera en que perciben y comprenden el universo humano los miembros de una sociedad determinada. Proporciona las pautas en cuanto a nuestro uso del tiempo, y nuestros supuestos con respecto al mundo material. La cosmovisión hace preguntas como éstas: ¿Cuál es la causa de las cosas? ¿Qué poder se encuentra detrás de esta acción? ¿Qué fuerzas están obrando en el universo? ¿Qué consecuencias acarrean estas fuerzas, y son personales, impersonales o ambas cosas a la vez?

La cosmovisión pentecostal refleja una comprensión que abarca la realidad de todos los aspectos de la vida, natural y sobrenatural. La profecía, la dirección divina, las visiones y los sueños, las sanidades y otros milagros, no son considerados como ejemplos estáticos de lo que hizo Cristo, sino como realidades esperadas del presente, que permiten un despliegue de la grandeza y la gloria de Dios. El hecho de que el Espíritu Santo quiera obrar poderosamente en la vida de cada creyente, y a través de ella, puede hacer que cada día sea nuevo y emocionante. Esta capacitación abre la puerta para que el Espíritu le dé al cristiano el sentido de lo que se debe hacer, y la capacidad para hacerlo. Los creyentes pentecostales no se limitan a afirmar que los cristianos tienen derecho a experimentar la actuación sobrenatural del Espíritu de Dios, sino que también esperan que el poder de Dios penetre en su vida.

No podemos entender la esencia del pentecostalismo sin antes reconocer que nuestro concepto dinámico de la causalidad le da forma a nuestra comprensión de la misión de la Iglesia y la expresión consiguiente de nuestro ministerio para Cristo. El lente a través del cual ven los pentecostales para actuar después, queda descrito en la declaración del profeta Zacarías en la antigüedad: "No con ejército, ni con fuerza, sino con mi Espíritu" (Zacarías 4:6). Los pentecostales toman parte en la misión de la Iglesia con la afirmación de que Dios cumple su palabra. Sus propósitos reconciliatorios son firmes, y su poder para convertir en realidad esos propósitos reside en la resurrección de Cristo. Afirmamos también que el poder de Pentecostés es la garantía de que la misión redentora de Cristo continúa intacta por medio del ministerio del Espíritu Santo. El umbral de esta cosmovisión pentecostal es el bautismo en el Espíritu, tal como se describe en Hechos 1:8 y 2:4.

Aunque todos los cristianos deben considerar la Biblia como su fuente decisiva de autoridad, ciertamente los encuentros con un Dios viviente dejan su huella en nuestra visión sobre la misión de la Iglesia, e incluso en nuestra interpretación de los textos bíblicos. Aunque el pentecostalismo responsable nunca abogará por las experiencias espirituales como un fin en sí mismas, sí afirmamos que el encuentro genuino con el Dios viviente marca una huella en nuestras emociones. Esto es lo que podríamos llamar "teología centrada en Cristo y certificada por la experiencia". La cosmovisión y, por tanto, las suposiciones previas que tenemos los pentecostales cuando reflexionamos sobre la Iglesia y su misión, no se pueden separar de este encuentro con Dios, porque son algo central dentro de nuestra identidad. En ningún momento es esto más evidente, que cuando intentamos expresar en conceptos lo que debemos convertir en realidad por medio de la misión de la Iglesia.[2]

LA VISIÓN DE LA MISIÓN

Las primeras reflexiones teológicas

No se puede comprender adecuadamente la historia del pentecostalismo, separada de su visión misionera. El surgimiento del movimiento pentecostal en los comienzos del siglo veinte trajo consigo un poderoso aumento del esfuerzo misionero. Basta una evaluación superficial de los primeros escritos del avivamiento pentecostal para llevarnos a la observación de que se forjó una relación muy estrecha entre las lenguas como la evidencia de haber sido revestidos de poder para dar testimonio cristiano, una ferviente esperanza en la pronta venida de Cristo, y su mandato de evangelizar hasta los confines de la tierra. El bautismo en el Espíritu, considerado como el cumplimiento de la profecía de Joel en los "postreros días", sirvió para dar energía a la entrega de los primeros pentecostales a vigorosos esfuerzos evangelísticos a través de barreras tanto culturales como geográficas.

William J. Seymour, el líder de Santidad de raza negra del avivamiento en la calle Azusa, afirmaba:

> El que está bautizado en el Espíritu Santo tiene el poder de Dios en el alma, y tiene poder con Dios y con los hombres, poder sobre todos los reinos de Satanás, y sobre todos sus emisarios.
>
> Cuando viene el Espíritu Santo y nos toma como instrumentos suyos, éste es el poder que trae convicción a hombres y mujeres y los hace ver que hay una realidad en servir a Jesucristo.
>
> El Espíritu Santo es poder con Dios y con los hombres.

The *Apostolic Faith* [La fe apostólica], publicación de la misión de la calle Azusa, muestra una y otra vez que los primeros líderes pentecostales consideraban el derramamiento del Espíritu de Dios como un cumplimiento de la profecía de Joel y, por consiguiente, una razón de mayor peso para dedicarse a esfuerzos misioneros a nivel mundial. Escribían: "Ciertamente, ha llegado el poder de Pentecostés, y con él, van siguiendo las evidencias bíblicas ... El verdadero avivamiento sólo ha comenzado ... poniendo los cimientos para una poderosa ola de salvación entre los no convertidos."

Vale la pena observar que, a pesar de que un número incalculable de personas experimentaron el bautismo en el Espíritu Santo con la evidencia de las lenguas en el soberano mover de Dios a principios del siglo, y de que muchos críticos han calificado al pentecostalismo como "el movimiento de las lenguas", los primeros líderes, como William Seymour, tenían gran claridad en cuanto a comprender que había algo más significativo dentro de este bondadoso mover de Dios. Seymour exhortaba a las personas a "no salir de esta reunión para hablar sobre las lenguas, sino para tratar de ayudar a las personas a ser salvas".

Aunque es cierto que hubo excesos, Seymour y otros líderes se centraron mucho más en la huella cristológica del bautismo en el Espíritu. Exaltar a Cristo era algo esencial para recibir la experiencia. Se debe considerar esta cristocentricidad como una de las razones clave para el ferviente evangelismo del avivamiento. La huella del bautismo en el Espíritu destacaba más esta conciencia. Estos primeros pentecostales creían que la evidencia bíblica de las lenguas que acompañaba al bautismo en el Espíritu era una señal de que "habían regresado los días de la Biblia". Miraban al libro de Hechos y veían la capacitación dada por el Espíritu como parte de la continuación del ministerio de Cristo a través de los escenarios culturales. Su lógica consistía sencillamente en seguir esa pauta bíblica, porque ellos también habían tenido un encuentro con el Señor resucitado a través del bautismo en el Espíritu. Esto produjo una conciencia cada vez mayor de que la misión reconciliadora y el ministerio de Cristo eran algo para lo que se les había llamado ahora a ellos. A estos primeros pentecostales se les abrieron los ojos en la dirección del Espíritu, y recibieron poder para obedecer a ese llamado.

Stanley Frodsham, historiador pentecostal que participó en el avivamiento de la calle Azusa, insistía en que la esencia de este movimiento pentecostal original no estaba en las lenguas, sino en la glorificación de la persona del Señor Jesucristo. Esta "teología certificada por la experiencia" llevó a un ferviente esfuerzo misionero, tanto a nivel nacional, como a nivel transcultural. La motivación se originaba claramente en un encuentro profundo y desbordante con Jesucristo, que impulsaba al participante a servir.

J. Roswell Flower escribió en 1908, resumiendo el significado del bautismo en el Espíritu, y su huella en la Iglesia y en su misión:

> El bautismo en el Espíritu Santo no consiste solamente en hablar en lenguas. No. Tiene un significado mucho más grandioso y profundo que ése. Nos llena el alma del amor de Dios por la humanidad perdida.
>
> Cuando el Espíritu Santo viene a nuestro corazón, viene con él el espíritu misionero; son inseparables … Llevar el evangelio a las almas hambrientas de éstas y otras tierras no es más que una consecuencia natural [del bautismo en el Espíritu Santo].

Otro componente clave de la reflexión de los primeros pentecostales con respecto a la misión de la Iglesia, fue su intensa atención a la verdad de la segunda venida de Cristo. Ciertamente, esto forjó el fervor misionero que hubo a principios del movimiento pentecostal. Los pentecostales afirmaban que las promesas del profeta Joel eran para sus días. Revisaban lo que dice la Biblia de la "lluvia temprana" y la "tardía" (2:23), y daban por supuesto que estaban en el derramamiento del Espíritu de los últimos días, que tendría lugar inmediatamente antes del regreso de Cristo. Estaba presente una mentalidad de "últimos días".

Aunque muchos consideren al pentecostalismo únicamente como un "movimiento de lenguas", los primeros pentecostales tenían una comprensión teológica de sí mismos que no se puede desechar simplemente como un movimiento emocional y basado en experiencias. Demostraron tener dentro de una perspectiva correcta las dimensiones experienciales de su espiritualidad, especialmente cuando relacionaban su obediente participación en los esfuerzos misioneros de la Iglesia con el poder recibido en el bautismo del Espíritu Santo.

En las cercanías del siglo veintiuno

No es posible separar la perspectiva pentecostal sobre la Iglesia y su misión, de sus raíces a principios del siglo veinte. Al entrar en el siglo veintiuno, podemos lograr una importante comprensión de nosotros mismos a base de ver cómo entendían los pioneros de este movimiento el bautismo en el Espíritu Santo. Vivimos en un mundo donde la comprensión teológica refleja con demasiada frecuencia la cultura popular que la rodea, y nos vendría bien contemplar el fervor de los primeros pentecostales cuando entraban en "la siega" (véase Juan 4:35). Así como el libro de Hechos recoge para nosotros el suceso del día de Pentecostés como la garantía de que la misión redentora de Cristo continuó intacta, obtengamos ahora una perspectiva mejor observando a los primeros pioneros del movimiento pentecostal. Ellos afirmaban que "el Consolador había llegado" y, a partir de ahí, anunciaban una cosecha de los últimos días en la cual los creyentes bautizados y revestidos de poder en el Espíritu debían participar gozosamente.

El movimiento pentecostal se presenta como testimonio a todos los cristianos que tienen hambre de Dios para que rompan con el "status quo", reemplazando las formas religiosas vacías con la vitalidad espiritual, y la vida eclesial centrada en sí misma con la dinámica de una Iglesia en misión al mundo. El Dios que se movió en su misericordia sobre los corazones hambrientos a principios del siglo veinte es el Dios redentor cuya misión no ha cambiado. Él sigue tratando de capacitar a la Iglesia con el poder del día de Pentecostés y envía a su pueblo a manifestar su misión de reconciliación.

En realidad, la misión de la Iglesia es una continuación de la misión reconciliadora de Dios. La misión de Dios siempre ha consistido en tener un pueblo que refleje su gloria (que comprende su personalidad y su presencia). La revelación de sí mismo que hace Dios siempre comprende sus esfuerzos por reconciliar a la humanidad consigo. Jesús es la imagen más clara de Dios y de su misión que el mundo haya visto jamás. Con su vida, muerte y resurrección vemos la victoriosa terminación de todos los factores necesarios para redimir a la humanidad y restaurarla a la comunión con el Padre. La declaración de estas buenas nuevas es lanzada en la proclamación y el ministerio de Jesucristo. El poder de Pentecostés nos da la seguridad de que la misión de Cristo continúa intacta.

Melvin Hodges afirma que la misión de la Iglesia es facilitada por tres aspectos del ministerio relacionados entre sí, cada uno de los cuales es igualmente importante, y cada uno de los cuales es igualmente necesario para la eficacia de los otros dos. En primer lugar, la Iglesia es llamada a ministrarle a Dios a través de la adoración. En segundo lugar, es llamada a ministrar a los miembros de la propia Iglesia. Los miembros de la Iglesia deben ejercitar los dones y la *koinonía* del Espíritu en una relación de edificación mutua. En tercer lugar, la Iglesia debe ministrar al mundo, para proclamar las buenas nuevas del evangelio de Jesucristo. Estos tres aspectos del ministerio relacionados entre sí deben formar parte de la vida de la iglesia local. Todos ellos son necesarios para que la iglesia sea eficaz en su misión.

La adoración y el estudio de la Biblia contribuyen al evangelismo y preparan para él. Esta preparación para el evangelismo es una parte importante de la edificación de los creyentes.

Ministrar a Dios. Todo estudio de lo que ha de ser la Iglesia, o lo que ha de hacer en el mundo, debe comenzar necesariamente por su principal ministerio hacia Dios: la adoración. Los cristianos adquieren una conciencia mayor de quiénes son como pueblo de Dios, y el grado en que están unidos, al tener un encuentro con el Dios viviente por medio del ministerio de la adoración. Un ministerio al mundo que refleje las normas del ministerio de Cristo deberá hallar su solidez en el ministerio ferviente a Dios, quien es el único digno de recibir honra de parte nuestra.

La adoración nos lleva más allá de las barreras del tiempo y el espacio y nos permite actualizar nuestra experiencia terrena en un ámbito eterno donde se hace la voluntad de Dios. A partir de este encuentro con lo eterno, nos colocamos en medio de una creación rebelde. Lo hacemos con ansias, porque a través de la adoración al Dios que redime, vemos con mayor claridad nuestro papel en cuanto a reflejar sus propósitos de reconciliación con una humanidad necesitada.

La adoración debe llevar la imprenta de los diversos ministerios del Espíritu que edifican espiritualmente a los adoradores y le dan honor a Dios. Las lenguas son una parte vital del encuentro de adoración, que nos relaciona directamente con Dios (1 Corintios 14:2, 14). Trascienden las limitaciones ordinarias del habla y entran en un nivel de encuentro con Dios que va más allá de las simples formalidades externas. Permiten que la persona actúe de conformidad con unas posibilidades nuevas, previamente imposibles de imaginar, que no brotan de las percepciones de la realidad existentes con anterioridad. Esta conciencia creciente recibe un carácter auténticamente nuevo. Cuando se ministra a Dios en el poder del Espíritu por medio de la adoración, se produce una comunidad de creyentes que han probado el "vino nuevo". Ahora no sólo son gente del reino que tiene hambre y sed de Dios y de su justicia, sino también gente que anhela actuar bajo la motivación y la capacitación del Espíritu para formar parte de la continuación del ministerio de Cristo.

La adoración pentecostal significa más que el disfrute de la gozosa experiencia del poder de Dios. Está llena de asombro y admiración, mientras contempla la majestad de Dios, que con frecuencia nos inunda con la sensación de lo poco que somos (Isaías 6:5). Trae consigo una madurez que es capacitada para dar testimonio de las buenas nuevas a lo largo y ancho del mundo. Así que se debe equilibrar la actividad del Espíritu en el encuentro de adoración, permitiéndole que impulse a la Iglesia a salir a un mundo necesitado. Dios no nos ha llamado a la comodidad, sino a ser partícipes de su santidad, y compañeros de trabajo en la siega de su campo. La Iglesia no es la Iglesia, a menos que haya vidas transformadas que se vuelvan distintas al estilo de vida y a los ideales de los no creyentes.

En la adoración pentecostal, particularmente a través de la manifestación de todos los dones del Espíritu, vamos más allá de la rutina que aparece con tanta facilidad en nuestra vida. Nuestras tendencias hacia la racionalización necesitan que se las equilibre con unos genuinos encuentros con Dios que nos permitan ministrar en el Espíritu. En esta arena de "trascendencia vivida", conocemos al buen pastor, cuya naturaleza misma consiste en interactuar con su creación y guiarnos hacia sus propósitos en un ministerio de reconciliación. Además de conocerlo, desarrollamos una intimidad con Él.

La comunidad pentecostal en adoración, en realidad se está comprometiendo en un ministerio hacia Dios que reconoce su soberanía sobre el universo. A través del bautismo en el Espíritu, y de una dedicación continua a orar en lenguas y a otros dones del Espíritu, los pentecostales participan en una actividad de adoración que pone los fundamentos de un ministerio cristocéntrico. Adorar a Dios es encontrarse con Jesús, quien es el Salvador, el Bautizador, el Sanador y el Rey que viene pronto. Por tanto, esta adoración nos impulsa a participar en un ministerio enraizado en la historicidad del ministerio de Cristo en la tierra; ministerio que ha sido traspasado a una forma adecuada al contexto presente.

Cuando las comunidades de creyentes encuentran a Cristo en la dinámica de la adoración espiritual, también aprenden que nunca se puede llegar a entender plenamente la adoración a Dios, a menos que tome lugar en el contexto de los demás creyentes. Esto se debe a que todos los encuentros verdaderos con Dios a través de la adoración levantan comunidades donde los creyentes maduran juntos. A través de su desarrollo corporativo como vehículo de la gracia de Dios, deben lanzarse a dar con sacrificio testimonio de Él, llamados y capacitados por el mismo poder que levantó a Jesucristo de entre los muertos.

Ministrar a la Iglesia. La Iglesia sirve de indicador que guía hacia la reconciliación de los humanos con Dios y entre sí. Es "la comunidad de pecadores justificados ... que experimentan la salvación y viven en acción de gracias ... Con los ojos fijos en Cristo, vive en el Espíritu Santo." El ministerio que se extiende hacia la Iglesia afirma que lo que nos une no se puede resumir en el dogma, pero tiene mucho que ver con el hecho de pertenecer a una comunidad que refleja la comunión con Dios y, posteriormente, la fraternidad de una humanidad redimida.

Los escritos del apóstol Juan (especialmente Juan 17 y 1 Juan 4) sugieren un paralelo entre la comunión dentro de la Trinidad y la comunión que se puede llegar a alcanzar dentro de la Iglesia. Juan 17 recoge la oración de Jesús, en la cual Él hace un explícito paralelo entre la comunión que Él ha conocido con el Padre, y lo que pide que se pueda manifestar entre los creyentes en la tierra. El ministerio de los creyentes entre sí debe comprender una actividad que proporcione una expresión sobrenatural de la comunión entre las Personas de la Divinidad y el pueblo de Dios en la tierra, con lo que quedan unidas las relaciones verticales y las horizontales. Por tanto, nosotros les debemos responder a los demás miembros de la Iglesia con la misma actitud de comunión e intimidad que Dios nos ofrece. La comunión con Dios sin la comunión con nuestros hermanos y hermanas en el Señor está relacional y bíblicamente descentrada.

En el ministerio a la Iglesia se incluye el compartir la vida divina. Sólo tendremos la dinámica de esa vida mientras permanezcamos en Él y nos sigamos comunicando su vida unos a otros dentro del cuerpo. Pablo describe este proceso de edificación como una relación de apoyo mutuo: Nos pertenecemos los unos a los otros, nos necesitamos mutuamente, nos afectamos mutuamente (Efesios 4:13–16). En esto se incluye el sacrificarse para ayudar a los demás en sus necesidades. No somos un club social, sino un ejército que exige cooperación y preocupación mutua cuando nos encontramos con el mundo, negamos la carne y resistimos al diablo.

Dios no nos consulta acerca de las personas que Él trae a la Iglesia. Gálatas 3:26–29 dice con claridad que Cristo ha convertido en carentes de sentido todas las barreras fabricadas por los humanos entre Dios y ellos, y también entre ellos mismos. El Espíritu ha ido más allá de los lazos y las fronteras de los humanos y nos ha puesto en una unión donde vivimos al máximo las consecuencias de pertenecernos mutuamente debido a nuestro lazo común en Cristo. Seamos pobres o ricos, cultos o incultos, con talentos o carentes de ellos, y cualquiera que sea nuestra procedencia étnica, no debemos despreciamos unos a otros, o pensar que disfrutamos de una categoría especial superior a otros ante Dios. Él no acepta favoritismos (Efesios 6:8; Santiago 2:1–9).

El uso que hace Pablo de la metáfora del cuerpo de Cristo reconoce que todas las partes de ese cuerpo "son interdependientes y necesarias para la salud del cuerpo". La dinámica de relación no es una simple opción conveniente. Fuimos hechos a imagen de Dios (Génesis 1:26–28), y la Iglesia debe ser una restauración corporativa de esa imagen quebrantada. La Iglesia no es sólo una buena idea; es esencial dentro del plan redentor de Dios (Efesios 3:10–11). Dios manifiesta ante el mundo su presencia a través de un pueblo donde hay apoyo mutuo, y cuyos miembros son siervos los unos de los otros.

Puesto que el ministerio a la Iglesia refleja una imagen bíblica de la Iglesia como organismo, podemos ver cómo la dimensión relacional de vida en la Iglesia es dinámica y no estática. Ciertamente, producimos un efecto los unos en los otros. El ministerio a la Iglesia contrarresta la tendencia de la sociedad occidental a realzar al individuo por encima de la comunidad. El ministerio de la Iglesia incluye la preparación de un grupo de personas que viven en comunidad para que puedan crecer hasta convertirse en una entidad madura, bien equilibrada y llena de amor. Pablo dice claramente en Efesios 4:11–16 que el perfeccionamiento de los santos para servir con compasión en el nombre de Cristo debe producirse en comunidad. El crecimiento espiritual, y el contexto en el que éste se produce con mayor eficacia, no aparecen por simple coincidencia. La maduración como creyente no puede tener lugar fuera de la comunidad de fe. El discipulado no tiene más contexto que el de la Iglesia de Jesucristo, porque cuando alguien sigue fielmente a Jesús, no se le puede mantener alejado de una participación cada vez más madura con los demás creyentes en la vida y el ministerio de Cristo.

El tema de la *koinonía* ("fraternidad", "participación", "comunión") es un tema bíblico que ofrece una perspectiva enriquecedora para la comprensión del ministerio a la Iglesia. Es algo que crea el Espíritu Santo cuando llena de poder la afirmación común de los creyentes de que Jesús es Señor de la Iglesia. Idealmente, la comunidad donde existe comunión se manifiesta ante el mundo como un recordatorio siempre presente del aspecto que toma la vida donde Dios reina. Esta *koinonía* está impregnada de la personalidad misma de Cristo, que tiene un efecto de aprendizaje y edificación sobre la comunidad cristiana. Aunque, ciertamente, la enseñanza de las verdades que presenta la Palabra de Dios sea vital para el ministerio a la Iglesia, los discípulos no se edifican solamente a base de enseñarles verdades, sino también por estar en una comunidad generosa, amorosa y llena de apoyo de personas que son conformadas juntas a la imagen de Cristo.[5]

Los creyentes están madurando hacia la existencia de una comunidad que manifieste la personalidad, la autoridad y el poder de Cristo. Por consiguiente, las estructuras y los procesos que nosotros creemos para nuestra maduración corporativa y nuestro perfeccionamiento en Cristo deben facilitar el cultivo y la manifestación del fruto y los dones del Espíritu. Las iglesias que no le permiten a la *koinonía* del Espíritu que cree su ministerio mutuo, pierden la comunión con Cristo. Él hizo la promesa de estar con nosotros para siempre al mismo tiempo que daba la orden de "ir y hacer discípulos".

Ministrar al mundo. Que la identidad de la Iglesia está atada al ministerio en el mundo es una premisa principal. Por consiguiente, debemos reflexionar cuidadosamente sobre las actividades en las que nos comprometemos en el nombre de Cristo, y en la forma en que esas actividades son una réplica del ministerio de Cristo en la tierra. Su ministerio fija la norma por la cual nosotros hemos de evaluar el nuestro. Éste proceso es crítico, a la luz de Mateo 7:21–23, porque indica que no hemos de dar por supuesto que nuestro ministerio es representativo. Sólo si ciertamente toma sobre sí el carácter y los propósitos de Cristo, y si está lleno del poder divino, podremos tener la esperanza de alinearnos dentro de la continuación de su ministerio. Pentecostés, y el revestimiento de poder por parte del Espíritu Santo, son los que garantizan que podremos hacerlo.

Uno de los credos cristianos más antiguos dice simplemente: "Jesús es Señor." Esta afirmación era la declaración por parte de la Iglesia Primitiva de que Cristo no reina solamente sobre la Iglesia, sino también sobre el universo y sus propósitos. La declaración sobre quién es Jesucristo, y qué ha hecho y hará, es la esencia de la proclamación bíblica. La Iglesia no puede escapar al hecho de que hacer la confesión de que Jesús es Señor mueve a los creyentes a la proclamación de esta realidad divina ante el mundo. No podemos confesar que Jesús es Señor, sin proclamar al mismo tiempo su señorío sobre todas las naciones.[3]

Ciertamente, este tema bíblico le da contenido al ministerio hacia el mundo. La declaración de que Jesús es Señor llama a todos los seres humanos a rendir cuentas ante Dios. Todo ministerio debe llevar consigo la necesidad de proclamar un mensaje de consecuencias divinas; el evangelio de las "buenas nuevas" (Marcos 1:14) es un mensaje de juicio, al mismo tiempo que un camino al arrepentimiento, y la promesa de una nueva manera de vivir.

La proclamación de Cristo y de su oferta de salvación no es solamente una afirmación para meditarla y dialogar sobre ella; exige una decisión (Mateo 18:3). Es una demanda, al mismo tiempo que una invitación a unirse al pueblo de Dios, que disfruta ahora de "sus riquezas en gloria en Cristo Jesús" (Filipenses 4:19). Es también la demanda de consagrarse por completo a Dios y a la humanidad. Debe haber en la Iglesia un sentido de urgencia en cuanto a la proclamación de este evangelio, además de la disposición a llamar al arrepentimiento y a la obediencia a la Palabra de Dios.

Se puede describir la *diakonía* ("servicio", "ministerio") como el conjunto de esfuerzos por servir a Cristo que continúa el ministerio encarnacional que Él llevó a cabo y nos capacita para llevar a cabo nosotros. La característica de ese ministerio es el ser siervos; no imita los modelos de autoridad o de propósitos que ofrece este mundo. La esencia del ministerio ha quedado modelada de una vez por todas en Cristo (Marcos 10:45) y, por consiguiente, nosotros servimos a Cristo al servir a la creación que se halla bajo su señorío.

La dimensión de servicio dentro del ministerio nos lleva de la valiente proclamación de las buenas nuevas a la participación en el deseo de Dios de llegar hasta los parias de la sociedad de una manera práctica. Las personas que no tienen nadie que defienda su causa, y que han sido ignoradas y abandonadas, también fueron creadas a imagen de Dios. La Iglesia, revestida con el poder del Espíritu, para ver realizados los propósitos de Dios, debe ir más allá de las palabras, y llegar a los hechos. No podemos escapar a la realidad de que para servir realmente dentro de la continuación del ministerio de Jesucristo, nuestro servicio debe seguir el ejemplo del suyo.

Lucas 4:18–21 destaca el ministerio del siervo. La soberanía del Señor Jesús nos lanza a ser algo más que una versión cristiana de la Cruz Roja. Cristo ha vencido al mal que es perpetrado en las víctimas de todo el mundo. ¿Cómo puede manifestar esta victoria el ministerio del siervo a través de la compasión en medio de la maldad? La incapacidad física no es un obstáculo para el reinado de Dios. En medio de la enfermedad y de la tragedia física, tenemos ahora el privilegio de decir: "¡Levántate y queda sano!" Ante los que están atados a las cadenas de lo demoníaco, cautivos del poder destructor del maligno, podemos proclamar que la liberación está a su alcance, y que el "nuevo" dominio de Dios liberta a los cautivos. Ante las numerosas masas humanas a las que la sociedad ha abandonado junto al camino de la vida, podemos demostrar con autoridad, a través de nuestros actos palpables de misericordia y compasión, que el reino de Dios les trae dignidad y valor humano a los "más pequeños" (Mateo 25:40).

Los pentecostales debemos darnos cuenta de que nuestro explosivo crecimiento en todo el mundo entre los más abandonados de la humanidad nos exige que pensemos seriamente en la forma más poderosa y clara de participar en el ministerio de siervos. No estamos creciendo de una manera sin precedentes en las partes no occidentales del mundo, a causa de ningún accidente. En esos mismos lugares, la población suele sufrir opresión y carecer de dignidad.

La Iglesia, llena del Espíritu de Dios, puede desarrollar creativamente este servicio, y actuar compasivamente a través de él (movida por el corazón reconciliador de Dios) a favor de los "más pequeños". El poder transformador de Dios, que nos cambia al convertirnos, nos reúne en comunidades que reflejan corporativamente la reconciliación de Dios (1 Corintios 12:13; 2 Corintios 5:17–20). Estas comunidades llenas de poder no se deben restringir en cuanto a la clase de personas a las que han de servir, puesto que se hallan bajo el dominio de Aquél que ha identificado claramente el objeto de su amor (Lucas 4:18–19). No podemos hacer otra cosa más que reflejar a nuestro Comandante en Jefe, quien busca a los que aún están encadenados al pecado, cautivos del diablo. El Espíritu anhela llenar de poder a su pueblo para que entre osadamente en las arenas de la desesperanza y la destrucción, de manera que no nos convirtamos en una Iglesia como el pueblo al que censuró el profeta Amós: un pueblo con una religión ritualista, pero sin misericordia ni contenido ético. En nombre de nuestro testimonio, debemos olvidar nuestros derechos, ser humildes y perdonar en medio de la persecución, y estar "siempre preparados para presentar defensa con mansedumbre y reverencia ante todo el que nos demande razón de la esperanza que hay en nosotros, teniendo buena conciencia" (1 Pedro 3:15–16).

Necesitamos repetir que la identidad de los pentecostales debe estar enraizada en Hechos 1:8. Estas palabras afirman con claridad que la Iglesia existe para dar testimonio a todo el planeta. La *koinonía* creada por el Espíritu, la proclamación de que Jesús es Señor y Salvador, y el compasivo ministerio de siervos presentan todos reunidos un poderoso testimonio a favor de la continuación del ministerio de Jesucristo.

El testimonio al mundo es la manifestación en la práctica de nuestra participación en la misión divina de reconciliación con el mundo. Proclamamos y demostramos el carácter compasivo y el poder lleno de autoridad de Cristo que ha irrumpido en la era presente. A través de nuestras palabras y obras, testificamos a favor de las buenas nuevas de que Jesús ama a los pobres, los enfermos, los hambrientos, los poseídos por demonios, los torturados físicamente, los heridos emocionalmente, los que nadie ama, los que todos rechazan, e incluso los autosuficientes. Entonces, continuamos amándolos e interesándonos por ellos, para hacerlos discípulos que ya no sean "niños fluctuantes, llevados por doquiera de todo viento de doctrina, por estratagema de hombres que para engañar emplean con astucia las artimañas del error" (Efesios 4:14).

Una motivación primordial del ministerio pentecostal en el mundo ha sido la creencia de que ministramos como testigos del poder y la autoridad de Cristo. Por tanto, las demostraciones del poder del Espíritu son un elemento esencial de ese testimonio (Marcos 16:15–20), porque el ministerio de Cristo continúa intacto por el poder del Espíritu Santo (Mateo 28:19–20). La demostración sobrenatural de la presencia y el poder de Dios supera la resistencia de la humanidad al evangelio. Esas demostraciones son en realidad la presencia del Cristo resucitado, que ha quebrantado el dominio de Satanás y ahora está convirtiendo en espectáculo público la insuficiencia de todo poder que ponga en tela de juicio la autoridad divina de Cristo (Colosenses 2:15). Cuando las personas entran en contacto con este testimonio a favor de la autoridad de Cristo, se están encontrando con la realidad de Dios y la comunidad del poder de Dios que da un testimonio lleno de autoridad a favor del señorío de Cristo sobre el mundo, la carne y el diablo.

Este poder lleno de autoridad en palabras y obras ha recibido una renovación en el mundo contemporáneo. La experiencia pentecostal testifica a favor del hecho de que Dios les ha recordado a cuantos proclaman a Jesús como Señor que Él no los ha dejado huérfanos (Juan 14:18), sino que los ha enviado con poder para que continúen su misión redentora. Pentecostés testifica a favor de la "lluvia tardía" (Oseas 6:1–3; Joel 2:23–27) inmediatamente anterior al pronto regreso de Cristo. Nos envía en un ministerio al mundo con una compasión y una pasión inspiradas por Dios. Entramos en esta batalla con gozosa expectación. Stanley Frodsham lo resume bien cuando escribe:

> Queda poco tiempo; se acerca la venida del Señor; las oportunidades presentes para el evangelismo no van a durar mucho.
>
> Gracias a Dios, Él está derramando poderosamente su Espíritu en los últimos días.
>
> El fuego sigue ardiendo ... y seguirá ardiendo hasta aquel día feliz en el que el Señor Jesucristo descienda desde el cielo para recoger a su Iglesia, que estará con Él para siempre.

PREGUNTAS DE ESTUDIO

1. ¿Por qué tiene una importancia extrema la experiencia pentecostal para la perspectiva pentecostal en cuanto a la Iglesia y su misión?
2. ¿Qué añade el estudio del pueblo de Dios en el Antiguo Testamento a nuestra comprensión de la Iglesia contemporánea y de su misión en el mundo?
3. ¿Cómo nos ayuda la epístola a los Efesios a ver a la Iglesia en misión como mucho más que un programa con un presupuesto, entre otros programas más?
4. ¿Qué tiene de exclusiva la comprensión de Lucas en cuanto al poder de Pentecostés y a la misión?
5. ¿Cómo están intrínsecamente unidos entre sí el bautismo en el Espíritu Santo y nuestra comprensión de la misión de la Iglesia?
6. ¿Cómo entendían los primeros pentecostales la conexión entre el derramamiento del Espíritu que comenzó en el año 1900 y el desarrollo de una visión en cuanto a la misión de la Iglesia?
7. ¿Cómo alimenta la comprensión pentecostal de la adoración nuestro fervor en cuanto a la misión?
8. ¿Cómo se pueden ver la palabra "misión" y el ministerio triple de la Iglesia como un todo integrado?
9. ¿Cómo crea el Espíritu la *koinonía* bíblica?
10. Mencione algunas de las formas en las que podemos esperar ver el poder de Cristo manifestado en nuestro ministerio.
11. Revise la declaración resumida de Stanley Frodsham que se halla al final de este capítulo. ¿Cómo da una buena síntesis de la cosmovisión pentecostal, y la forma en que comprendemos a la Iglesia y su misión?

Los acontecimientos finales

Lo que dice la Biblia acerca de los acontecimientos finales de la vida y la historia no es una simple idea de última hora. En Génesis 1 se nos muestra que Dios creó de acuerdo a un plan; un plan que incluía secuencia, equilibrio, correspondencia, y un punto culminante. Estas cosas no suceden al acaso. Entonces, cuando Adán y Eva pecaron, Dios prometió que la descendencia de la mujer le aplastaría la cabeza a la misma serpiente que la había tentado (Génesis 3:15; véase Apocalipsis 12:9). A partir de ese momento, la Biblia va desarrollando gradualmente un plan de redención con las promesas hechas a Abraham (Génesis 12:3), a David (2 Samuel 7:11, 16) y a los profetas del Antiguo Testamento; promesas que apuntan al futuro, hacia la venida de Jesús y su triunfo final. El evangelio nos da además la seguridad de que "el que comenzó en nosotros la buena obra, la perfeccionará hasta el día de Jesucristo" (Filipenses 1:6). Es decir, que toda la Biblia está enfocada hacia el futuro; un futuro que está asegurado por la naturaleza misma de Dios.

LA ESPERANZA DEL CREYENTE

La Biblia revela a Dios como el Dios de la esperanza que nos da paz y gozo cuando confiamos en Él (Romanos 15:13). La seguridad que tiene el creyente en su esperanza es doble: el amor de Dios que envió a Jesús a la cruz por nosotros (Romanos 5:5–10) y los actos de poder del Espíritu Santo que causan que abundemos "en esperanza por el poder del Espíritu Santo" (Romanos 15:13). De esta forma, el Espíritu Santo, que nos bautiza y nos llena, "es las arras[el depósito, el primer pago] de nuestra herencia" (Efesios 1:14). Pablo nos muestra también que nuestra esperanza no es incierta; es tan segura como lo más seguro entre todo lo que ya tengamos. La única razón por la cual son llamadas "esperanza" la promesa de nuestra resurrección, nuestro nuevo cuerpo, nuestro reinar con Cristo y nuestro futuro eterno, es que no los tenemos aún (Romanos 8:24–25). Esta esperanza nunca nos va a desilusionar, o hacer que nos sintamos avergonzados por habernos aferrado a ella, porque la mantiene viva y manifiesta que es verdadera el amor de Dios que el Espíritu Santo ha derramado en nuestro corazón (Romanos 5:5). El hecho de que Él enviara a su Hijo a morir por nosotros es la demostración suprema de ese amor y nos da la certeza de que el mismo amor proporcionará todo lo necesario para ver que lleguemos a la gloria eterna (Juan 3:16; Romanos 5:8–10; 8:18–19).

Pablo afirma enfáticamente que alejados de Cristo, los seres humanos carecen de esperanza (Efesios 2:12); es decir, no tienen el tipo de esperanza del que habla la Biblia. Muchas otras religiones antiguas tienen una visión cíclica de la historia, en la que todo vuelve a aparecer una y otra vez, de manera que no ofrecen ninguna meta futura en la historia. El hinduismo sólo quiere detener todos los deseos de la vida con el propósito de poderse salir de la rueda de nacimientos, muertes y reencarnaciones. Algunos griegos y romanos miraban al pasado para tratar de hallar leyes que gobernasen lo que ellos consideraban una eterna repetición de la historia; los resultados solían ser pesimistas. Su visión cíclica de la historia no les daba esperanza en un destino glorioso. Por consiguiente, cuando alguien se interesaba en el futuro, en la mayoría de los casos solía ser el futuro inmediato, que trataban de influir o evitar por medio de la astrología, la adivinación y diversas prácticas ocultistas o ritos paganos. Muchos de los que se alejan hoy de la Biblia están haciendo lo mismo. De no hacerlo, se identifican con esperanzas vacías en un progreso evolucionista, o unos sueños de tipo comunista.

La Biblia rechaza todas esas expectaciones como falsas: vacías, sin sentido, degradantes, corruptoras. Los creyentes tienen una esperanza mejor en Cristo y a través de Él; Cristo mismo es nuestra esperanza (Colosenses 1:27; 1 Timoteo 1:1). La Biblia presenta lo que es básicamente una visión lineal de la historia que espera la ayuda y la bendición de Dios en el presente, y un futuro glorioso, para aquéllos que confían en Él. La epístola a los Hebreos nos exhorta a los que "hemos acudido para asirnos de la esperanza" a cobrar ánimos y a mantener "firme, sin fluctuar, la profesión de nuestra esperanza, porque fiel es el que prometió" (Hebreos 6:18; 10:23). Como lo expresa Paul Minear, esta esperanza no es "una posibilidad vaga en el futuro". Dios tenía presentes desde el principio las últimas cosas. Es cierto que la Biblia centra su atención alrededor de la primera venida de Cristo, que logró la salvación e hizo que el futuro irrumpiese en el presente de una manera promisoria. Con todo, la segunda venida de Cristo, que traerá consigo la consumación del plan de Dios y la gloria que nosotros vamos a compartir, también se halla presente.

Los profetas del Antiguo Testamento miraron hacia los últimos días sin indicar con precisión cuándo llegarían. No era su propósito satisfacer la curiosidad de la gente, sino centrarse en los propósitos de Dios y utilizar las profecías como incentivo para obedecer la voluntad de Dios en el presente. Por ejemplo, Isaías habló de un tiempo en el que sería exaltada la casa de Dios "y correrán a él todas las naciones. Y vendrán muchos pueblos, y dirán: Venid, y subamos al monte de Jehová … Nos enseñará sus caminos, y caminaremos por sus sendas" (Isaías 2:2–3). Entonces, Dios traería el juicio y la paz. Esta verdad trajo consigo el llamado: "Venid, oh casa de Jacob, y caminaremos a la luz de Jehová" (Isaías 2:5). Sofonías usó también el juicio futuro para proporcionar un incentivo hacia unas actitudes correctas en el presente, cuando dijo; "Buscad a Jehová … Buscad justicia, buscad mansedumbre; quizás seréis guardados en el día del enojo de Jehová" (Sofonías 2:3).

De una manera similar, el Nuevo Testamento usa la esperanza de la venida de Cristo como motivación. "Sabemos que cuando él se manifieste, seremos semejantes a él, porque le veremos tal como él es. Y todo aquel que tiene esta esperanza en él, se purifica a sí mismo, así como él es puro" (1 Juan 3:2–3).

Puesto que sus discípulos pensaban que el reino futuro aparecería de inmediato, Jesús les tuvo que hacer saber que habría una demora, y que, a pesar de ella, tendrían que mantenerse vigilantes, preparados para el momento en que Él llegara. En una parábola, se comparó con un hombre de noble cuna que fue a un país "distante" para que lo nombrasen rey, y para regresar después (Lucas 19:11–27). Más tarde, los discípulos comprendieron que Jesús quería decir que Él tenía que ascender a los cielos para ocupar su trono allí, antes de poder regresar como Rey. La comparación con un viaje a un país distante hacía resaltar también el hecho de que estaría fuera por largo tiempo.

Cuánto tiempo sería éste, Jesús no lo dijo con exactitud; el momento de su regreso, sólo lo conoce el Padre que está en los cielos (Mateo 24:30, 36; Marcos 13:32–33). Quizá Dios haya retenido esta información con el fin de hacer mínimos los peligros de la tardanza. Muchos se sentirían tentados a seguir el ejemplo del siervo malvado de Mateo 24:45–51, quien se dijo: "Mi señor tarda en venir", y comenzó "a golpear a sus consiervos, y aun a comer y a beber con los borrachos. Vendrá el señor de aquel siervo en día que éste no espera, y a la hora que no sabe, y lo castigará duramente, y pondrá su parte con los hipócritas; allí será el lloro y el crujir de dientes" (vv. 48–51). Es mejor que no conozcamos el momento en que regresará Cristo. Dios quiere que hagamos su obra. Es más posible que seamos fieles si sabemos que siempre debemos estar vigilantes, listos en cualquier momento para su venida (Mateo 24:42; 25:13).

Aunque Jesús indicó de nuevo que pasaría largo tiempo (Mateo 25:19), insistió repetidamente en que su venida sería tan súbita como inesperada. Los creyentes fieles no serán tomados por sorpresa, porque ellos estarán esperando y trabajando, sin importarles lo mucho que se tarde la venida del Señor (Lucas 12:35–38). Los cristianos sólo serán sorprendidos si dejan que sus corazones "se carguen de glotonería y embriaguez y de los afanes de esta vida". Entonces, vendrá "de repente" sobre ellos aquel día, inesperado "como un lazo" (Lucas 21:34). Jesús nos advirtió: "Velad, pues, en todo tiempo orando que seáis tenidos por dignos de escapar de todas estas cosas que vendrán, y de estar en pie delante del Hijo del Hombre" (Lucas 21:36).

Entre las últimas palabras de Jesús que recoge el Nuevo Testamento, se halla esta declaración: "¡He aquí, vengo pronto!" (Apocalipsis 22:7, 12). Los que se burlan dirán: "¿Dónde está la promesa de su advenimiento?" (2 Pedro 3:4). Sin embargo, tenemos que recordar que Dios no mira al tiempo de la misma forma que nosotros: "Para con el Señor un día es como mil años, y mil años como un día" (2 Pedro 3:8). Además, le interesa que haya más personas que acudan al arrepentimiento, y que nosotros podamos seguir llevando adelante la Gran Comisión (2 Pedro 3:9). Por consiguiente, es bueno que vivamos en la tensión entre el "pronto" y el "todavía no", haciendo su obra, realizando las tareas que Él nos encomienda, hasta que Él regrese (Marcos 13:33–34; Lucas 19:13).

Jesús comparó también el mundo en el momento de su venida con el mundo en los días de Noé. A pesar de las advertencias, de la predicación, de la construcción del arca y la recogida de los animales, las personas no hacían caso ni estaban preparadas. En realidad, no creían que llegaría el juicio de Dios. Para ellas, el día del diluvio había amanecido como cualquier otro día: tenían planes para sus comidas, su trabajo, sus fiestas y sus bodas. Sin embargo, aquel día trajo consigo el final del mundo tal como lo conocían. De igual manera, el mundo presente seguirá adelante ciegamente, haciendo sus propios planes; pero un día Jesús regresará (Mateo 24:37–39).

Para destacar el hecho de que será un día como cualquier otro, Jesús dijo: "Entonces estarán dos en el campo; el uno será tomado, y el otro será dejado. Dos mujeres estarán moliendo en un molino; la una será tomada, y la otra será dejada" (Mateo 24:40–41). Es decir, las personas estarán dedicadas a sus tareas diarias normales, y de pronto vendrá la separación. "Tomado" (gr. *paralambánetai*) significa "llevado consigo o recibido". Jesús tomó a Pedro y a los dos hijos de Zebedeo consigo (Mateo 26:37). Él mismo prometió: "Vendré otra vez, y os *tomaré* a mí mismo" (Juan 14:3). O sea, que los que son tomados, son recibidos en la presencia de Jesús para estar con Él eternamente (1 Tesalonicenses 4:17). "Dejado" (gr. *afíetai*) significa "dejado detrás", como en Marcos 1:18, 20; dejado detrás para que se tenga que enfrentar con la ira y los juicios de Dios. En otras palabras, no habrá advertencia previa, ni oportunidad para prepararse en el último minuto. La misma verdad es presentada en la parábola de las diez vírgenes (Mateo 25:1–13). Todo esto nos recuerda que, a pesar de la tardanza, siempre debemos considerar inminente el regreso de Cristo.

A fin de dar mayor fuerza a la exhortación a estar siempre listos, Jesús repitió también el hecho de que nadie conoce el momento de su regreso, sino el Padre (Mateo 24:36, 42, 44; Marcos 13:32–37). Esto era difícil de entender para los discípulos, e inmediatamente antes de que Él ascendiera a los cielos, le preguntaron: "Señor, ¿restaurarás el reino a Israel en este tiempo?" (Hechos 1:6). Jesús les contestó: "No os toca a vosotros saber *los tiempos o las sazones*, que el Padre puso en su sola potestad" (v. 7). En otras palabras, que no era asunto de su incumbencia. Lo que a nosotros nos corresponde, está en Hechos 1:8: "Recibiréis poder, cuando haya venido sobre vosotros el Espíritu Santo, y me seréis testigos ... hasta lo último de la tierra." Esto elimina todo intento por fijar fechas, incluso todas las sugerencias acerca del momento, e incluso la estación del año en que Cristo podría regresar. La atención de los creyentes se debe fijar en Jesús (Hebreos 12:2-3) y en la tarea de cumplir fielmente con la Gran Comisión (Mateo 24:45-46; 25:21, 23).

Pablo refuerza las advertencias de Jesús al reconocer que "el día del Señor vendrá así como ladrón en la noche" (1 Tesalonicenses 5:2). Con todo, los creyentes no serán tomados por sorpresa; no porque conozcan el momento, sino porque son "personas del día", que viven en la luz de la Palabra de Dios (no personas de la noche, que pertenecen a las tinieblas del mal). Por consiguiente, se mantienen vigilantes, en control de sí mismos, protegidos por la fe y el amor como una coraza, y con la esperanza de salvación como un yelmo (1 Tesalonicenses 5:4-9). Como el apóstol Pablo, mantienen un intenso anhelo de que Cristo aparezca (2 Timoteo 4:8), porque lo aman y confían en Él intensamente. La esperanza de Pablo nunca estuvo "atada a una fecha fija, sino al evangelio que pronunciaba el cumplimiento de las promesas del Antiguo Testamento y llamaba a una confiada existencia".

Jesús advirtió también contra el exceso de atención a las señales. Los falsos cristos (mesías, "ungidos", grupo en el que se incluye a los que afirman tener una unción especial superior a la de los demás) usarán señales para engañar (Mateo 24:4-5). Jesús explicó que las guerras y los rumores de guerras *no son* señales. Es necesario que sucedan esas cosas, simplemente porque son — junto con las hambres, los terremotos, las persecuciones, las apostasías, los falsos profetas y el aumento en la maldad — características de toda la era situada entre la primera venida de Cristo y la segunda, la era en la cual nosotros tenemos la responsabilidad de predicar el evangelio en todo el mundo (Mateo 24:6-14). En lugar de centrarnos en las señales, debemos tomar una postura firme de fidelidad a Jesús y levantar la cabeza; es decir, debemos mantener nuestra atención centrada en Jesús, porque nuestra redención se acerca (Lucas 21:28).

La gracia salvadora de Dios nos enseña que, "renunciando a la impiedad y a los deseos mundanos, vivamos en este siglo sobria, justa y piadosamente, aguardando la *esperanza bienaventurada* y la manifestación gloriosa de nuestro gran Dios y Salvador Jesucristo" (Tito 2:12-14). "Bienaventurada" (gr. *makarían*) significa una plenitud de bendición, felicidad y gozo recibida gracias al favor bondadoso e inmerecido de Dios. Aunque los creyentes hemos sido bendecidos ya en el presente, nos espera mucho más en el futuro.

La mayor parte de los teólogos reconocen que "en el Nuevo Testamento se ve el futuro como el desarrollo de lo que es dado en la resurrección de Cristo". Su resurrección era el tema clave en la predicación de la Iglesia Primitiva. En el día de Pentecostés, Pedro centró la atención en Jesús. Pablo proclamó que "ahora Cristo ha resucitado de los muertos; primicias de los que durmieron es hecho" (1 Corintios 15:20). "Y si el Espíritu de aquél que levantó de los muertos a Jesús mora en vosotros, el que levantó de los muertos a Cristo Jesús vivificará también vuestros cuerpos mortales por su Espíritu que mora en vosotros" (Romanos 8:11). Pedro también habló de "una esperanza viva, por la resurrección de Jesucristo de los muertos, para una herencia incorruptible, incontaminada e inmarcesible" (1 Pedro 1:3-4).

De manera que la resurrección de Cristo se convierte en la garantía de que nosotros seremos resucitados y transformados, de tal forma que nuestro cuerpo resucitado será inmortal e incorruptible (1 Corintios 15:42-44, 47-48, 50-54). Así lo expresa Ralph Riggs:

Esta resurrección y traslación de los santos tiene una extensión de gloria que no podemos comprender ... Está llegando el momento en que el Espíritu nos envolverá con su poder, transformará nuestro cuerpo con su fortaleza y nos transportará a la gloria ... Ésa será la manifestación de los hijos de Dios, la gloriosa libertad de los hijos de Dios ... ése, el triunfante punto culminante de la obra del Espíritu Santo.

Nuestro cuerpo resucitado será como el de Él (Filipenses 3:21; 1 Juan 3:2). Aunque Dios creó a la humanidad a semejanza suya, y la imagen seguía existiendo después de la caída (Génesis 9:6), se nos dice que Adán "engendró un hijo a su semejanza, conforme a su imagen" (Génesis 5:3). Por eso, dice Pablo: "Y así como hemos traído la imagen del terrenal, traeremos también la imagen del celestial" (1 Corintios 15:49). Nuestro cuerpo nuevo será tan diferente de nuestro cuerpo actual, como lo es la planta de la semilla (1 Corintios 15:37).

También se describe como "espiritual" al cuerpo resucitado de los creyentes, en contraste con nuestro cuerpo "natural" del presente. Generalmente, se está de acuerdo en que "espiritual" (gr. *pneymatikón*) no significa que "esté hecho de espíritu"; tampoco será este cuerpo inmaterial, etéreo o carente de densidad física. Los discípulos supieron por experiencia que el cuerpo resucitado de Cristo era real, palpable; no fantasmagórico, y sin embargo, pertenecía a un orden algo diferente, capacitado tanto para el cielo como para la tierra, aunque no limitado por las condiciones de nuestras "dimensiones de espacio y tiempo" actuales. Por eso se describe nuestro cuerpo resucitado como "celestial" (gr. *epuránios*).

Es decir, aunque nuestro cuerpo actual sea terrenal, natural (gr. *psykijón*), con las mismas limitaciones que tuvo Adán después de la caída, nuestro cuerpo resucitado tomará cualidades y gloria sobrenaturales. Aunque seguiremos siendo seres limitados, y dependeremos de Dios por completo, nuestro cuerpo será el instrumento perfecto que nos permitirá responder al Espíritu Santo de maneras nuevas y maravillosas.

Cuando los creyentes judíos claman ¡*Abbá!*, o los creyentes gentiles claman "¡Padre!", el Espíritu Santo "testifica con nuestro espíritu" que lo que estamos diciendo no se limita a las palabras, y nos confirma que Dios es realmente nuestro Padre. Sin embargo, nuestra relación con Dios como hijos suyos no se limita a esta vida. Nos hace herederos de Dios y coherederos con Cristo (Romanos 8:17). Ahora tenemos "las primicias del Espíritu" (v. 23). La plenitud vendrá junto con la plenitud de la adopción y la redención de nuestro cuerpo (v. 23); esto es, en el momento de la resurrección.

Mientras tanto, el Espíritu nos prepara de muchas maneras para el cumplimiento de nuestra esperanza de gloria. Nos ayuda a orar (Romanos 8:26–27) mientras que "por el Espíritu aguardamos por fe la esperanza de la justicia" (Gálatas 5:5). El don del Espíritu Santo es un sello y un "pago inicial" de lo que recibiremos con una plenitud mayor en nuestra herencia futura como hijos de Dios (Efesios 1:13–14). Es también una "promesa" de que lo recibiremos con toda seguridad si mantenemos nuestra fe en Jesús y seguimos sembrando "para agradar al Espíritu", y no a nuestra naturaleza pecadora (Gálatas 6:7–10; véase también Romanos 2:10).

En los escritos de Pablo está muy presente la obra que hace el Espíritu para prepararnos para la edad futura. La idea central de Romanos 14:17 es que la justicia, la paz y el gozo en el Espíritu Santo deberán demostrar que estamos bajo el dominio de Dios;

que Él es realmente el Rey de nuestra vida. Con todo, Pablo no limita el reino a estas bendiciones del presente. De hecho, son bendiciones del reino futuro, pero por medio del Espíritu, son nuestras ahora también. Pablo continúa señalando que nos preparan para el futuro y aumentan nuestra expectación ante nuestra esperanza futura (Romanos 15:13). Esta es la esperanza que se hallaba tras el grito de "*Marán azá*", esto es, "¡El Señor viene!" (1 Corintios 16:22).

Además de estas primeras entregas de las bendiciones de la edad futura, podemos tener momentos especiales de refrigerio de parte del Señor cada vez que manifestamos arrepentimiento, o un cambio de actitud que nos acerca a Él (Hechos 3:19). Con todo, como ya hemos insistido, no debemos tomar a la ligera las advertencias de Jesús. Una y otra vez, Él insistió en la importancia de estar preparados y de vivir a la luz de su regreso (Mateo 24:42, 44, 50; 25:13; Lucas 12:35, 40; 21:34–36).

EL ESTADO INTERMEDIO DE LA MUERTE

La muerte no traerá un final a nuestra esperanza, porque se nos ha asegurado que "los muertos en Cristo resucitarán primero" cuando Él regrese (1 Tesalonicenses 4:16). Los que hayan fallecido no se perderán nada de la gloria del Arrebatamiento, ni de ese encuentro en los aires prometido (4:17). Sin embargo, la Biblia no nos dice todo lo que nosotros quisiéramos saber acerca del estado en que existiremos entre la muerte y la resurrección. Está más preocupada por que miremos al futuro, a la herencia y a la plenitud que serán nuestras cuando Jesús venga de nuevo.

Enseñanzas del Antiguo Testamento

El Antiguo Testamento muestra con gran claridad que Dios es la fuente de toda vida, y que la muerte está en el mundo como consecuencia del pecado (Génesis 1:20–27; 2:7, 22; 3:22–23). Sin embargo, la mayor parte de los israelitas miraban la vida con una actitud positiva (Salmo 128:5–6). El suicidio era algo extremadamente raro, y la vida larga era considerada una bendición de Dios (Salmo 91:16). La muerte traía angustia, expresada por lo general con fuertes gemidos y con una profunda aflicción (Mateo 9:23; Lucas 8:52).

Las costumbres funerales de los israelitas eran diferentes a las de los pueblos que los rodeaban. Las tumbas de los faraones egipcios estaban llenas de muebles y de muchas otras cosas destinadas a ayudarlos a mantener su categoría social en el más allá. Los cananeos incluían una lámpara, un cántaro de aceite y un cántaro con comida en cada enterramiento. Normalmente, los israelitas no hacían esto. El cuerpo, envuelto en lienzos, generalmente ungido con especias, era colocado sencillamente en una tumba o enterrado en una sepultura. Sin embargo, esto no significa que no creyeran en otra vida. Hablaban de que el espíritu iba a un lugar llamado Sh^eol en hebreo, o algunas veces, de ir ante la presencia de Dios.

Puesto que los términos *Sh^eol*, "muerte" (heb. *mavet*), "tumba" (heb. *qever*), "abismo" (heb. *bor*) y "destrucción" (heb. *'abaddón*, o "Abadón") son paralelos algunas veces (por ejemplo, Salmo 30:3), algunos afirman que tanto *Sh^eol* como "abismo" se refieren siempre a la tumba. Sin embargo, la Biblia señala que las personas siguen teniendo algún tipo de existencia en el *Sh^e'ol* (Isaías 14:9–10). Otros consideran que el *Sh^e'ol* es el lugar de la otra vida, y afirman que nunca se refiere a la tumba.

Hay tres pasajes que se citan con frecuencia para probar que el *Sh^e'ol* es la tumba. El Salmo 6:5 dice: "Porque en la muerte no hay memoria de ti; en el Seol, ¿quién te alabará?" Sin embargo, el recordar es paralelo al alabar. La misma palabra ("recordar") es utilizada para hablar del uso solemne del nombre de Dios en medio del pueblo (Éxodo 3:15). Habla de un recuerdo activo aquí en la tierra, que termina al fallecer la persona. Por consiguiente, cuando el espíritu va al *Sh^e'ol*, cesan la alabanza y el testimonio que daba esa persona a los demás en la tierra. Desde el punto de vista de los que están en la tierra, se piensa en la muerte como en un silencio (Salmo 115:17). Sin embargo, el salmista dice más adelante: "Pero nosotros bendeciremos a JAH desde ahora y para siempre" (Salmo 115:18), lo cual implica una esperanza mejor y, ciertamente, no desecha la posibilidad de alabar al Señor en la otra vida.

Ezequías dice en su oración: "A ti agradó librar mi vida del hoyo de corrupción; porque echaste tras tus espaldas todos mis pecados. Porque el Seol no te exaltará, ni te alabará la muerte; ni los que descienden al sepulcro esperarán tu verdad" (Isaías 38:17–18). Nuevamente, lo que le interesa a Ezequías es su testimonio y las consecuencias de éste en medio del pueblo. Dios había perdonado sus pecados, lo cual lo había salvado de descender al lugar del castigo. Ahora que estaba sanado, quería ver la fidelidad de Dios, y así lo hizo, por quince años adicionales (Isaías 38:5).

En realidad, con frecuencia se describe al *Sh^e'ol* como un lugar en las profundidades que contrasta con las alturas de los cielos (Job 11:8; Salmo 139:8; Amós 9:2). El contexto se refiere a menudo a la furia o ira de Dios (Job 14:13; Salmos 6:1, 5; 88:3, 7; 89:46, 48), y algunas veces tanto a la ira como al fuego (Deuteronomio 32:22). En algunos casos, la referencia es breve, y parece que se lo considera sencillamente como el lugar o el estado de los muertos. En él, los muertos son llamados *refaím*, lo que nosotros llamaríamos "fantasmas" (Isaías 14:9; 26:14). Otros pasajes se refieren a algunos de los muertos, llamándolos *'elohim*, en el sentido de "seres espirituales poderosos" (1 Samuel 28:13). Sin embargo, con mucha frecuencia se ve con claridad que el *Sh^e'ol* es el lugar para los malvados y todas "las naciones que olviden a Dios" (Salmo 9:17; véanse Salmos 39:12–13; 55:15; 88:11–12; Proverbios 7:27; 9:18; Isaías 38:18). Donde el Nuevo Testamento cita pasajes del Antiguo Testamento que mencionan el *Sh^e'ol*, traduce la palabra como *Hades*, al cual ve, no como el indeterminado lugar del que hablaban los paganos griegos, sino como un lugar de castigo.

En vista de esto, es importante observar que el Antiguo Testamento no enseña que todos vayan al *Sh^e'ol*. Es cierto que Job habló de la muerte como una *bet mo'ed*, una "casa de reunión" para todos los vivientes (Job 30:23), pero sólo se estaba refiriendo al hecho de que todos los humanos mueren; no estaba afirmando que todos vayan al mismo lugar después de la muerte.

Al menos algunos santos del Antiguo Testamento tuvieron una esperanza mejor. Enoc y Elías fueron llevados al cielo directamente (Génesis 5:24; 2 Reyes 2:11). Cuando David sintió la ira de Dios por causa de su pecado, clamó pidiendo misericordia a fin de escapar del *Sh^e'ol*. En cambio, cuando se levantó su fe, su esperanza fue "morar en la casa de Jehová por largos días" (Salmo 23:6; véanse Salmos 16:11; 17:15). El Salmo 49:15, a diferencia de los malvados, que van camino al *Sh^e'ol*, dice: "Pero Dios redimirá mi vida del poder del Seol, porque él me tomará consigo." Es decir, se personifica al *Sh^e'ol* y se le describe como tratando de atraparlo y bajarlo hasta el lugar del castigo, pero Dios lo rescata, de manera que escape y no tenga que ir nunca al *Sh^e'ol*. El salmista Asaf escribió: "Me has guiado según tu consejo"; esto es, mientras estaba en la tierra, "y después me recibirás en gloria"; esto es, en el cielo (Salmo 73:24). Salomón también declaró que "el camino de la vida es hacia arriba al entendido, para apartarse del Seol abajo" (Proverbios 15:24). El mensaje de Dios a Balaam le hizo reconocer que la muerte del justo es mejor que la muerte del malvado (Números 23:10).

Posiblemente porque Jacob habló de descender al *Sh^e'ol* mientras lloraba a su hijo (José), los judíos de tiempos posteriores, que los consideraban a ambos como justos, llegaron a la idea de que había divisiones en el *Sh^e'ol*: un lugar para los justos, y otro para los malvados (Enoc 22:1–14). Sin embargo, Jacob se negó en aquellos momentos a que lo consolasen, pensando sin duda que tanto él como José se hallaban bajo el juicio de Dios de alguna forma. No se dice que Jacob haya buscado al Señor de nuevo hasta que recibió la noticia de que José estaba vivo (Génesis 45:28–46:1); es probable que considerase el *Sh^e'ol* como un lugar de castigo. En realidad, ningún pasaje del Antiguo Testamento exige con claridad que dividamos el *Sh^e'ol* en dos compartimentos, uno de castigo y otro de bendición.

Hay otra frase que parece indicar que los santos del Antiguo Testamento esperaban otra vida después de la muerte. Dios le dijo a Moisés lo que sucedería después de que subiese a la montaña y contemplase la Tierra Prometida: "Y después que la hayas visto, tú también serás reunido a tu pueblo, como fue reunido tu hermano Aarón" (Números 27:13). Sin embargo, Aarón fue enterrado en el monte Hor, y nadie sabe dónde enterró Dios a Moisés (Deuteronomio 34:5–6). Por consiguiente, es prácticamente imposible que la expresión "reunido a tu pueblo" se refiera a la sepultura.

Enseñanzas del Nuevo Testamento

El Nuevo Testamento resalta más la resurrección del cuerpo, que lo que sucede inmediatamente después de la muerte. Ésta sigue siendo una enemiga, pero ya no hay necesidad de temerle (1 Corintios 15:55–57; Hebreos 2:15). Para el creyente, el vivir es Cristo y el morir es ganancia; es decir, morir significa más de Cristo (Filipenses 1:21). Así, morir e ir para estar con Cristo es muchísimo mejor que quedarse en el cuerpo actual, aunque debamos permanecer mientras Dios vea que es necesario (Filipenses 1:23–24). Entonces la muerte nos traerá un descanso de nuestras labores terrenales (esto es, un cese de ellas) y de nuestros sufrimientos, y una entrada en la gloria (2 Corintios 4:17; véanse 2 Pedro 1:10–11; Apocalipsis 14:13).

Jesús describe en Lucas 16, sin mencionar su nombre, a un hombre rico que vestía como un rey y disfrutaba a diario de un banquete completo, en el que incluso había espectáculos. Yacía junto a la puerta de su casa un mendigo llamado Lázaro, cubierto de llagas, que quería las sobras de comida que se barrían del piso para echarlas a los perros callejeros. Estos animales de basurero, inmundos según la ley, le lamían las llagas, haciéndolo inmundo. Lázaro sólo tenía una cosa a su favor: su nombre, que significa

"Dios es mi ayuda", e indica que, a pesar de todo, mantenía viva su fe en Dios. Al llegar la muerte, los ángeles se lo llevaron junto a Abraham[2] que, ciertamente, era un lugar de bendición, puesto que allí recibió consuelo. El hombre rico se encontró después de su muerte en agonía entre las llamas del Hades. Cuando miró hacia arriba, esto es, al cielo (véase Lucas 18:13), vio a Abraham y Lázaro "lejos", pero era muy tarde para que recibiese ayuda, porque Abraham le dijo: "Una gran sima está puesta entre nosotros y vosotros, de manera que los que quisieren pasar de aquí a vosotros, no pueden, ni de allá pasar acá." En otras palabras, después de la muerte no se puede cambiar el destino de los malvados, ni el de los justos. Algunos consideran que este relato es una parábola, puesto que sigue a una serie de parábolas, pero incluso en sus parábolas, Jesús nunca dijo nada que fuera contrario a la verdad.[4]

El anhelo del apóstol Pablo no era estar con Abraham, sino con el Señor. Él afirmaba que tan pronto estuviera lejos del cuerpo (por la muerte), estaría presente con el Señor (2 Corintios 5:6–9; Filipenses 1:23). Ésta fue la promesa que le hizo Jesús al ladrón que agonizaba en la cruz: "De cierto te digo que hoy estarás conmigo en el paraíso" (Lucas 23:43). Pablo fue arrebatado en una visión al tercer cielo, que él también llama paraíso (2 Corintios 12:1–5). Jesús habla de él, describiéndolo como un lugar preparado donde hay mucho lugar (Juan 14:2). Es un lugar de gozo, de comunión con Cristo y con los demás creyentes, y resuena con la adoración y el canto (Apocalipsis 4:10–11; 5:8–14; 14:2–3; 15:2–4).

Debido a que Pablo anhelaba llegar a tener el cuerpo resucitado que será inmortal y no estará sujeto a la muerte ni a la decrepitud, y porque parece rechazar la idea de ser un espíritu desnudo (2 Corintios 5:3–4), algunos enseñan que en el estado intermedio entre la muerte y la resurrección, los creyentes serán espíritus sin cuerpo que, no obstante, tendrán el consuelo de estar con Cristo. Otros enseñan que al llega la muerte, los creyentes reciben un cuerpo "celestial" temporal, observando que Moisés y Elías aparecieron en el monte de la transfiguración con algún tipo de cuerpo, y que se les dieron túnicas blancas a las almas de los mártires en el cielo (Lucas 9:30–32; Apocalipsis 6:9–11). Sin embargo, está claro que la resurrección del cuerpo se producirá cuando Cristo venga por su Iglesia (Filipenses 3:20–21; 1 Tesalonicenses 4:16–17).

Otros conceptos sobre el más allá

Debido a que Jesús dijo de Lázaro y de la hija de Jairo que "dormían", y a que Pablo se refirió a la muerte, llamándola "sueño" (1 Corintios 15:6, 18, 20; 1 Tesalonicenses 4:13–15), hay quienes han desarrollado una teoría llamada "del sueño del alma". Con esto quieren decir que el alma o el espíritu no se halla simplemente en un estado de estupor después de la muerte, sino que toda la persona está muerta, y el alma o espíritu deja de existir hasta que es recreada en la resurrección. Sin embargo, Moisés y Elías sabían en el monte de la transfiguración lo que estaba sucediendo, y hablaron con Jesús "de su partida [gr. *éxodos*, término que incluye su muerte, resurrección y ascensión], que iba Jesús a cumplir en Jerusalén" (Lucas 9:31). Además, comprendían que aquello tenía importancia para ellos también. Pablo entendía que él sería capaz de sentir si era un espíritu desnudo, o no. Por consiguiente, el término "sueño" sólo se puede aplicar al cuerpo.

Otros suponen que después de la muerte, la persona no deja de existir, sino que se halla en un estado de estupor. Ciertamente, ni Lázaro, ni Abraham, ni el hombre rico, estaban inconscientes, o en un estado de estupor. Sabían lo que estaba sucediendo, y Lázaro era "consolado" (Lucas 16:25).

Los católicos romanos enseñan que todos, con la excepción de ciertos santos especiales y mártires, deben pasar por el purgatorio (un estado, más que un lugar) para prepararse a entrar al cielo.[2] La doctrina demostró ser provechosa para la iglesia romana, pero hizo que Dios pareciese manifestar favoritismo con los ricos, cuyos parientes podían pagar misas fácilmente para sacarlos del purgatorio con rapidez.

Algunos católicos romanos conjeturaban también sobre la existencia de un estado llamado "limbo", para los infantes sin bautizar, y otro para los santos del Antiguo Testamento, donde éstos habrían sufrido un castigo temporal hasta la muerte de Jesús. Entonces, el alma de Jesús descendió a este último limbo "para presentarles la visión beatífica de Dios", y desde su ascensión, han estado en el cielo. El limbo (para los infantes) es "rechazado generalmente ahora" a favor de la idea de que a los infantes y a los fuertemente retrasados, después de su muerte, se les presentará la oferta divina de vida eterna, y se les permitirá aceptarla o rechazarla.

El espiritismo (o espiritualismo) enseña que los médiums se pueden comunicar con los muertos, y que los espíritus de los muertos permanecen en las proximidades de la tierra. G. W. Butterworth explica: "Hay una insistencia casi universal en que el mundo supraterrestre está compuesto por siete u ocho esferas, cada una de ellas algo más alta que su predecesora." Esto es contrario a la afirmación de que, al morir, el creyente pasa a estar "presente con el Señor".

Una serie de religiones orientales, debido a su concepto cíclico de la historia, enseñan la reencarnación. Al morir, la persona recibe una identidad nueva, y nace a otra vida como animal, ser humano, o incluso un dios. Sostienen que las acciones de la persona generan una fuerza, el *karma*, que exige la transmigración y decide el destino de la persona en su próxima existencia. Sin embargo, la Biblia dice con claridad que hoy es el día de salvación (2 Corintios 6:2). No nos podemos salvar a nosotros mismos por medio de nuestras buenas obras. Dios nos ha proporcionado una salvación plena por medio de Jesucristo, que expía nuestro pecado y cancela nuestra culpabilidad. No necesitamos de otra vida para tratar de resolver los pecados y errores de ésta, o de otras supuestas existencias anteriores. Además, "de la manera que está establecido para los hombres que mueran una sola vez, y después de esto el juicio, así también Cristo fue ofrecido una sola vez para llevar los pecados de muchos; y aparecerá por segunda vez, sin relación con el pecado, para salvar a los que le esperan" (Hebreos 9:27–28).

También está claro que cuando aparecieron Moisés y Elías en el monte de la transfiguración, aún eran Moisés y Elias. Jesucristo también retuvo su identidad después de su muerte y "este mismo Jesús", y no una reencarnación, es el que regresará a la tierra (Hechos 1:11).

LOS ÚLTIMOS TIEMPOS

A los seguidores de Jesús que lo vieron ascender a los cielos se les aseguró que Él regresaría (Hechos 1:11). Después, cuando llegó el evangelio a los gentiles "en poder, en el Espíritu Santo y en plena certidumbre", se convirtieron en gran número "de los ídolos a Dios, para servir al Dios vivo y verdadero, y esperar de los cielos a su Hijo, al cual resucitó de los muertos, a Jesús, quien nos libra de la ira venidera" (1 Tesalonicenses 1:5, 9-10). Aunque muchos sufrieron persecución, creían que "si sufrimos, también reinaremos con él" (2 Timoteo 2:12). Entonces, las visiones de Juan en la isla de Patmos (recogidas en el Apocalipsis), presentaron una descripción de la victoria final de Cristo y añadieron la seguridad de un reinado milenial antes del último juicio y los cielos nuevos y tierra nueva profetizados por Isaías (65:17; 66:22). Los conceptos premilenaristas se extendieron así con rapidez desde el Asia Menor.

Hasta mediados del segundo siglo, la mayor parte de los cristianos se mantenían en la esperanza de que Cristo regresaría y ellos reinarían con Él durante mil años. Fue entonces cuando la preocupación por la Cristología apartó su atención de la esperanza futura. Orígenes (alrededor de 185-254), bajo la influencia de la filosofía griega, popularizó un método alegórico que llevaba a espiritualizar el reino futuro. Ya en el quinto siglo, el reino de Dios y la iglesia jerárquica eran identificados entre sí, y era la iglesia la que emitía todos los juicios; como consecuencia, se dejó de insistir en el reino futuro y en los juicios finales. Más tarde, a fines de la Edad Media, la iglesia romana creyó que era ella la que estaba edificando la ciudad eterna de Dios aquí en la tierra. La mayoría cerraban los ojos a la desenfrenada maldad prevalente, y no daban evidencias de creer que Dios tuviese un plan, o de que Él fuese a establecer el reino futuro por medio de una actuación suya propia. Sólo muy de vez en cuando se reavivaba la creencia en un milenio futuro, generalmente en protesta contra la autoridad jerárquica.

La Reforma trajo consigo una nueva insistencia en la autoridad de la Biblia y la actividad de Dios en la historia. Sin embargo, con respecto a los acontecimientos finales, la atención se centró en la glorificación de los creyentes, y apenas se mencionaban la consumación de estos tiempos y el estado final.

En la Inglaterra del siglo diecisiete, la creencia en un milenio se hizo más popular, sobre todo entre los puritanos discipulados por Joseph Meade, aunque muchos creían aún que el milenio ya se había cumplido en la historia de la Iglesia. Sin embargo, aquéllos que sí predicaban la segunda venida de Cristo para inaugurar el milenio, dañaron su causa al ponerse a hacer cálculos que fijaban su regreso entre 1640 y 1660.

En los comienzos del siglo dieciocho, Daniel Whitby popularizó el concepto de que Cristo no volvería hasta que pasara un milenio de progreso que llegaría al mundo bajo la autoridad del evangelio. Este punto de vista se convirtió en dominante en los Estados Unidos durante el siglo diecinueve, y encajó bien dentro de las filosofías del progreso automático, en boga en aquellos tiempos. Sin embargo, a fines de siglo, las conferencias bíblicas de verano estaban extendiendo el de nuevo la esperanza en un milenio futuro. Con esto vino la extensión del dispensacionalismo, cuya interpretación literal de las profecías hace un contraste extremo con las interpretaciones figurativas de los postmilenaristas y amilenaristas, así como las de los liberales y los existencialistas.

Los liberales, que en realidad eran antisobrenaturalistas, bajo el influjo de los filósofos Kant, Ritchl, Hegel y Schliermacher, borraron toda intervención divina futura del evangelio social que predicaban. Para ellos, el reino de Dios era algo que los seres humanos podían crear con su propia sabiduría, sin ayuda alguna de lo alto.

Este antisobrenaturalismo alcanzó su nivel máximo con Albert Schweitzer y Rudolf Bultmann. Schweitzer despojó de todo a la presentación bíblica de Jesús, hasta hacerlo un simple hombre que había pensado equivocadamente que vendría el fin en sus propios tiempos. Se tomó "asombrosas libertades con las evidencias históricas". Lo mismo hizo Bultman cuando desechó los milagros de la Biblia, se interesó solamente en la existencia presente, rechazó el concepto lineal de la historia que presenta la Biblia, y trató la esperanza bíblica como simple especulación humana.

También el existencialismo de Europa, al centrarse en lo humano, ignoró "las dimensiones cósmicas de las Escrituras" y proporcionó un escape de toda preocupación por el pasado o el futuro. Entre ellos, los neo-ortodoxos trataron de recuperar las doctrinas ortodoxas, al mismo tiempo que trataban la Biblia como un simple escrito humano. En Inglaterra, C. H. Dodd popularizó la idea de que el reino de Dios había venido en su plenitud "de una vez por todas" en el ministerio de Jesús, y que los escritores del Nuevo Testamento entendieron mal sus enseñanzas, y desarrollaron la expectación con respecto a un regreso suyo. Una modificación, llamada "escatología inaugurada" por R. P. Fuller, enseñaba que Jesús había visto en el pasado la venida del reino; de hecho, con esta explicación estaba desechando los textos del Nuevo Testamento que mostraban que Él esperaba un reino futuro.

Ha habido varias reacciones a las ideas de Bultmann. Una de las más prominentes ha sido la teología de la esperanza de Jurgen Moltmann. Éste insiste en que "el cristianismo ... es esperanza; es mirar adelante y marchar hacia delante, y por tanto, revolucionar y transformar también el presente". Esto, junto con la teología política del católico romano John Baptist Metz, inspiró el desarrollo de la teología de la liberación, que ve el reino de Dios como una metáfora y trata de hacer cambios radicales, tanto políticos como sociales, en el presente.[3] Aunque los cristianos tienen la responsabilidad de hacer cuanto puedan por los demás a base de sacrificios, no hay bases bíblicas para que los creyentes del Nuevo Testamento se comprometan con los cambios políticos por medio de la revolución armada. El reino milenial no llegará por medio del esfuerzo humano. La Biblia enseña que nuestra única esperanza es que Dios intervenga, traiga juicio sobre el sistema mundial del presente y envíe a Jesús de vuelta a la tierra para establecer su dominio y hacer eterno el trono de David.

La realidad de que Jesús va a regresar a la tierra aparece con claridad en las Escrituras. Los evangélicos en general aceptan Hechos 1:11 como un texto que nos da la certeza de que Él regresará de una manera visible y personal. Sin embargo, han surgido diversas teorías que tratan de presentar explicaciones que den al traste con esta idea. Algunos dicen que Cristo volvió en la persona del Espíritu Santo el día de Pentecostés. Sin embargo, fue el Cristo exaltado quien derramó al Espíritu en aquel momento (Hechos 2:32–33). Otros dicen que la segunda venida de Cristo tiene lugar cuando Él entra al corazón del creyente en el momento de la conversión (se suele citar Apocalipsis 3:20); pero las Escrituras enseñan que quienes lo reciben, esperan su venida (Filipenses 3:20; 1 Tesalonicenses 1:10). Otros hay que dicen que su venida queda cumplida cuando Él viene en busca del creyente al fallecer éste. Sin embargo, tanto los muertos como los vivos serán "arrebatados juntos" al aparecer Él (1 Tesalonicenses 4:17). Los testigos de Jehová dicen que regresó de manera invisible en 1874 ó 1914. Otros dicen que regresó de manera invisible en juicio cuando fue destruida Jerusalén en el año 70.

También hay quienes toman fuera de contexto "la manifestación de los hijos de Dios" (Romanos 8:19) y se proclaman los hijos manifestados. Dicen que la segunda venida de Cristo se cumple en ellos, que son sus hijos que ya han madurado, y que están madurando a la Iglesia para que se apodere de los reinos de este mundo. Rechazan el arrebatamiento y proclaman que ellos lo están cumpliendo al ser "arrebatados" hasta la madurez espiritual. También proclaman que son ya la nueva Jerusalén, y que son también las "nubes" de poder y gloria en las que Cristo está apareciendo ahora, y por medio de las cuales, reinará sobre la tierra. Un grupo similar se da el nombre de "teonomista" y quiere traer el reino a base de poner al mundo entero bajo la ley de Dios, en concreto, algunas leyes de Moisés, o todas ellas, aunque les tome veinte mil años. Estos grupos se toman grandes libertades, al espiritualizar declaraciones claras y llanas de la Biblia, y se olvidan de que aún no tenemos lo que esperamos, pero "con paciencia lo aguardamos" (Romanos 8:25). El regreso personal de Jesucristo a la tierra es la única forma en que recibiremos la plenitud de la esperanza que aguardamos.

Puntos de vista sobre el Apocalipsis

Entre los que creen en la Biblia hay una considerable variedad en cuanto a la interpretación de la secuencia de los acontecimientos durante los últimos tiempos. En parte, esta variedad procede de la interpretación del Apocalipsis como un todo; en parte, de la interpretación del capítulo 20 del libro, y en parte de si la hermenéutica utilizada tiende a interpretar la Biblia de manera más literal o más simbólica.

El punto de vista historicista sobre el Apocalipsis trata de relacionar los sucesos que aparecen en el libro con la historia de la Iglesia desde el primer siglo hasta el presente, centrando la atención en cosas como el surgimiento del papado y las invasiones de los musulmanes. Esto evita la idea de una gran tribulación al final de esta era. Una debilidad de este punto de vista es la tendencia a reajustar en cada generación toda la interpretación para tratar de hacer que sea aceptada en sus propios días.

El concepto preterista sobre el libro lo trata de relacionar todo, con la excepción del fin mismo, a los sucesos del primer siglo, y con Roma y los primeros emperadores como los únicos personajes principales. Sin embargo, las identificaciones resultan muy subjetivas y precarias y, decididamente, los sucesos del libro están relacionados con los últimos tiempos y con el regreso de Cristo en gloria.

El concepto idealista no hace identificación alguna con nada histórico. Toma los símbolos y figuras del libro como simples representantes de la continua lucha entre el bien y el mal. Sin embargo, aunque es cierto que el libro tiene muchas figuras simbólicas, todas ellas representan realidades. Al anticristo se le llama "bestia", pero será una persona real, y cumplirá lo que se afirma llanamente en otras profecías (como 2 Tesalonicenses 2:3–12). Jesús debe venir personalmente para causar el triunfo final.

El concepto futurista del libro espera que todo, casi todo lo que está después del capítulo 4 se cumpla en un breve período al final de la Era de la Iglesia; un período de gran tribulación, ira y juicio que culminará con el regreso de Cristo en gloria para destruir los ejércitos del anticristo y establecer su reinado milenial.

La mayoría de los premilenaristas, tanto dispensacionalistas como no dispensacionalistas, identifican la Tribulación con la septuagésima semana (período de siete años) de Daniel 9:27. Después que "se quite la vida" al Mesías, "el Ungido" (Daniel 9:26), "el pueblo de un príncipe que ha de venir" destruirá la ciudad de Jerusalén y el templo. Esto se cumplió en el año 70 d.C., y el pueblo fue el romano. Después habla de un gobernante que vendrá y hará un pacto con Israel, que él mismo quebrantará al cabo de tres años y medio, declarándose Dios y prohibiendo que se adore al Señor (véase 2 Tesalonicenses 2:4).

Hay quienes suponen que la septuagésima semana transcurrió inmediatamente después de la muerte de Jesús. Sin embargo, en aquellos tiempos los romanos no hicieron pacto alguno con Israel. Tampoco lo hizo Tito en el año 70. Tampoco se cumplieron todas las señales que dio Jesús en la destrucción de aquel año. El Antiguo Testamento salta con frecuencia por encima de toda la Era de la Iglesia en las profecías. (Compárese Zacarías 9:9-10, donde el versículo 9 se refiere a la primera venida de Cristo, pero el final del versículo 10 salta hasta su segunda venida, sin mostrar el tiempo transcurrido entre ambas). Por tanto, no es contrario a una sana exégesis el ver la septuagésima semana de Daniel como situada en el futuro.

En Apocalipsis 20:1–7 se menciona repetidamente un período de mil años, el milenio. Los amilenaristas[3] enseñan que no habrá un milenio; al menos, en la tierra. Algunos toman un punto de vista idealista y dicen que no habrá un milenio literal en absoluto. Otros consideran que los mil años transcurren en el cielo durante la Era de la Iglesia. La mayoría toman el número mil como un número ideal que representa un período indefinido. Esperan que la Era de la Iglesia termine con una resurrección general y un juicio general, tanto para los justos como para los malvados al mismo tiempo, seguido de inmediato por el reino eterno de los nuevos cielos y la nueva tierra. Con respecto al Apocalipsis en su totalidad, muchos son preteristas. Puesto que en su sistema no tienen lugar para una restauración literal de Israel, o para el reinado de Cristo en la tierra, toman las profecías del Antiguo Testamento que se refieren a Israel, las espiritualizan y se las aplican a la Iglesia. No obstante, es muy claro, por ejemplo, en Ezequiel 36, que Dios restaurará a Israel por causa de su santo nombre, a pesar de lo que ellos hayan hecho.

Los postmilenaristas tratan los mil años del milenio como una extensión de la Era de la Iglesia en la cual, por el poder del evangelio, el mundo entero será ganado para Cristo. Como los amilenaristas, muchos postmilenaristas son preteristas, y enseñan todos que habrá un juicio general, tanto para justos como para malvados, seguido por el reino eterno de los cielos nuevos y la tierra nueva.[2] También espiritualizan las profecías del Antiguo Testamento, y no tienen lugar en su sistema para una restauración de la nación de Israel, o un reinado literal de Cristo sobre la tierra. Aunque algunos aceptarán que habrá un resurgimiento del mal inmediatamente antes de que Cristo regrese de una manera "cataclísmica", la mayoría buscan una gran extensión del evangelio que acercará el regreso de Cristo. Sin embargo, no tienen en consideración el hecho de que los profetas del Antiguo Testamento (y el mismo Jesús) insisten en que el reino deberá ser traído por medio del juicio (Sofonías 3:8–9; Mateo 24:29–30). Por ejemplo, la estatua de Daniel 2 representa el sistema mundial actual. La roca que representa al reino de Cristo no penetra en la estatua para transformarla. La golpea en los pies (que representan el sistema mundial al final de esta era) y la hace polvo con un solo golpe. Sólo entonces establece Dios ese reino suyo, de tal manera que llene toda la tierra (Daniel 2:44).

Hay un grupo de variantes modernas del postmilenarismo, que reciben nombres como "el reino ahora" y "teología del dominio". Enseñan que esta era presente es el reino de Dios, y que los cristianos deben usar el poder de Dios para llevarlo hasta su realización plena a base de convertirse en una Iglesia madura, algo que "habría podido suceder hace miles de años, si la Iglesia de aquellos días hubiese alcanzado la madurez necesaria". Creen que Cristo regresará a un mundo donde la Iglesia se ha hecho con el dominio "sobre todo aspecto dentro del marco social". La Iglesia debe recuperar su control sobre todos los reinos de este mundo. Algunos dicen que la Iglesia debe derrocar todo dominio que se oponga a Dios. Aun la muerte deberá estar "totalmente vencida antes del regreso de Jesús." Olvidan que el trigo y la cizaña existirán juntos a lo largo de toda esta era, hasta que Dios envíe a sus ángeles para que recojan la cosecha (Mateo 13:36–43). Muchos no creen en la doctrina del Arrebatamiento y, en lugar de esto, buscan la victoria y el dominio mientras establecen el reino de Dios en la tierra. La mayor parte son preteristas y creen que la gran tribulación tuvo lugar en el primer siglo. También creen que "el Israel étnico fue excomulgado por su apostasía" y "Cristo transfirió las bendiciones del reino de Israel a un nuevo pueblo: la Iglesia". Ignoran los numerosos pasajes de las Escrituras que indican que Dios tiene aún un propósito que cumplir con la nación de Israel en su plan.

Los premilenaristas toman las profecías del Antiguo Testamento, así como las de Jesús y del Nuevo Testamento, tan literalmente como lo permite su contexto. Reconocen que la forma más sencilla de interpretar estas profecías es situar el regreso de Cristo, la resurrección de los creyentes y el trono del juicio de Cristo, antes del milenio, después del cual Satanás será puesto en libertad temporalmente, para seguir a continuación con su derrota definitiva. Entonces vendrá el juicio del gran trono blanco para el resto de los muertos y, por último, el reino eterno de los nuevos cielos y la nueva tierra.

Con respecto al Apocalipsis en su conjunto, muchos premilenaristas del siglo diecinueve eran historicistas. Hoy en día, la mayoría son futuristas. No ven que el mundo vaya a mejorar durante esta era, y sienten lo importante que es exhortar al mundo para que huya de la ira que será derramada, al aceptar a Cristo como Salvador y Señor. Con todo, no son pesimistas. Buscan con gozosa expectación la bienaventurada esperanza; el regreso de nuestro Señor.

Dos aspectos de la segunda venida de Cristo

La Biblia señala dos aspectos de la venida de Cristo. Por una parte, vendrá como el Conservador, Libertador o Rescatador "de la ira venidera" (1 Tesalonicenses 1:10). "Pues mucho más, estando ya justificados en su sangre, por él seremos salvos de la ira" (Romanos 5:9). Tenemos el deber de mantenernos espiritualmente despiertos, llevar una vida de autodominio, equilibrio y sobriedad, y usar la armadura del evangelio de la fe, el amor y la esperanza de salvación: "Porque no nos ha puesto Dios para ira, sino para alcanzar salvación por medio de nuestro Señor Jesucristo, quien murió por nosotros para que ya sea que velemos, o que durmamos, vivamos juntamente con él. Por lo cual, animaos unos a otros" (1 Tesalonicenses 5:9–11).

Estos versículos de aliento se están refiriendo a la promesa expresada anteriormente de que "el Señor mismo con voz de mando, con voz de arcángel, y con trompeta de Dios, descenderá del cielo; y los muertos en Cristo resucitarán primero. Luego nosotros los que vivimos, los que hayamos quedado, seremos arrebatados juntamente con ellos en las nubes para recibir al Señor en el aire, y así estaremos siempre con el Señor. Por tanto, alentaos los unos a los otros con estas palabras" (1 Tesalonicenses 4:16–18).

Sólo se tiene en cuenta aquí la resurrección de aquéllos que murieron "en Cristo". Éstos son cambiados, revestidos de inmortalidad, "en un momento, en un abrir y cerrar de ojos" (1 Corintios 15:52; véanse también los vv. 53–54), su cuerpo transformado "para que sea semejante al cuerpo de la gloria suya" (Filipenses 3:21). Entonces, aquellos creyentes que están vivos aún serán transformados y arrebatados junto con ellos en un Cuerpo. El único requisito para los creyentes muertos, y obviamente también para los vivos, es estar "en Cristo"; esto es, en una relación de fe en Él y fidelidad hacia Él.

"Arrebatados" (gr. *harpaguesómeza*) "Para recibir al Señor" (gr. *éis apántesin tú kyríu*) se puede traducir así: "para una reunión con el Señor". "Reunión" era usado con frecuencia como término técnico para hablar de cuando la gente de una ciudad iba a reunirse con los reyes o los generales a cierta distancia de la ciudad, para escoltarlos en su entrada a ella. Es un uso paralelo al de *parusía*, "presencia", "venida" del Señor (1 Tesalonicenses 4:15), vocablo que tiene categoría técnica cuando se refiere al regreso de Cristo, y es usado sobre todo para hablar del Arrebatamiento.

Por otra parte, la justicia de Dios será reinvindicada "cuando se manifieste el Señor Jesús desde el cielo con los ángeles de su poder, en llama de fuego, para dar retribución a los que no conocieron a Dios, ni obedecen al evangelio de nuestro Señor Jesucristo ... cuando venga en aquel día para ser glorificado en sus santos y ser admirado en todos los que creyeron" (2 Tesalonicenses 1:7–8, 10). Esto concuerda con otros pasajes que señalan que el reino deberá ser inaugurado por medio del juicio (Daniel 2:34–35, 44–45; Apocalipsis 19:11–16).

La mayoría de los amilenaristas y postmilenaristas, si se refieren a la Segunda Venida, consideran que estos dos aspectos tienen lugar en conexión con un descenso de Cristo seguido por un juicio general. Los premilenaristas que son historicistas están de acuerdo, porque no ven que vaya a haber un período especial de gran tribulación al final de la Era de la Iglesia.[2] Los premilenaristas que son futuristas sí reconocen una "gran tribulación" al final de esta era, pero se dividen en pretribulacionistas, midtribulacionistas y postribulacionistas.

La mayoría de los postribulacionistas interpretan que la ira de la que escaparemos (1 Tesalonicenses 5:9) es el estado final de los malvados; el lago de fuego. Sin embargo, el contexto es el del Arrebatamiento. Esperan que todos los creyentes vivos pasen por la gran tribulación. Algunos suponen que muchos de ellos se convertirán en mártires; otros suponen que Dios los protegerá de alguna manera especial, quizá semejante a la forma en que Dios protegió a los israelitas de las plagas de Egipto. Alegan al respecto que el Nuevo Testamento no promete que los creyentes vayan a escapar de la tribulación y el sufrimiento. Lo que no tienen en cuenta es que la Biblia usa la palabra "tribulación" para hablar de dos cosas diferentes. Algunas veces, la palabra se refiere al dolor, la persecución, los problemas, la presión y la angustia de corazón que las circunstancias externas le pueden traer a un cristiano cuando sirve al Señor en un mundo que rechaza a Cristo. Vemos este uso de la palabra cuando Pablo habla de "esta leve *tribulación* momentánea [que] produce en nosotros un cada vez más excelente y eterno peso de gloria" (2 Corintios 4:17). Sin embargo, los juicios de la gran tribulación no se hallan en la misma categoría. Manifiestan la ira de Dios (Apocalipsis 6:16; 15:1, 7; 16:1).

Los midtribulacionistas suelen considerar que la primera parte de la tribulación será pacífica, mientras el anticristo está estableciendo su dominio. La mayoría creen que el Arrebatamiento tendrá lugar al sonar la séptima trompeta del Apocalipsis (Apocalipsis 11:15), que ellos identifican con la trompeta final de 1 Corintios 15:52. Algunas veces hablan de un "Arrebatamiento previo a la ira" y consideran que los últimos tres años y medio del dominio del anticristo con el período de la ira. No obstante, la visión del sexto sello parece indicar que la ira se extiende a lo largo de los siete años (Apocalipsis 6:17).

Hay quienes enseñan un Arrebatamiento parcial, y que una parte de la Iglesia pasará por la tribulación. Otros enseñan que habrá varios Arrebatamientos. Muchos de ellos dividen a la Iglesia en diversos grupos, como la esposa, los amigos del esposo, los siervos y los huéspedes. Sin embargo, en realidad, las parábolas de Jesús no tratan a estos grupos como divisiones separadas. Cada uno es un aspecto de la Iglesia verdadera. Pablo señala con claridad que todos los que han muerto en Cristo y todos los creyentes que queden serán tomados "juntos" en un Cuerpo al llegar el Arrebatamiento (1 Tesalonicenses 4:16–17).

Los pretribulacionistas reconocen que el apóstol Pablo seguía teniendo presente el Arrebatamiento cuando dijo: "Porque no nos ha puesto Dios para ira, sino para alcanzar salvación por medio de nuestro Señor Jesucristo" (1 Tesalonicenses 5:9). El sacrificio de Cristo garantiza que, ya sea que muramos antes del Arrebatamiento, o que estemos vivos en ese momento, viviremos "juntamente con él" (1 Tesalonicenses 5:10), porque Él "nos libra de la ira venidera" (1 Tesalonicenses 1:10). Se utiliza el mismo verbo (gr. *romai*) para hablar del rescate de Lot "antes" de que cayese el juicio de Dios sobre Sodoma (2 Pedro 2:7). Algunos consideran que Mateo 24:30–31 contradice esto; sin embargo, "entonces" (gr. *tóte*) tiene un sentido muy general. Jesús, al hablar de su venida, se refiere a un período de tiempo en el que se incluyen, tanto su venida para buscar a sus elegidos o escogidos (es decir, para buscar a los verdaderos creyentes), como su venida para que todo el mundo lo vea. Con todo, no se refiere a este período de una manera cronológica. Como los profetas del Antiguo Testamento, adelanta y retrocede, mencionando un aspecto de su venida, y después otro, no siempre en orden, y sin indicar el intervalo de tiempo que transcurrirá entre ellos. Sin embargo, el intervalo está presente.

El punto de vista pretribulacionista es el que mejor se ajusta a la esperanza futura que presenta la Biblia. A los creyentes, a quienes se les dice repetidamente que vigilen y esperen al Hijo de Dios que vendrá del cielo (1 Tesalonicenses 1:10), no se les dice nunca "que vigilen en espera de la gran tribulación, o de la aparición del anticristo. Esperar que estas cosas deban suceder antes del Arrebatamiento, es destruir la enseñanza de inminencia, de la que está repleto el Nuevo Testamento". El hecho de que los pasajes que hablan del Arrebatamiento indiquen que Cristo vendrá a llevarse a los creyentes para que estén con Él (1 Tesalonicenses 4:17), mientras que otros pasajes hablan de que los creyentes estarán con Él cuando venga (Colosenses 3:4; Judas 14), señala que es bíblico reconocer dos fases en la venida de Cristo. El hecho de que no estemos señalados para la ira indica que la gran tribulación tiene lugar entre estas dos fases de su venida.

La tribulación

Después de declarar que el evangelio del reino, el evangelio del poder y el dominio de Dios, debe ser predicado a todas las naciones antes de que sea consumada esta era (Mateo 24:14), Jesús habló de "la abominación desoladora de que habló el profeta Daniel" (Mateo 24:15). El cumplimiento inicial de esta profecía tuvo lugar en diciembre del año 167 a.C., cuando Antíoco Epífanes puso un altar pagano en el altar de los holocaustos y consagró el templo de Jerusalén al dios griego Zeus. Sin embargo, tanto Daniel como Jesús vieron que habría un cumplimiento mayor. Daniel 12:1 se adelanta en el tiempo a la época de la tribulación y la identifica como "tiempo de angustia, cual nunca fue desde que hubo gente hasta entonces". Jesús también identifica el tiempo como una "gran tribulación" (Mateo 24:21). En el mundo actual hay muchos creyentes que ya están sufriendo tribulación, pero la gran tribulación vendrá marcada por la ira de Dios, más allá de cuanto el mundo ha conocido jamás, como lo indican los capítulos 6 al 18 del Apocalipsis. Este tiempo verá también levantarse a un dictador mundial, el anticristo.

El anticristo

El apóstol Pablo tuvo que enfrentarse a los falsos maestros que estaban enseñando que el día del Señor ya había venido (2 Tesalonicenses 2:2, texto griego). Los tesalonicenses estaban perturbados y alarmados porque, al parecer, estos maestros negaban que el Señor fuese a regresar literalmente, y que nosotros nos fuésemos a reunir con Él en el Arrebatamiento (2:1). Evidentemente, ya no se estaban alentando unos a otros, como Pablo les había ordenado (1 Tesalonicenses 4:18; 5:11). Por eso, Pablo declaró que ese día no vendrá "sin que antes venga la apostasía y se manifieste el hombre de pecado,[2] el hijo de perdición" (2 Tesalonicenses 2:3). Es decir, la rebelión y la revelación del anticristo serían las primeras cosas que tendrían lugar en el día del Señor. Esto no sucedería hasta que "el misterio de la iniquidad" dejase de ser detenido (2 Tesalonicenses 2:7). Puesto que estas cosas no habían sucedido, ellos no estaban en el día del Señor, y aún podían darse ánimo los unos a los otros, con la esperanza segura de que serían arrebatados para reunirse con el Señor en los aires.

El nombre de "anticristo" procede de las cartas de Juan, donde éste indica que el anticristo vendrá con toda certeza. Sin embargo, sus lectores necesitaban preocuparse por los muchos anticristos (que afirmaban falsamente que eran "ungidos") y, además, del espíritu del anticristo, que ya estaba obrando (1 Juan 2:18–19, 22; 4:2; 2 Juan 7). Por otra parte, el anticristo definitivo está condenado a la destrucción, y su tiempo será comparativamente corto.

Puesto que "se opondrá y se levantará contra todo lo que se llama Dios o es objeto de culto", podemos deducir que el "anti" significa aquí "contra". Sin embargo, el prefijo griego *anti* suele significar "en lugar de" o "sustituyendo a". "Se sentará en el templo de Dios como Dios, haciéndose pasar por Dios" (2 Tesalonicenses 2:4). Es decir, que el anticristo no se dará a sí mismo ese apelativo. Será el más logrado de todos los cristos falsificados, y probablemente afirmará ser el Cristo real, y el Dios verdadero (véase Mateo 24:4, 23-24).

Su venida será "por obra de Satanás, con gran poder y señales y prodigios mentirosos, y con todo engaño de iniquidad para los que se pierden" (2 Tesalonicenses 2:9-10). Esta descripción se ajusta a la del gobernador del mundo que hace el pacto con Israel y más tarde lo quebranta (Daniel 9:27), y también con la de la bestia, el blasfemo gobernador del mundo que recibe su poder de Satanás, quien habita en él, y cuyo falso profeta hace milagros falsificados (Apocalipsis 13:1-17). A mediados de la tribulación, exigirá que todos reciban una marca en la mano derecha o en la frente; una marca, que es "el nombre de la bestia, o el número de su nombre" (v. 17).

Este número es identificado como el seiscientos sesenta y seis (v. 18), un número que ha hecho surgir toda suerte de especulaciones, pero "es número de hombre [de ser humano]", y así se identifica de cierta forma con el hecho de que el anticristo proclama que él es Dios, pero en realidad, sólo es un ser humano. Por este medio, logrará el control económico y se convertirá en el dictador del mundo entero. Sin embargo, no podrá evitar la caída del sistema mundial babilónico, ni el derrumbe económico total (Apocalipsis 18:1-24). Entonces, al final de la tribulación, guiará a los ejércitos de muchas naciones, ejércitos reunidos por Satanás, al Armagedón. Es en ese momento cuando Jesús lo "matará con el espíritu de su boca, y destruirá con el resplandor de su venida" (2 Tesalonicenses 2:8). Daniel 2:34-35, 44-45 y Apocalipsis 19:11-21 describen esto de una manera poderosa. Su destino final es "el lago de fuego que arde con azufre" (Apocalipsis 19:20).

Las bodas del Cordero

Cuando aparezca Jesús para destruir al anticristo y a sus ejércitos, los ejércitos de los cielos le seguirán, cabalgando sobre caballos blancos (símbolos del triunfo) y "vestidos de lino finísimo, blanco y limpio" (Apocalipsis 19:14). Esto los identifica con la esposa del Cordero (la Iglesia), que participa del banquete de bodas del Cordero (Apocalipsis 19:7-9). Es decir, ya han estado en el cielo; ya están plenamente revestidos con "las acciones justas de los santos" (v. 8). Esto indica también que esos actos han acabado y que los creyentes han sido resucitados, transformados y llevados al cielo. También indicaría que ya han aparecido ante el trono del juicio de Cristo (2 Corintios 5:10). ¡Qué momento de gozo y deleite será ese banquete de bodas!

El milenio

En Apocalipsis 20:1-3 y los versículos 7-10 se habla del juicio de Satanás. Este estará prisionero en el abismo durante mil años. El abismo será cerrado y sellado sobre él, de manera que no tendrá posibilidad de realizar actividad alguna en la tierra durante ese período. Entonces será puesto en libertad por corto tiempo, antes de su juicio eterno en el lago de fuego.

Mientras tanto, en Apocalipsis 20:4-6 Biblia habla de los que son sacerdotes de Dios y de Cristo, y reinarán con Él por mil años. Este reino traerá consigo el cumplimiento de muchas profecías.

Apocalipsis 20:4 se refiere a dos grupos de personas. El primero se sienta en el trono a juzgar (es decir, a "gobernar", que éste es el sentido de la palabra con gran frecuencia en el Antiguo Testamento). El mensaje a todas las iglesias (Apocalipsis 3:21-22) indica que éstos son todos los creyentes de la Era de la Iglesia que han permanecido fieles, convirtiéndose en vencedores; esto es, ganadores, triunfadores (Apocalipsis 2:26-27; 3:21; véase también 1 Juan 5:4). Entre ellos, tal como lo prometió Jesús, están los doce apóstoles para juzgar (regir) a las doce tribus de Israel (Lucas 22:30), puesto que Israel, restaurado, purificado, lleno del Espíritu Santo de Dios, sin duda alguna ocupará toda la tierra prometida a Abraham (Génesis 15:18).

Además de los vencedores procedentes de la Era de la Iglesia, Juan vio "almas"; esto es, personas vivas que habrán pasado por el martirio durante la tribulación (Apocalipsis 6:9-11; 12:15). Estos dos grupos son reunidos para reinar con Cristo durante los mil años. Este período será un tiempo de paz y bendición, en el que prevalecerá la justicia (Isaías 2:2-4; Miqueas 4:3-5; Zacarías 9:10). El Espíritu Santo realizará una obra de restauración. Hasta el mundo natural reflejará el orden, la perfección y la belleza que Dios quería que tuviese su creación. El mundo animal será transformado (Isaías 11:6-8; 35:25; Ezequiel 34:25). Sin embargo, aún habrá causa para el castigo y la muerte (Isaías 65:17-25). Esto significa que aún les será necesario tomar la decisión de seguir a Cristo en fe y obediencia a aquellos hijos que les nazcan durante el reinado milenial de Cristo en la tierra a los no creyentes que sobrevivieron a la tribulación.

En Apocalipsis 20:5 se hace una simple afirmación (aunque en forma de paréntesis) acerca de "los otros muertos". Entre éstos se incluyen todos los que no estén en los dos grupos mencionados en el versículo 4. Es decir, este grupo incluye a todos los que han muerto en sus pecados, alejados de la gracia salvadora de Dios. Ellos no resucitarán hasta después del reinado milenial de Cristo.

"Ésta es la primera resurrección" (v. 5) significa que los mencionados en el versículo 4 completan la primera resurrección. Jesús habló de dos resurrecciones (Juan 5:29): la primera, la resurrección para vida de aquéllos que hayan hecho el bien que Dios quería que hiciesen, aceptando a Cristo y viviendo para Él; la segunda, la resurrección para juicio de aquéllos que han hecho el mal a través de su incredulidad. Sin embargo, de la misma manera que los profetas del Antiguo Testamento no indicaron la diferencia de tiempo entre la primera venida de Jesús y la segunda, tampoco Jesús indicó en Juan 5:29 la diferencia de tiempo entre las dos resurrecciones. Su propósito era animar a la gente a vivir para Dios, de manera que la diferencia de tiempo entre ambas no era pertinente para lo que estaba enseñando.

En 1 Corintios 15:20, 23 se nos muestra esto con mayor profundidad, cuando Pablo compara la primera resurrección con una cosecha. El Cristo resucitado es las "primicias" de la cosecha. La parte mayor de la cosecha llega "en su debido orden" en el momento de su venida a encontrarse con nosotros en los aires. Entonces, las espigaduras de la cosecha serán los martirizados durante la tribulación; así quedará terminada la primera resurrección para vida. La primera resurrección es llamada también "la resurrección de los justos" (Lucas 14:14). Se les identifica como bienaventurados (Apocalipsis 20:6) porque disfrutarán de la plenitud de las bendiciones de Dios. Son "santos", es decir, consagrados a Dios y a su voluntad. Puesto que su resurrección es como la de Cristo, se levantan para no volver a morir. Por tanto, la "muerte segunda" (el lago de fuego) no tendrá poder sobre ellos.

Satanás es soltado

El Apocalipsis no da detalles sobre el milenio, probablemente porque las profecías anteriores son suficientes. Después de los mil años, se soltará a Satanás, probablemente para causar una reivindicación final a la justicia de Dios. Es decir, aunque la gente habrá disfrutado del maravilloso dominio de Cristo, es evidente que seguirá a Satanás en cuanto tenga oportunidad. Esto nos demuestra que, tanto si saben cómo es el reinado de Cristo, como si no lo saben, los que no son salvos se rebelan. En justicia, Dios no puede hacer otra cosa más que separarlos para siempre de sus bendiciones. Satanás, el gran engañador, también se engaña a sí mismo y cree que aún puede derrotar a Dios, pero su intento final fracasará. Nunca más habrá una rebelión contra Dios y contra su amor.

Los juicios

A lo largo de toda la Biblia, Dios aparece como un Juez justo. Él fue quien trajo juicio, tanto sobre Israel, como sobre las naciones, en los tiempos antiguos. Al final de esta era, Él seguirá siendo el Juez justo, pero mediará ese juicio a través del Hijo, porque "el Padre a nadie juzga, sino que todo el juicio dio al Hijo, para que todos honren al Hijo como honran al Padre" (Juan 5:22–23; véase 2 Timoteo 4:8).

El Arrebatamiento no es una simple "fuga". Los creyentes estarán para siempre con el Señor. No obstante, todos, sin excepción serán sujetos a juicio cuando sean llevados ante su presencia (Romanos 14:10–12; 1 Corintios 3:12–15; 2 Corintios 5:10). El trono, o tribunal (gr. béma, Romanos 14:10) del juicio de Dios, es llamado también "el tribunal de Cristo" (2 Corintios 5:10). Allí, cada cual recibirá "según lo que haya hecho mientras estaba en el cuerpo, sea bueno [gr. agazón, "espiritual y moralmente bueno, o útil ante los ojos de Dios"] o sea malo [gr. fáylos, "sin valor, maligno; comprende el egoísmo, la envidia y la pereza"]" (2 Corintios 5:10). Ninguna cosa secreta podrá ser escondida (Romanos 2:16). Todo será juzgado: nuestras palabras, nuestros actos, nuestras motivaciones, nuestras actitudes y nuestra personalidad (Mateo 5:22; 12:36–37; Marcos 4:22; Romanos 2:5–11, 16; Efesios 6:8; 1 Corintios 3:13; 4:5; 13:3). De todos ellos, nuestras motivaciones (en especial el amor) y nuestra fidelidad parecen ser las más importantes (Mateo 25:21, 23; Lucas 12:43; 1 Corintios 13:3; Colosenses 3:23–24; Hebreos 6:10). Pueden significar la diferencia entre el que nuestras obras sean juzgadas como "oro, plata, piedras preciosas", o "madera, heno, hojarasca" (1 Corintios 3:12).

El juicio incluye la posibilidad de una "pérdida" (1 Corintios 3:15) o una "recompensa" (Romanos 2:10; 1 Corintios 3:12–14; Filipenses 3:14; 2 Timoteo 4:8; 2 Juan 8). Debemos continuar "en él [en Cristo], para que cuando se manifieste, tengamos confianza, para que en su venida no nos alejemos de él avergonzados" (1 Juan 2:28). De no ser así, corremos el peligro de que todas nuestras obras se conviertan en cenizas (1 Corintios 3:13–15). Sólo quienes respondan en amor y fe ante la gracia, las capacidades y las responsabilidades que Dios les dé, escucharán a Jesús decir: "Bien, buen siervo y fiel; sobre poco has sido fiel, sobre mucho te pondré; entra en el gozo de tu señor" (Mateo 25:21, 23). Aunque no nos salven las obras, sí somos "creados en Cristo Jesús para buenas obras" (Efesios 2:10). Como nos dice Romanos 2:7, el recto juicio de Dios les dará vida eterna a aquéllos que "perseverando en bien hacer, buscan gloria y honra e inmortalidad".

Después de ser lanzado Satanás al lago de fuego, aparece un inmenso trono blanco; blanco, porque irradia la santidad, majestad y gloria de Dios (Apocalipsis 20:11). De pie delante de él están todos los muertos, "grandes y pequeños", esto es, cualquiera que haya sido su categoría en la vida sobre la tierra. (En este número no se incluye a los mencionados en Apocalipsis 20:4, porque ellos ya han resucitado con un nuevo cuerpo inmortal que no puede morir, ni siquiera debilitarse.) Han sido resucitados para el juicio. Puesto que la resurrección es corporal, tendrán algún tipo de cuerpo, y serán juzgados por sus obras (a partir de registros guardados por Dios, en los que sin duda se incluye el que han rechazado a Cristo y seguido a Satanás, además de todos sus demás pecados, tanto públicos como privados). También se abrirá allí el libro de la vida, probablemente como evidencia de que sus nombres no están en él.

La Biblia habla de otros juicios, pero sin dar detalles de tiempo o lugar. Pablo menciona que los santos (todos los verdaderos creyentes, porque están dedicados a adorar y servir al Señor) juzgarán al mundo y juzgarán a los ángeles, y pone esto en contraste con los juicios de esta vida (1 Corintios 6:2–3). Esto podría tener lugar durante el milenio.

Algunos consideran que Mateo 25:31–46, la separación de las naciones "los unos de los otros, como aparta el pastor las ovejas de los cabritos" (v. 32), es un juicio especial de las naciones, a tener lugar a principios del milenio. Es un juicio de obras, reconociendo que cuanto que se ha hecho o se ha omitido con respecto a los demás, se ha hecho u omitido con respecto a Cristo. Cuanto hagamos, hemos de hacerlo como para el Señor. La palabra "naciones" tiene el sentido de "pueblos", no de estados. Los actos son actos hechos por personas individuales que se han preocupado por los hermanos [y hermanas] de Cristo, o los han descuidado.[2] El resultado es una herencia para aquéllos que son los bendecidos, y un fuego eterno para el resto; el fuego preparado para el diablo y sus ángeles. Es decir, que el estado definitivo es el considerado en esta descripción; no el milenio. James Oliver Buswell hace una interesante sugerencia. Puesto que la escena tiene "una vasta perspectiva cósmica", es posible que Jesús pusiera tanto su propio tribunal, como el gran trono blanco, en esta descripción, a fin de dar la lección, sin indicar la diferencia de tiempo que existiría entre ambos juicios.

El estado final de los malvados

La Biblia describe el destino final de los perdidos como algo tan terrible, que desafía toda imaginación. Son las "tinieblas de fuera", donde habrá llanto y crujir de dientes por causa de la frustración y el remordimiento, mientras sufren continuamente la ira de Dios (Mateo 22:13; 25:30; Romanos 2:8–9; Judas 13). Es el "horno de fuego" (Mateo 13:42–50), cuyo fuego es, por su naturaleza misma, inextinguible, y nunca se apaga (Marcos 9:43; Judas 7). Así se produce la condenación eterna, o destrucción perpetua (2 Tesalonicenses 1:9), y "el humo de su tormento sube por los siglos de los siglos" (Apocalipsis 14:11; véase 20:10). Jesús utilizó la palabra *gueénna* como el término para expresar esta realidad.

Gueénna es la forma griega tomada por el nombre arameo del valle de Hinom, una estrecha quebrada situada al oeste y sur de Jerusalén. Durante la decadencia del reino de Judá, los judíos apóstatas ofrecían allí a sus hijos en un sacrificio de fuego al dios amonita Moloc (2 Reyes 23:10; Jeremías 7:31). Por esta razón, los judíos hicieron de él un basurero de la ciudad en tiempos del Nuevo Testamento, y había fuego siempre ardiendo allí, así que Jesús lo usó como símbolo del lugar definitivo de castigo, el lago de fuego. Allí, las llamas de azufre ardiente nos indican lo desagradable que será ese fuego. Las tinieblas indican también que estarán apartados de la luz de Dios. La fe, la esperanza y el amor que permanecen para nosotros (1 Corintios 13:13) estarán ausentes para siempre en ese ambiente. El "descanso" del que disfrutaremos, nunca estará a la disposición de ellos, ni lo estarán el gozo y la paz que nuestro Señor les da a los que creen. También será un lugar solitario, despojado de la comunión con Dios, y la amargura, y el crujir de dientes, además de su propia naturaleza caída sin transformar, impedirán que tengan comunión los unos con los otros.[3]

Después del último juicio, la muerte y el Hades serán lanzados dentro del lago de fuego (Apocalipsis 20:14), porque éste, que se encuentra totalmente fuera de los nuevos cielos y la nueva tierra (véase Apocalipsis 22:15), será el único lugar donde existirá la muerte. Entonces se consumará de manera definitiva y plena la victoria de Cristo sobre la muerte como paga por el pecado (1 Corintios 15:26), y en los nuevos cielos y la nueva tierra no habrá más muerte (Apocalipsis 21:4).

El estado final de los justos

Abraham estaba dispuesto a vivir en la Tierra Prometida como un extraño, porque "esperaba la ciudad que tiene fundamentos, cuyo arquitecto y constructor es Dios" (Hebreos 11:9–10), una ciudad que ya existe en los cielos (Gálatas 4:26; Hebreos 11:16). Esta ciudad, el hogar definitivo de los redimidos, y lugar de habitación de Dios, es la nueva Jerusalén que vio Juan en una visión, y que descendía de los cielos a la nueva tierra. Ya nosotros no estaremos más en la tierra, y Dios en el cielo, sino que el trono y habitación de Dios estarán con su pueblo en la tierra (Apocalipsis 21:3, 22; 22:3). La ciudad no tendrá templo, "porque el Señor Dios Todopoderoso y el Cordero son su templo" (Apocalipsis 21:22). Es decir, que la presencia y la gloria de Dios y de su Cristo llenarán la ciudad de tal manera, que los que habiten en ella se verán siempre envueltos en una atmósfera de adoración y alabanza.

Grabados en sus doce puertas, están los nombres de las doce tribus de Israel. Sus cimientos llevan los nombres de los doce apóstoles. Se entiende claramente que el verdadero pueblo de Dios de todas las edades, procedente tanto de Israel como de la

Iglesia, se unirá en Cristo en un solo cuerpo de personas, como el cumplimiento definitivo de Gálatas 3:28 (véase Efesios 2:11–22).

Aunque se describe a la nueva Jerusalén, no se describen los nuevos cielos y la nueva tierra. Algunos consideran que son los cielos y la tierra actuales, renovados por el fuego, y señalan pasajes que hablan de que la tierra permanecerá para siempre (Eclesiastés 1:4). Sin embargo, es probable que esto signifique que siempre habrá una tierra, aunque la actual sea reemplazada por una tierra nueva.

Cuando se presente el gran trono blanco, la tierra y los cielos huirán de la presencia de Dios, porque "ningún lugar" se encontrará para ellos (Apocalipsis 20:11). Esto sugiere que dejan de existir. El salmista hace un contraste entre la existencia de ellos y la existencia eterna de Dios: "Ellos perecerán, más tú permanecerás; y todos ellos como una vestidura se envejecerán; como un vestido los mudarás, y serán mudados; pero tú eres el mismo" (Salmo 102:26–27; Hebreos 1:10–12). Mudarse de ropa significa quitarse una ropa ya vieja y ponerse otra nueva. Esto sugiere que se trata de algo totalmente nuevo, y no de una simple renovación. De manera similar, Isaías vio que "todo el ejército de los cielos" se disolvía (Isaías 34:4), que "los cielos eran deshechos como humo, y la tierra se envejecería como ropa de vestir" (Isaías 51:6). También Jesús reconoció que el cielo y la tierra actuales pasarán (Marcos 13:31), e igualmente lo hizo Pedro (2 Pedro 3:10–12). "Nuevo" (gr. *kainós*) suele significar totalmente nuevo, y tiene la connotación de "maravilloso", "inaudito". Dios creará unos cielos nuevos y una tierra nueva maravillosos, que estarán libres de toda mancha de pecado y serán un gozo para siempre.[3]

Nuestra salvación nos hace entrar en una relación nueva que es mejor que aquélla de la que disfrutaban Adán y Eva antes de la caída. La descripción de la nueva Jerusalén demuestra que Dios tiene para nosotros un lugar mejor que el huerto del Edén; allí tendremos todas las bendiciones del Edén, pero intensificadas. Dios es increíblemente bueno: siempre nos restaura a algo mejor que lo que hemos perdido. Ahora disfrutamos de nuestra comunión con Él, pero el futuro nos depara una "comunión más intensa con el Padre, el Hijo y el Espíritu Santo, y con toda la compañía de los santos". La vida en la nueva Jerusalén será emocionante. Nuestro Dios infinito nunca agotará los nuevos gozos y las bendiciones a disposición de los redimidos; además, puesto que las puertas de la ciudad permanecerán siempre abiertas (Apocalipsis 21:25; véase Isaías 60:11), ¡quién sabe lo que ofrecerán a nuestra exploración los nuevos cielos y la nueva tierra!

PREGUNTAS DE ESTUDIO

1. ¿En qué sentido es diferente la esperanza del cristiano, a las esperanzas que puedan sostener los incrédulos?

2. ¿Qué importancia tiene que reconozcamos la inminencia de la segunda venida de Cristo?

3. ¿En qué formas se relaciona la resurrección de los creyentes con la resurrección de Jesús?

4. ¿Cuáles son las bases bíblicas para la predicación de que hay "un cielo que ganar y un infierno que evitar"?

5. ¿Cómo han interpretado los diversos grupos el texto de Hechos 1:11?

6. ¿Cuáles son las debilidades del amilenarismo y del postmilenarismo?

7. ¿Cuáles son las principales bases para creer que el Arrebatamiento tendrá lugar antes de la tribulación?

8. ¿Cómo será el milenio?

9. Tanto el tribunal de Cristo como el tribunal del gran trono blanco serán juicios basados en las obras. ¿En qué sentidos diferirán entre sí?

10. ¿En qué es en lo que la Biblia insiste más acerca de la nueva Jerusalén? (Incluya todos los pasajes que tratan de este tema.)

Glosario

Abbá. Palabra aramea que significa "el padre", o bien "¡Padre!".

Abominación desoladora. Se refiere a lo que contamina aquello que es santo (Daniel 9:27; 11:31; 12:11; Mateo 24:15; Marcos 13:14). Se puede referir a la destrucción del templo (año 70 d.C.), o a la imagen del anticristo (Apocalipsis 13:14–15; 19:11–21).

Adopcionismo. Una doctrina falsa del siglo ocho que decía que Jesús había sido adoptado (probablemente cuando fue bautizado) por el Padre, e incorporado a la Divinidad (de esta forma). Con esto, negaba la existencia eterna y la encarnación de Cristo.

Agnosticismo. "No saber." T. H. Huxley (1825–1895) usó este término para expresar su opinión de que era imposible saber si Dios existe o no.

Albigenses. Secta medieval francesa que afirmaba recibir el bautismo en el Espíritu Santo por medio de la imposición de manos, y que vivía de acuerdo a normas estrictas. Querían ver una profundización en la vida espiritual de la gente corriente. La iglesia romana los suprimió.

Alegoría. Una forma de interpretar las Escrituras a base de buscar algún significado más profundo o "espiritual" detrás del sentido literal.

Alta crítica. Análisis literario e histórico de los libros de la Biblia.

Amilenarismo. El punto de vista que sostiene que no habrá un reinado futuro de Cristo en la tierra. Algunos espiritualizan el milenio y lo hacen representar el reino actual de Cristo en los cielos, durante toda la Era de la Iglesia. Niegan que Apocalipsis 20 se refiera a un período real de mil años.

Anciano de días. Un título de Dios Padre que manifiesta su sabiduría (Daniel 7:9, 13, 2).

Angelología. El estudio de la naturaleza y obra de los ángeles.

Animismo. Creencia pagana de que los espíritus habitan en árboles, piedras y otros objetos de la naturaleza.

Anticristo. Un falso cristo que aparecerá al final de esta era, se convertirá en dictador mundial y exigirá adoración.

Antisobrenaturalismo. Niega la existencia y realidad de lo sobrenatural. Trata de explicarlo todo en función de las leyes naturales.

Antropodicea. La "justificación de la humanidad". El intento de reivindicar a la humanidad en conexión con el problema del mal.

Antropología. En teología se usa esta palabra con respecto al concepto bíblico sobre los seres humanos, incluyendo la creación, el pecado y nuestra relación con Dios.

Apocalíptica. (Gr. *apokalupsis*, "revelación", "desvelamiento".) La literatura que usa un rico simbolismo para describir el reino futuro de Dios y los sucesos que conducirán hacia él. Las visiones de Daniel y el Apocalipsis son ejemplos de ella.

Apolinarianismo. Apolinar (murió alrededor del año 390) enseñaba que Jesús tenía un cuerpo y un alma humanas, pero la divinidad, o el Logos ("Palabra", "Verbo", Juan 1:1) había tomado el lugar del espíritu o la mente en Él. Apolinar no consideraba que Jesús fuese ni totalmente humano, ni totalmente divino.

Apologética. La defensa de la fe cristiana, generalmente a partir de principios intelectuales.

Apóstol. "Mensajero." Se mencionan dos grupos en el Nuevo Testamento. Los doce: especialmente adiestrados y encargados por Jesús para que sean los testigos primarios de su resurrección y enseñanzas, y para que extiendan el evangelio. Juzgarán (gobernarán) a las doce tribus de Israel en el reino milenario (Lucas 22:30). Se aplica también el título a otros enviados directamente por Cristo, entre los que se incluye a Pablo, Bernabé, Andrónico, Junia y Jacobo, el hermano del Señor.

Arminianismo. Jacobo Arminio (1560–1609) enseñó en la "Remonstranza" (1610) que todos los que quieran creer en Cristo son elegidos eternamente por Dios; que Cristo murió por todos, que cada creyente es regenerado por el Espíritu Santo, y que es posible caer de la gracia y perderse eternamente.

Arqueología. El estudio científico de los restos de una cultura y un pueblo. Comprende la excavación de estos restos.

Arrepentimiento. (Gr. *metánoia*, "un cambio de mente".) Un cambio en las actitudes básicas hacia Dios y hacia Cristo, que comprende el apartarse del pecado y buscar el dominio y la justicia de Dios.

Arrianismo. Arrio comenzó a enseñar alrededor del año 319 que Jesucristo es un espíritu creado por Dios antes de crear el universo, y que Cristo no comparte la esencia o sustancia de Dios, sino que tiene una esencia similar.

Artículos de Remonstranza. Ver "arminianismo".

Ateísmo. La negación de que exista Dios o dios alguno.

Autógrafos. Los manuscritos originales producidos por los autores humanos de las Escrituras. Es probable que fuesen circulados y copiados tantas veces que se gastaron por completo. No sabemos actualmente que exista ninguno de ellos. Sin embargo, sí existen copias hechas en tiempos antiguos.

Baja crítica. El análisis de los textos y manuscritos de la Biblia con la meta de decidir cuál es el texto auténtico.

Blasfemia. Insulto, habla abusiva que destruye o daña la reputación de las personas o, especialmente, palabras de este tipo dirigidas contra Dios, Cristo o el Espíritu Santo.

Calvinismo. Las enseñanzas de Juan Calvino (1509–1564), especialmente como las desarrollara el Sínodo de Dort (1618–1619); en ellas se insiste en la depravación total, la elección divina incondicional, la limitación de la Expiación a los elegidos, la gracia irresistible y la perseverancia en la gracia. Las iglesias reformadas son calvinistas.

Canon cerrado. El hecho de que no se puede añadir ningún libro más a los sesenta y seis libros que componen la Biblia.

Canon. (Gr. *kánon*, "una vara derecha".) Tomó el significado de regla o norma y, después, de la lista de libros aceptados por la Iglesia en su totalidad como Escrituras inspiradas por el Espíritu Santo; esto es, los sesenta y seis libros de la Biblia.

Carismas. Una palabra griega que significa "dones generosos concedidos gratuitamente". Se usa para hablar de los dones del Espíritu Santo (Romanos 12:6; 1 Corintios 12:4, 9, 28, 30–31).

Carismático. Relacionado a uno o más de los dones del Espíritu Santo, o poseedor de ellos. Usado con frecuencia para designar a todos los que les dan importancia a la persona y la obra del Espíritu, y a la disponibilidad y utilidad de los dones en el presente.

Cluniacenses. Miembros de un movimiento de reforma monacal que duró de los siglos diez al doce, centrado en la Abadía de Cluny, en el valle del Ródano, Francia. También se incluye entre ellos a cerca de diez mil monjes de Inglaterra.

Comunión abierta. La disposición de servir la Cena del Señor a todos los creyentes que se hallen presentes, sean miembros de la iglesia local, o no.

Comunión cerrada. La enseñanza de que sólo los miembros de una iglesia local determinada pueden compartir la Cena del Señor.

Consagrado. Apartado para el uso o servicio del Señor. También se usa para hablar de una vida cristiana más profunda y rica, entregada a Dios.

Consubstanciación. La enseñanza de que el cuerpo de Cristo se une espiritualmente con el pan, y la sangre de Cristo se une espiritualmente con el vino en la Cena del Señor.[2]

Consustancialidad. El hecho de que el Padre, el Hijo y el Espíritu Santo comparten el único ser divino, o su sustancia.

Corán. El libro sagrado del Islam.

Cosmogonía. Toda teoría sobre los orígenes del universo físico.

Creacionismo progresivo. La idea de que Dios creó a base de actos creadores diferentes que, o bien estuvieron separados por el tiempo, o que se superpusieron durante un considerable período de tiempo.

Creacionismo por decreto. La opinión de que la creación se realizó por mandato directo de Dios.

Credo de los apóstoles. Una declaración de fe, que en realidad no procede de los apóstoles, sino de la iglesia romana. Se refiere al Padre, al Hijo y al Espíritu Santo.

Credo (confesión). Una declaración donde se resumen las enseñanzas principales de la Biblia que los cristianos deben creer.

---

[2] Horton, S. M. (Ed.). (1996). *Teología sistemática: Una perspectiva pentecostal* (pp. 3–645). Miami, FL: Editorial Vida.

Credo niceno. El concilio de Nicea (año 325) redactó un credo que fue revisado en el concilio de Constantinopla (año 381). Aún se recita la versión recitada en muchas iglesias como confesión de fe.

Cristología. (Del gr. *Jristós*, "Ungido", y *lógos*, "palabra", "enseñanza", "mensaje".) El estudio de lo que enseña la Biblia acerca de la persona, el ministerio y la obra de Jesucristo.

Crítica histórico-literaria. Véase la "alta crítica".

Crítica de textos. El análisis de las variaciones en las palabras de los manuscritos hebreos, arameos y griegos de la Biblia, con el fin de determinar cuáles deben haber sido las palabras originales. La mayoría de estas variaciones son diferencias pequeñas en cuanto al deletreo y al orden de las palabras.

Crítica de redacción. Trata a los escritores de los evangelios como autores y teólogos (más que como simples recolectores de tradiciones, como en la crítica de las formas), e intenta determinar por qué y cómo usaron estos escritores la información que tenían a mano.

Crítica bíblica. El análisis de las cualidades literarias y la historia halladas en la Biblia; no una crítica en el sentido corriente de la palabra.

Diáspora. La dispersión de los judíos por diversas naciones que comenzó como juicio de Dios sobre Israel y Judá. Actualmente se usa para designar a los judíos que viven fuera de Israel.

Dicotomismo. La idea de que la persona humana está compuesta por dos aspectos básicos: cuerpo y alma.

Didajé. Palabra griega que significa "enseñanza". La Didajé, o *Enseñanza de los doce apóstoles* (escrita alrededor del año 100) era un manual sobre la vida cristiana y la práctica eclesial que reclamaba para sí la autoridad de los apóstoles.

Discípulo. "Aprendiz", "estudiante". Incluye a todos los que buscan aprender de Jesús y obedecer sus enseñanzas.

Dispensacionalismo. Un punto de vista popularizado primeramente por J. N. Darby (1800–1882) y extendido por la *Biblia de Referencia Scofield*. Divide en siete dispensaciones la actividad de Dios en la historia, insiste en una interpretación literal de las profecías y considera que Dios tiene dos planes: uno para Israel y otro para la Iglesia.

Diteísmo. La enseñanza de que hay dos dioses o Dioses.

Divinidad. Ser Dios; tener la naturaleza de Dios.

Docetismo. (Del gr. *dokéo*, "parecer", "tener la apariencia de".) La enseñanza de que Jesús era Dios, pero sólo tuvo la apariencia de hombre, y en realidad, no murió en la cruz. Una forma de gnosticismo.

Dominicos. Orden católica romana fundada por Domingo de Guzmán en 1215. Insistían en el estudio y en la conversión de los demás a la iglesia católica.

Dualismo. La enseñanza de que el bien y el mal son realidades fundamentales del universo. También, la enseñanza de que los seres humanos están compuestos por dos elementos totalmente distintos que no se hallan unificados entre sí.

Ebionismo. Los ebionitas (del heb. *ebyón*, "pobre"), enseñaban que Jesús era el hijo de José y de María, y se convirtió en el Hijo de Dios, al descender el Espíritu Santo sobre Él. También insistían en la obediencia a la ley.

Eclesiología. El estudio de las enseñanzas bíblicas relacionadas con la Iglesia y sus prácticas.

Ecuménico. (Del gr. *oikuméne*, "la tierra habitada".) Se refiere a los intentos modernos por unir diversas denominaciones.

Edad de la Ilustración. La edad que comenzó en el siglo dieciocho, cuando los filósofos comenzaron a afirmar que sólo se podía hallar la verdad por medio de la razón, la observación y el experimento. Así rechazaban la revelación sobrenatural y fomentaban el secularismo.

Eiségesis. Palabra griega que significa "conducir hacia", "meter en". Consiste en "hallar" dentro del texto bíblico nuestras propias ideas.

El Shaddai. Expresión hebrea que significa "El Dios Todopoderoso".

El Olam. Expresión hebrea que significa "El Dios de todo tiempo", "El Dios eterno".

El Elyón. Es la expresión hebrea que significa "El Dios Altísimo" (Génesis 14:18–22).

Elohim. La forma plural del vocablo hebreo *Eloá*, "Dios". Usada para designar a dioses paganos, a los ángeles, a seres espirituales poderosos, y también para designar al único Dios verdadero para indicar que todo cuanto es Dios se halla solamente en Él.

Encarnación. El acto por medio del cual el Hijo eterno de Dios se convirtió en un ser humano sin renunciar a su divinidad.

Epistemología. El estudio del conocimiento humano, o de cómo la mente adquiere y utiliza el conocimiento para determinar qué es verdad.

Era de la Iglesia. El período situado entre la resurrección de Cristo y su segunda venida.

Era patrística. (Lat. *patres*, "padres".) Los siete siglos primeros en la historia de la Iglesia.

Escatología. (Gr. *ésjatos*, "último".) El estudio de lo que sucede después de esta vida, y lo que sucederá al final de esta era, y en el estado definitivo, tanto de los justos como de los malvados.

Eunuco. Un hombre físicamente castrado.

Eutiquianismo. La enseñanza de Eutiques (alrededor de 375–454) de que la naturaleza humana de Jesús quedó absorbida por la divina, de tal manera que Él sólo tenía una naturaleza.

Ex níhilo. Expresión latina que significa "de la nada". Se refiere a la obra de Dios cuando creó.

Exégesis. (Gr. *exeguésis*, "explicación", "interpretación".) El proceso de explicar el texto de la Biblia utilizando reglas proporcionadas por la hermenéutica.

Existencialismo. Se fundamenta en las enseñanzas de Søren Kierkegaard (1813–1855). Insiste en la subjetividad, y en buscar la verdad a través de nuestra propia experiencia (especialmente de ansiedad, culpabilidad, temor o angustia), más que por medio de la objetividad científica.

Expiación. (Heb. *kippurim*) "El acto de reconciliación" con Dios a base de cubrirse por un precio, que es la sangre de un sustituto, de manera que no haga falta castigo. (Gr. *katalagué*, "reconciliación".) La realización de una satisfacción completa por medio de la sangre.

Falso profeta. En los tiempos bíblicos aparecieron muchos falsos profetas, y su número aumentará en los últimos días. El último falso profeta acompañará al anticristo (Apocalipsis 16:13; véase 13:12).

Fariseo. "Separatista." Miembro de un estricto grupo que comenzó su existencia algo más de un siglo antes de Cristo. Los fariseos observaban la letra de la ley escrita de Moisés y añadían la tradición oral que, según ellos, le había sido entregada al propio Moisés.

Fe. La creencia en Dios y en Cristo, expresada en una obediencia confiada y sincera. La fe bíblica siempre va más allá del simple creer que algo es cierto. Siempre tiene como objeto a Dios y a Cristo.

Federalismo. Teología de los pactos o calvinismo maduro, tal como se desarrolló en el siglo diecisiete.

Filiación. (Lat. *fílius*, "hijo".) La relación entre Dios Padre y Dios Hijo dentro de la Divinidad eterna.

Filología. El estudio del lenguaje tal como se utiliza en la literatura, y como medio de cultura.

Franciscanos. Una orden católica romana fundada por Francisco de Asís en 1209. Comenzaron como predicadores callejeros.

Género literario. Un tipo o forma de literatura, como prosa, poesía, narración, discurso, endecha, himno, visión, sabiduría, etc.

Glosolalia (Gr. *glóssa*, "lengua", "idioma", y *lalía*, "discurso", "hablar".) El don de hablar en otras lenguas dado por el Espíritu.

Gnosticismo. Una enseñanza que comenzó en el segundo siglo, según la cual la salvación viene por medio de un conocimiento superior especial. Algunos enseñaban que la materia física es mala; la mayoría negaban la humanidad de Cristo.

Gobierno episcopal. Gobierno de la iglesia por obispos.

Gobierno congregacional. El gobierno de una iglesia por sus miembros, que se consideran a sí mismos con derechos iguales.

Gobierno presbiteriano. El gobierno eclesial dirigido por ancianos (presbíteros), entre los que se incluyen los ancianos predicadores (pastores) y los ancianos gobernantes (que ayudan al pastor).

Gracia. "Favor inmerecido." Las riquezas de Dios distribuidas a expensas de Cristo; su generosidad hacia la humanidad.

Gran avivamiento. El avivamiento que tuvo lugar en Estados Unidos entre 1725 y 1760.

Hades. La mitología griega usaba esta palabra como el nombre de un sombrío dios, y también el de un tenebroso mundo inferior donde situaba a los espíritus de los muertos. En el Nuevo Testamento, traduce la palabra hebrea *Sheʿol*, y siempre se refiere a un lugar de sufrimiento (Lucas 16:23–24).

Hamartiología. (Gr. *hamartía*, "pecado".) El estudio de las causas, naturaleza y consecuencias del pecado.

Helenístico. Relacionado con las ideas y prácticas de la cultura griega, tal como se desarrollaron en el Imperio Romano.

Henoteísmo. La adoración de un dios sin negar la existencia de otros dioses.

Herejía. Una opinión o forma de pensar que contradice las enseñanzas de la Biblia.

Hermenéutica. (Gr. *hermenéuo*, "explicar", "interpreter".) La teoría para la comprensión del significado de un pasaje, en la que se incluye el análisis del texto, su intencionalidad, su contexto y las costumbres y cultura del autor humano.

Hipóstasis. Término griego que significa "ser real", "ser verdadero". Se usa para designar a las personas dentro del ser único o esencia única del Dios uno y trino.

Homoúsia hemín. Expresión griega que significa "de la misma naturaleza o esencia que nosotros".

Iluminación. La obra del Espíritu Santo cuando nos proporciona comprensión sobre las verdades de la Biblia.

Inerrancia. La verdad sin error de ninguna clase.

Infalibilidad. La incapacidad de errar que es característica de la Biblia.

Inspiración verbal plenaria. La inspiración total de las Escrituras hasta las mismas palabras (de los "autógrafos").

Judaísmo. La religión y la cultura que se desarrollaron entre los judíos a partir del fariseísmo después de la destrucción del templo (año 70 d.C.). Hoy presenta diversas formas.

Judeocristiano. Se refiere a las creencias e ideales que sostienen tanto los judíos como los cristianos.

Justificación. El acto por el cual Dios declara justa y acepta como tal a una persona en su presencia. Dios perdona a los pecadores que aceptan a Cristo y los trata como inocentes, de igual manera que si nunca hubiesen pecado.

Karma. En el hinduismo y el budismo, la fuerza que se deriva de las acciones de una persona, y decide el destino del alma en la siguiente vida.

Kenosis. Un término griego que significa "vaciamiento". El vaciamiento de sí hecho por Cristo (Filipenses 2:7) cuando se hizo hombre y se desprendió de las expresiones externas de su gloria.

Keswick. Nombre relacionado con las reuniones evangélicas que se originaron en Keswick, Inglaterra, para el estudio de la Biblia y para buscar una vida espiritual más profunda, o una vida victoriosa.

Liberalismo. Un movimiento que rechaza lo sobrenatural y redefine las enseñanzas y prácticas cristianas en función de las filosofías humanas del momento.

Limbo. (Lat. *limbus*, "límite".) Según la teología católica romana, el estado permanente de los infantes que mueren sin ser bautizados. Al no ser personalmente culpables, no van al infierno, pero por causa del pecado original, no pueden ir al cielo.

Macroevolución. La teoría de que todas las cosas vivientes han evolucionado a partir de una célula viva original.

Manuscritos. Libros escritos a mano. Antes del año 100 d.C., solían ser rollos. Después tomaron la forma de libros encuadernados.

Marán azá. Expresión aramea que significa "El Señor viene" (1 Corintios 16:22).

Mesías. Del hebreo *Mashíaj*, "Ungido".

Microevolución. Pequeños cambios dentro del desarrollo de las clases creadas por Dios. No hay duda de que Dios previó que se producirían esos cambios en su creación. Sin embargo, la mayoría han producido decadencia, debido a la caída.

Midrash. Una palabra hebrea que significa "explicación". Entre los judíos, un tipo de explicación del significado que se supone que existe detrás del texto bíblico.

Milenio. Un término latino que significa "mil años". Se usa para referirse al reinado futuro de Cristo en la tierra.

Misa. El nombre católico romano para la Cena del Señor.

Modalismo. La enseñanza de que Dios es una sola Persona que algunas veces se manifiesta como Padre, otras como Hijo, y otras como Espíritu Santo.

Monarquianismo dinámico. Enseñanza extendida en los siglos dos y tres, según la cual Dios es el único soberano, y Jesús era un hombre corriente que, en el momento del bautismo comenzó a recibir la inspiración del Espíritu, aunque éste no habitó en Él.

Monarquianismo. Un movimiento de los siglos dos y tres que insistía en la unidad y unicidad de Dios. Algunos consideraban que Jesús era sólo un hombre. Otros enseñaban una forma de modalismo.

Monismo. Doctrina que considera a la persona humana como una unidad radical, un ser que no está compuesto por partes separables como cuerpo, alma y espíritu.

Monoteísmo. La adoración de un solo Dios.

Moravos. Miembros de una iglesia surgida de un avivamiento que comenzó en 1722 en Herrnhut, la heredad del Conde Zinzendorf en Sajonia.

Movimiento evangélico. Movimiento cristiano que sostiene la inspiración y autoridad de la Biblia y la veracidad de sus enseñanzas, con insistencia en la necesidad de una conversión y regeneración personal por la actuación del Espíritu Santo.

Narrativa histórica. Una narrativa que se reconoce como basada en la realidad.

Narrativa. Un relato de sucesos, especialmente cuando presenta acción. Algunos buscan una trama con un aumento progresivo y una liberación de la tensión.

Neo-ortodoxia. Un tipo de teología asociado especialmente con Karl Barth (1886–1968). Acepta los destructores métodos críticos de los liberales para la interpretación de la Biblia, pero enseña las doctrinas principales de la Reforma y cree que Dios les habla a las personas a través de las Escrituras (a pesar de que sostienen que las Escrituras no están libres de errores).

Neoplatonismo. Las enseñanzas de Platón, tal como las modificaron Plotino (205–270) y otros. Éstos concebían al mundo como una emanación de la divinidad, y pensaban que el alma se podía reunir con esa divinidad en las experiencias extáticas.

Neouniversalismo. Una tendencia existente entre algunos evangélicos, que los lleva a ver la posibilidad de que todos los seres humanos sean finalmente salvos, debido al extravagante amor y la gracia de Dios.

Nestorianismo. Las enseñanzas de Nestorio, obispo de Constantinopla (428–), según las cuales Jesús tenía dentro de sí no sólo dos naturalezas, sino también dos personas. Los nestorianos se llaman a sí mismos actualmente "cristianos asirios".

Omnipotente. Todopoderoso, que lo puede todo.

Omnipresente. Que está presente en todas partes.

Omnisciente. Que posee todo conocimiento.

Ontológico. Relacionado con el ser, o con la existencia.

Ordenanza. Una práctica ordenada por Jesús y continuada como memorial en obediencia a Él. Las dos ordenanzas específicas son el bautismo en agua y la Cena del Señor.

Ortodoxo. (Del griego *órzos*, "recto", "derecho", "correcto", "verdadero", y *dokéo*, "*pensar*", "opinar", "creer".) Se refiere a las enseñanzas y prácticas correctas, tal como las ha establecido la Iglesia. Los evangélicos utilizan esta palabra para hablar de las enseñanzas bíblicas correctas. Las iglesias orientales tomaron el nombre de "ortodoxas" cuando la iglesia occidental (católica romana) se separó de ellas.

Palestina. (Del hebreo *p^elishtim*, "filisteos".) Un término utilizado por el historiador griego Herodoto (siglo cinco antes de Cristo) para designar al sur de Siria, y más tarde para Canaán por los romanos (en la forma latina: *Palæstina*). Comprende las tierras situadas al oeste del río Jordán, llamadas "Tierra Santa" en la Edad Media, y tiene diversas regiones: las llanuras costeras que se extienden a lo largo de unos ciento noventa kilómetros junto al mar Mediterráneo, desde el Líbano hasta Gaza; el *Sh^efelá* ("estribaciones" ["llanuras bajas" o "país bajo"]); las colinas centrales y el valle del Jordán y el mar Muerto (parte del gran valle del Rift que se extiende a través del mar Rojo hasta el centro de Mozambique, en África).

Panteísmo. La creencia de que Dios y la naturaleza, o el universo, son idénticos: "Dios lo es todo, y todo es Dios".

Parusía. Palabra griega que significa "presencia", "venida", "llegada". En teología se utiliza para describir la venida de Cristo al final de esta era.

Patriarca. Término griego que significa "padre de una nación". Se utiliza para hablar de Abraham (Hebreos 7:4) y de los doce hijos de Jacob (Hechos 7:8–9).

Patripasianismo. La enseñanza según la cual fue Dios Padre quien sufrió en la cruz.

Pecado venial. En la teología católica romana, un pecado que es de menor importancia, o que se comete sin reflexión o intención plena, y no aparta a la persona de la gracia y el favor de Dios.

Pecado mortal. Según la teología católica romana, un pecado mortal causa que la persona pierda su estado de gracia y si le llega la muerte antes de hacer penitencia por él, causa también su condenación eterna.

Pelagianismo. Pelagio (alrededor de 354–420) enseñaba que la voluntad humana es la clave para alcanzar la salvación. También negaba la existencia del pecado original y decía que la persona es libre para actuar bien o mal, es responsable por sus obras y recibe gracia según sus méritos.

Pentateuco. Los cinco libros de Moisés (del Génesis al Deuteronomio), llamados en hebreo *Torá*, "instrucción".

Pentecostal. El movimiento que comenzó en 1901 y que insiste en la restauración del bautismo en el Espíritu Santo con la evidencia de las lenguas, y la restauración de los dones del Espíritu Santo.

Pentecostalismo unido. Movimiento que comenzó en 1913, y que considera a Dios de una manera modalista, y exige que la persona se vuelva a bautizar en el nombre de Jesús solamente.

Período intertestamentario. El período comprendido entre Malaquías (alrededor del año 430 a.C.) y el nacimiento de Jesús.

Perseverancia. La continuación inquebrantable dentro de una actitud de fe y obediencia por toda la vida.

Pietistas. Miembros de un movimiento que comenzó en el siglo diecisiete entre los luteranos alemanes. Les daban gran importancia a la experiencia religiosa, a la comunión con Dios y a las misiones.

Pluralismo. La idea de que los diversos grupos religiosos deben tener libertad para funcionar en la sociedad, o que se debe aceptar y alentar la existencia de diversas interpretaciones de la fe dentro de la Iglesia.

Pneumatología. El estudio sobre quién es el Espíritu Santo, lo que hace, y los dones que distribuye.

Polémica. La defensa vigorosa de la verdad cristiana contra enseñanzas falsas como las que promueven las sectas.

Politeísmo. La adoración de muchos dioses.

Postmilenarismo. La enseñanza de que el milenio es la Era de la Iglesia, o una extensión de ella, y que Cristo gobierna, pero no está personalmente presente.

Predestinación. La enseñanza según la cual Dios escoge algo por adelantado. Él predestinó que Jesús fuese Cabeza de la Iglesia, y que la Iglesia fuese un Cuerpo escogido que Él glorificaría cuando Jesús regresase. Los calvinistas creen que Dios predestina a ciertas personas individualmente a ser salvas. Esto procede de la filosofía de Calvino; no de la Biblia.

Premilenarismo. La enseñanza según la cual Jesús regresará personalmente al final de la Era de la Iglesia, y establecerá su reino en la tierra por un espacio de mil años. Insiste en la interpretación literal de la Biblia.

Presciencia. El conocimiento que tiene Dios de las cosas y los acontecimientos antes de que aparezcan. El calvinismo la identifica con la predestinación. La teología de los procesos la considera el conocimiento que tiene Dios de todas las formas posibles en que sucederían las cosas.

Presuposición. Una suposición previa, aceptada antes de investigar los hechos.

Principio de la iglesia nacional. El principio según el cual, una vez establecidas, las iglesias deben quedar bajo el control de los creyentes locales.

Principio doctrinal. Una creencia o enseñanza que se tiene como cierta.

Propiciación. El hacer expiación a base de satisfacer la ira divina contra el pecado humano por medio del sacrificio de Cristo en la cruz.

Prosélito. Término griego que significa "uno que se ha convencido". Un convertido del paganismo al judaísmo.

Providencia. El cuidado y la guía de Dios.

Pseudoepígrafes. Término griego que significa "escritos con título falso". Los escritos judíos procedentes de tiempos cercanos a Cristo no incluidos en la Septuaginta. Eran atribuidos a personajes como Moisés y Salomón, quienes no eran sus verdaderos autores.

Purgatorio. (Lat. *purgatus*, "purificación".) La esfera donde creen los católicos romanos que son purificadas las almas de los fieles antes de entrar al cielo.

Querubín. En realidad, un plural, del hebreo "querub" (esto es, "querubes"); seres mencionados por vez primera en el huerto del Edén (Génesis 3:24) y descritos en Ezequiel 1:5–14; 10:14.

Qumrán. Un lugar situado sobre la esquina noroeste del mar Muerto, donde vivió una comunidad religiosa judía desde alrededor del año 150 a.C. hasta cerca del año 70 d.C. Se han hallado allí libros del Antiguo Testamento copiados por ellos, y otras obras propias (los rollos del mar Muerto).

Racionalismo. Un sistema de pensamiento que confía total y únicamente en la razón humana y niega que haya necesidad de una revelación divina.

Reconciliación. El acto de llevar a las personas a Dios en una comunión restaurada.

Redención. La restauración de la comunión con Dios por medio del pago que hizo Cristo de la pena debida por nuestros pecados con su muerte en la cruz y el derramamiento de su sangre.

Reencarnación. La creencia de que cuando muere una persona, el alma deja el cuerpo para entrar en otro cuerpo (un infante, un animal, un insecto, o incluso un dios, según el hinduismo).

Regeneración. La obra del Espíritu Santo que consiste en darle una vida nueva al pecador que se arrepiente y cree en Jesús.

Religión. Un sistema de creencias y una forma de adorar. También se utiliza el término para referirse a los intentos humanos por agradar a Dios o a los dioses.

Restauracionismo. Enseña que habrá una segunda oportunidad de salvación después de la muerte.

Revelación. La presentación que hace Dios de sí mismo, de acuerdo con su voluntad soberana.

Revelación existencial. La revelación buscada a través de la propia experiencia de la persona humana con respecto a la realidad, y de su participación en ella.

Revelación proposicional. La revelación presentada de una manera definida, clara y objetiva, generalmente en forma de oraciones y, por consiguiente, para ser creída.

Revelación especial. La revelación de Dios en la Palabra escrita (la Biblia) y en la persona de Jesús.

Revelación general. Lo que Dios ha hecho conocer sobre sí mismo y sobre su voluntad en la naturaleza y en la conciencia humana (Romanos 1:18–20; 2:14–15).

Sabelianismo. La enseñanza presentada por Sabelio (siglo tres), según la cual, Dios es una Persona que se reveló a sí misma en tres formas, modos o manifestaciones sucesivas.

Sacerdotal. Relacionado al dominio de la vida eclesial por el clero, o los poderes de los sacerdotes como mediadores entre Dios y los seres humanos, con frecuencia en una relación especial con la misa.

Sacramento. Un rito religioso. Los católicos romanos creen que la gracia es dispensada a través de estos ritos.

Saduceos. Grupo que rechazaba las tradiciones de los fariseos y dedicaba su atención a la ley escrita y al templo. En la época de Jesús, el sumo sacerdote judío y sus amigos eran saduceos (véanse Mateo 16:1–2; 23:23–34; Hechos 23:7–8).

Salvación. Este término incluye cuanto Dios ha hecho y hará por el creyente para librarlo del poder del pecado y de la muerte y restaurarlo a la comunión consigo, así como asegurarle la resurrección futura y la herencia plena que Él ha prometido.

Santificación. La obra del Espíritu Santo que separa a los creyentes del pecado y el mal y los consagra a la adoración y al servicio del Señor. Hay un acto inicial de santificación cuando la persona se convierte, y un proceso continuo de santificación, a medida que va cooperado con el Espíritu Santo en ir matando los apetitos incorrectos.

Santificar. "Separar para Dios", "hacer santo".

Semana septuagésima de Daniel. Un "siete" o semana de años final, que la mayoría de los premilenaristas identifican con la gran tribulación, al final de la Era de la Iglesia.

Semipelagianismo. La enseñanza de que los seres humanos pecadores pueden dar el primer paso hacia Dios, y entonces Él los ayuda a arrepentirse y a ejercer la fe salvadora.

Sensus plenior. Expresión latina que significa "en su sentido más amplio".

Seol. La palabra hebrea para identificar al mundo de los malvados que han muerto, traducida *Hades* en el Nuevo Testamento.

Septuaginta. La traducción del Antiguo Testamento del hebreo al griego que fue hecha alrededor de doscientos años antes de Cristo. Una tradición tardía afirma que fue hecha por setenta (o setenta y dos) hombres. Como consecuencia, con frecuencia se la cita utilizando los numerales romanos que equivalen a setenta: LXX.

Serafín. En realidad, un plural, del hebreo *seraf*, "ardiente". Estos seres reflejaban de tal manera la gloria de Dios, que daban la impresión de estar ardiendo (Isaías 6:2).

Sincretismo. La fusión de ideas y estilos de adoración paganos con el cristianismo.

Sionista. Miembro del movimiento que intenta regresar a los judíos a la tierra que Dios les ha prometido. Los sionistas políticos fueron los agentes del establecimiento del estado moderno de Israel.

Soteriología. (Gr. *sotería*, "liberación", "salvación".) El estudio de la obra salvadora de Cristo.

Targumim. Plural de "targum" (es decir, targumes), "traducciones", "interpretaciones". Paráfrasis en arameo de secciones del Antiguo Testamento.

Teodicea. "La justificación de Dios." La reivindicación del amor y la providencia de Dios, en vista del pecado, el mal y el sufrimiento que hay en el mundo.

Teología. "El estudio de Dios." Término usado también como general para referirse al estudio de todas las enseñanzas de la Biblia.

Teología bíblica. El estudio de las enseñanzas de la Biblia, libro por libro, o autor por autor, generalmente con insistencia en la revelación progresiva.

Teología exegética. La teología derivada de datos gramaticales, estructurales y de formas, y de los contextos histórico y literario de los libros de la Biblia.

Teología histórica. El estudio de las enseñanzas de los diversos teólogos en su contexto a lo largo de la historia de la Iglesia.

Teología de la liberación. Una teología reaccionaria que interpreta la Biblia de tal forma, que autoriza una revolución de tipo marxista con el fin de liberar a los pobres.

Teología del reino presente. Una forma de postmilenarismo que insiste en la idea de hacer de los reinos de este mundo el reino de Cristo en el presente.

Teología práctica. El estudio de la administración, funciones, obra y vida de la Iglesia.

Teonomismo. La enseñanza según la cual la voluntad y la ley de Dios constituyen la autoridad moral suprema. Otros usan este término para referirse a un principio que causa la realización del ser de una persona, a base de unirla con Dios.

Teoría post-tribulacionista. La teoría según la cual los creyentes cristianos pasarán por los siete años de la gran tribulación al final de esta era. Considera que el arrebatamiento es el mismo regreso de Cristo en gloria para destruir al anticristo y establecer el reino milenial.

Teoría del rescate. La teoría según la cual, la muerte de Jesús en la cruz fue un pago hecho a Satanás para librar a los humanos de su esclavitud.

Teoría del gobierno. Propuesta por Hugo Grotius (1583–1645); según esta teoría, la muerte de Cristo no fue en lugar nuestro, sino como un sustituto por el castigo que merecíamos, y una demostración de lo que un Dios justo nos exigirá si seguimos pecando. *Si nos arrepentimos*, seremos perdonados, y esto mantiene intacto el gobierno moral de Dios.

Teoría midtribulacionista. La teoría de que el arrebatamiento de la Iglesia tendrá lugar en medio de los siete años de la gran tribulación, al final de la Era de la Iglesia.

Teoría de la sustitución penal. Jesús tomó en la cruz el lugar de los pecadores y sufrió el castigo que ellos merecían.

Teoría pretribulacionista. La teoría que sostiene que el arrebatamiento de la Iglesia se produce al comenzar la gran tribulación, y que el tribunal de Cristo y las bodas del Cordero tienen lugar en el cielo antes de que la Iglesia regrese con Cristo para destruir al anticristo y establecer el reino milenial.

Teoría de la interrupción. La teoría según la cual Génesis 1:1 representa una creación original que quedó destruida. Así, se supone que Génesis 1:2 describe la existencia de una interrupción entre la creación original y una creación posterior en seis días.

Teoría de la influencia moral. La teoría de que Dios perdona por su bondad, y de que la razón de ser de la cruz sólo era influir en las personas hacia el bien.

Teoría comercial. Otro nombre para designar la teoría de la satisfacción, que considera la cruz como una transacción comercial en la que se satisfizo el honor de Dios y se pagó el precio infinito del perdón.

Tipología. El estudio de los tipos.

Tipos, figuras y sombras. Personas, sucesos u objetos del Antiguo Testamento que son símbolo o anticipación de verdades del Nuevo Testamento, especialmente en relación con Jesucristo.

Torá. "Instrucción", generalmente traducida como "ley"; se suele referir al Pentateuco, y a veces a todo el Antiguo Testamento.

Traducianismo. (Lat. *tradux*, "rama".) La teoría de que, al producirse la fertilización humana, el alma es transmitida por los padres junto con los genes.

Transubstanciación. La enseñanza católica romana que afirma que el pan y el vino usados en la Cena del Señor se convierten en el cuerpo y la sangre reales de Cristo cuando el sacerdote los consagra. El hecho de que sigan teniendo el aspecto y el sabor de pan y de vino es calificado de "accidente", es decir, de algo solamente incidental.

Tribulación. (Gr. *zlípsis*, "presión", "oppression", "aflicción", "angustia causada por las circunstancias".) Se usa también para referirse a la gran tribulación que habrá al final de esta era, cuando se derrame la ira de Dios inmediatamente antes del regreso de Cristo en gloria.

Tricotomismo. La enseñanza de que la persona humana consta de tres partes: espíritu, alma y cuerpo.

Triteísmo. La idea de que el Padre, el Hijo y el Espíritu Santo son tres Dioses o seres separados.

Universalismo. La enseñanza según la cual todos los seres humanos, los ángeles y aun el mismo Satanás serán finalmente salvos y disfrutarán del amor y la presencia de Dios para siempre.

Valdenses. Pedro Valdo comenzó un movimiento religioso (que floreció entre 1170 y 1176) cuyos miembros insistían en la pobreza y la sencillez, rechazaban el purgatorio y las oraciones por los difuntos, y se negaban a hacer juramentos civiles. Aún son prominentes en Italia.

Visión futurista. La idea de que todo en el Apocalipsis a partir del capítulo 4 se produce en un breve período al final de la Era de la Iglesia.

Visión idealista. El concepto de que las figuras y los símbolos del Apocalipsis sólo representan la lucha continua entre el bien y el mal, con el triunfo final de la justicia.

Visión preterista. El punto de vista según el cual la mayoría de los acontecimientos del Apocalipsis tienen que ver con el primer siglo, y ya se han cumplido.

Visión historicista. El concepto de que los sucesos del Apocalipsis se han realizado gradualmente durante el curso de la historia de la Iglesia.

Wesleyano. Palabra que se refiere a los seguidores de las enseñanzas originales de Juan y Carlos Wesley.

Xenolalia. Hablar en lenguas en un idioma conocido que no conoce quien lo habla.

Yahwé (Jehová). El nombre personal de Dios en hebreo, formado por las consonantes YHWH, escritas también JHVH. Después del siglo ocho, se comenzaron a poner los signos vocálicos del título hebreo "Señor" con estas cuatro consonantes para recordarles a los judíos que leyeran "Señor" en lugar de tratar de pronunciar el nombre personal de Dios. De esta forma, las vocales unidas a las cuatro consonantes JHVH formaron "JeHoVaH", o Jehová, que es en realidad una palabra formada por los traductores a partir de un nombre personal y un título.

Yahwé Yiré. Expresión hebrea que significa "Yahwé verá de proveer" (Génesis 22:14).

Yahwé Sabaot. Expresión hebrea que significa "Yahwé de los ejércitos [huestes, incluyendo ángeles y estrellas]" (Romanos 9:29; Santiago 5:4).

Yahwé Rofeka. Expresión hebrea que significa "Yahwé tu médico [personal]" (Éxodo 15:26). Hay quienes dicen equivocadamente "Yahwé Rafa".

Yahwé Nisi. Expresión hebrea que significa "Yahwé es mi estandarte [bandera]" (Éxodo 17:15).

Bibliografía

Obras generales

Althaus, Paul. *The Theology of Martin Luther*. Traducido por Robert C. Schultz. Philadelphia: Fortress Press, 1966.

Anchor Bible Dictionary. New York: Doubleday Pub. Co., 1992.

Balz, Horst, and Gerhard Schneider, eds. *Exegetical Dictionary of the New Testament*. Grand Rapids: Wm. B. Eerdmans, 1990.

Bancroft, Emery H. *Christian Theology*. Rev. Ed. Grand Rapids: Zondervan Publishing House, 1987.

Barth, Christoph. *God with Us*. Grand Rapids: Wm. B. Eerdmans, 1991.

Barth, Karl. *Church Dogmatics: Doctrines of Creation*. T. F. Torrance and Geoffrey W. Bromiley, eds. 4 Vols. Edingburgh: T. & T. Clark, 1960.

Bauer, Walter. *Greek-English Lexicon of the New Testament, and Other Early Christian Literature*. Traducido por W. F. Arndt and F. W. Gingrich. Chicago: University of Chicago Press, 1979.

Berkhof, Louis. *Systematic Theology*. 4a ed. Grand Rapids: Wm. B. Eerdmans, 1941.

Bloesch, Donald G. *Essentials of Evangelical Theology*. New York: Harper & Row, Publishers, 1978.

Botterweck, G. Johannes, and Helmer Ringgren, eds. *Theological Dictionary of the Old Testament*. 6 Vols. Grand Rapids: Wm. B. Eerdmans, 1974–90.

Braaten, Carl, and Robert W. Jensen, eds. *Christian Dogmatics*. Philadelphia: Fortress Press, 1984.

Bromiley, Geoffrey W. *Historical Theology*. Grand Rapids: Wm. B. Eerdmans, 1978.

———, ed. *The International Standard Bible Encyclopedia*, 4 Vols. Grand Rapids: Wm. B. Eerdmans, 1979–1988.

Brown, Colin, ed. *New International Dictionary of New Testament Theology*. 4 Vols. Grand Rapids: Zondervan Publishing House, 1975–86.

Brown, Francis, S. R. Driver, and Charles A. Briggs. *A Hebrew and English Lexicon to the Old Testament*, basado en el diccionario de William Gesenius. Traducido por Edward Robinson. Oxford: Oxford University, 1907.

Bultmann, Rudolf. *Theology of the New Testament*. Traducido por Kendrick Grobel. New York: Charles Scribner's Sons, 1951.

Burgess, Stanley. M., Gary B. McGee, and Patrick Alexander, eds. *Dictionary of Pentecostal and Charismatic Movements*. Grand Rapids: Zondervan Publishing House, 1988.

Buswell, J. Oliver. *A Systematic Theology of the Christian Religion*. Grand Rapids: Zondervan Publishing House, 1972.

Buttrick, G. A., y otros, eds. *Interpreter's Dictionary of the Bible*. Nashville: Abingdon Press, 1962.

Calvin, John. *Institutes of the Christian Religion*. John T. McNeill, ed. Philadelphia: The Westminster Press, 1973.

Carlson, G. Raymond. *Our Faith and Fellowship*. Springfield, Mo.: Gospel Publishing House, 1977.

Carter, Charles W., ed. *A Contemporary Wesleyan Theology*. 2 Vols. Grand Rapids: Zondervan Publishing House, 1983.

Chafer, Lewis. *Sperry Systematic Theology*. 8 Vols. Dallas: Dallas Theological Seminary, 1947.

Davis, John Jefferson. *Foundations of Evangelical Theology*. Grand Rapids: Baker Book House, 1984.

Dayton, Donald W. *Theological Roots of Pentecostalism*. Grand Rapids: Zondervan Publishing House, 1987.

Douglas, J. D., ed. *The New International Dictionary of the Christian Church*. Rev. Ed. Grand Rapids: Zondervan Publishing House, 1978.

Duffield, Guy P., and Nathaniel M. Van Cleave. *Foundations of Pentecostal Theology*. Los Angeles: Life Bible College, 1983.

Edwards, David L., and John Stott. *Evangelical Essentials*. Downers Grove, Ill.: InterVarsity Press, 1988.

Eichrodt, Walther. *Theology of the Old Testament*. Philadelphia: The Westminster Press, 1967.

Elwell, Walter A., ed. *Evangelical Dictionary of Theology*. Grand Rapids: Baker Book House, 1984.

Erickson, Millard J. *Christian Theology*. Grand Rapids: Baker Book House, 1985.

———. *Does It Matter What I Believe?* Grand Rapids: Baker Book House, 1992.

Ferguson, Everett. *Encyclopedia of Early Christianity*. New York: Garland Publishing Co., 1990.

Ferguson, Sinclair B., and David F. Wright, eds. *New Dictionary of Theology*. Downers Grove, Ill.: InterVarsity Press, 1988.

Gaster, Theodor H. *The Dead Sea Scriptures*. Garden City, N.Y.: Anchor Press, 1976.

Gilbrant, Thoralf, ed. *Complete Biblical Library*. 16 Vols. Springfield, Mo.: Biblioteca bíblica completa, 1986–1991.

Girdlestone, Robert Baker. *Synonyms of the Old Testament*. Grand Rapids: Wm. B. Eerdmans, 1948.

Gonzalez, Justo L. *A History of Christian Thought*. 3 Vols. Nashville: Abingdon Press, 1970.

Green, J. B., and Scot McKnight, eds. *Dictionary of Jesus and the Gospels*. Downers Grove, Ill.: InterVarsity Press, 1992.

Harris, R. Laird, Gleason L. Archer, and Bruce K. Waltke, eds. *Theological Wordbook of the Old Testament*. 2 Vols. Chicago: Moody Press, 1980.

Harrison, Everett F., ed. *Baker's Dictionary of Theology*. Grand Rapids: Baker Book House, 1960.

Henry, Carl F. H. *Christian Faith and Modern Theology*. New York: Channel Press, 1964.

———. *God, Revelation, and Authority: God Who Speaks and Shows*. Waco, Tex.: Word Books, 1976–1983.

Hodge, Charles. *Systematic Theology*. 3 Vols. New York: Scribner's Sons, 1871–1872.

Jeremias, Joachim. *New Testament Theology: The Proclamation of Jesus*. Traducido por J. Bowden. New York: Charles Scribner's Sons, 1971.

Kaiser, Walter C., Jr. *Toward an Old Testament Theology*. Grand Rapids: Zondervan Publishing House, 1978.

Kelly, J. N. *Early Christian Doctrines*. 2a ed. New York: Harper and Row Publishers, 1960.

Kittel, Gerhard, ed. *Theological Dictionary of the New Testament*. Traducido por G. W. Bromiley. Grand Rapids: Wm. B. Eerdmans, 1964.

Ladd, George E. *A Theology of the New Testament*. Grand Rapids: Wm. B. Eerdmans, 1974.

Lightfoot, J. B. *The Apostolic Fathers*. Grand Rapids: Baker Book House, 1956.

Lightner, Robert P. *Evangelical Theology: A Survey and Review*. Grand Rapids: Baker Book House, 1986.

Louw, Johannes P., and Eugene A. Nida, eds. *Greek-English Lexicon of the New Testament based on Semantic Domains*. 2 Vols. New York: Sociedades Bíblicas Unidas, 1988.

McConnell, Dan R. *A Different Gospel*. Peabody, Mass.: Hendrickson Publishers, 1988.

Martens, Elmer A. *God's Design: A Focus on Old Testament Theology*. Grand Rapids: Baker Book House, 1981.

Menzies, William W., and Stanley M. Horton. *Bible Doctrines: A Pentecostal Perspective*. Springfield, Mo.: Logion Press, 1993.

Miley, John. *Systematic Theology*. 2 Vols. Peabody, Mass.: Hendrickson Publishers, 1989.

Muller, Richard A. *Post-Reformation Reformed Dogmatics*. Grand Rapids: Baker Book House, 1987.

Oden, Thomas C. *The Living God*. San Francisco: Harper & Row, 1987.

Pannenberg, Wolfhart. *An Introduction to Systematic Theology*. Grand Rapids: Wm. B. Eerdmans, 1991.

Pearlman, Myer. *Knowing the Doctrines of the Bible*. Springfield, Mo.: Gospel Publishing House, 1937.

Ridderbos, Herman. *Paul: An Outline of His Theology*. Grand Rapids: Wm. B. Eerdmans, 1975.

Schaeffer, Francis A. *The Complete Works of Francis Schaeffer*. 5 Vols. Wheaton, Ill.: Crossway Books, 1982.

Schaff, Phillip. *The Creeds of Christendom*. 3 Vols. New York: Harper, 1931.

Shedd, William G. T. *Dogmatic Theology*. 3 Vols. Grand Rapids: Zondervan Publishing House, 1992.

Spykman, Gordon J. *Reformational Theology*. Grand Rapids: Wm B. Eerdmans, 1992.

Stamps, Donald, ed. *The Full Life Study Bible*. Grand Rapids: Zondervan Publishing House, 1992.

Strong, Augustus H. *Systematic Theology*. Philadelphia: Judson Press, 1947.

Thayer, Joseph Henry. *Greek-English Lexicon of the New Testament*. Grand Rapids: Zondervan Publishing House, 1976.

Thielicke, Helmut. *The Evangelical Faith*. 3 Vols. Traducido por Geoffrey W. Bromiley, Grand Rapids: Wm. B. Eerdmans, 1974.

Thiessen, Henry C. *Lectures in Systematic Theology*. Grand Rapids: Wm. B. Eerdmans, 1979.

Trench, Richard C. *Synonyms of the New Testament*. Grand Rapids: Wm. B. Eerdmans, 1983.

Van Til, Cornelius. *An Introduction to Systematic Theology*. Phillipsburg, N.J.: Presbyterian and Reformed Publishing Co., 1978.

Vine, W. E., Merrill F. Unger, and William White, eds. *An Expository Dictionary of Biblical Words*. Nashville: Thomas Nelson, 1984.

Warfield, Benjamin B. *The Inspiration and Authority of the Bible*. Philadelphia: The Presbyterian and Reformed Publishing Co., 1970.

Wenham, John W. *Christ and the Bible*. Downers Grove, Ill.: InterVarsity Press, 1973.

Where We Stand. Springfield, Mo.: Gospel Publishing House, 1990.

Wiley, H. Orton. *Christian Theology*. 3 Vols. Kansas City, Mo.: Beacon Hill Press, 1940.

Williams, Ernest S. *Systematic Theology*. 3 Vols. Springfield, Mo.: Gospel Publishing House, 1953.

Williams, J. Rodman. *Renewal Theology*. 3 Vols. Grand Rapids: Zondervan Publishing House, 1988–92.

Williams, Robert R. *A Guide to the Teachings of the Early Church Fathers*. Grand Rapids: Wm. B. Eerdmans, 1960.

Wynkoop, Mildred Bangs. *A Theology of Love*. Kansas City, Mo.: Beacon Hill Press, 1972.

Sección 1

Dayton, Donald W. *Theological Roots of Pentecostalism*. Metuchen, N.J.: Scarecrow Press, 1987.

Goff, James R., Jr. *Fields White Unto Harvest: Charles F. Parham and the Missionary Origins of Pentecostalism*. Fayetteville, Ark.: University of Arkansas Press, 1988.

McDonnell, Killian, and George T. Montague. *Christian Initiation and Baptism in the Holy Spirit*. Collegeville, Minn.: Liturgical Press, 1991.

McGee, Gary B., ed. *Initial Evidence: Historical and Biblical Perspectives on the Pentecostal Doctrine of Spirit Baptism*. Peabody, Mass.: Hendrickson Publishers, 1991.

——— *This Gospel Shall Be Preached*. 2 Vols. Springfield, Mo.: Gospel Publishing House, 1986, 1989.

Nienkirchen, Charles W. *A. B. Simpson and the Pentecostal Movement*. Peabody, Mass.: Hendrickson Publishers, 1992.

Woodbridge, John D., and Thomas E. McComiskey, eds. *Doing Theology in Today's World*. Grand Rapids: Zondervan Publishing House, 1991.

Sección 2

Barr, James. "Biblical Theology." En un volumen suplementario. *The Interpreter's Dictionary of the Bible*. New York: Abingdon Press, 1976, 104–111.

Carson, D. C. "Unity and Diversity in the New Testament: The Possibility of Systematic Theology." In *Scripture and Truth*. Grand Rapids: Zondervan Publishing House, 1983, 65–95.

Fee, Gordon. *Gospel and Spirit: Issues in New Testament Hermeneutics*. Peabody, Mass.: Hendrickson Publishers, 1991.

Hasel, Gerhard. *New Testament Theology: Basic Issues in the Current Debate*. Grand Rapids: Wm. B. Eerdmans, 1978.

Kee, Howard C. *Knowing the Truth: A Sociological Approach to New Testament Interpretation*. Minneapolis: Fortress Press, 1989.

Malina, Bruce. *The Social World of Luke Acts*. ed. Jerome H. Neyreys. Peabody, Mass.: Hendrickson Publishers, 1991.

McKnight, Scot. *Interpreting the Synoptic Gospels*. Grand Rapids: Baker Book House, 1988.

―――. *Introduction to New Testament Interpretation*. Grand Rapids: Baker Book House, 1989.

Menzies, William. "Review of *Gospel and Spirit: Issues in New Testament Hermeneutics*, por Gordon Fee." *Paraclete* 27 (Winter 1993): 29–32.

Ollenburger, Ben C., Elmer A. Martens, and Gerhard F. Hasel, eds. *The Flowering of Old Testament Theology*. Winona Lake, Ind.: Eisenbrauns, 1992.

Osborne, Grant R. *The Hermeneutical Spiral: A Comprehensive Introduction to Biblical Interpretation*. Downers Grove, Ill.: InterVarsity Press, 1991.

Parsons, Mikeal C. "Canonical Criticism." In *New Testament Criticism & Interpretation*, eds. David Alan Black and David S. Dockery. Grand Rapids: Zondervan Publishing House, 1991, 255–294.

Stendahl, Krister. "Contemporary Biblical Theology." In *The Interpreter's Dictionary of the Bible*. Vol. 1. George A. Buttrick, ed. New York: Abingdon Press, 1962, 418–32.

Stronstad, Roger. *The Charismatic Theology of St. Luke*. Peabody, Mass.: Hendrickson Publishers, 1984.

Tate, W. R. *Biblical Interpretation: An Integrated Approach*. Peabody, Mass.: Hendrickson Publishers, 1991.

Thiselton, Anthony C. *New Horizons in Hermeneutics*. Grand Rapids: Zondervan Publishing House, 1992.

Sección 3

Boice, James M. *The Foundations of Biblical Authority*. Grand Rapids: Zondervan Publishing House, 1978.

Bright, John. *The Authority of the Old Testament*. Nashville: Abingdon Press, 1967.

Bromiley, Geoffrey W. "The Inspiration and Authority of Scripture." *Eternity* (Agosto 1970): 18.

Bruce, F. F. *The Books and the Parchments*. Rev. Ed. Westwood, N.J.: Fleming H. Revell, 1963.

Demarest, Bruce A. *General Revelation: Historical Views and Contemporary Issues*. Grand Rapids: Zondervan Publishing House, 1982.

Geisler, Norman, ed. *Inerrancy*. Grand Rapids: Zondervan Publishing House, 1979.

Henry, Carl F. H. *God, Revelation, and Authority*. Waco, Tex.: Word Books, 1976.

Ladd, George. *The New Testament and Criticism*. Grand Rapids: Wm. B. Eerdmans, 1967.

Lloyd-Jones, Martyn. *Authority*. London: InterVarsity Fellowship, 1958.

McDonald, Lee Martin. *The Formation of the Christian Biblical Canon*. Nashville: Abingdon Press, 1988.

McKim, Donald K., ed. *The Authoritative Word*. Grand Rapids: Wm. B. Eerdmans, 1983.

Metzger, Bruce M. *The Canon of the New Testament*. Oxford: Clarendon Press, 1987.

Montgomery, John Warwick, ed. *God's Inerrant Word*. Minneapolis, Minn.: Bethany Fellowship, 1974.

Noll, Mark A., ed. *The Princeton Theology 1812–1921*. Grand Rapids: Baker Book House, 1983.

Pinnock, Clark H. *Biblical Revelation-The Foundation of Christian Theology*. Chicago: Moody Press, 1971.

Sección 4

Albright, W. F., "El and Yahweh," *Journal of Semitic Studies*, 1:25–37.

Bavinck, Herman. *The Doctrine of God*. Carlisle, Pa.: Banner of Truth Trust, 1951.

Gruenler, Royce Gordon. *The Inexhaustible God: Biblical Faith and the Challenge of Process Theism*. Grand Rapids: Baker Book House, 1983.

Kaiser, Christopher B. *The Doctrine of God: An Historical Survey*. Westchester, Ill.: Crossway Books, 1982.

Packer, J. I. *Knowing God*. Downers Grove, Ill.: InterVarsity Press, 1973.

Sección 5

Brown, Harold O. J. *Heresies: The Image of Christ in the Mirror of Heresy and Orthodoxy from the Apostles to the Present*. Garden City, N.Y.: Doubleday & Co., Inc., 1984.

Christian Research Institute. The *"Jesus Only"* or *"Oneness"* Pentecostal Movement. San Juan Capistrano, Ca. The Christian Research Institute, 1970.

Kelly, J. N. D. *Early Christian Creeds*. London: Longmans, 1950.

Lewis, C. S. *God in the Dock: Essays on Theology and Ethics*. Grand Rapids: Wm. B. Eerdmans, 1970.

Montgomery, John Warwick. *How Do We Know There Is a God?* Minneapolis: Bethany House Publishers, 1973.

———. *Principalities and Powers: The World of the Occult*. Minneapolis: Pyramid Publication. publicado por Bethany Fellowship, Inc., 1975.

———. *The Suicide of Christian Theology*. Minneapolis: Bethany Fellowship Inc., 1970.

Sproul, R. C. *The Holiness of God*. Wheaton, Ill.: Tyndale House Publishers, 1985.

Wood, Nathan R. *The Trinity in the Universe*. Grand Rapids: Kregel Publications, 1978 reimpresión de 1955.

Sección 6

Blumhardt's Battle: A Conflict with Satan. Traducido por F. S. Boshold. New York: Thomas E. Lowe, 1970.

Bundrick, David R. *"TA STOICHEIA TOU COSMOU* (GAL 4:3)." *Journal of the Evangelical Theological Society* (Septiembre 1991): 353–64.

Caird, G. B. *Principalities and Powers, a Study in Pauline Theology*. Oxford: Clarendon Press, 1956.

Davidson, Gustav. *The Dictionary of Angels: Including the Fallen*. New York: Free Press, 1972.

Dickason, C. Fred. *Angels: Elect and Evil*. Chicago: Moody Press, 1975.

Godwin, Malcolm. *Angels: Endangered Species*. New York: Simon & Schuster, 1990.

Guelich, Robert A. "Spiritual Warfare: Jesus, Paul, and Peretti." *Pneuma* (Primavera 1991): 33–64.

Montgomery, J. W., ed. *Demon Possession, a Medical, Historical, Anthropological, and Theological Symposium*. Minneapolis: Bethany Fellowship, 1976.

Reddin, Opal, ed. *Power Encounter: A Pentecostal Perspective*. Springfield, Mo.: Central Bible College Press, 1989.

Russell, Jeffrey B. *Satan, the Early Christian Tradition*. Ithaca, N.Y.: Cornell University Press, 1981.

Ward, Theodora. *Men & Angels*. New York: Viking Press, 1969.

Sección 7

Custance, Arthur C. *Without Form and Void: A Study of the Meaning of Genesis 1:2*. Brockville, Ontario: Doorway Papers, 1970.

Davis, P., and D. H. Kenyon. *Of Pandas and People: The Central Question of Biological Origins*. Dallas: Haughton Publishing Co., 1989.

Dillow, J. C. *The Waters Above: Earth's Pre-Flood Vapor Canopy*. 2a ed. Chicago: Moody Press, 1982.

Fields, W. W. *Unformed and Unfilled: A Critique of the Gap Theory*. Phillipsburg, N.J.: Presbyterian and Reformed Publishing Co., 1976.

Gentry, R. V. *Creation's Tiny Mystery*. Knoxville, Tenn.: Earth Science Associates, 1986.

Harris, R. L. *Man-God's Eternal Creation: Old Testament Teaching on Man and His Culture*. Chicago: Moody Press, 1971.

House, H. Wayne. "Creation and Redemption: A Study of Kingdom Interplay." *Journal of the Evangelical Theological Society* 35 (Marzo 1992), 3–17.

Moreland, J. P. *Christianity and the Nature of Science*. Grand Rapids: Baker Book House, 1989.

Morris, H. M. *The Biblical Basis of Modern Science*. Grand Rapids: Baker Book House, 1984.

Morris, Henry M., and Gary E. Parker. *What Is Creation Science?* Rev. Ed. San Diego: Creation-Life Publishers, Inc., 1982.

Muller, R. A. *God, Creation, and Providence in the Thought of Jacob Arminius*. Grand Rapids: Baker Book House, 1991.

Newman, R. C, and Eckelmann, H. J., Jr. *Genesis One and the Origin of the Earth*. Grand Rapids: Baker Book House, 1981.

Pun, P. P. T. *Evolution: Nature & Scripture in Conflict?* Grand Rapids: Zondervan Publishing House, 1982.

Ramm, Bernard. *The Christian View of Science and Scripture*. Grand Rapids: Wm. B. Eerdmans, 1954.

Van Til, Howard J., Davis A. Young, and Clarence Menninga. *Science Held Hostage: What's Wrong with Creation Science AND Evolutionism*. Downer's Grove, Ill.: InterVarsity Press, 1988.

Waltke, Bruce K. "The Literary Genre of Genesis, Chapter One." *Crux* (Diciembre 1991), 3–5.

Whitcomb, J. C, and H. M. Morris. *The Genesis Flood: The Biblical Record and Its Scientific Implications*. Phillipsburg, N.J.: Presbyterian and Reformed Publishing Company, 1961.

Wonderly, Dan. *God's Time-Records in Ancient Sediments: Evidence of Long Time Spans in Earth 's History*. Flint, Mich.: Crystal Press, 1977.

Sección 8

Berkouwer, G.C. *Sin*. Traducido por Philip C. Holtrop.Grand Rapids: Wm. B. Eerdmans, 1971.

Brunner, Emil. *Man in Revolt, A Christian Anthropology*. Traducido por Olive Wyon. London: Lutterworth, 1939.

Ramm, Bernard. *Offense to Reason*. San Francisco: Harper & Row, 1985.

Sección 9

Beasley-Murray, George R., *Baptism in the New Testament*. London: MacMillan, 1963.

———. *Jesus and the Kingdom of God*. Grand Rapids: Wm. B. Eerdmans, 1986.

Bornkamm, Günther, *Jesus of Nazareth*. Traducido por F. Mcluskey with J. M. Robinson. New York: Harper, 1960.

Collins, John J. "The Son of Man and the Saints of the Most High in the Book of Daniel." *Journal of Biblical Literature* 93 (1974): 50–66.

Cullmann, Oscar. *The Christology of the New Testament*. Traducido por S. Guthrie and C. Hall. Philadelphia: Westminster Press, 1959.

Dahl, Nils Alstrup. "The Problem of the Historical Jesus." In *The Crucified Messiah and Other Essays*. Minneapolis: Augsburg Publishing, 1974, 48–49.

Dawe, Donald G. *The Form of a Servant: A Historical Analysis of the Kenotic Motif*. Philadelphia: Westminster Press, 1963.

Dodd, Charles H. *The Founder of Christianity*. New York: Macmillan Publishing, 1970.

Dunn, James. *Christology in the Making: A New Testament Inquiry into the Origins of the Doctrine of the Incarnation*. Philadelphia: Westminster Press, 1980.

Erickson, Millard J. *The Word Became Flesh*. Grand Rapids: Baker Book House, 1991.

Fuller, Reginald. *The Foundations of New Testament Christology*. New York: Collins, 1965.

Knox, John. *The Humanity and Divinity of Christ: A Study of Pattern in Christology*. Cambridge: Cambridge University Press, 1967.

Ladd, George, "The Christology of Acts," *Foundations* 11 (1968): 27–41.

Lafferty, O. J., "Acts 2, 14–36: A Study in Christology," *Dunwoodie Review* 6 (1966): 235–53.

Moltmann, Jürgen, *The Crucified God*. Traducido por R. A. Wilson. New York: Harper & Row, 1973.

Moule, C. F. D., "The Manhood of Jesus in the New Testament." In *Christ, Faith, and History*. Cambridge: Cambridge University Press, 1972.

Norris, Richard, Jr., ed. *The Christological Controversy*. Philadelphia: Fortress Press, 1980.

Ramsey, William. *The Christ of the Earliest Christians*. Richmond: John Knox Press, 1959.

Stott, John, R. W. *The Cross of Christ*. Downers Grove, Ill.: InterVarsity Press, 1986.

Sección 10

Berkouwer, G. C. *The Work of Christ*. Grand Rapids: Wm. B. Eerdmans, 1975.

Hill, D. *Greek Words and Hebrew Meanings: Studies in the Semantics of Soteriological Terms*. Society for New Testament Studies Monograph Series, 1967.

Klein, William W. *The New Chosen People: A Corporate View of Election*. Grand Rapids: Zondervan Publishing House, 1990.

McGrath, Alister E. *The Mystery of the Cross*. Grand Rapids: Zondervan Publishing House, 1988.

Marshall, I. Howard. *Kept by the Power of God: A Study of Perseverance and Falling Away*. Minneapolis: Bethany Fellowship, Inc., 1969.

Pinnock, Clark H., ed. *The Grace of God, The Will of Man*. Grand Rapids: Zondervan Publishing House, 1989.

Shank, Robert. *Elect in the Son*. Springfield, Mo.: Westcott Publishers, 1970; Reprint, Minneapolis: Bethany House Publishers, 1989.

———. *Life in the Son*. 2a ed. Springfield, Mo.: Westcott Publishers, 1961.

Stohlmacher, Peter. "Reconciliation in the Preaching and Work of Jesus." *Theology News and Notes* 32 (March 1985): 4–8.

Sección 11

Burgess, Stanley. *The Spirit and the Church: Antiquity*. Peabody, Mass.: Hendrickson Publishers, Inc., 1984.

Horton, Stanley M. *What the Bible Says About the Holy Spirit*. Springfield, Mo.: Gospel Publishing House, 1976.

McLean, Mark D. "Toward a Pentecostal Hermeneutic." *Pneuma* 6 (Fall 1984), 35–56.

Muhlen, Heribert. *A Charismatic Theology*. New York: Paulist Press, 1978.

Stronstad, Roger, and Lawrence Van Kleek, eds. *The Holy Spirit in the Scriptures and the Church*. Clayburn, B.C., Canada: Western Pentecostal Bible College, 1987.

Sección 12

Blumhofer, Edith L. *The Assemblies of God: A Chapter in the Story of American Pentecostalism*. 2 Vols. Springfield, Mo.: Gospel Publishing House, 1989.

Dieter, Melvin E., et al. *Five Views on Sanctification*. Grand Rapids: Zondervan Publishing House, 1987.

Flew, R. Newton. *The Idea of Perfection in Christian Theology: An Historical Study of the Christian Ideal for the Present Life*. New York: Humanities Press, 1968.

Procksch, O., and K. G. Kuhn. "hagios," etc. *Theological Dictionary of the New Testament*. Grand Rapids: Wm. B. Eerdmans, 1974, 88–114.

Sección 13

Atter, Gordon F. *The Third Force*. Peterborough, Ont.: The College Press, 1965.

Barclay, William. *The Promise of the Spirit*. Philadelphia: Westminster Press, 1960.

Bruce, F. F. *Commentary on the Book of Acts*. Grand Rapids: Wm. B. Eerdmans, 1966.

Bruner, Frederick D. *A Theology of the Holy Spirit: The Pentecostal Experience and the New Testament Witness*. Grand Rapids: Wm. B. Eerdmans, 1970.

Dunn, James D. G. *Baptism in the Holy Spirit*. London: SCM Press, 1970.

Ervin, Howard M. *Conversion-Initiation and the Baptism in the Holy Spirit*. Peabody, Mass.: Hendrickson Publishers, 1984.

———. *Spirit Baptism: A Biblical Investigation*. Peabody, Mass.: Hendrickson Publishers, 1987.

Fee, Gordon D. *Gospel and Spirit: Issues in New Testament Hermeneutics*. Peabody, Mass.: Hendrickson Publishers, 1991.

Gee, Donald. *Pentecost*. Springfield, Mo.: Gospel Publishing House, 1932).

———. *Spiritual Gifts in the Work of the Ministry Today*. Springfield, Mo.: Gospel Publishing House, 1963.

Hoekema, Anthony A. *Holy Spirit Baptism*. Grand Rapids: Wm. B. Eerdmans, 1972.

Hollenweger, W. J. *The Pentecostals*. Peabody, Mass.: Hendrickson Publishers, 1972.

Horton, Stanley M. *The Book of Acts*. Springfield, Mo.: Gospel Publishing House, 1981.

———. *What the Bible Says About the Holy Spirit*. Springfield, Mo.: Gospel Publishing House, 1976.

McGee, Gary B., ed. *Initial Evidence: Historical and Biblical Perspectives on the Pentecostal Doctrine of Spirit Baptism*. Peabody, Mass.: Hendrickson Publishers, 1991.

Marshall, I. Howard. *Luke: Historian and Theologian*. Edición ampliada. Grand Rapids: Zondervan Publishing House, 1970.

Menzies, Robert P. "The Distinctive Character of Luke's Pneumatology." *Paraclete* 25 (Otoño 1991): 17–30.

Stott, John R. W. *The Baptism and the Fullness of the Holy Spirit*. Downers Grove, Ill.: InterVarsity, 1964.

Stronstad, Roger. *The Charismatic Theology of St. Luke*. Peabody, Mass.: Hendrickson Publishers, 1984.

———. "The Hermeneutics of Lucan Historiography." *Paraclete* 22 (Otoño 1988): 5–17.

———. "The Holy Spirit in Luke-Acts." *Paraclete* 23 (Primavera 1989): 18–26.

Womack, David A., ed. *Pentecostal Experience: The Writings of Donald Gee*. Springfield, Mo.: Gospel Publishing House, 1993.

Sección 14

Carson, Donald A. *Showing the Spirit: A Theological Exposition of 1 Corinthians 12–14.* Grand Rapids: Baker Book House, 1987.

Carter, Charles W. *1 Corinthians.* The Wesleyan Bible Commentary Series. Peabody, Mass.: Hendrickson Publishers, 1986.

Carter, Howard. *Spiritual Gifts and Their Operation.* Springfield, Mo.: Gospel Publishing House, 1968.

Chapman, R. B. "The Purpose and Value of Spiritual Gifts." *Paraclete* 2 (Otoño 1968): 24–28.

Fee, Gordon D. *The Epistle to the First Corinthians.* The New International Commentary on the New Testament. Grand Rapids: Wm. B. Eerdmans, 1987.

Gee, Donald. *Concerning Spiritual Gifts.* Springfield, Mo.: Gospel Publishing House, 1949.

———. *Spiritual Gifts in the Work of the Ministry Today.* Springfield, Mo.: Gospel Publishing House, 1963.

Grudem, Wayne. *The Gift of Prophecy in the New Testament and Today.* Westchester, Ill.: Crossway Books, Good News Publishers, 1988.

Holdcroft. L. Thomas. *The Holy Spirit: A Pentecostal Interpretation.* Springfield, Mo.: Gospel Publishing House, 1979.

Horton, Harold. *The Gifts of the Spirit.* Springfield, Mo.: Gospel Publishing House, 1975.

Horton, Stanley M. *What the Bible Says About the Holy Spirit.* Springfield, Mo.: Gospel Publishing House, 1976.

Lim, David. *Spiritual Gifts: A Fresh Look.* Springfield, Mo.: Gospel Publishing House, 1991.

Martin, Walter. *The Spirit and the Congregation: Studies in 1 Corinthians 12–15.* Grand Rapids: Wm. B. Eerdmans, 1984.

Richardson, William. "Liturgical Order and Glossolalia in 1 Corinthians 14:26c–33a." *New Testament Studies* 32 (Enero 1986): 144–53.

Stronstad, Roger. *The First Epistle of Peter.* Vancouver, B.C.: CLM Educational Society, 1983.

Turner, Max M. B. "Spiritual Gifts Then and Now." *Vox Evangelica* 15 (1985): 7–64.

Womack, David A., ed. *Pentecostal Experience: The Writings of Donald Gee.* Springfield, Mo.: Gospel Publishing House, 1993.

Sección 15

Baxter, J. Sidlow. *Divine Healing of the Body.* Grand Rapids: Zondervan Publishing House, 1979.

Blue, Ken. *Authority to Heal,* Downers Grove, Ill.: InterVarsity Press, 1987.

Brown, Colin. *Miracles and the Critical Mind.* Grand Rapids: Wm. B. Eerdmans, 1984.

———. *That You May Believe: Miracles and Faith Then and Now.* Grand Rapids: Wm. B. Eerdmans, 1985.

Carson, D. A. *How Long, O Lord? Reflections on Suffering and Evil.* Grand Rapids: Baker Book House, 1990.

Fee, Gordon. *The Disease of the Health and Wealth Gospels*. Beverly, Mass.: Frontline Publishing, 1985.

Hall, Douglas John. *God and Human Suffering*. Minneapolis: Augsburg Publishing House, 1986.

Harper, Michael. *The Healings of Jesus*. Downers Grove, Ill.: InterVarsity Press, 1986.

Hendrickx, Herman. *The Miracle Stories*. San Francisco: Harper & Row, 1987.

Jeter Hugh. *By His Stripes*. Springfield, Mo.: Gospel Publishing House, 1977.

Kee, Howard Clark. *Medicine, Miracle and Magic in New Testament Times*. New York: Cambridge University Press, 1986.

Kydd, Ronald. *Charismatic Gifts in the Early Church*. Peabody, Mass.: Hendrickson Publishers, 1987.

Latourelle, Rene. *The Miracles of Jesus and the Theology of Miracles*. New York: Paulist Press, 1988.

McConnell, D. R. *A Different Gospel: A Historical and Biblical Analysis of the Modern Faith Movement*. Peabody, Mass.: Hendrickson Publishers, 1988.

Mayhue, Richard. *Divine Healing Today*. Chicago: Moody Press, 1983.

Reddin, Opal L., ed. *Power Encounters: A Pentecostal Perspective*. Springfield, Mo.: Central Bible College Press, 1989.

Seybold, Klaus, and Ulrich B. Mueller. *Sickness and Healing*. Nashville: Abingdon Press, 1981.

Warfield, B. B. *Counterfeit Miracles*. London: The Banner of Truth Trust, 1918.

Sección 16

Beasley-Murray, G. R. *Baptism Today and Tomorrow*. New York: St. Martin's, 1966.

Bonhoeffer, Dietrich. *The Cost of Discipleship*. 2a ed. New York: The Macmillan Company, 1959.

Burgess, Stanley M. *The Spirit and the Church: Antiquity*. Peabody, Mass.: Hendrickson Publishers, 1984.

Cole, Alan. *The Body of Christ*. London: Hodder & Stoughton, 1964.

Flemington, W. F. *The New Testament Doctrine of Baptism*. London: S. P. C. K., 1964.

Jeremias, Joachim. *Infant Baptism in the First Four Centuries*. London: SCM Press, 1960.

Kuiper, R. B. *The Glorious Body of Christ*. Grand Rapids: Wm. B. Eerdmans, s.f.

Ladd, George E. *Jesus and the Kingdom*. New York: Harper & Row, 1964.

Martin, Ralph P. *Worship in the Early Church*. Grand Rapids: Wm. B. Eerdmans, 1964.

Minear, Paul S. *Images of the Church in the New Testament*. Philadelphia: Westminster, 1960.

Moltmann, Jürgen. *The Church in the Power of the Spirit*. London: SCM Press, 1977.

Moody, Dale. *Baptism: Foundation for Christian Unity*. Philadelphia: Westminster, 1967.

Sanders, John. *No Other Name: An Investigation into the Destiny of the Unevangelized*. Grand Rapids: Wm. B. Eerdmans, 1992.

Saucy, Robert L. *The Church in God's Program*. Chicago: Moody Press, 1972.

Welch, Claude. *The Reality of the Church*. New York: Charles Scribner's Sons, 1958.

Sección 17

Anderson, Ray S. "A Theology for Ministry." In *Theological Foundations for Ministry*. ed. Ray Anderson. Grand Rapids: Wm. B. Eerdmans, 1979, 6–7.

Bittlinger, Arnold. "The Significance of Charismatic Experiences for the Mission of the Church" *International Review of Mission* 75 (1986): 117–122.

Boer, Harry R. *Pentecost and Missions*. Grand Rapids: Wm. B. Eerdmans, 1961.

Costas, Orlando E. *The Integrity of Mission*. San Francisco: Harper and Row, 1979.

Dempster, Murray W. Evangelism, "Social Concern and the Kingdom of God." In *Called and Empowered*, ed. Murray Dempster, Byron Klaus, and Douglas Petersen. Peabody, Mass.: Hendrickson Publishers, 1991, 30–31.

Fee, Gordon D. *Gospel and Spirit: Issues in New Testament Hermeneutics*. Peabody, Mass.: Hendrickson Publishers, 1991.

Frodsham, Stanley H. *With Signs Following*. Springfield, Mo.: Gospel Publishing House, 1946.

Hedlund, Roger E. *The Mission of the Church in the World*. Grand Rapids: Baker Book House, 1991.

Hodges, Melvin L. "A Pentecostal's View of Mission Strategy," *The Conciliar-Evangelical Debate: The Crucial Documents*, 1964–76. 2a ed. Donald McGavran, ed. South Pasadena, Ca.: William Carey Library, 1977, 142–49.

———. *A Theology of the Church and Its Ministry: A Pentecostal Perspective*. Springfield, Mo.: Gospel Publishing House, 1977.

Klaus, Byron D. "A Theology of Ministry: Pentecostal Perspectives." *Paraclete* 23 (Verano 1989): 1–10.

MacDonald, William. "Pentecostal Theology: A Classical Viewpoint." In *Perspectives on the New Pentecostalism*, ed. Russell P. Spittler. Grand Rapids: Baker Book House, 1976, 59–74.

McClung, L. Grant, Jr. "Truth on Fire: Pentecostals and an Urgent Missiology." In *Azusa Street and Beyond*, ed. L. Grant McClung, Jr. South Plainfield, N.J.: Bridge Publishing, Inc., 1986, 47–61.

McGee, Gary B. *This Gospel Shall Be Preached*. Vol. 1, Springfield, Mo.: Gospel Publishing House, 1986.

Moltmann, Jürgen. *The Church in the Power of the Spirit*. London: SCM Press Ltd., 1977.

Ogden, Greg. *The New Reformation: Returning the Ministry to the People of God*. Grand Rapids: Zondervan Publishing House, 1990.

Pate, Larry. *From Every People*. Monrovia, Ca. MARC, 1989.

Senior, Donald, and Carroll Stuhlmueller. *The Biblical Foundation for Mission*. Maryknoll, N.Y.: Orbis Books, 1983.

Shelton, James S. *Mighty in Word and Deed*. Peabody, Mass.: Hendrickson Publishers, 1991.

Torrance, T. F. "The Mission of the Church" *Scottish Journal of Theology* 19 (June 1966): 129–43.

Van Engen, Charles. *God's Missionary People: Rethinking the Purpose of the Local Church*. Grand Rapids: Baker Book House, 1991.

Verkuyl, Johannes. "The Biblical Foundation for the Worldwide Missions Mandate." In *Perspectives on the World Christian Movement*, Steven C. Hawthorne and Ralph D. Invierno, eds. Pasadena: Institute of International Studies, 1981, 35–50.

Sección 18

Beasley-Murray, George Raymond. *Jesus and the Future: An Examination of the Criticism of the Eschatological Discourse*. London: Macmillan & Co. Ltd., 1954.

Berkhof, Hendrikus. *Well-Founded Hope*. Richmond, Va.: John Knox Press, 1969.

Blaising, Craig A., and Darrell L. Bock, eds. *Dispensationalism, Israel and the Church: The Search for Definition*. Grand Rapids: Zondervan Publishing House, 1992.

Blamires, Henry. "The Eternal Weight of Glory." *Christianity Today* 35 (27 May 1991), 30–34.

Boettner, Loraine. *Immortality*. Philadelphia: The Presbyterian and Reformed Publishing Co. 1956.

Buis, Harry. *The Doctrine of Eternal Punishment*. Philadelphia: Presbyterian and Reformed Publishing Co., 1957.

Charles, R. H. *A Critical History of the Doctrine of a Future Life: In Israel, in Judaism, and in Christianity*. 2a ed. London: Adam and Charles Black, 1913.

Clouse, Robert G. *The Meaning of the Millennium: Four Views*. Downers Grove, Ill.: InterVarsity Press, 1977.

Crockett, William, ed. *Four Views on Hell*. Grand Rapids: Zondervan Publishing House, 1992.

Finger, Thomas N. *Christian Theology: An Eschatological Approach*. Vol. 1. Nashville: Thomas Nelson Publishers, 1985.

Hamilton, Neill Quinn. *The Holy Spirit and Eschatology in Paul: Scottish Journal of Theology Occasional Papers No. 6*. Edinburgh: Oliver and Boyd Ltd., 1957.

Horton, S. M. (Ed.). (1996). Teología sistemática: Una perspectiva pentecostal (pp. 645–677). Miami, FL: Editorial Vida.

Horton, Stanley M. *The Ultimate Victory*. Springfield, Mo.: Gospel Publishing House, 1991.

———. *Welcome Back Jesus*. Springfield, Mo.: Gospel Publishing House, 1967.

Johnson, Christopher J., and Marsha G. McGee, eds. *How Different Religions View Death and Afterlife*. Philadelphia: The Charles Press, Publishers, 1991.

Ladd, George Eldon. *The Last Things: An Eschatology for Laymen*. Grand Rapids: Wm. B. Eerdmans, 1978.

Marshall, I. H. *Eschatology and the Parables*. London: Theological Students' Fellowship, 1973.

Moltmann, Jürgen. *Theology of Hope: On the Ground and the Implications of a Christian Eschatology*. Traducido por James W. Leitch. New York: Harper & Row, 1967.

Moody, Dale. *The Hope of Glory*. Grand Rapids: Wm. B. Eerdmans, 1964.

Pentecost, J. Dwight. *Things to Come*. Grand Rapids: Zondervan Publishing House, 1958.

Smith, Wilbur M. *The Biblical Doctrine of Heaven*. Chicago: Moody Press, 1968.

Travis, Stephen. *I Believe in the Second Coming of Christ*. Grand Rapids: Wm. B. Eerdmans, 1982.

————. *The Jesus Hope*. Downers Grove, Ill.: InterVarsity Press, 1976.

Vos, Geerhardus. *The Pauline Eschatology*. Grand Rapids: Wm. B. Eerdmans, 1972.

Wallis, Wilber B. "Eschatology and Social Concern" *Journal of the Evangelical Theological Society* 24 (March 1981): 3–9.

Walvoord, John F. *The Rapture Question*. Grand Rapids: Zondervan Publishing House, 1972.